海外中文古籍總目
漢籍合璧目録編

〔新加坡〕沈俊平（Sim Chuin Peng）
高　斌（Gao Bin）　編

Catalogue of Pre-Republican Chinese Books at the National University of Singapore Libraries

新加坡國立大學圖書館中文古籍目録

（下册）

中華書局

卷下 目錄

經部

叢　編

仿宋相臺五經附考證五種　111 6914

〔宋〕岳珂輯

清光緒二年(1876)江南書局刻本　三十二册

子目:

周易十卷　〔三國魏〕王弼注

尚書十三卷　〔漢〕孔安國傳

毛詩二十卷　〔漢〕鄭玄箋

禮記二十卷　〔漢〕鄭玄注

春秋經傳集解三十卷　〔晉〕杜預注

岳氏相臺五經附考證五種　111 6914

〔宋〕岳珂輯

清光緒十年(1884)長沙龍氏家塾重校刻本　四十册

子目:

周易十卷　〔三國魏〕王弼注

尚書十三卷　〔漢〕孔安國傳

毛詩二十卷　〔漢〕鄭玄箋

禮記二十卷　〔漢〕鄭玄注

春秋經傳集解三十卷　〔晉〕杜預注

欽定篆文六經四書十種　AC149 Zcl 26

〔清〕李光地等編

清光緒九年(1883)上海同文書局石印本　十册

子目:

周易十卷

尚書一卷

毛詩一卷

春秋一卷

周禮六卷

儀禮十七卷

大學一卷

中庸一卷

論語二卷

孟子二卷

十三經古注十三種　111 3300

〔明〕金蟠輯

清同治八年(1869)浙江書局重校刻本　四十八册

子目:

周易九卷附略例二卷　〔三國魏〕王弼注　〔明〕金蟠訂

書經二十卷　〔漢〕孔安國序　〔明〕葛鼒訂

詩經二十卷　〔周〕卜商序　〔漢〕毛亨傳　〔漢〕鄭玄箋　〔明〕金蟠訂

儀禮十七卷　〔漢〕鄭玄注　〔明〕金蟠訂

周禮四十二卷　〔漢〕鄭玄注　〔明〕金蟠訂

禮記四十九卷　〔漢〕鄭玄注　〔明〕金蟠校

春秋左傳三十卷　〔晉〕杜預集解　〔明〕金蟠訂

春秋公羊傳二十八卷　〔漢〕何休解詁　〔明〕金蟠訂

春秋穀梁傳二十卷　〔晉〕范甯集解　〔明〕金蟠訂

爾雅十九卷　〔晉〕郭璞注　〔明〕金蟠訂

論語二十卷　〔三國魏〕何晏集解　〔明〕金蟠較訂

孝經九卷　〔唐〕玄宗李隆基注　〔明〕金蟠訂

孟子十四卷　〔漢〕趙岐注　〔明〕金蟠訂

十三經注疏　111 0000

〔清〕弘晝等編

清乾隆十二年(1747)内府刻本　一百十六册

半葉10行21字,小字雙行字同,白口,左右雙邊,單黑魚尾,半框高22.4釐米,寬15.2釐米。版心上鎸"乾隆四年校刊",中鎸書名、子目及葉碼。

卷首依次有清乾隆十二年《御製重刻十三經序》,署"乾隆十二年二月朔,日講官起居注翰林院侍讀學士臣陳邦彦奉敕敬書";清乾隆十一年(1746)《刻成進呈表》,署"乾隆十一年十二月七日和碩和親王臣弘晝、太子太保保和殿大學士三等伯仍兼管吏部尚書翰林院掌院學士事臣張廷玉、吏部右侍郎臣德齡、兵部右侍郎臣王會汾、國子監祭酒臣陸宗楷";校刻諸臣職名;周易經傳原目;周易注解傳述人;《周易注解傳述人考證》;唐孔穎達撰《周易正義序》;目録。

鈐有"潤生"印。

子目:

周易注疏十三卷附周易略例一卷　〔三國魏〕王弼注　〔唐〕陸德明音義　〔唐〕孔穎達疏

尚書注疏十九卷　〔漢〕孔安國傳　〔唐〕陸德明音義　〔唐〕孔穎達疏

毛詩注疏三十卷附毛詩譜一卷　〔漢〕鄭玄箋　〔唐〕陸德明音義　〔唐〕孔穎達疏

周禮注疏四十二卷　〔漢〕鄭玄注　〔唐〕陸德明音義　〔唐〕賈公彦疏

儀禮注疏十七卷　〔漢〕鄭玄注　〔唐〕陸德明音義　〔唐〕賈公彦疏

禮記注疏六十三卷　〔漢〕鄭玄注　〔唐〕陸德明音義　〔唐〕孔穎達疏

春秋左傳注疏六十卷　〔晋〕杜預注　〔唐〕陸德明音義　〔唐〕孔穎達疏

春秋公羊傳注疏二十八卷　〔漢〕何休注　〔唐〕陸德明音義

春秋穀梁傳注疏二十卷　〔晋〕范甯集解　〔唐〕陸德明音義　〔唐〕楊士勛疏

孝經注疏九卷　〔唐〕玄宗李隆基注　〔唐〕陸德明音義　〔宋〕邢昺校

論語注疏二十卷　〔三國魏〕何晏集解　〔唐〕陸德明音義　〔宋〕邢昺疏

孟子注疏十四卷　〔漢〕趙岐注　〔宋〕孫奭音義並疏

爾雅注疏十一卷　〔晋〕郭璞注　〔唐〕陸德明音義　〔宋〕邢昺疏

重刊宋本十三經注疏附校勘記十三種四百十六卷　111 000

〔清〕阮元校

清道光六年(1826)重校刻本　一百六十册

鈐有"馬鑒之印"印。

子目:

周易正義十卷　〔三國魏〕王弼、〔晋〕韓康伯注　〔唐〕孔穎達等正義

尚書正義二十卷 〔漢〕孔安國傳 〔唐〕孔穎達等正義
毛詩正義七十卷 〔漢〕毛亨傳 〔漢〕鄭玄箋 〔唐〕孔穎達等正義
周禮注疏四十二卷 〔漢〕鄭玄注 〔唐〕賈公彦疏
儀禮注疏五十卷 〔漢〕鄭玄注 〔唐〕賈公彦疏
禮記正義六十三卷 〔漢〕鄭玄注 〔唐〕孔穎達等正義
春秋左傳正義六十卷 〔晋〕杜預注 〔唐〕孔穎達等正義
春秋公羊傳注疏二十八卷 〔漢〕何休注 〔唐〕徐彦疏
春秋穀梁傳注疏二十卷 〔晋〕范甯注 〔唐〕楊士勛疏
孝經注疏九卷 〔唐〕玄宗李隆基注 〔宋〕邢昺疏
論語注疏二十卷 〔三國魏〕何晏等注 〔宋〕邢昺疏
孟子注疏十四卷 〔漢〕趙岐注 〔宋〕孫奭疏
爾雅注疏十卷 〔晋〕郭璞注 〔宋〕邢昺疏

宋本十三經注疏附校勘記十三種四百十六卷 111 0000

〔清〕阮元校 題〔清〕脉望仙館主人輯

清光緒十三年(1887)脉望仙館石印本 三十二册

子目:
周易正義十卷 〔三國魏〕王弼、〔晋〕韓康伯注 〔唐〕孔穎達等正義
尚書正義二十卷 〔漢〕孔安國傳 〔唐〕孔穎達等正義
毛詩正義七十卷 〔漢〕毛亨傳 〔漢〕鄭玄箋 〔唐〕孔穎達等正義
周禮注疏四十二卷 〔漢〕鄭玄注 〔唐〕賈公彦疏
儀禮注疏五十卷 〔漢〕鄭玄注 〔唐〕賈公彦疏
禮記正義六十三卷 〔漢〕鄭玄注 〔唐〕孔穎達等正義
春秋左傳正義六十卷 〔晋〕杜預注 〔唐〕孔穎達等正義
春秋公羊傳注疏二十八卷 〔漢〕何休注 〔唐〕徐彦疏
春秋穀梁傳注疏二十卷 〔晋〕范甯注 〔唐〕楊士勛疏
論語注疏二十卷 〔三國魏〕何晏等注 〔宋〕邢昺疏
孝經注疏九卷 〔唐〕玄宗李隆基注 〔宋〕邢昺疏
爾雅注疏十卷 〔晋〕郭璞注 〔宋〕邢昺疏
孟子注疏十四卷 〔漢〕趙岐注 〔宋〕孫奭疏

按:《禮記》卷二十四至卷六十三校勘記爲後人補印,非原本。

又一部 三十二册 **AC149 Zcl 3809**

十三經注疏十三種 1343/1—120

清同治十年(1871)重刻本 一百十三册

子目:
毛詩注疏三十卷 〔漢〕鄭玄箋

〔唐〕陸德明音義　〔唐〕孔穎達疏
周禮注疏四十二卷　〔漢〕鄭玄注
〔唐〕陸德明音義　〔唐〕賈公彦疏
儀禮注疏十七卷　〔漢〕鄭玄注
〔唐〕陸德明音義　〔唐〕賈公彦疏
禮記注疏六十三卷　〔漢〕鄭玄注
〔唐〕陸德明音義　〔唐〕孔穎達疏
春秋左傳注疏六十卷　〔晋〕杜預注
〔唐〕陸德明音義　〔唐〕孔穎達疏
春秋公羊傳注疏二十八卷　〔漢〕何休注　〔唐〕陸德明音義
春秋穀梁傳注疏二十卷　〔晋〕范甯集解　〔唐〕陸德明音義　〔唐〕楊士勛疏
論語注疏二十卷(缺卷一至卷五)
〔三國魏〕何晏集解　〔唐〕陸德明音義　〔宋〕邢昺疏
爾雅注疏十一卷　〔晋〕郭璞注
〔唐〕陸德明音義　〔宋〕邢昺疏
孟子注疏十四卷　〔漢〕趙岐注
〔宋〕孫奭音義並疏
按:館藏存十種。

石齋先生經傳九種五十六卷　152 9319

〔明〕黄道周撰

清康熙三十二年(1693)刻本　三十二册

半葉9行18字,小字雙行字同,白口,左右雙邊,單黑魚尾,半框高20.2釐米,寬14.9釐米。版心上鎸書名,中鎸卷次,下鎸葉碼。

内封題"晋安鄭肇修訂,石齋先生經傳九種,孝經集傳、易象正、三易洞璣、洪範明義、表記集傳、坊記集傳、月令明義、緇衣集傳、儒行集傳"。

鈐有"皎如秋月""和似春風"印。

子目:
孝經集傳四卷
易象正十四卷初二卷終二卷
三易洞璣十三卷
洪範明義二卷初一卷終一卷
表記集傳二卷附春秋表記問業一卷
坊記集傳二卷附坊記春秋問業一卷
月令明義四卷
緇衣集傳四卷
儒行集傳二卷

萬充宗先生經學五書十九卷　154.1 6341

〔清〕萬斯大撰

清乾隆間辨志堂刻本　六册

半葉11行21字,小字雙行字同,黑口,左右雙邊,雙黑魚尾,半框高18.6釐米,寬13釐米。版心鎸書名、卷次及葉碼。

卷端題"學禮質疑,四明萬斯大充宗著"。内封題"姚江黄梨洲先生點定,萬充宗先生經學五書,學禮質疑、禮記偶箋、儀禮商、周官辨非、學春秋隨筆,辨志堂藏板"。卷首依次有清乾隆二十三年(1758)《重刻經學五書序》,署"乾隆戊寅六月德州後學盧見曾書";明末清初黄宗羲撰《學禮質疑序》;清萬斯大撰《自序》;目録。卷末依次有清康熙二十四年(1685)《萬子充宗墓志銘》,署"康熙乙丑姚江老友黄宗羲撰";清康熙二十二年(1683)《跛翁傳》,署"康熙癸亥夏五月慈谿同學弟鄭梁禹梅氏頓首拜撰";《浙江通志儒林傳》;《寧波府志文學傳》;《杭州府志寓賢傳》;清萬經撰《先考充宗府君行狀》。

鈐有"苐津高氏鑒藏""梅華屋藏書記""停雲書樓""友部熙披鑒記"印。

子目:

學禮質疑二卷

禮記偶箋三卷

儀禮商二卷附録一卷

周官辨非一卷

學春秋隨筆十卷

萬充宗先生經學五書十九卷　1368/1—4

〔清〕萬斯大撰

清嘉慶元年(1796)辨志堂刻本　四册

子目:

學禮質疑二卷

禮記偶箋三卷

儀禮商二卷附録一卷

周官辨非一卷

學春秋隨筆十卷

通志堂經解　691 2500

〔清〕納蘭性德輯

清康熙間通志堂刻本　六十三册

半葉11行19字,小字雙行28字,白口,左右雙邊,單黑魚尾,半框高20釐米,寬15.1釐米。版心上鎸刻字字數,中鎸書名及卷次,下鎸葉碼、"通志堂"及刻工。

鈐有"澂齋珍藏""越北中邨濱佐滕氏所藏圖書"印。

子目:

春秋本義三十卷　〔元〕程端學撰

木訥先生春秋經筌十六卷　〔宋〕趙鵬飛撰

石林先生春秋傳二十卷　〔宋〕葉夢得撰

春秋集注十一卷　〔宋〕張洽集注

春秋或問十卷　〔元〕程端學述

西疇居士春秋本例二十卷　〔宋〕崔子方撰

晦庵先生朱文公易説二十三卷　〔宋〕朱鑒撰

紫巖居士易傳十卷　〔宋〕張浚撰

李迂仲黄實夫毛詩集解四十二卷(缺卷一至卷二十二)　〔宋〕李樗、黄櫄講義　〔宋〕吕祖謙釋音

春秋劉氏傳十五卷　〔宋〕劉敞撰　〔清〕納蘭性德校訂

春秋集傳釋義大成十二卷　〔元〕俞皋撰

春秋詩説三卷附録二卷　〔元〕趙汸編

新定三禮圖二十卷　〔宋〕聶崇義集注

春秋張氏集注十一卷　〔宋〕張洽集注

尚書通考十卷　〔元〕黄鎮成編

按:館藏存十五種。

通志堂經解一百三十八種　110 4343

〔清〕納蘭性德輯　〔清〕鍾謙鈞重刊

清同治十二年(1873)粤東書局重刻本　四百七十六册

子目:

易

子夏易傳十一卷　〔周〕卜商撰

易數鉤隱圖三卷遺論九事一卷

〔宋〕劉牧撰
橫渠先生易説三卷　〔宋〕張載撰
易學一卷　〔宋〕王湜撰
紫巖居士易傳十卷　〔宋〕張浚撰
漢上易傳十一卷周易卦圖三卷周易叢説一卷　〔宋〕朱震撰
易璇璣三卷　〔宋〕吴沆撰
周易義海撮要十二卷　〔宋〕李衡撰
易小傳六卷　〔宋〕沈該撰
復齋易説六卷　〔宋〕趙彦肅撰
古周易一卷　〔宋〕吕祖謙等編
童溪王先生易傳三十卷　〔宋〕王宗傳撰
易裨傳一卷外篇一卷　〔宋〕林至撰
易圖説三卷　〔宋〕吴仁傑撰
易學啓蒙通釋二卷圖一卷　〔宋〕胡方平撰
周易玩辭十六卷　〔宋〕項安世撰
東谷鄭先生易翼傳二卷　〔宋〕鄭汝諧撰
三易備遺十卷　〔宋〕朱元昇撰
丙子學易編一卷　〔宋〕李心傳撰
易學啓蒙小傳一卷古經傳一卷　〔宋〕税與權撰
水村易鏡一卷　〔宋〕林光世撰
晦庵先生朱文公易説二十三卷　〔宋〕朱鑒輯
大易緝説十卷　〔元〕王申子撰
周易輯聞六卷易雅一卷筮宗一卷　〔宋〕趙汝楳撰
周易傳義附録十四卷首一卷　〔宋〕董楷撰
學易記九卷首一卷　〔元〕李簡撰
讀易私言一卷　〔元〕許衡撰
俞氏易集説十三卷　〔元〕俞琰撰
周易本義附録纂注十五卷　〔元〕胡一桂撰
周易發明啓蒙翼傳三卷外篇一卷　〔元〕胡一桂撰
易纂言十二卷首一卷　〔元〕吴澄撰
周易本義集成十二卷首一卷　〔元〕熊良輔撰
周易經傳集程朱解附録纂注(一名周易會通)十四卷首一卷附録一卷　〔元〕董真卿撰
易圖通變五卷　〔宋〕雷思齊撰
易象圖説内篇三卷外篇三卷　〔元〕張理撰
大易象數鉤深圖三卷　〔元〕張理撰
周易參義十二卷　〔元〕梁寅撰
合訂删補大易集義粹言十卷　〔清〕納蘭性德撰

書

書古文訓十六卷　〔宋〕薛季宣撰
三山拙齋林先生尚書全解四十卷　〔宋〕林之奇撰
程尚書禹貢論二卷後論一卷山川地理圖二卷　〔宋〕程大昌撰
尚書説七卷　〔宋〕黄度撰
增修東萊書説三十五卷首一卷　〔宋〕吕祖謙撰　〔宋〕時瀾修定
書疑九卷　〔宋〕王柏撰
書集傳或問二卷　〔宋〕陳大猷撰
杏溪傅氏禹貢集解二卷　〔宋〕傅寅撰
尚書詳解十三卷　〔宋〕胡士行撰
尚書表注二卷　〔宋〕金履祥撰
尚書纂傳四十六卷　〔元〕王天與撰

書蔡氏傳輯録纂注六卷首一卷 〔元〕董鼎撰
書纂言四卷 〔元〕吴澄撰
書蔡氏傳旁通六卷 〔元〕陳師凱撰
尚書句解十三卷 〔元〕朱祖義撰
書集傳纂疏六卷首一卷 〔元〕陳櫟撰
尚書通考十卷 〔元〕黄鎮成撰
王耕野先生讀書管見二卷 〔元〕王充耘撰
定正洪範集説一卷首一卷 〔元〕胡一中撰
詩
毛詩指説一卷 〔唐〕成伯璵撰
詩本義十五卷鄭氏詩譜補亡一卷 〔宋〕歐陽修撰
李迂仲黄實夫毛詩集解四十二卷首一卷 〔宋〕李樗、黄櫄講義 〔宋〕吕祖謙釋音
毛詩名物解二十卷 〔宋〕蔡卞撰
詩説一卷 〔宋〕張耒撰
詩疑二卷 〔宋〕王柏撰
詩傳遺説六卷 〔宋〕朱鑒撰
逸齋詩補傳三十卷篇目一卷 〔宋〕范處義撰
詩集傳名物鈔八卷 〔元〕許謙撰
詩經疑問七卷附編一卷 〔元〕朱倬撰 （附編）〔宋〕趙德撰
詩解頤四卷 〔明〕朱善撰
春秋
春秋尊王發微十二卷附録一卷 〔宋〕孫復撰
春秋皇綱論五卷 〔宋〕王晳撰
春秋劉氏傳十五卷 〔宋〕劉敞撰
春秋權衡十七卷 〔宋〕劉敞撰
劉氏春秋意林二卷 〔宋〕劉敞撰
春秋年表一卷
春秋名號歸一圖二卷 〔後蜀〕馮繼先撰
春秋臣傳三十卷 〔宋〕王當撰
西疇居士春秋本例二十卷 〔宋〕崔子方撰
木訥先生春秋經筌十六卷 〔宋〕趙鵬飛撰
石林先生春秋傳二十卷 〔宋〕葉夢得撰
止齋先生春秋後傳十二卷 〔宋〕陳傅良撰
春秋集解三十卷 〔宋〕吕祖謙撰
左氏傳説二十卷 〔宋〕吕祖謙撰
春秋左氏傳事類始末五卷附録一卷 〔宋〕章冲撰
春秋提綱十卷 〔元〕陳則通撰
春秋王霸列國世紀編三卷 〔宋〕李琪撰
春秋通説三十卷 〔宋〕黄仲炎撰
春秋集注十一卷綱領一卷 〔宋〕張洽撰
春秋或問二十卷 〔宋〕吕大圭撰
春秋五論一卷 〔宋〕吕大圭撰
則堂先生春秋集傳詳説三十卷綱領一卷 〔宋〕家鉉翁撰
春秋類對賦一卷 〔宋〕徐晉卿撰
春秋諸國統紀六卷 〔元〕齊履謙撰
春秋本義三十卷首一卷 〔元〕程端學撰
春秋或問十卷 〔元〕程端學撰
春秋集傳十五卷 〔元〕趙汸撰

〔明〕倪尚誼補
春秋屬辭十五卷　〔元〕趙汸撰
春秋師説三卷附録二卷　〔元〕趙汸撰
春秋左氏傳補注十卷　〔元〕趙汸撰
春秋諸傳會通二十四卷首一卷　〔元〕李廉撰
春秋集傳釋義大成十二卷首一卷　〔元〕俞臯撰
清全齋讀春秋編十二卷　〔元〕陳深撰
春秋春王正月考一卷辨疑一卷　〔明〕張以寧撰
三禮
新定三禮圖二十卷　〔宋〕聶崇義集注
東巖周禮訂義八十卷首一卷　〔宋〕王與之撰
鬳齋考工記解二卷　〔宋〕林希逸撰
儀禮圖十七卷旁通圖一卷附儀禮本經十七卷　〔宋〕楊復撰
禮記集説一百六十卷　〔宋〕衛湜撰
禮經會元四卷　〔宋〕葉時撰
太平經國之書十一卷首一卷　〔宋〕鄭伯謙撰
夏小正戴氏傳四卷　〔宋〕傅崧卿注
儀禮集説十七卷　〔元〕敖繼公撰
儀禮逸經傳一卷　〔元〕吴澄撰
經禮補逸九卷附録一卷　〔元〕汪克寬撰
禮記陳氏集説補正三十八卷　〔清〕納蘭性德撰
孝經
孝經注解一卷　〔唐〕玄宗李隆基注　〔宋〕司馬光指解　〔宋〕范祖禹説
孝經大義一卷　〔元〕董鼎撰
孝經一卷　〔元〕吴澄校定
晦庵先生所定古文孝經句解一卷　〔元〕朱申撰
論語
南軒先生論語解十卷　〔宋〕張栻撰
論語集説十卷　〔宋〕蔡節撰
孟子
南軒先生孟子説七卷　〔宋〕張栻撰
孟子集疏十四卷　〔宋〕蔡模撰
孟子音義二卷　〔宋〕孫奭撰
四書
大學纂疏一卷中庸纂疏一卷論語纂疏十卷孟子纂疏十四卷　〔宋〕趙順孫撰
大學集編一卷中庸集編一卷論語集編十卷孟子集編十四卷　〔宋〕真德秀撰
大學通一卷中庸通一卷論語通十卷孟子通十四卷　〔元〕胡文炳撰
大學章句或問通證一卷中庸章句或問通證一卷論語集注通證二卷孟子集注通證二卷　〔元〕張存中撰
大學章句纂箋一卷大學或問纂箋一卷中庸章句纂箋一卷中庸或問纂箋一卷論語集注纂箋十卷孟子集注纂箋十四卷　〔元〕詹道傳撰
四書通旨六卷　〔元〕朱公遷撰
四書辨疑十五卷　〔元〕陳天祥撰
大學集説啓蒙一卷中庸集説啓蒙一卷　〔元〕景星撰
總經解
經典釋文三十卷　〔唐〕陸德明撰

公是先生七經小傳三卷 〔宋〕劉敞撰
六經奥論六卷首一卷 〔宋〕鄭樵撰
六經正誤六卷 〔宋〕毛居正撰
熊先生經説七卷 〔元〕熊朋來撰
十一經問對五卷 〔元〕何異孫撰
五經蠡測六卷 〔明〕蔣悌生撰

皇清經解一千四百卷 1398/1—400

〔清〕阮元編 〔清〕嚴傑補編

清道光九年(1829)刻本 四百册

鈐有"南洋大學圖書館藏書""湘潭黎氏求補拙齋藏書籍金石文字之印"印。

子目:

左傳杜解補正三卷 〔清〕顧炎武撰
音論一卷 〔清〕顧炎武撰
易音三卷 〔清〕顧炎武撰
詩本音十卷 〔清〕顧炎武撰
日知録二卷 〔清〕顧炎武撰
四書釋地一卷 〔清〕閻若璩撰
四書釋地續一卷 〔清〕閻若璩撰
四書釋地又續一卷 〔清〕閻若璩撰
四書釋地三續一卷 〔清〕閻若璩撰
孟子生卒年月考一卷 〔清〕閻若璩撰
潛邱札記二卷 〔清〕閻若璩撰
禹貢錐指二十卷例略圖一卷 〔清〕胡渭撰
學禮質疑二卷 〔清〕萬斯大撰
學春秋隨筆十卷 〔清〕萬斯大撰
毛詩稽古編三十卷 〔清〕陳啓源撰
仲氏易三十卷 〔清〕毛奇齡撰
春秋毛氏傳三十六卷 〔清〕毛奇齡撰
春秋簡書刊誤二卷 〔清〕毛奇齡撰
春秋屬辭比事記四卷 〔清〕毛奇齡撰
經問十四卷補一卷 〔清〕毛奇齡撰
論語稽求篇七卷 〔清〕毛奇齡撰
四書剩言四卷補二卷 〔清〕毛奇齡撰
詩説三卷附録一卷 〔清〕惠周惕撰
湛園札記一卷 〔清〕姜宸英撰
經義雜記十卷 〔清〕臧琳撰
解春集二卷 〔清〕馮景撰
尚書地理今釋一卷 〔清〕蔣廷錫撰
易説六卷 〔清〕惠士奇撰
禮説十四卷 〔清〕惠士奇撰
春秋説十五卷 〔清〕惠士奇撰
白田草堂存稿一卷 〔清〕王懋竑撰
周禮疑義舉要七卷 〔清〕江永撰
深衣考誤一卷 〔清〕江永撰
春秋地理考實四卷 〔清〕江永撰
群經補義五卷 〔清〕江永撰
鄉黨圖考十卷 〔清〕江永撰
儀禮章句十七卷 〔清〕吴廷華撰
觀象授時十四卷 〔清〕秦蕙田撰
經史問答七卷 〔清〕全祖望撰
質疑一卷 〔清〕杭世駿撰
尚書注疏考證一卷 〔清〕齊召南撰
禮記注疏考證一卷 〔清〕齊召南撰
春秋左傳注疏考證二卷 〔清〕齊召南撰
春秋公羊傳注疏考證一卷 〔清〕齊召南撰
春秋穀梁傳注疏考證一卷 〔清〕齊召南撰
周官禄田考三卷 〔清〕沈彤撰

尚書小疏一卷　〔清〕沈彤撰
儀禮小疏八卷　〔清〕沈彤撰
春秋左傳小疏一卷　〔清〕沈彤撰
果堂集一卷　〔清〕沈彤撰
周易述二十一卷　〔清〕惠棟撰
古文尚書考二卷　〔清〕惠棟撰
春秋左傳補注六卷　〔清〕惠棟撰
九經古義十六卷　〔清〕惠棟撰
春秋正辭十一卷春秋舉例一卷春秋要指一卷　〔清〕莊存與撰
鍾山札記一卷　〔清〕盧文弨撰
龍城札記一卷　〔清〕盧文弨撰
尚書集注音疏十三卷尚書經師系表一卷　〔清〕江聲撰
尚書後案三十一卷　〔清〕王鳴盛撰
周禮軍賦説四卷　〔清〕王鳴盛撰
十駕齋養新録三卷　〔清〕錢大昕撰
十駕齋養新餘録一卷　〔清〕錢大昕撰
潛研堂文集六卷　〔清〕錢大昕撰
四書考異三十六卷　〔清〕翟灝撰
尚書釋天六卷　〔清〕盛百二撰
讀書脞録二卷　〔清〕孫志祖撰
讀書脞録續編二卷　〔清〕孫志祖撰
弁服釋例八卷　〔清〕任大椿撰
釋繒一卷　〔清〕任大椿撰
爾雅正義二十卷　〔清〕邵晉涵撰
宗法小記一卷　〔清〕程瑶田撰
儀禮喪服文足徵記十卷　〔清〕程瑶田撰
釋宫小記一卷　〔清〕程瑶田撰
考工創物小記四卷　〔清〕程瑶田撰
磬折古義一卷　〔清〕程瑶田撰
溝洫疆理小記一卷　〔清〕程瑶田撰
禹貢三江考三卷　〔清〕程瑶田撰
水地小記一卷　〔清〕程瑶田撰
解字小記一卷　〔清〕程瑶田撰
聲律小記一卷　〔清〕程瑶田撰
九穀考四卷　〔清〕程瑶田撰
釋草小記一卷　〔清〕程瑶田撰
釋蟲小記一卷　〔清〕程瑶田撰
禮箋三卷　〔清〕金榜撰
毛鄭詩考正四卷　〔清〕戴震撰
杲溪詩經補注二卷　〔清〕戴震撰
考工記圖二卷　〔清〕戴震撰
東原集二卷　〔清〕戴震撰
古文尚書撰異三十三卷　〔清〕段玉裁撰
毛詩故訓傳三十卷　〔清〕段玉裁撰
詩經小學四卷　〔清〕段玉裁撰
周禮漢讀考六卷　〔清〕段玉裁撰
儀禮漢讀考一卷　〔清〕段玉裁撰
説文解字注十五卷　〔清〕段玉裁撰
六書音均表五卷　〔清〕段玉裁撰
經韻樓集六卷　〔清〕段玉裁撰
廣雅疏證十卷博雅音十卷　〔清〕王念孫撰
讀書雜志二卷　〔清〕王念孫撰
春秋公羊通義十二卷叙一卷　〔清〕孔廣森撰
禮學卮言六卷　〔清〕孔廣森撰
大戴禮記補注十三卷　〔清〕孔廣森撰
經學卮言六卷　〔清〕孔廣森撰
溉亭述古録二卷　〔清〕錢塘撰
群經識小八卷　〔清〕李惇撰
經讀考異八卷　〔清〕武億撰
尚書今古文注疏三十九卷　〔清〕孫

星衍撰
問字堂集一卷 〔清〕孫星衍撰
儀禮釋官九卷 〔清〕胡匡衷撰
禮經釋例十三卷 〔清〕凌廷堪撰
校禮堂文集一卷 〔清〕凌廷堪撰
劉氏遺書一卷 〔清〕劉台拱撰
述學二卷 〔清〕汪中撰
經義知新記一卷 〔清〕汪中撰
大戴禮記正誤一卷 〔清〕汪中撰
曾子注釋四卷 〔清〕阮元撰
周易校勘記九卷略例校勘記一卷釋文校勘記一卷 〔清〕阮元撰
尚書校勘記二十卷釋文校勘記二卷 〔清〕阮元撰
毛詩校勘記七卷釋文校勘記三卷 〔清〕阮元撰
周禮校勘記十二卷釋文校勘記二卷 〔清〕阮元撰
儀禮校勘記十七卷釋文校勘記一卷 〔清〕阮元撰
禮記校勘記六十三卷釋文校勘記四卷 〔清〕阮元撰
春秋左氏傳校勘記三十六卷釋文校勘記六卷 〔清〕阮元撰
春秋公羊傳校勘記十一卷釋文校勘記一卷 〔清〕阮元撰
春秋穀梁傳校勘記十二卷釋文校勘記一卷 〔清〕阮元撰
論語校勘記十卷釋文校勘記一卷 〔清〕阮元撰
孝經校勘記三卷釋文校勘記一卷 〔清〕阮元撰
爾雅校勘記六卷釋文校勘記二卷 〔清〕阮元撰
孟子校勘記十四卷音義校勘記二卷 〔清〕阮元撰
考工記車制圖解二卷 〔清〕阮元撰
積古齋鐘鼎彝器款識二卷 〔清〕阮元撰
疇人傳九卷 〔清〕阮元撰
揅經室集七卷 〔清〕阮元撰
撫本禮記鄭注考異二卷 〔清〕張敦仁撰
易章句十二卷 〔清〕焦循撰
易通釋二十卷 〔清〕焦循撰
易圖略八卷 〔清〕焦循撰
孟子正義三十卷 〔清〕焦循撰
周易補疏二卷 〔清〕焦循撰
尚書補疏二卷 〔清〕焦循撰
毛詩補疏五卷 〔清〕焦循撰
禮記補疏三卷 〔清〕焦循撰
春秋左傳補疏五卷 〔清〕焦循撰
論語補疏二卷 〔清〕焦循撰
周易述補四卷 〔清〕江藩撰
拜經日記八卷 〔清〕臧庸撰
拜經文集一卷 〔清〕臧庸撰
瞥記一卷 〔清〕梁玉繩撰
經義述聞二十八卷 〔清〕王引之撰
經傳釋詞十卷 〔清〕王引之撰
周易虞氏義九卷 〔清〕張惠言撰
周易虞氏消息二卷 〔清〕張惠言撰
虞氏易禮二卷 〔清〕張惠言撰
周易鄭氏義二卷 〔清〕張惠言撰
周易荀氏九家義一卷 〔清〕張惠言撰
易義別録十四卷 〔清〕張惠言撰
五經異義疏證三卷 〔清〕陳壽祺撰
左海經辨二卷 〔清〕陳壽祺撰

左海文集二卷　〔清〕陳壽祺撰
鑒止水齋集二卷　〔清〕許宗彦撰
爾雅義疏二十卷　〔清〕郝懿行撰
春秋左傳補注三卷　〔清〕馬宗璉撰
公羊何氏釋例十卷　〔清〕劉逢禄撰
公羊何氏解詁箋一卷　〔清〕劉逢禄撰
發墨守評一卷　〔清〕劉逢禄撰
穀梁廢疾申何二卷　〔清〕劉逢禄撰
左氏春秋考證二卷　〔清〕劉逢禄撰
箴膏肓評一卷　〔清〕劉逢禄撰
論語述何二卷　〔清〕劉逢禄撰
燕寢考三卷　〔清〕胡培翬撰
研六室雜著一卷　〔清〕胡培翬撰
春秋異文箋十三卷　〔清〕趙坦撰
寶甓齋札記一卷　〔清〕趙坦撰
寶甓齋文集一卷　〔清〕趙坦撰
夏小正疏義四卷　〔清〕洪震煊撰
秋槎雜記一卷　〔清〕劉履恂撰
吾亦廬稿四卷　〔清〕崔應榴撰
論語偶得一卷　〔清〕方觀旭撰
經書算學天文考一卷　〔清〕陳懋齡撰
四書釋地辨證二卷　〔清〕宋翔鳳撰
毛詩紬義二十四卷　〔清〕李黼平撰
公羊禮説一卷　〔清〕凌曙撰
禮説四卷　〔清〕凌曙撰
孝經義疏一卷　〔清〕阮福撰
經傳考證八卷　〔清〕朱彬撰
甓齋遺稿一卷　〔清〕劉玉麐撰
説緯一卷　〔清〕王崧撰
經義叢鈔三十卷　〔清〕嚴傑撰

皇清經解一千四百卷首一卷附續刻八卷　110 1333

〔清〕阮元輯

清咸豐十一年(1861)補刻本　三百六十册

子目：

左傳杜解補正三卷　〔清〕顧炎武撰
音論一卷　〔清〕顧炎武撰
易音三卷　〔清〕顧炎武撰
詩本音十卷　〔清〕顧炎武撰
日知録二卷　〔清〕顧炎武撰
四書釋地一卷　〔清〕閻若璩撰
四書釋地續一卷　〔清〕閻若璩撰
四書釋地又續一卷　〔清〕閻若璩撰
四書釋地三續一卷　〔清〕閻若璩撰
孟子生卒年月考一卷　〔清〕閻若璩撰
潛邱札記二卷　〔清〕閻若璩撰
禹貢錐指二十卷例略圖一卷　〔清〕胡渭撰
學禮質疑二卷　〔清〕萬斯大撰
學春秋隨筆十卷　〔清〕萬斯大撰
毛詩稽古編三十卷　〔清〕陳啓源撰
仲氏易三十卷　〔清〕毛奇齡撰
春秋毛氏傳三十六卷　〔清〕毛奇齡撰
春秋簡書刊誤二卷　〔清〕毛奇齡撰
春秋屬辭比事記四卷　〔清〕毛奇齡撰
經問十四卷補一卷　〔清〕毛奇齡撰
論語稽求篇七卷　〔清〕毛奇齡撰
四書剩言四卷補二卷　〔清〕毛奇齡撰
詩説三卷附録一卷　〔清〕惠周惕撰

湛園札記一卷 〔清〕姜宸英撰
經義雜記十卷 〔清〕臧琳撰
解舂集二卷 〔清〕馮景撰
尚書地理今釋一卷 〔清〕蔣廷錫撰
易説六卷 〔清〕惠士奇撰
禮説十四卷 〔清〕惠士奇撰
春秋説十五卷 〔清〕惠士奇撰
白田草堂存稿一卷 〔清〕王懋竑撰
周禮疑義舉要七卷 〔清〕江永撰
深衣考誤一卷 〔清〕江永撰
春秋地理考實四卷 〔清〕江永撰
群經補義五卷 〔清〕江永撰
鄉黨圖考十卷 〔清〕江永撰
儀禮章句十七卷 〔清〕吴廷華撰
觀象授時十四卷 〔清〕秦蕙田撰
經史問答七卷 〔清〕全祖望撰
質疑一卷 〔清〕杭世駿撰
尚書注疏考證一卷 〔清〕齊召南撰
禮記注疏考證一卷 〔清〕齊召南撰
春秋左傳注疏考證二卷 〔清〕齊召南撰
春秋公羊傳注疏考證一卷 〔清〕齊召南撰
春秋穀梁傳注疏考證一卷 〔清〕齊召南撰
周官禄田考三卷 〔清〕沈彤撰
尚書小疏一卷 〔清〕沈彤撰
儀禮小疏八卷 〔清〕沈彤撰
春秋左傳小疏一卷 〔清〕沈彤撰
果堂集一卷 〔清〕沈彤撰
周易述二十一卷 〔清〕惠棟撰
古文尚書考二卷 〔清〕惠棟撰
春秋左傳補注六卷 〔清〕惠棟撰
九經古義十六卷 〔清〕惠棟撰
春秋正辭十一卷春秋舉例一卷春秋要指一卷 〔清〕莊存與撰
鍾山札記一卷 〔清〕盧文弨撰
龍城札記一卷 〔清〕盧文弨撰
尚書集注音疏十三卷尚書經師系表一卷 〔清〕江聲撰
尚書後案三十一卷 〔清〕王鳴盛撰
周禮軍賦説四卷 〔清〕王鳴盛撰
十駕齋養新録三卷 〔清〕錢大昕撰
十駕齋養新餘録一卷 〔清〕錢大昕撰
潛研堂文集六卷 〔清〕錢大昕撰
四書考異三十六卷 〔清〕翟灝撰
尚書釋天六卷 〔清〕盛百二撰
讀書脞録二卷 〔清〕孫志祖撰
讀書脞録續編二卷 〔清〕孫志祖撰
弁服釋例八卷 〔清〕任大椿撰
釋繒一卷 〔清〕任大椿撰
爾雅正義二十卷 〔清〕邵晋涵撰
宗法小記一卷 〔清〕程瑶田撰
儀禮喪服文足徵記十卷 〔清〕程瑶田撰
釋宫小記一卷 〔清〕程瑶田撰
考工創物小記四卷 〔清〕程瑶田撰
磬折古義一卷 〔清〕程瑶田撰
溝洫疆理小記一卷 〔清〕程瑶田撰
禹貢三江考三卷 〔清〕程瑶田撰
水地小記一卷 〔清〕程瑶田撰
解字小記一卷 〔清〕程瑶田撰
聲律小記一卷 〔清〕程瑶田撰
九穀考四卷 〔清〕程瑶田撰
釋草小記一卷 〔清〕程瑶田撰
釋蟲小記一卷 〔清〕程瑶田撰
禮箋三卷 〔清〕金榜撰

毛鄭詩考正四卷　〔清〕戴震撰
杲溪詩經補注二卷　〔清〕戴震撰
考工記圖二卷　〔清〕戴震撰
東原集二卷　〔清〕戴震撰
古文尚書撰異三十三卷　〔清〕段玉裁撰
毛詩故訓傳三十卷　〔清〕段玉裁撰
詩經小學四卷　〔清〕段玉裁撰
周禮漢讀考六卷　〔清〕段玉裁撰
儀禮漢讀考一卷　〔清〕段玉裁撰
説文解字注十五卷　〔清〕段玉裁撰
六書音均表五卷　〔清〕段玉裁撰
經韻樓集六卷　〔清〕段玉裁撰
廣雅疏證十卷博雅音十卷　〔清〕王念孫撰
讀書雜志二卷　〔清〕王念孫撰
春秋公羊通義十二卷敘一卷　〔清〕孔廣森撰
禮學卮言六卷　〔清〕孔廣森撰
大戴禮記補注十三卷　〔清〕孔廣森撰
經學卮言六卷　〔清〕孔廣森撰
溉亭述古録二卷　〔清〕錢塘撰
群經識小八卷　〔清〕李惇撰
經讀考異八卷　〔清〕武億撰
尚書今古文注疏三十九卷　〔清〕孫星衍撰
問字堂集一卷　〔清〕孫星衍撰
儀禮釋官九卷　〔清〕胡匡衷撰
禮經釋例十三卷　〔清〕凌廷堪撰
校禮堂文集一卷　〔清〕凌廷堪撰
劉氏遺書一卷　〔清〕劉台拱撰
述學二卷　〔清〕汪中撰
經義知新記一卷　〔清〕汪中撰
大戴禮記正誤一卷　〔清〕汪中撰
曾子注釋四卷　〔清〕阮元撰
周易校勘記九卷略例校勘記一卷釋文校勘記一卷　〔清〕阮元撰
尚書校勘記二十卷釋文校勘記二卷　〔清〕阮元撰
毛詩校勘記七卷釋文校勘記三卷　〔清〕阮元撰
周禮校勘記十二卷釋文校勘記二卷　〔清〕阮元撰
儀禮校勘記十七卷釋文校勘記一卷　〔清〕阮元撰
禮記校勘記六十三卷釋文校勘記四卷　〔清〕阮元撰
春秋左氏傳校勘記三十六卷釋文校勘記六卷　〔清〕阮元撰
春秋公羊傳校勘記十一卷釋文校勘記一卷　〔清〕阮元撰
春秋穀梁傳校勘記十二卷釋文校勘記一卷　〔清〕阮元撰
論語校勘記十卷釋文校勘記一卷　〔清〕阮元撰
孝經校勘記三卷釋文校勘記一卷　〔清〕阮元撰
爾雅校勘記六卷釋文校勘記二卷　〔清〕阮元撰
孟子校勘記十四卷音義校勘記二卷　〔清〕阮元撰
考工記車制圖解二卷　〔清〕阮元撰
積古齋鐘鼎彝器款識二卷　〔清〕阮元撰
疇人傳九卷　〔清〕阮元撰
揅經室集七卷　〔清〕阮元撰
撫本禮記鄭注考異二卷　〔清〕張敦

仁撰
易章句十二卷 〔清〕焦循撰
易通釋二十卷 〔清〕焦循撰
易圖略八卷 〔清〕焦循撰
孟子正義三十卷 〔清〕焦循撰
周易補疏二卷 〔清〕焦循撰
尚書補疏二卷 〔清〕焦循撰
毛詩補疏五卷 〔清〕焦循撰
禮記補疏三卷 〔清〕焦循撰
春秋左傳補疏五卷 〔清〕焦循撰
論語補疏二卷 〔清〕焦循撰
周易述補四卷 〔清〕江藩撰
拜經日記八卷 〔清〕臧庸撰
拜經文集一卷 〔清〕臧庸撰
瞥記一卷 〔清〕梁玉繩撰
經義述聞二十八卷 〔清〕王引之撰
經傳釋詞十卷 〔清〕王引之撰
周易虞氏義九卷 〔清〕張惠言撰
周易虞氏消息二卷 〔清〕張惠言撰
虞氏易禮二卷 〔清〕張惠言撰
周易鄭氏義二卷 〔清〕張惠言撰
周易荀氏九家義一卷 〔清〕張惠言撰
易義別録十四卷 〔清〕張惠言撰
五經異義疏證三卷 〔清〕陳壽祺撰
左海經辨二卷 〔清〕陳壽祺撰
左海文集二卷 〔清〕陳壽祺撰
鑒止水齋集二卷 〔清〕許宗彦撰
爾雅義疏二十卷 〔清〕郝懿行撰
春秋左傳補注三卷 〔清〕馬宗璉撰
公羊何氏釋例十卷 〔清〕劉逢禄撰
公羊何氏解詁箋一卷 〔清〕劉逢禄撰
發墨守評一卷 〔清〕劉逢禄撰
穀梁廢疾申何二卷 〔清〕劉逢禄撰
左氏春秋考證二卷 〔清〕劉逢禄撰
箴膏肓評一卷 〔清〕劉逢禄撰
論語述何二卷 〔清〕劉逢禄撰
燕寢考三卷 〔清〕胡培翬撰
研六室雜著一卷 〔清〕胡培翬撰
春秋異文箋十三卷 〔清〕趙坦撰
寶甓齋札記一卷 〔清〕趙坦撰
寶甓齋文集一卷 〔清〕趙坦撰
夏小正疏義四卷 〔清〕洪震煊撰
秋槎雜記一卷 〔清〕劉履徇撰
吾亦廬稿四卷 〔清〕崔應榴撰
論語偶得一卷 〔清〕方觀旭撰
經書算學天文考一卷 〔清〕陳懋齡撰
四書釋地辨證二卷 〔清〕宋翔鳳撰
毛詩紬義二十四卷 〔清〕李黼平撰
公羊禮説一卷 〔清〕凌曙撰
禮説四卷 〔清〕凌曙撰
孝經義疏一卷 〔清〕阮福撰
經傳考證八卷 〔清〕朱彬撰
甓齋遺稿一卷 〔清〕劉玉麐撰
説緯一卷 〔清〕王崧撰
經義叢鈔三十卷 〔清〕嚴傑撰
國朝石經考異一卷 〔清〕馮登府撰
漢石經考異一卷 〔清〕馮登府撰
魏石經考異一卷 〔清〕馮登府撰
唐石經考異一卷 〔清〕馮登府撰
蜀石經考異一卷 〔清〕馮登府撰
北宋石經考異一卷 〔清〕馮登府撰
三家詩異文疏證二卷 〔清〕馮登府撰

皇清經解一千四百卷　110 1333

〔清〕阮元輯

清光緒十三年(1887)上海書局石印本　六十四册

鈐有"馬鑒讀"印。

子目:

左傳杜解補正三卷　〔清〕顧炎武撰

音論一卷　〔清〕顧炎武撰

易音三卷　〔清〕顧炎武撰

詩本音十卷　〔清〕顧炎武撰

日知録二卷　〔清〕顧炎武撰

四書釋地一卷　〔清〕閻若璩撰

四書釋地續一卷　〔清〕閻若璩撰

四書釋地又續一卷　〔清〕閻若璩撰

四書釋地三續一卷　〔清〕閻若璩撰

孟子生卒年月考一卷　〔清〕閻若璩撰

潛邱札記二卷　〔清〕閻若璩撰

禹貢錐指二十卷例略圖一卷　〔清〕胡渭撰

學禮質疑二卷　〔清〕萬斯大撰

學春秋隨筆十卷　〔清〕萬斯大撰

毛詩稽古編三十卷　〔清〕陳啓源撰

仲氏易三十卷　〔清〕毛奇齡撰

春秋毛氏傳三十六卷　〔清〕毛奇齡撰

春秋簡書刊誤二卷　〔清〕毛奇齡撰

春秋屬辭比事記四卷　〔清〕毛奇齡撰

經問十四卷補一卷　〔清〕毛奇齡撰

論語稽求篇七卷　〔清〕毛奇齡撰

四書剩言四卷補二卷　〔清〕毛奇齡撰

詩説三卷附録一卷　〔清〕惠周惕撰

湛園札記一卷　〔清〕姜宸英撰

經義雜記十卷　〔清〕臧琳撰

解春集二卷　〔清〕馮景撰

尚書地理今釋一卷　〔清〕蔣廷錫撰

易説六卷　〔清〕惠士奇撰

禮説十四卷　〔清〕惠士奇撰

春秋説十五卷　〔清〕惠士奇撰

白田草堂存稿一卷　〔清〕王懋竑撰

周禮疑義舉要七卷　〔清〕江永撰

深衣考誤一卷　〔清〕江永撰

春秋地理考實四卷　〔清〕江永撰

群經補義五卷　〔清〕江永撰

鄉黨圖考十卷　〔清〕江永撰

儀禮章句十七卷　〔清〕吴廷華撰

觀象授時十四卷　〔清〕秦蕙田撰

經史問答七卷　〔清〕全祖望撰

質疑一卷　〔清〕杭世駿撰

尚書注疏考證一卷　〔清〕齊召南撰

禮記注疏考證一卷　〔清〕齊召南撰

春秋左傳注疏考證二卷　〔清〕齊召南撰

春秋公羊傳注疏考證一卷　〔清〕齊召南撰

春秋穀梁傳注疏考證一卷　〔清〕齊召南撰

周官禄田考三卷　〔清〕沈彤撰

尚書小疏一卷　〔清〕沈彤撰

儀禮小疏八卷　〔清〕沈彤撰

春秋左傳小疏一卷　〔清〕沈彤撰

果堂集一卷　〔清〕沈彤撰

周易述二十一卷　〔清〕惠棟撰

古文尚書考二卷　〔清〕惠棟撰

春秋左傳補注六卷　〔清〕惠棟撰

九經古義十六卷　〔清〕惠棟撰

春秋正辭十一卷春秋舉例一卷春秋要指一卷 〔清〕莊存與撰
鍾山札記一卷 〔清〕盧文弨撰
龍城札記一卷 〔清〕盧文弨撰
尚書集注音疏十三卷尚書經師系表一卷 〔清〕江聲撰
尚書後案三十一卷 〔清〕王鳴盛撰
周禮軍賦説四卷 〔清〕王鳴盛撰
十駕齋養新録三卷 〔清〕錢大昕撰
十駕齋養新餘録一卷 〔清〕錢大昕撰
潛研堂文集六卷 〔清〕錢大昕撰
四書考異三十六卷 〔清〕翟灝撰
尚書釋天六卷 〔清〕盛百二撰
讀書脞録二卷 〔清〕孫志祖撰
讀書脞録續編二卷 〔清〕孫志祖撰
弁服釋例八卷 〔清〕任大椿撰
釋繒一卷 〔清〕任大椿撰
爾雅正義二十卷 〔清〕邵晋涵撰
宗法小記一卷 〔清〕程瑶田撰
儀禮喪服文足徵記十卷 〔清〕程瑶田撰
釋宫小記一卷 〔清〕程瑶田撰
考工創物小記四卷 〔清〕程瑶田撰
磬折古義一卷 〔清〕程瑶田撰
溝洫疆理小記一卷 〔清〕程瑶田撰
禹貢三江考三卷 〔清〕程瑶田撰
水地小記一卷 〔清〕程瑶田撰
解字小記一卷 〔清〕程瑶田撰
聲律小記一卷 〔清〕程瑶田撰
九穀考四卷 〔清〕程瑶田撰
釋草小記一卷 〔清〕程瑶田撰
釋蟲小記一卷 〔清〕程瑶田撰
禮箋三卷 〔清〕金榜撰
毛鄭詩考正四卷 〔清〕戴震撰
杲溪詩經補注二卷 〔清〕戴震撰
考工記圖二卷 〔清〕戴震撰
東原集二卷 〔清〕戴震撰
古文尚書撰異三十三卷 〔清〕段玉裁撰
毛詩故訓傳三十卷 〔清〕段玉裁撰
詩經小學四卷 〔清〕段玉裁撰
周禮漢讀考六卷 〔清〕段玉裁撰
儀禮漢讀考一卷 〔清〕段玉裁撰
説文解字注十五卷 〔清〕段玉裁撰
六書音均表五卷 〔清〕段玉裁撰
經韻樓集六卷 〔清〕段玉裁撰
廣雅疏證十卷博雅音十卷 〔清〕王念孫撰
讀書雜志二卷 〔清〕王念孫撰
春秋公羊通義十二卷叙一卷 〔清〕孔廣森撰
禮學卮言六卷 〔清〕孔廣森撰
大戴禮記補注十三卷 〔清〕孔廣森撰
經學卮言六卷 〔清〕孔廣森撰
溉亭述古録二卷 〔清〕錢塘撰
群經識小八卷 〔清〕李惇撰
經讀考異八卷 〔清〕武億撰
尚書今古文注疏三十九卷 〔清〕孫星衍撰
問字堂集一卷 〔清〕孫星衍撰
儀禮釋官九卷 〔清〕胡匡衷撰
禮經釋例十三卷 〔清〕凌廷堪撰
校禮堂文集一卷 〔清〕凌廷堪撰
劉氏遺書一卷 〔清〕劉台拱撰
述學二卷 〔清〕汪中撰
經義知新記一卷 〔清〕汪中撰

大戴禮記正誤一卷　〔清〕汪中撰
曾子注釋四卷　〔清〕阮元撰
周易校勘記九卷略例校勘記一卷釋文校勘記一卷　〔清〕阮元撰
尚書校勘記二十卷釋文校勘記二卷　〔清〕阮元撰
毛詩校勘記七卷釋文校勘記三卷　〔清〕阮元撰
周禮校勘記十二卷釋文校勘記二卷　〔清〕阮元撰
儀禮校勘記十七卷釋文校勘記一卷　〔清〕阮元撰
禮記校勘記六十三卷釋文校勘記四卷　〔清〕阮元撰
春秋左氏傳校勘記三十六卷釋文校勘記六卷　〔清〕阮元撰
春秋公羊傳校勘記十一卷釋文校勘記一卷　〔清〕阮元撰
春秋穀梁傳校勘記十二卷釋文校勘記一卷　〔清〕阮元撰
論語校勘記十卷釋文校勘記一卷　〔清〕阮元撰
孝經校勘記三卷釋文校勘記一卷　〔清〕阮元撰
爾雅校勘記六卷釋文校勘記二卷　〔清〕阮元撰
孟子校勘記十四卷音義校勘記二卷　〔清〕阮元撰
考工記車制圖解二卷　〔清〕阮元撰
積古齋鐘鼎彝器款識二卷　〔清〕阮元撰
疇人傳九卷　〔清〕阮元撰
揅經室集七卷　〔清〕阮元撰
撫本禮記鄭注考異二卷　〔清〕張敦仁撰
易章句十二卷　〔清〕焦循撰
易通釋二十卷　〔清〕焦循撰
易圖略八卷　〔清〕焦循撰
孟子正義三十卷　〔清〕焦循撰
周易補疏二卷　〔清〕焦循撰
尚書補疏二卷　〔清〕焦循撰
毛詩補疏五卷　〔清〕焦循撰
禮記補疏三卷　〔清〕焦循撰
春秋左傳補疏五卷　〔清〕焦循撰
論語補疏二卷　〔清〕焦循撰
周易述補四卷　〔清〕江藩撰
拜經日記八卷　〔清〕臧庸撰
拜經文集一卷　〔清〕臧庸撰
瞥記一卷　〔清〕梁玉繩撰
經義述聞二十八卷　〔清〕王引之撰
經傳釋詞十卷　〔清〕王引之撰
周易虞氏義九卷　〔清〕張惠言撰
周易虞氏消息二卷　〔清〕張惠言撰
虞氏易禮二卷　〔清〕張惠言撰
周易鄭氏義二卷　〔清〕張惠言撰
周易荀氏九家義一卷　〔清〕張惠言撰
易義别録十四卷　〔清〕張惠言撰
五經異義疏證三卷　〔清〕陳壽祺撰
左海經辨二卷　〔清〕陳壽祺撰
左海文集二卷　〔清〕陳壽祺撰
鑒止水齋集二卷　〔清〕許宗彦撰
爾雅義疏二十卷　〔清〕郝懿行撰
春秋左傳補注三卷　〔清〕馬宗璉撰
公羊何氏釋例十卷　〔清〕劉逢禄撰
公羊何氏解詁箋一卷　〔清〕劉逢禄撰
發墨守評一卷　〔清〕劉逢禄撰

穀梁廢疾申何二卷 〔清〕劉逢禄撰
左氏春秋考證二卷 〔清〕劉逢禄撰
箴膏肓評一卷 〔清〕劉逢禄撰
論語述何二卷 〔清〕劉逢禄撰
燕寢考三卷 〔清〕胡培翬撰
研六室雜著一卷 〔清〕胡培翬撰
春秋異文箋十三卷 〔清〕趙坦撰
寶甓齋札記一卷 〔清〕趙坦撰
寶甓齋文集一卷 〔清〕趙坦撰
夏小正疏義四卷 〔清〕洪震煊撰
秋槎雜記一卷 〔清〕劉履恂撰
吾亦廬稿四卷 〔清〕崔應榴撰
論語偶得一卷 〔清〕方觀旭撰
經書算學天文考一卷 〔清〕陳懋齡撰
四書釋地辨證二卷 〔清〕宋翔鳳撰
毛詩紬義二十四卷 〔清〕李黼平撰
公羊禮説一卷 〔清〕凌曙撰
禮説四卷 〔清〕凌曙撰
孝經義疏一卷 〔清〕阮福撰
經傳考證八卷 〔清〕朱彬撰
甓齋遺稿一卷 〔清〕劉玉麐撰
説緯一卷 〔清〕王崧撰
經義叢鈔三十卷 〔清〕嚴傑撰

皇清經解一百九十卷 110 1333

〔清〕阮元輯

清光緒十一年(1885)上海點石齋石印本 二十四册

鈐有"武陵穎之藏書"印。

子目：

左傳杜解補正三卷 〔清〕顧炎武撰
音論一卷 〔清〕顧炎武撰
易音三卷 〔清〕顧炎武撰
詩本音十卷 〔清〕顧炎武撰
日知録二卷 〔清〕顧炎武撰
四書釋地一卷 〔清〕閻若璩撰
四書釋地續一卷 〔清〕閻若璩撰
四書釋地又續一卷 〔清〕閻若璩撰
四書釋地三續一卷 〔清〕閻若璩撰
孟子生卒年月考一卷 〔清〕閻若璩撰
潛邱札記二卷 〔清〕閻若璩撰
禹貢錐指二十卷例略圖一卷 〔清〕胡渭撰
學禮質疑二卷 〔清〕萬斯大撰
學春秋隨筆十卷 〔清〕萬斯大撰
毛詩稽古編三十卷 〔清〕陳啓源撰
仲氏易三十卷 〔清〕毛奇齡撰
春秋毛氏傳三十六卷 〔清〕毛奇齡撰
春秋簡書刊誤二卷 〔清〕毛奇齡撰
春秋屬辭比事記四卷 〔清〕毛奇齡撰
經問十四卷補一卷 〔清〕毛奇齡撰
論語稽求篇七卷 〔清〕毛奇齡撰
四書賸言四卷補二卷 〔清〕毛奇齡撰
詩説三卷附録一卷 〔清〕惠周惕撰
湛園札記一卷 〔清〕姜宸英撰
經義雜記十卷 〔清〕臧琳撰
解春集二卷 〔清〕馮景撰
尚書地理今釋一卷 〔清〕蔣廷錫撰
易説六卷 〔清〕惠士奇撰
禮説十四卷 〔清〕惠士奇撰
春秋説十五卷 〔清〕惠士奇撰
白田草堂存稿一卷 〔清〕王懋竑撰
周禮疑義舉要七卷 〔清〕江永撰

深衣考誤一卷　〔清〕江永撰
春秋地理考實四卷　〔清〕江永撰
群經補義五卷　〔清〕江永撰
鄉黨圖考十卷　〔清〕江永撰
儀禮章句十七卷　〔清〕吴廷華撰
觀象授時十四卷　〔清〕秦蕙田撰
經史問答七卷　〔清〕全祖望撰
質疑一卷　〔清〕杭世駿撰
尚書注疏考證一卷　〔清〕齊召南撰
禮記注疏考證一卷　〔清〕齊召南撰
春秋左傳注疏考證二卷　〔清〕齊召南撰
春秋公羊傳注疏考證一卷　〔清〕齊召南撰
春秋穀梁傳注疏考證一卷　〔清〕齊召南撰
周官禄田考三卷　〔清〕沈彤撰
尚書小疏一卷　〔清〕沈彤撰
儀禮小疏八卷　〔清〕沈彤撰
春秋左傳小疏一卷　〔清〕沈彤撰
果堂集一卷　〔清〕沈彤撰
周易述二十一卷　〔清〕惠棟撰
古文尚書考二卷　〔清〕惠棟撰
春秋左傳補注六卷　〔清〕惠棟撰
九經古義十六卷　〔清〕惠棟撰
春秋正辭十一卷春秋舉例一卷春秋要指一卷　〔清〕莊存與撰
鍾山札記一卷　〔清〕盧文弨撰
龍城札記一卷　〔清〕盧文弨撰
尚書集注音疏十三卷尚書經師系表一卷　〔清〕江聲撰
尚書後案三十一卷　〔清〕王鳴盛撰
周禮軍賦説四卷　〔清〕王鳴盛撰
十駕齋養新録三卷　〔清〕錢大昕撰
十駕齋養新餘録一卷　〔清〕錢大昕撰
潛研堂文集六卷　〔清〕錢大昕撰
四書考異三十六卷　〔清〕翟灝撰
尚書釋天六卷　〔清〕盛百二撰
讀書脞録二卷　〔清〕孫志祖撰
讀書脞録續編二卷　〔清〕孫志祖撰
弁服釋例八卷　〔清〕任大椿撰
釋繒一卷　〔清〕任大椿撰
爾雅正義二十卷　〔清〕邵晋涵撰
宗法小記一卷　〔清〕程瑶田撰
儀禮喪服文足徵記十卷　〔清〕程瑶田撰
釋宫小記一卷　〔清〕程瑶田撰
考工創物小記四卷　〔清〕程瑶田撰
磬折古義一卷　〔清〕程瑶田撰
溝洫疆理小記一卷　〔清〕程瑶田撰
禹貢三江考三卷　〔清〕程瑶田撰
水地小記一卷　〔清〕程瑶田撰
解字小記一卷　〔清〕程瑶田撰
聲律小記一卷　〔清〕程瑶田撰
九穀考四卷　〔清〕程瑶田撰
釋草小記一卷　〔清〕程瑶田撰
釋蟲小記一卷　〔清〕程瑶田撰
禮箋三卷　〔清〕金榜撰
毛鄭詩考正四卷　〔清〕戴震撰
杲溪詩經補注二卷　〔清〕戴震撰
考工記圖二卷　〔清〕戴震撰
東原集二卷　〔清〕戴震撰
古文尚書撰異三十三卷　〔清〕段玉裁撰
毛詩故訓傳三十卷　〔清〕段玉裁撰
詩經小學四卷　〔清〕段玉裁撰
周禮漢讀考六卷　〔清〕段玉裁撰

儀禮漢讀考一卷 〔清〕段玉裁撰
説文解字注十五卷 〔清〕段玉裁撰
六書音均表五卷 〔清〕段玉裁撰
經韻樓集六卷 〔清〕段玉裁撰
廣雅疏證十卷博雅音十卷 〔清〕王念孫撰
讀書雜志二卷 〔清〕王念孫撰
春秋公羊通義十二卷叙一卷 〔清〕孔廣森撰
禮學卮言六卷 〔清〕孔廣森撰
大戴禮記補注十三卷 〔清〕孔廣森撰
經學卮言六卷 〔清〕孔廣森撰
溉亭述古録二卷 〔清〕錢塘撰
群經識小八卷 〔清〕李惇撰
經讀考異八卷 〔清〕武億撰
尚書今古文注疏三十九卷 〔清〕孫星衍撰
問字堂集一卷 〔清〕孫星衍撰
儀禮釋官九卷 〔清〕胡匡衷撰
禮經釋例十三卷 〔清〕凌廷堪撰
校禮堂文集一卷 〔清〕凌廷堪撰
劉氏遺書一卷 〔清〕劉台拱撰
述學二卷 〔清〕汪中撰
經義知新記一卷 〔清〕汪中撰
大戴禮記正誤一卷 〔清〕汪中撰
曾子注釋四卷 〔清〕阮元撰
周易校勘記九卷略例校勘記一卷釋文校勘記一卷 〔清〕阮元撰
尚書校勘記二十卷釋文校勘記二卷 〔清〕阮元撰
毛詩校勘記七卷釋文校勘記三卷 〔清〕阮元撰
周禮校勘記十二卷釋文校勘記二卷 〔清〕阮元撰
儀禮校勘記十七卷釋文校勘記一卷 〔清〕阮元撰
禮記校勘記六十三卷釋文校勘記四卷 〔清〕阮元撰
春秋左氏傳校勘記三十六卷釋文校勘記六卷 〔清〕阮元撰
春秋公羊傳校勘記十一卷釋文校勘記一卷 〔清〕阮元撰
春秋穀梁傳校勘記十二卷釋文校勘記一卷 〔清〕阮元撰
論語校勘記十卷釋文校勘記一卷 〔清〕阮元撰
孝經校勘記三卷釋文校勘記一卷 〔清〕阮元撰
爾雅校勘記六卷釋文校勘記二卷 〔清〕阮元撰
孟子校勘記十四卷音義校勘記二卷 〔清〕阮元撰
考工記車制圖解二卷 〔清〕阮元撰
積古齋鐘鼎彝器款識二卷 〔清〕阮元撰
疇人傳九卷 〔清〕阮元撰
揅經室集七卷 〔清〕阮元撰
撫本禮記鄭注考異二卷 〔清〕張敦仁撰
易章句十二卷 〔清〕焦循撰
易通釋二十卷 〔清〕焦循撰
易圖略八卷 〔清〕焦循撰
孟子正義三十卷 〔清〕焦循撰
周易補疏二卷 〔清〕焦循撰
尚書補疏二卷 〔清〕焦循撰
毛詩補疏五卷 〔清〕焦循撰
禮記補疏三卷 〔清〕焦循撰

春秋左傳補疏五卷　〔清〕焦循撰
論語補疏二卷　〔清〕焦循撰
周易述補四卷　〔清〕江藩撰
拜經日記八卷　〔清〕臧庸撰
拜經文集一卷　〔清〕臧庸撰
瞥記一卷　〔清〕梁玉繩撰
經義述聞二十八卷　〔清〕王引之撰
經傳釋詞十卷　〔清〕王引之撰
周易虞氏義九卷　〔清〕張惠言撰
周易虞氏消息二卷　〔清〕張惠言撰
虞氏易禮二卷　〔清〕張惠言撰
周易鄭氏義二卷　〔清〕張惠言撰
周易荀氏九家義一卷　〔清〕張惠言撰
易義別録十四卷　〔清〕張惠言撰
五經異義疏證三卷　〔清〕陳壽祺撰
左海經辨二卷　〔清〕陳壽祺撰
左海文集二卷　〔清〕陳壽祺撰
鑒止水齋集二卷　〔清〕許宗彦撰
爾雅義疏二十卷　〔清〕郝懿行撰
春秋左傳補注三卷　〔清〕馬宗璉撰
公羊何氏釋例十卷　〔清〕劉逢禄撰
公羊何氏解詁箋一卷　〔清〕劉逢禄撰
發墨守評一卷　〔清〕劉逢禄撰
穀梁廢疾申何二卷　〔清〕劉逢禄撰
左氏春秋考證二卷　〔清〕劉逢禄撰
箴膏肓評一卷　〔清〕劉逢禄撰
論語述何二卷　〔清〕劉逢禄撰
燕寢考三卷　〔清〕胡培翬撰
研六室雜著一卷　〔清〕胡培翬撰
春秋異文箋十三卷　〔清〕趙坦撰
寶甓齋札記一卷　〔清〕趙坦撰
寶甓齋文集一卷　〔清〕趙坦撰
夏小正疏義四卷　〔清〕洪震煊撰
秋槎雜記一卷　〔清〕劉履恂撰
吾亦廬稿四卷　〔清〕崔應榴撰
論語偶得一卷　〔清〕方觀旭撰
經書算學天文考一卷　〔清〕陳懋齡撰
四書釋地辨證二卷　〔清〕宋翔鳳撰
毛詩紬義二十四卷　〔清〕李黼平撰
公羊禮説一卷　〔清〕凌曙撰
禮説四卷　〔清〕凌曙撰
孝經義疏一卷　〔清〕阮福撰
經傳考證八卷　〔清〕朱彬撰
甓齋遺稿一卷　〔清〕劉玉麐撰
説緯一卷　〔清〕王崧撰
經義叢鈔三十卷　〔清〕嚴傑撰
國朝石經考異一卷　〔清〕馮登府撰
漢石經考異一卷　〔清〕馮登府撰
魏石經考異一卷　〔清〕馮登府撰
唐石經考異一卷　〔清〕馮登府撰
蜀石經考異一卷　〔清〕馮登府撰
北宋石經考異一卷　〔清〕馮登府撰
三家詩異文疏證二卷　〔清〕馮登府撰

皇清經解續編二百九種一千四百三十卷

1390/1—320

〔清〕王先謙編

清光緒十四年(1888)刻本　三百二十册

鈐有“南洋大學圖書館藏書”印。

子目：

九經誤字一卷　〔清〕顧炎武撰
周易稗疏四卷　〔清〕王夫之撰
詩經稗疏四卷　〔清〕王夫之撰

春秋稗疏二卷 〔清〕王夫之撰
四書稗疏三卷 〔清〕王夫之撰
春秋占筮書三卷 〔清〕毛奇齡撰
續詩傳鳥名三卷 〔清〕毛奇齡撰
白鷺洲主客説詩一卷 〔清〕毛奇齡撰
郊社禘祫問一卷 〔清〕毛奇齡撰
大小宗通繹一卷 〔清〕毛奇齡撰
孝經問一卷 〔清〕毛奇齡撰
禮記偶箋三卷 〔清〕萬斯大撰
尚書古文疏證九卷(原缺卷三) 〔清〕閻若璩撰
易圖明辨十卷 〔清〕胡渭撰
春秋長曆十卷 〔清〕陳厚耀撰
儀禮釋宫增注一卷 〔清〕江永撰
儀禮釋例一卷 〔清〕江永撰
禮記訓義擇言八卷 〔清〕江永撰
春秋大事表六十六卷輿圖一卷 〔清〕顧棟高撰
天子肆獻祼饋食禮纂二卷 〔清〕任啓運撰
朝廟宫室考並圖一卷附田賦考一卷 〔清〕任啓運撰
易例二卷 〔清〕惠棟撰
易漢學八卷 〔清〕惠棟撰
明堂大道録八卷 〔清〕惠棟撰
禘説二卷 〔清〕惠棟撰
晚書訂疑三卷 〔清〕程廷祚撰
卦氣解一卷 〔清〕莊存與撰
周官記五卷 〔清〕莊存與撰
周官説二卷 〔清〕莊存與撰
周官説補三卷 〔清〕莊存與撰
儀禮管見十七卷 〔清〕褚寅亮撰
爾雅補郭二卷 〔清〕翟灝撰
鄭氏儀禮目録校證一卷 〔清〕胡匡衷撰
深衣釋例三卷 〔清〕任大椿撰
詩聲類十二卷 〔清〕孔廣森撰
詩聲分例一卷 〔清〕孔廣森撰
經傳小記一卷 〔清〕劉台拱撰
國語補校一卷 〔清〕劉台拱撰
讀逸周書雜志四卷 〔清〕王念孫撰
爾雅古義二卷 〔清〕錢坫撰
爾雅釋地四篇注一卷 〔清〕錢坫撰
車制考一卷 〔清〕錢坫撰
群經義證八卷 〔清〕武億撰
釋服二卷 〔清〕宋綿初撰
孟子四考四卷 〔清〕周廣業撰
毛詩考證四卷 〔清〕莊述祖撰
毛詩周頌口義三卷 〔清〕莊述祖撰
五經小學述二卷 〔清〕莊述祖撰
詩書古訓十卷 〔清〕阮元撰
春秋左傳詁二十卷 〔清〕洪亮吉撰
左通補釋三十二卷 〔清〕梁履繩撰
周易述補五卷 〔清〕李林松撰
易圖條辨一卷 〔清〕張惠言撰
虞氏易事二卷 〔清〕張惠言撰
虞氏易言二卷 〔清〕張惠言撰
虞氏易候一卷 〔清〕張惠言撰
儀禮圖六卷 〔清〕張惠言撰
讀儀禮記二卷 〔清〕張惠言撰
書序述聞一卷 〔清〕劉逢禄撰
尚書今古文集解三十卷附校勘記一卷 〔清〕劉逢禄撰 (校勘記)〔清〕劉葆楨、劉翰藻撰
卦本圖考一卷 〔清〕胡秉虔撰
尚書大傳輯校三卷 〔清〕陳壽祺撰
禹貢鄭注釋二卷 〔清〕焦循撰

群經宫室圖二卷　〔清〕焦循撰
隸經文四卷　〔清〕江藩撰
説文聲類十六卷聲類出入表一卷　〔清〕嚴可均撰
周易考異二卷　〔清〕宋翔鳳撰
尚書略説二卷　〔清〕宋翔鳳撰
尚書譜一卷　〔清〕宋翔鳳撰
大學古義説二卷　〔清〕宋翔鳳撰
論語説義十卷　〔清〕宋翔鳳撰
孟子趙注補正六卷　〔清〕宋翔鳳撰
小爾雅訓纂六卷　〔清〕宋翔鳳撰
過庭録五卷　〔清〕宋翔鳳撰
毛詩傳箋通釋三十二卷　〔清〕馬瑞辰撰
毛詩後箋三十卷　〔清〕胡承珙撰　〔清〕陳奂補
儀禮古今文疏義十七卷　〔清〕胡承珙撰
讀書叢録一卷　〔清〕洪頤煊撰
爾雅匡名二十卷　〔清〕嚴元照撰
周官故書考四卷　〔清〕徐養原撰
儀禮今古文異同疏證五卷　〔清〕徐養原撰
論語魯讀考一卷　〔清〕徐養原撰
頑石廬經説十卷　〔清〕徐養原撰
周禮學二卷　〔清〕王聘珍撰
儀禮學一卷　〔清〕王聘珍撰
易經異文釋六卷　〔清〕李富孫撰
詩經異文釋十六卷　〔清〕李富孫撰
春秋左傳異文釋十卷　〔清〕李富孫撰
春秋公羊傳異文釋一卷　〔清〕李富孫撰
春秋穀梁傳異文釋一卷　〔清〕李富孫撰
夏小正分箋四卷　〔清〕黄模撰
夏小正異義二卷　〔清〕黄模撰
春秋左氏古義六卷　〔清〕臧壽恭撰
春秋左氏傳補注十二卷　〔清〕沈欽韓撰
春秋左氏傳地名補注十二卷　〔清〕沈欽韓撰
儀禮經注疏正譌十六卷　〔清〕金曰追撰
周易虞氏略例一卷　〔清〕李鋭撰
論語孔注辨僞二卷　〔清〕沈濤撰
國語發正二十一卷　〔清〕汪遠孫撰
説文諧聲譜九卷　〔清〕張成孫撰
春秋穀梁傳時月日書法釋例四卷　〔清〕許桂林撰
求古録禮説十五卷補遺一卷　〔清〕金鶚撰
鄉黨正義一卷　〔清〕金鶚撰
説文解字音均表十七卷首一卷　〔清〕江沅撰
儀禮正義四十卷　〔清〕胡培翬撰　〔清〕楊大堉補
禘祫問答一卷　〔清〕胡培翬撰
實事求是齋經義二卷　〔清〕朱大韶撰
十三經詁答問六卷　〔清〕馮登府撰
左傳舊疏考正八卷　〔清〕劉文淇撰
春秋朔閏異同二卷　〔清〕羅士琳撰
春秋左傳賈服注輯述二十卷　〔清〕李貽德撰
喪禮經傳約一卷　〔清〕吴卓信撰
詩毛氏傳疏三十卷　〔清〕陳奂撰
釋毛詩音四卷　〔清〕陳奂撰

毛詩説一卷 〔清〕陳奂撰
毛詩傳義類一卷 〔清〕陳奂撰
鄭氏箋考徵一卷 〔清〕陳奂撰
公羊逸禮考徵一卷 〔清〕陳奂撰
周禮注疏小箋五卷 〔清〕曾釗撰
大戴禮注補十三卷 〔清〕汪照撰
癸巳類稿六卷 〔清〕俞正燮撰
癸巳存稿四卷 〔清〕俞正燮撰
尚書餘論一卷 〔清〕丁晏撰
禹貢錐指正誤一卷 〔清〕丁晏撰
詩譜考正一卷 〔清〕丁晏撰
孝經徵文一卷 〔清〕丁晏撰
齊詩翼氏學四卷 〔清〕迮鶴壽撰
公羊禮疏十一卷 〔清〕凌曙撰
公羊問答二卷 〔清〕凌曙撰
春秋繁露注十七卷 〔清〕凌曙撰
周易姚氏學十六卷 〔清〕姚配中撰
春秋公羊傳曆譜十一卷 〔清〕包慎言撰
論語古注集箋二十卷 〔清〕潘維城撰
虞氏易消息圖説一卷 〔清〕胡祥麟撰
大誓答問一卷 〔清〕龔自珍撰
春秋決事比一卷 〔清〕龔自珍撰
輪輿私箋二卷附圖一卷 〔清〕鄭珍撰 〔清〕鄭知同繪圖
儀禮私箋八卷 〔清〕鄭珍撰
巢經巢經説一卷 〔清〕鄭珍撰
禹貢圖一卷 〔清〕陳澧撰
東塾讀書記十卷 〔清〕陳澧撰
春秋古經説二卷 〔清〕侯康撰
穀梁禮證二卷 〔清〕侯康撰
説文聲讀表七卷 〔清〕苗夔撰
學禮管釋十八卷 〔清〕夏炘撰
開有益齋經説五卷 〔清〕朱緒曾撰
穀梁大義述三十卷 〔清〕柳興恩撰
春秋釋一卷 〔清〕黄式三撰
考工記考辨八卷 〔清〕王宗涑撰
逸周書集訓校釋十卷逸文一卷 〔清〕朱右曾撰
詩地理徵七卷 〔清〕朱右曾撰
喪服會通説四卷 〔清〕吴家賓撰
讀儀禮録一卷 〔清〕曾國藩撰
論語正義二十四卷 〔清〕劉寶楠撰 〔清〕劉恭冕述
釋穀四卷 〔清〕劉寶楠撰
今文尚書經説考三十八卷 〔清〕陳喬樅撰
尚書歐陽夏侯遺説考一卷 〔清〕陳喬樅撰
三家詩遺説考四十九卷 〔清〕陳壽祺撰 〔清〕陳喬樅述
毛詩鄭箋改字説四卷 〔清〕陳喬樅撰
詩經四家異文考五卷 〔清〕陳喬樅撰
齊詩翼氏學疏證二卷 〔清〕陳喬樅撰
禮堂經説二卷 〔清〕陳喬樅撰
禮記鄭讀考六卷 〔清〕陳壽祺撰 〔清〕陳喬樅述
爾雅經注集證三卷 〔清〕龍啓瑞撰
公羊義疏七十六卷 〔清〕陳立撰
白虎通疏證十二卷 〔清〕陳立撰
禮經通論一卷 〔清〕邵懿辰撰
周易爻辰申鄭義一卷 〔清〕何秋濤撰

禹貢鄭氏略例一卷　〔清〕何秋濤撰
書古微十二卷　〔清〕魏源撰
詩古微十七卷　〔清〕魏源撰
讀書偶識十卷附一卷　〔清〕鄒漢勛撰
劉貴陽經説一卷　〔清〕劉書年撰
穀梁補注二十四卷　〔清〕鍾文烝撰
周易舊疏考正一卷　〔清〕劉毓崧撰
尚書舊疏考正一卷　〔清〕劉毓崧撰
讀易漢學私記一卷　〔清〕陳壽熊撰
孟子音義考證二卷　〔清〕蔣仁榮撰
達齋叢説一卷　〔清〕俞樾撰
周易互體徵一卷　〔清〕俞樾撰
九族考一卷　〔清〕俞樾撰
詩名物證古一卷　〔清〕俞樾撰
士昏禮對席圖一卷　〔清〕俞樾撰
禮記異文箋一卷　〔清〕俞樾撰
禮記鄭讀考一卷　〔清〕俞樾撰
玉佩考一卷　〔清〕俞樾撰
鄭君駁正三禮考一卷　〔清〕俞樾撰
春秋名字解詁補義一卷　〔清〕俞樾撰
論語鄭義一卷　〔清〕俞樾撰
續論語駢枝一卷　〔清〕俞樾撰
群經平議三十五卷　〔清〕俞樾撰
古書疑義舉例七卷　〔清〕俞樾撰
禹貢説一卷　〔清〕倪文蔚撰
周易釋爻例一卷　〔清〕成蓉鏡撰
尚書曆譜二卷　〔清〕成蓉鏡撰
禹貢班義述三卷　〔清〕成蓉鏡撰
春秋日南至譜一卷　〔清〕成蓉鏡撰
何休注訓論語述一卷　〔清〕劉恭冕撰
禮記天算釋一卷　〔清〕孔廣牧撰
先聖生卒年月日考二卷　〔清〕孔廣牧撰
禮説略三卷　〔清〕黄以周撰
經説略二卷　〔清〕黄以周撰
漢孳室文鈔二卷　〔清〕陶方琦撰
昏禮重別論對駁義二卷　〔清〕劉壽曾撰
隸經剩義一卷　〔清〕林兆豐撰
毛詩譜一卷　〔漢〕鄭玄撰　〔清〕胡元儀輯
駁春秋名字解詁一卷　〔清〕胡元玉撰
經述三卷　〔清〕林頤山撰

又一部　二百九十九册　110 1333

按：館藏缺卷六百八十七至卷六百九十。

皇清經解續編一千四百三十卷

1390—2/1—32

〔清〕王先謙編

清光緒十五年(1889)上海蜚英館石印本　三十二册

鈐有“文瑞”“小棠”“王厚鑾印”南洋大學圖書館藏書”印。

子目：

九經誤字一卷　〔清〕顧炎武撰
周易稗疏四卷　〔清〕王夫之撰
詩經稗疏四卷　〔清〕王夫之撰
春秋稗疏二卷　〔清〕王夫之撰
四書稗疏三卷　〔清〕王夫之撰
春秋占筮書三卷　〔清〕毛奇齡撰
續詩傳鳥名三卷　〔清〕毛奇齡撰
白鷺洲主客説詩一卷　〔清〕毛奇齡撰

郊社禘祫問一卷 〔清〕毛奇齡撰
大小宗通繹一卷 〔清〕毛奇齡撰
孝經問一卷 〔清〕毛奇齡撰
禮記偶箋三卷 〔清〕萬斯大撰
尚書古文疏證九卷(原缺卷三) 〔清〕閻若璩撰
易圖明辨十卷 〔清〕胡渭撰
春秋長曆十卷 〔清〕陳厚耀撰
儀禮釋宫增注一卷 〔清〕江永撰
儀禮釋例一卷 〔清〕江永撰
禮記訓義擇言八卷 〔清〕江永撰
春秋大事表六十六卷輿圖一卷 〔清〕顧棟高撰
天子肆獻祼饋食禮纂二卷 〔清〕任啓運撰
朝廟宫室考並圖一卷附田賦考一卷 〔清〕任啓運撰
易例二卷 〔清〕惠棟撰
易漢學八卷 〔清〕惠棟撰
明堂大道録八卷 〔清〕惠棟撰
禘説二卷 〔清〕惠棟撰
晚書訂疑三卷 〔清〕程廷祚撰
卦氣解一卷 〔清〕莊存與撰
周官記五卷 〔清〕莊存與撰
周官説二卷 〔清〕莊存與撰
周官説補三卷 〔清〕莊存與撰
儀禮管見十七卷 〔清〕褚寅亮撰
爾雅補郭二卷 〔清〕翟灝撰
鄭氏儀禮目録校證一卷 〔清〕胡匡衷撰
深衣釋例三卷 〔清〕任大椿撰
詩聲類十二卷 〔清〕孔廣森撰
詩聲分例一卷 〔清〕孔廣森撰
經傳小記一卷 〔清〕劉台拱撰
國語補校一卷 〔清〕劉台拱撰
讀逸周書雜志四卷 〔清〕王念孫撰
爾雅古義二卷 〔清〕錢坫撰
爾雅釋地四篇注一卷 〔清〕錢坫撰
車制考一卷 〔清〕錢坫撰
群經義證八卷 〔清〕武億撰
釋服二卷 〔清〕宋綿初撰
孟子四考四卷 〔清〕周廣業撰
毛詩考證四卷 〔清〕莊述祖撰
毛詩周頌口義三卷 〔清〕莊述祖撰
五經小學述二卷 〔清〕莊述祖撰
詩書古訓十卷 〔清〕阮元撰
春秋左傳詁二十卷 〔清〕洪亮吉撰
左通補釋三十二卷 〔清〕梁履繩撰
周易述補五卷 〔清〕李林松撰
易圖條辨一卷 〔清〕張惠言撰
虞氏易事二卷 〔清〕張惠言撰
虞氏易言二卷 〔清〕張惠言撰
虞氏易候一卷 〔清〕張惠言撰
儀禮圖六卷 〔清〕張惠言撰
讀儀禮記二卷 〔清〕張惠言撰
書序述聞一卷 〔清〕劉逢禄撰
尚書今古文集解三十卷附校勘記一卷 〔清〕劉逢禄撰 (校勘記)〔清〕劉葆楨、劉翰藻撰
卦本圖考一卷 〔清〕胡秉虔撰
尚書大傳輯校三卷 〔清〕陳壽祺撰
禹貢鄭注釋二卷 〔清〕焦循撰
群經宫室圖二卷 〔清〕焦循撰
隸經文四卷 〔清〕江藩撰
説文聲類十六卷聲類出入表一卷 〔清〕嚴可均撰
周易考異二卷 〔清〕宋翔鳳撰
尚書略説二卷 〔清〕宋翔鳳撰

尚書譜一卷　〔清〕宋翔鳳撰
大學古義説二卷　〔清〕宋翔鳳撰
論語説義十卷　〔清〕宋翔鳳撰
孟子趙注補正六卷　〔清〕宋翔鳳撰
小爾雅訓纂六卷　〔清〕宋翔鳳撰
過庭録五卷　〔清〕宋翔鳳撰
毛詩傳箋通釋三十二卷　〔清〕馬瑞辰撰
毛詩後箋三十卷　〔清〕胡承珙撰　〔清〕陳奂補
儀禮古今文疏義十七卷　〔清〕胡承珙撰
讀書叢録一卷　〔清〕洪頤煊撰
爾雅匡名二十卷　〔清〕嚴元照撰
周官故書考四卷　〔清〕徐養原撰
儀禮今古文異同疏證五卷　〔清〕徐養原撰
論語魯讀考一卷　〔清〕徐養原撰
頑石廬經説十卷　〔清〕徐養原撰
周禮學二卷　〔清〕王聘珍撰
儀禮學一卷　〔清〕王聘珍撰
易經異文釋六卷　〔清〕李富孫撰
詩經異文釋十六卷　〔清〕李富孫撰
春秋左傳異文釋十卷　〔清〕李富孫撰
春秋公羊傳異文釋一卷　〔清〕李富孫撰
春秋穀梁傳異文釋一卷　〔清〕李富孫撰
夏小正分箋四卷　〔清〕黄模撰
夏小正異義二卷　〔清〕黄模撰
春秋左氏古義六卷　〔清〕臧壽恭撰
春秋左氏傳補注十二卷　〔清〕沈欽韓撰
春秋左氏傳地名補注十二卷　〔清〕沈欽韓撰
儀禮經注疏正譌十六卷　〔清〕金曰追撰
周易虞氏略例一卷　〔清〕李鋭撰
論語孔注辨僞二卷　〔清〕沈濤撰
國語發正二十一卷　〔清〕汪遠孫撰
説文諧聲譜九卷　〔清〕張成孫撰
春秋穀梁傳時月日書法釋例四卷　〔清〕許桂林撰
求古録禮説十五卷補遺一卷　〔清〕金鶚撰
鄉黨正義一卷　〔清〕金鶚撰
説文解字音均表十七卷首一卷　〔清〕江沅撰
儀禮正義四十卷　〔清〕胡培翬撰　〔清〕楊大堉補
禘祫問答一卷　〔清〕胡培翬撰
實事求是齋經義二卷　〔清〕朱大韶撰
十三經詁答問六卷　〔清〕馮登府撰
左傳舊疏考正八卷　〔清〕劉文淇撰
春秋朔閏異同二卷　〔清〕羅士琳撰
春秋左傳賈服注輯述二十卷　〔清〕李貽德撰
喪禮經傳約一卷　〔清〕吴卓信撰
詩毛氏傳疏三十卷　〔清〕陳奂撰
釋毛詩音四卷　〔清〕陳奂撰
毛詩説一卷　〔清〕陳奂撰
毛詩傳義類一卷　〔清〕陳奂撰
鄭氏箋考徵一卷　〔清〕陳奂撰
公羊逸禮考徵一卷　〔清〕陳奂撰
周禮注疏小箋五卷　〔清〕曾釗撰
大戴禮注補十三卷　〔清〕汪照撰

癸巳類稿六卷 〔清〕俞正燮撰
癸巳存稿四卷 〔清〕俞正燮撰
尚書餘論一卷 〔清〕丁晏撰
禹貢錐指正誤一卷 〔清〕丁晏撰
詩譜考正一卷 〔清〕丁晏撰
孝經徵文一卷 〔清〕丁晏撰
齊詩翼氏學四卷 〔清〕迮鶴壽撰
公羊禮疏十一卷 〔清〕凌曙撰
公羊問答二卷 〔清〕凌曙撰
春秋繁露注十七卷 〔清〕凌曙撰
周易姚氏學十六卷 〔清〕姚配中撰
春秋公羊傳曆譜十一卷 〔清〕包慎言撰
論語古注集箋二十卷 〔清〕潘維城撰
虞氏易消息圖説一卷 〔清〕胡祥麟撰
大誓答問一卷 〔清〕龔自珍撰
春秋决事比一卷 〔清〕龔自珍撰
輪輿私箋二卷附圖一卷 〔清〕鄭珍撰 〔清〕鄭知同繪圖
儀禮私箋八卷 〔清〕鄭珍撰
巢經巢經説一卷 〔清〕鄭珍撰
禹貢圖一卷 〔清〕陳澧撰
東塾讀書記十卷 〔清〕陳澧撰
春秋古經説二卷 〔清〕侯康撰
穀梁禮證二卷 〔清〕侯康撰
説文聲讀表七卷 〔清〕苗夔撰
學禮管釋十八卷 〔清〕夏炘撰
開有益齋經説五卷 〔清〕朱緒曾撰
穀梁大義述三十卷 〔清〕柳興恩撰
春秋釋一卷 〔清〕黄式三撰
考工記考辨八卷 〔清〕王宗涑撰
逸周書集訓校釋十卷逸文一卷 〔清〕朱右曾撰
詩地理徵七卷 〔清〕朱右曾撰
喪服會通説四卷 〔清〕吴家賓撰
讀儀禮録一卷 〔清〕曾國藩撰
論語正義二十四卷 〔清〕劉寶楠撰 〔清〕劉恭冕述
釋穀四卷 〔清〕劉寶楠撰
今文尚書經説考三十八卷 〔清〕陳喬樅撰
尚書歐陽夏侯遺説考一卷 〔清〕陳喬樅撰
三家詩遺説考四十九卷 〔清〕陳壽祺撰 〔清〕陳喬樅述
毛詩鄭箋改字説四卷 〔清〕陳喬樅撰
詩經四家異文考五卷 〔清〕陳喬樅撰
齊詩翼氏學疏證二卷 〔清〕陳喬樅撰
禮堂經説二卷 〔清〕陳喬樅撰
禮記鄭讀考六卷 〔清〕陳壽祺撰 〔清〕陳喬樅述
爾雅經注集證三卷 〔清〕龍啓瑞撰
公羊義疏七十六卷 〔清〕陳立撰
白虎通疏證十二卷 〔清〕陳立撰
禮經通論一卷 〔清〕邵懿辰撰
周易爻辰申鄭義一卷 〔清〕何秋濤撰
禹貢鄭氏略例一卷 〔清〕何秋濤撰
書古微十二卷 〔清〕魏源撰
詩古微十七卷 〔清〕魏源撰
讀書偶識十卷附一卷 〔清〕鄒漢勛撰
劉貴陽經説一卷 〔清〕劉書年撰

穀梁補注二十四卷　〔清〕鍾文烝撰
周易舊疏考正一卷　〔清〕劉毓崧撰
尚書舊疏考正一卷　〔清〕劉毓崧撰
讀易漢學私記一卷　〔清〕陳壽熊撰
孟子音義考證二卷　〔清〕蔣仁榮撰
達齋叢説一卷　〔清〕俞樾撰
周易互體徵一卷　〔清〕俞樾撰
九族考一卷　〔清〕俞樾撰
詩名物證古一卷　〔清〕俞樾撰
士昏禮對席圖一卷　〔清〕俞樾撰
禮記異文箋一卷　〔清〕俞樾撰
禮記鄭讀考一卷　〔清〕俞樾撰
玉佩考一卷　〔清〕俞樾撰
鄭君駁正三禮考一卷　〔清〕俞樾撰
春秋名字解詁補義一卷　〔清〕俞樾撰
論語鄭義一卷　〔清〕俞樾撰
續論語駢枝一卷　〔清〕俞樾撰
群經平議三十五卷　〔清〕俞樾撰
古書疑義舉例七卷　〔清〕俞樾撰
禹貢説一卷　〔清〕倪文蔚撰
周易釋爻例一卷　〔清〕成蓉鏡撰
尚書曆譜二卷　〔清〕成蓉鏡撰
禹貢班義述三卷　〔清〕成蓉鏡撰
春秋日南至譜一卷　〔清〕成蓉鏡撰
何休注訓論語述一卷　〔清〕劉恭冕撰
禮記天算釋一卷　〔清〕孔廣牧撰
先聖生卒年月日考二卷　〔清〕孔廣牧撰
禮説略三卷　〔清〕黄以周撰
經説略二卷　〔清〕黄以周撰
漢孳室文鈔二卷　〔清〕陶方琦撰
昏禮重别論對駁義二卷　〔清〕劉壽曾撰
隸經剩義一卷　〔清〕林兆豐撰
毛詩譜一卷　〔漢〕鄭玄撰　〔清〕胡元儀輯
駁春秋名字解詁一卷　〔清〕胡元玉撰
經述三卷　〔清〕林頤山撰

又一部　三十二册　110 1333

省吾堂四種　110 9649

〔清〕蔣光弼輯

清乾隆間常熟蔣氏省吾堂刻本

九册

半葉10行21字,小字雙行字同,黑口,左右雙邊,單黑魚尾,半框高18.2釐米,寬13.3釐米。版心中鎸書名及卷次,下鎸葉碼及“省吾堂”。

《九經古義》卷端題“周易古義,長洲惠棟定宇撰,常熟蔣光弼少逸校刊,錢朝謹秋槎參校”,内封題“惠定宇先生著,九經古義,省吾堂藏板”。

《周易本義辯證》卷端題“周易本義辯證,長洲惠棟定宇撰,常熟蔣光弼少逸校刊,太倉蕭掄子山參校”,内封題“惠定宇先生著,周易本義辯證,省吾堂藏板”。卷首有凡例。

《五經同異》卷端題“五經同異,崑山顧炎武亭林撰,常熟蔣光弼少逸校刊,錢朝錦秋槎參校”,内封題“顧亭林先生著,五經異同,省吾堂藏板”。

《石經考》卷端題“石經考,鄞縣萬斯同季野撰,常熟蔣光弼少逸校刊,錢朝錦秋槎參校”,内封題“萬季野先生著,石經考,省吾堂藏板”。

鈐有"南鳥園藏""齋藤圖書""横山氏圖書記"印。

子目:

九經古義十六卷 〔清〕惠棟撰

周易古義二卷

尚書古義二卷

毛詩古義二卷

周禮古義二卷

儀禮古義二卷

禮記古義二卷

公羊古義二卷

穀梁古義一卷

論語古義一卷

周易本義辯證五卷 〔清〕惠棟撰

五經同異三卷 〔清〕顧炎武撰

石經考一卷 〔清〕萬斯同撰

又一部 九册 1409/1—10

漢魏二十一家易注 220.3 1659

〔清〕孫堂輯

清嘉慶四年(1799)刻本 十册

子目:

子夏易傳一卷

孟喜周易章句一卷

京房周易章句一卷

馬融周易傳一卷

荀爽周易注一卷

鄭康成周易注三卷補遺一卷

劉表周易章句一卷

宋衷周易注一卷

陸績周易述一卷

董遇周易章句一卷

虞翻周易注十卷

王肅周易注一卷

姚信周易注一卷

王廙周易注一卷

張璠周易集解一卷

向秀周易義一卷

干寶周易注一卷

蜀才周易注一卷

翟元周易義一卷

九家周易集注一卷

劉瓛周易義疏一卷

聶鎬敏經學八種 154.2 1300

〔清〕聶鎬敏撰

清道光間思誠室心商刻本 八册

子目:

易理象數合解二卷

古本大學通解二卷

論語説約二卷

中庸説約一卷

孟子説約一卷

讀經析疑二卷

宫商角徵羽古聲二卷

韻學古聲五卷

鄂宰四種 110 8493

〔清〕王筠撰

清咸豐二年(1852)刻本 二册

鈐有"霜月蟲音齋藏書""許紹南印"印。

子目:

夏小正一卷

弟子職正音一卷

毛詩重言一卷

毛詩雙聲疊韻説一卷

按:此書一名《王菉友先生著書四

種》。

又一部　二册　075.77 119

鈐有“南洋大學圖書館藏書”印。

經苑二十五種　110 3500

〔清〕錢儀吉輯

清同治七年(1868)補刻本　七十七册

子目:

温公易説六卷　〔宋〕司馬光撰
吴園易解九卷　〔宋〕張根撰
誠齋易傳二十卷　〔宋〕楊萬里撰
易傳燈四卷　題〔宋〕徐總幹撰
易學濫觴一卷　〔元〕黄澤撰
敷文書説一卷　〔宋〕鄭伯熊撰
尚書精義五十卷　〔宋〕黄倫撰
洪範統一一卷　〔宋〕趙善緗撰
詩總聞二十卷　〔宋〕王質撰
吕氏家塾讀詩記三十卷　〔宋〕吕祖謙撰
續吕氏家塾讀詩記三卷　〔宋〕戴溪撰
周官新義十六卷附考工記解二卷　〔宋〕王安石撰
儀禮集釋三十卷　〔宋〕李如圭撰
儀禮釋宫一卷　〔宋〕李如圭撰
春秋集傳纂例十卷　〔唐〕陸淳撰
春秋微旨三卷　〔唐〕陸淳撰
春秋集解十二卷　〔宋〕蘇轍撰
孝經刊誤一卷　〔宋〕朱熹撰
孝經本義二卷　〔明〕吕維祺撰
孝經或問三卷　〔明〕吕維祺撰
孝經翼一卷　〔明〕吕維祜撰
論語意原四卷　〔宋〕鄭汝諧撰
孟子外篇注一卷　題〔宋〕熙時子撰
讀四書叢説七卷　〔元〕許謙撰
瑟譜六卷　〔元〕熊朋來撰

新鐫經苑二十五種　1407/1—78

〔清〕錢儀吉輯

清同治七年(1868)大梁書院刻本　七十八册

鈐有“南洋大學圖書館藏書”印。

子目:

温公易説六卷　〔宋〕司馬光撰
吴園易解九卷　〔宋〕張根撰
誠齋易傳二十卷　〔宋〕楊萬里撰
易傳燈四卷　題〔宋〕徐總幹撰
易學濫觴一卷　〔元〕黄澤撰
敷文書説一卷　〔宋〕鄭伯熊撰
尚書精義五十卷　〔宋〕黄倫撰
洪範統一一卷　〔宋〕趙善湘撰
詩總聞二十卷　〔宋〕王質撰
吕氏家塾讀詩記三十卷　〔宋〕吕祖謙撰
續吕氏家塾讀詩記三卷　〔宋〕戴溪撰
周官新義十六卷附考工記解二卷　〔宋〕王安石撰
儀禮集釋三十卷　〔宋〕李如圭撰
儀禮釋宫一卷　〔宋〕李如圭撰
春秋集傳纂例十卷　〔唐〕陸淳撰
春秋微旨三卷　〔唐〕陸淳撰
春秋集解十二卷　〔宋〕蘇轍撰
孝經刊誤一卷　〔宋〕朱熹撰
孝經本義二卷　〔明〕吕維祺撰
孝經或問三卷　〔明〕吕維祺撰
孝經翼一卷　〔明〕吕維祜撰
論語意原四卷　〔宋〕鄭汝諧撰

孟子外篇注一卷　題〔宋〕熙時子撰
讀四書叢説七卷　〔元〕許謙撰
瑟譜六卷　〔元〕熊朋來撰

古經解彙函十六種小學彙函十四種

1408/1—66

〔清〕鍾謙鈞等輯

清同治十二年(1873)粵東書局刻本

六十六册

鈐有"南洋大學圖書館藏書"印。

子目：

鄭氏周易注三卷附補遺一卷　〔宋〕王應麟撰　〔清〕惠棟增補　〔清〕孫堂重校
陸氏周易述一卷　〔三國吴〕陸績撰　〔明〕姚士粦輯　〔清〕孫堂增補
周易集解十七卷　〔唐〕李鼎祚輯
周易口訣義六卷　〔唐〕史徵撰
易緯八種　〔漢〕鄭玄注
易緯乾坤鑿度二卷
易緯乾鑿度二卷
易緯稽覽圖二卷
易緯辨終備一卷
易緯通卦驗二卷
易緯乾元序制記一卷
易緯是類謀一卷
易緯坤靈圖一卷
尚書大傳三卷附辨訛一卷　〔漢〕伏勝撰　〔漢〕鄭玄注　〔清〕陳壽祺輯校
韓詩外傳十卷　〔漢〕韓嬰撰
毛詩草木鳥獸蟲魚疏二卷　〔三國吴〕陸璣撰　〔清〕丁晏校
春秋繁露十七卷　〔漢〕董仲舒撰　〔清〕凌曙注
春秋釋例十五卷　〔晋〕杜預撰　〔清〕莊述祖、孫星衍校
春秋集傳纂例十卷　〔唐〕陸淳纂
春秋微旨三卷　〔唐〕陸淳撰
春秋集傳辨疑十卷　〔唐〕陸淳纂
論語集解義疏十卷　〔三國魏〕何晏集解　〔南朝梁〕皇侃義疏
論語筆解二卷　〔唐〕韓愈、李翺注
鄭志三卷附補遺一卷　〔三國魏〕鄭小同撰　〔清〕王復輯　〔清〕武億校
小學彙函
輶軒使者絶代語釋别國方言十三卷附校正補遺一卷　〔漢〕揚雄記　〔晋〕郭璞注
釋名八卷　〔漢〕劉熙撰
廣雅十卷　〔三國魏〕張揖撰　〔隋〕曹憲音
匡謬正俗八卷　〔唐〕顔師古撰
急就章一卷　〔漢〕史游撰　〔清〕孫星衍考異
説文解字十五卷　〔漢〕許慎撰　〔宋〕徐鉉等校定
説文繫傳四十卷附校勘記三卷　〔南唐〕徐鍇傳釋　〔南唐〕朱翺反切
説文篆韻譜五卷　〔南唐〕徐鍇撰
玉篇三卷　〔南朝梁〕顧野王撰
干禄字書一卷　〔唐〕顔元孫撰
五經文字三卷　〔唐〕張參撰
九經字樣一卷　〔唐〕唐玄度撰
大宋重修廣韻五卷　〔宋〕陳彭年等纂
廣韻五卷　〔宋〕陳彭年等纂

又一部　六十五册　110 3331

古經解彙函十六種小學彙函十四種續附十種　1408—2/1—20

〔清〕鍾謙鈞輯

清光緒十四年(1888)上海蜚英館石印本　二十册

子目：

鄭氏周易注三卷附補遺一卷　〔宋〕王應麟撰　〔清〕惠棟增補　〔清〕孫堂重校
陸氏周易述一卷　〔三國吴〕陸績撰　〔明〕姚士粦輯　〔清〕孫堂增補
周易集解十七卷　〔唐〕李鼎祚輯
周易口訣義六卷　〔唐〕史徵撰
易緯八種　〔漢〕鄭玄注
易緯乾坤鑿度二卷
易緯乾鑿度二卷
易緯稽覽圖二卷
易緯辨終備一卷
易緯通卦驗二卷
易緯乾元序制記一卷
易緯是類謀一卷
易緯坤靈圖一卷
尚書大傳三卷附辨訛一卷　〔漢〕伏勝撰　〔漢〕鄭玄注　〔清〕陳壽祺輯校
韓詩外傳十卷　〔漢〕韓嬰撰
毛詩草木鳥獸蟲魚疏二卷　〔三國吴〕陸璣撰　〔清〕丁晏校
春秋繁露十七卷　〔漢〕董仲舒撰　〔清〕凌曙注
春秋釋例十五卷　〔晋〕杜預撰　〔清〕莊述祖、孫星衍校
春秋集傳纂例十卷　〔唐〕陸淳纂
春秋微旨三卷　〔唐〕陸淳撰
春秋集傳辨疑十卷　〔唐〕陸淳纂
論語集解義疏十卷　〔三國魏〕何晏集解　〔南朝梁〕皇侃義疏
論語筆解二卷　〔唐〕韓愈、李翱注
鄭志三卷附補遺一卷　〔三國魏〕鄭小同撰　〔清〕王復輯　〔清〕武億校
小學彙函
輶軒使者絶代語釋别國方言十三卷附校正補遺一卷　〔漢〕揚雄記　〔晋〕郭璞注
釋名八卷　〔漢〕劉熙撰
廣雅十卷　〔三國魏〕張揖撰　〔隋〕曹憲音
匡謬正俗八卷　〔唐〕顔師古撰
急就章一卷　〔漢〕史游撰　〔清〕孫星衍考異
説文解字十五卷　〔漢〕許慎撰　〔宋〕徐鉉等校定
説文繫傳四十卷附校勘記三卷　〔南唐〕徐鍇傳釋　〔南唐〕朱翺反切
説文篆韻譜五卷　〔南唐〕徐鍇撰
玉篇三卷　〔南朝梁〕顧野王撰
干禄字書一卷　〔唐〕顔元孫撰
五經文字三卷　〔唐〕張參撰
九經字樣一卷　〔唐〕唐玄度撰
大宋重修廣韻五卷　〔宋〕陳彭年等纂
廣韻五卷　〔宋〕陳彭年等纂
附
五經異義疏證三卷　〔漢〕許慎撰　〔漢〕鄭玄駁
古文尚書十卷　〔宋〕王應麟撰

〔清〕孫星衍補集
尚書逸文二卷 〔清〕江聲撰 〔清〕孫星衍補訂
魯詩故三卷 〔漢〕申培撰
齊詩傳二卷 〔漢〕后蒼撰
韓詩故二卷 〔漢〕韓嬰撰
薛君韓詩章句二卷 〔漢〕薛漢撰
月令章句一卷 〔漢〕蔡邕撰
字林考逸八卷 〔清〕任大椿撰
倉頡篇三卷 〔清〕孫星衍撰

石經彙函十種四十五卷 1474—2/1—8

〔清〕王秉恩輯

清光緒十六年(1890)四川尊經書局重校刻本 八册

鈐有"南洋大學圖書館藏書""洪氏橐雲樓藏""洪祖年印""子彭"印。

子目:
石經考一卷 〔清〕顧炎武輯
石經考異二卷 〔清〕杭世駿撰
漢石經殘字考一卷 〔清〕翁方綱撰
魏三體石經遺字考一卷 〔清〕孫星衍輯
唐石經校文十卷 〔清〕嚴可均纂
後蜀毛詩石經殘本一卷 〔清〕王昶撰
北宋汴學篆隸二體石經記一卷 〔清〕丁晏撰
儀禮石經校勘記四卷 〔清〕阮元撰
石經考文提要十三卷 〔清〕彭元瑞撰
石經補考十一卷 〔清〕馮登府纂

又一部 十册 1474/1—10

鈐有"紹溪周學濂珍藏""書田留與子孫耕"印。

又二部 十六册 190 1100

又三部 十册 190 1100

孫谿朱氏經學叢書初編十三種三十八卷 110 9339

〔清〕朱記榮輯

清光緒十三年(1887)朱氏行素草堂刻本 十二册

子目:
李氏易解剩義三卷 〔清〕李富孫輯
古易音訓二卷 〔清〕宋咸熙輯
尚書餘論一卷 〔清〕丁晏撰
詩辨説一卷 〔元〕趙德編
饗禮補亡一卷 〔清〕諸錦補
公羊逸禮考徵一卷 〔清〕陳奂撰
論語孔注辨僞二卷 〔清〕沈濤撰
讀孟質疑二卷 〔清〕施彦士輯
孟子時事略一卷 〔清〕任兆麟撰
弟子職集解一卷 〔清〕莊述祖撰
九經古義十六卷 〔清〕惠棟撰
十三經詁答問六卷 〔清〕馮登府撰
斆經筆記一卷 〔清〕陳倬撰

沈氏經學六種 154.2 9931

〔清〕沈淑撰

清光緒八年(1882)虞山後知不足齋刻本 五册

子目:
陸氏經典異文輯六卷
陸氏經典異文補六卷
十三經注疏瑣語四卷
春秋左傳分國土地名二卷
左傳列國職官十卷

左傳器物宫室一卷

味經齋遺書十種　　1386/1—101719

〔清〕莊存與撰

清光緒八年(1882)、光緒十二年(1886)陽湖莊氏板重刻本　十册

鈐有"皋川熊輿王氏藏書記""無不可齋鑒藏""南洋大學圖書館藏書"印。

子目:

彖傳論一卷

彖象論一卷

繫辭傳論二卷

八卦觀象解一卷附卦氣解一卷

尚書既見三卷

尚書説一卷

毛詩説四卷

春秋正辭十一卷

春秋舉例一卷

春秋要指一卷

又一部　二册　　235.2 4170

子目:

彖傳論一卷

彖象論一卷

按:館藏存二種。

皮錫瑞著述九種　　9119 2783

〔清〕皮錫瑞撰

清光緒間思賢書局刻本　十四册

子目:

經學通論五卷

易經通論一卷

書經通論一卷

詩經通論一卷

三禮通論一卷

春秋通論一卷

經學歷史一卷

王制箋一卷

古文尚書冤詞平議二卷

尚書中候疏證一卷

鄭志疏證八卷附鄭記考證一卷

聖證論補評二卷

六藝論疏證一卷

魯禮禘祫義疏證一卷

孔叢伯説經五稿五種附二種　1395/1—7

〔清〕孔廣林撰

清光緒十六年(1890)山東書局刻本　五册

鈐有"古莘陳氏子子孫孫永寶用""龍山埶盧藏書之章"印。

子目:

周官肊測六卷叙録一卷

儀禮肊測十七卷叙録一卷(缺卷十一至卷十七)

吉凶服名用篇八卷叙録一卷

禘祫觿解篇一卷

明堂億一卷

附

説經未竟稿(缺)

儀禮士冠禮箋一卷(缺)

易　類

傳説之屬

周易本義十二卷　　232 0000

〔宋〕朱熹撰

清光緒十年(1884)刻本　四册

誠齋易傳二十卷　232 3300

〔宋〕楊萬里撰

清光緒二十一年(1895)湖北官書處重刻本　八册

周易傳義附録十四卷首一卷　232 3567

〔宋〕董楷撰

清同治十二年(1873)粤東書局重刻本　十二册

按:清鍾謙均重刻《通志堂經解》之零種。

易小傳六卷　232 1300

〔宋〕沈該撰

清同治十二年(1873)粤東書局重刻本　三册

按:清鍾謙均重刻《通志堂經解》之零種。

吴園周易解九卷　121.12516 307—02

〔宋〕張根撰

清末福建翻刻武英殿聚珍版刻本　三册

鈐有"筠清館印""陳慶保""南洋大學圖書館藏書""吴氏筠清館所藏書畫"印。

御纂周易折中二十二卷首一卷　235.1 5433

〔清〕李光地等編纂

清同治六年(1867)馬新貽重刻本　十册

御纂周易折中二十二卷首一卷　154.2 5433

〔清〕李光地等編纂

清光緒十四年(1888)江南書局刻本　十三册

周易舊注十二卷　235.3 3300

〔清〕徐鼒撰

清光緒十二年(1886)扶桑使廨刻本　六册

圖説之屬

周易圖説二卷　233 4900

〔元〕錢義方撰

清後期孔氏嶽雪樓影抄本　一册

鈐有"印廬珍藏"印。

專著之屬

焦氏易林四卷　1741 3957

〔漢〕焦贛撰　〔清〕趙新校

清乾隆間刻本　四册

半葉9行20字,小字雙行字同,白口,左右雙邊,單白魚尾,半框高20釐米,寬14.6釐米。版心上鎸"易林",中鎸卷次,下鎸葉碼。

卷端題"焦氏易林,漢焦贛著,南豐趙新校"。卷首依次有總目;《易林總評》。卷末有清王謨撰《跋》。

鈐有"馬鑒之印"印。

按:清王謨輯《增訂漢魏叢書》之零種。

周易輯聞六卷　232 3600

〔宋〕趙汝楳撰

清同治十二年(1873)粵東書局重刻本　四册

按:清鍾謙均重刻《通志堂經解》之零種。

易憲四卷　234 1000

〔明〕沈泓撰

清光緒十四年(1888)卓氏刻本　三册

讀易匯參十五卷首一卷　235.2 4140

〔清〕和瑛撰

清道光二十三年(1843)刻本　十六册

易經精華六卷末一卷　235.2 3100

〔清〕陳龍標編　〔清〕紀昀鑒定

清同治二年(1863)崇文堂刻本　三册

易經衷論二卷　121.12 309

〔清〕張英撰

清光緒二十三年(1897)桐城張氏刻本　一册

玩易四道十三卷首一卷末一卷　235.3 6940

〔清〕黄寅階輯

清同治五年(1866)刻本　十册

易經詮義十四卷首一卷　235.2 3500

〔清〕汪烜撰

清同治十二年(1873)曲水書局刻本　十五册

周易詮義十四卷首一卷　121.127 713

〔清〕汪烜撰

清同治十二年(1873)安徽敷文書局刻本　十五册

鈐有"南洋大學圖書館藏書"印。

周易人事疏證八卷　235.3 5993

〔清〕章世臣輯

清宣統二年(1910)同文書館鉛印本　七册

鈐有"哲如陳慶保藏書"印。

易隱八卷首一卷　1741 5500

〔清〕曹九錫輯　〔清〕曹璿演

清刻本　四册

鈐有"漢白草堂祓西僧印"印。

易占之屬

周易觀象十二卷　235.1 3400

〔清〕李光地撰

清嘉慶九年(1804)梅照璧重刻本　六册

書　類

正文之屬

尚書二十八篇　AC149 Zcl 3875

〔漢〕伏生述

清光緒九年(1883)成都刻本　一册

寫定尚書不分卷　335.3 1400

〔清〕吴汝綸校訂

清光緒十八年(1892)石印本　一册

傳説之屬

尚書注疏十九卷　AC149 Zcl 4990

〔唐〕陸德明音義　〔唐〕孔穎達疏

清同治十年(1871)鍾謙鈞刻本　七册

按:館藏缺卷十三至卷十四。

書經體注大全合參六卷　335.1 4300

〔宋〕蔡沈集傳　〔清〕張聖度訂　〔清〕錢希祥參

清末刻本　四册

尚書古文疏證八卷　335.1 3693

〔清〕閻若璩撰

清乾隆十年(1745)平陰朱續晫眷西堂刻本　八册

半葉11行20字,白口,左右雙邊,單黑魚尾,半框高18.6釐米,寬14.8釐米。版心中鎸書名及卷次,下鎸葉碼及"眷西堂"。

卷端題"尚書古文疏證,太原閻若璩百詩撰,平陰朱續晫近堂梓"。内封題"太原閻百詩先生集,尚書古文疏證"。卷首依次有明末清初黄宗羲撰《尚書古文疏證序》;目録;參校姓氏;清乾隆十年《序》,署"乾隆乙丑新秋楚南岳陽後學鍾靈敬跋";清康熙四十三年(1704)《序》,署"康熙甲申端午前三日太原閻咏撰";清閻學林撰《序》。

鈐有"鄞馬鑒季明藏"印。

古文尚書考二卷　1409/1—10

〔清〕惠棟撰

清乾隆五十七年(1792)讀經樓刻本　一册

半葉10行21字,小字雙行字同,白口,左右雙邊,單黑魚尾,半框高17.6釐米,寬13.6釐米。版心上卷書名,中鎸卷次,下鎸葉碼。

卷端題"古文尚書考,東吴惠棟定宇譔"。内封題"惠松崖先生纂,古文尚書考,乾隆五十七年刊,讀經樓定本"。卷首依次有清乾隆十五年(1750)《古文尚書考序》,署"時乾隆十五年歲次上章敦牂四月既望果堂弟沈彤譔";清乾隆五十七年《序》,署"乾隆壬子三月既望嘉定錢大昕序"。

鈐有"南洋大學圖書館藏書"印。

日講書經解義十三卷　335.1 5335

〔清〕庫勒納等編纂

清末刻本　六册

又一部　十三册　335.1 5335

欽定書經傳説彙纂二十一卷首二卷　154.2 5433

〔清〕王頊齡等編纂

清光緒十四年(1888)江南書局刻本　十五册

尚書集注述疏三十五卷附讀書堂答問一卷 335.3 3399

〔清〕簡朝亮撰

清光緒三十三年(1907)刻本 二十三册

尚書集注述疏三十二卷首一卷末一卷 b10813913

〔清〕簡朝亮撰

清光緒三十三年(1907)刻本 十八册

鈐有"番禺汪氏藏書"印。

分篇之屬

禹貢今注不分卷 345 3300

〔清〕閻寶森撰

清宣統三年(1911)京師琉璃廠鉛印本 一册

鈐有"馬鑒之印"印。

專著之屬

尚書精義五十卷 332 3500

〔宋〕黄倫撰

清道光間刻本 十二册

按:清錢儀吉輯《經苑》之零種。

尚書表注二卷 332 2300

〔宋〕金履祥表注

清同治八年(1869)退補齋刻本 一册

按:清胡鳳丹輯《金華叢書》之零種。

尚書詳解十三卷 332 1300

〔宋〕胡士行撰

清同治十二年(1873)粤東書局重刻本 二册

按:清鍾謙均重刻《通志堂經解》之零種。

楊子書繹六卷 334 5495

〔明〕楊文彩撰

清光緒二年(1876)文起堂重刻本 十册

鈐有"哲如陳慶保藏書"印。

尚書引義六卷 334 5500

〔清〕王夫之撰

清同治四年(1865)湘鄉曾氏金陵節署刻本 三册

鈐有"哲如陳慶保藏書"印。

書經衷論四卷 b10813871

〔清〕張英撰

清乾隆嘉慶間刻本 一册

半葉10行19字,黑口,左右雙邊,雙黑魚尾,半框高18釐米,寬13.9釐米。版心鎸書名及卷次,下鎸葉碼。

卷端題"書經衷論,桐城張英敦復著"。

卷首有清康熙二十一年(1682)《進書經衷論序》,署"康熙二十一年正月日講官起居注翰林院學士兼禮部侍郎臣張英"。

鈐有"南洋大學圖書館藏書"印。

尚書後案三十卷附尚書後辨一卷 b10813895

〔清〕王鳴盛撰

清乾隆四十五年(1780)刻清頤志堂後印本　十册

半葉14行29字,小字雙行45字,黑口,四周單邊,單黑魚尾,半框高23釐米,寬15.9釐米。版心鎸書名、卷次及葉碼。

卷端題"尚書後案,東吴王鳴盛學"。内封題"東吴王氏學,尚書後案,頤志堂藏板"。卷首依次有清王鳴盛撰《序》;目録;書目。

鈐有"南洋大學圖書館藏書"印。

尚書後案三十卷附尚書後辨一卷 335.2 1100

〔清〕王鳴盛撰

清乾隆四十五年(1780)禮堂刻本　八册

半葉14行30字,小字雙行45字,黑口,四周單邊,單黑魚尾,半框高23釐米,寬16釐米。版心鎸書名、卷次及葉碼。

卷端題"尚書後案,東吴王鳴盛學"。内封題"乾隆庚子秋鎸,東吴王氏學,尚書後案,尚書後辨附,禮堂藏版"。卷首依次有清王鳴盛撰《序》;目録;"尚書後案采取鄭馬王注書目"。

鈐有"礒田藏書"印。

尚書今文二十八篇解不分卷 335.2 3659

〔清〕楊鍾泰撰

清道光十八年(1838)載德堂刻本　四册

古文尚書冤詞平議二卷 335.3 3654

〔清〕皮錫瑞撰

清光緒二十二年(1896)思賢書局刻本　一册

今文尚書考證三十卷 335.3 3633

〔清〕皮錫瑞撰

清光緒二十三年(1897)師伏堂刻本　四册

鈐有"馬鑒之印"印。

又一部　六册 b10813883

尚書故三卷 AC149 Zcl 3685

〔清〕吴汝綸撰

清光緒三十年(1904)王恩紱等刻本　三册

按:《桐城吴先生全書》之零種。

詩　類

傳説之屬

毛詩音義三卷 429 5500

〔唐〕陸德明撰

清末刻本　二册

絜齋毛詩經筵講義四卷 432 3335

〔宋〕袁燮撰

清乾隆嘉慶間刻本　一册

鈐有"孚遠""惟誠""馬鑒之印"印。

詩集傳八卷 432 3300

〔宋〕朱熹集傳

清嘉慶二十三年(1818)刻本　四册

鈐有"紀文藏"印。

詩集傳八卷　432 3300

〔宋〕朱熹集傳

清同治二年(1863)茂經樓刻本　四册

詩經不分卷　432 3300

〔宋〕朱熹撰集

清咸豐間抄本　二册

鈐有“知奥軒”“煨芋山房”“蕙農經讀”“山園主人珍藏”“謔龍子”“何”“湄霖”印。

重雕宋本詩經二十卷　432 3300

〔宋〕朱熹集傳

清光緒十五年(1889)上海守經堂校刻本　四册

鈐有“守經堂”“淵若之幹”印。

詩經八卷　831.1125 828—02

〔宋〕朱熹集傳

清光緒二十二年(1896)金陵書局重刻本　四册

鈐有“黄居素”印。

毛詩要義二十卷　432 5500

〔宋〕魏了翁撰

清光緒十二年(1886)江蘇書局刻本　十册

詩經正解三十卷　435.2 3300

〔清〕姜文燦、吴荃彙輯

清康熙間深柳堂刻本　十二册

半葉12行29字,白口,四周單邊,單黑魚尾,半框高20.6釐米,寬13.4釐米。版心上鎸書名,中鎸卷次及篇章名,下鎸葉碼及“深柳堂”。

卷端題“詩經正解,丹陽姜文燦我英、吴荃蓀右彙輯,門人潘宗垣紫臨、談象藼孝溶仝校,男姜朝烈承武、吴之璋章玉仝閲”。

卷首有宋淳熙四年(1177)《詩經集注序》,署“淳熙四年丁酉冬十月戊子新安朱熹序”。

鈐有“天俞”“廷章”“落霞孤鶩齊飛秋水長天一色”印。

御纂詩義折中二十卷　435.2 5330

〔清〕傅恒等編纂

清乾隆間刻本　八册

半葉8行20字,白口,四周雙邊,單黑魚尾,無界行,半框高21.3釐米,寬16釐米。版心上鎸“詩義折中”,中鎸卷次及葉碼。

卷端題“御纂詩義折中”。卷首依次有清乾隆二十年(1755)《御纂詩義折中序》,署“乾隆二十年夏四月御製經筵講官太子太傅工部尚書臣汪由敦奉勑敬書”;總裁官職名;目録。

鈐有“陳慶保”印。

御纂詩義折中二十卷　831.17 905

〔清〕傅恒等編纂

清道光十八年(1838)重刻本　十册

欽定詩經傳説彙纂二十一卷首二卷　154.2 5433

〔清〕王鴻緒等編纂

清光緒十四年(1888)江南書局刻本

二十册

詩廣傳五卷 434 3300

〔清〕王夫之撰

清同治四年(1865)湘鄉曾氏金陵節署刻本　三册

鈐有“陳慶保”印。

增補詩經衍義體注大全合參八卷 435.1 4255

〔清〕沈李龍增訂　〔清〕顧豹文鑒定

清聯墨堂刻本　四册

詩經鄉嬛體注大全八卷 434 7143

〔清〕范紫登重訂

清光緒元年(1875)金閶緑蔭堂刻本　四册

鈐有“川田氏藏書”印。

詩經讀本四卷 AC149 Zcl 4206

〔清〕石經堂輯刊

清光緒十七年(1891)廣州十八甫石經堂書局石印本　四册

專著之屬

詩本義十五卷 431 2500

〔宋〕歐陽修撰

清同治十二年(1873)粤東書局重刻本　二册

按:清鍾謙鈞重刻《通志堂經解》之零種。

吕氏家塾讀詩記三十二卷 831.112522 450

〔宋〕吕祖謙撰

清嘉慶十四年(1809)昭文張海鵬刻本　十一册

鈐有“南洋大學圖書館藏書”印。

吕氏家塾讀詩記三十二卷 432 7932

〔宋〕吕祖謙撰　〔清〕胡鳳丹校梓

清同治十二年(1873)退補齋刻本　十二册

按:清胡鳳丹輯《金華叢書》之零種。

詩傳遺説六卷 432 3590

〔宋〕朱鑒撰

清同治十二年(1873)粤東書局重刻本　二册

按:清鍾謙鈞重刻《通志堂經解》之零種。

田間詩學不分卷 831.17 933

〔清〕錢澄之撰

清康熙間斟雉堂刻本　八册

半葉10行23字,小字雙行字同,白口,左右雙邊,單黑魚尾,半框高17.5釐米,寬13.8釐米。版心上鎸書名,中鎸篇章名,下鎸葉碼。

卷端題“田間詩學,桐城錢澄之飲光氏述”。内封題“桐城錢飲光先生著,田間詩學,斟雉堂藏版”。卷首依次有清康熙二十八年(1689)徐元文撰《田間詩學序》,署“康熙己巳冬十月”;清張英撰《田間詩學序》;引用先儒姓氏;凡例;《古序考》;《詩總論》。

鈐有“南洋大學圖書館藏書”印。

詩所八卷　435.1 9000

〔清〕李光地撰

清雍正六年(1728)刻本　五册

半葉9行20字,白口,四周單邊,單黑魚尾,無界行,半框高18釐米,寬13.2釐米。版心上鎸書名,中鎸卷次,下鎸葉碼。

卷端題“詩所,安溪李光地注”。卷首依次有清康熙五十七年(1718)《詩所序》,署“康熙五十有七年春三月甲子安溪李光地序”;目録,末有《跋》,署“雍正戊申秋七月門下士陳萬策謹識”。

鈐有“陳慶保”印。

朱子詩義補正八卷　831.1874 626

〔清〕方苞撰　〔清〕單作哲編次

清光緒三年(1877)南海馮氏重刻本　四册

鈐有“南洋大學圖書館藏書”印。

詩問七卷　435.2 6000

〔清〕王照圓撰

清光緒八年(1882)東路廳署刻本　六册

詩經精華十卷　831.18 567

〔清〕薛嘉穎撰

清道光五年(1825)厦門多文齋刻本　四册

鈐有“南洋大學圖書館藏書”“織田完之圖書章”印。

詩誦五卷　435.2 9000

〔清〕陳僅撰

清光緒十一年(1885)四明文則樓陳氏木活字本　二册

鈐有“馬鑒之印”印。

詩古微二十一卷　413 3600

〔清〕魏源輯

清光緒十三年(1887)席威補刻本　十二册

毛詩復古録十二卷首一卷　435.2 6370

〔清〕吴懋清撰

清光緒二十年(1894)廣州刻本　六册

學詩堂經解二十卷　435.3 1943

〔清〕李宗棠纂輯

清宣統三年(1911)鉛印本　八册

文字音義之屬

詩集傳音釋二十卷　831.1125 828—03

〔宋〕朱熹撰　〔元〕許謙音釋

清咸豐七年(1857)海昌蔣光焴衍芬草堂刻本　四册

鈐有“南海譚氏藏書畫印”“莞鑰”印。

逸詩之屬

魯詩遺説考六卷　831.14 379

〔清〕陳壽祺撰　〔清〕陳喬樅述

清道光十八年(1838)小嫏嬛館刻本

六册

鈐有"南洋大學圖書館藏書""定武楊氏素園藏書印"印。

三家詩之屬

三家詩拾遺十卷 831.127 535—02

〔清〕范家相輯

清嘉慶十五年(1810)古趣亭刻本 二册

鈐有"家在賀池旁""培英圖書館藏書印""義安學院圖書館章""南洋大學圖書館藏書"印。

周禮類

傳説之屬

周禮六卷 522 0000

〔漢〕鄭玄注 〔唐〕陸德明音義

清同治十一年(1872)山東書局刻本 六册

鈐有"馬鑒之印"印。

周禮六卷 522 4200

〔漢〕鄭玄注 〔唐〕陸德明音義

清光緒二十年(1894)金陵書局重刻本 六册

周禮六卷 522 0000

〔漢〕鄭玄注

清光緒間雙峰書屋刻本 七册

專著之屬

九旗古義述不分卷 648.3 3335

〔清〕孫詒讓撰

清光緒二十八年(1902)刻本 一册

鈐有"馬鑒之印"印。

考工記圖二卷 535 4000

〔清〕戴震撰

清光緒十一年(1885)張氏秋樹根齋刻本 二册

輪輿私箋二卷附録一卷 537 7593

〔清〕鄭珍撰

清光緒十七年(1891)廣雅書局刻本 二册

儀禮類

傳説之屬

仿宋嚴州本儀禮十七卷附校録一卷 552.3 3700

〔漢〕鄭玄注

清同治九年(1870)楚北崇文書局重刻本 二册

鈐有"哲如陳慶保藏書"印。

儀禮鄭注句讀十七卷附儀禮監本正誤一卷儀禮唐石經正誤一卷 588.1 3334

〔漢〕鄭玄注 〔清〕張爾岐句讀

清同治七年(1868)金陵書局刻本 四册

鈐有"襄卿所藏"印。

儀禮要義五十卷　555 5500

〔宋〕魏了翁撰

清光緒十年(1884)江蘇書局刻本　十二册

欽定儀禮義疏四十八卷首二卷　154.2 5433

〔清〕鄂爾泰等編纂

清光緒十四年(1888)江南書局刻本　三十八册

又一部　四十五册　154.2 5433

又二部　二十八册　154.2 5433

圖説之屬

儀禮圖六卷　558.2 4000

〔清〕張惠言撰

清同治九年(1870)崇文書局重刻本　三册

鈐有"哲如陳慶保藏書"印。

專著之屬

禮經宫室答問二卷　651 7333

〔清〕洪頤煊撰

清光緒十年(1884)臨海馬氏師竹山房重刻本　一册

儀禮古今文異同疏證五卷　558.2 3365

〔清〕徐養原撰

清光緒十七年(1891)廣雅書局刻本　二册

儀禮恒解十六卷　558.2 1300

〔清〕劉沅輯注

清光緒三十一年(1905)刻本　六册

禮記類

傳説之屬

禮記陳氏集説十卷　586 3900

〔元〕陳澔撰

清光緒十九年(1893)江南書局重刻本　十册

禮記纂言三十六卷　586 4500

〔元〕吴澄撰　〔清〕朱軾重校

清光緒二十三年(1897)刻本　十五册

欽定禮記義疏八十二卷首一卷　558.2 3459

〔清〕鄂爾泰等編纂

清同治光緒間上海千頃堂書局刻本　三十二册

禮記訓纂四十九卷　588.2 1400

〔清〕朱彬輯

清咸豐元年(1851)宜禄堂校刻本　八册

鈐有"望三益齋"印。

禮記訓纂四十九卷　588.2 1400

〔清〕朱彬輯

清同治五年(1866)宜禄堂刻本

十册

鈐有"汪希文"印。

禮記訓纂四十九卷 588.2 1400

〔清〕朱彬輯

清宣統元年(1909)學部圖書局石印本　十册

鈐有"陳慶保"印。

分篇之屬

夏小正通釋不分卷 633 4900

〔清〕梁章鉅輯

清光緒十三年(1887)浙江書局刻本　一册

鈐有"馬鑒之印"印。

明堂陰陽夏小正經傳考釋十卷附劉箋一卷 633 3339

〔清〕莊述祖撰　〔清〕劉翊宸校刊

清光緒九年(1883)重刻本　四册

鈐有"馬鑒之印"印。

禮運注不分卷 596 3000

〔清〕康有爲撰

清光緒十年(1884)中國圖書公司鉛印本　一册

專著之屬

禮記省度四卷 588.2 9400

〔清〕彭頤纂

清乾隆四十五年(1780)刻朱墨套印本　四册

半葉8行16字,小字單行,字數不等,白口,四周單邊,單黑魚尾,半框高20.8釐米,寬13.7釐米。兩截版,上鎸評文,下鎸正文及注解,版心上鎸書名,中鎸卷次及篇章名,下鎸葉碼。

卷端題"禮記省度,山陽彭頤觀吉纂,姪遂邁修較,同學許國璠奐若、孫夔石操、受業李廷楫掄汝、張瑴剡度參"。内封題"乾隆庚子年春鎸,淮陰彭觀吉先生纂,重刊禮記省度,堂藏板"。卷首依次有清康熙十一年(1672)《自序》,署"康熙壬子春王正月山陽彭頤觀吉氏題";凡例;總目。

鈐有"陳慶保"印。

大戴禮記類

傳説之屬

大戴禮記補注十三卷 628.2 2300

〔清〕孔廣森撰

清同治十三年(1874)淮南書局重刻本　四册

鈐有"馬鑒之印"印。

大戴禮記解詁十三卷 628.2 3300

〔清〕王聘珍撰

清光緒十三年(1887)廣雅書局刻本　三册

鈐有"馬鑒"印。

大戴禮記解詁十三卷 628.2 3300

〔清〕王聘珍撰　〔清〕謝甘棠重訂

〔清〕艾廷賓校刊

清光緒十九年(1893)盱江書院重刻本　四册

三禮總義類

通論之屬

三禮編繹二十六卷　648.2 1218

〔明〕鄧元錫撰

明萬曆三十三年(1605)浙江刻本　十二册

半葉10行21字,小字雙行字同,白口,四周雙邊,無魚尾,半框高21.5釐米,寬14.7釐米。版心上鎸書名及卷次,下鎸葉碼。

卷端題"三禮編繹,盱後學鄧元錫著"。卷首依次有明萬曆三十三年《刻三禮編繹序》,署"萬曆乙巳首春提督浙江學校布政使司右参議兼按察司僉事進賢饒景曜撰";校刻者姓氏;萬曆元年(1573)《三禮編繹序》,署"明萬曆初元秋七月盱黎川後學鄧元錫書謹撰"。

禮説十四卷　528.2 7900

〔清〕惠士奇撰

清嘉慶三年(1798)蘭陔書屋刻本　五册

鈐有"哲如陳慶保藏書"印。

三禮從今三卷　4678.8 9743

〔清〕黄本驥編繹　〔清〕蔣環参校

清道光二十四年(1844)刻本　一册

三禮通釋二百三十卷首一卷目録二卷　648.3 4900

〔清〕林昌彝撰

清同治三年(1864)廣州省城刻本　四十八册

鈐有"柿葉山房藏書之印"印。

求古録禮説校勘記三卷　648.2 9333

〔清〕王士駿輯

清光緒二年(1876)刻本　一册

鈐有"馬鑒之印"印。

求古録禮説十五卷鄉黨正義一卷補遺一卷　648.2 9000

〔清〕金鶚撰

清光緒二年(1876)刻本　十册

鈐有"吉川喬居北平時所得書"印。

禮書通故五十卷　648.3 4300

〔清〕黄以周撰

清光緒十九年(1893)刻本　三十二册

通禮雜禮之屬

文公家禮儀節八卷　4678.5 6337

〔宋〕朱熹編　〔明〕楊慎輯

清振賢堂刻本　四册

文公家禮儀節八卷　AC149 Zcl 2277

〔宋〕朱熹編

清晚期刻本　一册

按:館藏缺卷一至卷三、卷六至卷八。

讀禮通考一百二十卷 531.07 948

〔清〕徐乾學撰

清光緒七年(1881)江蘇書局刻本 三十二册

五禮通考二百六十二卷首四卷 531.07 102

〔清〕秦蕙田編 〔清〕方觀承訂 〔清〕吴鼎、宋宗元參校

清光緒六年(1880)江蘇書局重刻本 一百册

五禮通考二百六十二卷總目二卷首四卷 4676 6743

〔清〕秦蕙田編 〔清〕方觀承訂 〔清〕吴鼎、宋宗元參校

清光緒二十二年(1896)新化三味堂刻本 七十六册

鈐有"哲如陳慶保藏書"印。

參讀禮志疑二卷 648.2 4435

〔清〕汪紱撰

清光緒二十一年(1895)刻本 四册

鈐有"疇範三印"印。

讀禮條考二十卷 4676 4743

〔清〕王曜南撰

清光緒二十三年(1897)武林尚友齋石印本 六册

鈐有"書聲琴韻"印。

家禮喪制寧備録全集不分卷 4676 3793

〔清〕張大翎撰

清後期抄本 一册

目録之屬

禮書綱目八十五卷首三卷 648.2 7938

〔清〕江永編

清嘉慶十五年(1810)鏤恩堂刻本 三十二册

鈐有"華仁記子""谷澤藏書"印。

樂　類

樂書二百卷 AC149 Zcl 1923

〔宋〕陳暘撰

清光緒二年(1876)廣州菊坡精舍刻本 十八册

樂律考二卷 AC149 Zcl 2944

〔清〕徐灝撰

清光緒十三年(1887)刻本 一册

律音彙考八卷 6709 3377

〔清〕邱之稑撰 〔清〕邱慶善等校

清光緒十六年(1890)瀏陽禮樂局板重刻本 四册

聲律通考十卷 AC149 Zcl 2116

〔清〕陳澧撰

清咸豐十年(1860)刻本 二册

鈐有"五尺方室藏"印。

春秋左傳類

傳説之屬

春秋左傳注三十卷　713.1 4933

〔晉〕杜預注

清光緒間雙峰書屋刻本　十四册

左氏傳説二十卷首一卷　715 9000

〔宋〕吕祖謙撰　〔清〕胡鳳丹校梓

清同治八年(1869)退補齋刻本　九册

按:清胡鳳丹輯《金華叢書》之零種。

春秋左傳詁二十卷　718.2 1723

〔清〕洪亮吉撰

清道光八年(1828)刻本　十六册

鈐有"釀華書屋""曾遊印荏""石心閣藏""彭""張至鑒"印。

左通補釋三十二卷　718.2 4429

〔清〕梁履繩撰

清光緒元年(1875)補刻本　十六册

鈐有"馬鑒之印"印。

又一部　十四册　718.24429

左傳舊疏考正八卷　718.2 3933

〔清〕劉文淇撰

清道光十八年(1838)青溪舊屋劉氏刻本　四册

鈐有"望三益齋""盱眙吴氏藏書"印。

左傳舊疏考正八卷　718.2 3933

〔清〕劉文淇撰

清光緒三年(1877)湖北崇文書局刻本　四册

鈐有"津門黄氏珍藏""馬鑒之印""季明"印。

春秋左傳杜注三十卷首一卷春秋名號歸一圖二卷　718.2 4300

〔清〕姚培謙撰

清光緒十九年(1893)浙江書局刻本　十册

鈐有"純如""老學齋""馬鑒""馬氏老學齋劫餘文物"印。

春秋左氏傳賈服注輯述二十卷　718.2 3633

〔清〕李貽德撰

清光緒八年(1882)江蘇書局重刻本　六册

又一部　六册　b10814036

鈐有"南洋大學圖書館藏書"印。

專著之屬

東萊博議四卷附增補虚字注釋一卷　715 4719

〔宋〕吕祖謙撰　〔清〕馮泰松重刊

清光緒十七年(1891)粤東署校刻本　四册

又一部　四册　b1081405x

鈐有"義安學院圖書館章""南洋大學圖書館藏書"印。

東萊先生左氏博議二十五卷　715 4719

〔宋〕吕祖謙撰

清光緒二十四年(1898)江左書林鉛印本　四册

鈐有"哲如陳慶保藏書"印。

增批輯注東萊博議四卷　AC149 Zcl 2677

〔宋〕吕祖謙撰　〔清〕劉鍾英輯注

清光緒二十八年(1902)石印本　四册

左傳經世鈔二十三卷　AC149 Zcl 4081

〔清〕魏禧評點　〔清〕彭家屏參訂

清末聯墨堂刻本　十册

春秋公羊傳類

傳説之屬

春秋公羊經傳解詁十二卷附校記一卷　742 3300

〔漢〕何休撰

清同治二年(1863)刻本　二册

鈐有"馬鑒之印"印。

春秋公羊傳十一卷　AC149 Zcl 4478

〔漢〕何休撰　〔唐〕陸德明音義

清光緒十二年(1886)星沙文昌書局重刻本　三册

春秋公羊注疏質疑二卷　748.3 3935

〔清〕何若瑶撰

清光緒二十年(1894)廣雅書局刻本　一册

專著之屬

何氏公羊春秋十論不分卷　749 1933

〔清〕廖平撰

清宣統三年(1911)國學扶輪社鉛印本　一册

鈐有"馬鑒之印"印。

春秋穀梁傳類

傳説之屬

春秋穀梁傳十二卷　AC149 Zcl 4488

〔晋〕范甯集解　〔唐〕陸德明音義

清光緒十二年(1886)星沙文昌書局重刻本　三册

春秋總義類

傳説之屬

春秋啖趙二先生集傳辯疑十卷　b23166058

〔唐〕陸淳纂

清同治光緒間刻本　二册

鈐有"南洋大學圖書館藏書"印。

春秋金鎖匙不分卷　691 3990

〔元〕趙汸撰

清乾隆間曲阜孔氏紅櫚書屋刻本　一册

半葉11行22字,白口,四周單邊,雙黑魚尾,半框高18.3釐米,寬14釐米。版心中鎸書名,下鎸葉碼及"紅櫚書屋"。

卷端題"春秋金鎖匙,新安趙汸子常著"。

鈐有"馬鑒之印"印。

春秋燬餘四卷　695.1 1500

〔清〕李光地撰　〔清〕李清植編

清道光二年(1822)李維迪校刻本　四册

鈐有"陳慶保"印。

半農先生春秋説十五卷附録一卷　695.2 9000

〔清〕惠士奇撰　〔清〕吴泰來、惠棟校

清嘉慶十五年(1810)刻本　六册

鈐有"陳慶保"印。

又一部　三册　695.2 9000

鈐有"明德館圖書章""稼軒進藤氏圖書記"印。

按:館藏缺卷五至卷十五。

半農先生春秋説十五卷附録一卷　715 9000

〔清〕惠士奇撰

清刻本　五册

按:館藏缺卷一至卷四。

春秋毛氏傳三十六卷　AC149 Zcl 1683

〔清〕毛奇齡撰

清康熙間刻本　十册

半葉10行19字,小字雙行字同,白口,四周單邊,無魚尾,半框高19.7釐米,寬14.4釐米。

内封題"春秋毛氏傳"。卷首依次有"西河合集序目";目録。

鈐有"元治甲子儲藏之記""敬宇"印。

按:《西河合集》之零種。

欽定春秋傳説彙纂三十八卷首二卷　b10813925

〔清〕王掞等編纂

清康熙六十年(1721)刻本　二十四册

半葉8行18字,小字雙行21字,白口,四周雙邊,單黑魚尾,無界行,半框高21.9釐米,寬16.1釐米。版心上鎸書名,中鎸卷次及紀年,下鎸葉碼。

卷端題"欽定春秋傳説彙纂"。卷首依次有清康熙六十年《御製春秋傳説彙纂序》,署"康熙六十年夏六月朔詹事府左春坊左庶子兼翰林院侍讀臣王圖炳奉敕敬書";參纂諸臣職名;引用姓氏;目録。

鈐有"年年歲歲樓珍藏書印""南洋大學圖書館藏書""會稽沈氏光烈字君度""秉之""李均之印""曾銘勛印""雲臺""沈廷碩藏金石書畫印""三代淵源一生嗜好"印。

又一部　二十四册　695.1 9343

欽定春秋傳説彙纂三十八卷首二卷　695.1 3439

〔清〕王掞等編纂

清同治九年(1870)浙江楊昌濬刻本　十二册

欽定春秋傳説彙纂三十八卷首二卷 154.2 5433

〔清〕王掞等編纂

清光緒十四年(1888)江南書局刻本 二十二册

春秋屬辭辨例編六十卷首二卷 695.2 3427

〔清〕張應昌撰

清咸豐五年(1855)錢塘張氏彝壽堂刻本 三十二册

春秋鑽燧四卷 695.3 4900

〔清〕曹金籀纂

清同治七年(1868)曹氏小石倉重刻本 二册

鈐有"朗日廬"印。

春秋集古傳注二十六卷首一卷附春秋或問六卷 695.2 3333

〔清〕郜坦撰

清光緒二年(1876)淮南書局刻本 六册

鈐有"時範三印"印。

春秋正辭十一卷附春秋舉例一卷春秋要指一卷 695.2 3400

〔清〕莊存與撰

清光緒八年(1882)陽湖莊氏重刻本 四册

按:清莊存與撰《味經齋叢書》之零種。

左繡三十卷春秋經傳集解三十卷 b10814061

〔清〕馮李驊、陸浩評輯

清末啓智書局刻本 十四册

專著之屬

春秋繁露義證十七卷首一卷 1141 5300

〔漢〕董仲舒撰 〔清〕蘇輿義證

清宣統二年(1910)刻本 四册

劉氏春秋意林二卷 690 7930

〔宋〕劉敞撰

清同治十二年(1873)粤東書局重刻本 一册

按:清鍾謙鈞刻《通志堂經解》之零種。

春秋朔閏日食考二卷 695.3 9559

〔清〕宋慶雲撰 〔清〕張聲馳、章士傑校

清光緒七年(1881)刻本 二册

春秋規過考信三卷 b10814024

〔清〕陳熙晋撰

清光緒十五年(1889)廣雅書局刻本 三册

春秋述義拾遺八卷首一卷末一卷 b10814085

〔清〕陳熙晋撰

清光緒十七年(1891)廣雅書局刻本 二册

讀春秋界說不分卷　697 4390

〔清〕梁啓超撰

清光緒二十四年(1898)琳瑯山館刻本　一册

鈐有"馬鑒之印"印。

孝經類

孝經注疏九卷　111 0000

〔宋〕邢昺注疏

清嘉慶二十年(1815)福建武寧盧浙用文選樓藏宋本重刻本　一册

孝經傳説圖解二卷　818.3 3943

〔清〕金柘巖撰　〔清〕戴蓮洲繪圖

清同治十年(1871)東甌師古齋刻本　四册

鈐有"畤範三印"印。

孝經旁訓不分卷　AC149 Zcl2007

〔清〕孫傳澄訂

清末芸居樓刻本　一册

四書類

類編之屬

四書古注群義彙解十種　856.3 3335

題〔清〕同文升記主人輯

清光緒三十年(1904)上海同文升記書局石印本　十八册

子目:

論語集解義疏十卷　〔三國魏〕何晏集解　〔南朝梁〕皇侃義疏

四書改錯二十二卷　〔清〕毛奇齡撰

論語正義二十四卷　〔清〕劉寶楠撰

孟子正義三十卷　〔清〕焦循撰

大學古本説一卷　〔清〕李光地撰

中庸章段一卷　〔清〕李光地撰

中庸餘論一卷　〔清〕李光地撰

論語札記三卷　〔清〕朱亦棟撰

孟子札記二卷　〔清〕朱亦棟撰

增補四書經史摘證四卷　〔清〕宋繼種輯撰

四書古注群義彙解九種九十四卷　AC149 Zcl 4505

清光緒十四年(1888)上海點石齋石印本　八册

子目:

論語集解義疏十卷首一卷　〔三國魏〕何晏集解　〔南朝梁〕皇侃義疏

西河合集二十二卷　〔清〕毛奇齡撰　〔清〕陳元龍、張希良較

論語正義二十四卷　〔清〕劉寶楠撰

按:館藏存三種。

大學之屬

大學衍義四十三卷大學衍義補一百六十卷首一卷　1278 4155

〔宋〕真德秀彙輯　〔明〕丘濬、陳仁錫補

清道光十七年(1837)刻本　五十六册

鈐有"藝蘭僊館""陳慶保"印。

古本大學注辨三卷　899 9300

〔清〕羅仲藩注辨

清末廣州西湖街酌雅齋刻本　一册

中庸之屬

中庸衍義十七卷 917 5500

〔明〕夏良勝撰

清同治十年(1871)刻本 八册

鈐有"陳慶保""哲如陳慶保藏書""香山黄氏藏書""黄紹昌印"印。

論語之屬

戴氏注論語二十卷 938.3 3000

〔清〕戴望注

清同治十年(1871)刻本 二册

鈐有"馬鑒之印"印。

論語鄉黨篇訂疑四卷 938.3 1424

〔清〕霍禮運輯

清咸豐六年(1856)雙門底刻本 二册

鈐有"陳慶保"印。

朱子論語集注訓詁考二卷 938.3 3313

〔清〕潘衍桐輯

清光緒十七年(1891)浙江書局刻本 一册

鈐有"陳慶保"印。

孟子之屬

孟子趙注補正六卷孟子劉注一卷 968.2 3323

〔清〕宋翔鳳撰

清光緒間廣雅書局刻本 二册

總義之屬

傳説

四書集編二十六卷 853 3200

〔宋〕真德秀撰

清康熙間通志堂刻本 八册

半葉10行21字,小字雙行31字,白口,左右雙邊,單黑魚尾,半框高20.1釐米,寬14.7釐米。版心上鎸字數,中鎸書名,下鎸葉碼、"通志堂"及刻工。

卷首依次有宋咸淳九年(1273)《序》,署"咸寧九年至日後學迪功郎建泠掾劉才之謹序";宋咸淳七年(1271)《序》,署"咸淳辛未季冬嗣子真志道謹識";宋咸淳八年(1272)《序》,署"時咸淳壬申正月人日後學迪功郎特差充建寧府學教授謝侯善書";宋淳熙十六年(1189)《大學章句序》,署"淳熙己酉二月甲子新安朱熹序"。

鈐有"日章軒"印。

按:劉《序》所署年號"咸寧九年",疑爲"咸淳九年"之訛誤。

重校字典四書十九卷 853 4499

〔宋〕朱熹撰

清光緒二十六年(1900)成文信刻本 六册

鈐有"肥田氏藏書"印。

四書集注闡微直解二十七卷 855 3336

〔明〕張居正撰 〔明〕顧宗孟閱

清光緒間八旗經正書院翻刻本　十二册

四書逸箋六卷　856.2 5300

〔清〕程大中撰

清道光十三年(1833)刻本　一册

鈐有"哲如陳慶保藏書"印。

按:清伍崇曜輯《粤雅堂叢書》之零種。

新訂四書補注備旨十卷　855 2323

〔清〕鄧林撰　〔清〕祁文友重校　〔清〕鄧煜編次　〔清〕杜定基增訂

清同治四年(1865)金玉樓刻本　六册

鈐有"華仁記子"印。

四書會注尋源六卷　856.3 1315

〔清〕劉夢祥撰　〔清〕余琳、周祖發校　〔清〕劉學泗編次

清同治六年(1867)聚經堂刻本　二册

鈐有"陳慶保"印。

四書貫珠講義十九卷　AC149 Zcl 4166

〔清〕林文竹輯

清同治十一年(1872)同德堂刻本　四册

按:館藏缺《孟子》七卷。

四書貫珠講義十九卷　856.3 3335

〔清〕林文竹輯

清光緒十二年(1886)刻本　十册

四書纂言四十卷　856.2 4500

〔清〕宋翔鳳輯　〔清〕李祖榮校刊

清光緒八年(1882)古吴岝㝯山房重刻本　十六册

四書集注附考四卷　853 3333

〔清〕吴志忠輯

清末粤東省城西湖街富文齋刻本　一册

維心亨室四書講義十二卷　456.2 6119

〔清〕陸殿邦撰　〔清〕陸萬培參訂

清光緒十三年(1887)維心亨室初刻本　五册

鈐有"哲如陳慶保藏書"印。

四書合講十九卷　9100.81 3131

〔清〕翁復編次

清光緒間鑄記書局石印本　二册

按:館藏存《論語》十卷。

專著

讀四書叢説八卷　854 4490

〔元〕許謙撰　〔清〕胡鳳丹校梓

清同治十一年(1872)胡氏退補齋刻本　六册

鈐有"陳慶保"印。

四書近指二十卷　855 3300

〔清〕孫奇逢纂

清康熙元年(1662)中州學署刻本　五册

半葉9行20字,白口,四周單邊,單黑魚尾,半框高18釐米,寬12.4釐米。版心上鎸書名,中鎸卷次及四書名,下鎸

葉碼。

卷端題“四書近指,容城孫奇逢纂”。内封題“禮部進呈,魏石生先生鑒定,孫鐘元先生四書近指,書經易經近指嗣出,中州學署梓行”。卷首依次有清康熙元年《四書近指序》,署“康熙元年壬寅夏五月鄗南魏裔介題於兼濟堂”;清順治十六年(1659)《四書近指序》,署“順治己亥大暑前三日孫奇逢書於兼山草堂時年七十六歲”;凡例。卷末有清康熙元年《四書近指跋》,署“康熙壬寅上谷門人魏一鰲謹跋”。

四書改錯二十二卷附録一卷 121.217 781

〔清〕毛奇齡撰 〔清〕陳元龍、張希良較

清嘉慶十六年(1811)學圃重刻本 六册

鈐有“梧桐庭院藏本”“蘭史珍藏不假不贈”“南洋大學圖書館藏書”“潘飛聲藏於梧桐庭院”“六潘皎如鶴出林”“曾藏潘贊思處”印。

按:清毛奇齡撰《西河合集》之零種。

四書反身録八卷首一卷 855 6970

〔清〕李顒撰

清咸豐元年(1851)湘陰奎樓蔣氏小嫏嬛館重刻本 二册

四書摭餘説七卷 856.2 3590

〔清〕曹之升撰

清嘉慶三年(1798)刻本 六册

四書摭餘説七卷 121.217 145

〔清〕曹之升撰

清道光十二年(1832)來鹿堂重刻本 六册

鈐有“南洋大學圖書館藏書”印。

四書琳琅冰鑒五十四卷 856.2 7723

〔清〕董餘峰輯

清嘉慶九年(1804)南翼正誼堂刻本 十册

鈐有“時範三印”印。

四書翼注論文三十八卷 856.2 5376

〔清〕張甄陶撰 〔清〕何焯鑒定 〔清〕高遵周、曹孟賚重校

清末刻本 十册

四書經學考十一卷首一卷 856.2 3130

〔清〕謝濟世撰 〔清〕王罕皆增輯 〔清〕徐邦佐采輯

清嘉慶九年(1804)二槐堂刻本 四册

鈐有“壽椿堂王氏家藏”“志學齋主人曉巖氏藏書籍字畫圖章”印。

四書解疑二十卷 856.2 3500

〔清〕黄梅峰撰 〔清〕符德溶參閲

清嘉慶十八年(1813)續刻本 十二册

四書隨見録四十三卷 856.2 1370

〔清〕鄒鳳池、陳作梅輯 〔清〕鄒國琛、陳壽昌校刊

清道光二十八年(1848)紅杏山房刻本 二十册

校補四書異同商不分卷附補訂一卷 856.2 3254

〔清〕黄鶴撰

清咸豐間刻本　十二册

四書益智録二十卷 856.3 5370

〔清〕桂含章輯

清光緒八年(1882)金陵石埭務本堂桂氏刻本　二十册

鈐有"日杲軒藏書印"印。

四書人物類典串珠四十卷 856.2 5674

〔清〕臧志仁編　〔清〕臧銘、臧錕校字

清光緒九年(1883)佛山天寶樓刻本　十册

四書典故辨正二十卷附録一卷 856.2 4323

〔清〕周柄中撰

清光緒十二年(1886)善化許氏重校刻本　六册

鈐有"齊安林氏逸聖收藏金石書畫之記""曾在余垕基處""祖垚經眼"印。

四書典故辨正二十卷附録一卷 121.212 814

〔清〕周柄中撰

清敬藝堂刻本　六册

鈐有"南洋大學圖書館藏書"印。

四書圖考十三卷 121.215 243

〔清〕杜炳撰

清光緒十三年(1887)鴻文書局石印本　四册

鈐有"紫荆山館""義安學院圖書館章""南洋大學圖書館藏書"印。

又一部　四册　856.3 4300

四書題鏡味根合編三十八卷首二卷 856.3 6370

〔清〕金澂編

清光緒十四年(1888)上海鴻文書局石印本　八册

鈐有"長平珍賞"印。

四書記聞二卷附校記一卷 856.2 3600

〔清〕管同撰

清光緒十七年(1891)江寧翁氏心清軒刻本　二册

四書恒解十二卷 856.2 1300

〔清〕劉沅輯注

清光緒三十一年(1905)豫誠堂刻本　十册

群經總義類

石經之屬

蜀石經殘字不分卷 191.45 4400

〔清〕陳宗彝輯

清道光六年(1826)三山陳氏重刻本　一册

鈐有"玉笥山樓""高氏""湖海倦人"印。

國朝石經考異六卷　131 3500

〔清〕馮登府撰

清咸豐十年(1860)學海堂補刻本　二册

按:清阮元輯《皇清經解》之零種。

傳説之屬

石渠意見四卷拾遺二卷附補缺一卷　1296 9353

〔明〕王恕撰　〔清〕李錫齡校刊

清道光間刻本　一册

按:清李錫齡輯《惜陰軒叢書》之零種。

五經異義疏證三卷　141 6355

〔漢〕許慎撰　〔漢〕鄭玄駁　〔清〕陳壽祺疏證

清嘉慶十八年(1813)王捷南刻本　三册

鈐有"唐晏""涉江"印。

讀書脞録四卷　AC149 Zcl 1961

〔清〕孫志祖撰

清嘉慶四年(1799)刻本　三册

鈐有"鄞馬鑒季明藏""季明""馬鑒之印"印。

經義考三百卷目録二卷　120 3530

〔清〕朱彝尊編

清乾隆間恒素堂刻本　四十八册

半葉12行23字,白口,四周單邊,單黑魚尾,半框高19.7釐米,寬15釐米。版心上鐫書名,中鐫卷次,下鐫葉碼。

卷端題"經義考,日講官起居注翰林院檢討臣朱彝尊恭録,廣西等處承宣布政使司布政使臣李濤恭校"。内封題"經義考,恒素堂藏版"。卷首依次有奏表;清乾隆二十一年(1756)盧見曾奏表;清乾隆四十二年(1777)《上諭》;清康熙三十八年(1699)《序》,署"康熙己卯日南至午涯陳廷敬書";清康熙四十年(1701)《序》,署"康熙四十年蕭山毛奇齡初晴氏";乾隆十九年(1754)《序》,署"甲戌長至德州盧見曾撰";目録,題"德州後學盧見曾編";末有《自叙》,署"乾隆乙亥七月望後三日德州盧見曾載識"。

鈐有"陳慶保""哲如陳慶保藏書"印。

經義述聞不分卷　154.2 3596

〔清〕王引之撰

清嘉慶二年(1797)刻本　八册

鈐有"馬鑒之印"印。

詩書古訓六卷　098.376 375—02

〔清〕阮元撰

清咸豐五年(1855)南海伍崇曜刻本　六册

鈐有"南洋大學圖書館藏書"印。

經解入門八卷　154.2 3358

〔清〕江藩纂

清光緒十四年(1888)鴻寶齋石印本　二册

鈐有"季明"印。

古經解鉤沉三十卷　154.2 3333

〔清〕余蕭客撰

清乾隆六十年(1795)刻本　十二册

半葉11行20字,小字雙行字同,黑口,四周雙邊,無魚尾,半框高18.2釐米,寬13.2釐米。版心鎸“鉤沉”、卷次及葉碼。

卷端題“周易,古經解鉤沉,吴郡余蕭客仲林”。卷首依次有清余蕭客撰《前序》《後序》;例;《同諸書盡録之例》;古經解姓氏書目;目録。

鈐有“東武山堂”印。

按:書中將正文之前的序言等内容輯爲第一卷。

古經解鉤沉三十卷　098.374 988

〔清〕余蕭客撰

清光緒二十一年(1895)杭州竹簡齋石印本　六册

鈐有“南洋大學圖書館藏書”印。

左海經辨二卷　154.2 4132

〔清〕陳壽祺撰

清道光三年(1823)三山陳氏刻本　二册

鈐有“哲如陳慶保藏書”印。

群經平議三十五卷　154.3 3325

〔清〕俞樾撰

清同治五年(1866)杭州刻本　十二册

茶香室經説十六卷　154.3 3193

〔清〕俞樾撰

清光緒十八年(1892)廣東學院刻本　四册

鈐有“陳慶保”印。

又一部　六册　090 990

鈐有“南洋大學圖書館藏書”印。

東塾讀書記二十五卷　AC149 Zcl 1694

〔清〕陳澧撰

清光緒八年(1882)刻本　四册

鈐有“馬鑒之印”印。

按:内封鈐有“廣州林記書莊督造書籍”朱印。

東塾讀書記二十一卷　071.77 383—02

〔清〕陳澧撰

清光緒間刻本　五册

愓齋經説四卷附讀經校語二卷　154.2 4339

〔清〕孫經世撰

清道光二十三年(1843)刻本　五册

鈐有“唐學齋”印。

愚一録十二卷　154.3 5570

〔清〕鄭獻甫撰　〔清〕周幹臣校

清光緒二年(1876)黔南刻本　六册

傳經表一卷附通經表一卷　168.2 3320

〔清〕畢沅撰

清光緒四年(1878)會稽章氏刻本　一册

傳經表二卷　AC149 Zcl 4541

〔清〕畢沅撰

清光緒十一年(1885)蛟川張氏刻本　一册

目耕帖三十一卷　9108 5196

〔清〕馬國翰撰

清光緒九年(1883)長沙娜嬛館補校刻本　二十册

經義莛撞四卷讀經瑣記一卷　098.78 468

〔清〕易順鼎撰

清光緒十年(1884)刻本　一册

群經質二卷　154.2 3330

〔清〕陳僅撰

清光緒十一年(1885)四明文則樓陳氏鉛印本　二册

古學考不分卷　169 3130

〔清〕廖平撰

清光緒二十三年(1897)尊經書局刻本　二册

鈐有"瓣芳齋""馬鑒""栗"印。

群經總義講録不分卷　156 3345

〔清〕劉師培撰

清末民初刻本　二册

皇朝五經彙解二百七十卷　110 6313

題〔清〕抉經心室主人纂

清光緒十四年(1888)鴻文書局石印本　三十二册

鈐有"五尺方室藏""八齡受書十五學劍""思道讀書記章"印。

敤經筆記不分卷　AC149 Zcl 4217

〔清〕陳倬撰

清光緒間刻本　一册

按:清朱記榮輯《槐盧叢書》之零種。

又一部　一册　PL2700 Cxq. Z

按:館藏存第十卷第七十三回至七十九回。

經義初階不分卷　154.3 3533

〔清〕何炳堃撰

清宣統二年(1910)介如齋刻本　一册

古經疑言八卷　154.3 3355

〔清〕王廷植撰

清晚期刻本　八册

經學不厭精五卷　1978.2 3125

(德國)花之安撰

清光緒二十二年(1896)石印本　六册

鈐有"哲如陳慶保藏書"印。

新學僞經考十四卷　1349 1163

〔清〕康有爲撰

清光緒十七年(1891)廣州康氏萬木草堂刻本　七册

鈐有"倚杏館所藏""陳慶保"印。

圖説之屬

六經圖二十四卷　154.2 7340

〔清〕鄭之僑編

清乾隆九年(1744)述堂刻本　十册

半葉9行22字,白口,四周雙邊,單黑魚尾,半框高20.8釐米,寬14.5釐米,有圖。版心上鎸書名,中鎸卷次及篇章名,下鎸葉碼及"述堂"。

卷端題"六經圖,後學潮陽鄭之僑東里編輯"。内封題"乾隆玖年鎸,後學潮陽鄭之僑東里編輯,六經圖,述堂藏板"。卷首依次有清乾隆九年《六經圖序》,署"乾隆玖年歲次甲子孟冬月寧化雷鋐敬書於鉛山河口舟次";清乾隆八年(1743)《六經圖序》,署"乾隆捌年癸亥歲長至日後學潮陽鄭之僑東里書於鵝湖之述堂";凡例;目録;《易經源流》。

授受源流之屬

今古學考二卷　　AC149 Zcl 4175

〔清〕廖平撰

清宣統三年(1911)上海國學扶輪社鉛印本　一册

鈐有"陳慶保"印。

文字音義之屬

經典釋文三十卷　　802.17 393

〔唐〕陸德明撰

清同治十年(1871)粤秀山文瀾閣重刻本　十二册

鈐有"廣雅書院經籍金石書畫之印"印。

經典釋文三十卷　　134 3496

〔唐〕陸德明撰

清後期據通志堂本重刻本　十二册

群經字詁七十二卷　　AC149 Zcl 1618

〔清〕段諤廷撰　〔清〕黄本驥編訂

清道光二十九年(1849)黔陽楊氏長沙瀏陽門廣刻本　二十四册

重校十三經不貳字不分卷　　AC149 Zcl 1048

〔清〕李鴻藻撰

清光緒十二年(1886)刻本　一册

小學類

類編之屬

臨文便覽二種　　AC149 Zcl 1888

〔清〕張啓泰輯

清光緒二年(1876)王氏京都松竹齋刻本　二册

鈐有"少荃""太子太保""恪靖伯""御賜旗棠懋績"印。

子目:

韻辨不分卷　〔清〕徐郙撰

字學舉隅不分卷　〔清〕龍啓瑞撰

重校臨文便覽不分卷附鄉會要訣一卷　　AC149 Zcl 5017

〔清〕張啓泰輯

清光緒十二年(1886)刻本　一册

子目:

韻辨不分卷　〔清〕徐郙撰

字學舉隅不分卷　〔清〕龍啓瑞撰

小學鉤沉三十九種附六種十九卷　1478/1—4

〔清〕任大椿輯　〔清〕王念孫校正

清光緒十年（1884）龍氏重刻本　四册

鈐有"南洋大學圖書館藏書"印。

子目：

卷一至卷二

倉頡篇二卷附倉頡訓詁

倉頡解詁

卷三至四

三倉二卷附三倉訓詁

三倉解詁

卷五

凡將篇　〔漢〕司馬相如撰

古文官書附古文奇字　〔漢〕衛宏撰

郭訓古文奇字

勸學篇　〔漢〕蔡邕撰

聖皇篇　〔漢〕蔡邕撰

卷六至卷七

通俗文二卷　〔漢〕服虔撰

卷八至卷九

埤蒼二卷　〔三國魏〕張揖撰

卷十

古今字詁　〔三國魏〕張揖撰

雜字　〔三國魏〕張揖撰

卷十一

聲類一卷　〔三國魏〕李登撰

卷十二

辨釋名　〔三國吴〕韋昭撰

韻集　〔晋〕吕静撰

卷十三

雜字解詁　〔三國魏〕周成撰

周成雜字　〔三國魏〕周成撰

小學篇　〔晋〕王義撰

字苑　〔晋〕葛洪撰

字指　〔晋〕李彤撰

音譜　〔南朝宋〕李槩撰

卷十四

纂文一卷　〔南朝宋〕何承天撰

卷十五

纂要　〔南朝梁〕元帝蕭繹撰

文字集略　〔南朝梁〕阮孝緒撰

字略　〔北魏〕宋世良撰

廣蒼　〔南朝梁〕樊恭撰

卷十六

字統　〔北魏〕楊承慶撰

韻略　〔北齊〕陽休之撰

證俗音　〔北齊〕顔之推撰

文字指歸　〔隋〕曹憲撰

切韻　〔隋〕陸法言撰

卷十七至十八

字書二卷

卷十九

字體

異字苑

字類

字諟

古今字音

聲譜

證俗文

異字音

又一部　二册　AC149 Zcl 510

鈐有"馬鑒之印"印。

苗氏說文四種　1486/1—9

〔清〕苗夔撰

清咸豐元年（1851）漢碑亭刻本

九册

子目：

説文聲訂二十八卷

説文聲讀表七卷

説文建首字讀一卷

毛詩韻訂十卷

雷刻四種　　1014—2/1—6

〔清〕雷浚輯

清光緒十年(1884)刻本　六册

鈐有"南洋大學圖書館藏書"印。

子目：

説文引經例辨三卷　〔清〕雷浚撰

説文外編十五卷補遺一卷　〔清〕雷浚撰

重刻顧氏説文辨疑一卷　〔清〕顧廣圻撰

劉氏碎金一卷　〔清〕劉禧延撰

又一部　四册　　1014—2/1—4

鈐有"南洋大學圖書館藏書"印。

按：闕《説文外編補遺》一卷及《説文辨疑》《劉氏碎金》二種。

又二部　五册　　1014—2/1—5

按：闕《説文外編補遺》一卷及《説文辨疑》《劉氏碎金》二種。

又三部　八册　　AC149 Zcl 329

鈐有"梅川田家""陳慶保"印。

又四部　四册　　AC149 Zcl 437

澤存堂五種　　AC149 Zcl 388

〔清〕張士俊輯

清康熙五十三年(1714)吴郡張氏澤存堂刻本　十册

白口，左右雙邊，單黑魚尾，半框高19.4釐米，寬15.4釐米。版心上鎸字數，中鎸書名及卷次，下鎸葉碼。

《佩觿》卷端題"佩觿，朝請大夫國子周易博士柱國臣郭忠恕記"。卷末依次有《郭忠恕傳》；《五代史補》。

《群經音辨》卷端題"群經音辨，朝奉郎尚書司封員外郎直集賢院兼天章閣侍講輕車都尉賜緋魚袋臣賈昌朝撰"。卷首依次有宋賈昌朝撰《群經音辨序》；宋寶元二年(1039)牒。卷末有宋紹興十二年(1142)《群經音辨後序》，署"紹興壬戌秋七月中澣日官舍西齋序"；校勘人職名。

《字鑒》卷端題"字鑒，吴郡學士李文仲編"。卷首依次有元顔堯焕《序》；元干文博《序》；元張楧《序》；元唐泳涯《序》；《序》。

子目：

佩觿三卷　〔宋〕郭忠恕撰

群經音辨七卷　〔宋〕賈昌朝撰

字鑒五卷　〔元〕李文仲編

按：館藏存三種，版式相仿，所刻字數有異。

澤存堂五種　　1504/1—8

〔清〕張士俊輯

清光緒十四年(1888)上海蜚英館石印本　八册

鈐有"南洋大學圖書館藏書"印。

子目：

群經音辨七卷　〔宋〕賈昌朝撰

宋本玉篇三十卷　〔南朝梁〕顧野王撰

宋本廣韻四卷　〔宋〕陳彭年撰

字鑒五卷 〔元〕李文仲編
佩觿三卷 〔宋〕郭忠恕撰

許學叢書一集五種二集五種三集四種

AC149 Zcl 401

〔清〕張炳翔輯

清光緒十三年(1887)張氏儀鄦廬刻本 二十四册

子目:

第一集

許君年表考一卷 〔清〕陶方琦撰

唐寫本説文解字木部箋異一卷 〔清〕莫友芝撰

説文疑疑二卷附録一卷 〔清〕孔廣居撰

諧聲補逸十四卷附札記 〔清〕宋保撰

轉注古義考一卷 〔清〕曹仁虎撰

第二集

説文段注撰要九卷 〔清〕馬壽齡撰

説文辨疑一卷 〔清〕顧廣圻撰

讀説文雜識一卷 〔清〕許棫撰

説文字原韻表二卷 〔清〕胡重撰

説文部首歌一卷 〔清〕馮桂芬撰

第三集

説文答問疏證六卷 〔清〕薛傳均撰

説文新附考六卷續考一卷附札記 〔清〕鈕樹玉撰

段氏説文注訂八卷附札記 〔清〕鈕樹玉撰

説文聲訂二卷附札記 〔清〕苗夔撰

按:内封鈐有“蘇州振新書社觀西督造書籍”朱印。

又一部 二十四册 PL1281 Xse. z

許學叢刻一集五種二集四種

1489/1—4

〔清〕許頌鼎輯

清光緒十五年(1889)海寧許氏古均閣刻本 四册

鈐有“南洋大學圖書館藏書”“九鐘精舍藏書”“吴公察”印。

子目:

第一集

説文説一卷 〔清〕孫濟世撰

轉注古義考一卷 〔清〕曹仁虎撰

説文訂訂一卷 〔清〕嚴可均撰

説文辨疑一卷 〔清〕顧廣圻撰

説文舉例一卷 〔清〕陳瑑撰

第二集

説文蠡箋一卷 〔清〕潘奕雋撰

王氏讀説文記一卷 〔清〕王念孫撰

讀説文證疑一卷 〔清〕陳詩庭撰

新附考校正一卷 〔清〕王筠撰

顧氏音學五書五種三十八卷 1502/1—12

〔清〕顧炎武撰

清光緒十六年(1890)思賢講舍刻本 十二册

子目:

音論三卷

詩本音十卷

易音三卷

唐韻正二十卷

古音表二卷

文字之屬

説文

傳説

説文解字十五卷附説文校字記一卷説文通檢十卷首一卷末一卷　5093 1909

〔漢〕許慎撰　〔宋〕徐鉉等校定

清同治十二年(1873)刻本　十册

鈐有"明漢讀書記"印。

又一部　十册　802.211 613

鈐有"鎔經鑄史齋"印。

説文解字句讀三十卷　5098 6509

〔漢〕許慎撰　〔清〕王筠集　〔清〕陳山嵋、陳慶鏞訂正

清同治四年(1865)刻本　二十册

鈐有"陳慶保""小容安堂藏"印。

説文解字通釋四十卷附校勘記三卷　802.212 954

〔南唐〕徐鍇傳釋　〔南唐〕朱翺反切

清道光十九年(1839)刻本　七册

鈐有"南洋大學圖書館藏書""蓬廬"印。

説文解字通釋四十卷附説文解字繫傳校勘記三卷　5094 1909

〔南唐〕徐鍇傳釋　〔南唐〕朱翺反切

清光緒二年(1876)平江吴氏重刻本　十册

説文解字注三十二卷　802.223 879—04

〔清〕段玉裁撰

清同治十一(1872)江蘇保息局補刻本　十六册

鈐有"淳化館主珍藏"印。

又一部　二十册　5098 4549

説文解字義證五十卷　802.224 251

〔清〕桂馥撰

清同治九年(1870)湖北崇文書局刻本　三十二册

段氏説文注訂八卷　AC149 Zcl 3926

〔清〕鈕樹玉撰

清同治五年(1866)碧螺山館補刻本　四册

鈐有"燕笙藏書""安定胡氏尌德堂藏書印""單不"印。

按:内封墨筆題"民國十一年二月廿四日單不厂先生所贈,季明識",末鈐"馬鑒之印"朱印。

説文新附考六卷附説文續考一卷　AC149 Zcl 3925

〔清〕鈕樹玉撰

清同治七年(1868)碧螺山館刻本　二册

鈐有"胡氏香海棠書屋珍藏""單不"印。

按:序末墨筆題"民國十一年二月廿四日單不厂先生所贈,季明識",末鈐"馬鑒之印"朱印。

説文校議十五卷 802.224 994

〔清〕姚文田、嚴可均撰

清同治十三年(1874)歸安姚氏重刻本 四册

説文繫傳校録三十卷 5098 6509

〔清〕王筠撰 〔清〕劉燿椿參訂

清咸豐七年(1857)刻本 四册

鈐有"馬鑒之印"印。

説文分韻易知録五卷説文重文標目五卷前附説文分畫易知録一卷 AC149 Zcl 1018

〔清〕許巽行編纂 〔清〕許嘉德校刊 〔清〕蔡賡沅校篆文

清光緒五年(1879)刻本 十册

説文通檢十四卷首一卷末一卷 802.225 796

〔清〕黎永椿編

清光緒間刻本 二册

專著

説文字原考略六卷 AC149 Zcl 308

〔清〕吴照輯

清乾隆五十七年(1792)吴照南昌寓館刻本 四册

半葉行字不等,小字雙行不等,白口,左右雙邊,單黑魚尾,半框高20.5釐米,寬15.8釐米。版心上鎸"字原考略",中鎸篇名,下鎸葉碼及卷次。

卷端題"説文字原考略,南城吴照照南輯"。内封題"説文字原考略,乾隆五十七年壬子冬十一月鋟於南昌寓館,凡六卷,南城吴照手輯"。卷首依次有清乾隆五十七年《自序》,署"乾隆五十七年歲在壬子冬十一月長至日南城吴照照南書於南昌寓館";總目。

鈐有"哲如陳慶保藏書""芑香""黄紹昌印""黄氏家藏"印。

説文釋例二十卷 802.225 120—03

〔清〕王筠撰

清道光十七年(1837)刻本 十册

又一部 十二册 5098 6509

鈐有"陳慶保""小容安堂藏"印。

説文通訓定聲十八卷柬韻一卷附説雅十九篇古今韻準一卷行述一卷 802.225 830—02

〔清〕朱駿聲撰 (行述)〔清〕孔彰撰

清咸豐元年(1851)臨嘯閣刻本 十六册

鈐有"朱楹之印""朱樫之印"印。

説文逸字二卷附録一卷 AC149 Zcl 1129

〔清〕鄭珍撰

清咸豐八年(1858)湖南經濟書堂校刻本 一册

六書原始十五卷 AC149 Zcl 1725

〔清〕賀松齡輯

清同治三年(1864)劍州州署刻本 八册

説文引經考證八卷 AC149 Zcl 1081

〔清〕陳瑑撰 〔清〕徐郙參校

清同治十三年(1874)湖北崇文書局重刻本 二册

鈐有“馬鑒之印”印。

許氏説文解字雙聲疊韻譜不分卷 AC149 Zcl 1067

〔清〕鄧廷楨撰

清光緒七年(1881)後知不足齋刻本 二册

鈐有“馬鑒之印”印。

説文答問疏證六卷説文經字考一卷附第一樓叢書附考一卷 AC149 Zcl 3523

〔清〕薛傳均撰 (説文經字考)〔清〕陳壽祺撰 (第一樓叢書附考)〔清〕俞樾撰

清光緒十年(1884)金峨山館刻本 一册

説文古籀補十四卷附補遺一卷附録一卷 802.257 436

〔清〕吴大澂撰

清光緒十年(1884)石印本 四册

鈐有“南洋大學圖書館藏書”印。

説文辨疑不分卷讀説文雜識不分卷 AC149 Zcl 578

〔清〕顧廣圻撰 (讀説文雜識)〔清〕許棫撰

清光緒十一年(1885)平江張氏忍庵校刻本 一册

六書正譌五卷 5101 3237

〔清〕周伯琦編注

清光緒十二年(1886)恭壽堂刻本 五册

説文佚字考四卷 802.225 309

〔清〕張明珂撰

清光緒十三年(1887)豫章刻本 一册

鈐有“南洋大學圖書館藏書”“鶴隱”印。

説文閩音通不分卷附録一卷 9119 4393

〔清〕謝章鋌撰

清光緒二十八年(1902)陳寶璐刻本 一册

按:清謝章鋌撰《賭棋山莊集》之零種。

字書

通論

正字略不分卷 AC149 Zcl 1266

〔清〕王筠輯

清道光十三年(1833)刻本 一册

藝文備覽補詳字義十四篇 AC149 Zcl 1318

〔清〕沙木集注

清乾隆十七年(1752)刻本 四册

半葉5行10字,小字雙行24字,黑口,單黑魚尾,半框高20.4釐米,寬13釐米。版心鎸篇次及葉碼。

卷端題“藝文備覽補詳字義,錢唐吴穀人先生鑒定,嘉興沙木集注”。内封題

"吴穀人先生鑒定,補詳字義,嘉興沙木集注"。卷首依次有清沙木撰《藝文備覽補詳字義》;凡例;"補詳字義標目";末題"乾隆壬申進士翰林院侍講梁同書閲"。

十三經紀字一卷字典紀字一卷韻府紀字一卷 091.806 713

〔清〕汪汲撰

清乾隆間刻本 一册

半葉 6 行 12 字,小字雙行 20 字,白口,四周單邊,無魚尾,無界行,半框高 15.1 釐米,寬 10.7 釐米。版心上鎸書名,下鎸葉碼。

卷端題"十三經紀字,海陽竹林人汪汲葵田氏消夏録"。《十三經紀字》卷末有清乾隆五十八年(1793)《後序》,署"乾隆五十八年歲在癸丑六月之望汪汲葵田氏識"。

《字典紀字》卷端題"字典紀字,海陽竹林人汪汲葵田氏消夏録"。

《韻府紀字》卷端題"韻府紀字,海陽竹林人汪汲葵田氏消夏録"。

按:清汪汲撰輯《古愚老人消夏録》之零種。

字學舉隅不分卷 AC149 Zcl 3916

〔清〕龍啓瑞、黄本驥編

清光緒十二年(1886)榆蔭書屋重刻本 一册

字學舉隅不分卷 AC149 Zcl 479

〔清〕龍啓瑞、黄本驥編

清光緒二十二年(1896)廣雅書局重刻本 二册

文字發凡四卷 AC149 Zcl 3510

〔清〕龍志澤編

清光緒三十年(1904)廣智書局鉛印本 一册

鈐有"馬鑒之印"印。

按:館藏缺卷三至卷四。

字典

影舊鈔卷子原本玉篇零卷四卷 AC149 Zcl 1086

〔南朝梁〕顧野王撰

清光緒十年(1884)遵義黎氏校刻本 二册

鈐有"學海書樓所藏"印。

康熙字典三十六集附備考一卷補遺一卷 5173 3144

〔清〕凌紹雯等編纂

清康熙五十五年(1716)刻本 四十册

半葉 8 行 16 字,小字雙行字同,白口,四周雙邊,單黑魚尾,半框高 19.2 釐米,寬 14 釐米。版心上鎸書名,中鎸集次、部首名、筆畫數及葉碼。

内封題"御製康熙字典"。卷首依次有清康熙五十五年《御製康熙字典序》,署"康熙五十五年閏三月十九日,日講官起居注翰林院侍講學士加五級臣陳邦彦奉敕敬書";參纂者職官名;清康熙四十九年(1710)《上諭》;凡例;總目;檢字;辨似。

康熙字典不分卷 802.3 306—02

〔清〕奕繪等編纂

清道光七年(1827)重刻本　三十二册

鈐有"漢錦棠印""南洋大學圖書館藏書"印。

藝文備覽一百二十卷　AC149 Zcl 2127

〔清〕沙木集注

清嘉慶十一年(1806)刻本　三十八册

鈐有"秋厓珍藏"印。

字體

汗簡箋正七卷目録一卷　AC149 Zcl 1320

〔宋〕郭忠恕撰　〔清〕鄭珍箋正

清光緒十五年(1889)廣雅書局刻本　四册

又一部　四册　802.2 634—02

鈐有"義安學院圖書館章""南洋大學圖書館藏書"印。

復古編二卷附録一卷曾樂軒稿一卷安陸集一卷　AC149 Zcl 1007

〔宋〕張有撰　(曾樂軒稿)〔宋〕張維撰　(安陸集)〔宋〕張先撰

清光緒八年(1882)淮南書局重刻本　三册

漢隸字源六卷　802.295 480

〔宋〕婁機撰

清光緒三年(1877)川東官舍𢗰進齋刻本　六册

鈐有"賜書畫堂鄧氏之章"印。

按:内封鈐有"蘇州振新書社印刷發行"朱印。

續復古編四卷　802.17 140

〔元〕曹本撰

清光緒十二年(1886)歸安姚氏尺進齋用皕宋樓景元鈔本重刻本　四册

集漢隸分韻七卷　AC149 Zcl 1456

〔明〕李宗樞輯

清乾隆三十七年(1772)辨志堂刻本　二册

半葉6行10字,小字雙行20字,白口,左右雙邊,單黑魚尾,無界行,半框高20.4釐米,寬14.3釐米。版心上鐫"漢隸分韻",中鐫卷次,下鐫葉碼。

卷端題"集漢隸分韻"。内封題"乾隆壬辰初夏鐫,漢隸分韻,辨志堂藏版"。卷首依次有清胡德琳撰《序》;明嘉靖九年(1530)《漢隸分韻序》,署"嘉靖庚寅冬十有一月丁未沮涯張璉識";《洪丞相隸釋序》;《洪侍講跋語》;《洪丞相跋水經説》;清乾隆三十七年《序》,署"乾隆壬辰重陽後一日錢湖施養浩識";清乾隆三十七年《序》,署"乾隆壬辰年秋九月男綿前百拜謹識"。卷後有明嘉靖九年《刻漢隸分韻後序》,署"明嘉靖庚寅長至日秦中李宗樞書,大清乾隆甲子歲秋日甬東萬承天臨"。

鈐有"銘雀硯齋書畫秘玩"印。

隸辨八卷　AC149 Zcl 1637

〔清〕顧藹吉撰

清康熙五十七年(1718)玉淵堂刻本　八册

半葉12行20字,黑口,四周單邊,單黑魚尾,半框高19.5釐米,寬14.6釐米。版心鐫書名、卷次及葉碼。

卷端題"隸辨"。内封題"顧南原撰集,隸辨,玉淵堂原本",鈐"滸灣聚錦堂發兑"朱印。卷首依次有清顧藹吉撰《隸辨序》;目録,末署"康熙戊戌秋九月項絪識"。卷末署"江寧甘瑞祥家鎸"。

隸辨八卷 802.295 959

〔清〕顧藹吉撰

清乾隆八年(1743)刻本 八册

半葉12行20字,黑口,四周單邊,單黑魚尾,半框高18.8釐米,寬14.6釐米。版心鎸書名、卷次及葉碼。

卷端題"隸辨"。内封題"顧南原撰集,隸辨"。卷首依次有清乾隆八年《重鋟隸辨序》,署"乾隆癸亥孟夏月天都黄晟序";清顧藹吉撰《隸辨序》;目録,末有《跋》署"康熙戊戌秋九月項絪識"。

鈐有"嶺南張氏枕霞仙館藏""川原遠近蒸紅霞"印。

又一部 八册 AC149 Zcl 4154

鈐有"長白保氏藏書印""惟静齋圖書印"印。

又二部 八册 AC149 Zcl 1684

按:此本内封題"隸辨,漁古山房藏板"。

古籀餘論三卷 2105.6 3357

〔清〕孫詒讓撰 〔清〕張揚校訂

清光緒二十九年(1903)刻本 二册

名原二卷 2086.6 8500

〔清〕孫詒讓撰

清光緒三十一年(1905)上海千頃堂書局刻本 一册

鈐有"李麟頤印"印。

楷法溯源十四卷目録一卷 AC149 Zcl 1557

〔清〕潘存孺輯 〔清〕楊守敬編 〔清〕饒敦秩校

清光緒四年(1878)刻本 十五册

又一部 十五册 AC149 Zcl 378

鈐有"香港圖書館藏書"印。

又二部 五册 AC149 Zcl 4449

鈐有"心遠廬"印。

訓蒙

文字蒙求四卷 5117 6506

〔清〕王筠撰

清道光二十六年(1846)刻本 一册

鈐有"霜月蟲音齋藏書""許紹南印"印。

文字蒙求廣義四卷 5117 6506

〔清〕王筠撰

清光緒二十七年(1901)江楚書局刻本 五册

鈐有"霜月蟲音齋藏書""許紹南印"印。

經字正蒙八卷 802.17 292

〔清〕李文沂撰

清光緒十一年(1885)刻本 四册

鈐有"南洋大學圖書館藏書"印。

訓蒙四字經讀本二卷二集二卷 AC149 Zcl 915

〔清〕蕭漢冲撰 〔清〕龍眠楊增定

清道光二十九年(1849)、咸豐二年

(1852)廣州雙門底登雲閣刻本　四册

鈐有“陳慶保”印。

按:《訓蒙四字經讀本》一名《新增龍文鞭影》,内封鈐“廣州雙門底登雲閣印行”朱印。《訓蒙四字經二集讀本》一名《龍文鞭影二集》,咸豐二年鐫。

音韻之屬

韻書

唐寫本唐韻不分卷　　AC149 Zcl 1243

〔唐〕孫愐撰

清光緒三十四年(1908)上海國粹學報館影印本　一册

按:封面墨筆題“唐寫本唐韻,光緒戊申孟冬,文子署題”,末有“文子”黑印。

隸韻十卷考證二卷　　AC149 Zcl 81

〔宋〕劉球撰　〔清〕翁方綱考證

清嘉慶十五年(1810)刻本　六册

鈐有“玉笥山樓印”“韞岑藏書”“家住嶺東”“蘊琴平生所得第一心賞”“湖海倦人”印。

按:《序》末墨筆題“此書失板已久可寶也,隱岑記”,末鈐“寡翁”朱印。

又一部　六册　　AC149 Zcl 1686

集韻十卷類篇十五卷附釋文互注禮部韻略五卷　　AC149 Zcl 839

〔宋〕丁度等編纂　(類篇)〔宋〕司馬光等編纂

清光緒二年(1876)姚覲元川東官舍重刻本　三十册

切韻指掌圖不分卷　　AC149 Zcl 1135

〔宋〕司馬光撰

清光緒十六年(1890)刻本　一册

鈐有“馬鑒之印”印。

草韻彙編二十六卷　　AC149 Zcl 1752

〔清〕陶南望輯

清乾隆二十年(1755)南邨草堂刻本　十二册

半葉4行,字數不等,四周單邊,無界行,半框高22釐米,寬15.2釐米。版心位置,上鐫韻部,下鐫葉碼。

卷端題“草韻彙編,上海陶南望遜亭手輯,寶山朱桓岡西、金壇虞景星東皋、吴縣錢襄思贊、嘉定侯昌言研雲參論”。内封題“上海陶遜亭編輯,草韻彙編,南邨草堂藏板”。

卷首依次有清乾隆二十年《草韻彙編序》,署“乾隆二十年歲次乙亥二月撫吴使者莊肖恭序”;凡例;《草韻彙編》歷代名家姓氏;目録。卷末有朱筆題識,署“中華民國六年即丁巳三月宋小濂重裝並記”,鈐“鐵梅題記”印。

鈐有“芝蘭堂藏書印”“宋小濂藏”“古歡室藏”“吉林宋季子古歡室收藏金石圖書之印”印。

又一部　八册　　AC149 Zcl 1638

鈐有“野崎藏書”“崔僩之印”“柳邨”“玉照堂藏書”“古農”“張莘田印”印。

按:此本卷首有清乾隆十五年(1750)《草韻彙編自序》,署“乾隆十五年歲次庚午孟夏遜亭陶南望書”。

又二部　八册　　AC149 Zcl 1515

按:此本卷首有清乾隆十九年(1754)

《草韻彙編序》,署"乾隆十九年甲戌孟秋長洲沈德潛書於紫陽書院";清乾隆十五年《草韻彙編序》,署"乾隆十五年歲次庚午孟夏遯亭陶南望書"。

韻徵十六卷 802.23 704

〔清〕安吉纂輯 〔清〕安念祖纂録 〔清〕華湛恩校刊

清道光十八年(1838)刻本 六册

鈐有"黄有澤藏書""華國文章""□卒"印。

六書纍韻二十四卷首一卷六書纍韻檢字二卷 AC149 Zcl 1672

〔清〕李貞芥編

清光緒十六年(1890)刻本 二十六册

釋字百韻不分卷 AC149 Zcl 1442

〔清〕陳勱撰 〔清〕張嶽年、張家驤校刊

清光緒十六年(1890)重刻本 一册

鈐有"馬鑒之印""馬氏家藏""杭州厚栽堂馬氏珍藏書畫記"印。

聲律啓蒙撮要二卷 AC149 Zcl 4296

〔清〕車萬育撰

清光緒間刻本 一册

覆元泰定本廣韻五卷 AC149 Zcl 1721

〔清〕黎庶昌輯

清光緒間日本東京遵義黎氏校刻本 二册

古今韻説

正音咀華三卷 AC149 Zcl 120

〔清〕莎彝尊撰 〔清〕莎弼良、莎温良校

清咸豐三年(1853)麈談軒刻朱墨套印本 二册

韻學辨中備五卷 AC149 Zcl 1577

〔清〕張亨釪撰

清咸豐十年(1860)廣東刻三色套印本 五册

鈐有"玉笥樓藏書印""瀫海高季子韞岑收藏金石書畫印"印。

佩文詩韻釋要五卷 AC149 Zcl 727

〔清〕陸潤庠重校

清光緒十二年(1886)刻本 二册

鈐有"馬鑒之印"印。

形聲類篇五卷 AC149 Zcl 1017

〔清〕丁履恒撰

清光緒十五年(1889)虎林刻本 一册

等韻

切韻考六卷 802.424 383

〔清〕陳澧撰

清道光二十二年(1842)刻本 二册

音學辨微不分卷附録一卷 AC149 Zcl 1311

〔清〕江永撰

清宣統二年(1910)國學保存會影印本　一册

鈐有“馬鑒之印”印。

譯語

英語集全六卷　AC149 Zcl 459

〔清〕唐廷樞撰　〔清〕唐植、唐庚參校　〔清〕陳恕道、廖冠芳訂

清同治元年(1862)緯經堂刻本　六册

訓詁之屬

爾雅

爾雅直音二卷　AC149 Zcl 1408

〔清〕孫偘輯

清嘉慶十五年(1810)合堂刻本　二册

爾雅直音二卷　AC149 Zcl 1409

〔清〕孫偘輯

清咸豐十一年(1861)佛鎮文光樓刻本　一册

爾雅郭注義疏十九卷　5078 1515

〔清〕郝懿行撰

清光緒十四年(1888)湖北官書局刻本　八册

群雅

埤雅二十卷附逸雅八卷　AC149 Zcl 1887

〔宋〕陸佃撰　(逸雅)〔漢〕劉熙撰

明末武林郎衙刻本　三册

半葉9行20字,白口,四周單邊,無魚尾,半框高21.3釐米,寬13.9釐米。版心上鎸書名,中鎸卷次,下卷葉碼及“堂策檻”。

卷端題“埤雅,宋陸佃撰,明葉自本茂叔參閲、郎奎金公在糾訛”。卷首依次有宋宣和七年(1125)《埤雅序》,署“宣和七年六月旦謹序朝請郎直秘閣權發遣淮南路計度轉運副使公事借紫金魚袋男宰撰”;手抄補配《戊子山東鄉試題》;目録。

《逸雅》卷端題“逸雅,漢劉熙成國撰,明石九鼎禹治重訂”,内封題“堂策檻訂定,逸雅,武林郎衙藏板、翻刻必究”。卷首依次有漢劉熙撰《逸雅釋名自序》;目録。

鈐有“齊安林氏逸聖收藏金石書畫之記”“孝感秦氏家藏”印。

埤雅二十卷　AC149 Zcl 985

〔宋〕陸佃撰　〔清〕顧棫校

清康熙間刻本　十册

半葉10行21字,白口,四周雙邊,雙黑魚尾,半框高18.7釐米,寬13.7釐米。版心鎸書名及卷次,下鎸葉碼及刻字字數。

卷端題“埤雅,中大夫守尚書左丞上柱國吴郡開國公賜紫金魚袋陸佃撰”。内封題“埤雅”。卷首依次有宋宣和七年(1125)宋陸宰撰《序》,署“宣和七年六月旦謹序”;《重刊埤雅序》,署“是歲天運庚□八月中秋日京口後學張存性中序”;總目。卷末題“後學顧棫校本”。

駢雅訓纂十六卷　AC149 Zcl 39b

〔明〕朱謀㙔撰　〔清〕魏茂林訓纂

清咸豐元年(1851)補刻本　八册

鈐有"齊安林氏逸聖收藏金石書畫之記"印。

駢雅訓纂十六卷　AC149 Zcl 39

〔明〕朱謀㙔撰　〔清〕魏茂林訓纂

清同治十一年(1872)經綸書室重刻本　六册

鈐有"馬鑒讀"印。

駢雅訓纂十六卷　802.16 832

〔明〕朱謀㙔撰　〔清〕魏茂林訓纂

清光緒七年(1881)成都瀹雅齋刻本　八册

駢雅訓纂十六卷　AC149 Zcl 39a

〔明〕朱謀㙔撰　〔清〕魏茂林訓纂

清光緒十二年(1886)虞山後知不足齋重刻本　八册

續廣雅三卷　AC149 Zcl 1168

〔清〕劉燦輯　〔清〕王堃訂

清嘉慶二十四年(1819)刻本　一册

鈐有"馬鑒之印"印。

支雅二卷　AC149 Zcl 1169

〔清〕劉燦編　〔清〕王堃訂

清道光六年(1826)刻本　一册

鈐有"馬鑒之印"印。

拾雅六卷　AC149 Zcl 793

〔清〕夏味堂撰

清嘉慶二十四年(1819)刻本　四册

别雅五卷　AC149 Zcl 1091

〔清〕吴玉搢輯

清道光二十九年(1849)小蓬萊山館重刻本　四册

鈐有"季明""馬鑒之印"印。

按:清楊葆彝輯《大亭山館叢書》之零種。

疊雅十三卷附雙名録一卷　AC149 Zcl 856

〔清〕史夢蘭撰

清同治四年(1865)止園刻本　四册

小爾雅訓纂六卷　AC149 Zcl 1087

〔清〕宋翔鳳撰

清同治光緒間廣雅書局刻朱墨印本　一册

廣雅疏證八卷　AC149 Zcl 1855

〔清〕王念孫撰

清光緒十四年(1888)上海鴻文書局石印本　四册

鈐有"季明""馬鑒讀"印。

字詁

匡謬正俗八卷　802.1941 679—03

〔唐〕顔師古撰

清同治十三年(1874)刻本　一册

助字辨略五卷　5143 7303

〔清〕劉淇撰

清咸豐六年(1856)海源閣刻本

四册

按:館藏缺卷五。

經籍籑詁一百六卷　AC149 Zcl 1919

〔清〕阮元輯

光緒六年(1880)淮南書局補刻本　四十八册

經籍籑詁一百六卷首一卷附補遺一卷　AC149 Zcl 411

〔清〕阮元輯

清光緒十四年(1888)鴻文書局石印本　十六册

又一部　十六册　802.17 375—02

鈐有"南洋大學圖書館藏書"印。

字説一卷　AC149 Zcl 1038

〔清〕吴大澂撰

清光緒間刻本　一册

釋穀四卷　AC149 Zcl 901

〔清〕劉寶楠撰

清光緒間廣雅書局刻本　一册

鈐有"鄞馬鑒季明藏"印。

邇言六卷　AC149 Zcl 1259

〔清〕錢大昭撰

清光緒四年(1878)刻本　二册

鈐有"馬鑒之印"印。

方言

輶軒使者絶代語釋別國方言箋疏十三卷　AC149 Zcl 1434

〔清〕錢繹撰

清光緒十六年(1890)廣雅書局刻本　四册

客話本字不分卷　AC149 Zcl 4095

〔清〕楊恭桓撰

清光緒三十三年(1907)石印本　二册

鈐有"黄氏伯權所藏金石書畫之印"印。

官話散語集二卷十八章　PL1900 Pro. G

〔清〕許宗岑撰

清宣統二年(1910)厦門倍文齋鉛印本　一册

官話指南四卷　AC149 Zcl 3723

(日本)吴啓太、鄭永邦編撰

清光緒二十九年(1903)福州美華書局鉛印本　一册

粵音指南二卷　AC149 Zcl 4264

清光緒二十九年(1903)香港聚珍書樓鉛印本　二册

校本正粵謳不分卷　AC149 Zcl 4241

清光緒二十六年(1900)廣東狀元坊内太平新街以文堂刻本　一册

史部

叢編

汲古閣十七史 2511.1 9300

〔明〕毛晋校刊

明崇禎間琴川毛氏汲古閣刻本 三百十六册

半葉12行25字,小字雙行37字,白口,左右雙邊,單黑魚尾,半框高21.8釐米,寬15.4釐米。版心鎸書名及卷次,下鎸葉碼,卷首頁版心鎸"汲古閣"及"毛氏正本"。

卷端均鈐"琴川毛鳳苞氏審定宋本"黑印。

鈐有"馬鑒之印""峻峰珍藏""春泉氏讀書記"印。

子目:

史記一百三十卷 〔漢〕司馬遷撰 〔南朝宋〕裴駰集解 明崇禎十四年(1641)刻本

漢書一百二十卷 〔漢〕班固撰 〔唐〕顔師古注 明崇禎十五年(1642)刻本

後漢書一百二十卷 〔南朝宋〕范曄撰 〔唐〕李賢注 明崇禎十六年(1643)刻本

三國志六十五卷 〔晋〕陳壽撰 〔南朝宋〕裴松之注 明崇禎十七年(1644)刻本

晋書一百三十卷 〔唐〕房玄齡等撰 明崇禎元年(1628)刻本

宋書一百卷 〔南朝梁〕沈約撰 明崇禎七年(1634)刻本

南齊書五十九卷 〔南朝梁〕蕭子顯撰 明崇禎十年(1637)刻本

梁書五十六卷 〔唐〕姚思廉撰 明崇禎六年(1633)刻本

陳書三十六卷 〔唐〕姚思廉撰 明崇禎四年(1631)刻本

魏書一百十四卷 〔北齊〕魏收撰 明崇禎九年(1636)刻本

北齊書五十卷 〔唐〕李百藥撰 明崇禎十一年(1638)刻本

周書五十卷 〔唐〕令狐德棻撰 明崇禎五年(1632)刻本

南史八十卷 〔唐〕李延壽撰 明崇禎十三年(1640)刻本

北史一百卷 〔唐〕李延壽撰 明崇禎十二年(1639)刻本

隋書八十五卷 〔唐〕魏徵等撰 明崇禎八年(1635)刻本

唐書二百二十五卷 〔宋〕歐陽修等撰 明崇禎二年(1629)刻本

按:此爲汲古閣板竹紙後印本,館藏缺《新五代史》。

二十四史 1520/1—562

清同治光緒間金陵書局等五局合刻本 五百六十二册

鈐有"南洋大學圖書館藏書"印。

子目:

史記一百三十卷 〔漢〕司馬遷撰 〔南朝宋〕裴駰集解 〔唐〕司馬貞索隱 〔唐〕張守節正義

漢書一百二十卷 〔漢〕班固撰 〔唐〕顔師古注

後漢書一百二十卷 〔南朝宋〕范曄撰 〔唐〕李賢注 〔南朝梁〕劉昭

補注
三國志六十五卷 〔晋〕陳壽撰
〔南朝宋〕裴松之注
晋書一百三十卷音義三卷 〔唐〕房玄齡等撰 〔唐〕何超音義
宋書一百卷 〔南朝梁〕沈約撰
南齊書五十九卷 〔南朝梁〕蕭子顯撰
梁書五十六卷 〔唐〕姚思廉撰
陳書三十六卷 〔唐〕姚思廉撰
魏書一百十四卷 〔北齊〕魏收撰
北齊書五十卷 〔唐〕李百藥撰
周書五十卷 〔唐〕令狐德棻撰
隋書八十五卷 〔唐〕魏徵等撰
南史八十卷 〔唐〕李延壽撰
北史一百卷 〔唐〕李延壽撰
舊唐書二百卷 〔後晋〕劉昫等撰
新唐書二百二十五卷釋音二十五卷 〔宋〕歐陽修等撰 〔宋〕董衡釋音
舊五代史一百五十卷 〔宋〕薛居正撰
新五代史七十四卷 〔宋〕歐陽修撰 〔宋〕徐無黨注
宋史四百九十六卷 〔元〕脱脱等撰
遼史一百十六卷 〔元〕脱脱等撰
金史一百三十五卷 〔元〕脱脱等撰
元史二百十卷 〔明〕宋濂等撰
明史三百三十二卷 〔清〕張廷玉撰

欽定二十四史 2455 5999

〔清〕弘晝等編纂

清乾隆四至四十九年(1739—1784)內府刻本 六百二册

半葉10行21字,小字雙行字同,白口,左右雙邊,單黑魚尾,半框高22.1釐米,寬15.3釐米。版心上鎸校刊時間,中鎸書名、卷次、子目及葉碼。

卷端題“史記,漢太史令司馬遷撰,宋中郎外兵曹參軍裴駰集解,唐國子博士弘文館學士司馬貞索隱,唐諸王侍讀率府長史張守節正義”。卷首依次有清乾隆十二年(1747)《御製重刻二十一史序》,署“乾隆十二年二月朔,日講官起居注翰林院侍讀學士臣陳邦彦奉勑敬書”;清乾隆十二年六月十一日《上諭》;清乾隆十一年(1746)《刻成進呈表》;參校諸臣職名;《史記》目録;《史記目録考證》;南朝宋裴駰撰《史記集解序》;唐司馬貞撰《史記索隱序》;唐張守節撰《史記正義序》;《史記序考證》。

子目:

史記一百三十卷 〔漢〕司馬遷撰 〔南朝宋〕裴駰集解 〔唐〕司馬貞索隱 〔唐〕張守節正義
漢書一百二十卷 〔漢〕班固撰 〔唐〕顔師古注
後漢書一百二十卷 〔南朝宋〕范曄撰 〔唐〕李賢注 〔南朝梁〕劉昭補注
三國志六十五卷 〔晋〕陳壽撰 〔南朝宋〕裴松之注
晋書一百三十卷音義三卷 〔唐〕房玄齡等撰 〔唐〕何超音義
宋書一百卷 〔南朝梁〕沈約撰
南齊書五十九卷 〔南朝梁〕蕭子顯撰
梁書五十六卷 〔唐〕姚思廉撰

陳書三十六卷 〔唐〕姚思廉撰
魏書一百十四卷 〔北齊〕魏收撰
北齊書五十卷 〔唐〕李百藥撰
周書五十卷 〔唐〕令狐德棻撰
隋書八十五卷 〔唐〕魏徵等撰
南史八十卷 〔唐〕李延壽撰
北史一百卷 〔唐〕李延壽撰
舊唐書二百卷 〔後晋〕劉昫等撰
新唐書二百二十五卷釋音二十五卷 〔宋〕歐陽修等撰 〔宋〕董衝釋音
舊五代史一百五十卷 〔宋〕薛居正撰
新五代史七十四卷 〔宋〕歐陽修撰 〔宋〕徐無黨注
宋史四百九十六卷 〔元〕脱脱等撰
遼史一百十六卷 〔元〕脱脱等撰
金史一百三十五卷 〔元〕脱脱等撰
元史二百十卷 〔明〕宋濂等撰
明史三百三十二卷 〔清〕張廷玉撰

又一部 六百二册 **245 5999**

二十四史 **1519/1—680**

光緒十年(1884)上海同文書局石印本 六百八十册

鈐有"南洋大學圖書館藏書"印。

子目:
史記一百三十卷 〔漢〕司馬遷撰 〔南朝宋〕裴駰集解 〔唐〕司馬貞索隱 〔唐〕張守節正義
漢書一百二十卷 〔漢〕班固撰 〔唐〕顔師古注
後漢書一百二十卷 〔南朝宋〕范曄撰 〔唐〕李賢注 〔南朝梁〕劉昭補注
三國志六十五卷 〔晋〕陳壽撰 〔南朝宋〕裴松之注
晋書一百三十卷音義三卷 〔唐〕房玄齡等撰 〔唐〕何超音義
宋書一百卷 〔南朝梁〕沈約撰
南齊書五十九卷 〔南朝梁〕蕭子顯撰
梁書五十六卷 〔唐〕姚思廉撰
陳書三十六卷 〔唐〕姚思廉撰
魏書一百十四卷 〔北齊〕魏收撰
北齊書五十卷 〔唐〕李百藥撰
周書五十卷 〔唐〕令狐德棻撰
隋書八十五卷 〔唐〕魏徵等撰
南史八十卷 〔唐〕李延壽撰
北史一百卷 〔唐〕李延壽撰
舊唐書二百卷 〔後晋〕劉昫等撰
新唐書二百二十五卷釋音二十五卷 〔宋〕歐陽修等撰 〔宋〕董衝釋音
舊五代史一百五十卷 〔宋〕薛居正撰
新五代史七十四卷 〔宋〕歐陽修撰 〔宋〕徐無黨注
宋史四百九十六卷 〔元〕脱脱等撰
遼史一百十六卷 〔元〕脱脱等撰
金史一百三十五卷 〔元〕脱脱等撰
元史二百十卷 〔明〕宋濂等撰
明史三百三十二卷 〔清〕張廷玉撰

二十四史 **1519—2/1—711**

清光緒二十九年(1903)五洲同文局石印本 七百十一册

鈐有"南洋大學圖書館藏書"印。

子目：
史記一百三十卷　〔漢〕司馬遷撰　〔南朝宋〕裴駰集解　〔唐〕司馬貞索隱　〔唐〕張守節正義
漢書一百二十卷　〔漢〕班固撰　〔唐〕顔師古注
後漢書一百二十卷　〔南朝宋〕范曄撰　〔唐〕李賢注　〔南朝梁〕劉昭補注
三國志六十五卷　〔晋〕陳壽撰　〔南朝宋〕裴松之注
晋書一百三十卷音義三卷　〔唐〕房玄齡等撰　〔唐〕何超音義
宋書一百卷　〔南朝梁〕沈約撰
南齊書五十九卷　〔南朝梁〕蕭子顯撰
梁書五十六卷　〔唐〕姚思廉撰
陳書三十六卷　〔唐〕姚思廉撰
魏書一百十四卷　〔北齊〕魏收撰
北齊書五十卷　〔唐〕李百藥撰
周書五十卷　〔唐〕令狐德棻撰
隋書八十五卷　〔唐〕魏徵等撰
南史八十卷　〔唐〕李延壽撰
北史一百卷　〔唐〕李延壽撰
舊唐書二百卷　〔後晋〕劉昫等撰
新唐書二百二十五卷釋音二十五卷　〔宋〕歐陽修等撰　〔宋〕董衝釋音
舊五代史一百五十卷　〔宋〕薛居正撰
新五代史七十四卷　〔宋〕歐陽修撰　〔宋〕徐無黨注
宋史四百九十六卷　〔元〕脱脱等撰
遼史一百十六卷　〔元〕脱脱等撰
金史一百三十五卷　〔元〕脱脱等撰
元史二百十卷　〔明〕宋濂等撰
明史三百三十二卷　〔清〕張廷玉撰

紀傳類

正史之屬

史記評林一百三十卷　　2511.15 9327

〔明〕凌稚隆輯校

清同治十三年(1874)長沙魏氏養翮書屋校刻本　二十八册

鈐有"馬鑒之印"印。

史記志疑三十六卷　610.11078 727—02

〔清〕梁玉繩撰

清光緒十三年(1887)廣雅書局刻本　二十册

鈐有"南洋大學圖書館藏書"印。

又一部　十四册　　610.11078 727

桐城吴先生點勘史記一百三十卷附録一卷　2511.1 9300

〔清〕吴汝綸點勘

清宣統元年(1909)南宫邢氏刻本　十六册

鈐有"含德堂""李國松""集虚草堂""木公"印。

按：卷末附《桐城吴先生彙録諸家史記評語》一卷、《桐城吴先生史記初校本點識》一卷。

漢書注校補五十六卷　　b1081419x

〔清〕周壽昌撰

清光緒十七年(1891)廣雅書局刻本　十册

鈐有"南洋大學圖書館藏書"印。

漢書評林一百卷　2550.15 1927

〔漢〕班固撰　〔唐〕顔師古注　〔明〕凌稚隆輯校

清同治十三年(1874)長沙魏氏養翮書屋校刻本　三十二册

鈐有"馬鑒之印"印。

漢書西域傳補注二卷　2550.15 1915

〔清〕徐松撰

清道光九年(1829)刻本　二册

後漢書注補正八卷　b10814218

〔清〕周壽昌撰

清光緒十七年(1891)廣雅書局刻本　一册

鈐有"南洋大學圖書館藏書"印。

後漢書注又補不分卷　b10814231

〔清〕沈銘彝撰

光緒十四年(1888)廣雅書局刻本　一册

鈐有"南洋大學圖書館藏書"印。

又一部　一册　2555.15 1193

鈐有"王國維""馬鑒讀"印。

兩漢書注考證二卷　b10814206

〔清〕何若瑶撰

清光緒二十年(1894)廣雅書局刻本　一册

鈐有"南洋大學圖書館藏書"印。

兩漢書疏證(漢書疏證三十六卷後漢書疏證三十卷)　2545.15 7199

〔清〕沈欽韓撰

清光緒二十六年(1900)浙江官書局刻本　四十册

硃批兩漢菁華録(前漢書菁華録四卷後漢書菁華録二卷)　2545.16 3119

清光緒二十八年(1902)雙門底上街經史閣刻朱墨套印本　六册

鈐有"哲如陳慶保藏書"印。

三國志六十五卷　AC149 Zcl 3947

〔晉〕陳壽撰　〔南朝宋〕裴松之注

明崇禎十七年(1644)琴川毛氏汲古閣刻本　一册

半葉12行25字,小字雙行37字,白口,左右雙邊,單黑魚尾,半框高21.7釐米,寬15.2釐米。版心鎸"三國"及卷次,下鎸葉碼,卷首葉版心鎸"汲古閣"及"毛氏正本"。

按:館藏缺卷一至卷五十六,存最後一册且有缺頁,明毛晋校刊《汲古閣十七史》之零種。

三國志旁證三十卷　2560.15 9332

〔清〕梁章鉅撰

清光緒十五年(1889)廣雅書局刻本　六册

三國志證聞三卷　2560.15 9333

〔清〕錢儀吉撰

清光緒十一年(1885)江蘇書局刻本　二册

三國志裴注述二卷 2560.1 9332

〔清〕林國贊撰

清光緒十六年(1890)學海堂刻本　一册

三國志注證遺四卷 2560.15 9333

〔清〕周壽昌撰

清光緒十七年(1891)廣雅書局刻本　一册

補宋書刑法志一卷 552.2051 209.02

〔清〕郝懿行撰

清光緒十七年(1891)廣雅書局刻本　一册

鈐有"南洋大學圖書館藏書"印。

魏書校勘記一卷 2591.15 6933

〔清〕王先謙撰

清光緒九年(1883)長沙王氏刻本　一册

舊唐書二百卷 AC149 Zcl 4219

〔後晋〕劉昫等撰

清光緒十年(1884)上海同文書局石印本　四十八册

鈐有"季明""馬鑒之印"印。

舊唐書疑義四卷 2620.15 3495

〔清〕張道撰

清光緒七年(1881)刻本　二册

唐書二百七十三卷 2621.1 4900

〔宋〕歐陽修、宋祁撰

清同治十二年(1873)浙江書局校刻本　三十册

鈐有"馬鑒之印"印。

新舊唐書互證二十卷 2621.15 1349

〔清〕趙紹祖撰

清光緒十七年(1891)廣雅書局刻本　四册

舊五代史一百五十卷 2640.1 3649

〔宋〕薛居正等撰

清光緒十年(1884)上海同文書局石印本　二十四册

五代史記七十四卷 2641.15 6493

〔宋〕歐陽修撰　〔宋〕徐無黨原注　〔清〕彭元瑞注　〔清〕劉鳳誥排次

清嘉慶二十年(1815)雲甠書屋刻本　四十册

又一部　四十册　b10814280

五代史記纂誤續補六卷 2641.15 6493

〔清〕吴光耀撰

清光緒十四年(1888)江夏吴氏刻本　六册

五代史補五卷附五代史闕文一卷五代春秋二卷 2641.15 6492

〔宋〕陶嶽撰　(五代史闕文)〔宋〕王禹偁撰　(五代春秋)〔宋〕尹洙撰

清乾隆間刻本　三册

半葉9行20字,白口,左右雙邊,單黑魚尾,半框高19.1釐米,寬14.2釐米。版心上鎸書名,中鎸卷次,下鎸葉碼。

卷端題"五代史補"。《五代史闕文》卷端題"五代史闕文,宋翰林學士王禹偁撰進"。《五代春秋》卷端題"五代春秋,宋尹洙撰"。卷首依次有宋陶嶽撰《五代史補序》;目録。

遼史一百十五卷附欽定遼史語解十卷 AC149 Zcl 4230

〔元〕托克托等纂修

清道光四年(1824)刻本　十六册

鈐有"馬鑒之印"印。

遼史一百十六卷 2685.1 7900

〔元〕脱脱等修

清光緒二十八年(1902)史學會社石印本　三册

鈐有"馬鑒之印"印。

宋史四百九十六卷目録三卷 2665.1 9900

〔元〕脱脱等撰

清光緒元年(1875)浙江書局校刻本　一百册

鈐有"季明"印。

金史一百三十五卷 2690.1 3900

〔元〕脱脱等修

清光緒二十八年(1902)史學會社石印本　八册

金史詳校一卷首一卷 b1081436x

〔清〕施國祁撰

清光緒二十年(1894)廣雅書局刻本　十册

鈐有"南洋大學圖書館藏書"印。

元史二百十卷 2700.1 5900

〔明〕宋濂等修

清光緒二十八年(1902)史學會社石印本　十四册

别史之屬

尚史七十卷 2520.5 9900

〔清〕李鍇纂

清乾隆間刻本　五十册

半葉10行24字,小字雙行字同,白口,左右雙邊,無魚尾,半框高18.6釐米,寬13.4釐米。版心上鎸書名,中鎸篇章名及卷次,下鎸葉碼。

卷端題"尚史,襄平李鍇鐵君甫纂"。卷首依次有清乾隆十年(1745)《自序》,署"乾隆十年歲次乙丑冬十月朔襄平後學李鍇鐵君甫識";清乾隆三十八年(1773)《序》,署"乾隆癸巳長至南昌彭元瑞序";凡例;總目;目録。《自序》末有墨筆題識:"海寧吴氏聞斯行齋藏清賢孤本名著,中華民國二十三年夏五月,僑居江夏珞珈山,此書自湘中來,亟購藏之,其昌自記。"

鈐有"齊安林氏逸聖收藏金石書畫之記""卜易堂印""奕叟""竹禪""一甲第三""梅修""臣錭""聞斯行齋經籍"印。

三史拾遺五卷 b10813858

〔清〕錢大昕撰

清光緒十七年(1891)廣雅書局刻本　一册

鈐有"義安學院圖書館章""南洋大學圖書館藏書"印。

又一部　一册 b10813859

鈐有"南洋大學圖書館藏書"印。

續後漢書四十二卷　2560.05 1119

〔宋〕蕭常撰

清道光二十一年(1841)刻本　六册

鈐有"華縣湯子壽藏書印""馬鑒之印""馬鑒"印。

按:清郁松年輯《宜稼堂叢書》之零種。

南漢書十八卷南漢文字略四卷南漢叢録二卷　b10814279

〔清〕梁廷楠撰

清光緒二十一年(1895)刻本　八册

鈐有"南洋大學圖書館藏書"印。

西魏書二十四卷　2593.5 1690

〔清〕謝啓昆撰

清光緒十八年(1892)溧陽繆氏小岯山館補刻本　一册

按:館藏存卷一至卷二。

欽定續纂外藩蒙古回部王公表傳十二卷　2252.1 1466

(清)穆彰阿等撰

清道光二十九年(1849)武英殿刻本　五册

滿文。

編年類

通代之屬

竹書紀年二卷穆天子傳六卷　2521.2 3943

〔南朝梁〕沈約注　〔清〕王賢喈校(穆天子傳)〔晋〕郭璞注　〔清〕鄭濂校

清乾隆五十六年(1791)刻本　一册

半葉9行20字,小字雙行字同,白口,左右雙邊,單白魚尾,半框高19釐米,寬14.4釐米。版心上鎸書名,中鎸卷次,下鎸葉碼。

《竹書紀年》卷端題"竹書紀年,梁沈約附注,金谿王賢喈校"。《穆天子傳》卷端題"穆天子傳,晋郭璞注,南城鄭濂校"。

《竹書紀年》卷首依次有目録;清王謨撰《序》。《穆天子傳》卷首依次有元至正十年(1350)《穆天子傳序》,署"至正十年歲在庚寅春二月二十七日壬子北嶽王漸玄翰序";清王謨撰《序》。

鈐有"季明""馬鑒之印"印。

按:清王謨輯《增訂漢魏叢書》之零種。

竹書紀年統箋十二卷雜述一卷前編一卷　2521.2 3943

〔南朝梁〕沈約注　〔清〕徐文靖統箋　〔清〕馬陽、崔萬烜校訂

清後期據乾隆年板重刻本　四册

甲子紀元不分卷　2458 3435

〔清〕陳宏謀輯　〔清〕高式亮等訂

清刻本　一册

元經薛氏傳十卷　2512 5319

〔隋〕王通撰　〔唐〕薛收傳　〔宋〕阮逸注　〔清〕袁綯校

清乾隆間刻本　二册

半葉9行20字,小字雙行字同,白口,左右雙邊,單白魚尾,半框高19.5釐

米,寬 14.3 釐米。版心上鐫“元經”,中鐫卷次,下鐫葉碼。

卷端題“元經薛氏傳,隋王通經,薛收傳,阮逸注,南昌袁絅校”。卷首有唐薛收撰《元經薛氏傳序》。卷末有清王謨撰《跋》。

鈐有“馬鑒之印”印。

按:清王謨輯《增訂漢魏叢書》之零種。

資治通鑑注二百九十四卷附釋文辨誤十二卷 2512 4330

〔宋〕司馬光編集

清同治八年(1869)江蘇書局修補鄱陽胡氏仿元本重刻本 一百册

資治通鑑二百九十四卷新校資治通鑑叙録三卷 2512 3343

〔宋〕司馬光編集

清光緒十七年(1891)刻本 一百二十册

司馬温公稽古録二十卷 2512 3370

〔宋〕司馬光撰

清同治十一年(1872)湖北崇文書局刻本 四册

資治通鑑外紀十卷 2512 4363

〔宋〕劉恕編集 〔清〕胡克家注補

清同治十年(1871)江蘇書局刻本 十册

資治通鑑釋文三十卷 2512 4396

〔宋〕史炤撰

清光緒五年(1879)吴興陸氏十萬卷樓重刻本 五册

資治通鑑補正二百九十四卷首一卷 2512 4323

〔宋〕司馬光編集 〔宋〕胡三省音注 〔明〕嚴衍補正 〔明〕談允厚參

清光緒二十八年(1902)上海益智書局石印本 四十八册

續資治通鑑長編五百二十卷 2512 1433

〔宋〕李燾撰

清光緒七年(1881)浙江書局校刻本 一百二十册

建炎以來繫年要録二百卷 2665.2 3557

〔宋〕李心傳撰

清光緒五年(1879)仁壽蕭氏校刻本 六十册

續資治通鑑二百二十卷 2512 1430

〔清〕畢沅編集

清同治六年(1867)江蘇書局補刻本 六十册

御批歷代通鑑輯覽一百二十卷 2512 7443

〔清〕傅恒等撰

清同治十三年(1874)重刻朱墨套印本 四十八册

御批歷代通鑑輯覽一百二十卷 2512 7443

〔清〕傅恒等撰

清光緒二十年(1894)上海書局石印本 二十四册

綱鑑正史約三十六卷　2512 3339

〔明〕顧錫疇編

清同治八年(1869)浙江書局重刻本　二十册

資治通鑑綱目前編竊議二十五卷　2512 4338

〔清〕易其霈撰

清光緒十五年(1889)鶴山易氏四益友樓刻本　八册

鈐有"陳慶保"印。

尺木堂綱鑑易知録九十二卷　610.29 818

〔清〕周之炯等輯

清同治八年(1869)吴興毛紫清校京都文貴堂刻本　九十六册

綱鑑易知録一百七卷　2512 3353

〔清〕吴乘權等輯

清末天平街維經堂刻本　四十册

史存三十卷　2512 9400

〔清〕劉沅輯

清道光二十五年(1845)槐軒劉氏刻本　十六册

斷代之屬

周季編略九卷　2530 3327

〔清〕黄式三纂

清同治十二年(1873)浙江書局刻本　四册

鈐有"馬鑒之印"印。

按:清黄式三撰《儆居遺書》之零種。

靖康要録十六卷　2665.71 3357

清光緒十二年(1886)刻本　八册

明大政纂要六十三卷　2720.2 8434

〔明〕譚希思編

清光緒二十一年(1895)湖南思賢書局刻本　二十八册

明通鑑九十卷前編四卷附記六卷首一卷　2720.2 8430

〔清〕夏燮編

清光緒二十三年(1897)湖北官書處重校刻本　四十册

鈐有"無錫鄒氏藏書"印。

明紀六十卷　2720.2 8300

〔清〕陳鶴撰　〔清〕陳克家參訂

清光緒二十八年(1902)新化三味書室校刻本　二十四册

東華録二十五卷　b10814516

〔清〕蔣良驥撰

清道光咸豐間刻本　三十二册

按:此書爲巾箱本。

東華録三十二卷　2742 4170

〔清〕蔣良驥輯

清晚期刻本　十二册

鈐有"季明""馬鑒之印"印。

東華録一百九十五卷續録一百二十卷　2742 4170

〔清〕王先謙編　〔清〕周潤、周瀹校

清光緒十年(1884)刻本　一百六

十册

按：本書内容自明萬曆十一年（1583）至清乾隆六十年（1795）。

東華録一百九十五卷續録二百三十卷 2742 4170

〔清〕王先謙編 〔清〕周潤、周瀹校

清光緒十三年（1887）廣百宋齋鉛印本 七十六册

鈐有"汪希文"印。

按：本書内容自明萬曆十一年（1583）至清道光三十年（1850）。

又一部 三十二册 b10814462

鈐有"南洋大學圖書館藏書"印。

按：本書内容自清天命朝至雍正朝。

東華續録二百九十九卷 b10814528

〔清〕王先謙編 〔清〕周潤、周瀹校

清光緒十三至十八年（1887—1892）鉛印本 六十册

鈐有"南洋大學圖書館藏書"印。

按：本書内容自清乾隆朝至咸豐朝。

咸豐東華録一百卷 2742 4117

〔清〕王先謙編 〔清〕陶濬宣校

清光緒二十年（1894）上海積山書局石印本 十八册

鈐有"汪希文印"印。

咸豐東華録一百卷 b10814450

〔清〕王先謙編 〔清〕陶濬宣校

清光緒二十五年（1899）石印本 十八册

東華續録（同治朝）一百卷 b1090072x

〔清〕王先謙編 〔清〕張式校

清光緒二十五年（1899）公記書莊石印本 二十四册

又一部 二十四册 2742 4117

鈐有"汪希文印"印。

東華續録（同治朝）一百卷 b10814632

〔清〕王先謙編 〔清〕張式校

清宣統三年（1911）存古齋鉛印本 二十四册

鈐有"南洋大學圖書館藏書"印。

東華續録（光緒朝）二百二十卷 b10814474

〔清〕朱壽朋編 〔清〕潘鴻鼎校

清宣統元年（1909）上海集成圖書公司鉛印本 六十四册

鈐有"南洋大學圖書館藏書"印。

紀事本末類

類編之屬

［紀事本末五種］ 2513 3928

〔宋〕袁樞等撰

清同治十二至十三年（1873—1874）江西書局刻本 一百三十六册

子目：

通鑑紀事本末二百三十九卷 〔宋〕袁樞編 〔明〕張溥論正

左傳紀事本末五十三卷 〔清〕高士奇撰

宋史紀事本末一百九卷　〔明〕陳邦瞻增訂　〔明〕馮琦編　〔明〕張溥論正

元史紀事本末二十七卷　〔明〕陳邦瞻編　〔明〕張溥論正

明史紀事本末八十卷　〔清〕谷應泰編

歷朝紀事本末九種六百五十八卷　2513 7339

清光緒二十五年(1899)慎記書莊石印本　五十册

子目：

左傳紀事本末五十三卷　〔清〕高士奇撰

通鑑紀事本末二百三十九卷　〔宋〕袁樞撰

宋史紀事本末一百九卷　〔明〕陳邦瞻撰

遼史紀事本末四十卷　〔清〕李有棠撰

金史紀事本末五十二卷　〔清〕李有棠撰

西夏紀事本末三十六卷　〔清〕張鑒撰

元史紀事本末二十七卷　〔明〕陳邦瞻撰

明史紀事本末八十卷　〔清〕谷應泰撰

附三藩紀事本末二十二卷　〔清〕楊陸榮撰

歷朝紀事本末九種六百五十八卷　2513 7339

清光緒二十八年(1902)上海書局石印本　二十七册

鈐有“馬鑒之印”印。

子目：

左傳紀事本末五十三卷　〔清〕高士奇撰

通鑑紀事本末二百三十九卷　〔宋〕袁樞撰

宋史紀事本末一百九卷　〔明〕陳邦瞻撰

遼史紀事本末四十卷　〔清〕李有棠撰

金史紀事本末五十二卷　〔清〕李有棠撰

西夏紀事本末三十六卷　〔清〕張鑒撰

元史紀事本末二十七卷　〔明〕陳邦瞻撰

明史紀事本末八十卷　〔清〕谷應泰撰

附三藩紀事本末二十二卷　〔清〕楊陸榮撰

通代之屬

通鑑紀事本末二百三十九卷　b10813718

〔宋〕袁樞編　〔明〕張溥論正

清光緒十三年(1887)廣雅書局刻本　四十八册

鈐有“南洋大學圖書館藏書”印。

繹史一百六十卷　b10813731

〔清〕馬驌撰

清光緒十五年(1889)金匱浦氏重修刻本　四十八册

鈐有“南洋大學圖書館藏書”印。

繹史一百六十卷 2520.3 5900

〔清〕馬驌撰

清刻本 四十八册

鈐有“谷澤藏書”印。

斷代之屬

左傳紀事本末五十三卷 621.7303 640

〔清〕高士奇編纂

清光緒二十六年(1900)廣雅書局刻本 十二册

鈐有“南洋大學圖書館藏書”印。

遼史紀事本末四十卷首一卷 b10814292

〔清〕李有棠撰

清光緒二十六年(1900)廣雅書局刻本 四册

鈐有“南洋大學圖書館藏書”印。

宋史紀事本末一百九卷 2665.3 9939

〔明〕馮琦編 〔明〕陳邦瞻增訂 〔明〕張溥論正

清同治間朝宗書室據聚珍版翻刻本 十七册

宋史紀事本末一百九卷 b10814255

〔明〕馮琦編 〔明〕陳邦瞻增訂 〔明〕張溥論正

清光緒十四年(1888)廣雅書局刻本 十八册

鈐有“南洋大學圖書館藏書”印。

金史紀事本末五十二卷首一卷 b10814322

〔清〕李有棠編纂

清光緒二十七年(1901)廣雅書局刻本 六册

鈐有“南洋大學圖書館藏書”印。

元史紀事本末二十七卷 2700.3 5939

〔明〕陳邦瞻編 〔明〕臧懋循補輯 〔明〕張溥論正

清同治間朝宗書室據聚珍版翻刻本 三册

元史紀事本末二十七卷 b10814346

〔明〕陳邦瞻編 〔明〕張溥論正

清光緒十三年(1887)廣雅書局刻本 三册

鈐有“南洋大學圖書館藏書”印。

明史紀事本末八十卷 b10814371

〔清〕谷應泰編

清光緒十四年(1888)廣雅書局刻本 二十册

鈐有“南洋大學圖書館藏書”印。

綏寇紀略十二卷附補遺三卷 2720.3 9337

〔清〕吴偉業纂輯 〔清〕鄒漪訂 〔清〕張海鵬重校

清嘉慶九年(1804)照曠閣刻本 六册

雜史類

類編之屬

國語校注本三種　947/1—5

〔清〕汪遠孫撰

清道光二十六年(1846)振綺堂汪氏刻本　五册

鈐有"南洋大學圖書館藏書"印。

子目:

國語三君注輯存四卷

國語發正二十一卷

國語明道本考異四卷

又一部　六册　947/1—6

鈐有"南洋大學圖書館藏書"印。

宋遼金元別史五種三百七卷

2662.5 9735

〔清〕席世臣輯

清嘉慶三年(1798)掃葉山房刻本　三十四册

子目:

東都事略一百三十卷　〔宋〕王偁撰

南宋書六十八卷　〔明〕錢士升增削　〔明〕許重熙贊

契丹國志二十七卷　〔宋〕葉隆禮撰

大金國志四十卷　〔宋〕宇文懋昭撰

元史類編四十二卷　〔清〕邵遠平撰　〔清〕席世臣校刊

史學叢書一集十四種二集二十八種

1538/1—24

清光緒十九年(1893)武林有三長齋石印本　二十四册

子目:

第一集

史記志疑三十六卷　〔清〕梁玉繩撰

史表功比説一卷　〔清〕張錫瑜撰

史記天官書補目一卷　〔清〕孫星衍撰

楚漢諸侯疆域志三卷　〔清〕劉文淇撰

史漢駢枝一卷　〔清〕成孺撰

漢書人表考九卷　〔清〕梁玉繩撰

漢書辨疑二十二卷　〔清〕錢大昭撰

漢書注校補五十六卷　〔清〕周壽昌撰

後漢書補表八卷　〔清〕錢大昭撰

補續漢書藝文志一卷　〔清〕錢大昭撰

後漢郡國令長考一卷　〔清〕錢大昭撰

後漢書辨疑十一卷　〔清〕錢大昭撰

續漢書辨疑九卷　〔清〕錢大昭撰

後漢書注補正八卷　〔清〕周壽昌撰

第二集

後漢書注又補一卷　〔清〕沈銘彝撰

後漢書補注續一卷　〔清〕侯康撰

三史拾遺五卷　〔清〕錢大昕撰

補三國疆域志二卷　〔清〕洪亮吉撰

補三國藝文志四卷　〔清〕侯康撰

三國職官表三卷　〔清〕洪飴孫撰

三國志辨疑三卷　〔清〕錢大昭撰

三國志考證八卷　〔清〕潘眉撰

三國志旁證三十卷　〔清〕梁章鉅撰

三國志補注續一卷　〔清〕侯康撰

補晋兵志一卷　〔清〕錢儀吉撰

東晋疆域志四卷 〔清〕洪亮吉撰
十六國疆域志十六卷 〔清〕洪亮吉撰
晋書校勘記五卷 〔清〕周家禄撰
晋宋書故一卷 〔清〕郝懿行撰
補宋書刑法志一卷食貨志一卷 〔清〕郝懿行撰
宋州郡志校勘記一卷 〔清〕成孺撰
補梁疆域志四卷 〔清〕洪齮孫撰
魏書校勘記一卷 〔清〕王先謙撰
新舊唐書互證二十卷 〔清〕趙紹祖撰
補五代史藝文志一卷 〔清〕顧櫰三撰
宋史藝文志補一卷 〔清〕倪燦撰
宋遼金元四史朔閏考二卷 〔清〕錢大昕撰
補遼金元三史藝文志一卷 〔清〕倪燦撰
補遼金元三史藝文志一卷 〔清〕金門詔撰
諸史拾遺五卷 〔清〕錢大昕撰
諸史考異十八卷 〔清〕洪頤煊撰
讀史舉正八卷 〔清〕張熷撰

史學叢書三十七種　　1538—2/1—32

清光緒二十八年(1902)上海煥文書局點石齋石印本　三十二册

子目:

史記志疑三十六卷 〔清〕梁玉繩撰
楚漢諸侯疆域志三卷 〔清〕劉文淇撰
史漢駢枝一卷 〔清〕成孺撰
漢書人表考九卷 〔清〕梁玉繩撰
漢書辨疑二十二卷 〔清〕錢大昭撰
漢書注校補五十六卷 〔清〕周壽昌撰
後漢書補表八卷 〔清〕錢大昭撰
補續漢書藝文志一卷 〔清〕錢大昭撰
後漢書辨疑十一卷 〔清〕錢大昭撰
後漢郡國令長考一卷 〔清〕錢大昭撰
後漢書注又補一卷 〔清〕沈銘彝撰後
漢書注補正八卷 〔清〕周壽昌撰
後漢書補注續一卷 〔清〕侯康撰
三史拾遺五卷 〔清〕錢大昕撰
補三國疆域志二卷 〔清〕洪亮吉撰
補三史藝文志一卷 〔清〕金門詔撰
三國志辨疑三卷 〔清〕錢大昭撰
三國志考證八卷 〔清〕潘眉撰
三國志旁證三十卷 〔清〕梁章鉅撰
三國職官表三卷 〔清〕洪飴孫撰
三國志補注續一卷 〔清〕侯康撰
補三國藝文志四卷 〔清〕侯康撰
宋遼金元四史朔閏考二卷 〔清〕錢大昕撰
晋書校勘記五卷 〔清〕周家禄撰
東晋疆域志四卷 〔清〕洪亮吉撰
補晋兵志一卷 〔清〕錢儀吉撰
晋宋書故一卷 〔清〕郝懿行撰
補梁疆域志四卷 〔清〕洪齮孫撰
魏書校勘記一卷 〔清〕王先謙撰
新舊唐書互證二十卷 〔清〕趙紹祖撰
宋州郡志校勘記一卷 〔清〕成孺撰
宋史藝文志補一卷 〔清〕倪燦撰

補宋書刑法志一卷食貨志一卷　〔清〕郝懿行撰
補遼金元藝文志一卷　〔清〕倪燦撰
十六國疆域志十六卷　〔清〕洪亮吉撰
讀史舉正八卷　〔清〕張熷撰
諸史考異十八卷　〔清〕洪頤煊撰

史學叢書四十三種　2455 9149

清光緒二十八年(1902)上海文瀾書局石印本　三十二册

子目：
史記志疑三十六卷　〔清〕梁玉繩撰
史表功比説一卷　〔清〕張錫瑜撰
史記天官書補目一卷　〔清〕孫星衍撰
楚漢諸侯疆域志三卷　〔清〕劉文淇撰
史漢駢枝一卷　〔清〕成孺撰
漢書人表考九卷　〔清〕梁玉繩撰
漢書辨疑二十二卷　〔清〕錢大昭撰
漢書注校補五十六卷　〔清〕周壽昌撰
後漢書補表八卷　〔清〕錢大昭撰
補續漢書藝文志一卷　〔清〕錢大昭撰
後漢書辨疑十一卷　〔清〕錢大昭撰
後漢郡國令長考一卷　〔清〕錢大昭撰
續漢書辨疑九卷　〔清〕錢大昭撰
後漢書注補正八卷　〔清〕周壽昌撰
後漢書注又補一卷　〔清〕沈銘彝撰
後漢書補注續一卷　〔清〕侯康撰
三史拾遺五卷　〔清〕錢大昕撰
補三國疆域志二卷　〔清〕洪亮吉撰
補三史藝文志一卷　〔清〕金門詔撰
三國志辨疑三卷　〔清〕錢大昭撰
三國志考證八卷　〔清〕潘眉撰
三國志旁證三十卷　〔清〕梁章鉅撰
三國職官表三卷　〔清〕洪飴孫撰
三國志補注續一卷　〔清〕侯康撰
補三國藝文志四卷　〔清〕侯康撰
宋遼金元四史朔閏考二卷　〔清〕錢大昕撰
晋書校勘記五卷　〔清〕周家禄撰
東晋疆域志四卷　〔清〕洪亮吉撰
補晋兵志一卷　〔清〕錢儀吉撰
補梁疆域志四卷　〔清〕洪齮孫撰
魏書校勘記一卷　〔清〕王先謙撰
新舊唐書互證二十卷　〔清〕趙紹祖撰
宋州郡志校勘記一卷　〔清〕成孺撰
宋史藝文志補一卷　〔清〕倪燦撰
補宋書刑法志一卷　〔清〕郝懿行撰
補宋書食貨志一卷　〔清〕郝懿行撰
補遼金元三史藝文志一卷　〔清〕倪燦撰
補遼金元三史藝文志一卷　〔清〕金門詔撰
十六國疆域志十六卷　〔清〕洪亮吉撰
補五代史藝文志一卷　〔清〕顧懷三撰
讀史舉正八卷　〔清〕張熷撰
諸史拾遺五卷　〔清〕錢大昕撰
諸史考異十八卷　〔清〕洪頤煊撰

按：此版印刷質量很差，有些子目内封與内容不符。

明季稗史彙編十六種　　1569/1—12

題〔清〕留雲居士輯

清後期都城琉璃廠木活字本　十二册

子目：

列皇小識八卷　〔明〕文秉撰

聖安皇帝本紀二卷　〔清〕顧炎武撰

行在陽秋二卷　〔明〕劉湘客撰

嘉定屠城紀略一卷　〔明〕朱子素撰

幸存録二卷　〔明〕夏允彝撰

續幸存録一卷　〔明〕夏完淳撰

求野録一卷　〔明〕鄧凱編

也是録一卷　〔明〕鄧凱編

江南聞見録一卷

粤遊見聞一卷　〔明〕瞿共美撰

賜姓始末一卷　〔清〕黄宗羲撰

兩廣紀略一卷　〔明〕華復蠡撰

東明聞見録一卷　〔明〕瞿共美撰

青燐屑二卷　〔明〕應喜臣撰

吴耿尚孔四王全傳一卷

揚州十日記一卷　〔明〕王秀楚撰

又一部　十二册　　**2738.71 8329**

又二部　十五册　　**2738.71 8329**

按：館藏缺《聖安本紀》二卷、《吴耿尚孔四王全傳》一卷、《揚州十日記》一卷。

又三部　十六册　　**2738.71 8329**

荆駝逸史五十二種附一種　　1568/1—16

題〔清〕陳湖逸史編

清宣統三年（1911）中國圖書館石印本　十六册

鈐有“世齡”印。

子目：

三朝野紀七卷　〔清〕李遜之輯

東林事略三卷　〔明〕吴應箕纂

東林事略本末論七首

啓禎兩朝剥復録三卷　〔明〕吴應箕纂

熹朝忠節死臣列傳一卷　〔明〕吴應箕纂

甲申忠佞紀事一卷　〔清〕錢邦芑撰

甲申紀變實録一卷　〔清〕錢邦芑撰

甲申紀事一卷　〔清〕程正揆撰

北使紀略一卷　〔明〕陳洪範撰

汴圍濕襟録一卷　〔明〕白愚撰

所知録三卷　〔清〕錢澄之撰

聖安本紀六卷　〔清〕顧炎武撰

江陰城守紀二卷　〔清〕韓菼撰

荆溪盧司馬殉忠實録一卷　〔明〕許德士撰

盧公遺事一卷

袁督師計斬毛文龍始末一卷　〔清〕李清撰

入長沙記一卷　〔清〕丁大任撰

粤中偶記一卷　〔清〕華復蠡撰

航澥遺聞一卷　〔明〕汪光復撰

平蜀紀事一卷　題虞山逸民撰

李仲達被逮紀略一卷　〔明〕蔡士順撰

念陽徐公定蜀紀一卷　〔明〕文震孟撰

攻渝紀事一卷　〔明〕徐如珂撰

遇變紀略一卷　〔明〕徐應芬撰

四王合傳一卷

江變紀略二卷　〔清〕徐世溥撰

東塘日札二卷　〔清〕朱子素撰

滄洲紀事一卷　〔清〕程正揆撰
仿指南録一卷　〔明〕康範生撰
甲行日注八卷　〔明〕葉紹袁撰
恩卹諸公志略二卷　〔明〕孫慎行撰
孫高陽前後督師略一卷　〔明〕蔡鼎撰
東陽兵變一卷
閩遊月記二卷　〔明〕華廷獻撰
風倒梧桐記二卷　〔明〕何是非集
揚州十日記一卷　〔明〕王秀楚撰
庚寅十一月初五日始安事略一卷　〔清〕瞿元錫撰
平回紀略一卷
開國平吴事略一卷　題〔清〕南園嘯客輯
人變述略一卷　〔明〕黄煜撰
全吴紀略一卷　〔明〕楊廷樞撰
歷年城守記一卷　〔清〕王度撰
明亡述略二卷　題〔清〕銷緑山人述
劉公旦先生死義記一卷　題〔明〕吴下逸民撰
僞官據城記一卷　〔清〕王度撰
懿安事略一卷　〔清〕賀宿撰
江陵紀事一卷
孫愷陽先生殉城論一卷　〔明〕蔡鼎撰
永歷紀事一卷　〔清〕丁大任撰
平定耿逆記一卷　〔清〕李之芳撰
錢氏家變録一卷　〔清〕錢孺飴輯
兩粤夢遊記一卷　〔明〕馬光撰
附
平臺紀略一卷　〔清〕藍鼎元撰

按:館藏缺《東林事略本末論七首》《盧公遺事》《東陽兵變》。

通代之屬

國語韋解補正二十一卷　b10814115

〔清〕吴曾祺補正　〔清〕朱元善校訂

清宣統三年(1911)上海商務印書館鉛印本　二册

鈐有"南洋大學圖書館藏書""黄肇基"印。

按:館藏缺卷一至卷四、卷十至卷十五。

剡川姚氏本戰國策三十三篇附札記三卷　2533 3340

〔漢〕高誘注

清同治八年(1869)湖北崇文書局重刻本　五册

鈐有"劉邶仁先生贈書之印"印。

按:首頁墨筆題"康元先生惠存,鍾濤龍敬贈,民國十五年"。

戰國策補注三十三卷　b10814139

〔漢〕高誘注

清宣統二年(1910)上海商務印書館鉛印本　二册

鈐有"南洋大學圖書館藏書"印。

國策評林十八卷　2533 3427

〔清〕張星徽評點

清雍正七年(1729)漁古山房刻本　六册

半葉9行25字,白口,四周雙邊,單黑魚尾,無界行,半框高20.7釐米,寬13釐米。版心上鎸"天下要書",中鎸卷次及篇章名,下鎸葉碼及"塞翁亭",行間鎸有評文。

卷端題"戰國策,温陵張星徽北拱評點"。内封題"温陵張北拱評,國策評林,漁古山房藏板"。卷首依次有清雍正七年《序》,署"雍正七年歲次己酉中秋前一日温陵張星徽北拱氏題於金浦湖野山房之塞翁亭";參校姓氏;《歷朝名公評論戰國策》;《卮言》;目次。

天聖明道本國語二十一卷附札記一卷國語明道本考異四卷 2526.7 3500

〔三國吴〕韋昭注 (國語明道本考異)〔清〕汪遠孫撰

清同治八年(1869)湖北崇文書局重刻本 五册

鈐有"劉郎仁先生贈書之印"印。

按:首頁墨筆題"康元先生惠存,鍾濤龍敬贈,民國十五年於立達學園"。

路史五種 2520.5 7900

〔宋〕羅泌纂 〔宋〕羅苹注 〔明〕喬可傳校

清光緒二年(1876)刻本 十六册

子目:

路史前紀九卷

路史後紀十三卷

路史發揮六卷

路史國名記八卷

路史餘論十卷

斷代之屬

武王克殷日紀不分卷 2520.4 6635

〔清〕林春溥纂

清嘉慶二十四年(1819)刻本 一册

鈐有"馬鑒之印"印。

按:原書後附《滅國五十考》,館藏缺。

王會篇箋釋三卷 2524 6123

〔清〕何秋濤撰

清光緒十七年(1891)江蘇書局校刻本 三册

小腆紀傳六十五卷 2738.8 1401

〔清〕徐鼒撰

清光緒十三年(1887)金陵刻本 十八册

又一部 十八册 AC149 Zcl 4557

鈐有"曲阿胡氏珍藏書籍圖記"印。

小腆紀年附考二十卷 627.102 947—02

〔清〕徐鼒撰

清咸豐十一年(1861)刻本 十二册

鈐有"傭書堂藏""國楨私印"印。

吴越春秋六卷 2529 6533

〔漢〕趙曄撰

清乾隆間刻本 三册

半葉9行20字,小字雙行字同,白口,左右雙邊,單白魚尾,半框高19.1釐米,寬14.2釐米。版心上鎸書名,中鎸卷次,下鎸葉碼。

卷端題"吴越春秋,漢趙曄撰,臨川游桂校"。卷首依次有清王謨撰《序》;目録。

鈐有"季明""馬鑒之印"印。

按:館藏缺卷五至卷六,清王謨輯《增訂漢魏叢書》之零種。

史餘萃覽四卷 AC149 Zcl 1395

〔清〕楊家麟輯

清光緒四年(1878)上海申報館鉛印本　二册

元朝秘史十五卷 2700.5 5329

〔清〕李文田注

清光緒二十二年(1896)通隱堂刻本　四册

元親征録一卷 2700.71 9633

〔清〕何秋濤校正　〔清〕李文田、沈曾植校注

清光緒十九年(1893)刻朱墨印本　一册

鈐有"鄞馬鑒季明藏""馬鑒"印。

按:清龍鳳鑣輯《知服齋叢書》之零種。

校正元親征録一卷 b10814334

〔清〕何秋濤校正

清光緒二十年(1894)小漚巢刻本　一册

鈐有"南洋大學圖書館藏書"印。

二申野録八卷 2720.72 5957

〔清〕孫之騄輯

清道光二十一年(1841)吟香館刻本　四册

明季南略十八卷 2720.3 8327

〔清〕計六奇編

清光緒十三年(1887)上海圖書集成印書局鉛印本　十册

南疆繹史勘本三十卷拾遺十八卷首二卷 2738.8 8359

〔清〕温睿臨撰

清道光十年(1830)蕭山蔡氏城南草堂泥活字本　二十四册

鈐有"洗心洞圖書記"印。

歐陽氏遺書不分卷 AC149 Zcl 1036

〔清〕歐陽直撰　〔清〕歐陽岡校刊

清道光二十年(1840)梅花書屋刻本　一册

鈐有"季明"印。

聖武記十四卷 2743 9630

〔清〕魏源撰

清道光二十六年(1846)刻本　十二册

灄溳囊五卷 2737.71 5580

〔清〕李馥榮編　〔清〕劉承莆參訂

清道光二十七年(1847)刻本　一册

鈐有"季明"印。

按:館藏缺卷三至卷五。

寧古塔紀略不分卷 b10815004

〔清〕吴桭臣撰　〔清〕顧沅校

清道光間漸西村舍刻本　一册

中西紀事二十四卷 2743 3139

〔清〕夏燮撰

清同治四年(1865)木活字本　六册

鈐有"太原仲博經籍金石書畫之章"印。

勝國文徵四卷 AC149 Zcl 1858

〔清〕楊家麟撰

清光緒間鉛印本　二册

養吉齋叢録二十六卷餘録十卷 075.78 434

〔清〕吴振棫纂

清光緒二十二年(1896)刻朱墨印本　三册

鈐有"武昌柯逢時收藏圖記"印。

平定粤匪紀略十八卷附記四卷 2746.13 2456

〔清〕杜文瀾撰

清同治八年(1869)群玉齋木活字本　八册

平浙紀略十六卷 2743 2337

〔清〕秦湘業撰

清同治十三年(1874)刻本　四册

平浙紀略十六卷 AC149 Zcl 1381

〔清〕秦湘業撰

清光緒元年(1875)上海申報館鉛印本　四册

鈐有"季明"印。

平定關隴紀略十三卷 2897.3 2437

〔清〕易孔昭等輯

清光緒十三年(1887)刻本　十三册

鈐有"龍城劉氏晋生珍藏金石書畫之章""湘卿劉氏伯子晋生珍藏金石書畫印"印。

豫軍紀略十二卷 AC149 Zcl 1420

〔清〕尹耕雲、李汝鈞撰

清光緒三年(1877)上海申報館鉛印本　六册

湘軍記二十卷 2743 1330

〔清〕王定安記

清光緒十五年(1889)江南書局刻本　十二册

湘軍志十六篇 2743 1330

〔清〕王闓運撰

清光緒間刻本　四册

甕牖餘談八卷 AC149 Zcl 1393

〔清〕王韜撰

清光緒元年(1875)上海申報館鉛印本　四册

載記類

十六國春秋一百卷 2578.8 9733

〔北魏〕崔鴻撰

清光緒十二年(1886)湖北官書局重刻本　二十册

鈐有"爲春室收藏圖書""馬鑒之印"印。

十國春秋一百十六卷 2650.8 9333

〔清〕吴仁臣撰　〔清〕牛奂閲　〔清〕周昂重校

清刻本　二十二册

鈐有"任維屏印"印。

史表類

通代之屬

歷代史表五十九卷　　2511.6 7492

〔清〕萬斯同撰

清光緒十九年(1893)上海古香閣石印本　八册

鈐有“壽同金石”印。

歷代沿革表三卷　　3020 7453

〔清〕段長基編　〔清〕段搢書參注　〔清〕段鼎鑰、段鼎鈞校梓

清嘉慶二十二年(1817)小西山房刻本　六册

歷代統紀表十三卷　　2516 7443

〔清〕段長基編　〔清〕段搢書編次　〔清〕段鼎鑰、段鼎鈞校刊

清嘉慶間小西山房刻本　十二册

歷代帝王年表不分卷　　b1081372x

〔清〕齊召南編

清道光四年(1824)小嫏嬛仙館刻本　四册

鈐有“南洋大學圖書館藏書”印。

歷代帝王年表十四卷　　2516 7446

〔清〕齊召南編　〔清〕阮亨校訂

清道光四年(1824)揚州阮福粵督節院重刻本　三册

廿一史四譜五十四卷　　2511.6 5959

〔清〕沈炳震鈔

清同治十年(1871)武林吴氏清來堂重校補刻本　十六册

廿四史三表　　2458 8999

〔清〕段長基編

清光緒元年(1875)紅杏山房刻本　三十二册

鈐有“冰清玉潔”“宋清獻公子孫”“金谿趙氏”“禺山梁氏”“式洪室”印。

子目：

歷代統紀表十三卷

歷代疆域表三卷

歷代沿革表三卷

斷代之屬

前漢匈奴表三卷附録一卷　　b10814243

〔清〕沈惟賢撰

清光緒十九年(1893)刻本　二册

鈐有“南洋大學圖書館藏書”印。

後漢三公年表不分卷　　b10813743

〔清〕華湛恩撰

清光緒十七年(1891)廣雅書局刻本　一册

南北史表七卷　　2580.15 8298

〔清〕周嘉猷撰

清光緒十八年(1892)廣雅書局刻本　四册

鈐有“陳慶保”印。

子目：

南北史年表一卷

南北史世系表五卷

南北史帝王世系表一卷

五代紀年表一卷 b10813780

〔清〕周嘉猷撰

清光緒十七年(1891)廣雅書局刻本　一册

鈐有"南洋大學圖書館藏書"印。

元史氏族表三卷 2700.15 5994

〔清〕錢大昕撰

清晚期江蘇書局刻本　二册

鈐有"鄞馬鑒季明藏"印。

皇朝藩部世系表四卷 b1081453x

〔清〕祁韻士纂　〔清〕宋景昌增輯　〔清〕徐松重訂　〔清〕張穆覆校

清光緒間浙江書局刻本　一册

鈐有"南洋大學圖書館藏書"印。

按：此本爲清祁韻士撰《皇朝藩部要略》之附表。

史抄類

古今史略十二卷 b10813755

〔清〕李漁纂輯

清光緒十四年(1888)鼂亹同人校刻本　六册

鈐有"南洋大學圖書館藏書"印。

通鑑總類二十卷 2512 4347

〔宋〕沈樞輯

清光緒十七年(1891)讀我書齋校刻本　二十册

鈐有"陳慶保"印。

慈溪黄氏日抄分類讀史二卷 2516 1953

〔宋〕黄震撰

清光緒二十九年(1903)鉛印本　二册

鈐有"馬鑒之印"印。

按：封面墨筆題"二十四年十一月十七日購自廣州市"。

人壽金鑒二十二卷 AC149 Zcl 936

〔清〕程得齡輯

清嘉慶二十五年(1820)柳衣園刻本　六册

人壽金鑒二十二卷 AC149 Zcl 1435

〔清〕程得齡輯

清光緒元年(1875)湖北崇文書局刻本　六册

廿一史約編不分卷 2516 5959

〔清〕鄭元慶述

光緒十三年(1887)上海鴻文書局石印本　四册

二十二史文鈔一百九卷 2516 5959

〔清〕納蘭常安選評

清乾隆十二年(1747)受宜堂刻本　五十八册

半葉10行21字,黑口,左右雙邊,雙

黑魚尾，半框高 17 釐米，寬 12.7 釐米。版心鎸書名、篇章名、卷次及葉碼。

卷端題“史記文鈔，二十二史第一，納蘭常安履坦選評”。内封題“納蘭常安履坦選評，廿二史文鈔，受宜堂藏板”。卷首依次有清乾隆十二年《序》，署“乾隆十二年丁卯秋九月上澣納蘭常安序”；凡例；《二十二史建都備考》；《二十二史年號備考》；總目。

鈐有“拙叟”印。

按：館藏缺《明史文鈔》卷九至卷十。

又一部　三十六册　**2516 5959**

鈐有“□□”“陳慶保”“伊德齡印”印。

按：此本無内封。

二十四史論贊七十八卷　2516 5999

〔清〕陳闓編

清光緒二十年（1894）長生書室刻本　二十册

史略八十七卷　2514.1 9700

〔清〕朱堃輯

清光緒二十五年（1899）萬本書局刻朱墨套印本　十六册

鈐有“馬國維印”印。

山曉閣國策選四卷　2533 9133

〔清〕孫琮論定

清康熙間刻本　四册

半葉 9 行 25 字，白口，左右雙邊，無魚尾，無界行，半框高 20.4 釐米，寬 12.1 釐米。版心上鎸書名，中鎸卷次及篇章名，下鎸葉碼。

卷端題“山曉閣國策選，西吴孫琮執升論定”。卷首有目録。

鈐有“齊安林氏逸聖收藏金石書畫之記”“曾在余垕基處”“祖垚經眼”印。

按：目録爲手抄補配。

史記菁華録六卷　2511.16 9331

〔清〕姚祖恩編

清道光十三年（1833）大盛堂重刻本　四册

鈐有“馬鑒之印”印。

按：館藏缺卷五至卷六。

漢書蒙拾三卷後漢書蒙拾二卷　b10814164

〔清〕杭世駿撰

清乾隆間刻本　二册

半葉 10 行 20 字，小字雙行字同，白口，四周單邊，單黑魚尾，半框高 17 釐米，寬 13.4 釐米。版心鎸書名及卷次，下鎸葉碼。

卷端題“漢書蒙拾，仁和杭世駿鈔撮，湯萼棠覆審”，内封題“兩漢蒙拾”。《後漢書蒙拾》卷端題“後漢書蒙拾，仁和杭世駿鈔撮，錢塘周嘉猷覆審”。卷首有清杭世駿撰《漢書蒙拾序》。《後漢書蒙拾》卷首有《後漢書蒙拾序》。

按：《杭大宗七種叢書》之零種。

南北史識小録（南史識小録十四卷北史識小録十四卷）　2580.16 8291

〔清〕沈名蓀、朱昆田輯　〔清〕張應昌補正

清同治十年（1871）武林吴氏清來堂

校刻本　八册

按:内封朱墨印有"杭城高銀巷口吴亦西齋書坊發兑"。

史評類

史學之屬

史通削繁四卷　601.107 859

〔清〕紀昀撰

清道光十三年(1833)兩廣節署刻朱墨套印本　四册

鈐有"香山縣立女子師範學校圖書室珍藏"印。

又一部　四册　2514.1 9416

鈐有"哲如陳慶保藏書"印。

史通通釋二十卷附本傳一卷　601.1 894—102

〔清〕浦起龍釋

清道光間翰墨園刻本　六册

鈐有"南洋大學圖書館藏書"印。

文史通義五卷　601 655—04

〔清〕章學誠撰

清道光十二年(1832)刻本　四册

校讎通義三卷　011 655—02

〔清〕章學誠撰

清光緒十九年(1893)大梁刻本　一册

史論之屬

歷代史論一編四卷　2514.2 7497

〔明〕張溥撰

清光緒間刻本　二册

鈐有"陳慶保"印。

史通訓故補二十卷　2514.1 9493

〔清〕黄叔琳補注　〔清〕顧鎮參訂　〔清〕張鳳孫訂

清乾隆十二年(1747)刻本　四册

半葉9行19字,小字雙行字同,白口,左右雙邊,單黑魚尾,半框高15.3釐米,寬11.2釐米。版心上鐫書名,中鐫卷次,下鐫葉碼,天頭鐫有評文。

卷端題"史通訓故補,北平黄叔琳崑圃補註,海虞顧鎮備九參訂,吴門張鳳孫少儀同訂"。卷首依次有清乾隆十二年《序》,署"乾隆十有二年丁卯仲春既望北平黄叔琳崑圃氏序";唐景龍四年(710)劉子玄撰《史通序録》,署"時歲次庚戌景龍四年仲春之月也";目録;明王惟儉撰《史通訓故原序》;例言;《唐書劉子玄傳》。

鑒評别録六十卷　2512 3227

〔清〕黄恩彤撰

清光緒三十一年(1905)刻本　二十二册

鈐有"朱惠清印""惠清丁丑劫後所得""朱氏惠清藏書"印。

史案二十卷首一卷　2514.2 9100

〔清〕吴裕垂撰

清光緒六年(1880)大成堂刻本 六册

鈐有"陳慶保"印。

史目表不分卷 2514.1 9820

〔清〕洪飴孫撰

清光緒四年(1878)啓秀山房刻本 一册

鈐有"哲如陳慶保藏書"印。

史論五種附文略 2514.2 9763

〔清〕李祖陶撰

清同治十年(1871)尚友樓刻本 五册

鈐有"有不爲齋"印。

子目:

前漢書細讀四卷

後漢書贅語三卷

讀三國志書後一卷

讀明史雜著一卷

補尚史論贊二卷

又一部 四册 1536/1—4

鈐有"義安學院圖書館章""南洋大學圖書館藏書"印。

史論晚存不分卷 2714.2 9764

〔清〕張芝田撰

清光緒二十二年(1896)榕蔭山房刻本 三册

鈐有"陳慶保"印。

史論彙選甲編八卷 2514.2 9711

〔清〕吕景端輯

清光緒二十四年(1898)刻本 四册

史論薈萃十卷 2514.2 9714

〔清〕鄭權輯

清光緒二十五年(1899)南雅書局鉛印本 五册

鈐有"伯子""陳謙之章""陳慶保"印。

史微内篇四卷 AC149 Zcl 4173

〔清〕張采田撰

清宣統三年(1911)刻本 二册

項羽本紀不分卷 AC149 Zcl 3876

〔漢〕司馬遷撰 〔清〕陳溥評點

清光緒間刻本 一册

高祖本紀不分卷 AC149 Zcl 3878

〔漢〕司馬遷撰 〔清〕陳溥評點

清光緒間刻本 一册

留侯世家不分卷 AC149 Zcl 3877

〔漢〕司馬遷撰 〔清〕陳溥評點

清光緒間刻本 一册

淮陰侯列傳不分卷 AC149 Zcl 3874

〔漢〕司馬遷撰 〔清〕陳溥評點

清光緒間刻本 一册

西漢節義傳論二卷 2550.4 1135

〔清〕李鄴嗣撰

清光緒十一年(1885)金峨山館刻本 一册

鈐有"陳慶保"印。

又一部 一册 2520.4 1135

鈐有"鄞馬鑒季明藏"印。

咏史之屬

十國雜事詩十九卷 2650.72 9349

〔清〕饒智元撰

清光緒十七年(1891)竹素齋刻本 三册

按:館藏缺卷一至卷五。

南宋雜事詩七卷 2665.72 8949

〔清〕沈嘉轍撰

清同治十一年(1872)淮南書局刻本 二册

又一部 八册 2665.72 8949

傳記類

總傳之屬

通代

圖繪寶鑒八卷 AC149 Zcl 2800

〔元〕夏文彦纂

清康熙間借緑草堂刻本 六册

半葉9行20字,白口,左右雙邊,單黑魚尾,半框高20.9釐米,寬14.6釐米。版心上鎸書名,中鎸卷次,下鎸葉碼及"借緑草堂"。

卷端題"圖繪寶鑒,吴興夏文彦士良纂,賓山吴麒子仁録,後學山陰馮仙湜沚鑒、檇李顧銘仲書、武林藍瑛田叔、錢塘謝彬文侯、蕭山張振嶽崧高、仁和(戴有書年重訂)"。内封題"圖繪寶鑒,借緑草堂梓"。卷首依次有元楊維禎《圖繪寶鑒序》;元至正二十五年(1365)《夏士良先生序》,署"至正乙巳秋七月甲子吴興夏文彦士良書於寶墨齋"。

鈐有"雨山草堂"印。

按:館藏卷端題名中,"仁和"以下無字,據其他卷卷端題名考訂補全。

帝鑒圖説不分卷 1685.4 4349

〔明〕張居正輯

清光緒六年(1880)點石齋石印本 四册

廿二史言行略四十二卷 2258 8595

〔清〕過元旼輯

清嘉慶十五年(1810)拜經齋刻本 十六册

昭代名人尺牘小傳二十四卷 2259.8 3485

〔清〕吴修輯

清道光六年(1826)藏修書屋刻本 二册

又一部 四册 2259.8 3485

鈐有"杳冥君室"印。

史外八卷 2261.15 9600

〔清〕汪有典撰

清同治九年(1870)陝甘公所刻本 八册

鈐有"陳慶保"印。

高安三傳合編 2258 7483

〔清〕朱軾、蔡世遠訂

清光緒二十一年(1895)刻本 二十册

鈐有“暾廬藏書”“陳慶保”“暾廬”印。

子目:

歷代名儒傳八卷

歷代名臣傳三十五卷續編五卷

歷代循吏傳八卷

按:館藏缺《歷代循吏傳》八卷。

重刻朱文端公三傳 782.2081 828

〔清〕朱軾訂

清古唐朱氏古懽齋刻本 二十六册

鈐有“南洋大學圖書館藏書”印。

子目:

歷代名儒傳八卷首一卷

歷代名臣傳三十五卷首一卷

歷代循吏傳八卷

[凌煙閣功臣圖]不分卷 AC149 Zcl 1970

〔清〕劉源繪

清光緒十年(1884)上海同文書局石印本 一册

斷代

國朝耆獻類徵初編四百八十四卷首二百四卷總目二十卷通檢十卷 2259.8 3331

〔清〕李桓輯

清光緒十六年(1890)湘陰李氏刻本 二百九十四册

國朝先正事略六十卷 2259.8 3313

〔清〕李元度撰

清光緒二十四年(1898)上海書局重校石印本 四册

鈐有“馬鑒之印”“馬氏老學齋劫餘文物”“李”“佛聲寶愛”印。

國朝先正事略六十卷 782.207 288—02

〔清〕李元度撰

清光緒二十五年(1899)上海圖書集成印書局石印本 八册

鈐有“義安學院圖書館章”“南洋大學圖書館藏書”印。

國朝先正事略六十卷首一卷 2259.8 3313

〔清〕李元度撰

清光緒二十八年(1902)上海仁昌成記石印本 四册

聖諭像解二十卷 1686.8 1300

〔清〕梁延年編 〔清〕恩壽校印

清光緒二十八年(1902)江蘇撫署重校石印本 十册

又一部 十册 1686.8 1300

郡邑

畿輔人物考八卷 2260.14 3656

〔清〕孫奇逢輯 〔清〕高鐈、孫立雅編 〔清〕孫家玉、孫世玟校字

清同治八年(1869)兼山堂刻本 八册

京口耆舊傳九卷 2260.28 3333

〔清〕錢熙祚校

清道光間刻本 四册

按:清錢熙祚輯《守山閣叢書》之

零種。

吴郡名賢圖傳贊二十卷 2260.28 6381

〔清〕顧沅輯

清道光九年(1829)刻本 八册

又一部 八册 2260.28 6381

吴郡名宦先賢遺像不分卷 AC149 Zcl 2513

〔清〕顧沅輯繪

清同治十二年(1873)金匱周秉錩補刻拓印本 十册

於越先賢像傳贊二卷 2260.29 5511

〔清〕王齡撰

清光緒三年(1877)刻本 四册

家乘

重纂三遷志十卷首一卷 1789 3491

〔清〕陳錦等纂

清光緒十三年(1887)山東書局刻本 六册

南海九江朱氏家譜十二卷首一卷 2252 8133

〔清〕朱次琦等纂修

清同治八年(1869)刻本 十二册

(廣東)南海學正黄氏家譜八卷首一卷末一卷 2252 1319

〔清〕黄任恒編

清宣統三年(1911)保粹堂刻本 二册

鈐有"秩南持贈""陳慶保"印。

按:版心刻卷次爲卷一至卷二、卷七至卷十二,無卷三至卷六,不知何故。

姓名

元和姓纂十卷 789.24 259

〔唐〕林寶撰 〔清〕孫星衍、洪瑩校

清光緒六年(1880)金陵書局校刻本 四册

鈐有"南洋大學圖書館藏書"印。

史姓韻編六十四卷 2253 9152

〔清〕汪輝祖輯

清同治九年(1870)金陵書局木活字本 二十四册

史姓韻編六十四卷 2253 9152

〔清〕汪輝祖輯 〔清〕馮祖憲重校

清光緒十年(1884)慈谿耕餘樓鉛印本 十六册

鈐有"興伯""南海梁氏""實事求是""吾家有一尊一鼎十硯一百奇石二千古泉二萬卷書""西樵山人""寶尊鼎齋""興伯"印。

史姓韻編六十四卷 2253 9152

〔清〕汪輝祖輯

清光緒二十九年(1903)上海文瀾書局石印本 六册

史姓韻編六十四卷 2253 9152

〔清〕汪輝祖輯 〔清〕馮祖憲重校

清光緒間上海中西書局石印本

四册

人表

人表考九卷　2550.15 1952

〔清〕梁玉繩撰

清光緒十四年(1888)廣雅書局刻本　四册

疑年録四卷　2257.6 5870

〔清〕錢大昕編　〔清〕吴修校

清嘉慶十八年(1813)刻本　二册

疑年録四卷續疑年録四卷　782.32 928

〔清〕錢大昕編　(續疑年録)〔清〕吴修編

清道光間刻本　二册

鈐有“南洋大學圖書館藏書”印。

三續疑年録十卷　782.3 394

〔清〕陸心源撰

清光緒五年(1879)刻本　二册

鈐有“南洋大學圖書館藏書”印。

疑年賡録二卷　2257.6 5837

〔清〕張鳴珂編

清光緒二十四年(1898)寒松閣刻本　一册

又一部　一册　782.367 309

鈐有“南洋大學圖書館藏書”印。

仕宦

歷代循良能吏列傳彙鈔不分卷　2261.25 7417

〔清〕喬用遷輯

清道光二十四年(1844)有恒齋刻本　五册

歷代循吏傳八卷　2261.25 7417

〔清〕朱軾、蔡世遠訂　〔清〕張福昶纂

清同治三年(1864)重刻本　四册

歷代名臣言行録二十四卷　2258 7483

〔清〕朱桓編　〔清〕潘永季校定

清光緒十一年(1885)楚南文光敏記刻本　二十六册

鈐有“莫”“楚珩珍藏”印。

歷代節義名臣録十卷　2261.15 7435

〔清〕陳炳纂

清光緒十二年(1886)金陵刻本　十册

鈐有“足好玩老齋藏書畫章”“縵卿”“愒(憩)棠藏書畫章”“縵卿珍藏”“梟山王氏縵卿”“聊以自娱”印。

注釋評點古今名將傳十七卷　2261.50 3383

〔明〕陳元素評點

明天啓三年(1623)刻本　十六册

半葉9行18字,小字雙行字同,白口,四周單邊,單黑魚尾,半框高21.7釐米,寬13.5釐米。兩截版,上鐫評點,下鎸正文,版心上鎸“古今名將傳”,中鎸卷次,下鎸葉碼。

卷端題“注釋評點古今名將傳,長洲陳元素孝平父評點”。卷首依次有明天啓三年《題名將傳》,署“天啓癸亥五月五日吴郡陳元素”;總目。

按:館藏缺卷十六至卷十七。

唐書魏鄭公傳注一卷 2621.15 1349

〔清〕王先謙撰

清光緒九年(1883)長沙王氏刻本 一册

象臺首末五卷附録一卷 2265 1498

〔宋〕胡知柔編述 〔明〕胡禄編刻

清同治光緒間孔氏嶽雪樓影抄本 一册

鈐有“印廬珍藏”印。

道齊正軌二十卷 2261.25 4333

〔清〕鄒鳴鶴纂述 〔清〕鄒覲皋校刊

清道光三十年(1850)刻本 八册

鈐有“哲如陳慶保藏書”印。

欽定續纂外藩蒙古回部王公表十二卷 2252.1 1466

〔清〕潘世恩等纂輯

清道光十六年(1836)刻本 四册

滿洲名臣傳四十八卷 2745 8383

清道光間京都正陽門琉璃廠榮錦書坊刻本 四十八册

漢名臣傳三十二卷 2745 1833

清道光間京都正陽門琉璃廠榮錦書坊刻本 四十二册

中興名臣事略八卷 82.217 829—2

〔清〕朱孔彰撰

清光緒二十五年(1899)上海圖書集成印書局石印本 四册

鈐有“義安學院圖書館章”“南洋大學圖書館藏書”印。

碧血録五卷 2261.45 2170

〔清〕莊仲方撰 〔清〕夏鸞翔繪圖 〔清〕許善長校字

清光緒八年(1882)上海同文書局石印本 五册

袁督師事跡一卷 2267 5499

清光緒三十年(1904)南海伍氏粤雅堂校刻本 一册

鈐有“馬鑒之印”印。

按:清伍崇曜輯《嶺南遺書》之零種。

魏文貞公故事拾遺三卷附魏文貞公(徵)年譜一卷 2264 6633

〔清〕王先恭集

清光緒九年(1883)長沙王氏刻本 二册

病榻夢痕録二卷餘録一卷 2268.82 2481

〔清〕汪輝祖撰

清光緒十二年(1886)山東書局續刻本 三册

儒林

歷代名儒傳八卷　089.74 828—02

〔清〕朱軾、蔡世遠訂

清光緒二十三年(1897)刻本　四册

重纂三遷志十卷首一卷　121.267 309

〔清〕陳錦等重纂

清光緒十三年(1887)山東書局刻本　六册

鈐有"積學齋徐乃昌藏書""南洋大學圖書館藏書"印。

闕里文獻考一百卷首一卷末一卷　1786.2 3761

〔清〕孔繼汾撰

清末刻本　八册

先進遺風二卷　2267.92 1356

〔明〕耿定向撰　〔明〕毛在增補　〔明〕陳繼儒訂正

清同治光緒間孔氏嶽雪樓影抄本　一册

鈐有"印廬珍藏"印。

學統五十三卷　782.23 856

〔清〕熊賜履撰

清光緒十七年(1891)三餘草堂刻本　十二册

元祐黨人傳十卷　2261.40 5545

〔清〕陸心源撰

清光緒十五年(1889)刻本　四册

宋元學案一百卷首一卷　1022 9511

〔清〕黄宗羲撰　〔清〕黄百家纂輯　〔清〕全祖望修訂　〔清〕馮雲濠等校刊

清光緒五年(1879)長沙寄廬重刻本　四十册

鈐有"馬鑒之印"印。

又一部　四十册　125 170.03

東林列傳二十四卷末二卷　2261.45 4773

〔清〕陳鼎編

清康熙間刻本　十册

半葉9行20字,白口,左右雙邊,單黑魚尾,半框高17.2釐米,寬13.8釐米。版心上鎸書名,中鎸卷次,下鎸葉碼。

卷端題"東林列傳,江陰陳鼎定九輯,門人沈霽載陽、蔡世英偉人仝校"。卷首依次有清陳鼎撰《東林列傳自序》;凡例;《逆璫魏忠賢東林黨人榜》;目録,末有清道光二十七年(1847)陳鐘英墨筆手書《題識》。

鈐有"烏程蔣子振氏鑒藏印""鐘英讀"印。

明儒學案六十二卷　1025 1100

〔清〕黄宗羲撰　〔清〕萬言訂

清乾隆四年(1739)慈谿二老閣刻本　十六册

半葉11行20字,小字雙行字同,黑口,四周單邊,雙黑魚尾,半框高17.8釐米,寬13.5釐米。版心鎸書名、卷次及葉碼。

卷端題"明儒學案,姚江黄宗羲著,門人萬言訂"。内封題"姚江黄梨洲先生著,明儒學案,慈谿二老閣藏板"。卷首依次有清乾隆四年《序》，署“乾隆己未夏五月慈谿後學鄭性謹序”；清黄千秋撰《序》；發凡；清黄宗羲述《師説》；總目。

鈐有“馬鑒之印”印。

明儒學案六十二卷 1025 1100

〔清〕黄宗羲撰 〔清〕莫晋、莫階校刊

清道光元年(1821)刻本 二十四册

鈐有“馬鑒之印”印。

明賢蒙正録二卷 2259.7 8183

〔清〕彭定求纂輯 〔清〕汪與圖參評

清同治九年(1870)刻本 一册

求闕齋弟子記三十二卷 782.877 981—2

〔清〕王安定撰

清光緒二年(1876)琉璃廠東門桶子胡同龍文齋刻本 十六册

鈐有“南洋大學圖書館藏書”印。

又一部 十六册 2268 3334

文獻徵存録十卷 2259.8 6134

〔清〕錢林輯 〔清〕王藻編

清咸豐八年(1858)有嘉樹軒刻本 十册

鈐有“介如所藏”“介如”“念慈”印。

理學宗傳二十六卷附録一卷 1331 7143

〔清〕孫奇逢輯 〔清〕魏一鼇、孫立雅編

清光緒六年(1880)浙江書局刻本 十二册

又一部 十二册 782.23 362

道學淵源録八編 782.23 167

〔清〕黄嗣東輯

清光緒三十四年(1908)鳳山學舍刻本 三十册

鈐有“南洋大學圖書館藏書”印。

學案小識十三卷首一卷末一卷 1027 1113

〔清〕唐鑒撰

清光緒十年(1884)重刻本 十二册

儒林宗派十六卷 782.23 522—02

〔清〕萬斯同撰

清宣統三年(1911)浙江圖書館刻本 二册

鈐有“南洋大學圖書館藏書”印。

儒林宗派十六卷 168.1 5742

〔清〕萬斯同撰

清宣統三年(1911)上海國學扶輪社鉛印本 二册

鈐有“季明”印。

國朝漢學師承記八卷 127.4 719—03

〔清〕江藩撰

清光緒十一年(1885)掃葉山房刻本 四册

按：卷末附《國朝經師經義目録》一卷、《國朝宋學淵源記》二卷、《附記》一卷。

文苑

國朝詩人徵略六十卷 AC149 Zcl 957

〔清〕張維屏輯

清道光十年(1830)刻本　十册

鈐有"荃孫""雲輪閣""岩佐氏圖書印"印。

又一部　十册　782.237 313

鈐有"南洋大學圖書館藏書"印。

又二部　十二册　AC149 Zcl 3543

花甲閒談三十二圖十六卷　3041.26 1314

〔清〕張維屏等撰　〔清〕葉夢草繪

清道光二十年(1840)粤東省城西湖街超華齋刻本　四册

本朝名家詩鈔小傳二卷　AC149 Zcl 400

〔清〕鄭方坤撰

清嘉慶六年(1801)杞菊軒重刻本　四册

湖海詩傳小傳六卷　AC149 Zcl 589

〔清〕王昶撰

清光緒四年(1878)上海淞雪閣鉛印本　二册

鈐有"杳冥君室"印。

漁洋感舊集小傳四卷補遺一卷

2261.35 5533

〔清〕盧見曾撰

清光緒四年(1878)上海淞隱閣鉛印本　二册

鈐有"杳冥君室""蘿門别業""陳昌治印"印。

石林遺事二卷附録一卷　2265 9759

〔清〕葉德輝編撰

清宣統三年(1911)刻本　二册

鈐有"番禺古氏雙梧桐館藏"印。

按:清葉德輝輯《石林遺書》之零種。

古今楹聯彙刻小傳十四集

AC149 Zcl 959

〔清〕吴隱輯

清光緒三十二年(1906)西泠印社刻本　二册

涵芬樓古今文鈔小傳四卷首一卷附録一卷

AC149 Zcl 946

〔清〕商務印書館編譯所編纂

清宣統三年(1911)上海商務印書館鉛印本　一册

技藝

國朝書人輯略十一卷首一卷

AC149 Zcl 2193

〔清〕震鈞輯

清光緒三十四年(1908)金陵刻本　六册

揚州畫苑録四卷　AC149 Zcl 679

〔清〕汪鋆輯

清光緒十一年(1885)刻本　一册

海虞畫苑略一卷附補遺一卷

AC149 Zcl 1998

〔清〕魚翼輯

清道光間刻本　一册

墨林今話十八卷續編一卷

AC149 Zcl 1546

〔清〕蔣寶齡撰

清咸豐二年(1852)刻本　六册

又一部　六册　AC149 Zcl 2775

鈐有"鮮碧軒""知味齋"印。

墨林今話十八卷續編一卷　AC149 Zcl 2012

〔清〕蔣寶齡撰

清宣統三年(1911)掃葉山房石印本　六册

無聲詩史七卷　940.92 759

〔清〕姜紹書輯

清宣統二年(1910)上海政新書局石印本　六册

鈐有"南洋大學圖書館藏書"印。

國朝書畫家筆録四卷　AC149 Zcl 2128

〔清〕竇鎮輯

清宣統三年(1911)文學山房木活字本　八册

鈐有"馬鑒之印"印。

忠孝

古今孝子所見録十二卷　2261.20 3314

〔清〕李燕昌輯　〔清〕唐廷樞重校

清道光十四年(1834)羊城學院前合成齋刻本　四册

鈐有"陳慶保""桂香書屋藏書""讀書志在聖賢""哲如陳慶保藏書"印。

百孝圖説四卷首一卷末一卷　2261.20 2149

〔清〕俞葆真編　〔清〕俞泰繪刊　〔清〕俞枚等校訂

清同治十年(1871)河間俞氏刻本　二册

百孝圖説四卷　193.1 990

〔清〕俞葆真編　〔清〕俞泰繪刊　〔清〕俞枚校訂

清同治間河間俞氏刻本　一册

按:館藏缺卷一至卷二、卷四。

正氣集十卷　AC149 Zcl 521

〔清〕王式纂輯

清宣統三年(1911)不讀非道書齋鉛印本　四册

鈐有"松井文庫"印。

列女

仇十洲繡像列女傳二卷　2261.60 7830

題〔明〕汪氏輯　〔明〕仇英補圖

清光緒十二年(1886)上海同文書局石印本　四册

鈐有"季明"印。

列女傳補注八卷叙録一卷　2261.60 7832

〔清〕王照圓撰

清嘉慶十七年(1812)棲霞郝氏曬書堂刻本　四册

鈐有"鄞馬鑒季明藏"印。

蘭因集二卷　2261.60 7530

〔清〕陳文述輯

清光緒七年(1881)錢塘丁氏刻本　一册

釋道

關帝聖蹟圖志全集十卷　AC149 Zcl 1336

〔清〕盧湛等輯

清嘉慶十二年(1807)廣東山陝會館刻本　四册

鈐有"馬鑒之印"印。

别傳之屬

事狀

朱氏傳芳集八卷首三卷　AC149 Zcl 54

〔清〕朱次琦輯

清咸豐十一年(1861)刻本　五册

鈐有"陳慶保"印。

宋忠定趙周王别録八卷　2265 9343

〔清〕葉德輝編

清光緒三十四年(1908)長沙葉氏刻本　四册

墓志

碑傳集一百六十卷首二卷　2259.8 2330

〔清〕錢儀吉輯

清光緒十九年(1893)刻本　六十册

年譜

歷代名人年譜十卷附存疑及生卒年月無考一卷　2270 7485

〔清〕吴榮光撰　〔清〕譚錫校正　〔清〕瞿樹辰、吴彌光校編

清咸豐二年(1852)天禄閣刻本　六册

孔子編年四卷　1786.2 3428

〔清〕狄子奇撰

清光緒十三年(1887)浙江書局刻本　一册

孟子編年四卷　1789 8428

〔清〕狄子奇撰

清光緒十三年(1887)浙江書局刻本　一册

右軍年譜不分卷　2273 5382

〔清〕魯一同編次

清咸豐五年(1855)刻本　一册

按:首頁墨筆題"魯一同,字蘭岑,號通甫,江蘇山陽人。道光乙未舉人。湯紀常撰其傳云:先生性疏奇,不治畔岸而風烈皎然,爲文昌明洞達,切於事情而以静儉爲本。寶山毛嶽生謂:七百年文氣柔靡,獨此爲剛美。著有《詩文類稿》、《右軍年譜》,其《邳州志》、《清河縣志》尤爲世所推重,張文襄《書目答問》列入古文家",末鈐"伏翁"印。

昌黎先生全集録八卷　844.16 233—8

〔清〕儲欣編録　〔清〕吴蔚起參校　〔清〕儲在文、汪諴校

清光緒八年(1882)江蘇書局刻本　七册

鈐有"南洋大學圖書館藏書"印。

元遺山先生年譜二卷 2275.5 5598

〔清〕凌廷堪編 〔清〕張穆校

清嘉慶元年(1796)凌廷堪稿本 一册

鈐有"沈盦校藏精鈔善本印""仍度堂""曾在依雲樓""雲山""汪希文印""羅氏六湖""蒹葭樓""順德馬賓父藏書記""宗衍"印。

按:此書爲凌廷堪手寫稿本,後由張穆校,書中可見張氏校對筆跡。外封書籤題"凌廷堪編張穆校本韓氏夢熹盦藏,康侯",末鈐"馮"朱印。卷末墨筆題"此譜已附入石洲所刻遺山集内,石翁案語不過一二處,其稱遺山嘗與田紫芝同從,曾大雨遊,則李皃翁所引以爲笑柄者也。癸未端午前一日賓甫先生囑題,熊潤桐",末鈐"閏同"朱印。

歸顧朱三先生年譜合刻三種 1612/1—5

〔清〕金吴瀾輯

清光緒六年(1880)刻本 五册

鈐有"鮑昌熙印""南洋大學圖書館藏書"印。

子目:

歸震川先生年譜一卷 〔清〕孫岱編

顧亭林先生年譜一卷 〔清〕吴映奎輯 〔清〕潘道根校補

朱柏廬先生編年毋欺録三卷 〔清〕金吴瀾編刊 〔清〕孫福康校輯

王深寧先生年譜不分卷 2275.2 6988

〔清〕陳僅纂輯 〔清〕張恕編次

清道光二十五年(1845)四明繼雅堂重刻本 一册

鈐有"馬鑒之印"印。

莊毅公(裕泰)年譜不分卷 2278.2 3538

〔清〕長啓等撰

清同治九年(1870)廣州刻本 二册

周漁璜先生年譜不分卷 2278.2 3518

〔清〕陳田編

清光緒間貴陽陳氏聽詩齋刻本 一册

四洪年譜四卷 782.7 720

〔清〕洪汝奎輯

清宣統三年(1911)晦木齋刻朱印本 四册

日記之屬

曾文正公手書日記不分卷 2268.83 4633

〔清〕曾國藩撰

清宣統元年(1909)上海中國圖書公司影印本 四十册

按:本書所記起於道光二十一年(1841)正月元日,止於同治十一年(1872)二月初三日。

求闕齋日記類鈔二卷 2268.83 3335

〔清〕曾國藩撰 〔清〕王啓原校編

清光緒二年(1876)傳忠書局刻本 二册

鈐有"馬鑒之印"印。

曾侯日記不分卷 AC149 Zcl 1055

〔清〕曾紀澤撰

清光緒七年(1881)上海申報館鉛印

本　一册

按：本書所記起於清光緒四年(1878)九月初一日，止於光緒五年(1879)三月廿六日。

復堂日記八卷　　AC149 Zcl 4291

〔清〕譚獻撰

清光緒十三年(1887)刻本　一册

按：館藏缺卷四至卷八。

道西齋日記二卷　　AC149 Zcl 4259

〔清〕王咏霓撰

清光緒十八年(1892)上洋鴻寶齋石印本　一册

按：光緒十三年(1887)三月至五月。

鴻爪前遊日記六卷　　3050.82 1335

〔清〕孔廣陶撰

清光緒十八年(1892)三十有三萬卷堂刻本　四册

鈐有“陳慶保”“水仙香室”“哲如陳慶保藏書”印。

按：本書所記起於清同治九年(1870)五月二十六日，止於同治十年(1871)五月十七日。

科舉録之屬

光緒壬寅補行庚子辛丑恩正並科順天鄉試同年全録不分卷　　2261.35 3413

清光緒二十八年(1902)補刻本　二册

鈐有“馬鑒之印”印。

[明清進士題名録]不分卷　　2261.35 8339

清末刻本　十四册

鈐有“嶂陽張氏華聲閣藏”印。

按：明洪武四年(1371)至清同治七年(1868)。

政書類

類編之屬

[九通]九種　　AC149 Zcl 4052

〔唐〕杜佑等纂

清光緒二十八年(1902)上海圖書集成局鉛印本　一百十八册

鈐有“陳敦和堂倚雲藏書”“方樹福堂敬贈”印。

子目：

通典二百卷(缺卷一百九十四至卷二百)　〔唐〕杜佑纂

通志二百卷(缺卷一至卷三十、卷八十八至卷二百)　〔宋〕鄭樵撰

文獻通考二百四十八卷附欽定通考考證三卷(缺卷一至卷四、卷二十至卷二十七)　〔元〕馬端臨撰

欽定續通典一百五十卷　〔清〕嵇璜等編纂

欽定續通志六百四十卷(缺卷四十七至卷六十三)　〔清〕嵇璜等編纂

皇朝通典一百卷　〔清〕嵇璜等編纂

皇朝通志一百二十六卷　〔清〕嵇璜等編纂

皇朝文獻通考三百卷　〔清〕嵇璜等編纂

欽定續文獻通考二百五十卷(缺卷一至卷二十四) 〔清〕嵇璜等編纂

三通考輯要三種七十六卷 AC149 Zcl 4051

〔清〕湯壽潛編

光緒二十五年(1899)圖書集成局鉛印本 二十四册

鈐有"陳敦和堂倚雲藏書""方樹福堂敬贈"印。

子目:

文獻通考輯要二十四卷(缺卷十一至卷十二)

欽定續文獻通考輯要二十六卷(缺卷一)

皇朝文獻通考輯要二十六卷(缺卷六至卷八、卷二十五至卷二十六)

又一部 三十册 b10814681

鈐有"南洋大學圖書館藏書"印。

通制之屬

通典二百卷 4681 4400

〔唐〕杜佑纂

清光緒二十二年(1896)浙江書局刻本 五十册

通志二百卷 4681 4300

〔宋〕鄭樵撰

清光緒二十二年(1896)浙江書局刻本 二百册

通志二百卷 4681 4300

〔宋〕鄭樵撰

光緒二十八年(1902)上海鴻寶書局石印本 四十册

鈐有"馬鑒之印"印。

通志略五十二卷 089.521 972

〔宋〕鄭樵撰 〔明〕陳宗夔校

清乾隆十三年(1748)刻本 十八册

半葉10行20字,小字雙行字同,白口,四周單邊,無魚尾,半框高18.8釐米,寬13.7釐米。版心上鎸書名、篇章名及卷次,中鎸葉碼。

卷端題"氏族略,宋右迪功郎夾漈鄭樵著,明御史少嶽陳宗夔校"。卷首依次有明龔用卿撰《序》;清乾隆十三年《序》,署"乾隆十有三年戊辰春仲金壇于敏中書於武林試院之廉静堂";宋鄭樵撰《通志序》;元至治二年(1322)《序》,署"至治二禩壬戌夏五郡守可堂吴繹書於三山郡齋";目録。

通志略五十二卷 4681 4370

〔宋〕鄭樵撰 〔明〕陳宗夔校

清乾隆十三年(1748)金匱山房刻本 十六册

半葉10行20字,小字雙行字同,白口,四周單邊,無魚尾,半框高18.9釐米,寬13.6釐米。版心上鎸"通志"、篇章名及卷次,中鎸葉碼。

卷端題"氏族略,宋右迪功郎夾漈鄭樵著,明御史少岳陳宗夔校"。内封題"通志略,金匱山房藏板"。卷首依次有明正德九年(1514)《刻通志二十略序》,署"正德甲戌歲仲冬望日賜進士及第朝列大夫南京國子祭酒肯左春坊左諭德兼翰林院侍讀經筵講官同修會典國史三山後學龔用卿撰";清乾隆十三年《序》,署"乾隆十有三年戊辰春仲金壇于敏中書於武林試院之廉静堂";宋鄭樵撰《通志總序》;元至治二年(1322)《總序》,署"至治二祺壬戌夏五郡守可堂吴繹書於三山郡齋";目録。

鈐有"番禺古氏雙梧桐館藏"印。

文獻通考三百四十八卷附欽定通考考證三卷　4681 6143

〔元〕馬端臨撰

清光緒二十二年(1896)浙江書局刻本　一百五十册

文獻通考三百四十八卷附欽定通考考證三卷　4681 6143

〔元〕馬端臨撰

清光緒間石印本　三十二册

文獻通考詳節二十四卷　4681 6143

〔元〕馬端臨撰　〔清〕嚴虞惇録

清乾隆二十九年(1764)繩武堂刻本　十二册

半葉11行24字,白口,左右雙邊,單黑魚尾,半框高17釐米,寬13.3釐米。版心上鎸書名,中鎸卷次及篇章名,下鎸葉碼。

卷端題"文獻通考詳節,宋鄱陽馬貴與先生著,後學常熟嚴虞惇録"。内封題"乾隆甲申年鎸,常熟嚴思菴先生手輯,文獻通考詳節,繩武堂藏版"。卷首依次有元馬端臨撰《文獻通考自序》;目録。卷末有清乾隆二十九年《跋》,署"乾隆甲申三月既望孫男有禧敬識"。

欽定續通典一百五十卷　4681 1440

〔清〕嵇璜等編纂

清光緒十二年(1886)浙江書局刻本　四十册

欽定續通典一百五十卷　4681 1440

〔清〕嵇璜等編纂

清光緒二十八年(1902)上海鴻寶書局石印本　八册

鈐有"馬鑒之印"印。

欽定續通志六百四十卷　4681 1430

〔清〕嵇璜等編纂

清光緒十二年(1886)浙江書局刻本　二百册

欽定續通志六百四十卷　4681 1430

〔清〕嵇璜等編纂

清光緒二十八年(1902)上海鴻寶書局石印本　四十册

鈐有"馬鑒之印"印。

欽定續文獻通考二百五十卷　4681 1614

〔清〕嵇璜等編纂

清光緒十三年(1887)浙江書局刻本　一百二十册

欽定續文獻通考二百五十卷　4681 1614

〔清〕嵇璜等編纂

清光緒間上海鴻寶書局石印本　二十四册

鈐有"馬鑒之印"印。

皇朝通典一百卷 4681 1344

〔清〕嵇璜等編纂

清光緒八年(1882)浙江書局刻本　四十册

皇朝通典一百卷 4681 1344

〔清〕嵇璜等編纂

清光緒二十八年(1902)上海鴻寶書局石印本　八册

鈐有"馬鑒之印"印。

皇朝通志一百二十六卷 4681 1343

〔清〕嵇璜等編纂

清光緒八年(1882)浙江書局刻本　四十册

皇朝通志一百二十六卷 4681 1343

〔清〕嵇璜等編纂

光緒二十八年(1902)上海鴻寶書局石印本　八册

鈐有"馬鑒之印"印。

皇朝文獻通考三百卷 4681 1361

〔清〕嵇璜等編纂

清光緒八年(1882)浙江書局刻本　一百六十册

皇朝文獻通考三百卷 4681 1361

〔清〕嵇璜等編纂

清光緒二十八年(1902)上海鴻寶書局石印本　三十二册

鈐有"馬鑒之印"印。

三通序不分卷 4681 9410

〔清〕蔣德鈞輯

清光緒九年(1883)雙門底文英閣刻本　一册

九通提要十二卷 4681 3445

〔清〕柴紹炳纂

清光緒二十八年(1902)上海泰東時務譯印局鉛印本　六册

二十四史九通政典類要合編三百二十卷 4681 5999

〔清〕黄書霖輯

清光緒二十八年(1902)約雅堂影印本　六十册

西漢會要七十卷 4682 1115

〔宋〕徐天麟撰

清光緒五年(1879)嶺南學海堂刻本　十册

鈐有"哲如陳慶保藏書"印。

西漢會要七十卷 4682 1115

〔宋〕徐天麟撰

清光緒十年(1884)江蘇書局刻本　十册

東漢會要四十卷 4682 4115

〔宋〕徐天麟撰

清光緒五年(1879)嶺南學海堂刻本　八册

鈐有"哲如陳慶保藏書"印。

東漢會要四十卷　4682 4115

〔宋〕徐天麟撰

清光緒十年(1884)江蘇書局刻本　八册

唐會要一百卷　4684 4150

〔宋〕王溥撰

清晚期仿聚珍版刻本　二十八册

唐會要一百卷　4684 4150

〔宋〕王溥撰

清刻本　二十四册

五代會要三十卷　4684 6415

〔宋〕王溥撰

清光緒十二年(1886)江蘇書局刻本　六册

明會要八十卷　4687 8150

〔清〕龍文彬纂

清光緒十三年(1887)永懷堂刻本　二十册

明會要八十卷　4687 8150

〔清〕龍文彬纂

清光緒間廣雅書局刻本　二十四册

欽定大清會典一百卷首一卷事例一千二百二十卷　4688 4314

〔清〕崑岡等纂修

清光緒三十四年(1908)上海商務印書館石印本　一百六十册

又一部　一百六十册　573.17 292

欽定大清會典一百卷事例一千二百二十卷圖二百七十卷　4668 4314

〔清〕崑岡等編纂

清光緒二十五年(1899)石印本　四百九十七册

欽定大清會典圖二百七十卷　4688 4314

〔清〕崑岡等編纂

清光緒二十五年(1899)石印本　七十四册

按:《欽定大清會典》之一部分。

欽定户部則例一百卷首一卷　4688 1247

〔清〕載齡等纂修

清同治十三年(1874)刻本　六十册

漢制考四卷　4682 1330

〔宋〕王應麟撰

清光緒七年(1881)浙江書局校刻本　一册

重校熙朝紀政六卷　4688 1333

〔清〕王慶雲撰

清光緒二十八年(1902)雙門底上街經史閣刻本　六册

鈐有“陳慶保”印。

庸庵時務要略文篇四卷　AC149 Zcl 941

〔清〕薛福成撰

清光緒二十五年(1899)儒林書局刻本　四册

廣治平略三十六卷　9301 3327

〔清〕蔡方炳撰

清晚期阮福小嫏嬛館刻本　三册

儀制之屬

通禮

文廟通考六卷首一卷　　2261.05 6843

〔清〕牛樹梅撰

清同治十一年(1872)浙江書局校刻本　二册

欽定學政全書八十六卷首一卷　　4996 1339

〔清〕恭阿拉等編纂

清嘉慶十七年(1812)刻本　十六册

吾學録初編二十四卷　　4677.8 6170

〔清〕吴榮光撰

清道光十二年(1832)南海吴氏筠清館刻本　八册

鈐有"哲如陳慶保藏書"印。

又一部　六册　　**4677.8 6170**

吾學録初編二十四卷　　4677.8 6170

〔清〕吴榮光撰

清道光二十九年(1849)重刻本　四册

大清通禮五十四卷　　4677.8 4347

〔清〕穆克登額等續纂

清光緒九年(1883)江蘇書局刻本　十二册

典禮

西巡盛典二十四卷首一卷　　4677.8 1194

〔清〕董誥等編纂

清嘉慶十七年(1812)刻本　二十四册

南巡盛典一百二十卷　　4677.8 8194

〔清〕高晋等纂輯

光緒八年(1882)上海點石齋石印本　八册

又一部　八册　　**AC149 Zcl 2034**

又二部　八册　　**627.4 642**

鈐有"梧桐鄉民""汪星源藏書記"印。

盛京典制備考八卷首一卷　　4677.8 9343

〔清〕完顔崇厚編

清光緒四年(1878)奉天督署刻本　六册

鈐有"完顔崇厚字子謙號志山""天官少保大京兆上將軍"印。

聖廟祀典圖考五卷附崇聖祠考一卷聖跡圖一卷孟子聖跡圖一卷　　2261.05 9894

〔清〕顧沅輯

清道光六年(1826)刻本　六册

文廟祀典考五十卷　　1789 6894

〔清〕龐鍾璐編

清光緒四年(1878)刻本　七册

雜禮

紹熙州縣釋奠儀圖一卷　1786.8 2043

〔宋〕朱熹撰

清同治光緒間孔氏嶽雪樓影抄本　一册

鈐有"印廬珍藏"印。

泰泉鄉禮七卷　4678.7 4317

〔明〕黄佐撰

清道光元年(1821)刻本　二册

直省釋奠禮樂記六卷　1789 3994

〔清〕應寶時等纂輯

清光緒十七年(1891)廣東藩署重刻本　四册

又一部　三册　1789 3994

鈐有"陳慶保"印。

專志

紀元

紀元編三卷末一卷　610.2 294—05

〔清〕李兆洛撰

清道光十一年(1831)刻本　三册

邦計之屬

欽定重修兩浙鹽法志三十卷首一卷　4593.10 7356

〔清〕馮培等編纂

清同治十三年(1874)刻本　二十四册

(廣東)[桑園圍總志]不分卷　3037.5 9561

〔清〕何如銓編修

清同治光緒間刻本　四册

按:題名在書中各部分均不同,編者自擬。

邦交之屬

國朝柔遠記十八卷附編二卷　2743 3355

〔清〕彭玉麟定　〔清〕王之春編

清光緒十七年(1891)廣雅書局刻本　六册

鈐有"瞿氏補書堂所藏"印。

律令之屬

故唐律疏議三十卷　585.924 410—02

〔唐〕長孫無忌等撰

清光緒十六年(1890)京師刻本　十二册

補注洗冤録集證四卷附刊檢骨圖格一卷作吏要言一卷　4899 2315

〔宋〕宋慈撰　〔清〕童濂校訂　(作吏要言)〔清〕葉鎮撰

清道光二十三年(1843)刻三色套印本　四册

洗冤録義證四卷附經驗方一卷洗冤録歌訣一卷　4899 1575

〔清〕剛毅編

清光緒十八年(1892)粵東撫署重刻

本　二册

重刊補注洗冤録集證六卷　415.13 112

〔清〕王又槐增輯　〔清〕李觀瀾補輯　〔清〕孫光烈參閲　〔清〕阮其新補注　〔清〕王又梧校訂　〔清〕張錫蕃重訂

清道光二十四年(1844)省城翰墨園刻三色套印本　五册

鈐有"白堅珍藏"印。

掌故瑣記之屬

皇朝掌故彙編内編六十卷首一卷外編四十卷首一卷　4688 1333

〔清〕張壽鏞等編

清光緒二十八年(1902)求實書社鉛印本　六十册

公牘檔册之屬

左文襄公書牘節要二十六卷　856.278 352—02

〔清〕左宗棠撰

清光緒二十八年(1902)刻本　十二册

職官類

官制之屬

通志

漢官儀三卷　AC149 Zcl 944

〔宋〕劉攽撰

清道光四年(1824)刻本　一册

鈐有"馬鑒"印。

欽定歷代職官表七十二卷首一卷　4675.1 7433

〔清〕紀昀等編纂

清光緒二十二年(1896)廣雅書局刻本　二十二册

專志

浣霞摸心記二卷　4673 1181

〔清〕金城撰

清道光間刻本　二册

鈐有"馬鑒之印"印。

槐廳載筆二十卷　4665.8 3442

〔清〕法式善編

清嘉慶四年(1799)刻本　六册

鈐有"觀生廬""式古訓齋藏書"印。

養穌齋筆記不分卷　1685.28 5132

〔清〕霍樹清撰　〔清〕霍勤煒、霍勤燡校刊

清光緒二十七年(1901)刻本　四册

官箴之屬

州縣提綱四卷　1685.25 3143

〔宋〕陳襄撰

清嘉慶間張氏照曠閣刻本　一册

宦鄉要則七卷　AC149 Zcl 395

〔清〕張鑒瀛撰

清光緒七年(1881)羊城文陞閣刻本　四册

詔令奏議類

詔令之屬

皇明詔制不分卷　　AC149 Zcl 4146

〔明〕孔貞運輯

明嘉靖十八年(1539)刻本　八册

半葉10行22字,白口,四周雙邊,單黑魚尾,半框高20.2釐米,寬14.7釐米。版心上鎸書名,中鎸時間,下鎸葉碼。

卷端題"皇明詔制"。卷末題"嘉靖拾捌年夏陸月刊成"。卷首有目録。

鈐有"佐伯文庫""巴陵方氏傳經堂藏書印""巴陵方氏珍藏""巴陵方氏所得古刻善本"印。

按:本書所用紙爲竹紙,應爲嘉靖刻後印本。

奏議之屬

歷代名臣奏議三百五十卷　AC149 Zra 44

〔明〕張溥輯

明崇禎八年(1635)東觀閣刻本　一百册

半葉9行18字,白口,左右雙邊,單黑魚尾,半框高21釐米,寬14.2釐米。兩截版,上鎸評文,下鎸正文,版心上鎸"奏議",中鎸卷次,下鎸葉碼,卷端葉版心下另鎸有"東觀閣"。

卷端題"歷代名臣奏議,吴郡張溥删正"。卷首依次有明崇禎八年《歷代名臣奏議序》,署"崇禎八年孟夏太倉張溥謹序";《奏議删例》;總目。

鈐有"君言秘笈""深澤王氏洗心精舍所藏書畫""願我子孫世世讀書""書窠"印。

注陸宣公奏議十五卷序首一卷　4662.4 3713

〔唐〕陸贄撰　〔宋〕郎曄注

清光緒七年(1881)歸安姚氏咫進齋刻本　六册

注陸宣公奏議十五卷附唐陸宣公制誥十卷唐陸宣公賦表年譜一卷　4662.4 3713

〔唐〕陸贄撰　〔宋〕郎曄注

清光緒十二年(1886)淮南書局刻本　四册

魏鄭公諫録五卷　4662.4 6333

〔唐〕王方慶撰　〔清〕王先恭校注

清光緒九年(1883)長沙王氏刻本　二册

許國公奏議四卷　4662.5 1334

〔宋〕吴潜撰

清光緒間刻本　四册

按:清陸心源輯《十萬卷樓叢書》之零種。

趙忠定奏議四卷　4662.5 3344

〔宋〕趙汝愚撰　〔清〕葉德輝編

清宣統二年(1910)葉氏觀古堂刻本　二册

魏鄭公諫續録二卷 4662.4 6333

〔元〕翟思忠撰

清光緒九年(1883)長沙王氏刻本 一册

沈文肅公政書七卷首一卷 4662.8 9693

〔清〕沈葆楨撰

清光緒六年(1880)吴門節署刻本 十二册

滇黔奏議十卷 b1081467x

〔清〕劉嶽昭撰 〔清〕劉鎮楚、劉錫恩編

清光緒十四年(1888)刻本 六册

鈐有"南洋大學圖書館藏書"印。

彭剛直公奏稿八卷 4662.8 2333

〔清〕彭玉麟撰

清光緒十七年(1891)刻本 六册

張大司馬奏稿四卷 4662.8 3498

〔清〕張亮基撰

清光緒十七年(1891)重刻本 四册

駱文忠公奏稿十卷 9119 4613

〔清〕駱秉章撰

清光緒十七年(1891)重刻本 十册

林文忠公政書三十七卷 4662.8 7633

〔清〕林則徐撰

清光緒十一年(1885)刻本 十六册

鈐有"完顔崇厚字子謙號志山""天官少保大京兆上將軍"印。

曾文正公奏稿三十六卷 4662.8 4633

〔清〕曾國藩撰

清光緒二年(1876)傳忠書局刻本 三十册

李肅毅伯奏議二卷 4662.8 7952

〔清〕李鴻章撰 〔清〕章洪鈞、吴汝綸編

清光緒二十五年(1899)上海鴻文書局石印本 二十册

戊戌奏稿不分卷 b10824571

〔清〕康有爲撰

清宣統三年(1911)鉛印本 一册

鈐有"南洋大學圖書館藏書"印。

時令類

月令粹編二十四卷 327 102—02

〔清〕秦嘉謨撰

清嘉慶十七年(1812)江都秦氏琳琅仙館刻本 六册

鈐有"南洋大學圖書館藏書"印。

月令粹編二十一卷 327 102—03

〔清〕秦嘉謨撰

清嘉慶十七年(1812)刻本 六册

鈐有"南洋大學圖書館藏書"印。

清嘉録十二卷 3069.2 3370

〔清〕顧禄撰 (日本)安原寛校

清光緒十七年(1891)上海樂善堂刻本 四册

鈐有"許紹南印""許紹南先生贈書之印"印。

燕京歲時記不分卷　3056.2 5399

〔清〕富察敦崇編

清光緒三十二年(1906)琉璃廠文德齋刻本　一册

鈐有"許紹南印""霜月蟲音齋藏書"印。

地理類

類編之屬

[大興徐氏三種]　3006 4111

〔清〕徐松撰

清道光間刻本　六册

子目:

漢書西域傳補注二卷

新疆賦一卷

西域水道記五卷

李氏五種合刊　1628/1—10

〔清〕李兆洛輯

清同治十年(1871)合肥李氏重刻本　十册

子目:

歷代地理志韻編今釋二十卷

皇朝輿地韻編二卷

歷代地理沿革圖一卷

皇朝一統輿圖一卷

歷代紀元編三卷

又一部　九册　1628/1—10

按:館藏缺《皇朝一統輿圖》《歷代紀元編》兩種。

李氏五種合刊　3006 7963

〔清〕李兆洛輯

清光緒十四年(1888)掃葉山房刻本　十册

子目:

歷代地理志韻編今釋二十卷

皇朝輿地韻編二卷

歷代地理沿革圖一卷

皇朝一統輿圖一卷

歷代紀元編三卷

又一部　十二册　3006 7963

李氏五種合刊　1628—2/1—10

〔清〕李兆洛輯

清光緒二十四年(1898)掃葉山房石印本　十册

鈐有"晋階"印。

子目:

歷代地理志韻編今釋二十卷

皇朝輿地韻編二卷

歷代地理沿革圖一卷

皇朝一統輿圖一卷

歷代紀元編三卷

歷代地理志彙編十三編　3006 7447

〔清〕羅汝楠輯

清光緒二十四年(1898)集古書屋刻本　六十八册

子目:

甲編

漢書地理志二卷　〔漢〕班固撰

〔唐〕顔師古注
漢書地理志稽疑六卷 〔清〕全祖望撰
十七史商榷(漢書)一卷 〔清〕王鳴盛撰
廿二史考異(漢書)一卷 〔清〕錢大昕撰
漢書辨疑二卷 〔清〕錢大昭撰
新斠注地理志十六卷 〔清〕錢坫撰 〔清〕徐松集釋
漢志水道疏證四卷 〔清〕洪頤煊撰
漢書地理志校本二卷 〔清〕汪遠孫撰
漢書地理志水道圖説七卷 〔清〕陳澧撰
漢書注校補(地理志)二卷 〔清〕周壽昌撰
乙編
後漢書郡國志五卷 〔南朝梁〕劉昭補注
附録
續漢志補注二卷 〔清〕惠棟撰
十七史商榷(後漢書)一卷 〔清〕王鳴盛撰
廿二史考異(後漢書)一卷 〔清〕錢大昕撰
續漢書辨疑一卷 〔清〕錢大昭撰
丙編
補三國疆域志二卷 〔清〕洪亮吉撰
丁編
晋書地理志二卷 〔唐〕太宗李世民撰
附録
十七史商榷(晋書)一卷 〔清〕王鳴盛撰
廿二史考異(晋書)一卷 〔清〕錢大昕撰
晋書地理志新補正五卷 〔清〕畢沅撰
東晋疆域志四卷 〔清〕洪亮吉撰
晋書校勘記一卷 〔清〕勞格撰
新校晋書地理志一卷 〔清〕方愷撰
戊編
宋書州郡志四卷 〔南朝梁〕沈約撰
附録
十七史商榷(宋書)一卷 〔清〕王鳴盛撰
廿二史考異(宋書)一卷 〔清〕錢大昕撰
宋州郡志校勘記一卷 〔清〕成孺撰
己編
南齊書州郡志二卷 〔南朝梁〕蕭子顯撰
附録
十七史商榷(南齊書)一卷 〔清〕王鳴盛撰
廿二史考異(南齊書)一卷 〔清〕錢大昕撰
庚編
補梁疆域志四卷 〔清〕洪齮孫撰
辛編
魏書地形志三卷 〔北齊〕魏收撰
附録
十七史商榷(魏書)一卷 〔清〕王鳴盛撰
廿二史考異(魏書)一卷 〔清〕錢大昕撰
壬編

隋書地理志三卷　〔唐〕長孫無忌撰
附録
十七史商榷(隋書)一卷　〔清〕王鳴盛撰
廿二史考異(隋書)一卷　〔清〕錢大昕撰
癸編
舊唐書地理志四卷　〔後晋〕劉昫撰
唐書地理志七卷　〔宋〕歐陽修撰
附録
十七史商榷(唐書)一卷　〔清〕王鳴盛撰
廿二史考異(唐書)一卷　〔清〕錢大昕撰
子編
舊五代史郡縣志一卷　〔宋〕薛居正撰
五代史職方考一卷　〔宋〕歐陽修撰
附録
十七史商榷(五代史)一卷　〔清〕王鳴盛撰
廿二史考異(五代史)一卷　〔清〕錢大昕撰
丑編
宋史地理志六卷　〔元〕脱脱撰
附録
廿二史考異(宋史)一卷　〔清〕錢大昕撰
寅編
遼史地理志五卷　〔元〕脱脱撰
廿二史考異(遼史)一卷　〔清〕錢大昕撰
金史地理志三卷　〔元〕脱脱撰
元史地理志六卷　〔明〕宋濂撰
附録
廿二史考異(元史)一卷　〔清〕錢大昕撰
金史詳校三卷　〔清〕施國祁撰
卯編
明史地理志六卷　〔清〕張廷玉修

皇朝藩屬輿地叢書六集二十八種

1629/1—48

題〔清〕文瑞樓主人輯

清光緒二十九年(1903)上海書局石印本　四十八册

子目:
第一集
西藏圖考八卷　〔清〕黄沛翹輯
西招圖略一卷　〔清〕松筠撰
越史略三卷
第二集
吉林外紀十卷　〔清〕薩英額撰
黑龍江外紀八卷　〔清〕西清撰
塞北紀行一卷　〔元〕張德輝撰
西北域記一卷　〔清〕謝濟世撰
寧古塔紀略一卷　〔清〕吴桭臣撰
西遊記金山以東釋一卷　〔清〕沈垚撰
帕米爾圖説一卷　〔清〕許景澄撰
帕米爾輯略一卷　〔清〕胡祥鑅撰
澳大利亞洲志一卷　〔清〕沈恩孚編次
第三集
蒙古遊牧記十六卷　〔清〕張穆撰
長春真人西遊記二卷　〔元〕李志常撰
新疆要略四卷　〔清〕祁韻士撰

第四集
漢西域圖考七卷 〔清〕李光廷撰
西域水道記五卷 〔清〕徐松撰
新疆賦一卷 〔清〕徐松撰
漢書西域傳補注二卷 〔清〕徐松撰
第五集
東北邊防輯要二卷 〔清〕曹廷傑撰
東三省輿地圖説一卷附録一卷 〔清〕曹廷傑撰
滇緬劃界圖説一卷 〔清〕薛福成撰
平定羅刹方略一卷
元朝征緬録一卷
元朝秘史注十五卷 〔清〕李文田注
第六集
元史譯文證補三十卷 〔清〕洪鈞撰
職方外紀五卷 (意大利)艾儒略撰
元秘史山川地名考十二卷 〔清〕施世傑撰

問影樓輿地叢書第一集十五種

1630/1—10

〔清〕胡思敬輯

清光緒三十四年(1908)京師鉛印本 十册

鈐有"南洋大學圖書館藏書"印。

子目:
黑韃事略一卷 〔宋〕彭大雅撰 〔宋〕徐霆疏證
峒谿纖志三卷 〔清〕陸次雲撰
雲緬山川志一卷 〔清〕李榮陛撰
長河志籍考十卷 〔清〕田雯撰
黔記四卷 〔清〕李宗昉撰
東三省輿圖説一卷 〔清〕曹廷傑撰
陝西南山谷口考一卷 〔清〕毛鳳枝撰
緬述一卷 〔清〕彭崧毓撰
三省山内風土雜識一卷 〔清〕嚴如熤撰
萬里行程記一卷 〔清〕祁韻士撰
關中水道記四卷 〔清〕孫彤撰
水地記一卷 〔清〕戴震撰
遊歷記一卷 〔清〕朱書撰
滇海虞衡志十三卷 〔清〕檀萃撰
東三省韓俄交界道里表一卷 〔清〕聶士成撰

海昌叢載三十二種

AC149 Zcl 3929—3931

〔清〕羊復禮輯

清光緒間海昌羊氏粵東刻本 八册

鈐有"南洋大學圖書館藏書"印

子目:
菊隱吟鈔一卷 〔清〕羊廷機撰
敬慎居詩稿二卷 〔清〕羊咸熙撰
贊雪山房詩存一卷 〔清〕羊登萊撰
蟲獲軒詩鈔一卷 〔清〕張爲儒撰
留爪集鈔一卷 〔清〕吴錫禄撰
臆吟集鈔一卷 〔清〕徐蘭撰
竹巖詩鈔一卷 〔清〕楊焕綸撰
咏年堂詩集鈔一卷 〔清〕葛定辰撰
西疇草堂遺詩鈔一卷 〔清〕周文□撰
蜀中草鈔一卷 〔清〕朱昇撰
耘蓮詩鈔一卷 〔清〕曹元方撰
爲可堂詩集鈔一卷 〔清〕朱一是撰
飽墨堂吟草鈔一卷 〔清〕吴啓熊撰
魯化遺詩鈔一卷 〔清〕徐于撰
艾軒詩集鈔一卷 〔清〕楊中楠撰

出岫集鈔一卷 〔清〕陳峋撰
蕪園詩集鈔一卷 〔清〕葛徵奇撰
月隱遺稿鈔一卷 〔清〕祝淵撰
海粟堂詩鈔一卷 〔清〕吴本泰撰
留素堂詩集鈔一卷 〔清〕蔣薰撰
逃禪吟鈔一卷 〔清〕葛定遠撰
容菴遺文鈔一卷存稿鈔一卷 〔清〕許令瑜撰
止谿文鈔一卷詩集鈔一卷 〔清〕朱嘉徵撰
乾初先生文鈔二卷遺詩鈔一卷 〔清〕陳確撰
補庵遺稿一卷詩鈔一卷 〔清〕陳枚撰
簡莊文鈔六卷續編二卷河莊詩鈔一卷 〔清〕陳鱣撰
新坂土風一卷 〔清〕陳鱣撰
蠶桑摘要一卷 〔清〕羊復禮輯
經驗癢子症良方一卷 〔清〕羊復禮輯

按：館藏缺《敬齋詩鈔》一卷、《雲怡詩鈔》一卷、《與袁堂詩集鈔》一卷三種。

小方壺齋輿地叢鈔十二帙六十四卷一千二百種續編五十八種再補編一百八十種

3006 1613

〔清〕王錫祺輯

清光緒十七至二十三年(1891—1897)清河王氏上海著易堂鉛印本 八十四册

鈐有"辛丑年印""小方壺齋""小方壺齋審定"印。

子目：
第一帙
卷一
蓋地論 〔清〕俞正燮撰
地球總論 (葡萄牙)瑪吉士撰
地理説略 〔清〕吴鍾史撰
地理淺説 (美國)林樂知撰
地球志略 〔清〕徐繼畬撰
地球形勢説 〔清〕龔柴撰
地理形勢考 〔清〕龔柴撰
五洲方域考 〔清〕龔柴撰
括地略
國地異名録 〔清〕林謙編
五大洲輿地户口物産表 〔清〕鄺其照撰
輿地全覽 〔清〕蔡方炳撰
天下形勢考 〔清〕華湛恩撰
輿地略 〔清〕馮焌光撰
府州廳縣異名録 〔清〕管斯駿編
中國方域考 〔清〕龔柴撰
中國形勢考略 〔清〕龔柴撰
中國歷代都邑考 〔清〕龔柴撰
中國物産考略 〔清〕龔柴撰
卷二
輿覽 〔清〕何炳撰
方輿紀要簡覽 〔清〕潘鐸撰
滿洲考略 〔清〕龔柴撰
盛京考略 〔清〕龔柴撰
直隸考略 〔清〕龔柴撰
江蘇考略 〔清〕龔柴撰
安徽考略 〔清〕龔柴撰
江西考略 〔清〕龔柴撰
浙江考略 〔清〕龔柴撰
福建考略 〔清〕龔柴撰
湖北考略 〔清〕龔柴撰
湖南考略 〔清〕龔柴撰
河南考略 〔清〕龔柴撰

山東考略 〔清〕龔柴撰
山西考略 〔清〕龔柴撰
陝西考略 〔清〕龔柴撰
甘肅考略 〔清〕龔柴撰
四川考略 〔清〕龔柴撰
廣東考略 〔清〕龔柴撰
廣西考略 〔清〕龔柴撰
雲南考略 〔清〕龔柴撰
貴州考略 〔清〕龔柴撰
卷三
驛站路程
輿地經緯度里表 〔清〕丁取忠編
卷四
松亭行紀 〔清〕高士奇撰
扈從東巡日録 〔清〕高士奇撰
扈從東巡附録 〔清〕高士奇撰
扈從西巡日録 〔清〕高士奇撰
塞北小鈔 〔清〕高士奇撰
扈從紀程 〔清〕高士奇撰
迎駕紀恩 〔清〕楊捷撰
迎駕紀 〔清〕楊捷撰
迎駕紀恩録 〔清〕王士禛撰
南巡扈從紀略 〔清〕張英撰
迎駕始末 〔清〕汪琬撰
隨鑾紀恩 〔清〕汪灝撰
扈從賜遊記 〔清〕張玉書撰
卷五
鳳臺祗謁筆記 〔清〕董恂撰
永寧祗謁筆記 〔清〕董恂撰
臺懷隨筆 〔清〕王昶撰
南巡名勝圖説 〔清〕高晋撰
開國龍興記 〔清〕魏源撰
奉天形勢 〔清〕張尚賢撰
出邊紀程 〔清〕恩錫撰
絶域紀略 〔清〕方拱乾撰
寧古塔紀略 〔清〕吴桭臣撰
柳邊紀略 〔清〕楊賓撰
遊寧古塔記
庫葉附近諸島考 〔清〕何秋濤撰
卷六
吉林勘界記 〔清〕吴大澂撰
龍沙紀略 〔清〕方式濟撰
黑龍江外紀 〔清〕西清撰
卜魁風土記 〔清〕方觀承撰
卜魁紀略 〔清〕英和撰
雅克薩考 〔清〕何秋濤撰
尼布楚考 〔清〕何秋濤撰
艮維窩集考 〔清〕何秋濤撰
東三省邊防議
東北邊防論 〔清〕姚文棟撰
東陲道里形勢 〔清〕胡傳撰
第二帙
卷七
蒙古吉林土風記 〔清〕阮葵生撰
塞上雜記 〔清〕徐蘭撰
東蒙古形勢考 〔清〕林道原撰
綏服内蒙古記 〔清〕魏源撰
綏服外蒙古記 〔清〕魏源撰
喀爾喀風土記 〔清〕李德撰
庫倫記 〔清〕姚瑩撰
蒙古五十一旗考 〔清〕齊召南撰
蒙古考略 〔清〕龔柴撰
蒙古邊防議 〔清〕陳黄中撰
蒙古臺卡略 〔清〕龔自珍撰
河套略 〔清〕儲大文撰
綏服厄魯特蒙古記 〔清〕魏源撰
青海考略 〔清〕魏源撰
青海事宜論 〔清〕龔自珍撰

蒙古沿革考
卡倫形勢記 〔清〕姚瑩撰
征準噶爾記 〔清〕魏源撰
塞北紀程 〔清〕馬思哈撰
西征紀略 〔清〕殷化行撰
塞程别紀 〔清〕余寀撰
從西紀略 〔清〕范昭逵撰
從軍雜記 〔清〕方觀承撰
兩征厄魯特記 〔清〕魏源撰
蕩平準部記 〔清〕魏源撰
勘定回疆記 〔清〕魏源撰
高平行記 〔清〕王太岳撰
新疆後事記 〔清〕魏源撰
新疆紀略 〔清〕七十一撰
回疆風土記 〔清〕七十一撰
回疆雜記 〔清〕王曾翼撰
卷八
西域釋地 〔清〕祁韻士撰
西陲要略 〔清〕祁韻士撰
天山南北路考略 〔清〕龔柴撰
回部政俗論
喀什噶爾略論 （美國）林樂知撰
軍臺道里表 〔清〕七十一撰
西域置行省議 〔清〕龔自珍撰
新疆設行省議
西域設行省議 〔清〕朱逢甲撰
烏魯木齊雜記 〔清〕紀昀撰
伊犁日記 〔清〕洪亮吉撰
天山客話 〔清〕洪亮吉撰
東歸日記 〔清〕方士淦撰
荷戈紀程 〔清〕林則徐撰
莎車行紀 〔清〕倭仁撰
第三帙
卷九
衛藏識略 〔清〕盛繩祖撰
烏斯藏考 〔清〕曹樹翹撰
前後藏考 〔清〕姚鼐撰
西藏紀略 〔清〕龔柴撰
撫綏西藏記 〔清〕魏源撰
西藏後記 〔清〕魏源撰
西征記 〔清〕毛振翧撰
藏鑪總記 〔清〕王我師撰
藏鑪述異記 〔清〕王我師撰
西藏巡邊記 〔清〕松筠撰
寧藏七十九族番民考
入藏程站 〔清〕盛繩祖撰
藏寧路程 〔清〕松筠撰
藏行紀程 〔清〕杜昌丁撰
進藏紀程 〔清〕王世容撰
由藏歸程記 〔清〕林儁撰
西征日記 〔清〕徐瀛撰
晋藏小録 〔清〕徐瀛撰
旃林紀略 〔清〕徐瀛撰
康輶紀行 〔清〕姚瑩撰
前藏三十一城考 〔清〕姚瑩撰
察木多西諸部考 〔清〕姚瑩撰
乍丫圖説 〔清〕姚瑩撰
墨竹工卡記 〔清〕王我師撰
得慶記 〔清〕王我師撰
錫金考略
西招審隘篇 〔清〕松筠撰
西藏要隘考 〔清〕黄沛翹撰
西藏改省會論
西藏建行省議 〔清〕王錫祺撰
卷十
征廓爾喀記 〔清〕魏源撰
廓爾喀不丹合考 〔清〕龔柴撰
征烏梁海述略 〔清〕何秋濤撰

哈薩克述略 〔清〕何秋濤撰
外藩疆理考
西北邊域考 〔清〕魏源撰
綏服西屬國記 〔清〕魏源撰
外藩列傳 〔清〕七十一撰
北徼形勢考 〔清〕何秋濤撰
俄羅斯形勢考 〔清〕何秋濤撰
俄羅斯源流考 〔清〕繆祐孫撰
俄羅斯諸路疆域考 〔清〕何秋濤撰
俄羅斯分部説 〔清〕何秋濤撰
俄羅斯疆域編 〔清〕繆祐孫撰
卷十一
俄羅斯互市始末 〔清〕何秋濤撰
俄羅斯叢記 〔清〕何秋濤撰
北徼城邑考 〔清〕何秋濤撰
北徼方物考 〔清〕何秋濤撰
北徼喀倫考 〔清〕何秋濤撰
俄羅斯户口略 〔清〕繆祐孫撰
異域録 〔清〕圖理琛撰
俄羅斯盟聘記 〔清〕魏源撰
俄羅斯附記 〔清〕魏源撰
卷十二
奉使俄羅斯日記 〔清〕張鵬翮撰
出塞紀略 〔清〕錢良擇撰
聘盟日記 (俄國)雅蘭布撰
綏服紀略 〔清〕松筠撰
海隅從事録 〔清〕丁壽祺撰
使俄日記 〔清〕張德彝撰
卷十三
金軺籌筆
卷十四
俄遊日記 〔清〕繆祐孫撰
亞洲俄屬考略 〔清〕龔柴撰
取中亞細亞始末記 〔清〕繆祐孫譯
西伯利記 (日本)岡本監輔撰
取悉畢爾始末記 〔清〕繆祐孫撰
俄屬海口記
海參崴埠通商論
琿春瑣記
北遊紀略 〔清〕吴□撰
伯利探路記 〔清〕曹廷傑撰
蝦夷紀略 〔清〕姚棻撰
俄羅斯疆界碑記 〔清〕徐元文撰
中俄交界記 〔清〕王錫祺撰
通俄道里表 〔清〕繆祐孫撰
第四帙
卷十五
五嶽説 〔清〕姚鼐撰
五嶽約 〔清〕韓則愈撰
泰山脉絡紀 〔清〕李光地撰
泰山紀勝 〔清〕孔貞瑄撰
登岱記 〔清〕余縉撰
登泰山記 〔清〕沈彤撰
泰山道里記 〔清〕聶鈫撰
遊泰山記 〔清〕吴錫麒撰
登泰山記 〔清〕姚鼐撰
遊南嶽記 〔清〕金之俊撰
衡嶽遊記 〔清〕黄周星撰
遊南嶽記 〔清〕藩耒撰
登南嶽記 〔清〕唐仲冕撰
遊南嶽記 〔清〕羅澤南撰
重遊嶽麓記 〔清〕李元度撰
嵩嶽考 〔清〕田雯撰
嵩山説 〔清〕朱雲錦撰
遊中嶽記 〔清〕藩耒撰
遊太室記 〔清〕田雯撰
登華記 〔清〕屈大均撰
華山經 〔清〕東蔭商撰

華山志概　〔清〕王宏嘉撰
登華山記　〔清〕喬光烈撰
登太華山記　〔清〕謝振定撰
太華紀遊略　〔清〕趙嘉肇撰
恒山記
恒嶽記　〔清〕王錫祺撰
北嶽辨　〔清〕顧炎武撰
北嶽中嶽論　〔清〕閻若璩撰
卷十六
封長白山記　〔清〕方象瑛撰
長白山記　〔清〕阮葵生撰
遊千頂山記　〔清〕張玉書撰
遊西山記　〔清〕懷應聘撰
西山遊記　〔清〕王嗣槐撰
遊西山記　〔清〕吴錫麒撰
遊西山記　〔清〕李宗昉撰
遊西山記　〔清〕常安撰
遊翠微山記　〔清〕馮志沂撰
翠微山記　〔清〕張際亮撰
天壽山説　〔清〕龔自珍撰
遊上方山記　〔清〕謝振定撰
𢘿題上方二山紀遊　〔清〕查禮撰
遊盤山記　〔清〕高士奇撰
遊盤山記　〔清〕常安撰
石門諸山記　〔清〕陸舜撰
遊鍾山記　〔清〕洪若皋撰
遊鍾山記　〔清〕顧宗泰撰
遊清凉山記　〔清〕洪亮吉撰
遊攝山記　〔清〕王士禎撰
攝山紀遊　〔清〕朱綬撰
棲霞山攬勝記　〔清〕洪錫祺撰
遊幕府山泛舟江口記　〔清〕洪亮吉撰
花山遊記　〔清〕陸求可撰
遊寶華山記　〔清〕王士禎撰
茅山記　〔清〕馬世俊撰
遊瓜步山記　〔清〕梅曾亮撰
遊吴山記　〔清〕湯傳楹撰
遊虎邱記　〔清〕湯傳楹撰
虎邱往還記　〔清〕湯傳楹撰
遊西山記　〔清〕彭績撰
遊靈巖山記　〔清〕王恪撰
遊靈巖記　〔清〕尤侗撰
靈巖懷舊記　〔清〕湯傳楹撰
遊寒山記　〔清〕王恪撰
遊茶山記　〔清〕顧宗泰撰
遊馬駕山記　〔清〕汪琬撰
彈山吾家山遊記　〔清〕邵長蘅撰
遊洞庭西山記　〔清〕金之俊撰
登洞庭兩山記　〔清〕懷應聘撰
遊洞庭西山記　〔清〕繆彤撰
遊西洞庭記　〔清〕潘耒撰
遊洞庭兩山記　〔清〕趙懷玉撰
西洞庭志　〔清〕王廷瑚撰
遊包山記　〔清〕沈彤撰
遊石公山記　〔清〕葉廷琯撰
遊漁洋山記　〔清〕沈德潜撰
遊虞山記　〔清〕尤侗撰
遊虞山記　〔清〕沈德潜撰
遊虞山記　〔清〕黄金臺撰
遊馬鞍山記　〔清〕朱瑋撰
玉峰遊記　〔清〕蔡錫齡撰
遊細林山記　〔清〕黄金臺撰
遊横雲山記　〔清〕黄金臺撰
毗陵諸山記　〔清〕邵長蘅撰
遊蜀山記　〔清〕史承豫撰
遊龍池山記　〔清〕吴騫撰
遊龍池山記　〔清〕陳經撰

遊橫山記 〔清〕曹堉撰
卷十七
遊焦山記 〔清〕顧宗泰撰
遊焦山記 〔清〕謝振定撰
遊焦山記 〔清〕湯金釗撰
遊焦山記 〔清〕黄金臺撰
遊蒜山記 〔清〕沈德潜撰
象山記 〔清〕何絜撰
遊北固山記 〔清〕周鎬撰
遊北固山記 〔清〕阮宗瑗撰
遊金焦北固山記 〔清〕李元度撰
遊京口南山記 〔清〕洪亮吉撰
登燕山記 〔清〕馬世俊撰
方山記 〔清〕馬世俊撰
遊江上諸山記 〔清〕汪縉撰
五山志略 〔清〕劉名芳撰
五狼山記 〔清〕王宜亨撰
遊象山麓記 〔清〕丁腹松撰
遊軍山記 〔清〕張廷珪撰
紫琅遊記 〔清〕李聯琇撰
遊雲龍山記 〔清〕張貞撰
遊睢寧諸山記 〔清〕丁顯撰
雲臺山記 〔清〕姚陶撰
遊雲臺山記 〔清〕常安撰
遊雲臺山北記 〔清〕吴進撰
遊浮山記 〔清〕何永紹撰
遊浮山記 〔清〕李兆洛撰
黄山遊記 〔清〕王煒撰
黄山史概 〔清〕陳鼎撰
黟山紀遊 〔清〕汪淮撰
遊黄山記 〔清〕袁枚撰
遊黄山記 〔清〕曹文埴撰
遊黄山記 〔清〕黄鉞撰
黄山紀遊 〔清〕王灼撰
黄山紀遊 〔清〕黄肇敏撰
白嶽遊記 〔清〕施閏章撰
披雲山記 〔清〕許楚撰
遊靈山記 〔清〕許楚撰
績溪山水記 〔清〕汪士鐸撰
黟縣山水記 〔清〕俞正燮撰
遊石柱山記 〔清〕儲大文撰
遊敬亭山記 〔明〕李確撰
遊敬亭山記 〔清〕王慶麟撰
遊九華記 〔清〕懷應聘撰
遊九華記 〔清〕施閏章撰
九華日録 〔清〕周天度撰
遊九華山記 〔清〕洪亮吉撰
齊山巖洞志 〔清〕陳蔚撰
橫山遊記 〔清〕吴銘道撰
梅村山水記 〔清〕桂超萬撰
遊青山記 〔清〕朱筠撰
過關山記 〔清〕管同撰
卷十八
盱江諸山遊記 〔清〕施閏章撰
從姑山記 〔清〕涂瑞撰
遊鑪山記 〔清〕羅有高撰
西山遊記 〔清〕徐世溥撰
遊懷玉山記 〔清〕趙佑撰
遊龜峰山記 〔清〕李宗昉撰
軍陽山記 〔清〕鄭日奎撰
遊鵝湖山記
匡廬遊録 〔清〕黄宗羲撰
廬山紀遊 〔清〕查慎行撰
匡廬紀遊 〔清〕吴闡思撰
遊廬山記 〔清〕潘耒撰
遊廬山記 〔清〕袁枚撰
遊廬山記 〔清〕洪亮吉撰
遊廬山記 〔清〕惲敬撰

遊廬山後記　〔清〕惲敬撰
遊廬山天池記　〔清〕李宗昉撰
遊大孤山記　〔清〕張際亮撰
登小孤山記　〔清〕方宗誠撰
遊石鐘山記　〔清〕周準撰
軍峰山小記　〔清〕曾鴻麟撰
遊福山記　〔清〕涂瑞撰
遊麻姑山記　〔清〕曾國藩撰
軍峰記　〔清〕應昇撰
鳳凰山記　〔清〕謝階樹撰
鄧公嶺經行記　〔清〕李榮陛撰
黄皮山遊紀略　〔清〕李榮陛撰
大陽山遊紀略　〔清〕李榮陛撰
大圍山遊紀略　〔清〕李榮陛撰
遊西陽山記　〔清〕彭士望撰
遊青原山記　〔清〕李祖陶撰
翠微峰記　〔清〕彭士望撰
遊翠微峰記　〔清〕惲敬撰
吴山紀遊　〔清〕毛際可撰
遊孤山記　〔清〕邵長蘅撰
遊硤石兩山記　〔清〕黄金臺撰
遊天目山記　〔清〕金之俊撰
遊兩尖山記　〔清〕趙懷玉撰
雲岫山遊記　〔清〕李確撰
遊鷹窠頂記　〔清〕黄之雋撰
遊陳山記　〔明〕李確撰
蠡山記　〔清〕徐倬撰
遊白鵲山記　〔清〕欽善撰
道場山遊記　〔清〕吕星垣撰
登道場山記　〔清〕欽善撰
遊道場白雀諸山記　〔清〕黄金臺撰
遊大小玲瓏山記　〔清〕楊鳳苞撰
普陀紀勝　〔清〕許琰撰
遊柯山記　〔清〕吴高增撰
遊吼山記　〔清〕吴高增撰
遊吼山記　〔清〕李宗昉撰
卷十九
天台山記　〔清〕蔣薰撰
遊天台山記　〔清〕潘耒撰
遊天台山記　〔清〕洪亮吉撰
天台山遊記　〔清〕楊葆光撰
遊仙居諸山記　〔清〕潘耒撰
横山記　〔清〕王崇炳撰
禹山記　〔清〕王崇炳撰
雁山雜記　〔清〕韓則愈撰
遊雁蕩山記　〔清〕潘耒撰
遊雁蕩山記　〔清〕周清原撰
遊雁蕩記　〔清〕方苞撰
遊雁蕩日記　〔清〕梁章鉅撰
北雁蕩紀遊　〔清〕郭鍾嶽撰
雁山便覽記　〔清〕釋道融撰
遊南雁蕩記　〔清〕潘耒撰
南雁蕩紀遊　〔清〕張盛藻撰
南雁蕩紀遊　〔清〕郭鍾岳撰
中雁蕩紀遊　〔清〕張盛藻撰
桃花隘諸山記　〔清〕蔣薰撰
芙蓉嶂諸山記　〔清〕蔣薰撰
小仙都諸山記　〔清〕蔣薰撰
黄龍山記　〔清〕蔣薰撰
遊黄龍山記　〔清〕袁枚撰
遊鼓山記　〔清〕徐釚撰
遊鼓山記　〔清〕朱仕琇撰
遊鼓山記　〔清〕洪若皋撰
遊鼓山記　〔清〕潘耒撰
武夷紀勝
武夷山遊記　〔清〕鄭恭撰
武夷遊記　〔清〕陳朝儼撰
武夷遊記　〔清〕林霍撰

武夷導遊記 〔清〕釋如疾撰
遊武夷山記 〔清〕袁枚撰
遊武夷山記 〔清〕洪亮吉撰
九曲遊記 〔清〕陸棻撰
黄鵠山記 〔清〕陳本立撰
遊襄城山水記 〔清〕周準撰
武當山記 〔清〕王錫祺編
遊五腦山記 〔清〕洪良品撰
遊龍山記 〔清〕羅澤南撰
遊石門記 〔清〕羅澤南撰
羅山記 〔清〕羅澤南撰
登君山記 〔清〕陶澍撰
遊連雲山記 〔清〕李元度撰
登天嶽山記 〔清〕李元度撰
遊大雲山記 〔清〕吴敏樹撰
遊金牛山記 〔清〕潘耒撰
遊桃源山記 〔清〕李澄中撰
前遊桃花源記 〔清〕陳廷慶撰
後遊桃花源記 〔清〕陳廷慶撰
遊永州近治山水記 〔清〕喬萊撰
遊林慮山記 〔清〕潘耒撰
遊天平山記 〔清〕吕星垣撰
遊唐王山記 〔清〕宋世犖撰
遊桐柏山記 〔清〕田雯撰
遊豐山記 〔清〕沈彤撰
諳屏山記 〔清〕陸求可撰
遊歷山記 〔清〕黄鉞撰
遊華不注記 〔清〕全祖望撰
登千佛山記 〔清〕方宗誠撰
長白山録 〔清〕王士祺撰
遊龍洞山記 〔清〕施閏章撰
遊徂徠記 〔清〕朱鍾撰
敖山記 〔清〕趙佑撰
登嶧山記 〔清〕朱彝尊撰
遊蒙山記 〔清〕朱澤澐撰
登嶼山記 〔清〕安致遠撰
遊仰天記 〔清〕安致遠撰
遊石門記 〔清〕安致遠撰
遊五蓮記 〔清〕安致遠撰
遊九仙記 〔清〕安致遠撰
遊岠崛院諸山記 〔清〕周正撰
遊方山記 〔清〕郝懿行撰
遊程符山記 〔清〕閻循觀撰
卷二十
遊卦山記 〔清〕趙吉士撰
五臺山記 〔清〕顧炎武撰
老姥掌遊記 〔清〕陳廷敬撰
遊龍門記 〔清〕喬光烈撰
嵯峨山記 〔清〕劉紹攽撰
遊牛頭山記 〔清〕董祐誠撰
太白紀遊略 〔清〕趙嘉肇撰
陝甘諸山考 〔清〕戴祖啓撰
首陽山記 〔清〕蔣薰撰
遊章山記 〔清〕劉紹攽撰
竇圌山記 〔清〕王侃撰
萃龍山記 〔清〕彭端淑撰
蘲頤山記 〔清〕王侃撰
青城山行紀 〔清〕江錫齡撰
遊峨嵋山記 〔清〕竇絅撰
遊凌雲記 〔清〕張洲撰
木耳占記 〔清〕王昶撰
遊白雲山記 〔清〕陸棻撰
遊白雲山記 〔清〕陳夢照撰
遊欖山記 〔清〕姚瑩撰
遊羅浮記 〔清〕潘耒撰
遊羅浮山記 〔清〕惲敬撰
浮山紀勝 〔清〕黄培芳撰
遊爛柯山記

探靈巖記　〔清〕張洲撰
黄婆洞記　〔清〕盛謨撰
遊碧落洞記　〔清〕廖燕撰
遊潮水巖記　〔清〕廖燕撰
遊楊歷巖記　〔清〕張九鉞撰
遊七星巖記　〔清〕喬萊撰
七星巖記
七星巖記
遊伏波巖記　〔清〕喬萊撰
遊鐵城記　〔清〕鄭獻甫撰
遊白龍洞記　〔清〕鄭獻甫撰
遊丹霞巖九龍洞記　〔清〕鄭獻甫撰
遊燕子洞記　〔清〕尤維熊撰
牟珠洞記　〔清〕黄安濤撰
飛雲洞記　〔清〕彭而述撰
飛雲洞記　〔清〕許元仲撰
少寨洞記　〔清〕洪亮吉撰
獅子崖記　〔清〕洪亮吉撰
遊龍巖記　〔清〕梁玉繩撰
方輿諸山考　〔清〕王錫祺撰
卷二十二
水道總考　〔清〕華湛恩撰
水經要覽　〔清〕黄錫齡撰
各省水道圖説
江道編　〔清〕齊召南撰
江源記　〔清〕查拉吴麟撰
江源考　〔清〕張文薿撰
江防總論　〔清〕姜宸英撰
防江形勢考　〔清〕華湛恩撰
入江巨川編　〔清〕齊召南撰
長江津要　〔清〕馬徵麐撰
淮水編　〔清〕齊召南撰
淮水考　〔清〕郭起元撰
淮水説　〔清〕朱雲錦撰
尋淮源記　〔清〕沈彤撰
入淮巨川編　〔清〕齊召南撰
黄河編　〔清〕齊召南撰
黄河説　〔清〕朱雲錦撰
河源記　〔清〕舒蘭撰
河源圖説　〔清〕吴省蘭撰
河源異同辨　〔清〕范本禮撰
全河備考　〔清〕葉方恒撰
入河巨川編　〔清〕齊召南撰
東西二漢水辯　〔清〕王士禎撰
漢水發源考　〔清〕王筠撰
濟瀆考　〔清〕田雯撰
卷二十三
黑龍江水道編　〔清〕齊召南撰
東北海諸水編　〔清〕齊召南撰
十三道嘎牙河紀略　〔清〕胡傳撰
盛京諸水編　〔清〕齊召南撰
熱河源記　〔清〕阮葵生撰
京畿諸水編　〔清〕齊召南撰
畿南河渠通論
畿東河渠通論
永定河源考　〔清〕蔡錫齡撰
水利雜記　〔清〕鄭日奎撰
大陸澤圖説　〔清〕王原祁撰
漳河源流考　〔清〕賀應旌撰
汴水説　〔清〕朱際虞撰
汝水説　〔清〕馮焌光撰
山東諸水編　〔清〕齊召南撰
會通河水道記　〔清〕俞正燮撰
濬小清河議　〔清〕張鵬撰
東湖記　〔清〕儲方慶撰
賈魯河説　〔清〕朱雲錦撰
運河水道編　〔清〕齊召南撰
太湖源流編　〔清〕齊召南撰

三江考　〔清〕毛奇齡撰
三江考　〔清〕王廷瑚撰
中江考　〔清〕顧觀光撰
南江考　〔清〕顧觀光撰
濬吴淞江議　〔清〕張世友撰
毗陵諸水記　〔清〕邵長蘅撰
揚州水利論
治下河論　〔清〕張鵬翮撰
洩湖入江議　〔清〕葉機撰
高家堰記　〔清〕俞正燮撰
淮北水利説　〔清〕丁顯撰
江西水道考
卷二十四
浙江諸水編　〔清〕齊召南撰
兩浙水利詳考
浦陽江記　〔清〕全祖望撰
閩江諸水編　〔清〕齊召南撰
九江考　〔清〕夏大觀撰
五谿考　〔清〕檀萃撰
湘水記　〔清〕王文清撰
灕湘二水記　〔清〕喬萊撰
甘肅諸水編　〔清〕齊召南撰
粤江諸水編　〔清〕齊召南撰
西江源流説　〔清〕勞孝輿撰
廣西三江源流考　〔清〕高輯撰
雲南諸水編　〔清〕齊召南撰
雲南三江水道考　〔清〕張機南撰
黔中水道記　〔清〕晏斯盛撰
苗疆水道考　〔清〕嚴如熤撰
三黑水考　〔清〕張邦伸撰
黑水考　〔清〕陶澍撰
大金沙江考　〔清〕魏源撰
開金沙江議　〔清〕師範撰
富良江源流考　〔清〕范本禮撰
蒙古水道略　〔清〕龔自珍撰
塞北漠南諸水彙編　〔清〕齊召南撰
西北諸水編　〔清〕齊召南撰
卷二十五
西域諸水編　〔清〕齊召南撰
西域水道記　〔清〕徐松撰
西藏諸水編　〔清〕齊召南撰
西徼水道　〔清〕黄楙材撰
北徼水道考　〔清〕何秋濤撰
色楞格河源流考　〔清〕何秋濤撰
額爾齊斯河源流考　〔清〕何秋濤撰
俄羅斯水道記　〔清〕繆祐孫撰
卷二十六
山川考
天下高山大川考　〔清〕龔柴撰
宇内高山大河考　（日本）木村杏卿撰
泛大通橋記　〔清〕吴錫麒撰
泛通河記　〔清〕梅曾亮撰
浴温泉記　〔清〕常安撰
遊後湖記　〔清〕曾國藩撰
遊消夏灣記　〔清〕洪亮吉撰
遊黄公澗記　〔清〕孫爾準撰
觀水雜記　〔清〕田雯撰
遊萬柳池記　〔清〕任瑗撰
遊三龍潭記　〔清〕吴進撰
遊雙谿記　〔清〕姚鼐撰
遊媚筆泉記　〔清〕姚鼐撰
遊南湖記　〔清〕洪亮吉撰
泛潁記　〔清〕彭兆蓀撰
遊玉簾泉記　〔清〕黄永年撰
卷二十七
湖山便覽　〔清〕翟灝撰
西湖考　〔清〕王晫撰

西湖遊記 〔清〕陸求可撰
西湖紀遊 〔清〕張仁美撰
西湖遊記 〔清〕查人渼撰
龍井遊記 〔清〕吕星垣撰
小港記 〔清〕趙坦撰
遊鴛鴦湖記 〔清〕方象瑛撰
黯淡灘記 〔清〕徐宗幹撰
湘行記 〔清〕彭而述撰
泛瀟湘記 〔清〕黄之雋撰
三灘記 〔清〕陸次雲撰
卷二十八
遊浯溪記 〔清〕彭而述撰
浯溪記 〔清〕黄之雋撰
泛百門泉記 〔清〕吕星垣撰
遊百門泉記 〔清〕劉大櫆撰
遊珍珠泉記 〔清〕王昶撰
遊南池記 〔清〕管同撰
遊大明湖記 〔清〕姚光鼐撰
遊趵突泉記 〔清〕懷應聘撰
冶源紀遊 〔清〕王苹撰
遊五姓湖記 〔清〕牛運震撰
天池記 〔清〕彭兆蓀撰
猩猩灘記 〔清〕徐文駒撰
遊磻溪記 〔清〕喬光烈撰
遊釣臺記 〔清〕董詔撰
出峽記 〔清〕張洲撰
遊惠州西湖記
湞水紀行 〔清〕鄭獻甫撰
遊金粟泉記 〔清〕吴育撰
訪蘇泉記 〔清〕吴育撰
象州沸泉記 〔清〕鄭獻甫撰
遊龍泉記 〔清〕王昶撰
净海記 〔清〕洪亮吉撰
遊雨花臺記 〔清〕林雲銘撰
遊觀音門譙樓記 〔清〕阮宗瑗撰
遊滄浪亭記
遊獅子林記 〔清〕黄金臺撰
遊姑蘇臺記 〔清〕宋犖撰
遊姑蘇臺記 〔清〕汪琬撰
彌羅閣望山記 〔清〕李聯琇撰
遊虎山橋記 〔清〕顧宗泰撰
遊秦園記 〔清〕邵長蘅撰
平山堂記 〔清〕全祖望撰
劉伶臺記 〔清〕阮晋撰
韓侯釣臺記 〔清〕劉培元撰
遊愛蓮亭記 〔清〕邱兢撰
遊周橋記 〔清〕程廷祚撰
遊龍亭記 〔清〕方承之撰
遊平波臺記 〔清〕黄金臺撰
遊釣臺記 〔清〕鄭日奎撰
遊瀨鄉記 〔清〕朱書撰
遊喜雨亭記 〔清〕徐文駒撰
遊潭柘寺記 〔清〕張永銓撰
遊寶藏寺記 〔清〕郭沛霖撰
龍泉寺記 〔清〕劉嗣綰撰
遊雞鳴寺記 〔清〕李懿曾撰
遊金陵城南諸剎記 〔清〕王士禎撰
遊湖心寺記 〔清〕阮宗瑗撰
遊海嶽庵記 〔清〕儲在文撰
遊禪窟寺記 〔清〕項樟撰
遊石崆庵記 〔清〕許楚撰
遊智門寺記 〔清〕郭傳璞撰
遊少林寺記 〔清〕田雯撰
遊晋祠記 〔清〕朱彝尊撰
遊晋祠記 〔清〕劉大櫆撰
遊峽山寺記 〔清〕吴育撰
遊太華寺記 〔清〕李澄中撰
遊銅瓦寺記 〔清〕張九鉞撰

第五帙
卷二十九
南遊記　〔清〕孫嘉淦撰
還京日記　〔清〕吴錫麒撰
南歸記　〔清〕吴錫麒撰
停驂隨筆　〔清〕程庭撰
春帆紀程　〔清〕程庭撰
舟行日記　〔清〕姚文然撰
轉漕日記　〔清〕李鈞撰
卷三十
舟行記　〔清〕張必剛撰
省闈日記　〔清〕顧禄撰
南行日記　〔清〕黄鈞宰撰
舊鄉行紀　〔清〕邵嗣宗撰
雪鴻再録　〔清〕王昶撰
江行日記　〔清〕郭麐撰
東路記
鄉程日記　〔清〕王相撰
南遊筆記　〔清〕曹鈞撰
泛槳録　〔清〕黄鉞撰
閩行日記　〔清〕俞樾撰
北行日録　〔清〕黄鈞宰撰
入都日記　〔清〕周星譽撰
南歸記　〔清〕方宗誠撰
北征日記　〔清〕洪良品撰
卷三十一
北行日記　〔清〕陳炳泰撰
北行日記　〔清〕王錫祺撰
南遊日記　〔清〕王錫祺撰
遊蹤選勝　〔清〕俞蛟撰
名勝雜記　〔清〕王光彦撰
鴻雪因緣圖記　〔清〕麟慶撰
浪遊記快　〔清〕沈復撰
風土雜録　〔清〕孫兆溎撰
卷三十二
觀光紀遊　（日本）岡千仞撰
第六帙
卷三十三
京師偶記　〔清〕柴桑撰
燕京雜記
昌平州説　〔清〕龔自珍撰
熱河小記　〔清〕吴錫麒撰
出口程記　〔清〕李調元撰
居庸關説　〔清〕龔自珍撰
金陵志地録　〔清〕金鼇撰
吴語　〔清〕戴延年撰
吴趨風土録　〔清〕顧禄撰
姑蘇采風類記　〔清〕張大純撰
寶山紀遊　〔清〕管同撰
卷三十四
揚州名勝録　〔清〕李斗撰
真州風土記　〔清〕厲秀芳撰
山陽風俗物産志　〔清〕吴昆田撰
清河風俗物産志　〔清〕魯一同撰
徐州輿地考　〔清〕方駿謨撰
海曲方域小志　〔清〕金榜撰
龍眠遊記　〔清〕何永紹撰
西干記　〔清〕宋和撰
懷遠偶記　〔清〕柴桑撰
樅江遊記　〔清〕劉開撰
雩都行記　〔清〕劉開撰
南豐風俗物産志　〔清〕魯琪光撰
杭俗遺風　〔清〕范祖述撰
杭州遊記　〔清〕鄒方鍔撰
杭州城南古蹟記　〔清〕趙坦撰
峽川志略　〔清〕蔣宏任撰
湯陰風俗志
天台風俗志

寧化風俗志 〔清〕李□撰
卷三十五
楚遊紀略 〔清〕王澐撰
監利風土志 〔清〕王柏心撰
使楚叢譚 〔清〕王昶撰
容美紀遊 〔清〕顧彩撰
湖南方物志 〔清〕黄本驥撰
桂陽風俗記
郴東桂陽小記 〔清〕彭而述撰
乾州小志 〔清〕吴高增撰
永州紀勝 〔清〕王岱撰
永順小志 〔清〕張天如撰
奉使紀勝 〔清〕陳階平撰
齊魯遊紀略 〔清〕王澐撰
歷下志遊 〔清〕孫點撰
長河志籍考 〔清〕田雯撰
行山路記 〔清〕李慎傳撰
三省邊防形勢録 〔清〕嚴如熤撰
老林説 〔清〕嚴如熤撰
河南關塞形勝説 〔清〕朱雲錦撰
共城遊記 〔清〕余縉撰
商洛行程記 〔清〕王昶撰
卷三十六
雲中紀程 〔清〕高懋功撰
保德風土記 〔清〕陸燿撰
歸化行程記 〔清〕韋坦撰
遊秦偶記 〔清〕柴桑撰
西征述 〔清〕蔣湘南撰
後西征述 〔清〕蔣湘南撰
皋蘭載筆 〔清〕陳奕禧撰
賀蘭山口記 〔清〕儲大文撰
蘭州風土記
度隴記 〔清〕董恂撰
西行瑣録 （德國）福克撰
邊防三事 〔清〕黄焜撰
西番各寺記 〔清〕阮葵生撰
第七帙
卷三十七
蜀遊紀略 〔清〕王澐撰
蜀道驛程記 〔清〕王士禎撰
秦蜀驛程記 〔清〕王士禎撰
隴蜀餘聞 〔清〕王士禎撰
使蜀日記 〔清〕方象瑛撰
益州于役記 〔清〕陳奕禧撰
蜀輶日記 〔清〕陶澍撰
蜀遊日記 〔清〕黄勤業撰
卷三十八
雅州道中小記 〔清〕王昶撰
夔行紀程 〔清〕陳明申撰
西征記 〔清〕劉紹攽撰
北遊紀程 〔清〕高延第撰
巴船紀程 〔清〕洪良品撰
東歸録 〔清〕洪良品撰
遊蜀日記 〔清〕吴燾撰
遊蜀後記 〔清〕吴燾撰
川中雜識 〔清〕吴燾撰
粤述 〔清〕閔叙撰
粤西偶記 〔清〕陸祚蕃撰
粤西瑣記 〔清〕沈曰霖撰
灕江雜記 〔清〕金武祥撰
卷三十九
滇南通考 〔清〕王思訓撰
滇南雜志 〔清〕曹樹翹撰
全滇形勢論 〔清〕劉彬撰
入滇陸程考 〔清〕師範撰
入滇江路考 〔清〕師範撰
滇南新語 〔清〕張泓撰
滇南雜記 〔清〕吴應枚撰

津門雜記　〔清〕張燾撰
黑水洋考　〔清〕梁□撰
瀛壖雜志　〔清〕王韜撰
滬遊雜記　〔清〕葛元煦撰
淞南夢影録　〔清〕黄協塤撰
卷四十四
海塘説　〔清〕高晋撰
甌江逸志　〔清〕勞大與撰
閩遊紀略　〔清〕王澐撰
閩小紀　〔清〕周亮工撰
閩雜記　〔清〕施鴻保撰
平定臺灣述略　〔清〕趙翼撰
臺灣紀略　〔清〕林謙光撰
臺灣雜記　〔清〕季麒光撰
臺灣小志　〔清〕龔柴撰
臺灣使槎録　〔清〕黄叔璥撰
臺灣隨筆　〔清〕徐懷祖撰
裨海紀遊　〔清〕郁永河撰
番境補遺　〔清〕郁永河撰
海上紀略　〔清〕郁永河撰
浮海前記　〔清〕徐宗幹撰
渡海後記　〔清〕徐宗幹撰
東征雜記　〔清〕藍鼎元撰
臺遊筆記
平臺灣生番論　〔清〕藍鼎元撰
番社采風圖考　〔清〕六十七撰
臺灣番社考　〔清〕鄺其照撰
埔裏社紀略　〔清〕姚瑩撰
東西勢社番記　〔清〕姚瑩撰
臺北道里記　〔清〕姚瑩撰
噶瑪蘭紀略　〔清〕姚瑩撰
澎湖紀略　〔清〕林謙光撰
亞哥書馬島記
卷四十五
嶺南雜記　〔清〕吴震方撰
粤囊　〔清〕檀萃撰
南來志　〔清〕王士禎撰
北歸志　〔清〕王士禎撰
廣州遊覽小志　〔清〕王士禎撰
南越筆記　〔清〕李調元撰
卷四十六
途中記　〔清〕程含章撰
粤遊録　〔清〕戴燮元撰
北轅録　〔清〕戴燮元撰
入廣記　〔清〕王闓運撰
粤遊小志　〔清〕張心泰撰
赤溪雜志　〔清〕金武祥撰
澳門圖説　〔清〕張甄陶撰
澳門記　〔清〕薛醖撰
澳門形勢篇　〔清〕張汝霖撰
澳門形勢論　〔清〕張甄陶撰
澳蕃篇　〔清〕張汝霖撰
制馭澳夷論　〔清〕張甄陶撰
澳門形勢論　〔清〕李受彤撰
虎門記　〔清〕薛醖撰
潮州海防記　〔清〕藍鼎元撰
瓊州記　〔清〕藍鼎元撰
黎岐紀聞　〔清〕張慶長撰
中國海島考略　〔清〕龔柴撰
中外述遊　〔清〕田嵩嶽撰
第十帙
卷四十七
東南三國記　〔清〕江登雲撰
高麗論略　〔清〕朱逢甲撰
朝鮮考略　〔清〕龔柴撰
征撫朝鮮記　〔清〕魏源撰
朝鮮小記　（朝鮮）李韶九撰
高麗形勢　〔清〕吴鍾史撰

朝鮮風土略述　〔清〕吴鍾史撰
高麗風俗記
朝鮮風俗記　〔清〕薛培榕撰
朝鮮八道紀要　〔清〕薛培榕撰
朝鮮風土記
高麗瑣記
朝鮮輿地説　〔清〕薛培榕撰
朝鮮疆域紀略
朝鮮會通條例　〔清〕薛培榕編
東遊記　〔清〕吴鍾史撰
遊高麗王城記　〔清〕吴鍾史撰
朝鮮雜述　〔清〕許午撰
東國名勝記　(朝鮮)金敬淵撰
入高紀程
巨文島形勢
朝鮮諸水編　〔清〕齊召南撰
高麗水道考
卷四十八
越南志
安南小志　〔清〕姚文棟譯
越南考略　〔清〕龔柴撰
越南世系沿革略　〔清〕徐延旭撰
越南疆域考　〔清〕魏源撰
越南地輿圖説　〔清〕盛慶紱撰
安南雜記　〔清〕李仙根撰
安南紀遊　〔清〕潘鼎珪撰
越南遊記　〔清〕陳□撰
征撫安南記　〔清〕魏源撰
征安南紀略　〔清〕師範撰
從征安南記
越南山川略　〔清〕徐延旭撰
越南道路略　〔清〕徐延旭撰
中越交界各隘卡略　〔清〕徐延旭撰
黑河紀略
金邊國記
卷四十九
使琉球紀　〔清〕張學禮撰
中山紀略　〔清〕張學禮撰
中山傳信録　〔清〕徐葆光撰
使琉球記　〔清〕李鼎元撰
中山見聞辨異　〔清〕黄景福撰
琉球實録　〔清〕錢□撰
琉球説略　〔清〕姚文棟譯
琉球形勢略　(日本)中根淑撰
琉球朝貢考　〔清〕王韜撰
琉球向歸日本辨　〔清〕王韜撰
卷五十
緬甸志
緬甸考略　〔清〕龔柴撰
征緬甸記　〔清〕魏源撰
緬事述略　〔清〕師範撰
征緬紀略　〔清〕王昶撰
征緬紀聞　〔清〕王昶撰
緬甸瑣記　〔清〕傅顯撰
入緬路程　〔清〕師範撰
緬藩新紀
暹羅考
暹羅志
暹羅考略　〔清〕龔柴撰
暹羅别記　〔清〕李麒光撰
東洋記　〔清〕陳倫炯撰
日本考略　〔清〕龔柴撰
日本疆域險要　〔清〕傅雲龍撰
日本沿革　〔清〕傅雲龍撰
日本載筆　(英國)韋廉臣撰
日本近事記　〔清〕陳其元撰
日本通中國考　〔清〕王韜撰
袖海編　〔清〕汪鵬撰

使東述略 〔清〕何如璋撰
使東雜記 〔清〕何如璋撰
日本雜事 〔清〕黄遵憲撰
東遊日記
東遊紀盛
日本瑣志
扶桑遊記 〔清〕王韜撰
卷五十一
東遊日記 〔清〕王之春撰
東洋瑣記 〔清〕王之春撰
日本紀遊
日本雜記
豈止快録 （日本）林長孺撰
禺于日録 （日本）岡千仞撰
熱海遊記 （日本）岡千仞撰
使會津記 （日本）岡千仞撰
東槎雜著 〔清〕姚文棟撰
東槎聞見録 〔清〕陳家麟撰
遊日光山記 〔清〕黎庶昌撰
登富嶽記 （日本）太宰純撰
登富士山記 （日本）澤元愷撰
鹿門宕嶽諸遊記 （日本）釋紹岷撰
遊嵐峽記 （日本）源之熙撰
遊石山記 （日本）釋大典撰
登金華山記 （日本）澤元愷撰
遊松連高雄二山記 （日本）安積信撰
霧島山記 （日本）橘南溪撰
遊天王山記 （日本）市村水香撰
日本山表説 〔清〕傅雲龍撰
瀧溪紀遊 （日本）鈴木恭撰
遊綿溪記 （日本）豐後廣建撰
遊保津川記 （日本）山田敬直撰
日本河渠志 〔清〕傅雲龍撰

卷五十二
中亞細亞圖説略 〔清〕蔡錫齡撰
印度考略 〔清〕龔柴撰
印度志略 （英國）慕維廉撰
五印度論 〔清〕徐繼畬撰
印度風俗記 （日本）岡本監輔撰
印度紀遊 （西洋）堅彌地撰
探路日記 （英國）密斯耨撰
西輶日記 〔清〕黄楙材撰
遊歷芻言 〔清〕黄楙材撰
印度札記 〔清〕黄楙材撰
鹹海紀略 〔清〕蔡錫齡撰
波斯考略 〔清〕龔柴撰
阿剌伯考略 〔清〕龔柴撰
俾路芝考略 〔清〕龔柴撰
阿富汗考略 〔清〕龔柴撰
東土耳其考略 〔清〕龔柴撰
英屬地志 （英國）慕維廉撰
俄西亞尼嘎洲志略 （美國）戴德江撰
阿塞亞尼亞群島記 （日本）岡本監輔撰
東南洋記 〔清〕陳倫炯撰
東南洋鍼路 〔清〕吕調陽撰
東南洋島紀略 （美國）林樂知撰
吕宋紀略 〔清〕黄可垂撰
南洋記 〔清〕陳倫炯撰
崑崙記 〔清〕陳倫炯撰
南澳氣記 〔清〕陳倫炯撰
柔佛略述
檳榔嶼遊記
般鳥紀略 （西洋）鴨砵撰
遊婆羅洲記
白蠟遊記

海島逸志　〔清〕王大海撰
葛剌巴傳
南洋述遇
南洋事宜論　〔清〕藍鼎元撰
南洋各島國論　〔清〕吴曾英撰
三得惟枝島紀略　（美國）林樂知撰
海外群島記
新金山記
澳洲紀遊
他士文尼亞島考略
牛西蘭島紀略
南極新地辨　〔清〕金維賢撰
第十一帙
卷五十三
海録　〔清〕楊炳南撰
大西洋記　〔清〕陳倫炯撰
西方要紀　（比利時）南懷仁等撰
通商諸國記　〔清〕朱克敬撰
英吉利地圖説　〔清〕姚瑩撰
歐洲總論
中西關繫略論　（美國）林樂知撰
乘槎筆記　〔清〕斌椿撰
卷五十四
航海述奇　〔清〕張德彝撰
初使泰西記　〔清〕宜垕撰
使西書略　〔清〕孫家穀撰
使法事略　（美國）林樂知撰
卷五十五
使西紀程　〔清〕郭嵩燾撰
英軺日記　〔清〕劉錫鴻撰
卷五十六
隨使日記　〔清〕張德彝撰
卷五十七
使英雜記　〔清〕張德彝撰
使法雜記　〔清〕張德彝撰
使還日記　〔清〕張德彝撰
使德日記　〔清〕李鳳苞撰
卷五十八
出使英法日記　〔清〕曾紀澤撰
歐遊隨筆　〔清〕錢德培撰
卷五十九
歐遊雜録　〔清〕徐建寅撰
西征紀程　〔清〕鄒代鈞撰
卷六十
出洋瑣記　〔清〕蔡鈞撰
出使須知　〔清〕蔡鈞撰
瀛海采問紀實　〔清〕袁祖志撰
西俗雜志　〔清〕袁祖志撰
涉洋管見　〔清〕袁祖志撰
出洋須知　〔清〕袁祖志撰
歸國日記　〔清〕王咏霓撰
瀛海論　〔清〕張自牧撰
卷六十一
出使英法義比四國日記　〔清〕薛福成撰
卷六十二
蠡測卮言　〔清〕張自牧撰
瀛海卮言　〔清〕王之春撰
西事蠡測　〔清〕沈純撰
漫遊隨録　〔清〕王韜撰
遊英京記
遊歷筆記
泰西城鎮記　（美國）丁韙良撰
彈丸小記　〔清〕龔柴撰
土國戰事述略　（美國）艾約瑟撰
冰洋事跡述略　（美國）艾約瑟撰
第十二帙
卷六十三

小西洋記 〔清〕陳倫炯撰
阿利未加洲各國志
亞非理駕諸國記 （日本）岡本監輔撰
地蘭士華路考
埃及紀略 （英國）韋廉臣撰
埃及國記 （日本）岡本監輔撰
新開地中河記 （美國）丁韙良撰
阿比西尼亞國述略 （美國）林樂知撰
探地記 〔清〕王韜撰
黑蠻風土記 （英國）立温斯敦撰
亞美理駕諸國記 （日本）岡本監輔撰
墨洲雜記
美國記 （日本）岡本監輔撰
紅苗紀略 〔清〕蔡錫齡撰
舊金山紀 （美國）丁韙良撰
墨西哥記 （日本）岡本監輔撰
古巴雜記 〔清〕譚乾初撰
秘魯形勢録
使美紀略 〔清〕陳蘭彬撰
美會紀略 〔清〕李圭撰
卷六十四
東行日記 〔清〕李圭撰
舟行紀略
三洲遊記
補編
第一帙
黑龍江述略一卷 〔清〕徐宗亮撰
第二帙
新疆疆域總叙一卷 〔清〕松筠撰
後出塞録一卷 〔清〕龔之鑰撰
庫爾喀喇烏蘇沿革考一卷 〔清〕李光廷撰
塔爾巴哈臺沿革考一卷 〔清〕李光廷撰
巴馬紀略一卷 〔清〕王錫祺撰
帕米爾分界私議一卷 〔清〕錢恂撰
第三帙
漁通問俗一卷
俄羅斯國志略一卷 〔清〕沈敦和撰
中俄交界續記 〔清〕王錫祺撰
中俄界線簡明説一卷 〔清〕錢恂撰
第四帙
遊中嶽記一卷 〔清〕李雲麟撰
遊北嶽記一卷 〔清〕李雲麟撰
西山遊記一卷 〔清〕黄鈞宰撰
翠微山説一卷 〔清〕龔自珍撰
穿山小識一卷 〔清〕邵廷烈撰
穿山記一卷 〔清〕錢濬撰
天柱刊崖記一卷 〔清〕李雲麟撰
遊林慮記一卷 〔清〕李雲麟撰
遊勞山記一卷 〔清〕李雲麟撰
崑崙説一卷 〔清〕李光廷撰
三省黄河圖説一卷 〔清〕劉鶚撰
第六帙
浙遊日記一卷 〔清〕張汝南撰
第七帙
百色志略一卷 〔清〕華本松撰
雲南勘界籌邊記一卷 〔清〕姚文棟撰
第九帙
閩遊偶記一卷 〔清〕吴桭臣撰
臺灣地輿圖説一卷 〔清〕夏獻綸撰
第十帙
奉使朝鮮日記一卷 〔清〕崇禮撰
暹羅政要一卷 〔清〕鄭昌棪撰

亞剌伯沿革考一卷 〔清〕李光廷撰
俾路芝沿革考一卷 〔清〕李光廷撰
第十一帙
英政概一卷 〔清〕劉啓彤撰
英吉利國志略一卷 〔清〕沈敦和撰
英藩政概一卷 〔清〕劉啓彤撰
法政概一卷 〔清〕劉啓彤撰
法蘭西國志略一卷 〔清〕沈敦和撰
德意志國志略一卷 〔清〕沈敦和撰
第十二帙
奈塔勒政要一卷 〔清〕鄭昌棪撰
摩洛哥政要一卷 〔清〕鄭昌棪撰
喀納塔政要一卷 〔清〕鄭昌棪撰
美國地理兵要一卷 〔清〕顧厚焜撰
古巴節略一卷 〔清〕余思詒撰
中亞美利加五國政要一卷 〔清〕鄭昌棪撰
委内瑞辣政要一卷 〔清〕鄭昌棪撰
科侖比亞政要一卷 〔清〕鄭昌棪撰
巴西地理兵要一卷 〔清〕顧厚焜撰
巴西政治考一卷 〔清〕顧厚焜撰
唵蒯道政要一卷 〔清〕鄭昌棪撰
玻利非亞政要一卷 〔清〕鄭昌棪撰
巴來蒯政要一卷 〔清〕鄭昌棪撰
烏拉乖政要一卷 〔清〕鄭昌棪撰
阿根廷政要一卷 〔清〕鄭昌棪撰
智利政要一卷 〔清〕鄭昌棪撰
海帶政要一卷 〔清〕鄭昌棪撰
山度明哥政要一卷 〔清〕鄭昌棪撰
再補編
第一帙
地圖説一卷 〔清〕莊廷旉撰
地球推方圖説一卷 （美國）培端撰
地圖經緯説一卷 〔清〕傅雲龍撰
地橢圓説一卷 〔清〕傅雲龍撰
地球寒熱各帶論一卷 〔清〕歐□撰
亞歐兩洲熱度論一卷 〔清〕歐伯苓撰
地輿總説一卷 〔清〕鄒弢撰
五大洲釋一卷 〔清〕魏源撰
大九州説一卷 〔清〕薛福成撰
六大州説一卷 〔清〕傅雲龍撰
地球方域考略一卷 〔清〕鄒弢撰
奉天地略一卷 〔清〕馬冠群撰
牧廠地略一卷 〔清〕馬冠群撰
吉林地略一卷 〔清〕馬冠群撰
黑龍江地略一卷 〔清〕馬冠群撰
順天地略一卷 〔清〕馬冠群撰
直隸地略一卷 〔清〕馬冠群撰
江蘇地略一卷 〔清〕馬冠群撰
安徽地略一卷 〔清〕馬冠群撰
江西地略一卷 〔清〕馬冠群撰
浙江地略一卷 〔清〕馬冠群撰
福建地略一卷 〔清〕馬冠群撰
湖北地略一卷 〔清〕馬冠群撰
湖南地略一卷 〔清〕馬冠群撰
河南地略一卷 〔清〕馬冠群撰
山東地略一卷 〔清〕馬冠群撰
山西地略一卷 〔清〕馬冠群撰
陝西地略一卷 〔清〕馬冠群撰
甘肅地略一卷 〔清〕馬冠群撰
四川地略一卷 〔清〕馬冠群撰
廣東地略一卷 〔清〕馬冠群撰
廣西地略一卷 〔清〕馬冠群撰
雲南地略一卷 〔清〕馬冠群撰
貴州地略一卷 〔清〕馬冠群撰
驛站路程一卷
勘旅順記一卷 〔清〕馬建忠撰

吉林外紀一卷 〔清〕薩英額撰
吉林形勢一卷 〔清〕朱一新撰
黑龍江外紀一卷 〔清〕西清撰
通肯河一帶開民屯議一卷 〔清〕馮澄撰
東省與韓俄交界道里表一卷 〔清〕聶士成撰
防邊危言一卷 〔清〕鄭觀應撰
籌邊議一卷 〔清〕陳虬撰
第二帙
蒙古遊牧記一卷 〔清〕張穆撰
蒙古地略一卷 〔清〕馬冠群撰
察哈爾地略一卷 〔清〕馬冠群撰
喀爾喀地略一卷 〔清〕馬冠群撰
西套厄魯特地略一卷 〔清〕馬冠群撰
青海地略一卷 〔清〕馬冠群撰
經營外蒙古議一卷
西域南八城紀要一卷 〔清〕王文錦撰
新疆地略一卷 〔清〕馬冠群撰
帕米爾屬中國考一卷
坎巨提帕米爾疏片略一卷 〔清〕王錫祺編
西域帕米爾輿地考一卷 葉瀚撰
西域帕米爾輿地考一卷 〔清〕許克勤撰
第三帙
藏俗記一卷 〔清〕魏祝亭撰
西招紀行一卷 〔清〕松筠撰
招西秋閲紀一卷 〔清〕松筠撰
西藏置行省論一卷
遊歷西藏記一卷 （英國）李提摩太撰
亞東論略一卷 （英國）戴樂爾撰
使俄草一卷 〔清〕王之春撰
俄疆客述一卷 〔清〕管斯駿撰
第四帙
五嶽考一卷 〔清〕張崇德撰
恒山蹟志一卷
兔兒山記一卷
遊翠微山記一卷 〔清〕尹耕雲撰
遊太行山記一卷 〔清〕劉心源撰
西行遊記一卷 〔清〕洪良品撰
遊浮山記一卷
塗山紀遊一卷 〔清〕林之芬撰
遊荆山記一卷 〔清〕林之芬撰
爛柯山記一卷
遊吼山記一卷
遊天台山記一卷
天台遊記一卷 〔清〕顧鶴慶撰
遊孤山記一卷 〔清〕韓夢周撰
遊大伾山記一卷 〔清〕尹耕雲撰
遊風穴山記一卷 〔清〕尹耕雲撰
崑崙釋一卷 〔清〕魏源撰
雲山洞紀遊一卷 〔清〕曹鈞撰
籌運篇一卷 〔清〕殷自芳撰
治河議一卷 〔清〕陳虬撰
郭家池記一卷 〔清〕許汝衡撰
蕭湖遊覽記一卷 〔清〕程鍾撰
過蜀峽記一卷 （英國）艾約瑟撰
遊韜光庵記一卷 〔清〕朱殿芬撰
第六帙
南行日記一卷 〔清〕楊慶之撰
度嶺日記一卷 〔清〕任楝撰
西行日記一卷 〔清〕丁壽祺撰
第七帙
猛烏烏得記一卷 〔清〕王錫祺撰

滇緬邊界記略一卷
滇緬分界疏略一卷 〔清〕薛福成撰
西南邊防議一卷
第八帙
荆南苗俗記一卷 〔清〕魏祝亭撰
蜀九種夷記一卷 〔清〕魏祝亭撰
兩粤猺俗記一卷 〔清〕魏祝亭撰
粤西種人圖説一卷
第九帙
大洋海大西洋海印度海北冰海南冰海考一卷 〔清〕楊毓輝撰
大洋海大西洋海印度海北冰海南冰海考一卷 〔清〕陶師韓撰
大洋海大西洋海印度海北冰海南冰海考一卷 〔清〕胡永吉撰
防海危言一卷 〔清〕鄭觀應撰
北洋海防津要表一卷 〔清〕傅雲龍撰
臺灣近事末議一卷 〔清〕王錫祺撰
粤東市舶論一卷 〔清〕蕭令裕撰
第十帙
東行初録一卷續録一卷三録一卷 〔清〕馬建忠撰
朝俄交界考一卷 〔清〕馬建忠撰
鎮南浦開埠記一卷 （日本）古城貞吉譯
遊越南記一卷
安南論一卷 （英國）李提摩太撰
遊山南記一卷 〔清〕徐葆光撰
緬甸圖説一卷 〔清〕吴其禎撰
緬甸論一卷 （英國）李提摩太撰
暹羅近事末議一卷 〔清〕王錫祺撰
東倭考一卷 〔清〕金安清撰
日本風俗一卷 〔清〕傅雲龍撰
日本風土記一卷 〔清〕戴名世撰
東遊日記一卷 〔清〕黄慶澄撰
遊鹽原記一卷 〔清〕黎庶昌撰
訪徐福墓記一卷 〔清〕黎庶昌撰
遊扶桑本牧記一卷
對馬島考一卷 〔清〕顧厚焜撰
南行記一卷 〔清〕馬建忠撰
南行日記一卷 〔清〕吴廣霈撰
義火可握國記一卷
北印度以外疆域考一卷 〔清〕魏源撰
吕宋備考一卷
吕宋記略一卷 〔清〕葉羌鏞撰
南洋蠡測一卷 〔清〕顔斯綜撰
蘇禄考一卷 〔清〕王錫祺撰
蘇禄紀略一卷 〔清〕葉羌鏞撰
澳大利亞可自强説一卷 〔清〕薛福成撰
第十一帙
薄海番域録一卷 〔清〕邵太緯撰
歐羅巴各國總叙一卷 （葡萄牙）瑪吉士撰
華事夷言一卷 〔清〕林則徐譯
英夷説一卷 〔清〕何大庚撰
英國論略一卷
英吉利記一卷 〔清〕蕭令裕撰
英吉利國夷情紀略一卷 〔清〕葉鍾進撰
英吉利小記一卷 〔清〕魏源撰
奉使倫敦記一卷 〔清〕黎庶昌撰
卜來敦記一卷 〔清〕黎庶昌撰
白雷登避暑記一卷 〔清〕薛福成撰
巴黎賽會紀略一卷 〔清〕黎庶昌撰
遊歷意大利聞見録一卷 〔清〕洪

勷撰
遊歷瑞典那威聞見録一卷 〔清〕洪勷撰
遊歷西班牙聞見録一卷 〔清〕洪勷撰
遊歷葡萄牙聞見録一卷 〔清〕洪勷撰
遊歷聞見總略一卷 〔清〕洪勷撰
遊歷聞見拾遺一卷 〔清〕洪勷撰
博子墩遊記一卷
使西日記一卷 〔清〕曾紀澤撰
倫敦風土記一卷 〔清〕張祖翼撰
西海紀行卷一卷 〔清〕潘飛聲撰
天外歸槎録一卷 〔清〕潘飛聲撰
泰西各國采風記一卷 〔清〕宋育仁撰
海防餘論一卷 〔清〕顔斯綜撰
天下大勢通論一卷 〔清〕吴廣霈撰
塞爾維羅馬尼蒲加利三國合考一卷 〔清〕鄒弢撰
過波蘭記一卷
革雷得志略一卷 〔清〕郭家驥撰
第十二帙
歐洲各國開闢非洲考一卷 (英國)李提摩太撰
庚哥國略説一卷 〔清〕王錫祺撰
美理哥國志略一卷 (美國)高理文撰
古巴述略一卷 (日本)村田□撰
出使美日秘國日記一卷 〔清〕崔國因撰
每月統紀傳一卷
貿易通志一卷
萬國地理全圖集一卷
四洲志一卷 〔清〕林則徐譯
外國史略一卷 (英國)馬禮遜撰
地球説略一卷 (美國)禕理哲撰
地理志略一卷 (美國)戴德江撰
地理全志一卷 (英國)慕維廉撰
三十一國志要一卷 (英國)李提摩太撰
萬國風俗考略一卷 〔清〕鄒弢撰
瀛環志略訂誤一卷

又一部 六十册 AC149 Zcl 4907

按:此本無再補編一百八十種。

總志之屬

通代

歷代疆域表三卷 3020 7435

〔清〕段長基撰

清嘉慶二十二年(1817)小西山房刻本 六册

歷代地理沿革表四十七卷 3028 7447

〔清〕陳芳績撰

清光緒二十一年(1895)廣雅書局刻本 十五册

斷代

太平寰宇記二百卷 3025 4215

〔宋〕樂史撰

清嘉慶八年(1803)刻本 二十册

鈐有"謙齋""王尚辰印""合肥王氏藏書畫印""冰翠堂"印。

輿地廣記三十八卷附校勘輿地廣記札記二卷 b10814887

〔宋〕歐陽忞撰

清嘉慶十七年(1812)吴門士禮居重刻本　三册

鈐有"鷗寄室王氏收藏""九鐘精舍藏書""漢唐齋""笏齋""馬玉堂印"印。

輿地廣記三十八卷附校勘輿地廣記札記二卷 b10814875

〔宋〕歐陽忞撰

清光緒六年(1880)金陵書局校刻本　四册

鈐有"南洋大學圖書館藏書"印。

輿地紀勝二百卷 3025 5439

〔宋〕王象之編　〔清〕岑鎔等校刊

清道光二十九年(1849)懼盈齋刻本　六十四册

按:原缺卷一百九十三至卷二百。

七國地理考七卷 959/1—12

〔清〕顧觀光撰

清光緒五年(1879)刻本　三册

三國疆域志補注十九卷首一卷 AC149 Zcl 4139

〔清〕洪亮吉撰　〔清〕謝鍾英補注

清光緒間刻本　八册

新校晉書地理志不分卷 b1081484x

〔清〕方愷撰

清光緒二十一年(1895)廣雅書局刻本　一册

鈐有"南洋大學圖書館藏書"印。

晉太康三年地記不分卷王隱晉書地道記不分卷 b10814838

〔清〕畢沅撰

清光緒二十一年(1895)廣雅書局刻本　一册

鈐有"南洋大學圖書館藏書"印。

補梁疆域志四卷 b10814851

〔清〕洪齮孫撰

清光緒十七年(1891)廣雅書局刻本　二册

鈐有"南洋大學圖書館藏書"印。

增訂廣輿記二十四卷 3028 3530

〔清〕蔡方炳增輯

清光緒四年(1878)緑蔭晋記重刻本　十六册

天下郡國利病書一百二十卷 3027 4133

〔清〕顧炎武輯　〔清〕龍萬育訂

清道光十一年(1831)敷文閣刻本　五十一册

天下郡國利病書一百二十卷 3027 4133

〔清〕顧炎武輯　〔清〕龍萬育訂

清光緒五年(1879)蜀南桐華書屋薛氏家塾補刻本　六十册

天下郡國利病書一百二十卷 b10814796

〔清〕顧炎武輯　〔清〕龍萬育訂

清末上海慎記書莊石印本　二十四册

鈐有“南洋大學圖書館藏書”印。

乾隆府廳州縣圖志五十卷 3028 3764

〔清〕洪亮吉撰

清乾隆五十三年至嘉慶八年(1788—1803)刻本 十二册

鈐有“三谷亭”印。

讀史方輿紀要一百三十卷 b10814863

〔清〕顧祖禹輯撰 〔清〕彭元瑞校定

清嘉慶十七年(1812)敷文閣仿聚珍版重刻本 九十八册

鈐有“熊希齡”“義安學院圖書館章”“南洋大學圖書館藏書”印。

讀史方輿紀要一百三十卷附輿圖要覽四卷 3028 4965

〔清〕彭祖禹輯撰 〔清〕彭元瑞校定 〔清〕龍萬育校刊

清光緒五年(1879)蜀南桐華書屋薛氏家塾補校刻本 六十八册

又一部 二十册 **AC149 Zcl 4566**

鈐有“程家瑨句讀”“程氏藏書”印。

按:此本未無《輿圖要覽》四卷。

讀史方輿紀要十卷 3028 4968

〔清〕顧祖禹輯撰

清光緒十五年(1889)長沙遐齡庵傳忠書局刻本 八册

鈐有“陳慶保”印。

方輿紀要簡覽三十四卷 3028 6535

〔清〕顧祖禹撰 〔清〕潘鐸輯録

清咸豐八年(1858)紅杏書屋刻本 十六册

大清一統志五百卷 3028 4354

〔清〕和珅等編纂

清光緒二十七年(1901)上海寶善齋石印本 六十册

皇朝藩部要略十八卷附皇朝藩部世系表四卷 3708 1362

〔清〕祁韻士纂 〔清〕毛嶽生編次 〔清〕宋景昌校寫 〔清〕張穆覆審

清光緒十年(1884)浙江書局刻本 八册

鈐有“白山黑水樓”印。

方志之屬

通志

(雍正)山東通志三十六卷首一卷 3138 9443

〔清〕岳濬等重修

清道光十七年(1837)刻本 四十二册

(乾隆)盛京通志四十八卷 3116 9343

〔清〕雷以諴等補修

清咸豐三年(1853)補修刻本 二十册

(雍正)陝西通志一百卷 3153 9143

〔清〕劉於義等纂修

清雍正十三年(1735)刻本 一百册

半葉12行26字,小字雙行字同,白

口,四周雙邊,單黑魚尾,半框高 22.1 釐米,寬 16.5 釐米。版心上鐫書名,中鐫卷次及篇章名,下鐫葉碼。

卷端題“陝西通志”。卷首依次有凡例;清雍正十三年《進呈表》,署“雍正十三年二月初一日吏部尚書署理陝西總督印務併辦軍需事件臣劉於義、經筵講官户部尚書總理陝西巡撫並一切軍需事務加四級臣史貽直、陝西巡撫臣碩色謹上表”;參纂官員職名;目録。卷末依次有清雍正十三年《後序》,署“雍正十三年二月初一日賜進士出身光禄大夫吏部尚書署理陝西總督印務並辦理軍需事件臣劉於義謹序”;清雍正十三年《後序》,署“雍正十三年二月初一日賜進士出身光禄大夫欽命經筵講官户部尚書仍暫留西安總理巡撫並一切軍需事務加四級紀録八次臣史貽直謹序”;清雍正十三年《後序》,署“雍正十三年二月初一日通奉大夫巡撫陝西等處地方贊理軍務都察院右副都御史紀録一次臣碩色謹序”。

(雍正)四川通志四十七卷首一卷　3178 9343

〔清〕黄廷桂等纂修

清乾隆元年(1736)刻本　四十五册

半葉 9 行 19 字,小字雙行字同,白口,四周雙邊,單黑魚尾,半框高 21.1 釐米,寬 15.1 釐米,有圖。版心上鐫書名,中鐫卷次及篇章名,下鐫葉碼。

卷端題“四川通志”。卷首依次有清雍正十一年(1733)《四川通志序》,署“雍正十一年冬十月巡撫四川等處地方提督軍務督察院右僉都御史降三級又降一級留任紀録三次臣憲德撰”;清楊馝撰《四川通志序》;乾隆元年《序》,署“乾隆元年歲在丙辰二月既望越五日甲申四川等處承宣布政使司布政使紀録四十次臣竇啓瑛謹序”;清李如蘭撰《四川通志序》;《四川舊志序》;凡例;參纂姓氏;目録。

(道光)廣東通志三百三十四卷首一卷　b10814954

〔清〕阮元等修纂

清同治三年(1864)重刻本　四册

按:館藏存卷二十至卷二十二、卷七十五至卷七十八、卷一百二十六至卷一百二十八。

郡縣志

(光緒)順天府志一百三十卷　3129 9463

〔清〕洪良品纂　〔清〕繆荃孫覆輯

清光緒十二年(1886)刻本　六十四册

(嘉慶)長山縣志十六卷首一卷　3140 3913

〔清〕倪企望重修

清嘉慶六年(1801)刻本　十册

(乾隆)曲阜縣志一百卷　3140 3613

〔清〕潘相纂修

清乾隆三十九年(1774)聖化堂刻本　十二册

半葉 11 行 23 字,白口,左右雙邊,單黑魚尾,半框高 19.9 釐米,寬 15 釐米。版心鐫書名、卷次及篇章名,下鐫葉碼。

内封題“乾隆甲午新修,曲阜縣志,聖化堂藏板”。卷首依次有清乾隆三十九年《曲阜縣志序》,署“乾隆三十九年甲午夏五督學使者吾邱李中簡序”;清乾隆三十九年《自序》,署“皇清三十九年歲在甲午春正元日賜進士出身奉直大夫濮州前曲阜縣知縣潘相敬撰”;目録。

鈐有“東越袁氏家藏”印。

(嘉慶)棗强縣志二十卷 3134 4313

〔清〕任銜蕙編修

清嘉慶八年(1803)刻本 六册

(乾隆)杞縣志二十四卷 3145 3130

〔清〕周璣纂修

清乾隆五十三年(1788)刻本 十二册

半葉10行20字,白口,左右雙邊,單黑魚尾,半框高17.8釐米,寬14.4釐米。版心上鐫書名,中鐫卷次及篇章名,下鐫葉碼。

卷端題“杞縣志”。卷首依次有清乾隆五十三年《重修杞縣志序》,署“乾隆五十三年歲次戊申仲冬月候補同知知杞縣事桂陽周璣”;凡例;纂修姓氏;目録;全圖考。

(嘉慶)澄海縣志二十六卷首一卷 3230 3113

〔清〕李書吉等纂修

清嘉慶二十年(1815)刻本 八册

(道光)高州府志十六卷 3229 3363

〔清〕黄安濤等纂修

清道光七年(1827)富文樓刻本 十六册

(乾隆)平原縣志十卷 3140 2513

〔清〕黄懷祖纂修

清乾隆十四年(1749)刻本 四册

半葉10行23字,小字雙行字同,白口,四周雙邊,單黑魚尾,半框高19.3釐米,寬14.7釐米,有圖。版心上鐫書名,中鐫卷次及篇章名,下鐫葉碼。

内封題“乾隆己巳重修,平原縣志,縣庫藏板”。卷首依次有明萬曆十八年(1590)《平原縣舊志序》,署“萬曆庚寅秋七月賜進士出身中憲大夫奉敕巡撫保定等府提督紫荆等關督察院右僉都御史前大理寺少卿京畿道監察御史邑人宋仕撰”;明高知止撰《述志》;明萬曆十八年《後序》,署“萬曆十有八年歲在庚寅秋八月吉文林郎知平原縣事孤竹劉思誠謹識”;修志姓氏;清乾隆十三年(1748)《重修平原縣志序》,署“乾隆十有三年歲在戊辰□□既望知平原縣事加二級溧陽黄得祖謹序”;凡例;目録。

(嘉慶)重修揚州府志七十二卷首一卷 3204 5363

〔清〕阿克當阿等纂修

清嘉慶十五年(1810)刻本 五十六册

(嘉慶)重刊江寧府志五十六卷 3204 3863

〔清〕吕燕昭等纂修

清光緒六年(1880)刻本 十二册

鈐有“盱眙王氏十四間書樓藏書印”印。

(光緒)續纂江寧府志十五卷首一卷 3204 1438

〔清〕蔣啓勛等纂修

清光緒七年(1881)刻本　十二册

鈐有"盱眙王氏十四間書樓藏書印"印。

(同治)蘇州府志一百五十卷首三卷 AC149 Zcl 1498

〔清〕李銘皖等修

清光緒八年(1882)江蘇書局刻本　七十八册

按:館藏缺卷五至卷六。

(乾隆)湯陰縣志十卷 3145 4513

〔清〕楊世達纂修

清乾隆三年(1738)刻本　四册

半葉8行19字,小字雙行字同,白口,左右雙邊,單黑魚尾,半框高19.9釐米,寬14.4釐米。版心上鐫書名,中鐫卷次及篇章名,下鐫葉碼。

卷端題"湯陰縣志"。卷首依次有清康熙三十年(1691)《原序》,署"康熙三十年辛未四月之吉知湯陰縣事三韓趙光貴謹撰";清乾隆三年《重修湯陰縣志序》,署"乾隆三年歲次戊午十月之吉知湯陰縣事韓江楊世達兼齋氏謹撰";《湯陰縣圖》;目録。

(道光)長清縣志十六卷首一卷末一卷 3140 3313

〔清〕舒化民等纂修

清道光十五年(1835)刻本　六册

(道光)肇慶府志二十二卷首一卷 b10814966

〔清〕屠英等修纂

清道光十三年(1833)刻本　二十二册

鈐有"南洋大學圖書館藏書"印。

(道光)厦門志十六卷 3224 1830

〔清〕周凱等纂修

清道光十九年(1839)玉屏書院刻本　十二册

(光緒)祁縣志十六卷 3150 3130

〔清〕劉發岏等纂修

清同治八年(1869)刻本　十册

(同治)番禺縣志五十四卷首一卷 3230 2513

〔清〕李福泰等纂修

清同治十年(1871)光霽堂刻本　十六册

(同治)樂昌縣志十二卷首一卷 3230 7313

〔清〕徐寶符等重修

清同治十年(1871)刻本　六册

(同治)淡水廳志十六卷 3224 4943

〔清〕陳培桂纂輯

清同治十年(1871)刻本　八册

(同治)景寧縣志十四卷首一卷末一卷 3210 3813

〔清〕周傑纂修

清同治十一年(1872)刻本　八册

(同治)續修南海縣志二十六卷首一卷 3230 8113

〔清〕鄭夢玉等續修

清同治十一年(1872)刻本　十六册

(同治)南康縣志十四卷首一卷 3195 8313

〔清〕沈恩華等纂修

清同治十一年(1872)刻本　十二册

按:館藏第一册爲手抄配補。

(同治)贛州府志七十八卷首一卷 3194 3363

〔清〕魏瀛等纂修

清同治十二年(1873)贛州府署刻本　三十二册

鈐有"天山文庫"印。

(同治)江山縣志十二卷首一卷末一卷 3210 3913

〔清〕王彬等纂修

清同治十二年(1873)文溪書院刻本　八册

鈐有"海隅曾雨蒼藏"印。

(光緒)青田縣志十八卷首一卷 3210 3413

〔清〕雷銑重修

清光緒二年(1876)刻本　十四册

(光緒)宣平縣志二十卷首一卷 3210 1213

〔清〕皮樹棠纂修

清光緒四年(1878)宣平縣署刻本　八册

(光緒)永嘉縣志三十八卷首一卷 3210 5313

〔清〕張寶琳修

清光緒八年(1882)刻本　十六册

(同治)遷安縣志十八卷首一卷末一卷 3134 3113

〔清〕韓耀光等纂修

清光緒十一年(1885)補刻本　六册

(光緒)臨高縣志二十四卷 3230 7313

〔清〕聶緝慶等纂修

清光緒十八年(1892)刻本　十册

(乾隆)潮州府志四十二卷首一卷 3229 3363

〔清〕周碩勳輯

清光緒十九年(1893)保安總局重刻本　二十五册

鈐有"許紹南印"印。

(光緒)四會縣志十編首一編末一編 3230 9113

〔清〕陳志喆等纂修

清光緒二十二年(1896)刻本　十二册

(光緒)容城縣志八卷 3134 5313

〔清〕俞廷獻等重修

清光緒二十二年(1896)刻本　六册

(光緒)海陽縣志四十六卷首一卷 3230 1513

〔清〕盧蔚猷等纂修

清光緒二十六年(1900)刻本　十四册

(宣統)上元江寧鄉土合志六卷　3206 9538

〔清〕陳作霖編

清宣統二年(1910)江楚編譯書局刻本　一册

專志之屬

寺觀

鼎湖山慶雲寺志八卷首一卷　3041.32 4193

〔清〕丁易等修　〔清〕釋成鷲纂述

清刻本　四册

鈐有"逵初藏書"印。

陵墓

歷代宗廟附考八卷　AC149 Zcl 1054

〔清〕朱孔陽輯

清光緒間上海申報館鉛印本　一册

書院

明道書院志十卷　4996 8495

〔清〕吕永輝等纂

光緒二十六年(1900)明道書院刻本　二册

雜志之屬

六朝事跡編類十四卷　3069.3 7393

〔宋〕張敦頤撰

清光緒十三年(1887)寶章閣刻本　二册

鈐有"三水鄧氏藏書畫印""心宿齋秘藏書畫印"印。

武林舊事十卷　3070.2 6739

〔宋〕周密撰

清嘉慶間知不足齋刻本　三册

鈐有"霜月蟲音齋藏書"印。

按:缺卷九至卷十。

平江紀事不分卷吴中舊事不分卷　3069.2 2339

〔元〕高德基撰　(吴中舊事)〔元〕陸友仁撰

清刻本　一册

赤雅三卷　b10814991

〔明〕鄺露撰　〔清〕鄺瑞重鎸

清道光五年(1825)鄺氏重刻本　一册

鈐有"陳慶保"印。

又一部　一册　3074.2 3500

又二部　二册　3074.2 3500

揚州畫舫録十八卷　b10814930

〔清〕李斗撰

清嘉慶二年(1797)重刻本　八册

鈐有"南洋大學圖書館藏書"印。

又一部　六册　3069.2 5316

鈐有“華仁記子”“曳尾堂圖書印”“半澤文庫”印。

揚州畫舫録十八卷 3069.2 5316

〔清〕李斗撰

清道光十九年(1839)重刻本 四册

廣東新語二十八卷 3073.2 3415

〔清〕屈大均撰

清康熙間水天閣刻本 十册

半葉11行19字,白口,四周單邊,單白魚尾,半框高17.4釐米,寬13.5釐米。版心上鐫書名,中鐫卷次及篇章名,下鐫葉碼。

卷端題“廣東新語,番禺屈大均翁山撰”。内封題“番禺屈翁山先生撰,廣東新語,水天閣繡版”。卷首依次有清康熙三十九年(1700)《廣東新語序》,署“康熙庚辰仲春吴江潘耒撰”;清屈大均撰《廣東新語自序》;目録。

鈐有“汪希文印”印。

羊城古鈔八卷首一卷 3073.2 5333

〔清〕仇池石輯

清嘉慶十一年(1806)大賚堂刻本 五册

鈐有“陳慶保”印。

又一部 四册 3073.2 5333

日下舊聞四十二卷補遺一卷 3056.2 5136

〔清〕朱彝尊輯

清康熙二十七年(1688)六峰閣刻本 十二册

半葉12行21字,白口,四周單邊,單黑魚尾,半框高18.7釐米,寬13.6釐米。版心上鐫書名,中鐫卷次,下鐫葉碼。

卷端題“日下舊聞”。内封題“朱竹垞太史輯,日下舊聞,六峰閣藏板”。卷首依次有清馮溥撰《序》;清陳廷敬撰《序》;清唐夢賚撰《序》;清徐乾學撰《序》;清徐元文撰《序》;清張鵬撰《序》;清高士奇撰《序》;清姜宸英撰《序》;清康熙二十七年《序》,署“康熙二十有七年歲在著雍執徐橘涂之月朔日庚子秀水朱彝尊書時寓都城宣北坊海波寺街古藤書屋”;日下舊聞抄撮群書目録;續采書目;目録,題“秀水朱彝尊會粹,男昆田補遺”。

鈐有“蘊古堂之印”“季明”“馬鑒之印”印

欽定日下舊聞考一百六十卷附譯語總目一卷 3056.2 5136

〔清〕于敏中等編纂

清乾隆間刻本 三十六册

半葉9行21字,小字雙行字同,白口,四周雙邊,單黑魚尾,半框高18.4釐米,寬14.5釐米。版心上鐫書名,中鐫卷次及葉碼。

卷端題“欽定日下舊聞考”。卷首依次有《御製日下舊聞考題詞二首》;參纂職官名;凡例;《進呈表》;目録。

又一部 四十册 3056.2 5136

宸垣識略十六卷 3056.2 3537

〔清〕吴長元輯

清光緒二年(1876)刻本 八册

增補都門紀略不分卷　　3056.2 4837

〔清〕楊士安編

清光緒二年(1876)刻本　一册

按:館藏存《天下全圖》《首善全圖》《皇城圖説》三部分。

新增都門紀略七卷　　3056.2 5136

〔清〕楊士安編

清光緒三十三年(1907)京都榮録堂刻本　六册

按:館藏缺卷一。

天咫偶聞十卷　　3056.2 4386

〔清〕震鈞撰

清光緒三十三年(1907)甘棠轉舍刻本　八册

鈐有"霜月蟲音齋藏書""許紹南印""國楨之鉨"印。

滬城備考六卷　　AC149 Zcl 5014

〔清〕褚華撰

清光緒四年(1878)上海申報館鉛印本　二册

鈐有"季明"印。

山東考古録不分卷　　2133 9433

〔清〕顧炎武撰

清光緒八年(1882)山東書局重刻本　一册

續山東考古録三十二卷首一卷　　2133 1943

〔清〕葉圭綬撰

清光緒八年(1882)山東書局重刻本　六册

西陲要略四卷　　3275 1357

〔清〕祁韻士輯

清光緒四年(1878)同文館鉛印本　二册

鈐有"季屏珍藏"印。

滇雲歷年傳十二卷　　3075.2 4578

〔清〕倪蜕輯　〔清〕倪慎樞校

清道光二十六年(1846)昆明倪氏刻本　十册

蒙古遊牧記十六卷　　3261 8358

〔清〕張穆撰　〔清〕何秋濤校

清同治六年(1867)壽陽祁氏刻本　四册

鈐有"米内山藏書"印。

廣東考古輯要四十六卷　　3073.3 3433

〔清〕周廣等輯

清光緒十九年(1893)還讀書屋刻本　十册

鈐有"馬鑒之印"印。

粤屑八卷　　AC149 Zcl 1386

〔清〕劉世馨輯　〔清〕劉士犖校録　〔清〕許聯陞訂定

清道光十年(1830)聚錦同記刻本　四册

鈐有"馬鑒之印"印。

清波小志二卷　　847.8 953

〔清〕徐逢吉輯　〔清〕陳景鐘訂

清光緒二年(1876)鄦氏繡園滬上刻本　一册

湖壖雜記不分卷 3070.2 1543

〔清〕陸次雲撰

清光緒七年(1881)錢塘丁氏刻本　二册

鈐有"馬鑒之印"印。

洛陽龍門志不分卷 3041.16 7578

〔清〕路朝霖編

清光緒十三年(1887)萬縣刻本　二册

黑龍江外紀八卷 b10815053

〔清〕西清撰

清光緒二十年(1894)漸西村舍刻本　二册

吉林外紀十卷 b10815016

〔清〕薩英額撰

清光緒二十一年(1895)漸西村舍刻本　四册

欽定滿洲源流考二十卷首一卷 3052.2 8357

〔清〕阿桂等編纂

清光緒三十年(1904)中西書局石印本　四册

輪臺雜記二卷 3079.42 7443

〔清〕史善長撰　〔清〕史澄校刊

清光緒間刻本　二册

資治通鑑地理今釋十六卷 2512 4347

〔清〕吴熙載撰

清後期刻本　三册

山川之屬

山志

泰山志二十卷 3041.15 4930

〔清〕金棨撰

清嘉慶十五年(1810)刻本　十册

鈐有"内ケ崎作三郎藏書"印。

南嶽小録不分卷 3041.25 8517

〔唐〕李冲昭撰

清後期孔氏嶽雪樓影抄本　一册

鈐有"印廬藏書"印。

焦山志二十六卷首一卷 3041.28 3930

〔清〕吴雲輯

清同治四年(1865)刻本　八册

廬山志十五卷 3041.26 7930

〔清〕毛德琦纂修

清同治十年(1871)補刻本　十六册

鈐有"廣東肇陽羅道關防"印。

按:印章爲滿漢朱文印。

廬山志十五卷 3041.26 7930

〔清〕毛德琦纂修

清同治十二年(1873)刻本　十册

金山志十卷續二卷 3041.28 3930

〔清〕盧見曾撰

清光緒二十七年(1901)刻本　六册

水志

水經注四十卷　3037 9330

〔漢〕桑欽撰　〔北魏〕酈道元注　〔清〕黄晟校刊

清乾隆十八年(1753)東壁垣刻本　十册

半葉11行21字,小字雙行字同,黑口,四周單邊,單黑魚尾,半框高17.5釐米,寬13.5釐米。版心鐫書名、卷次及葉碼,下鐫刻字字數。

卷端題"水經,漢桑欽撰,後魏酈道元注"。卷首依次有《原序》;"北史本傳";元歐陽玄撰《補水經序》;目録。卷末有清乾隆十八年《後跋》,署"乾隆癸酉秋八月新安歙西黄晟曉峰氏跋於槐蔭草堂"。

鈐有"馬鑒""黄有澤藏書""雲國文章""馬鑒之印"印。

水經注不分卷　3037 9330

〔北魏〕酈道元注　〔清〕戴震考證

清乾隆間刻本　十四册

半葉10行20字,白口,四周單邊,無魚尾,半框高19釐米,寬14釐米。版心上鐫書名及篇章名,下鐫葉碼。

卷端題"水經酈道元注"。卷首依次有清孔繼涵撰《序》;清戴震撰《序》;目録。卷末有清孔繼涵撰《跋》。

按:卷首孔序爲手抄補配,與卷末跋文内容相同。

合校水經注四十卷首一卷附録二卷　3037 1393

〔北魏〕酈道元注

清光緒十八年(1892)思賢講舍刻本　十八册

水經注疏要删四十卷　3037 9339

〔清〕楊守敬撰

清光緒三十一年(1905)觀海堂刻本　六册

水經注西南諸水考三卷　3037 9331

〔清〕陳澧撰

清後期刻本　一册

水道提綱二十八卷　3037 9443

〔清〕齊召南編

清光緒四年(1878)霞城精舍刻本　八册

居濟一得八卷　443.68 314—02

〔清〕張伯行撰

嘉慶二十一年(1816)揚烈堂刻本　四册

鈐有"南洋大學圖書館藏書"印。

西湖遊覽志二十四卷志餘二十六卷　3041.29 1157

〔明〕田汝成撰

清光緒二十二年(1896)錢塘丁氏嘉惠堂重刻本　十二册

按:清丁丙輯《武林掌故叢編》之零種。

行水金鑒一百七十五卷首一卷　3037 1933

〔清〕傅澤洪録

清雍正三年(1725)淮揚官舍刻本　三十六册

半葉11行21字,小字雙行30字,黑口,左右雙邊,單黑魚尾,半框高18.1釐米,寬13.5釐米,有圖。版心鎸書名、卷次及葉碼。

卷端題"行水金鑒,中憲大夫分巡淮揚等處地方兼理漕務海防河道鹽法屯田事務江南提刑按察使司副使加十一級傅澤洪録"。内封題"間山傅樸菴手録,行水金鑒,淮揚官舍繡梓"。卷首依次有"黄河圖";"淮水圖";"漢江二水圖";"濟水圖";"運河圖";略例;總目;清雍正三年《序》,署"雍正三年冬十月朔間山傅澤洪題於淮揚官署之鑄錯草堂"。

西湖志四十八卷　3041.29 1130

〔清〕李衛等纂修

清光緒四年(1878)浙江書局重刻本　二十册

鈐有"岩佐氏圖書"印。

洞庭湖志十四卷　3040.24 4413

〔清〕綦世基撰　〔清〕夏大觀補輯　〔清〕萬年淳再訂

清道光八年(1828)六安直隸州州丞署刻本　六册

鈐有"逵初藏書"印。

莫愁湖志六卷首一卷附莫愁湖對文一卷　3040.28 8313

〔清〕馬士圖撰

清光緒八年(1882)重刻本　二册

鈐有"陳慶保"印。

中國江海險要圖志二十二卷首一卷　3034.3 3331

〔清〕陳壽彭譯

清光緒三十三年(1907)廣雅書局影印經世文社石印本　十五册

鈐有"陳慶保"印。

遊記之屬

南遊記不分卷　3050.82 8530

〔清〕孫嘉淦撰

清嘉慶十年(1805)守意盦刻本　一册

鈐有"馬鑒之印"印。

凝香室鴻雪因緣圖記三集　PL2718 Lqi. H

〔清〕麟慶撰

清光緒六年(1880)上海點石齋石印本　六册

鈐有"南洋大學圖書館藏書"印。

凝香室鴻雪因緣圖記三集　2268.82 1155

〔清〕麟慶撰

清光緒十二年(1886)上海同文書局石印本　三册

鈐有"季明"印。

凝香室鴻雪因緣圖記三集　2268.82 1155

〔清〕麟慶撰

清光緒二十二年(1896)上海點石齋石印本　六册

西泠閨咏十六卷　2261.60 1735

〔清〕陳文述撰　〔清〕龔玉晨編

清光緒十三年(1887)西泠翠螺閣重刻本　四册

西泠懷古集十卷　2260.29 1713

〔清〕陳文述撰　〔清〕朱綬、王嘉禄編

清道光十二年(1832)越中刻本　四册

西泠仙咏三卷　2261.70 1715

〔清〕陳文述撰

清光緒八年(1882)西泠丁氏翠螺仙館刻本　二册

外紀之屬

島夷志略一卷　2376 4537

〔元〕汪大淵撰

清光緒十八年(1892)順德龍氏知服齋刻本　一册

按:清龍鳳鑣輯《知服齋叢書》之零種。

瀛環志略十卷　2376 5137

〔清〕徐繼畬輯撰　〔清〕陳慶偕、鹿澤長參訂　〔清〕霍明高採譯

清道光二十九年(1849)刻本　六册

鈐有"湘右學塾書藏之印"印。

海國圖志一百卷　2376 1343

〔清〕魏源撰

清咸豐二年(1852)古徵堂重刻本　二十四册

鈐有"獨來處藏"印。

遊歷日本圖經三十卷　3408 5752

〔清〕傅雲龍撰

清光緒十五年(1889)日本鉛印本　十五册

日本國志四十卷首一卷　3320 5233

〔清〕黄遵憲編纂

清光緒二十四年(1898)上海圖書集成印書局鉛印本　十册

談瀛録六卷　2376 4570

〔清〕袁祖志撰

清光緒十七年(1891)同文書局石印本　二册

鈐有"馬鑒之印"印。

西事類編十六卷　AC149 Zcl 1179

〔清〕沈純集

清光緒十三年(1887)上海申報館鉛印本　六册

輿圖之屬

歷代輿地沿革險要圖不分卷　3080.1 7454

〔清〕楊守敬、饒敦秩撰

清光緒五年(1879)東湖饒氏刻朱墨套印本　一册

鈐有"陳慶保"印。

皇清地理圖不分卷　b10814899

〔清〕董方立繪製

清同治十年(1871)粵東省城龍藏街萃文堂刻本　三册

鈐有"鎔經鑄史齋"印。

大清中外壹統輿圖南十卷中一卷北二十卷首一卷 3080.8 4336

〔清〕胡林翼輯

清同治二年(1863)湖北撫署景桓樓刻本　八册

金石類

類編之屬

金石三例三種 2096.3 3997

〔清〕王芑孫評

清光緒四年(1878)刻朱墨套印本　四册

鈐有"忠孝名宗""韞岑藏書"印。

子目:

金石例十卷　〔清〕潘昂霄撰

墓銘舉例四卷　〔清〕王行撰

金石要例一卷　〔清〕黄宗羲撰

行素草堂金石叢書二十一種 1729/1—40

〔清〕朱記榮輯訂

清光緒十四年(1888)朱氏槐廬校刻本　四十册

鈐有"南洋大學圖書館藏書"印。

子目:

集古録跋尾十卷　〔宋〕歐陽修撰

集古録目五卷　〔宋〕歐陽棐撰

金石録三十卷　〔宋〕趙明誠撰

廣川書跋十卷　〔宋〕董逌撰

顧氏求古録一卷　〔清〕顧炎武撰

金石録補二十七卷　〔清〕葉奕苞撰

金石録補續跋七卷　〔清〕葉奕苞撰

京畿金石考二卷　〔清〕孫星衍撰

寰宇訪碑録十二卷　〔清〕孫星衍、邢澍撰

平津讀碑記八卷　〔清〕洪頤煊撰

平津讀碑續記一卷　〔清〕洪頤煊撰

漢石例六卷　〔清〕劉寶楠撰

金石例補二卷　〔清〕郭麐撰

志銘廣例二卷　〔清〕梁玉繩撰

漢魏六朝墓銘纂例四卷　〔清〕李富孫撰

金石綜例四卷　〔清〕馮登府撰

金石稱例四卷　〔清〕梁廷楠撰

金石稱例續編一卷　〔清〕梁廷楠撰

石經閣金石跋文一卷　〔清〕馮登府撰

趙氏補寰宇訪碑録五卷附失編　〔清〕趙之謙、沈樹鏞撰

碑版廣例十卷　〔清〕王芑孫輯

又一部　四十册 2063 9339

學古齋金石叢書十二種 2063 1333

〔清〕董金南輯

清光緒間會稽董氏刻本　十六册

鈐有"高學濂鈢""玉笥山樓藏書印"印。

子目:

亭林文集六卷餘集一卷　〔清〕顧炎武撰

識小編二卷　〔清〕董豐垣撰

金石續録四卷　〔清〕劉青藜撰

庚子銷夏記八卷　〔清〕孫承澤撰

説文凝錦録一卷　〔清〕萬光泰輯

金石略三卷　〔宋〕鄭樵輯

南豐跋尾一卷　〔宋〕曾鞏撰
古刻叢鈔一卷　〔明〕陶宗儀編
金薤琳琅二十卷補遺一卷　〔明〕都穆撰
金石古文十四卷　〔明〕楊慎撰
石墨鐫華六卷附録二卷　〔明〕趙崡撰
金石史二卷　〔明〕郭宗昌撰

總志之屬

目録

吴郡金石目不分卷　　2144 6339

〔清〕程祖慶輯

清光緒三年(1877)八囍齋刻本　一册

兩漢金石記二十二卷　　791.2 983

〔清〕翁方綱撰

清乾隆五十四年(1789)南昌使院刻本　六册

半葉10行20字,小字雙行字同,白口,左右雙邊,單黑魚尾,半框高21.4釐米,寬15.3釐米。版心鐫書名及卷次,下鐫葉碼。

卷端題"兩漢金石記,日講起居注官文淵閣直閣事詹事府詹事兼翰林院侍讀學士大興翁方綱"。内封題"兩漢金石記,乾隆五十四年己酉秋八月鋟於南昌使院,凡廿二卷,北平翁方綱"。卷首有清乾隆五十一年(1786)《序》,署"乾隆五十一年歲在丙午秋七月朔大興翁方綱"。

鈐有"南洋大學圖書館藏書""守高室圖書印"印。

南漢金石志二卷　　2082 8139

〔清〕吴蘭修撰

光緒十一年(1885)翠琅玕館刻本　一册

按:清馮兆年輯《翠琅玕館叢書》之零種。

十二硯齋金石過眼録十八卷續録六卷　　2082 9553

〔清〕汪鋆輯

清光緒十二年(1886)刻本　八册

藝風堂金石文字目十八卷　　2073 5643

〔清〕繆荃孫輯

清光緒三十二年(1906)刻本　八册

攈古録二十卷　　2073 3370

〔清〕吴式芬撰

清光緒間刻本　二十册

金石萃編補目三卷元碑存目一卷　　2073 3942

〔清〕黄本驥編次　〔清〕劉世珩校刊

清光緒間刻本　一册

按:清劉世珩輯《聚學軒叢書》之零種。

圖像

亦政堂重修考古圖十卷　　2063 9341

〔宋〕吕大臨撰

清乾隆十八年(1753)亦政堂刻本

六册

半葉8行17字,小字雙行34字,白口,四周單邊,單白魚尾,半框高24.3釐米,寬15.8釐米,有圖。版心上鎸“考古圖”,中鎸卷次及葉碼。

卷端題“亦政堂重修考古圖”。内封題“乾隆壬申年秋月,天都黄曉峰鑒定,考古圖,亦政堂藏板”。卷首依次有《考古圖所藏姓氏》;清乾隆十八年《重刊考古圖序》,署“乾隆十八年歲次癸酉秋八月天都黄晟曉峰校刊於槐蔭草堂”;宋元祐七年(1092)《考古圖記》,署“元祐七年二月汲郡吕大臨記”;元大德三年(1299)《序》,署“大德己亥冬至古迂陳才子謹題”;元大德三年《序》,署“大德己亥陽復日茶陵陳翼子翼倩識”;明萬曆三十一年(1603)《刊考古圖序》,署“萬曆癸卯冬琅邪焦竑弱侯著廬陵歐陽序書”;目録。卷末有明萬曆二十九年(1601)《考古圖跋》,署“萬曆辛丑九日古鄣公弘吴萬化識於石林之天籟閣”。

鈐有“反求堂圖書記”印。

又一部 五册 2063 9341

又二部 三册 2063 9341

鈐有“端溪何叔子瑗玉號蘧盦過眼經籍金石書畫印記”印。

按:此本末有元朱德潤撰《亦政堂重考古玉圖》二卷,内封題“乾隆壬申年秋月,天都黄曉峰鑒定,古玉圖,亦政堂藏板”。

亦政堂重修宣和博古圖録三十卷

2105.7 1123

〔宋〕王黼等撰

明刻清乾隆十七年(1752)黄氏亦政堂補刻本 二十册

半葉8行17字,白口,四周單邊,單白魚尾,半框高24.2釐米,寬15.4釐米,有圖。版心上鎸“博古圖録”,中鎸卷次及葉碼。

卷首有明萬曆二十八年(1600)“博古圖”,署“萬曆庚子至日古鄣公弘吴萬化識於石林尊生齋”。

鈐有“文選樓藏書”“阮元藏書”“臣心如水”“白下青溪紅板橋邊客”“□□閣人”“占良”“張京村印”“韞岑藏書”“朝搢”“張思紳印”“玉笥山樓藏書”“子孫雖愚詩書不可不讀”印。

按:館藏此書卷一至卷九均與亦政堂板不同,但卷十至卷三十爲亦政堂刻本。前九卷卷端有明顯修補痕跡,疑爲明板改裝本,仍保留了明板之序言。

東書堂重修宣和博古圖録三十卷

2063 9341

〔宋〕王黼等撰

清乾隆十七年(1752)亦政堂刻本 二十九册

半葉8行17字,白口,四周單邊,單白魚尾,半框高25.2釐米,寬15.7釐米,有圖。版心上鎸“博古圖録”,中鎸卷次及葉碼。

卷端題“東書堂重修宣和博古圖録”。内封題“乾隆壬申年秋月,天都黄曉峰鑒定,博古圖,亦政堂藏板”。卷首依次有明萬曆三十一年(1603)《重刻博古圖序》,署“萬曆癸卯季夏旦日新都洪世俊用章甫書”;明嘉靖七年(1528)《博古圖序》,署“大明嘉靖七年歲在戊子菊月望日樂安蔣暘序";目録。卷末有明萬曆三十一年《博古圖跋》,署"萬曆庚子至日古鄣公弘吴萬化識於石林尊生齋"。

鈐有"反求堂圖書記"印。

按:此書部分卷端題"亦政堂重修宣和博古圖録"。

又一部　十八册　2063 9341

按:此本無内封及嘉靖七年《序》。

求古精舍金石圖四卷　2083 3339

〔清〕陳經撰

清嘉慶二十三年(1818)烏程陳氏説劍樓刻本　四册

鈐有"萬物過眼皆爲我有""十歲好歌樂二十樂琴棋三十評書畫四十品陶器五十考金石六十匯古泉""海陽黄霖澤珍藏書畫印"印。

金石圖不分卷　791.3 825

〔清〕牛運震集説　〔清〕褚峻繪圖

清乾隆十年(1745)刻本　四册

半葉 10 行 20 字,四周單邊,半框高 23.6 釐米,寬 18.5 釐米。

卷首依次有清乾隆六年(1741)《序》,署"乾隆六年十月初吉茂苑何堂書";清乾隆八年(1743)《序》,署"乾隆八年秋七月山左牛運震撰";清乾隆八年《序》,署"乾隆八年歲次癸亥夏六月二十三日郃陽褚峻千峰序"。第二册卷端有清乾隆十年《序》,署"乾隆十年六月廿有三日郃陽褚峻"。

按:書中附有石碑拓片。

金石圖説二卷　2083 3949

〔清〕牛運震集説　〔清〕褚峻繪圖　〔清〕劉世珩編補

清光緒二十二年(1896)揚州鈔關蘇唱街聚文齋刻本　四册

鈐有"聚學軒"印。

文字

廣金石韻府不分卷　802.29 313

〔清〕朱時望編纂　〔清〕林尚葵廣輯　〔清〕李根較正　〔清〕周亮工鑒定　〔清〕張鳳藻增訂

清咸豐七年(1857)巴郡張氏刻本　五册

鈐有"印廬珍藏"印。

小蓬萊閣金石文字不分卷　2096.6 1273

〔清〕黄易輯

清道光十四年(1834)石墨軒刻本　四册

鈐有"高維藩印""介侯""韞岑藏書"印。

隨軒金石文字不分卷　2082 9139

〔清〕徐渭仁輯

清同治七年(1868)上海徐氏寒木春華館刻本　四册

筠清館金石文字五卷　2105.6 5333

〔清〕吴榮光撰　〔清〕瞿樹辰校字

清道光二十二年(1842)南海吴氏校刻本　五册

鈐有"韞岑藏書"印。

又一部　五册　791.2 439

鈐有"南洋大學圖書館藏書"印。

關中金石文字存逸考十二卷首一卷　2136 3339

〔清〕毛鳳枝撰

清光緒二十七年(1901)江西萍鄉縣署刻本　十二册

金石文字辨異十二卷歲星表一卷　AC149 Zcl 475

〔清〕邢澍撰　(歲星表)〔清〕朱駿聲撰

清光緒二十九年(1903)貴池劉氏刻本　九册

按:清劉世珩輯《聚學軒叢書》之零種。

金石文字辨異十二卷　AC149 Zcl 1685

〔清〕邢澍撰

清光緒間徐氏刻本　八册

從古堂款識學十六卷　2105.6 4343

〔清〕徐同柏釋文　〔清〕徐士燕録

清光緒三十二年(1906)蒙學報館石印本　十六册

鈐有"蘊琴鑒賞"印。

又一部　八册　2105.6 4343

金石萃編校字不分卷　2082 3942

羅振玉撰

清光緒十一年(1885)刻本　一册

鈐有"杳冥君室"印。

通考

金石録三十卷　9100.81 5544

〔宋〕趙明誠編撰

清乾隆二十七年(1762)雅雨堂刻本　六册

半葉10行21字,白口,四周單邊,單黑魚尾,半框高17.7釐米,寬14.4釐米。版心上鎸書名,中鎸卷次,下鎸葉碼及"雅雨堂"。

卷端題"金石録,宋東武趙明誠編著"。内封題"乾隆壬午年刊,金石録,雅雨堂藏板"。卷首依次有清乾隆二十七年《重刊金石録序》,署"乾隆壬午德州盧見曾序";宋趙明誠撰《金石録序》;凡例。卷末依次有宋紹興二年(1132)《後序》,署"紹興二年元黓歲壯月朔甲寅易安室題";宋開禧元年(1205)《後序》,署"開禧改元上巳日浚儀趙不譾師厚父";宋政和七年(1117)《金石録後序》,署"政和七年九月十日河間劉岐序";明成化九年(1473)《跋》,署"成化九年二月朔旦吴郡葉仲盛甫志";清何焯撰《記》。

鈐有"吉祥"印。

又一部　四册　791.1 201—02

鈐有"盛氏研雲甌霫軒珍藏金石書畫之印""濠堂藏本"印。

按:館藏卷一及卷二部分内容爲手抄配補。

江寧金石記八卷附江寧金石待訪目二卷　2144 3839

〔清〕嚴觀輯

清嘉慶九年(1804)賜書堂刻本

四册

鈐有“東海主人”印。

金石萃編一百六十卷 2082 3942

〔清〕王昶撰

清嘉慶十年(1805)刻本 四十册

又一部 六十四册 2082 3942

按:此本卷首多兩篇嘉慶十年《序》。

金石萃編一百六十卷 791.2 117

〔清〕王昶撰

清光緒十九年(1893)上海鴻寶齋石印本 二十二册

金石萃編補略二卷 2082 3942

〔清〕王言撰

清光緒八年(1882)刻本 四册

金石萃編補正四卷 791.2 626

〔清〕方履籛撰

清光緒二十年(1894)上海醉六堂石印本 四册

金石存十五卷 2082 3940

〔清〕吴玉搢撰

清嘉慶二十四年(1819)李氏聞妙香室刻本 四册

鈐有“杳冥君室”印。

又一部 四册 791.2 434—02

鈐有“華印”印。

又二部 四册 791.2 434

鈐有“燕庭收藏金石文字”“觀齋藏書”“羅氏六湖”“孫仲瑛印”“仍度堂”“仲瑛”“中山孫璞”“陳蘭甫”“順德馬氏文庫”“六湖”“蒹葭樓”“善本”“示感盦”印。

金石索十二卷 2083 3990

〔清〕馮雲鵬、馮雲鵷輯

清道光七年(1827)雙桐書屋刻本 十二册

鈐有“銅井山廬藏書”“澂海高季子韞岑收藏金石書畫印”“嶺東高氏玉笥山樓圖書”印。

金石索十二卷首一卷 791.3 768

〔清〕馮雲鵬、馮雲鵷輯

清光緒十九年(1893)上海積山書局石印本 二十四册

金石索十二卷 2083 3990

〔清〕馮雲鵬、馮雲鵷輯

清光緒三十二年(1906)上海新馬路文新局石印本 二十四册

金石録補二十七卷金石録補續跋七卷 2080 3972

〔清〕葉奕苞撰

清光緒十三年(1887)朱氏槐廬校刻本 九册

按:清朱記榮輯《槐廬叢書》之零種。

金石續編二十一卷首一卷 2082 3912

〔清〕陸耀遹纂 〔清〕陸增祥校訂

清同治十三年(1874)毗陵雙白燕堂刻本 十六册

金石續編二十一卷首一卷 791.2 389

〔清〕陸耀遹纂 〔清〕陸增祥校訂

清光緒十九年(1893)上海鴻寶齋石印本 六册

重定金石契不分卷附石鼓文釋存一卷 2083 3930

〔清〕張燕昌撰

清光緒二十二年(1896)聚學軒主劉氏葱石刻本 五册

鈐有"小浣花堂珍藏金石書畫之印"印。

金石訂例四卷附學文訂例一卷 794.7 850

〔清〕鮑振方撰

清光緒十年(1884)常熟後知不足齋校刻本 一册

京畿金石考二卷 2131 3339

〔清〕孫星衍撰

清道光間刻本 二册

京畿金石考二卷 797 364

〔清〕孫星衍撰

清同治十一年(1872)滂喜齋重刻本 二册

按:清潘祖蔭輯《滂喜齋叢書》之零種。

越中金石記十卷目録二卷 2146 5339

〔清〕杜春生編録

清道光十年(1830)山陰杜氏刻本 六册

鈐有"嘉興王逢辰芑亭珍藏"印。

山右金石記十卷 2135 9539

〔清〕王軒撰 〔清〕張煦纂修

清光緒十五年(1889)刻本 十册

按:《山西通志》之單行本,原屬《通志》之卷八十九至卷九十八。

兩浙金石志十八卷 2146 7339

〔清〕阮元編録

清光緒十六年(1890)浙江書局重刻本 十二册

粤東金石略九卷首一卷附二卷 2148 5439

〔清〕翁方綱録

清光緒十七年(1891)廣州石經堂書局影印本 四册

鈐有"杳冥君室"印。

海東金石苑四卷 2185 1439

〔清〕劉喜海撰録

清光緒七年(1881)二銘草堂刻本 四册

海東金石存考不分卷 2185 1439

〔清〕劉喜海編

清光緒十四年(1888)德化李氏刻本 一册

雍州金石記十卷 2136 5339

〔清〕朱楓撰 〔清〕李錫齡校刊

清道光二十年(1840)刻本 四册

鈐有"南海伍氏藏書""龍岑藏書"印。

按:清李錫齡輯《惜陰軒叢書》之零種。

江寧金石記八卷附江寧金石待訪目二卷 2144 3839

〔清〕嚴觀輯

清宣統二年(1910)江楚編譯書局刻本　二册

益都金石記四卷 2133 5439

〔清〕段松苓撰録

清光緒九年(1883)刻本　四册

襄陽金石略十二卷 2140 1539

〔清〕吴慶燾撰

清光緒三十三年(1907)刻本　四册

來齋金石刻考略三卷 2080 7339

〔清〕林侗纂輯　〔清〕徐渭仁校

清同治七年(1868)刻本　四册

按:清徐渭仁輯《春暉堂叢書》之零種。

筠清館金石録五卷 793.2 439

〔清〕吴榮光撰　〔清〕瞿樹辰校字

清道光二十二年(1842)南海吴氏校刻本　五册

鈐有"南洋大學圖書館藏書"印。

香南精舍金石契不分卷 2080 1839

〔清〕崇恩撰

清光緒二十六年(1900)石印本　二册

二銘草堂金石聚十六卷首一卷 2082 5844

〔清〕張德容撰録

清同治十一年(1872)刻本　十六册

望堂金石集二集 2082 6439

〔清〕楊守敬輯

清同治十年至宣統二年(1871—1910)宜都楊氏飛青閣刻本　十二册

鈐有"韞岑藏書"印。

按:初集刻於同治十年至光緒四年(1871—1878);二集刻於光緒十六年至宣統二年(1890—1910)。

題跋

退菴金石書畫跋二十卷 AC149 Zcl 2179

〔清〕梁章鉅撰

清道光二十五年(1845)刻本　十册

鈐有"秋好軒架上書""千百年眼""秋好軒主人岳小琴珍藏書畫金石書籍印""從容秘翫"印。

退菴金石書畫跋二十卷 AC149 Zcl 1962

〔清〕梁章鉅撰

清道光二十五年(1845)刻本　八册

枕經堂金石書畫題跋三卷 2080 3343

〔清〕方朔撰

清同治三年(1864)刻本　一册

按:館藏缺卷三。

清儀閣題跋不分卷 2080 3534

〔清〕張廷濟輯

清光緒十九年(1893)刻本　四册

鈐有"澄海高氏藴琴圖章""韞岑讀本""高氏家藏"印。

清儀閣金石題識四卷　2080 3533

〔清〕陳其榮編　〔清〕徐士愷校刊

清光緒二十年(1894)觀自得齋校刻本　四册

又一部　三册　791.7 314

鈐有"賓父"印。

鐵橋金石跋四卷　2080 4339

〔清〕嚴可均撰　〔清〕劉世珩校刊

清光緒間刻本　一册

按:清劉世珩輯《聚學軒叢書》之零種。

古墨齋金石跋六卷　9100.83 3114

〔清〕趙紹祖輯　〔清〕劉世珩校刊

清光緒間刻本　二册

按:清劉世珩輯《聚學軒叢書》之零種。

雜著

金石摘不分卷　2085 3940

〔清〕陳善墀輯

清同治十二年至光緒二年(1873—1876)瀏陽縣學不求甚解齋刻本　十二册

金石屑不分卷　2083 3910

〔清〕鮑昌熙摹

清光緒三年(1877)刻本　四册

金石學録補四卷　2069 3917

〔清〕陸心源編

清光緒十二年(1886)刻本　一册

金石識别十二卷　357.1 911

(美國)代那撰　(美國)瑪高温口譯　〔清〕華蘅芳筆述

清同治十一年(1872)上海江南製造總局刻本　六册

金之屬

目録

恒軒所見所藏吉金録不分卷　2105.7 1193

〔清〕吴大澂輯

清光緒十一年(1885)刻本　二册

又一部　二册　793.3 436

圖像

宣德鼎彝譜八卷　2105.7 1445

〔明〕吕震等撰　〔清〕錢熙祚校

清道光咸豐間孔氏嶽雪樓影抄本　一册

鈐有"印廬珍藏"印。

西清古鑒四十卷附錢録十六卷　793.3 730—02

〔清〕梁詩正等編纂

清光緒三十四年(1908)集成圖書公司仿殿本影印本　二十四册

鈐有"南洋大學圖書館藏書"印。

西清續鑒甲編二十卷附録一卷 2105.7 1313

〔清〕王傑等編纂

清宣統二年(1910)涵芬樓依寧壽宫寫本影印本　二十一册

鈐有"澂海高季子韞岑收藏金石書畫印"印。

又一部　四十二册　2105.7 1313

兩罍軒彜器圖釋十二卷 2105.7 7715

〔清〕吴雲輯

清同治十一年(1872)刻本　六册

長安獲古編二卷附補一卷 2136 3113

〔清〕劉喜海編

清光緒三十一年(1905)刻本　二册

陶齋吉金録八卷 2105.7 4333

〔清〕端方輯

清光緒三十四年(1908)金陵石印本　八册

又一部　八册　793.3 662

陶齋吉金續録二卷 2105.7 4333

〔清〕端方輯

清宣統元年(1909)金陵石印本　二册

又一部　二册　793.3 662—1

文字

歷代鐘鼎彜器款識法帖二十卷 2080 7434

〔宋〕薛尚功輯

清嘉慶二年(1797)刻本　八册

又一部　四册　2080 7434

鈐有"香巖珍藏""神田家藏"印。

歷代鐘鼎彜器款識法帖二十卷 2080 7434

〔宋〕薛尚功輯

清光緒二十九年(1903)貴池劉氏玉海堂武昌校刻本　四册

鈐有"嶺東高氏玉笥山樓藏書"印。

焦山鼎銘考不分卷 2105.65 3948

〔清〕翁方綱編

清咸豐二年(1852)漢陽葉志詵粤東督署翻刻本　一册

積古齋鐘鼎彜器款識十卷 2105.6 3333

〔清〕阮元輯

清嘉慶九年(1804)刻本　四册

又一部　六册　2105.6 3333

鈐有"求是室所藏本""鄭遠孚印""韞岑藏書"印。

攀古樓彜器款識二卷 2105.7 2375

〔清〕潘祖蔭撰

清同治十一年(1872)京師滂喜齋刻本　四册

鈐有"藴琴金石"印。

按:首頁墨筆題"此書考據精詳,且爲潘文勤手書付刊,亦金石書之精者,購洋十一圓。思靈道人隱岑記於上海""余好嗜金石,遇笥所無者必竭囊購之,自知太癖之病,然不能改也。書此以志吾過"。

又一部　二册　793.7 754

鈐有“義安學院圖書館章”“南洋大學圖書館藏書”“朱德熙印”印。

商周彝器釋銘六卷 2105.6 9353

〔清〕吕調陽輯

清光緒十四年(1888)刻本　三册

按:清吕調陽輯《觀象廬叢書》之零種。

古文審八卷首一卷 2105.6 3690

〔清〕劉心源撰

清光緒十七年(1891)嘉魚劉氏龍江樓刻本　二册

鈐有“毅齋目存”印。

奇觚室吉金文述二十卷目録一卷 793.7 894

〔清〕劉心源撰

清光緒二十八年(1902)影印本　十册

雜著

吉金志存四卷 2105.7 3334

〔清〕李光庭輯　〔清〕李慕、李茵摹拓　〔清〕李敬、李葰校録

清咸豐九年(1859)刻本　二册

古金待問録五卷附補遺一卷 2107 3346

〔清〕朱楓輯

清光緒十六年(1890)常熟鮑氏後知不足齋校刻本　二册

錢幣之屬

文字

貨布文字考四卷首一卷 2107 1264

〔清〕馬昂考釋　〔清〕錢培益校刊

清道光二十二年(1842)雲間錢氏蘭隱園刻本　二册

鈐有“觀古閣藏”“燕庭藏書”“延青閣”“佞漢齋”“子年讀過”印。

雜著

錢神志七卷 2107 3930

〔明〕李世熊撰

清光緒六年(1880)楚北劉國光刻本　七册

欽定錢録十六卷 2107 3437

〔清〕梁詩正等編纂

清乾隆嘉慶間刻本　八册

鈐有“中郵佐滕氏藏書記”印。

欽定錢録十六卷 2107 3437

〔清〕梁詩正等編撰

清光緒十二年(1886)峽州有弗學齋重刻本　二册

鈐有“闕場文庫”“李堂珍藏”印。

錢志新編二十卷 2107 3312

〔清〕張崇懿校輯

清道光十年(1830)酌春堂刻本　二册

鈐有“曾留櫪園故户”“蘭陵吴氏”印。

又一部　十册　2107 3312

泉布統志九卷首一卷附録一卷　2107 3243

〔清〕孟麟輯

清道光間刻本　三十二册

古泉叢話三卷　2107 3341

〔清〕戴熙撰

清同治十一年(1872)滂喜齋刻本　一册

鈐有"曾在黄笠香處""足吾所好玩而老焉""十歲好歌樂二十樂琴棋三十評書畫四十品陶器五十考金石六十匯古泉""卍事好廬珍藏""仲猷氏""黄錫琪印""笠薌所藏""銘雀硯齋收藏書畫印"印。

古泉匯四集六十卷首集四卷續泉匯四集十四卷補遺二卷　2107 3310

〔清〕李佐賢撰

清同治三年(1864)、光緒元年(1875)利津李氏石泉書屋刻本　二十册

按:《續泉匯》内封題"光緒紀元刊成"。

又一部　二十册　793.4 293

鈐有"竹平安館""元長所藏""□依之印""南洋大學圖書館藏書""十支碧珊瑚館書畫印"印。

古泉雜咏四卷　2107 3345

〔清〕葉德輝撰並注

清光緒二十七年(1901)刻本　二册

璽印之屬

選集漢印分韻二卷續集二卷　AC149 Zcl 1624

〔清〕袁日省編　〔清〕謝雲生摹録

清嘉慶二年(1797)、嘉慶八年(1803)漱藝堂刻本　二册

十六金符齋印存不分卷　AC149 Zcl 2079

〔清〕吴大澂輯

清末西泠印社鈐印本　十二册

石之屬

目録

寶刻類編八卷　2096.2 2372

清道光十八年(1838)東武劉氏臨汀郡署十七樹梅華山館校刻本　八册

寶刻叢編二十卷　2096.5 2342

〔宋〕陳思纂次

清光緒十四年(1888)吴興陸氏十萬卷樓刻本　八册

輿地碑記目四卷　2096.2 5423

〔宋〕王象之撰

清咸豐十年(1860)刻本　二册

按:清伍崇曜輯《粤雅堂叢書》之零種。

墨妙亭碑目考二卷　2146 8842

〔清〕張鑒撰

清光緒十年(1884)江蘇書局刻本

二册

文字

隸釋二十七卷 2096.6 7900

〔宋〕洪适撰

清乾隆四十二年(1777)刻本　十册

半葉9行20字,小字雙行字同,白口,四周單邊,單黑魚尾,半框高20.6釐米,寬16.1釐米。版心上鎸書名,中鎸卷次,下鎸葉碼。

卷首依次有南宋乾道三年(1167)《隸釋序》,署"乾道三年正月八日鄱陽洪适景伯序";目録。卷末有清乾隆四十二年《跋》,署"歲在彊圉作噩壯月上澣錢塘汪日秀跋"。

鈐有"詩書敦宿好園林無俗情""媚古齋""錢泳私印""立群""石鼓亭""吴越王孫""梅花亭長""樂無事宜酒食""張燕昌印""絜園主人""文漁"印。

隸釋二十七卷 2096.6 7971

〔宋〕洪适撰

清同治十年(1871)皖南洪氏晦木齋摹刻本　八册

鈐有"隱岑曾讀""玉笥山樓藏書印"印。

古刻叢鈔不分卷 2096.6 3343

〔元〕陶宗儀撰　〔清〕孫星衍重編

清光緒十一年(1885)白堤八字橋朱氏槐廬家塾刻本　一册

鈐有"季明"印。

瘞鶴銘考不分卷 2096.6 5183

〔清〕汪士鋐編

清咸豐二年(1852)漢陽葉志詵粤東督署翻刻本　一册

昭陵碑録三卷附校録雜記一卷 2136 3727

羅振玉校録

清光緒三十四年(1908)刻本　二册

漢碑篆額不分卷 2096.6 1235

〔清〕何澂輯

清光緒八年(1882)稿本　四册

通考

石墨鎸華八卷 2096.5 9831

〔明〕趙崡撰

清刻本　二册

漢延熹西嶽華山碑考四卷 2096.6 1511

〔清〕阮元編

清嘉慶十八年(1813)文選樓刻本　一册

唐昭陵石蹟考略五卷 2136 4379

〔清〕林侗撰

清道光四年(1824)刻本　一册

漢碑徵經一卷 138 1233

〔清〕朱百度撰

清光緒十五年(1889)廣雅書局刻本　一册

鐵函齋書跋四卷 AC149 Zcl 508

〔清〕楊賓撰 〔清〕楊霈編 〔清〕余廷槐、楊仲奇參校

清道光二十七年(1847)篛石山房刻本 四册

鈐有“陳慶保”印。

寰宇訪碑録十二卷附寰宇訪碑録刊謬一卷補寰宇訪碑録三卷 2096.2 1562

〔清〕孫星衍、邢澍撰

清光緒十一至十二年(1885—1886)白堤八字橋朱記榮槐廬家塾刻本 八册

按:《補寰宇訪碑録》三卷於光緒十二年完成。

再續寰宇訪碑録二卷 2096.2 4115

羅振玉撰

清光緒十九年(1893)面城精舍石印本 二册

語石十卷 2096.3 5900

〔清〕葉昌熾輯

清宣統元年(1909)刻本 四册

又一部 五册 2096.3 5900

鈐有“許紹南印”印。

補寰宇訪碑録五卷附補寰宇訪碑録失編一卷 2096.2 2156

〔清〕趙之謙纂集 〔清〕沈樹鏞覆勘

清同治三年(1864)刻本 二册

鈐有“馬鑒之印”印。

按:首葉墨筆題“余素喜有用之書,不惜校刊之資。承陳師屬彙金石之聚刊,有心而無力之愧,延遲至今不果行。昨蒙荆州楊君惺吾守敬過訪,議論典籍得失,嗜好相同。記榮寒士,何作道者,惺翁博聞,勝讀十年書,欽佩莫名。並携趙氏補訪碑録原刻贈余,適乏校本,緣前手民交來葛氏起月,寫本照繕脱訛不少,有此原校欣賞之至,並許助余刻資,寒士見憐,心感無既。丁亥十月十三日孫谿逸士敬識”,末鈐“孫谿逸士”“吴縣朱記榮字懋之别號槐廬珍藏”印。

景教碑文紀事考正三卷 2096.5 3326

〔清〕楊榮鋕撰 〔清〕李英圃、區逢時參訂

清光緒二十一年(1895)楊大本堂刻本 三册

越中古刻九種不分卷 2146 5333

〔清〕王繼香輯

清光緒二十二年(1896)影印本 一册

山右石刻叢編四十卷 2134 9593

〔清〕胡聘之撰

清光緒二十七年(1901)刻本 二十四册

陶齋藏石記四十四卷首一卷附陶齋藏甎記二卷 2096.6 4349

〔清〕端方撰

清宣統元年(1909)石印本 十二册

敦煌石室真跡録五卷附録一卷 2137 4199

〔清〕王仁俊輯

清宣統元年(1909)國粹堂石印本　三册

題跋

虚舟題跋十卷虚舟題跋補原三卷　AC149 Zcl 648

〔清〕王澍撰　〔清〕宋澤元訂

清光緒十年(1884)懺花盦刻本　四册

雜著

石鼓題咏彙存二卷　2098 9345

〔清〕葉志詵輯

清咸豐三年(1853)兩廣督署刻本　二册

鈐有"潘氏健庵""東卿""葉志詵印""曾藏潘健盦處""潘郎"印。

讀碑小箋不分卷眼學偶得不分卷　2096.5 4213

羅振玉撰

清光緒十年(1884)唐風樓刻本　一册

玉之屬

圖像

古玉圖譜三十二卷　2101 3542

〔宋〕龍大淵等編纂

清前期刻多色套印本　十六册

半葉9行18字,白口,四周雙邊,單黑魚尾,半框高25釐米,寬17.4釐米,有圖。版心上鐫書名,中鐫卷次及葉碼。

卷首依次有宋乾道元年(1165)《古玉圖譜序》,署"乾道元年三月日奏";總目。卷末有元至大元年(1308)《古玉圖譜後序》,署"至大元年秋九月奎章閣集賢院學士兼書畫博士翰林承旨柯九思謹跋"。

鈐有"高氏藏書""玉笥山樓印"印。

宋淳熙敕編古玉圖譜一百卷　2101 3542

〔宋〕龍大淵等編纂

清同治八年(1869)康山草堂板重刻本　二十册

鈐有"番禺潘氏小神山館圖書"印。

古玉圖二卷　2063 9341

〔元〕朱德潤撰

清乾隆十七年(1752)亦政堂刻本　一册

半葉8行17字,白口,四周單邊,單白魚尾,半框高24.4釐米,寬15.6釐米,有圖。版心上鐫"古玉圖",中鐫卷次及葉碼。

内封題"乾隆壬申年秋月,天都黄曉峰鑒定,古玉圖,亦政堂藏板"。卷首依次有元至正元年(1341)《集古玉圖序》,署"至正元年夏五□日朱德潤序";目録,題"□□堂重考古玉圖"。卷末依次有詩;明萬曆三十年(1602)《集古考玉圖跋》,署"萬曆壬寅夏五古鄣公弘吴萬化識於石林之竹里館"。

鈐有"反求堂圖書記"印。

又一部　一册　2063 9341

古玉圖考不分卷　2101 3543

〔清〕吴大澂撰

清光緒十五年(1889)上海同文書局石印本　二册

又一部　四册　794.4 436—02

又二部　二册　794.4 436

鈐有"南洋大學圖書館藏書"印。

又三部　四册　2101 3543

鈐有"番禺汪氏藏書""汪希文印"印。

又四部　三册　2101 3542

鈐有"許紹南印"印。

玉譜類編四卷　2101 5272

〔清〕徐壽基編

清光緒十五年(1889)源陽官署刻本　四册

甲骨之屬

鐵雲藏龜不分卷　2086.7 4543

〔清〕劉鶚輯

清光緒二十九年(1903)抱殘守缺齋石印本　六册

又一部　六册　792.2 889

鈐有"胡樸安讀書記"印。

殷商貞卜文字考不分卷　2086.5 5932

羅振玉撰

清宣統二年(1910)石印本　一册

陶之屬

千甓亭磚録六卷　2091 3243

〔清〕陸心源纂

清光緒七年(1881)吴興陸氏十萬卷樓刻本　二册

千甓亭古塼圖釋二十卷　2091 3243

〔清〕陸心源輯

清光緒十七年(1891)吴興陸氏石印本　四册

秦漢瓦當文字二卷續一卷　2090 3164

〔清〕程敦撰録

清光緒二十年(1894)袖海山房石印本　三册

封泥考略十卷　2092 6837

〔清〕吴式芬、陳介祺輯

清光緒三十年(1904)上海影印本　十册

又一部　十册　931.3 435

鐵雲藏陶不分卷　2089 4544

〔清〕劉鶚輯

清光緒三十年(1904)抱殘守缺齋石印本　四册

鈐有"耳注叚觀"印。

又一部　四册　796.62 889

目録類

類編之屬

八史經籍志三十卷　AC149 Zcl 1807—1815

清光緒九年(1883)張壽榮刻本　十

六册

子目:

前漢書藝文志一卷　〔漢〕班固撰　〔唐〕顔師古注

隋書經籍志四卷　〔唐〕長孫無忌等撰

舊唐書經籍志二卷　〔宋〕劉昫等修

唐書藝文志四卷　〔宋〕歐陽修撰

宋史藝文志八卷補一卷　〔元〕脱脱等修

補遼金元藝文志一卷　〔清〕盧文弨撰

補三史藝文志一卷　〔清〕金門詔撰

元史藝文志四卷　〔清〕錢大昕撰

明史藝文志四卷　〔清〕張廷玉等修

又一部　八册　1719/1—8

鈐有"南洋大學圖書館藏書""經州蔣氏箸生藏書記"印。

總録之屬

史志

漢藝文志考證十卷　AC149 Zcl 1705

〔宋〕王應麟撰

清乾隆間刻本　二册

半葉10行20字,小字雙行字同,白口,四周單邊,單黑魚尾,半框高19.9釐米,寬13.4釐米。版心鎸"志考"及卷次,下鎸葉碼。卷端題"漢藝文志考證,浚儀王應麟伯厚甫"。

鈐有"馬鑒之印"印。

補後漢書藝文志一卷考十卷　2555.15 2119

〔清〕曾樸纂

清光緒二十一年(1895)常熟曾氏木活字本　六册

鈐有"元和胡氏玉縉所藏""陳慶保"印。

補晋書經籍志四卷　2571.15 2393

〔清〕吴士鑒纂

清光緒二十一年(1895)刻本　一册

鈐有"鄞馬鑒季明藏"印。

隋經籍志考證十三卷　2605.15 9933

〔清〕章宗源撰

清光緒三年(1877)湖北崇文書局刻本　四册

鈐有"陳慶保"印。

補五代史藝文志一卷　013.242 959—02

〔清〕顧櫰三撰

清光緒十七年(1891)廣雅書局刻本　一册

鈐有"南洋大學圖書館藏書"印。

元史藝文志四卷　2700.15 5956

〔清〕錢大昕補撰

清晚期江蘇書局刻本　一册

鈐有"鄞馬鑒季明藏"印。

官修

明南雍經籍考二卷　013.26 279

〔明〕梅鷟撰

清光緒二十八年(1902)長沙葉氏校刻本　一册

浙江採集遺書總録十二集　AC149 Zcl 1921

〔清〕沈初等編纂

清乾隆三十九年(1774)刻本　八册

半葉10行19字,小字雙行字同,黑口,四周單邊,單黑魚尾,半框高18釐米,寬13.1釐米。版心鎸書名、集數及葉碼。

卷端題"浙江採集遺書總録"。内封題"浙江採集遺書總録"。卷首依次有清乾隆三十九年《序》,署"乾隆三十九年歲次甲午四月上浣日浙江布政使司布政使加三級臣王亶望謹序";凡例;總目;纂録職名;清乾隆三十七年(1772)正月初四《上諭》;清乾隆三十八年(1773)閏三月初一《上諭》;清乾隆三十八年五月二十五日《上諭》;清乾隆三十九年五月十四日《上諭》。

鈐有"文種堂圖書記""寶愛""桂窗"印。

按:閏集未刊刻。

違礙書籍目録不分卷　AC149 Zcl 1985

清乾隆間刻本　一册

半葉8行20字,小字雙行字同,白口,左右雙邊,單黑魚尾,半框高19.8釐米,寬11.7釐米。版心上鎸書名,下鎸葉碼。

卷首有《飭令》二篇。

鈐有"陳慶保"印。

欽定天禄琳琅書目十卷續編二十卷　AC149 Zcl 1726

〔清〕于敏中等編

清光緒十年(1884)長沙王氏刻本　十册

廣雅書院藏書目録七卷　AC149 Zcl 1978

〔清〕廖廷相編

清光緒二十七年(1901)廣雅書局刻本　三册

又一部　三册　018.87 830

鈐有"南洋大學圖書館藏書"印。

私撰

天一閣書目四卷附天一閣碑目一卷　AC149 Zcl 1931

〔明〕范欽編

清嘉慶十三年(1808)揚州阮氏文選樓刻本　十册

鈐有"授經樓珍藏秘笈之印""沈德壽印""陳慶保""吴興抱經樓藏"印。

又一部　十册　018.866 538

鈐有"全氏愚山家藏""南洋大學圖書館藏書"印。

天一閣見存書目四卷首一卷末一卷　AC149 Zcl 1960

〔清〕薛福成編次

清光緒間刻本　四册

百宋一廛賦不分卷　018.87 687

〔清〕顧廣圻撰　〔清〕黄丕烈注

清嘉慶十年(1805)吴郡黄氏士禮居刻本　一册

鈐有"南洋大學圖書館藏書"印。

鐵琴銅劍樓藏書目録二十四卷 018.87 476

〔清〕瞿鏞編

清咸豐七年(1857)刻本　十二册

鈐有"退耕堂藏書記""南洋大學圖書館藏書"印。

鐵琴銅劍樓藏書目録二十四卷 AC149 Zcl 1804

〔清〕瞿鏞編

清光緒二十四年(1898)常熟瞿氏刻本　十册

持静齋藏書記要二卷 018.877 158—2

〔清〕丁日昌撰

清同治九年(1870)蘇州文學山房刻本　二册

持静齋書目四卷續增一卷附持静齋藏書記要二卷 AC149 Zcl 1846

〔清〕丁日昌輯　〔清〕林友松等校

清同治光緒間刻本　六册

鈐有"馬鑒之印"印。

行素堂目睹書録十編 AC149 Zcl 1775

〔清〕朱記榮輯訂

清光緒十年(1884)古吴白堤孫谿槐廬家刻本　十册

鈐有"季明"印。

愛日精廬藏書志三十六卷續志四卷 AC149 Zcl 1695

〔清〕張金吾撰

清光緒十三年(1887)吴縣靈芬閣徐氏木活字本　十册

鈐有"武昌柯逢時收藏圖書"印。

式古堂目録十七卷 018.87 356

〔清〕尤瑩編

清光緒十九年(1893)石印本　二册

鈐有"南洋大學圖書館藏書"印。

揚州吴氏測海樓藏書目録十二卷 018.878 434

〔清〕吴引孫編

清宣統二年(1910)刻本　六册

又一部　六册 AC149 Zcl 1959

五桂樓書目四卷 AC149 Zcl 1841

〔清〕黄肇震編

清光緒二十一年(1895)姚江黄氏刻本　二册

藝風堂讀書記不分卷 AC149 Zcl 1756

〔清〕繆荃孫撰

清光緒間刻本　一册

穰梨館過眼録四十卷續録十六卷 AC149 Zcl 2212

〔清〕陸心源編

清光緒十七年(1891)吴興陸氏家塾刻本　十六册

鈐有"濱父"印。

彙刻

彙刻書目二十卷 AC149 Zcl 2070

〔清〕顧修撰　〔清〕朱學勤補

清光緒十二至十五年(1886—1889)上海福瀛書局刻本　二十册

又一部　二十册　　AC149 Zcl 1803

鈐有“馬鑒之印”印。

又二部　二十册　　AC149 Zcl 3076

書目答問不分卷　　AC149 Zcl 2059

〔清〕張之洞撰

清光緒十四年(1888)上海蜚英館石印本　一册

鈐有“文父長壽”印。

提要

昭德先生郡齋讀書志二十卷附志二卷　　AC149 Zcl 1825

〔宋〕晁公武撰　〔宋〕姚應續編

清光緒十年(1884)長沙王氏刻本　十册

又一部　十册　　AC149 Zcl 1825

鈐有“素□軒”印。

又二部　十册　　AC149 Zcl 1936

鈐有“鄞馬鑒季明藏”印。

直齋書録解題二十二卷　AC149 Zcl 1930

〔宋〕陳振孫撰

清光緒九年(1883)江蘇書局刻本　六册

直齋書録解題二十二卷　011.6 377—02

〔宋〕陳振孫撰

清外聚珍翻刻本　十二册

史略六卷　　2514.1 9700

〔宋〕高似孫撰

清光緒九年(1883)虞山鮑氏刻本　二册

欽定四庫全書總目二百卷　　AC149 Zcl 2018

〔清〕永瑢等編纂

清嘉慶間刻本　一百二十八册

欽定四庫全書總目二百卷首一卷　　AC149 Zcl 2003

〔清〕永瑢等編纂

清同治七年(1868)廣東書局重刻本　一百二十册

鈐有“哲如陳慶保藏書”印。

又一部　一百二十八册　　AC149 Zcl 2050

按:館藏缺卷一、卷十一至卷十二。

又二部　一百二十册　　018.17 859—02

又三部　一百二十二册　　018.16 859—03

鈐有“南洋大學圖書館藏書”印。

欽定四庫全書簡明目録二十卷　　AC149 Zcl 1892

〔清〕永瑢等編纂

清同治七年(1868)廣東書局重刻本　十二册

鈐有“陳慶保”印。

又一部　十六册　　018.17 859—9

鈐有“南洋大學圖書館藏書”印。

欽定四庫全書簡明目録二十卷 AC149 Zcl 1774

〔清〕永瑢等編纂

清光緒十四年(1888)暢懷書屋鉛印本　四册

四庫未收書目提要五卷 AC149 Zcl 1593

〔清〕阮元撰

清光緒四年(1878)上海淞隱閣鉛印本　一册

鈐有"馬鑒之印"印。

四庫書目略二十卷首一卷附録一卷 AC149 Zcl 2801

〔清〕文良編

清同治九年(1870)刻本　四册

鈐有"韓氏霜紅盦藏書印""南齋供奉""文田之印""汪希文印"印。

按:封面墨筆題"韓氏霜紅盦藏癸巳四月庚侯瑑僉"。

四庫簡明目録標注二十卷附録一卷 AC149 Zcl 1845

〔清〕邵懿辰撰

清宣統三年(1911)刻本　六册

經籍舉要不分卷附尊經閣募捐藏書章程一卷中江尊經閣藏書目一卷 012.6 658—03

〔清〕龍啓瑞編

清光緒十九年(1893)中江講院重刻本　一册

鈐有"南洋大學圖書館藏書"印。

又一部　一册　012.6 658—02

鈐有"南洋大學圖書館藏書"印。

藝風藏書記八卷 018.878 860

〔清〕繆荃孫撰

清光緒二十七年(1901)刻本　二册

善本書室藏書志四十卷附録一卷 AC149 Zcl 1754

〔清〕丁丙輯

清光緒二十七年(1901)錢塘丁氏刻本　十六册

又一部　十六册　AC149 Zcl 2052

鈐有"馬鑒之印"印。

又二部　十六册　AC149 Zcl 1933

鈐有"哲如陳慶保藏書"印。

又三部　八册　018.878 158

澄蘭室古緣萃録十八卷 AC149 Zcl 1967

〔清〕邵松年輯

清光緒三十年(1904)上海鴻文書局石印本　六册

又一部　六册　AC149 Zcl 2113

經籍訪古志六卷附經籍訪古志補遺一卷 AC149 Zcl 1591

(日本)澁江全善、森立之撰

清光緒十一年(1885)鉛印本　八册

題跋

拜經樓藏書題跋記五卷附録一卷 011.6076 435

〔清〕吴壽暘纂

清道光二十七年(1847)刻本　四册

士禮居藏書題跋記六卷　AC149 Zcl 1830

〔清〕黄丕烈撰

清光緒八年(1882)刻本　四册

鈐有"馬鑒之印"印。

又一部　四册　AC149 Zcl 1833

又二部　五册　9578 9734

鈐有"許紹南印""霜月蟲音齋藏書"印。

士禮居藏書題跋記續二卷　9578 9734

〔清〕黄丕烈撰

清光緒二十二年(1896)元和江氏刻本　一册

皕宋樓藏書志一百二十卷續志四卷　AC149 Zcl 1712

〔清〕陸心源編

清光緒八年(1882)十萬卷樓刻本　三十二册

鈐有"田慶印信"印。

又一部　三十八册　018.87 392

儀顧堂題跋十六卷儀顧堂續跋十六卷　AC149 Zcl 1655

〔清〕陸心源撰

清光緒十六年(1890)刻本　八册

儀顧堂題跋十六卷續跋十六卷　AC149 Zcl 1656

〔清〕陸心源撰

清光緒十八年(1892)刻本　八册

楹書隅録五卷續編四卷　AC149 Zcl 1654

〔清〕楊紹和撰

清光緒二十年(1894)海源閣刻本　八册

鈐有"陳慶保"印。

又一部　八册　018.878 274—1

鈐有"沈燕謀藏書"印。

專録之屬

古今書刻二卷　014.766 815

〔明〕周弘祖撰

清光緒三十二年(1906)長沙葉氏觀古堂刻本　二册

鈐有"南洋大學圖書館藏書"印。

宋元舊本書經眼録三卷附録二卷　018.87 519

〔清〕莫友芝撰

清同治十二年(1873)刻本　一册

鈐有"無隅經眼""南洋大學圖書館藏書""無隅""大歡之圖""公是"印。

按:内封墨筆題"莫小農所贈,無隅"。

又一部　四册　AC149 Zcl 1562

皇清經解檢目八卷　AC149 Zcl 1425

〔清〕蔡啓盛編　〔清〕周紹虞、蔡紹校

清光緒十二年(1886)武林刻本　二册

又一部　二册　AC149 Zcl 1628

鈐有"哲如陳慶保藏書"印。

又二部　二册　098.176 561

皇清經解縮版編目十六卷　098.176 403

〔清〕陶治元編　〔清〕李師善、王鳳

藻輯

清光緒十七年(1891)上洋鴻寶齋石印本　二册

鈐有"寶康瓠齋藏書""南洋大學圖書館藏書"印。

皇清經解縮本編目十六卷　110 1333

〔清〕凌忠照編　〔清〕張紹銘分輯

清光緒十八年(1892)上海古香閣影印本　四册

鈐有"馬鑒之印"印。

小學考五十卷　802.078 612

〔清〕謝啓昆撰

清光緒十四年(1888)浙江書局刻本　二十册

小學考五十卷　AC149 Zcl 979

〔清〕謝啓昆撰

清光緒十五年(1889)石印本　六册

鈐有"馬鑒之印"印。

留真譜初編十二卷　AC149 Zcl 2156

〔清〕楊守敬編

清光緒二十七年(1901)宜都楊氏刻本　十二册

又一部　十二册　AC149 Zcl 2545

藏書紀事詩七卷　AC149 Zcl 2161

〔清〕葉昌熾撰

清宣統二年(1910)刻本　六册

版本之屬

留真譜初編不分卷　011.5778 271

〔清〕楊守敬編

清光緒二十七年(1901)宜都楊氏刻本　二十册

鈐有"南洋大學圖書館藏書"印。

子部

叢　編

十子全書十種 1071.31 2300

〔清〕王子興輯

清嘉慶九年(1804)姑蘇聚文堂重刻本　三册

子目:

道德經評注二卷　題〔漢〕河上公章句

南華真經十卷　〔周〕莊周撰

按:館藏存二種。

子書百家一百種 1782/1—110

〔清〕崇文書局輯

清光緒元年(1875)湖北崇文書局刻本　一百十册

鈐有"南洋大學圖書館藏書"印。

子目:

儒家類

孔子家語十卷　〔三國魏〕王肅注

孔子集語三卷　〔宋〕薛據輯

荀子二卷　〔周〕荀況撰

孔叢子二卷　〔漢〕孔鮒撰

新語二卷　〔漢〕陸賈撰

忠經一卷　〔漢〕馬融撰　〔漢〕鄭玄注

新書十卷　〔漢〕賈誼撰

鹽鐵論二卷　〔漢〕桓寬撰

新序十卷　〔漢〕劉向撰

説苑二十卷　〔漢〕劉向撰

揚子法言一卷　〔漢〕揚雄撰

方言十三卷　〔漢〕揚雄撰　〔晋〕郭璞解

潛夫論十卷　〔漢〕王符撰

申鑒五卷　〔漢〕荀悦撰

中論二卷　〔漢〕徐幹撰

傅子一卷　〔晋〕傅玄撰

文中子中説一卷　〔晋〕王通撰

續孟子二卷　〔唐〕林慎思撰

伸蒙子三卷　〔唐〕林慎思撰

素履子三卷　〔唐〕張弧撰

胡子知言六卷疑義一卷附録一卷　〔宋〕胡宏撰

薛子道論三卷　〔明〕薛瑄撰

海樵子一卷　〔明〕王崇慶撰

兵家類

風后握奇經一卷　〔漢〕公孫弘解

六韜三卷　〔周〕吕望撰

孫子三卷　〔周〕孫武撰

吴子二卷　〔周〕吴起撰

司馬法一卷　〔周〕司馬穰苴撰

尉繚子二卷　〔周〕尉繚撰

素書一卷　〔漢〕黄石公撰

心書一卷　〔三國蜀〕諸葛亮撰

何博士備論二卷　〔宋〕何去非撰

李忠定輔政本末一卷　〔宋〕李綱撰

法家類

管子二十四卷　〔周〕管仲撰

晏子春秋八卷　〔周〕晏平仲撰

商子五卷　〔秦〕商鞅撰

鄧析子一卷　〔周〕鄧析撰

尸子二卷　〔周〕尸佼撰

韓非子二十卷　〔周〕韓非撰

農家類

齊民要術十卷　〔北魏〕賈思勰撰

術數類

太玄經十卷　〔漢〕揚雄撰

易林四卷　〔漢〕焦延壽撰
雜家類
鬻子一卷　〔周〕鬻熊撰
計倪子一卷　〔周〕計然撰
於陵子一卷　〔周〕陳仲子撰
子華子二卷　〔周〕程本撰
墨子十六卷　〔周〕墨翟撰
尹文子一卷　〔周〕尹文撰
慎子一卷　〔周〕慎到撰
公孫龍子一卷　〔周〕公孫龍撰
鬼谷子一卷
鶡冠子三卷
吕氏春秋二十六卷　〔秦〕吕不韋撰
淮南子二十一卷　〔漢〕劉安撰
金樓子六卷　〔南朝梁〕元帝蕭繹撰
劉子二卷　〔北齊〕劉晝撰
顔氏家訓二卷　〔北齊〕顔之推撰
獨斷一卷　〔漢〕蔡邕撰
論衡三十卷　〔漢〕王充撰
白虎通德論四卷　〔漢〕班固撰
風俗通義十卷　〔漢〕應劭撰
牟子一卷　〔漢〕牟融撰
古今注三卷　〔晋〕崔豹撰
謦隅子歔欷瑣微論二卷　〔宋〕黄晞撰
嬾真子五卷　〔宋〕馬永卿撰
廣成子解一卷　〔宋〕蘇軾撰
叔苴子内篇六卷外篇二卷　〔明〕莊元臣撰
郁離子一卷　〔明〕劉基撰
空同子一卷　〔明〕李夢陽撰
海沂子五卷　〔明〕王文禄撰
小説家雜事類
燕丹子三卷　〔周〕燕太子丹撰　〔清〕孫星衍校輯
玉泉子一卷
金華子雜編二卷　〔南唐〕劉崇遠撰
小説家異聞類
山海經十八卷　〔晋〕郭璞注
山海經圖贊一卷　〔晋〕郭璞撰
山海經補注一卷　〔明〕楊慎撰
神異經一卷　〔漢〕東方朔撰　〔晋〕張華撰
海内十洲記一卷　〔漢〕東方朔撰
别國洞冥記四卷　〔漢〕郭憲撰
穆天子傳六卷　〔晋〕郭璞注
拾遺記十卷　〔晋〕王嘉撰
搜神記二十卷　〔晋〕干寶撰
搜神後記十卷　〔晋〕陶潜撰
博物志十卷　〔晋〕張華撰
續博物志十卷　〔宋〕李石撰
述異記二卷　〔南朝梁〕任昉撰
道家類
陰符經一卷　〔漢〕張良注
關尹子一卷　〔周〕尹喜撰
老子道德經二卷　〔三國魏〕王弼注
道德真經注四卷　〔元〕吴澄撰
莊子南華真經三卷　〔周〕莊周撰
莊子闕誤一卷　〔明〕楊慎撰
列子二卷　〔周〕列禦寇撰
抱朴子内篇四卷外篇四卷　〔晋〕葛洪撰
亢倉子一卷　〔周〕庚桑楚撰
玄真子一卷　〔唐〕張志和撰
天隱子一卷　〔唐〕司馬承禎撰
无能子三卷
胎息經疏一卷　〔明〕王文禄撰
至遊子二卷　〔宋〕曾慥撰

娱園叢刻十種 9100.83 5543

〔清〕許增輯

清光緒十五年(1889)刻本 八册

子目:

藏書記要一卷附流通古書約一卷 〔清〕孫從添撰

閒者軒帖考一卷 〔清〕孫承澤撰

漫堂墨品一卷 〔清〕宋犖撰

筆史一卷 〔清〕梁同書撰

金粟箋説一卷 〔清〕張燕昌撰

端溪硯史三卷 〔清〕吴蘭修編

陽羨名陶録二卷 〔清〕吴騫編

書畫説鈴一卷 〔清〕陸時化撰

頻羅庵論書一卷 〔清〕梁同書撰

賞延素心録一卷 〔清〕周二學撰

又一部 六册 AC149 Zcl 1491

鈐有"犬養氏圖書"印。

又二部 六册 226—2/1—6

鈐有"南洋大學圖書館藏書"印。

二十二子 1783/1—83

〔清〕浙江書局輯

清光緒二十七年(1901)浙江書局重校刻本 八十三册

鈐有"南洋大學圖書館藏書"印。

子目:

老子二卷 〔三國魏〕王弼注

莊子十卷 〔晋〕郭象注

管子二十四卷 〔唐〕房玄齡注

列子八卷 〔晋〕張湛注

墨子十六卷 〔清〕畢沅注

荀子二十卷 〔唐〕楊倞注

尸子二卷 〔清〕汪繼培輯

孫子十家注十三卷 〔清〕孫星衍、吴人驥校

孔子集語十七卷 〔清〕孫星衍輯

晏子春秋七卷音義二卷 〔清〕孫星衍撰

吕氏春秋二十六卷 〔漢〕高誘注

新書十卷 〔漢〕賈誼撰

春秋繁露十七卷 〔漢〕董仲舒撰

法言十三卷附音義一卷 〔漢〕揚雄撰 〔晋〕李軌注

文子纘義十二卷 〔宋〕杜道堅撰

黄帝内經二十四卷靈樞十二卷 〔唐〕王冰注

竹書紀年十二卷 〔清〕徐文靖補箋

商君書五卷 〔清〕嚴萬里校

韓非子二十卷附識誤一卷 〔周〕韓非撰 (識誤)〔清〕顧廣圻撰

淮南子二十一卷 〔漢〕高誘注

文中子十卷 〔隋〕王通撰 〔宋〕阮逸注

山海經十八卷 〔晋〕郭璞傳

注解十子全書 1780/1—40

清光緒間廣州書局刻本 四十册

鈐有"南洋大學圖書館藏書""温玨批閲"印。

子目:

荀子二十卷 〔唐〕楊倞注

揚子法言十三卷 〔晋〕李軌注

文中子十卷 〔宋〕阮逸注

老子二卷 〔三國魏〕王弼注

莊子十卷 〔晋〕郭象注

淮南子二十一卷 〔漢〕高誘注

管子二十四卷 〔唐〕房玄齡注

列子八卷 〔晋〕張湛注

鶡冠子三卷　〔宋〕陸佃解

韓非子二十卷　〔清〕顧廣圻識誤

子書二十八種　121.081 113

〔清〕上海文瑞樓輯

清宣統三年(1911)上海集成圖書公司石印本　十六册

鈐有"南洋大學圖書館藏書"印。

子目:

老子道德經二卷　〔三國魏〕王弼注

莊子十卷　〔晋〕郭象注　〔唐〕陸德明音義

管子二十四卷　〔唐〕房玄齡注

荀子二十卷　〔唐〕楊倞注

列子八卷　〔晋〕張湛注

韓非子二十卷附識誤一卷　〔周〕韓非撰　(識誤)〔清〕顧廣圻撰

淮南子二十一卷　〔漢〕高誘注

文中子十卷(缺)　〔宋〕阮逸注

關尹子一卷(缺)　〔周〕尹喜撰

揚子法言十三卷(缺)　〔漢〕揚雄撰

鶡冠子三卷(缺)　〔宋〕陸佃解

鬼谷子一卷(缺)

墨子十六卷(缺)　〔清〕畢沅注

孫子十家注十三卷(缺)　〔清〕孫星衍、吴人驥校

吴子二卷　〔周〕吴起撰

六韜三卷　〔周〕太公望撰

尉繚子二卷　〔周〕尉繚撰

孔子集語十七卷　〔清〕孫星衍輯

晏子春秋七卷音義二卷附校勘記一卷　〔清〕孫星衍撰　(校勘記)〔清〕黄以周撰

吕氏春秋二十六卷　〔漢〕高誘注

賈子新書(缺)　〔漢〕賈誼撰

春秋繁露十七卷(缺)

文子纘義十二卷(缺)　〔元〕杜道堅撰

補注黄帝内經二十四卷(缺卷一至卷十九)靈樞十二卷　〔宋〕林億等改誤

竹書紀年十二卷　〔清〕徐文靖補箋

尸子二卷　〔清〕汪繼培輯

商君書五卷　〔清〕嚴萬里校

山海經十八卷　〔清〕畢沅校

儒家儒學類

類編之屬

二程全書六十七卷　1209 3900

〔宋〕程顥、程頤撰

清康熙間禦兒吕氏寶誥堂刻本　二十册

半葉12行22字,小字雙行字同,黑口,左右雙邊,雙黑魚尾,半框高17.7釐米,寬14釐米。版心鎸書名及卷次,下鎸葉碼。

内封題"二程全書,禦兒吕氏寶誥堂刊"。卷首依次有總目;遺書目録,末有《跋》,署"乾道四年歲在著雍困敦夏四月壬子新安朱熹謹記"。《河南程氏外書》卷首有目録,末有《跋》,署"乾道癸巳六月乙亥新安朱熹謹書"。《伊川易傳》卷首依次有目録;《易序》;宋元符二年(1099)《周易程子傳序》,署"宋元符二年己卯正月庚申河南程頤正叔序";《上下篇

義》。《二程粹言》卷首依次有宋乾道二年(1166)《粹言序》,署"乾道丙戌正月十有八日南軒張栻序";目録。

鈐有"古□堂珍藏圖書""鄞馬鑒季明藏"印。

子目:

河南程氏遺書二十五卷附録一卷

河南程氏外書十二卷

明道先生文集五卷(缺)

伊川先生文集八卷附録二卷(缺卷一至卷六)

伊川易傳四卷

伊川經説八卷

二程粹言二卷

呂書四種合刻九卷 192 452

〔明〕呂坤、呂得勝撰

清道光七年(1827)開封府署刻本 一册

子目:

小兒語六卷 〔清〕呂得勝撰

好人歌一卷 〔明〕呂坤撰

宗約歌一卷 〔明〕呂坤撰

閨戒一卷 〔明〕呂坤撰

聖門十六子書 1794

〔清〕馮雲鵷輯

清道光十四年(1834)昌平書院刻本 六册

鈐有"李氏藏書""冬涵閲過"印。

子目:

顔子書七卷首一卷

子思子書六卷首一卷

曾子書八卷首一卷

孟子書七卷首一卷

閔子書六卷首一卷

冉子(冉雍)書四卷首一卷

端木子書七卷首一卷

仲子書六卷首一卷

卜子書五卷首一卷

有子書六卷首一卷

冉子(冉耕)書五卷首一卷

宰子書七卷首一卷

冉子(冉求)書五卷首一卷

言子書三卷首一卷

顓孫子書六卷首一卷

朱子書三卷首一卷 〔宋〕朱熹撰

沈余遺書三種 1811/1—4

〔清〕趙舒翹輯

清光緒二十二年(1896)江蘇書局重刻本 四册

鈐有"南洋大學圖書館藏書""京師官書局出售圖記"印。

子目:

沈端恪公年譜二卷 〔清〕沈曰富撰

勵志録二卷 〔清〕沈近思撰

庸言四卷 〔清〕余元遴撰

儒家之屬

孔子集語二卷 1075 3500

〔宋〕薛據纂

清光緒元年(1875)湖北崇文書局刻本 一册

孔子集語十七卷 1075 3500

〔清〕孫星衍撰

清光緒間刻本　四册

家語疏證六卷　1076 9300

〔清〕孫志祖撰

清嘉慶間刻本　二册

鈐有"季明""馬氏老學齋劫餘文物"印。

家語疏證六卷　121.231 362

〔清〕孫志祖撰

清光緒間刻本　二册

荀子集解二十卷首一卷

121.271 120—03

〔唐〕楊倞注　〔清〕王先謙集解

清光緒十七年(1891)思賢講舍刻本　六册

荀子補注二卷　1120.8 2300

〔清〕郝懿行撰

清嘉慶間刻本　一册

鈐有"馬鑒讀"印。

儒學之屬

經濟

新語二卷　1131 0000

〔漢〕陸賈撰

清光緒元年(1875)湖北崇文書局刻本　一册

鈐有"季明""馬鑒之印"印。

法言疏證十三卷　1150 9300

〔漢〕揚雄撰　〔清〕汪榮寶注

清宣統三年(1911)金薤琳瑯齋鉛印本　四册

鈐有"馬鑒之印"印。

鹽鐵論十二卷　4312 5470

〔漢〕桓寬撰

清乾隆間刻本　四册

半葉9行20字,小字雙行字同,白口,左右雙邊,單白魚尾,半框高19.4釐米,寬14.3釐米。版心上鎸書名,中鎸卷次,下鎸葉碼。

卷端題"鹽鐵論,漢汝南桓寬著"。卷首依次有明嘉靖三十二年(1553)《鹽鐵論序》,署"嘉靖癸丑閏三月朔旦雲間張之象序";目録。

鈐有"燕笙藏書""安定胡氏""馬鑒之印""胡氏珍本""鹽官胡氏"印。

傅子不分卷帝範四卷　72/61

〔晋〕傅玄撰　〔唐〕太宗李世民撰

清末刻本　一册

鈐有"南洋大學圖書館藏書"印。

皇朝經世文編一百二十卷　4735 1339

〔清〕賀長齡輯

清道光七年(1827)刻本　八十册

皇朝經世文編一百二十卷　4735 1339

〔清〕賀長齡輯

清光緒十三年(1887)上海點石齋石印本　十二册

皇朝經世文編一百二十卷 830.7 331—02

〔清〕賀長齡輯

清光緒十三年(1887)上海廣百宋齋鉛印本　二十四册

鈐有"義安學院圖書館章""南洋大學圖書館藏書"印。

皇朝經世文續編一百二十卷 4735 1339

〔清〕葛士濬輯

清光緒十四年(1888)圖書集成局影印本　三十二册

皇朝經世文續編一百二十卷 830.7 331.01—02

〔清〕葛士濬輯

清光緒十七年(1891)廣百宋齋鉛印本　二十四册

鈐有"義安學院圖書館章""南洋大學圖書館藏書""墨緣堂藏書"印。

性理

中論二卷 1166 0000

〔漢〕徐幹撰　〔清〕蔡祖拔校

清乾隆間刻本　一册

半葉9行20字,白口,左右雙邊,單白魚尾,半框高19.5釐米,寬14.2釐米。版心上鎸書名,中鎸卷次,下鎸葉碼。

卷端題"中論,漢北海徐幹著,建昌蔡祖拔校"。卷首依次有宋曾鞏撰《中論序》;目録。卷末有清王謨撰《跋》。

鈐有"季明""馬鑒之印"印。

按:清王謨輯《增訂漢魏叢書》之零種。

延平李先生師弟子答問二卷 1237 5271

〔宋〕朱熹編

清光緒五年(1879)延平署府刻本　二册

鈐有"佩三言齋""陳慶保""芑香""紹昌印記"印。

朱子原訂近思録十四卷附校勘記一卷考訂朱子世家一卷 125.5 828.02

〔宋〕朱熹撰　〔清〕江永集注　〔清〕王鼎校次

清光緒十一年(1885)江西書局刻本　四册

鈐有"知我者誰"印。

西山先生真文忠公讀書記四十卷 1278 4630

〔宋〕真德秀撰

清同治三年(1864)重刻本　三十册

鈐有"武昌吕氏新悔盦珍藏""齊安林氏逸聖收藏金石書畫記"印。

涇野子内篇二十七卷 1313 3548

〔明〕吕柟撰　〔清〕程維雍、白遇道重訂

清光緒七年(1881)景槐書院重刻本　六册

鈐有"陳慶保"印。

吕語集粹四卷 1319 7534

〔明〕吕坤撰　〔清〕陳宏謀評

清宣統元年(1909)上海文瑞樓石印

本 二册

御纂性理精義十二卷 AC149 Zcl 1142

〔清〕李光地等纂修

清康熙五十六年(1717)武英殿刻本 八册

滿文。白口,四周雙邊,單黑魚尾,半框高21.4釐米,寬16.5釐米。版心上鎸滿文書名,中鎸滿文卷次及篇名,下鎸漢文葉碼。

娱親雅言六卷 075.7 428

〔清〕嚴元照撰

清嘉慶十四年(1809)刻本 二册

愚齋反經録不分卷 AC149 Zcl 4152

〔清〕謝王寵輯

清道光三年(1823)精抄本 八册

鈐有"豐順丁氏藏書""南海伍氏藏書""儀萱齋隱"印。

述朱質疑十六卷附釋字一卷 1346 9335

〔清〕夏炘撰

清咸豐二年(1852)景紫山房刻本 四册

大意尊聞三卷附録一卷 1345 4546

〔清〕方東樹撰 〔清〕方宗誠、方聞校

清同治五年(1866)刻本 三册

養正類編十三卷 523 314

〔清〕張伯行纂 〔清〕林緡等校

清同治五年(1866)福州正誼書局重刻本 二册

鈐有"南洋大學圖書館藏書""方潤華印"印。

正學編八卷 1346 3120

〔清〕潘世恩輯 〔清〕潘曾瑋疏解

清同治六年(1867)廣州芸書閣刻本 四册

鈐有"陳慶保"印。

近思録集注十四卷 1237 3973

〔清〕江永撰

清同治八年(1869)江蘇書局刻本 四册

儒門法語不分卷 AC149 Zcl 961

〔清〕彭定求原編 〔清〕湯金釗輯要 〔清〕廣厚重訂

清光緒元年(1875)江蘇學政署重刻本 一册

詒謀隨筆二卷 AC149 Zcl 1042

〔清〕但明倫撰 〔清〕但培良等校字

清光緒四年(1878)但氏刻本 二册

鈐有"哲如陳慶保藏書"印。

五子近思録發明十四卷 1237 6439

〔清〕施璜纂注

清光緒十四年(1888)新繁沈氏家塾刻本 八册

理學庸言二卷 1022 7155

〔清〕金錫齡撰

清光緒二十一年(1895)刻本 一册

漢學商兑三卷 1345 1194

〔清〕方東樹撰

清光緒二十六年(1900)浙江書局校刻本 四册

鈐有"馬鑒讀"印。

禮教

最樂編六卷 AC149 Zcl 948

〔明〕高道淳編

清道光六年(1826)長白自新堂德心齋重刻本 六册

鈐有"鑲紅旗滿洲烏林答氏"印。

臣鑒録二十卷 1685.5 3370

〔清〕蔣伊編

清光緒七年(1881)光州怡蓮堂書坊重刻本 十册

臣鑒録二十卷 1685.5 3370

〔清〕蔣伊編

清光緒二十五年(1899)省城狀元坊天寶鈕店重刻本 十册

鈐有"陳慶保"印。

筆諫八卷首一卷末編一卷附百孝圖一卷 1681.18 2300

〔清〕馬萬選編

清光緒九年(1883)京口本宅一得軒刻本 十册

鈐有"神田家藏""香巖"印。

訓俗遺規四卷 1684 1953

〔清〕陳宏謀編

清光緒十八年(1892)重刻本 四册

先正遺規四卷 1681.3 1353

〔清〕汪正集録

清光緒十九年(1893)浙江書局刻本 二册

鈐有"陳慶保"印。

人範六卷 1682.5 5600

〔清〕蔣元輯

光緒二十七年(1901)廣雅書局重刻本 一册

家訓

姚氏藥言不分卷前徽録不分卷 1682 5955

〔明〕姚舜牧撰 (前徽録)〔清〕姚世錫撰

清光緒九年(1883)歸安姚氏刻本 一册

按:清姚覲元輯《咫進齋叢書》之零種。

李州倸家訓不分卷 1682 7312

〔清〕李受彤撰

清光緒二十年(1894)重刻本 一册

鈐有"陳慶保"印。

蒙學

較正幼學須知成語考二卷 AC149 Zcl 438

〔明〕丘濬撰 〔清〕林德芳校字

清近文堂校刻本 一册

幼學故事尋源十卷　AC149 Zcl 2039

〔明〕丘濬撰　〔清〕楊應象集注

清末善美堂刻本　四册

按:内封題"新訂故事尋源詳解全書"。

小學集解四卷　125.5 314—502

〔清〕張伯行集注

清光緒二十七年(1901)廣雅書局刻本　四册

鈐有"南洋大學圖書館藏書"印。

幼學立本解義不分卷　1681.3 5173

〔清〕黄嶢芬編撰

清光緒三十三年(1907)寶經閣、嶺南書局鉛印本　一册

勸學

輶軒語不分卷　4938 5150

〔清〕張之洞撰

清光緒四年(1878)敏德堂刻本　二册

勸學篇二卷　127.78 312

〔清〕張之洞撰

清光緒二十四年(1898)中江書院重刻本　一册

道家類

類編之屬

道書十二種　1921 4995

〔清〕劉一明撰

清光緒六年(1880)刻本　十六册

子目:

周易闡真四卷首一卷

孔易闡真二卷

通關文二卷

會心内集二卷

會心外集二卷

陰符經注一卷

敲爻歌直解一卷

百字碑注一卷

黄鶴賦一卷

西遊原旨讀法二卷

參同契經文直指三卷

參同契直指箋注三卷

參同契直指三相類二集

金丹四百字解一卷

悟真直指四卷

按:内封所題此書共十二種(《悟道破疑》《會心集》《周易闡義》《通關文》《象言破疑》《指南針》《參悟直言》《悟道録》《修真辨難》《黄庭經》《修真九要》《無根樹》),上述所列子目爲實際存目,共十五種,且與内封所題書名有異。

老子之屬

道德經解二卷　1071.5 3000

〔宋〕蘇轍撰

清後期孔氏嶽雪樓影抄本　一册

鈐有"印廬珍藏"印。

讀老札記二卷附補遺一卷　121.311 468

〔清〕易順鼎撰

清光緒十年(1884)刻本　一册

莊子之屬

南華真經評注五卷 1111.31 2300

〔晋〕向秀注 〔晋〕郭象評

明後期刻本 五册

半葉6行17字,小字單行不等,白口,左右雙邊,單白魚尾,半框高23.4釐米,寬15.1釐米。兩截版,上鎸評文,下鎸正文及注文,版心上鎸篇名,中鎸"南華真經"及卷次,下鎸葉碼。

卷端題"南華真經評注,周蒙漆園吏莊周著,晋竹林賢士向秀注"。卷首有目録。

鈐有"馬鑒之印"印。

莊子因六卷 1111.8 5000

〔清〕林雲銘撰

清乾隆四十五年(1780)梅園萃華堂刻本 六册

半葉9行22字,小字雙行字同,白口,四周單邊,單白魚尾,無界行,半框高20.5釐米,寬14.2釐米。版心上鎸書名,中鎸卷次及篇章名,下鎸葉碼。

卷端題"莊子因,三山林雲銘西仲評述"。内封題"乾隆庚子年新鎸,三山西仲先生評述,增注莊子因,是書原本,掃盡諸家紕繆,久爲海内賞識,兹恐學者或費探索,因損益原注别抒新詮,逐字訓詁,逐句辨定,逐段分析,細加圈點截抹,俾古今第一部奇書,面目畢呈,開卷便得,真古今第一部奇解也。先生嘉惠苦心,比原本較切矣。識者珍之,梅園萃華堂謹識"。卷首依次有清雍正元年(1723)《增補莊子因序》,署"雍正元年季秋望日三山林雲銘西仲氏題於西湖畫舫";凡例;篇目;《莊子總論》;《莊子雜説》;《莊子列傳》。

鈐有"馬鑒"印。

莊子集釋十卷 1111.8 3900

〔清〕郭慶藩輯

清光緒二十年(1894)思賢講舍刻本 八册

南華真經識餘不分卷 1111.8 9500

〔清〕陳壽昌輯

清光緒間刻本 一册

其它道家之屬

列子釋文二卷附考異一卷 1088.4 9600

〔唐〕殷敬順撰 〔宋〕陳景元補遺 〔清〕任大椿考異

清乾隆間抄本 二册

半葉8行17字,小字雙行字同,無版心,無界行。

卷端題"列子釋文,唐殷敬順撰,宋陳景元補遺"。《列子釋文考異》卷端題"列子釋文考異,興化任大椿"。

鈐有"謏聞齋""林泉珍秘圖籍""千印樓所藏書畫金石文字""獨山莫祥芝圖書記"印。

莊屈合詁不分卷 121.3327 933

〔清〕錢澄之撰

清康熙雍正間斟雉堂刻本 五册

半葉10行21字,小字雙行字同,白口,四周單邊,單黑魚尾,半框高17.3釐米,寬13.7釐米。版心上鎸書名,中鎸篇名及葉碼。

卷端題“莊屈合詁,桐城錢澄之飲光氏著”。内封題“桐城錢飲光先生著,莊屈合詁,斟雉堂藏板”。卷首依次有清唐甄撰《莊屈合詁序》;《莊子内七詁自引》;清錢飲光撰《莊屈合詁自序》;目録。屈子册卷首有《楚辭屈詁自引》。

鈐有“南洋大學圖書館藏書”印。

養真集二卷 1938 5330

〔清〕養真子撰

清光緒十九年(1893)省城聚賢堂重刻本　一册

墨家類

墨子閒詁十五卷目録一卷附録一卷後語二卷 121.41 366—03

〔清〕孫詒讓撰

清光緒三十三年(1907)刻本　八册

兵家類

類編之屬

汪氏兵學三書 236/1—3

〔清〕汪宗沂撰輯

清光緒二十年(1894)避舍蓋公堂校刻本　三册

鈐有“南洋大學圖書館藏書”印。

子目:

太公兵法逸文一卷

武侯八陣兵法輯略一卷

衛公兵法輯本二卷附舊唐書李靖傳考證一卷

汪氏兵學三書 236

〔清〕汪宗沂撰輯

清光緒間漸西村舍刻本　三册

子目:

太公兵法逸文一卷

武侯八陣兵法輯略一卷

衛公兵法輯本二卷附舊唐書李靖傳考證一卷

兵法之屬

孫子集解十三卷 AC149 Zcl 2953

〔清〕顧福棠集解

清光緒二十六年(1900)刻本　二册

鈐有“鐘沆”“夫容江民”“齊安林氏逸聖收藏金石書畫之記”“桐亭棵中長物”“謝善詒印”印。

按:書中有謝鐘沆朱筆過録的《孫子》十家注,題“謝鐘沆讀”。

衛公兵法輯本二卷附舊唐書李靖傳考證一卷 236

〔唐〕李靖傳　〔清〕汪宗沂輯

清光緒間漸西村舍刻本　一册

按:清汪宗沂輯《汪氏兵學三書》之零種。

武備志二百四十卷 AC149 Zcl 2936

〔明〕茅元儀輯

清道光間刻本　六十册

紀效新書十八卷首一卷　AC149 Zcl 2972

〔明〕戚繼光撰　〔清〕張海鵬訂

清咸豐三年（1853）文成堂刻本　六册

讀史兵略四十六卷　AC149 Zcl 1671

〔清〕胡林翼撰

清咸豐十一年（1861）武昌節署刻本　十六册

鈐有"陳慶保"印。

讀史兵略續編十卷　AC149 Zcl 2951

〔清〕胡林翼纂　〔清〕王兆涵校

清光緒二十八年（1902）湘省學堂刻本　十册

法家類

法家之屬

韓非子二十卷附韓非子識誤三卷　AC149 Zcl 4141

〔周〕韓非撰　〔清〕顧廣圻識誤

清嘉慶二十三年（1818）全椒吴氏四世學士祠堂重刻本　八册

鈐有"東莞莫氏五十萬卷樓""韓氏霜紅盦藏書印""蟄盦藏書""校""定""潛齋""雲山"印。

按：卷首有朱墨書"吴刻乾道本韓非子二十卷，附顧氏識誤三卷凡二册，四年前得東塾先生簽注韓非子，喜甚，匆匆檢閲一過即寄奉節庵師武昌，久思照録一册以資誦讀，頃節師持入京，命付工重裝，遂以兩日之力移録此本。案，簽注各條皆顧氏識誤所未及，此本成秘笈矣，甲寅七夕蟄庵題記"，鈐印"經"。墨筆題"濟南小布政司街翰文齋估友劉仁參持此書來，以國幣五十圓買之，民國廿三年夏月莫伯驥記"，末鈐"東莞莫氏五十萬卷樓"。書中有朱筆批注。

農家農學類

農學之屬

齊民要術十卷　430 150—02

〔北魏〕賈思勰撰

清光緒二十二年（1896）中江榷署刻本　四册

農桑輯要七卷附蠶事要略一卷　430 479—02

〔元〕司農司撰

清光緒二十一年（1895）中江榷署刻本　二册

鈐有"南洋大學圖書館藏書"印。

農政全書六十卷　8038 1338

〔明〕徐光啓撰

清道光二十三年（1843）曙海樓刻本　二十册

農政全書六十卷　430 950—02

〔明〕徐光啓撰　〔明〕張國維、方嶽貢鑒

清道光二十六年（1846）黔省大盛堂

刻本　二十册

鈐有“陳慶保”“義安學院圖書館章”“南洋大學圖書館藏書”印。

御製耕織圖不分卷　431.46 716

〔清〕聖祖玄燁撰　〔清〕焦秉貞繪圖

清光緒五年(1879)點石齋石印本　一册

鈐有“義安學院圖書館章”“南洋大學圖書館藏書”印。

御製耕織圖不分卷　AC149 Zcl 681

〔清〕聖祖玄燁撰　〔清〕焦秉貞繪圖

清光緒十二年(1886)上海點石齋石印本　一册

御製耕織圖不分卷　8038 3340

〔清〕聖祖玄燁撰　〔清〕焦秉貞繪圖

清光緒二十九年(1903)北洋官報局石印本　二册

鈐有“許紹南印”印。

御製耕織全圖不分卷　AC149 Zcl 2865

〔清〕聖祖玄燁撰　〔清〕焦秉貞繪圖

清刻雙色套印本　二册

又一部　一册　AC149 Zcl 2865

按:館藏缺第一册。

秘傳花鏡六卷　8156 2313

〔清〕陳淏子訂輯

清康熙二十七年(1688)金閶書業堂刻本　四册

半葉9行23字,小字雙行字同,白口,四周單邊,單黑魚尾,半框高19.2釐米,寬12.2釐米,有圖。版心上鎸“花鏡”,中鎸卷次及篇章名,下鎸葉碼。

卷端題“秘傳花鏡,西湖花隱陳淏子訂輯”。内封題“園林雅課,西湖陳扶摇訂輯,花鏡,金閶書業堂梓行”。卷首依次有清康熙二十七年《序》,署“康熙戊辰桂月西湖花隱翁陳淏子漫題”;目録;圖。

鈐有“許紹南印”印。

田家五行之屬

相雨書一卷　AC149 Zcl 3923

〔唐〕黄子發撰

清光緒間袁氏漸西村舍刻本　一册

蠶桑之屬

蠶桑萃編十五卷首一卷　438 802

〔清〕魏光燾編

清光緒二十六年(1900)蘭州官書局鉛印本　八册

鈐有“南洋大學圖書館藏書”印。

蘭蕙同心録不分卷　AC149 Zcl 2207

〔清〕許鼐龢撰

清光緒十七年(1891)嘉興沈石孫石印本　二册

藝菊瑣言不分卷　AC149 Zcl 665

〔清〕陳葆善撰

清光緒二十八年(1902)褎殷堂鉛印本　一册

醫家類

類編之屬

仲景全書五種 AC149 Zcl 3069

〔漢〕張仲景撰 〔明〕趙開美輯

清光緒二十二年(1896)羊城文陞閣刻本 六册

子目:

傷寒論集注十卷

金匱要略方論三卷

傷寒類證三卷

運氣掌訣録一卷

傷寒明理論三卷附藥方論一卷

醫學十書 AC149 Zcl 3057

〔金〕李杲輯

清光緒七年(1881)羊城雲林閣校刻本 十六册

鈐有"哲如陳慶保藏書"印。

子目:

脉訣一卷 〔宋〕崔嘉彦撰

内外傷辨惑論三卷 〔金〕李杲撰

脾胃論三卷 〔金〕李杲撰

蘭室秘藏三卷 〔金〕李杲撰

東垣先生此事難知集二卷 〔元〕王好古撰

湯液本草三卷 〔元〕王好古撰

格致餘論一卷 〔元〕朱震亨撰

局方發揮一卷 〔元〕朱震亨撰

外科精義二卷 〔元〕齊德之撰

醫經溯洄集一卷 〔元〕王履撰

附

醫壘元戎一卷 〔元〕王好古撰

海藏瘢論萃英一卷 〔元〕王好古撰

劉河間書九種 AC149 Zcl 3329

〔金〕劉完素撰

清晚期刻本 八册

子目:

劉河間傷寒三書

黄帝素問宣明論方十五卷 〔明〕吴勉學校

新刊注釋素問玄機原病式二卷 〔元〕薛時平注釋

素問病機氣宜保命集三卷

劉河間傷寒六書

素問玄機原病式一卷 〔明〕吴勉學校

素問病機氣宜保命集三卷 〔明〕吴勉學、鮑士奇校

劉河間傷寒醫鑒一卷 〔元〕馬宗素撰 〔明〕吴勉學校

劉河間傷寒直格論方三卷 〔元〕葛雍撰 〔明〕吴勉學校

傷寒標本心法類萃二卷 〔明〕吴勉學校正

附

河間傷寒心要一卷 〔金〕鎦洪編 〔明〕吴勉學校

古今醫統正脉全書四十四種二百六卷 AC149 Zcl 3327

〔明〕王肯堂彙輯

明萬曆二十九年(1601)新安吴勉學師古齋刻本 三十二册

半葉10行20字,小字雙行不等,白

口,四周單邊,單黑魚尾,半框高 21.8 釐米,寬 15.2 釐米。版心上鎸書名,中鎸卷次,下鎸葉碼。

内封題"金壇王宇泰先生彙輯,古今醫統正脉全書,本衙藏板"。卷首依次有明萬曆二十九年《刻醫統正脉序》,署"萬曆辛丑仲夏六月新安吴勉學書於師古齋中";總目。

子目:

黄帝内經素問二十四卷 〔宋〕林億等校正 〔宋〕孫兆重改誤
黄帝靈樞經十二卷 〔明〕吴勉學校 〔明〕徐鎔閲
黄帝針灸甲乙經十二卷 〔晉〕皇甫謐撰
中藏經八卷 〔漢〕華佗撰 〔明〕吴勉學、鮑士奇校
王氏脉經十卷 〔晉〕王熙撰 〔宋〕林億等類次
滑氏難經二卷 〔元〕滑壽撰 〔明〕吴中珩校
傷寒論十卷 〔漢〕張仲景撰 〔晉〕王叔和撰次 〔宋〕成無已注解 〔明〕吴勉學閲 〔明〕徐鎔校
傷寒明理論四卷 〔宋〕成無已撰 〔明〕吴勉學閲 〔明〕徐鎔校
金匱要略三卷 〔漢〕張仲景撰 〔晉〕王熙集 〔宋〕林億等詮次 〔明〕吴勉學閲 〔明〕徐鎔校
類證活人書二十二卷 〔宋〕朱肱撰 〔明〕吴勉學校
素問玄機原病式一卷 〔宋〕劉完素述 〔明〕吴勉學校
宣明方論十五卷 〔宋〕劉完素撰集 〔明〕吴勉學校
傷寒標本二卷 〔宋〕劉完素編集 〔明〕吴勉學校正
劉河間傷寒醫鑒一卷 〔金〕馬宗素撰 〔明〕吴勉學校
素問病機氣宜保命集三卷 〔宋〕劉完素述 〔明〕吴勉學、鮑士奇校
劉河間傷寒直格論方三卷 〔元〕葛雍編 〔明〕吴勉學校
河間傷寒心要一卷 〔金〕鎦洪編 〔明〕吴勉學校
傷寒心鏡一卷(缺) 〔宋〕張從正撰
脉訣歌一卷(缺) 〔宋〕崔嘉彦撰
局方發揮一卷(缺) 〔元〕朱震亨撰
脾胃論三卷(缺) 〔金〕李杲撰
格致餘論一卷(缺) 〔元〕朱震亨撰
蘭室秘藏三卷(缺) 〔金〕李杲纂輯
内外傷辨三卷(缺) 〔金〕李杲撰
此事難知二卷(缺) 〔金〕李杲纂
湯液本草三卷(缺) 〔元〕王好古輯
溯洄集一卷(缺) 〔元〕王履纂輯
外科精義二卷(缺) 〔元〕齊德之纂輯
醫壘元戎一卷(缺) 〔明〕吴勉學校
癍論萃英一卷(缺) 〔明〕吴勉學校
丹溪心法五卷附録一卷(缺) 〔元〕朱震亨撰
脉訣指掌一卷(缺) 〔元〕朱震亨撰
金匱鈎玄三卷(缺) 〔元〕朱震亨撰
醫學發明一卷(缺) 〔元〕朱震亨撰
活法機要一卷(缺) 〔元〕朱震亨撰
證治要訣十二卷(缺) 〔明〕戴思恭撰
證治要訣類方四卷(缺) 〔明〕戴思

恭輯

儒門事親十五卷(缺)　〔金〕張從正輯

傷寒瑣言一卷(缺)　〔明〕陶華撰

家秘的本一卷(缺)　〔明〕陶華撰

殺車槌法一卷(缺)　〔明〕陶華撰

一提金一卷(缺)　〔明〕陶華撰

截江綱一卷(缺)　〔明〕陶華撰

明理續論一卷(缺)　〔明〕陶華撰

[準繩六種]四十四卷　AC149 Zcl 3326

〔明〕王肯堂輯

明萬曆間刻後印本　一百册

半葉9行18字,小字雙行字同,白口,左右雙邊,單黑魚尾,半框高19.8釐米,寬14.3釐米。版心上鎸篇名,中鎸子目書名簡稱及卷次,下鎸葉碼。

《證治準繩》卷端題"證治準繩,金壇王肯堂輯",内封題"重修證治準繩,王宇泰先生鑒定,準繩六種,虞衙藏板"。卷首依次有明萬曆三十年(1602)《證治準繩自叙》,署"萬曆三十年歲次壬寅夏五月朔旦念西居士王肯堂宇泰識";目録。

《雜病證治類方》卷端題"雜病證治類方,金壇王肯堂輯",内封題"類方"。

《傷寒證治準繩》卷端題"傷寒證治準繩,金壇王肯堂輯,門人南昌張綍校",内封題"寒科"。卷首依次有明萬曆三十二年(1604)《傷寒證治準繩自序》,署"萬曆三十二年歲次甲辰重九日念西居士王肯堂宇泰甫書";《入門辨證訣》;凡例;目録。

《女科證治準繩》卷端題"金壇王肯唐輯,門人南昌張綍校",内封題"女科"。卷首依次有明萬曆三十五年(1607)《女科證治準繩自序》,署"萬曆丁未早秋念西居士王肯堂宇泰甫書於無住菴";目録。

《瘍醫準繩》卷端題"瘍醫準繩,金壇王肯堂輯",内封題"外科"。卷首依次有明萬曆三十六年(1608)《瘍醫準繩自序》,署"萬曆三十六年歲在戊申七夕微雨作凉金壇王肯堂奢懶軒下書";目録。

《幼科證治準繩》卷端題"幼科證治準繩,金壇王肯堂宇泰甫輯"。

子目:

證治準繩八卷

雜病證治類方八卷

傷寒證治準繩八卷

瘍醫準繩六卷

幼科證治準繩九卷

女科證治準繩五卷

按:各子目無統一版式,似爲不同刻本拼湊而成,面目邋遢,是爲後印本。

東垣十書附丹溪先生心法五卷儒門事親十五卷傷寒六書六卷　AC149 Zcl 3328

〔明〕王肯堂訂正

明晚期步月樓刻本　三十二册

半葉10行20字,小字雙行字同,白口,四周雙邊,單黑魚尾,半框高20釐米,寬13.8釐米。版心上鎸書名,中鎸卷次,下鎸葉碼。

内封題"金壇王宇泰先生訂正,映旭齋藏板、步月樓梓行,東垣十書,脉訣、局方發揮、脾胃論、格致餘論、蘭室秘藏、辯惑論、此事難知、湯液本草、溯洄集、外科精義、附醫壘元戎、瘢論萃英"。卷首有王肯堂撰《東垣十書序》。

子目：

脉訣一卷　〔宋〕崔嘉彦撰　〔明〕吴勉學校

局方發揮一卷　〔元〕朱震亨撰　〔明〕吴中珩校

脾胃論三卷　〔明〕吴中珩校

格致餘論一卷　〔元〕朱震亨撰　〔明〕吴中珩校

蘭室秘藏三卷　〔金〕李杲撰　〔明〕吴勉學校

内外傷辨三卷　〔金〕李杲撰　〔明〕吴勉學校

東垣先生此事難知集二卷附録一卷　〔明〕吴勉學校

湯液本草三卷　〔元〕王好古類集　〔明〕吴中珩校正

醫經溯洄集一卷　〔元〕王履撰　〔明〕吴勉學校

外科精義二卷　〔元〕齊德之纂集　〔明〕吴勉學校正

醫壘元戎一卷　〔明〕吴中珩校

痎論萃英一卷　〔明〕吴勉學校

丹溪先生心法五卷附録一卷　〔明〕吴中珩校

新刻校訂脉訣指掌病式圖説一卷　〔元〕朱震亨撰　〔明〕吴勉學校

丹溪先生金匱鈎玄三卷　〔元〕戴元禮録　〔明〕吴勉學校正

醫學發明一卷　〔明〕吴勉學校

活法機要一卷　〔明〕吴中珩校正

秘傳證治要訣十二卷　〔元〕戴元禮述　〔明〕余時雨校

證治要訣類方四卷　〔元〕戴元禮輯　〔明〕余時雨閲　〔明〕吴中珩校

儒門事親十五卷　〔金〕張子和撰　〔明〕吴勉學校

傷寒六書六卷　〔明〕陶華述

傷寒瑣言一卷　〔明〕吴勉學校

傷寒家秘的本一卷　〔明〕吴勉學校

殺車槌法一卷　〔明〕吴中珩校

傷寒一提金一卷　〔明〕吴中珩校

傷寒證脉藥截江網一卷　〔明〕吴中珩校

傷寒明理續論一卷　〔明〕吴勉學校

傳症彙編二十卷　　AC149 Zcl 3352

〔清〕熊立品編　〔清〕夏廷儀參較　〔清〕孫承統校字

清乾隆四十二年(1777)刻本　六册

半葉10行23字,白口,左右雙邊,單黑魚尾,半框高17.4釐米,寬13.4釐米。版心上鎸書名,中鎸子目書名、卷次及篇名,下鎸葉碼。

卷端題"傳症彙編,第一種,治疫全書,新建邑庠熊立品聖臣甫編輯,同里姻姪夏廷儀煦園參較,孫承統紹庭校字"。内封題"西昌熊松園先生編次,瘟疫傳症彙編,治疫全書、痢瘧纂要、痘痲紺珠,家塾藏板"。卷首依次有清乾隆四十二年《傳症全編序》,署"乾隆四十二年青龍在彊圉作噩之辰病月上巳日學橋愚弟爲霖拜言";清乾隆四十一年(1776)《傳症彙編総序》,署"乾隆四十一年歲在丙申一陽月西昌松園老人熊立品自述";凡例;清乾隆三十四年(1769)《序》,署"時乾隆屠維赤奮若壯月朔日宗愚弟鶴嶠爲霖拜撰";

清年希堯撰《吴又可先生醒醫六書原序》;明末清初吴有性《醒醫六書瘟疫論原引》。

《治疫全書》卷首依次有清乾隆三十四年《治疫全書序》,署“時乾隆屠維赤奮若中秋上浣年家姻教弟心齋夏朝紳拜序”;清康熙五十四年(1715)《醒醫六書原序》,署“時康熙五十四年歲在乙未孟冬月補敬堂主人謹識”;治疫全書凡例;目次。

《痢瘧纂要》卷首依次有清乾隆四十年(1775)《自序》,署“乾隆乙未初夏松園熊立品識”;清熊立品撰《自序》;清乾隆四十一年《痢瘧纂要序》;署“乾隆四十一年歲在丙申九月年家眷世姪劉芬拜書於見山書屋”;目録。

《痘麻紺珠》卷首依次有清乾隆四十二年《痘麻紺珠序》,署“乾隆四十二年歲在丁酉四月年愚弟安茂遠拜書”;清乾隆四十一年《自序》,署“乾隆丙申一陽月松園老人熊立品自識”;引言。

鈐有“何玉山印”“哲如陳慶保藏書”印。

子目:

治疫全書六卷

痢瘧纂要八卷

痘麻紺珠六卷

瓶花書屋新刊醫書五種　AC149 Zcl 3387

清道光二十五至二十七年(1845—1847)瓶花書屋校刻本　二十册

鈐有“廣東省立國醫學院圖書館章”印。

子目:

外科證治全生一卷　〔清〕王洪緒撰

本草備要一卷　〔清〕汪昂撰

醫方集解一卷　〔清〕汪昂編

本草從新十八卷　〔清〕吴儀洛撰

成方切用一卷　〔清〕吴儀洛編

昌邑黄先生醫書八種　AC149 Zcl 3023

〔清〕黄元御撰　〔清〕徐樹銘校刊

清咸豐十年(1860)刻本　十册

子目:

四聖心源十卷

素靈微藴四卷

四聖懸樞五卷

傷寒懸解十四卷首一卷末一卷

傷寒説意十卷首一卷

金匱懸解二十二卷

長沙藥解四卷

玉楸藥解八卷

沈氏尊生書五種　AC149 Zcl 3065

〔清〕沈金鰲撰

清同治十三年(1874)湖北崇文書局重刻本　二十六册

子目:

雜病源流三十卷

傷寒論綱目十六卷

婦科玉尺六卷

幼科釋謎六卷

要藥分劑十卷

徐靈胎十二種全集　AC149 Zcl 3137

〔清〕徐大椿撰

清同治間刻本　十二册

子目:

難經經釋二卷

蘭臺軌範八卷
醫學源流論二卷
神農本草經百種録一卷
醫貫砭二卷
傷寒論類方一卷
慎疾芻言一卷
洄溪醫案一卷
道德經二卷
洄溪道情一卷
陰符經一卷
樂府傳聲一卷

醫書八種 AC149 Zcl 3138

〔清〕徐大椿撰

清光緒十五年(1889)文奎山房重刻本 十二册

子目:
難經經釋二卷
醫學源流論二卷
慎疾芻言一卷
神農本草經百種録一卷
醫貫砭二卷
洄溪醫案一卷
傷寒論類方一卷
蘭臺軌範八卷

當歸草堂醫學叢書初編十種 AC149 Zcl 3073

〔清〕丁丙輯

清光緒四年(1878)錢塘丁氏當歸草堂刻本 十册

鈐有"哲如陳慶保藏書"印。

子目:
顱顖經二卷
傳信適用方四卷 〔宋〕吴彦夔撰
衛濟寶書二卷 題〔宋〕東軒居士撰
太醫局諸科程文九卷 〔宋〕太醫局撰
産育寶慶集方二卷 〔宋〕李師聖等輯
濟生方八卷 〔宋〕嚴用和撰
産寶諸方一卷
急救仙方六卷
瑞竹堂經驗方五卷 〔元〕沙圖穆蘇撰
痎瘧論疏一卷 〔明〕盧之頤撰

醫林指月十二種 AC149 Zcl 3409

〔清〕王琦輯

清光緒二十二年(1896)上海圖書集成印書局鉛印本 八册

鈐有"哲如陳慶保藏書"印。

子目:
醫學真傳一卷 〔清〕高世栻輯
質疑録一卷 〔明〕張介賓撰
醫家心法一卷 〔清〕高鼓峰撰 〔清〕胡珏評
易氏醫案一卷 〔明〕易大艮録
芷園臆草存案一卷 〔明〕盧復撰
傷寒金鏡録一卷 〔元〕杜清碧增定
痎瘧論疏一卷痎瘧疏方一卷 〔清〕盧之頤疏
達生編二卷 題〔清〕亟齋居士撰
扁鵲心書三卷神方一卷 〔宋〕竇材重集 〔清〕胡珏參論
本草崇原三卷 〔清〕張志聰注釋 〔清〕高世栻纂集
侣山堂類辯二卷 〔清〕張志聰撰
學古診則四卷 〔清〕盧之頤輯正

陳修園廿一種　AC149 Zcl 3350

〔清〕陳念祖撰

清光緒二十七年(1901)新化三味書局校刻本　三十二册

子目:

神農本草經讀四卷附録一卷

醫學三字經四卷附録一卷

時方妙用四卷

時方歌括二卷

女科要旨四卷

景岳新方砭四卷

傷寒淺注六卷

長沙方歌括六卷

金匱要略淺注十卷

金匱方歌括六卷

醫學實在易八卷附女科一卷

醫學從衆録八卷

靈樞集注節要十二卷

傷寒真方歌括六卷

傷寒醫訣串解六卷

十藥神書注解一卷

神授急救異痧奇方一卷

絞腸痧證一卷

吊脚痧證一卷

經驗百病内外一卷

霍亂轉筋證二卷

中西醫學群書十種　AC149 Zcl 3291

〔清〕陳俠君輯

清光緒三十三年(1907)商業圖書館刻本　十二册

鈐有"哲如陳慶保藏書"印。

子目:

顱顖經二卷

衛濟寶書二卷　題〔宋〕東軒居士撰

臟腑標本藥式一卷　〔金〕張元素撰

三消論一卷　〔金〕劉完素撰　〔清〕周學海注

診家樞要一卷附諸脉條辨一卷　〔元〕滑壽撰　〔清〕周學海注

痎瘧論疏一卷　〔明〕盧之頤撰

金匱鈎玄三卷　〔明〕朱震亨撰　〔清〕周學海評注

幼科要略一卷　〔清〕葉桂撰

温熱論一卷　〔清〕葉桂撰　〔清〕周學海注

客塵醫話三卷　〔清〕計楠撰

張氏醫書七種　1909/1—16

〔清〕張璐纂述

清光緒三十三年(1907)上海書局石印本　十六册

子目:

張氏醫通十六卷

本經逢原四卷

石頑老人診宗三昧一卷

傷寒緒論二卷

傷寒纘論二卷

傷寒舌鑒一卷

傷寒兼證析義一卷　〔清〕張倬撰

中西匯通醫書五種　AC149 Zcl 3012

〔清〕唐宗海撰

清光緒三十四年(1908)千頃堂書局石印本　十二册

鈐有"伯子"印。

子目:

中西匯通醫經精義二卷

本草問答二卷
金匱要略淺注補正九卷
傷寒論淺注補正七卷首一卷
血證論八卷

周氏醫學叢書二十九種　AC149 Zcl 3473

〔清〕周學海撰輯
清宣統三年(1911)福慧雙修館刻本　七十二册
子目：
本草經三卷　〔清〕吴晋等述　〔清〕孫星衍、孫馮翼輯
本草經疏三十卷　〔明〕繆希雍撰
脉經十卷　〔晋〕王叔和撰
脉訣刊誤集解二卷　〔元〕戴起宗撰
難經本義二卷　〔元〕滑壽撰
中藏經三卷附方一卷　〔漢〕華佗撰
内照法一卷　〔漢〕華佗撰
巢氏諸病源候總論五十卷　〔隋〕巢元方撰
脉因證治四卷　〔元〕朱震亨撰
小兒藥證直訣二卷附方一卷　〔宋〕錢乙撰　〔宋〕閻孝忠編次
閻氏小兒方論一卷　〔宋〕閻孝忠撰
小兒瘢疹備急方論一卷　〔宋〕董汲撰
周澂之脉學四種　〔清〕周學海撰
　脉義簡摩八卷
　脉簡補義二卷
　診家直訣二卷
　辨脉平脉章句二卷
内經評文素問二十四卷靈樞十二卷　〔唐〕王冰正次　〔宋〕林億校正
讀醫隨筆六卷　〔清〕周學海撰
診家樞要一卷附録一卷　〔元〕滑壽撰
藏府標本藥式一卷　〔金〕張元素撰
金匱鈎玄三卷　〔清〕朱震亨撰　〔清〕戴元禮録補
三消論一卷　〔金〕劉完素撰
温熱論一卷　〔清〕葉桂撰
幼科要略二卷　〔清〕葉桂撰
評點葉案存真類編二卷　〔清〕葉桂撰
評點馬氏醫案印機草一卷　〔清〕馬元儀撰
評注史載之方二卷　〔清〕周學海評注
慎柔五書五卷　〔清〕石震訂正　〔清〕顧元交編次　〔清〕程永培校本
韓氏醫通二卷　〔明〕韓懋撰
傷寒補例二卷　〔清〕周學海撰
形色外診簡摩二卷　〔清〕周學海撰輯
重訂診家直訣二卷　〔清〕周學海撰

霄鵬先生遺著五種　9119 1253

〔清〕黄保康撰
清宣統三年(1911)刻本　三册
鈐有“陳慶保”印。
子目：
醫林獵要一卷
吴鞠通方歌一卷首一卷
陳修園方歌一卷首一卷
貽令堂雜俎一卷首一卷
與壻遺言一卷

醫經之屬

内經

黄帝内經太素三十卷附遺文一卷黄帝内經明堂一卷附録一卷　413.1137 279—03

〔唐〕楊上善撰

清光緒二十三年(1897)通隱堂刻本　五册

鈐有“南洋大學圖書館藏書”印。

補注黄帝内經素問二十四卷黄帝内經靈樞十二卷　AC149 Zcl 3393

〔宋〕高保衡等補注

清光緒二十三年(1897)新化三味書室校刻本　十册

類經三十二卷　AC149 Zcl 3058

〔明〕張介賓類注

清嘉慶四年(1799)金閶萃英堂刻本　三十二册

黄帝内經素問注證發微九卷附補遺一卷　AC149 Zcl 3143

〔明〕馬蒔注證

清嘉慶十年(1805)太醫院刻本　二十册

鈐有“哲如陳慶保藏書”“陳慶保”印。

醫經原旨六卷　AC149 Zcl 3033

〔清〕薛雪集注

清乾隆十九年(1754)刻本　五册

半葉10行21字,小字雙行字同,白口,左右雙邊,單黑魚尾,無界行,半框高17.4釐米,寬13.4釐米。版心上鎸書名,中鎸篇章名及卷次,下鎸葉碼。

卷端題“醫經原旨,薛雪集注”。内封題“隴右趙使君鑒定,河東薛生白集注、慈水楊采青重校,醫經原旨,本衙藏版”。卷首依次有清乾隆十九年《緒言》,署“乾隆十九年歲在甲戌掃葉老人薛雪撰”;目録。

鈐有“哲如陳慶保藏書”印。

醫經原旨六卷　AC149 Zcl 3067

〔清〕薛雪集注

清乾隆間簡香齋刻本　四册

半葉10行21字,小字雙行字同,白口,左右雙邊,單黑魚尾,無界行,半框高17.6釐米,寬13.2釐米。版心上鎸書名,中鎸篇章名,下鎸葉碼。

卷端題“醫經原旨,薛雪集注”。内封題“隴右趙使君鑒定,河東薛生白集注、慈水楊采青重校,醫經原旨,甯郡簡香齋藏板”。卷首依次有清乾隆十九年(1754)《緒言》,署“乾隆十九年歲在甲戌掃葉老人薛雪撰”;目録。

素問靈樞類纂約注三卷　AC149 Zcl 3050

〔清〕汪昂纂輯　〔清〕汪桓訂定　〔清〕汪端等較

清咸豐元年(1851)同文堂刻本　三册

黄帝内經素問九卷　AC149 Zcl 3366

〔清〕高世栻注解

清光緒十三年(1887)浙江書局重刻本　八册

鈐有“陳慶保”“哲如陳慶保藏

書”印。

黄帝内經素問九卷靈樞經九卷
AC149 Zcl 3036

〔清〕張志聰集注

清勤思堂刻本　十二册

難經

圖注八十一難經辨真四卷
AC149 Zcl 3010

〔明〕張世賢注

清刻本　二册

醫理之屬

醫林改錯二卷　　**AC149 Zcl 3008**

〔清〕王清任撰

清道光十年（1830）京都隆福寺胡同三槐堂書鋪刻本　二册

鈐有“馬鑒之印”印。

醫林改錯二卷　　**AC149 Zcl 3346**

〔清〕王清任撰

清道光二十九年（1849）粤東十七甫五經樓刻本　一册

醫綱總樞五卷　　**AC149 Zcl 3408**

〔清〕陳寶光撰

清光緒十八年（1892）新會城大新街醉經樓刻本　四册

鈐有“哲如陳慶保藏書”印。

醫易通説二卷　　**AC149 Zcl 3142**

〔清〕唐宗海撰

清光緒二十七年（1901）刻本　一册

鈐有“哲如陳慶保藏書”印。

傷寒金匱之屬

傷寒論

注解傷寒論十卷　　**AC149 Zcl 3361**

〔漢〕張仲景述　〔晋〕王叔和撰次〔金〕成無己注解

清光緒二十一年（1895）文運書局刻本　六册

鈐有“哲如陳慶保藏書”印。

撰集傷寒世驗精法八卷首一卷附傷寒辨舌世驗精法一卷　　**AC149 Zcl 3417**

〔明〕張吾仁撰　〔清〕乾燨初較閲

清光緒十六年（1890）重刻本　四册

傷寒補天石二卷　　**AC149 Zcl 3399**

〔明〕戈維城撰　〔清〕朱陶性校

清晚期汲綆齋刻本　二册

鈐有“哲如陳慶保藏書”印。

傷寒來蘇全集八卷　　**AC149 Zcl 3414**

〔清〕柯琴編注　〔清〕馬中驊較訂

清乾隆二十年（1755）馬中驊校刻本八册

半葉10行21字，白口，四周單邊，單黑魚尾，半框高18.3釐米，寬12.6釐米。版心上鎸子集書名，中鎸卷次及篇名，下鎸葉碼。

卷端題"傷寒論注,南陽張機仲景原文,慈谿柯琴韻伯編注,崑山馬中驊驤北較訂"。内封題"慈谿柯韻伯先生原本,古吴葉天士評訂,傷寒來蘇全集"。卷首依次有清衛廷璞撰《序》;清乾隆二十年《序》,署"乾隆乙亥年荷月崑山七十老人馬中驊題";清雍正七年(1729)《傷寒論注自序》,署"時己酉初夏也";凡例;漢張仲景撰《傷寒雜病論原序》;目録。

《傷寒論翼》卷端題"傷寒論翼,慈谿柯琴韻伯著,雲間王陳梁次辰閲",内封題"第一善本,古吴葉天士批評,傷寒論翼,古香室原板"。卷首依次有清雍正十二年(1734)《自序》,署"甲寅春慈谿柯琴序";目録。

《傷寒附翼》卷端題"傷寒附翼,慈谿柯琴韻伯編,崑山馬中驊驤北較",内封題"第一善本,古吴葉天士批評,傷寒附翼,姑蘇原板"。卷首依次有清康熙四十五年(1706)《序》,署"時丙戊中秋日吴下葉桂題記";總目。

鈐有"哲如陳慶保藏書"印。

子目:

傷寒論注四卷

傷寒論翼二卷

傷寒附翼二卷

按:《傷寒附翼》葉桂《序》落款有誤,應爲"丙戌"。

傷寒法眼二卷 AC149 Zcl 3344

〔清〕麥乃求撰 〔清〕陶廣榮校

清光緒二年(1876)刻本 二册

鈐有"哲如陳慶保藏書"印。

傷寒恒論十卷 AC149 Zcl 3085

〔清〕鄭欽安注

清光緒二十三年(1897)刻本 四册

鈐有"哲如陳慶保藏書"印。

張仲景傷寒論貫珠集八卷 AC149 Zcl 3397

〔清〕尤怡輯注 〔清〕朱陶性校

清蘇州緑潤堂刻本 三册

傷寒總病論六卷 AC149 Zcl 2580

〔清〕龐安時撰

清末進業書局石印本 四册

鈐有"哲如陳慶保藏書"印。

金匱論

金匱心典三卷 AC149 Zcl 3356

〔漢〕張仲景撰 〔清〕尤怡集注

清同治八年(1869)雙白燕堂陸氏重刻本 三册

診法之屬

脉經脉訣

圖注脉訣辨真四卷 AC149 Zcl 3006

〔晉〕王叔和撰 〔明〕張世賢注

清後期文興堂刻本 二册

沈微垣先生規正圖注王叔和難經脉訣大全二卷 AC149 Zcl 3015

〔晉〕王叔和撰 〔清〕沈微垣删注

清光緒三年(1877)粵東學院前壁經

堂刻本　四册

三指禪三卷　AC149 Zcl 3407

〔清〕周學霆撰

清道光十二年(1832)大文堂重刻本　二册

脉如二卷附傷寒論一卷　AC149 Zcl 3014

〔清〕郭治撰　〔清〕郭廖標編　〔清〕郭廖書校字

清末刻本　三册

鈐有"哲如陳慶保藏書"印。

本草之屬

本草綱目五十二卷本草萬方針綫八卷　AC149 Zcl 3307

〔明〕李時珍編　〔清〕張鶴翥較訂　〔清〕張鷟翼參　(本草萬方針綫)〔清〕蔡烈先輯

清乾隆四十九年(1784)書業堂刻本　三十三册

半葉 9 行 20 字,小字雙行字同,白口,四周單邊,單黑魚尾,半框高 21.1 釐米,寬 14.6 釐米,有圖。版心上鎸書名,中鎸卷次,下鎸葉碼。

《本草綱目》卷端題"本草綱目序例,蘄陽李時珍東璧父編輯,蘇郡張鶴翥雲中較訂、弟鷟翼青萬仝參",内封題"乾隆甲辰年冬鎸,李時珍先生原本、萬方針線並刻,本草綱目,蘇郡後學張雲中重訂、張青萬仝參,書業堂鎸藏"。卷首依次有清順治十二年(1655)《重訂本草綱目序》,署"順治乙未春日吴太冲拜書";清順治十二年《重訂本草綱目自序》,署"順治乙未春日澹寧子玉函吴毓昌謹書";明崇禎十三年(1640)《重刻本草綱目小引》,署"崇禎庚辰仲春之朔古臨錢蔚起鏡石父書於六有堂";《進本草綱目疏》;凡例;總目。

《本草萬方針綫》卷端題"本草萬方針綫,山陰蔡烈先繭齋父輯",内封題"乾隆四十九年季秋,山陰蔡繭齋輯,萬方緘線,金閶書業堂鎸藏"。卷首依次有清蔡烈先撰《自叙》;凡例;總目。

按:館藏《本草綱目》缺卷九至卷十。

本草思辨録四卷首一卷　AC149 Zcl 3070

〔清〕周巖撰

清光緒三十年(1904)山陰周氏微尚室刻本　四册

鈐有"陳慶保"印。

本草三家合注六卷附神農本草經百種録一卷　AC149 Zcl 3051

〔清〕郭汝驄集注　〔清〕袁浩閲定　〔清〕李佐堯校勘

清廣州永漢路登雲閣刻本　三册

方論之屬

葛仙翁肘後備急方八卷　AC149 Zcl 3323

〔晋〕葛洪撰　〔清〕程永培校

清光緒十七年(1891)廣州藏修堂刻本　二十二册

鈐有"哲如陳慶保藏書"印。

千金翼方三十卷　AC149 Zcl 3140

〔唐〕孫思邈撰　〔宋〕林億等校正

清光緒四年(1878)上海刻本　八册

備急千金要方三十卷　AC149 Zcl 3139

〔唐〕孫思邈撰　〔宋〕林億等校正

清光緒四年(1878)上海長洲麟瑞堂刻本　十二册

唐王燾先生外臺秘要方四十卷　AC149 Zcl 3325

〔唐〕王燾撰　〔宋〕林億等校　〔明〕程衍道訂梓

清同治十三年(1874)廣東翰墨園刻本　四十册

鈐有"哲如陳慶保藏書"印。

類證普濟本事方十卷　AC149 Zcl 3026

〔宋〕許叔微撰　〔清〕葉桂釋義

清嘉慶十九年(1814)姑蘇掃葉山房義記刻本　四册

增補雷公炮製藥性賦解六卷　AC149 Zcl 3078

〔明〕李中梓編　〔清〕王子接重訂

清資善堂刻本　五册

絳雪園古方選注不分卷　AC149 Zcl 3370

〔清〕王子接注　〔清〕葉桂校

清掃葉山房重刊本　三册

半葉10行22字,小字雙行字同,白口,左右雙邊,單黑魚尾,半框高17.8釐米,寬13.3釐米。版心上鎸"古方選注",中鎸篇章名,下鎸葉碼。

卷端題"絳雪園古方選注,古吴王子接晋三注、葉桂天士校"。内封題"魏柏鄉先生鑒定,王晋三先生注、葉天士先生校,十三科古方選注,掃葉山房刊"。卷首依次有清雍正九年(1731)《序》,署"雍正辛亥季春年家弟柏鄉魏荔彤念庭氏題";總目;條目;目録。

鈐有"哲如陳慶保藏書""敬慎寡過明哲保身"印。

又一部　四册　AC149 Zcl 3021

又二部　四册　AC149 Zcl 3027

按:書中天頭及行間有佚名批注。

醫方易簡新編六卷　AC149 Zcl 3357

〔清〕龔自璋彙輯

清咸豐六年(1856)順邑羅葉祥省城學院前聚經堂重刻本　四册

鈐有"哲如陳慶保藏書"印。

隨山宇方鈔一卷　AC149 Zcl 3004

〔清〕汪曰楨編校

清光緒元年(1875)紹興裘氏刻本　一册

鈐有"哲如陳慶保藏書"印。

驗方新編十八卷　414.6 601

〔清〕鮑相璈編

清光緒十八年(1892)日本横濱中華會館鉛印本　一册

增補醫方一盤珠全集十卷首一卷　AC149 Zcl 3288

〔清〕洪金鼎纂　〔清〕洪濂洛参訂

清光緒二十四年(1898)澹雅書局刻本　四册

鈐有"陳慶保""哲如陳慶保藏

書”印。

疫痧草不分卷 AC149 Zcl 3005

〔清〕陳耕道撰 〔清〕濮鳳笙補訂

清宣統元年(1909)集成圖書局鉛印本 一册

温病之屬

痧脹玉衡書三卷後一卷 AC149 Zra 60

〔清〕郭志邃撰

清康熙十七年(1678)刻本 四册

半葉9行20字,白口,左右雙邊,單黑魚尾,無界行,半框高19.7釐米,寬14.3釐米。版心上鐫書名,中鐫卷次,下鐫葉碼。

卷端題“痧脹玉衡書,檇李郭志邃右陶著”。内封題“郭右陶先生著,痧脹玉衡全書,費伯雄書,藏板”。卷首依次有清康熙十四年(1675)《自叙》,署“大清康熙十四年歲次乙卯燈月檇李郭志邃右陶氏自序於裕賢堂”;清康熙十七年《續叙》,署“大清康熙十七年戊午歲季秋吉旦郭志邃右陶父載識”;凡例;參閲姓氏;目次。卷末有清郭志邃撰《後記》。

松峰説疫六卷 AC149 Zcl 3358

〔清〕劉奎撰

清乾隆五十二年(1787)近文堂刻本 四册

半葉9行22字,小字雙行字同,白口,四周單邊,單黑魚尾,半框高17.6釐米,寬13.6釐米。版心上鐫書名,中鐫卷次及篇名,下鐫葉碼。

卷端題“松峰説疫,諸城劉奎松峰著輯,男劉秉錦濯西纂述,福山劉嗣宗南瑛參閲,表姪李逢虔謹菴録較”。内封題“劉奎松峰先生著,松峰説疫,禪山舍人後街近文堂板”。卷首依次有清乾隆五十二年《叙》,署“時乾隆丁未清和月福山年眷世弟劉嗣宗撰”;清乾隆五十一年(1786)《序》,署“時乾隆五十一年乙巳榴月眷姻圃王樹孝書”;目録。

鈐有“哲如陳慶保藏書”印。

按:王樹孝序末所署時間有誤,準確時間待考。

瘟疫明辨四卷末一卷 AC149 Zcl 3351

〔清〕戴麟郊撰

清嘉慶二十二年(1817)晉祁書業堂刻本 三册

鈐有“哲如陳慶保藏書”印。

痧症全書三卷 AC149 Zcl 3036

〔清〕林森傳授 〔清〕王凱編 〔清〕何汾、何湘删訂 〔清〕孫鴻、孫鵠參校

清道光六年(1826)重刻本 二册

痧症全書三卷附痧疫論一卷 AC149 Zcl 3148

〔清〕林森傳授 〔清〕王凱編 〔清〕胡傑校訂

清光緒二年(1876)重刻本 一册

温熱經緯五卷 AC149 Zcl 3398

〔清〕王士雄纂 〔清〕楊照藜、汪曰楨評 〔清〕沈宗淦參

清光緒八年(1882)四川新繁東湖重

刻本　四册

温病淺説不分卷　　AC149 Zcl 3345

〔清〕温存厚撰　〔清〕蘭廷芬等校字

清光緒十三年(1887)刻本　二册

寒温條辨七卷　　AC149 Zcl 3369

〔清〕楊璿撰

清光緒十九年(1893)江右醉芸軒刻本　四册

洞主仙師白喉治法忌表抉微不分卷附陶勉齋先生治喉症經驗方一卷

AC149 Zcl 3105

〔清〕徐鄂輯注

清光緒間順德龍裕光校刻本　一册

温病條辨六卷首一卷　　AC149 Zcl 3071

〔清〕吴瑭撰

清後期寧波群玉山房校刻本　四册

内科之屬

醫略稿六十七卷　　AC149 Zcl 3426

〔清〕蔣寶素撰

清道光三十年(1850)快志堂刻本　八册

鈐有"哲如陳慶保藏書"印。

證治彙補八卷　　AC149 Zcl 3401

〔清〕李用粹撰　〔清〕唐玉書等較

清光緒十八年(1892)簡玉山房校刻本　七册

鈐有"哲如陳慶保藏書"印。

驅蠱燃犀録不分卷　　AC149 Zcl 3528

題〔清〕燃犀道人撰

清光緒十九年(1893)寶鏡山房刻本　一册

鈐有"馬鑒之印"印。

臟腑圖説症治要言合璧三卷附春温三字訣一卷　　AC149 Zcl 3112

〔清〕羅定昌撰

清光緒間千頃堂書局石印本　四册

婦産科之屬

新編女科指掌五卷　　AC149 Zcl 3079

〔清〕葉其蓁輯

清光緒十五年(1889)來青閣刻本　五册

鈐有"哲如陳慶保藏書"印。

兒科之屬

萬氏醫貫六卷　　AC149 Zcl 3363

〔明〕萬咸撰

清同治十年(1871)鷺門徵瑞堂葉刻本　六册

摘星樓治痘全書十八卷　AC149 Zcl 3131

〔明〕朱一麟撰

清光緒十三年(1887)刻本　十册

嬰童百問十卷附産寶百問五卷

AC149 Zcl 3427

〔明〕魯伯嗣撰　〔明〕熊宗立校

〔明〕王肯堂訂

清晚期刻本　六册

痘疹專門二卷　AC149 Zcl 3395

〔清〕董維嶽撰　〔清〕董上賁補校

清同治九年(1870)刻本　二册

鈐有"陳慶保"印。

痘疹定論三卷　AC149 Zcl 3062

〔清〕朱純嘏撰

清光緒十八年(1892)粵東儒雅堂刻本　一册

鈐有"哲如陳慶保藏書"印。

按:内封題"板存城西河旁街鴻生當"。

述古齋幼科新書三種　AC149 Zcl 3088

〔清〕張振鋆輯

清光緒十九年(1893)四川資州重刻本　四册

鈐有"哲如陳慶保藏書"印。

子目:

釐正按摩要術四卷

痧喉正義一卷

鬻嬰提要一卷

保赤慢驚條辨不分卷　AC149 Zcl 3141

〔清〕黄仲賢撰　〔清〕黄向瀛校

清光緒三十二年(1906)刻本　一册

鈐有"哲如陳慶保藏書"印。

養生之屬

易筋經二卷　AC149 Zcl 1963

〔北魏〕釋達摩撰　〔唐〕般刺密諦譯義　題〔元〕海岱遊人訂正

清末刻本　二册

易筋經不分卷　AC149 Zcl 3030

清道光間抄本　二册

鈐有"五雲書閣神仙裔""蔡惠溥淵若父""中郎一脉""静虚室藏""展龐藏物"印。

衛濟餘編五卷　9309 4410

〔清〕王松溪編

清同治八年(1869)近文堂刻本　五册

醫案之屬

問齋醫案五卷　AC149 Zcl 3396

〔清〕蔣寶素撰　〔清〕蔣小素校正　〔清〕李永福參訂

清道光間快志堂刻後印本　六册

臨證指南醫案十卷　AC149 Zcl 3394

〔清〕葉桂撰　〔清〕李大瞻等較

清光緒二十年(1894)劉氏家藏重刻朱墨套印本　十二册

得心集醫案六卷　AC149 Zcl 3074

〔清〕謝星焕撰　〔清〕趙省庵、姜真吾較定　〔清〕劉紹基、汪世珩校　〔清〕謝霖、謝澍纂輯　〔清〕謝甘棠編次　〔清〕謝恩洪謄稿

清光緒二十五年(1899)禪山天寶樓刻本　六册

鈐有"哲如陳慶保藏書"印。

醫話醫論之屬

吴醫彙講十一卷 AC149 Zcl 3289

〔清〕唐大烈纂輯 〔清〕沈文燮校訂

清嘉慶十九年(1814)唐慶耆重刊本 四册

醫學讀書記三卷附續記一卷 AC149 Zcl 3342

〔清〕尤怡撰 〔清〕程梅齡、張澐校訂

清光緒十四年(1888)行素草堂刻本 二册

鈐有"哲如陳慶保藏書"印。

冷廬醫話五卷 AC149 Zcl 3029

〔清〕陸以湉撰

清光緒二十三年(1897)烏程龐氏刻本 四册

鈐有"馬鑒之印"印。

重慶堂隨筆二卷 AC149 Zcl 3284

〔清〕王學權撰 〔清〕王國祥注 〔清〕王升校

清光緒三十一年(1905)浙紹奎照樓石印本 二册

鈐有"哲如陳慶保藏書"印。

按:内封題"潛齋叢書第一種"。

雜著之屬

宋徽宗聖濟經十卷 AC149 Zcl 3032

〔宋〕徽宗趙佶撰 〔宋〕吴禔注

清光緒十三年(1887)刻本 四册

醫説十卷 AC149 Zcl 3286

〔宋〕張杲撰

清宣統三年(1911)上海文明書局鉛印本 五册

鈐有"陳慶保"印。

群玉山房重校醫宗必讀十卷 AC149 Zcl 3072

〔明〕李中梓撰 〔明〕吴肇廣參 〔明〕李廷芳訂

清光緒九年(1883)群玉山房刻本 五册

醫宗必讀五卷首一卷 AC149 Zcl 3084

〔明〕李中梓撰 〔明〕吴肇廣參 〔明〕李廷芳訂

清尚友堂刻本 六册

鈐有"馬鑒之印"印。

證治準繩不分卷 AC149 Zcl 3089

〔明〕王肯堂輯 〔清〕程永培校

清光緒十八年(1892)石經堂刻本 八十册

續醫説十卷 AC149 Zcl 3287

〔明〕俞弁撰

清宣統三年(1911)上海文明書局鉛印本 一册

鈐有"哲如陳慶保藏書"印。

御纂醫宗金鑒六十卷 AC149 Zcl 2978

〔清〕吴謙等編纂

清乾隆間刻本 四十册

半葉10行24字,白口,四周單邊,單

黑魚尾,半框高19釐米,寬14.1釐米,有圖。版心上鎸書名,中鎸卷次及篇名,下鎸葉碼。

卷端題"御纂醫宗金鑒"。内封題"御製醫宗金鑒"。卷首依次有諸臣職名;奏疏;凡例;總目。

御纂醫宗金鑒九十卷首一卷

AC149 Zcl 2975

〔清〕吴謙等編纂

清宣統二年(1910)鑄記石印本　二十册

醫門法律六卷尚論篇四卷首一卷尚論後篇四卷寓意草一卷　AC149 Zcl 3066

〔清〕喻昌撰

清乾隆間刻本　十二册

半葉10行20字,小字雙行字同,白口,左右雙邊,單黑魚尾,無界行,半框高17.9釐米,寬13.3釐米。版心上鎸書名,中鎸卷次及篇名,下鎸葉碼及刻字字數。

卷端題"醫門法律,西昌喻昌嘉言甫著,黎川陳守誠伯常重梓,簡州程澤潤校字"。内封題"新建喻嘉言先生著,醫門法律"。卷首依次有清順治十五年(1658)《醫門法律自叙》,署"順治十五年上元吉旦西昌喻昌嘉言老人時年七十有四序";目録。

《尚論篇》内封題"新建喻嘉言先生著,尚論篇"。卷首依次有《尚論篇自序》;總目。

《尚論後篇》卷端題"尚論張仲景傷寒論重編三百九十七法,西昌喻昌嘉言甫著,黎川陳守誠伯常重梓",内封題"新建喻嘉言先生著,尚論後篇"。卷首依次有《喻氏三書合刻序》;清順治五年(1648)《喻氏尚論篇序》,署"順治戊子歲孟夏月西昌喻昌嘉言甫識";目録。

《寓意草》卷端題"寓意草,西昌喻昌嘉言甫著",内封題"西昌喻嘉言先生著,寓意草"。卷首依次有明崇禎十六年(1643)《寓意草自序》,署"崇禎癸未歲季冬月西昌喻昌嘉言甫識";目録。

按:《寓意草》二册版式稍異,爲四周雙邊。

東醫寶鑒二十五卷目録二卷

AC149 Zcl 3324

(朝鮮)許浚撰

清乾隆三十一年(1766)第八鋪刻後印本　二十五册

半葉8行21字,小字雙行字同,白口,左右雙邊,單黑魚尾,半框高17.5釐米,寬12.2釐米。版心上鎸書名,中鎸卷次及篇名,下鎸葉碼。

卷端題"東醫寶鑒,東醫忠勤貞亮扈聖功臣崇禄大夫陽平君臣許(浚奉教撰)"。内封題"乾隆癸未年蒲月鎸、翻刻必究,東醫寶鑒,版藏第八鋪"。卷首依次有清乾隆三十一年《序》,署"乾隆三十一年歲在丙戌蘭秋上浣事充庚午壬申癸酉丙子四科湖廣鄉試同考官番禺凌魚撰";總目。

鈐有"哲如陳慶保藏書"印。

醫學切要全集六卷首一卷

AC149 Zcl 3365

〔清〕王錫鑫選輯

清光緒八年(1882)刻本　六册

鈐有"哲如陳慶保藏書"印。

醫書彙參輯成二十四卷　AC149 Zcl 3392

〔清〕蔡宗玉輯　〔清〕蔡絢、蔡綬校刊

清光緒間文奎堂刻本　十二册

鈐有"哲如陳慶保藏書"印。

醫醫醫三卷　AC149 Zcl 3384

題〔清〕孟今氏撰

清宣統元年(1909)廣州清風橋文茂印局鉛印本　一册

鈐有"哲如陳慶保藏書"印。

雜家類

雜學之屬

吕氏春秋二十六卷　1126.2 0000

〔漢〕高誘注

清光緒元年(1875)浙江書局刻本　六册

鈐有"馬鑒之印"印。

淮南鴻烈閒詁二卷淮南萬畢術二卷　1140.8 3300

〔漢〕許慎撰　(淮南萬畢術)〔漢〕劉安纂

清光緒二十一年(1895)長沙葉氏郎園刻本　一册

權衡一書四十一卷　1681.2 3159

〔清〕王植輯録

清乾隆間刻本　二十四册

半葉10行21字,小字雙行字同,白口,四周單邊,單黑魚尾,無界行,半框高18.3釐米,寬13釐米。版心上鎸書名,中鎸篇章名,下鎸葉碼。

卷端題"權衡一書,深澤王植輯録"。卷首依次有清乾隆元年(1736)《書意》,署"乾隆元年六月六日深澤王植書於粤秀書院";例言;編目。

淮南許注鈎沉不分卷　122.21 468

〔清〕易順鼎撰

清光緒十六年(1890)刻本　一册

繹志十九卷　1335.5 5300

〔清〕胡承諾撰

清同治十一年(1872)浙江書局重刻本　八册

鈐有"哲如陳慶保藏書"印。

雜説之屬

風俗通義十卷　AC149 Zcl 1523

〔漢〕應劭撰

清光緒元年(1875)湖北崇文書局刻本　二册

鈐有"季明""馬鑒讀"印。

封氏聞見記十卷　AC149 Zcl 1932

〔唐〕封演撰

清乾隆二十一年(1756)雅雨堂刻本　二册

半葉10行21字，白口，四周單邊，單黑魚尾，半框高18.4釐米，寬14.2釐米。版心上鐫書名，中鐫卷次，下鐫葉碼及"雅雨堂"。

卷端題"封氏聞見記，唐朝散大夫檢校尚書吏部郎中兼御史中丞封演"。内封題"乾隆丙子鐫，封氏聞見記，雅雨堂藏板"。卷首依次有清乾隆二十一年《序》，署"乾隆丙子德州盧見曾序"；目録。

鈐有"鄞馬鑒季明藏"印。

按：清盧見曾刻《雅雨堂叢書》之零種。

容齋隨筆十六卷續筆十六卷三筆十六卷四筆十六卷五筆十卷　　AC149 Zcl 697

〔宋〕洪邁撰

清光緒二十年(1894)皖南洪氏重刻本　十八册

鈐有"鄞馬鑒季明藏"印。

文昌雜録六卷　　4734.5 6347

〔宋〕龐元英撰

清乾隆二十一年(1756)雅雨堂刻本　二册

半葉10行21字，白口，四周單邊，單黑魚尾，半框高18.5釐米，寬14.4釐米。版心上鐫書名，中鐫卷次，下鐫葉碼及"雅雨堂"。

卷端題"文昌雜録，南安龐元英懋賢"。内封題"乾隆丙子鐫，文昌雜録，雅雨堂藏板"。卷首依次有清乾隆二十一年《文昌雜録序》，署"乾隆丙子德州盧見曾撰"；宋衛傳撰《序》；《文昌雜録補遺》。

鈐有"明德館圖書章""稼軒進藤氏圖書記"印。

按：清盧見曾刻《雅雨堂叢書》之零種。

菜根談不分卷　　1332 4340

〔明〕洪應明撰　〔清〕釋清鎔重校

清道光間常州東門外天寧寺刻本　一册

文海披沙八卷　　AC149 Zcl 1394

〔明〕謝肇淛撰

清光緒三年(1877)上海申報館鉛印本　四册

鈐有"季明"印。

穀山筆麈十八卷　　AC149 Zcl 1699

〔明〕于慎行撰　〔明〕郭應寵編次　〔明〕于緯校梓

明末抄本　八册

半葉9行18字，無版心，無界行。

卷端題"穀山筆麈，明東阿穀山于慎行著，門人福唐郭應寵編次，男于緯校梓"。卷首依次有明馮琦撰《筆麈題辭》；目録，末有明萬曆四十一年(1613)《跋》，署"萬曆癸丑秋七月既望福唐門人郭應寵薰沐勒於黄石山堂"。

鈐有"馬鑒之印"印。

七修類稿五十一卷七修續稿七卷　　AC149 Zcl 1740

〔明〕郎瑛撰

清光緒六年(1880)廣州翰墨園重刻本　十二册

又一部　十二册　　AC149 Zcl 1781

千百年眼十二卷 AC149 Zcl 1418

〔明〕張燧纂 〔明〕范明泰閲

清光緒三十一年(1905)上海史學社影印本 六册

識小録一卷 4734.7 9170

〔清〕王夫之撰

清同治四年(1865)湘鄉曾氏金陵節署刻本 一册

鈐有"馬鑒之印"印。

按:《船山遺書》之零種。

因樹屋書影十卷 071.71 818—03

〔清〕周亮工撰

清雍正三年(1725)懷德堂刻本 四册

半葉9行18字,小字雙行字同,白口,四周單邊,單白魚尾,半框高17.2釐米,寬13.6釐米。版心上鎸"書影",中鎸卷次,下鎸葉碼及"因樹屋"。

卷端題"因樹屋書影,櫟下老人筆記,屯溪螺隱校訂"。内封題"櫟下老人筆記,賴古堂原本,書影,懷德堂梓"。卷首依次有清康熙六年(1667)《書影序》,署"康熙六年歲次丁未季夏山陰後學姜承烈頓首撰";清徐芳撰《書影序》;清高阜撰《書影序》;清杜漺撰《書影序》;清黄虞撰《書影序》;清雍正三年《重刻序》,署"雍正三年三月三日不肖男在延百拜謹識於金陵之食舊菴";清張遂辰撰《跋書影後》;清鄧漢儀撰《書影跋》;清周銘撰《書影跋》。

鈐有"懷德堂圖書""公弼""拙翁""宥函孔氏藏""拙翁藏書""嶺南李氏藏書"印。

香祖筆記十二卷 AC149 Zcl 1771

〔清〕王士禛撰

清康熙四十四年(1705)刻本 六册

半葉10行19字,白口,左右雙邊,單黑魚尾,半框高15.8釐米,寬13.4釐米。版心鎸書名及卷次,下鎸葉碼。

卷端題"香祖筆記,新城王士禛貽上"。卷首有清王士禛《香祖筆記自序》。

鈐有"華仁記子"印。

隨園隨筆二十八卷 AC149 Zcl 1784

〔清〕袁枚撰

清光緒十八年(1892)上海圖書集成印書局鉛印本 四册

履園叢話二十四卷 AC149 Zcl 1834

〔清〕錢泳輯

清同治九年(1870)常熟南門外翁家莊梅花溪上錢寫經堂刻本 十册

鈐有"寶宋室""櫻山文庫"印。

定香亭筆談四卷 AC149 Zcl 842

〔清〕阮元撰 〔清〕吴文溥録

清嘉慶五年(1800)揚州阮氏瑯嬛仙館刻本 四册

鈐有"趙氏家藏""鮑雲私印""趙氏種芸仙館藏書印"印。

歸田瑣記八卷 AC149 Zcl 1627

〔清〕梁章鉅撰

清道光二十五年(1845)北東園刻本 三册

鈐有"杳冥君室"印。

歸田瑣記八卷　AC149 Zcl 1379

〔清〕梁章鉅撰

清同治五年(1866)連元閣刻本　二册

鈐有“馬鑒之印”印。

浪跡叢談十一卷　AC149 Zcl 1029

〔清〕梁章鉅撰

清道光二十七年(1847)亦東園刻本　四册

鈐有“馬鑒之印”印。

浪跡續談八卷　AC149 Zcl 1153

〔清〕梁章鉅撰

清道光二十八年(1848)亦東園刻本　四册

寸陰叢録四卷　AC149 Zcl 1778

〔清〕姚瑩撰

清道光間刻本　一册

冷廬雜識八卷附續編一卷　AC149 Zcl 1910

〔清〕陸以湉撰

清咸豐六年(1856)刻本　八册

鈐有“馬鑒之印”印。

鷗陂漁話六卷　AC149 Zcl 1744

〔清〕葉廷琯撰

清同治九年(1870)姑蘇城内珠明寺西謝文翰齋刻本　六册

鈐有“馬鑒之印”印。

十二硯齋隨録四卷　AC149 Zcl 1760

〔清〕汪鋆撰

清同治十一年(1872)刻本　一册

鈐有“山陰陳照默云氏藏書”“留餘”“伯剛”“屈爔之印”印。

吾廬筆談八卷　AC149 Zcl 1033

〔清〕李佐賢編

清光緒元年(1875)李氏刻本　二册

印雪軒隨筆四卷　AC149 Zcl 1906

〔清〕俞鴻漸撰

清光緒二年(1876)上海申報館鉛印本　四册

隨園瑣記二卷　AC149 Zcl 1972

〔清〕袁祖志撰　〔清〕包祖同校

清光緒五年(1879)刻本　二册

鈐有“馬鑒之印”印。

粟香隨筆八卷　AC149 Zcl 392

〔清〕金武祥撰

清光緒七年(1881)羊城刻本　四册

鈐有“汪希文”印。

粟香二筆八卷　AC149 Zcl 107

〔清〕金武祥撰

清光緒九年(1883)羊城刻本　四册

鈐有“汪希文”印。

粟香三筆八卷　AC149 Zcl 389

〔清〕金武祥撰

清光緒十三年(1887)廣州刻本　四册

鈐有“汪希文”印。

趙庭瑣語八卷 AC149 Zcl 1130

〔清〕史澄撰

清光緒十一年(1885)繼園刻本 二册

鈐有"陳慶保"印。

石船居雜鈔剩稿不分卷 AC149 Zcl 1767—1768

〔清〕李超瓊撰

清光緒二十二年(1896)木活字本 二册

按:此書包含《柜軒筆録》《藤軒筆録》兩種。

常談四卷 AC149 Zcl 1704

〔清〕劉玉書撰 〔清〕劉亨慶編次 〔清〕劉達斌校

清光緒二十五年(1899)刻本 四册

鈐有"馬鑒之印"印。

左庵瑣語不分卷 AC149 Zcl 1941

〔清〕李佳繼昌撰

清光緒間刻朱印本 一册

人海記二卷 AC149 Zcl 1670

〔清〕查慎行編 〔清〕張士寬校刊

清宣統二年(1910)掃葉山房石印本 二册

鈐有"馬鑒之印"印。

癡説四種四卷 AC149 Zcl 1385

〔清〕尊聞閣主輯

清光緒三年(1877)上海申報館鉛印本 二册

子目:

紅樓夢精義一卷 題〔清〕話石主人撰

紅樓夢雜咏一卷 〔清〕黄金臺撰

紅樓夢觥史一卷 〔清〕蓮海居士撰

紅樓夢排律一卷 〔清〕徐慶治撰

雜著類

雜考之屬

學林十卷 AC149 Zcl 1780

〔宋〕王觀國撰

清道光十年(1830)補刻本 六册

學林十卷 AC149 Zcl 1829

〔宋〕王觀國撰

清光緒十九年(1893)補刻本 八册

鈐有"陳慶保"印。

困學紀聞二十卷 AC149 Zcl 4209

〔宋〕王應麟撰

清雍正間汪垕桐華書塾刻本 四册

半葉11行25字,小字雙行31字,白口,左右雙邊,單黑魚尾,半框高18.2釐米,寬14釐米。版心上鎸書名,中鎸卷次,下鎸葉碼。

卷端題"困學紀聞,浚儀王應麟伯厚"。内封題"何義門先生校本,困學紀聞,桐華書塾開雕"。卷首依次有元至治二年(1322)《序》,署"至治二年秋八月壬辰隆山牟應龍謹識";元泰定二年(1325)《序》,署"泰定二年冬十月門人翰林侍講學士奉政大夫知制誥同修國史袁㮲叙”；明萬曆三十一年(1603)《序》,署“萬曆癸卯八月既望後學莆田吴獻台書”；目録。卷末有清汪亶撰《後記》。

鈐有“二如齋”印。

困學紀聞二十卷 AC149 Zcl 1666

〔宋〕王應麟撰 〔清〕翁元圻輯

清咸豐元年(1851)小嫏嬛山館重校刻本 十册

困學紀聞二十卷 AC149 Zcl 1799

〔宋〕王應麟撰 〔清〕翁元圻輯

清光緒十五年(1889)汝東資善堂刻本 十四册

甕牖閒評六卷 AC149 Zcl 1668

〔宋〕袁文撰

清刻本 四册

丹鉛總録二十五卷 AC149 Zcl 783

〔明〕楊慎撰

清乾隆三十年(1765)楊衵務本堂校刻本 六册

半葉10行20字,黑口,左右雙邊,無魚尾,半框高12.3釐米,寬8.8釐米。版心鎸書名、篇章名、卷次及葉碼。

卷端題“丹鉛總録,博南山人升菴楊慎用修著集,虎林後學楊衵、姪步瀛仝校訂”。内封題“楊升庵先生著,丹鉛總録,務本堂藏板”。卷首依次有明嘉靖二十一年(1542)《丹鉛録原序》,署“嘉靖壬寅閏夏五金伏之初楊慎序”；明嘉靖三十三年(1554)《丹鉛總録原序》,署“嘉靖三十三年甲寅五月五日滇南門人梁佐應台拜序”；清乾隆三十年《丹鉛總録跋》,署“乾隆乙酉之秋七月既望虎林楊衵書”；目録。

鈐有“馬鑒之印”印。

丹鉛總録二十七卷 AC149 Zcl 1801

〔明〕楊慎撰 〔清〕陳愷校

清道光十二年(1832)九思堂刻本 八册

鈐有“華仁記子”“圓山藏書”印。

博物要覽十六卷 AC149 Zcl 168

〔明〕谷應泰輯

明末清初抄本 八册

半葉6行11字,行間有紅筆標注。版心上鎸書名及卷次,下鎸葉碼。

卷端題“博物要覽,明蜀府長史谷泰輯”。卷首依次有明天啓六年(1626)《博物要覽序》,署“天啓丙寅四月之望賜進士及第前翰林院詹事府正詹奉命巡撫四川等處都察院右副都御史古汴元一誠序”；目録。

鈐有“叢書樓”印。

按：第一册所鈐“叢書樓”印似剪貼,不是原鈐,其餘册均爲原鈐印。本書作者應爲谷應泰,疑卷端所抄有誤。

日知録集釋三十二卷附刊誤二卷續刊誤二卷 071.72 964—02

〔清〕顧炎武撰 〔清〕黄汝成集釋

清同治八年(1869)廣州述古堂重刻本 十六册

又一部 十六册 AC149 Zcl 1703

鈐有“丹孫珍藏”印。

義門讀書記五十八卷　AC149 Zcl 3912

〔清〕何焯撰

清乾隆三十四年(1769)石香齋刻本　二册

半葉14行22字,黑口,左右雙邊,單黑魚尾,半框高14.7釐米,寬11.9釐米。版心鎸書名、子目書名、卷次、篇名及篇章名葉碼。

卷端題"義門讀書記,長洲何焯屺瞻"。内封題"何義門先生讀書記,石香齋藏版,二刻續出"。卷首依次有乾隆三十四年《序》,署"乾隆三十四年己丑長至後一日小門生蔣元益謹序";清乾隆十六年(1751)何堂《序》,署"乾隆十六年歲在辛未六月朔受學從子堂謹序";凡例,末署"同里後學蔣維鈞硯溪氏識";目録。

鈐有"石香齋藏書記""春木""麗雪居珍藏"印。

按:館藏缺四十一卷,存《四書》六卷、《詩經》二卷、《左氏春秋》二卷、《穀梁春秋》一卷、《公羊春秋》一卷、《史記》二卷、《前漢書》三卷。

陔餘叢考四十三卷　AC149 Zcl 1650

〔清〕趙翼撰

清乾隆間刻本　十二册

半葉11行21字,小字雙行31字,白口,左右雙邊,單黑魚尾,半框高17.9釐米,寬14釐米。版心上鎸書名,中鎸卷次,下鎸葉碼。

卷端題"陔餘叢考,陽湖趙翼耘菘"。卷首依次有清乾隆五十六年(1791)《陔餘叢考序》,署"乾隆五十六年辛亥四月望前三日同館後學吴錫麒拜纂";目録。

群書疑辨十二卷　AC149 Zcl 710

〔清〕萬斯同纂　〔清〕水雲校

清嘉慶二十一年(1816)供石亭刻本　二册

鈐有"齊安林氏逸聖收藏金石書畫之記""甲辰進士""家住(轉)流第一村""藝安""程鎮瀛印"印。

群書拾補不分卷　011.8 495

〔清〕盧文弨撰

清光緒十三年(1887)上海蜚英館石印本　八册

又一部　八册　AC149 Zcl 870

蛾術編八十二卷　AC149 Zcl 282

〔清〕王鳴盛撰　〔清〕迮鶴壽參校　〔清〕沈楙德校刊

清道光二十一年(1841)世楷堂刻本　十六册

鈐有"陳慶保""哲如陳慶保藏書"印。

又一部　二十册　AC149 Zcl 1162

札樸十卷　AC149 Zcl 1693

〔清〕桂馥撰

清光緒九年(1883)長洲蔣氏心矩齋刻本　六册

又一部　五册　AC149 Zcl 1662

讀書雜志八十二卷餘編二卷　AC149 Zcl 36

〔清〕王念孫撰

清同治九年(1870)金陵書局刻本　二十四册

又一部　二十二册　071.76 119

鈐有"芸香書屋珍藏印""月樵鑒賞""潘江胡氏子樵之章"印。

讀書雜志餘編二卷　071.76 119.02

〔清〕王念孫撰

清道光十二年(1832)刻本　二册

鈐有"南洋大學圖書館藏書"印。

小學盦遺書四卷　AC149 Zcl 1102

〔清〕錢馥撰

清光緒二十一年(1895)什邡清風室校刻本　一册

鈐有"馬鑒之印"印。

癸巳類稿十五卷　9155 3973

〔清〕俞正燮撰

清道光十六年(1836)求日益齋刻本　十二册

鈐有"鏡宇""臣海寰印"印。

又一部　十二册　AC149 Zcl 708

又二部　八册　AC149 Zcl 708a

鈐有"哲如陳慶保藏書"印。

癸巳類稿十五卷　071.76 990—02

〔清〕俞正燮撰

清光緒五年(1879)刻本　十二册

癸巳存稿十五卷　AC149 Zcl 1934

〔清〕俞正燮撰

清光緒十年(1884)刻本　八册

又一部　五册　AC149 Zcl 1743

鈐有"哲如陳慶保藏書"印。

又二部　八册　9155 3943

群書札記十四卷　AC149 Zcl 1706

〔清〕朱亦棟撰

清光緒四年(1878)武林竹簡齋重刻本　七册

鈐有"馬鑒之印"印。

硯桂緒録十六卷　AC149 Zcl 1139

〔清〕林昌彝撰

清同治五年(1866)廣州省城刻本　八册

求闕齋讀書録十卷　019.27 981—02

〔清〕曾國藩撰　〔清〕王啓原編

清光緒二年(1876)傳忠書局刻本　五册

又一部　四册　AC149 Zcl 1525

舒藝室雜著甲編二卷乙編二卷附舒藝室雜著剩稿一卷　847.8 311—202

〔清〕張文虎撰

清光緒五年(1879)、光緒七年(1881)刻本　三册

按:《舒藝室雜著剩稿》刻於光緒七年。

潛書二篇附西蜀唐圃亭先生行略一卷　1335.5 3900

〔清〕唐甄撰　〔清〕王聞遠編

清光緒九年(1883)中江李氏重刻本　二册

鈐有"謳中周氏寶藏""□□□□□""齊安林氏逸聖收藏金石書畫之記"印。

讀書叢録二十四卷 075.76 720—02

〔清〕洪頤煊撰

清光緒十三年(1887)吴氏醉六堂重刻本　八册

鈐有"南洋大學圖書館藏書"印。

愈愚録六卷 AC149 Zcl 1988

〔清〕劉寶楠撰

清光緒十五年(1889)廣雅書局刻本　二册

鈐有"馬鑒"印。

長興學記不分卷 1349 3119

〔清〕康有爲撰

清光緒十八年(1892)廣滬思求闕齋翻刻本　一册

鈐有"馬鑒之印"印。

長興學記不分卷 078 668—2

〔清〕康有爲撰

清光緒二十二年(1896)羊城文陞閣刻本　一册

札迻十二卷 AC149 Zcl 1990

〔清〕孫詒讓撰

清光緒二十年(1894)刻本　六册

無邪堂答問五卷 AC149 Zcl 1750

〔清〕朱一新撰

清光緒二十一年(1895)廣雅書局刻本　五册

鈐有"陳慶保""哲如陳慶保藏書"印。

雜品之屬

見物五卷 AC149 Zcl 2965

〔明〕李蘇撰　〔清〕李錫齡校訂

清道光二十年(1840)三原李氏惜陰軒刻本　二册

按:清李錫齡輯《惜陰軒叢書》之零種。

宋周公瑾雲煙過眼録四卷 AC149 Zcl 645

〔明〕陳繼儒訂　〔明〕沈德先校

明萬曆間沈氏尚白齋刻本　三册

半葉8行18字,白口,四周單邊,單黑魚尾,半框高20.1釐米,寬12.9釐米。版心上鎸書名,中鎸卷次,下鎸葉碼。

卷端題"宋周公謹雲煙過眼録,華亭陳繼儒仲醇父訂,秀州沈德先天生父校"。卷首有《序》。

鈐有"杜郙清賞"印。

按:此書爲《寶顔堂秘笈》之零種。

雜纂之屬

玉芝堂談薈三十六卷首一卷 AC149 Zcl 1853

〔明〕徐應秋撰

清光緒元年(1875)刻本　三十二册

弦雪居重訂遵生八牋二十卷 AC149 Zcl 3151

〔明〕高濂撰　〔明〕鍾惺訂

清光緒十年(1884)重刻本　十四册

藝林伐山十三卷 AC149 Zcl 1417

〔明〕楊慎撰

清光緒間上海申報館鉛印本　二册

鈐有“季明”印。

智囊補二十八卷 AC149 Zcl 1920

〔明〕馮夢龍輯

明天啓崇禎間刻本　十二册

半葉9行20字,小字雙行字同,白口,四周單邊,單黑魚尾,無界行,半框高19.5釐米,寬13.9釐米。版心上鎸書名,中鎸卷次、分部名及篇名。卷首依次有明馮夢龍撰《自叙》;總目,題“智囊補,古吴馮夢龍猶龍重輯,金沙張明弼公亮、長洲沈幾去疑、張我城德仲同閲”。

鈐有“馬鑒之印”印。

經餘秘書必讀八卷 AC149 Zcl 978

〔清〕錢樹棠等輯

清嘉慶十一年(1806)文畬堂刻本　四册

鈐有“藹人”“季明”印。

彎史四十八卷 AC149 Zcl 1392

〔清〕王希廉撰

清光緒二年(1876)上海申報館鉛印本　六册

鈐有“季明”印。

記聞類編十四卷 2746 3672

〔清〕蔡爾康輯

清光緒三年(1877)上海印書局鉛印本　六册

鈐有“清軒”“道□堂”“馬鑒之印”“清細”印。

雨堂偶筆五卷首一卷 AC149 Zcl 1741

〔清〕蔣慶黌撰　〔清〕蔣慶篪、蔣慶第校

清光緒二十三年(1897)刻本　四册

鈐有“馬鑒之印”印。

幽夢續影不分卷 AC149 Zcl 1769

〔清〕朱錫綬撰

清光緒間抄本　一册

古格言十二卷 AC149 Zcl 1103

〔清〕梁章鉅輯　〔清〕龍裕光校

清宣統元年(1909)粵東芸書閣刻本　二册

鈐有“哲如陳慶保藏書”印。

塵海妙品十四卷 AC150 Chmp

〔清〕陳琰編

清宣統三年(1911)上海六藝書局石印本　四册

寄園寄所寄十二卷 AC149 Zcl 1973

〔清〕趙吉士撰

清後期刻本　十二册

雜記雜編之屬

世説新語八卷 AC149 Zra 14

〔南朝宋〕劉義慶撰　〔南朝梁〕劉孝標注　〔明〕王世懋批點

明萬曆間刻本　八册

半葉9行20字,小字雙行字同,黑

口,左右雙邊,單黑魚尾,半框高19.8釐米,寬13.1釐米。版心上鎸書名,中鎸卷次、篇章名及葉碼,下鎸刻工及刻字字數。

卷端題"世説新語,宋劉義慶撰,梁劉孝標注,明王世懋批點,後學淩瀛初校"。卷首依次有明嘉靖十四年(1535)袁褧撰《刻世説新語序》,署"嘉靖乙未歲立秋日也";明萬曆八年(1580)《世説新語序》,署"萬曆庚辰穐吴郡王世懋書";目録。

鈐有"午厓藏本""謙持""鄧沫勤印""印廬珍藏"印。

世説新語六卷 5736.3 7539

〔南朝宋〕劉義慶撰 〔南朝梁〕劉孝標注

清光緒三年(1877)湖北崇文書局刻本 四册

夢溪筆談二十六卷補筆談三卷續筆談十一篇 AC149 Zcl 1658

〔宋〕沈括撰

清光緒三十二年(1906)番禺陶氏愛廬校刻本 四册

鈐有"鄞馬鑒季明藏"印。

桯史十五卷附録一卷 AC149 Zcl 1421

〔宋〕岳珂撰 〔明〕毛晋訂

清光緒間上海申報館鉛印本 四册

鈐有"季明"印。

楓窗小牘二卷湖湘故事不分卷 2665.72 6314

〔宋〕袁褧撰 (湖湘故事)〔宋〕陶嶽撰

清順治間刻本 一册

半葉9行20字,白口,左右雙邊,單白魚尾,半框高19.2釐米,寬14.4釐米。版心上鎸書名,中鎸卷次,下鎸葉碼。

《楓窗小牘》卷端題"楓窗小牘,宋袁褧"。《湖湘故事》卷端題"湖湘故事,宋陶嶽"。

鈐有"馬鑒之印"印。

野記四卷 2720.72 5300

〔明〕祝允明纂

清同治十三年(1874)元和祝氏刻本 二册

點勘記二卷附省堂筆記一卷 AC149 Zcl 916

〔清〕歐陽泉撰

清光緒九年(1883)資中官舍寶硯齋校刻本 二册

鈐有"馬鑒之印"印。

五山志林八卷 3073.2 6937

〔清〕羅天尺撰

清道光三十年(1850)南海伍氏粤雅堂校刻本 三册

按:清伍崇曜輯《嶺南遺書》之零種。

金壺七墨 AC149 Zcl 126—128

〔清〕黄鈞宰撰

清同治間刻本 三册

子目:

金壺遯墨五卷(缺卷三至卷五)

金壺逸墨二卷

金壺醉墨一卷

金壺戲墨一卷

按:館藏存四種。

嘯亭雜録八卷續録二卷　2746.2 1447

〔清〕昭槤撰

清光緒六年(1880)刻本　六册

鈐有"鄞馬鑒季明藏"印。

嘯亭雜録八卷續録二卷　2746.2 1447

〔清〕昭槤撰

清光緒二十七年(1901)掃葉山房石印本　四册

古香齋鑒賞袖珍春明夢餘録七十卷　3056.2 3885

〔清〕孫承澤撰

清光緒八年(1882)南海孔廣陶三十有三萬卷堂重刻本　二十册

古香齋鑒賞袖珍春明夢餘録七十卷　3056.2 3885

〔清〕孫承澤撰

清光緒九年(1883)廣州惜分陰館刻本　二十四册

鈐有"鄞馬鑒季明藏"印。

静娱亭筆記十二卷　AC149 Zcl 1244

〔清〕張培仁撰

清同治光緒間刻本　八册

鈐有"馬鑒之印"印。

淞隱漫録十二卷　AC149 Zcl 1286

〔清〕王韜撰

清光緒十年(1884)石印本　十二册

鈐有"燕京大學圖書館章"印。

莊諧選録十二卷　AC149 Zcl 879

〔清〕汪康年撰

清光緒間鉛印本　十二册

庸閒齋筆記八卷　AC149 Zcl 5015

〔清〕陳其元撰

清光緒間上海申報館鉛印本　四册

消暑隨筆四卷　AC149 Zcl 1793

〔清〕潘世恩撰

清宣統三年(1911)上海海左書局石印本　三册

思補齋筆記八卷　4734.8 9232

〔清〕潘世恩撰

清末會文齋鄭家刻本　二册

少室山房筆叢四十八卷　9115 9996

〔明〕胡應麟撰

清光緒二十二年(1896)廣雅書局校刻本　十二册

又一部　六册　9115 9996

四溟瑣記十三卷　AC149 Zcl 3506

清光緒元年(1875)上海申報館鉛印本　一册

按:館藏存卷七。

小説家類

雜事之屬

友會談叢三卷 AC149 Zcl 1084

〔宋〕上官融撰

清光緒六年(1880)刻本　一册

增訂一夕話新集六卷 AC149 Zcl 1789

題〔清〕咄咄夫撰　題〔清〕嗤嗤子增訂

清咸豐九年(1859)藻思堂刻本　二册

曼陀羅華閣瑣記二卷 AC149 Zcl 1270

〔清〕杜文瀾撰

清咸豐十一年(1861)刻本　二册

鈐有"季明"印。

明齋小識十二卷 AC149 Zcl 1946

〔清〕諸聯輯撰

清同治四年(1865)吴趍亦西齋刻本　六册

對山書屋墨餘録十六卷 AC149 Zcl 1053

〔清〕毛祥麟撰

清同治九年(1870)湖州醉六堂吴氏刻本　六册

鈐有"馬鑒之印"印。

對山書屋墨餘録十六卷 AC149 Zcl 1837

〔清〕毛祥麟撰

清同治九年(1870)上海亦可居毛氏刻本　八册

蕉軒隨録十二卷蕉軒續録二卷 AC149 Zcl 1659

〔清〕方濬師撰

清同治十一年(1872)退一步齋刻本　十四册

鈐有"黄有澤藏書""陳氏泮聲""華國文章"印。

見聞隨筆二十六卷 AC149 Zcl 1292

〔清〕齊學裘撰

清同治間刻本　九册

見聞續筆二十四卷 AC149 Zcl 930

〔清〕齊學裘撰

清光緒二年(1876)天空海闊之居刻本　九册

鈐有"馬鑒之印"印。

又一部　六册 AC149 Zcl 930a

耳郵四卷 AC149 Zcl 1382

〔清〕俞樾編

清光緒四年(1878)上海申報館鉛印本　二册

鈐有"馬鑒"印。

三借廬贅譚十二卷 AC149 Zcl 1174

〔清〕鄒弢纂

清光緒間上海申報館鉛印本　六册

雨窗消意録甲部四卷 AC149 Zcl 1107

〔清〕牛應之編

清後期刻本　四册

鈐有"馬鑒之印""芸樓""季明"印。

異聞之屬

酉陽雜俎二十卷　　AC149 Zcl 558

〔唐〕段成式撰

清道光二十九年(1849)小嫏嬛山館刻本　四册

鈐有"陳慶保"印。

太平廣記五百卷目録十卷　　AC149 Zcl 1518

〔宋〕李昉等編　〔清〕黄晟校刊

清道光二十六年(1846)三讓睦記刻本　四十八册

鈐有"馬鑒讀""季明"印。

重刊宋本夷堅志八十卷　　AC149 Zcl 139

〔宋〕洪邁編　〔清〕陸心源校

清光緒五年(1879)吴興陸氏十萬卷樓重刻本　十二册

按:甲志二十卷、乙志二十卷、丙志二十卷、丁志二十卷。

續夷堅志四卷　　AC149 Zcl 1236

〔金〕元好問纂

清嘉慶十三年(1808)大梁書院刻本　一册

鈐有"馬鑒之印"印。

夜譚隨録十二卷　　AC149 Zcl 890b

〔清〕和邦額撰

清乾隆四十四年(1779)聖經堂刻本　十二册

半葉8行20字,白口,四周單邊,單黑魚尾,無界行,半框高13.3釐米,寬11.5釐米。版心上鐫書名,中鐫卷次及篇名,下鐫葉碼,天頭鐫評文。

卷端題"夜譚隨録,霽園主人闒齋氏著,松蔭山房雨牕氏、葵園主人蘭岩氏評閲,用拙道人蘭泉氏參訂"。内封題"霽園主人著,夜譚隨録,聖經堂藏板"。卷首依次有清乾隆四十四年《自叙》,署"乾隆己亥夏六月霽園主人書於蛾術齋之南牕";總目。

鈐有"季明"印。

又一部　六册　　AC149 Zcl 890

異談可信録二十三卷　　AC149 Zcl 785

〔清〕鄧晅輯

清嘉慶元年(1796)碧山樓刻本　十二册

鈐有"馬鑒之印"印。

壺天録三卷　　AC149 Zcl 1258

題〔清〕百一居士撰

清光緒十一年(1885)上海申報館鉛印本　四册

談異八卷　　AC149 Zcl 1879

〔清〕王景賢撰

清光緒十九年(1893)刻本　四册

諧謔之屬

笑笑録六卷　　AC149 Zcl 2514

題〔清〕獨逸窩退士編

清光緒間上海申報館鉛印本　五册

鈐有"楚青""金嗣芬印""季明"印。

天文曆算類

類編之屬

兼濟堂纂刻梅勿菴先生曆算全書二十八種七十四卷 AC149 Zcl 2948

〔清〕梅文鼎撰 〔清〕魏荔彤輯

清乾隆十四年(1749)梅汝培修補刻本 三十二册

半葉11行24字,小字雙行字同,白口,四周雙邊,單黑魚尾,無界行,半框高19.6釐米,寬13.9釐米。版心上鎸子目名,中鎸卷次,下鎸葉碼。

卷端題"兼濟堂纂刻梅勿菴先生曆算全書,三角法舉要,宣城梅文鼎定九著,栢鄉魏荔彤念庭輯,男乾斆一元、士敏仲文、士説崇寬同校正,錫山後學楊作枚學山訂補"。内封題"雍正元年鎸,宣城梅定九先生著,曆算全書,柏鄉魏念庭輯刊"。卷首依次有雍正元年(1723)《輯刊梅勿庵先生曆算全書小引》,署"雍正癸卯歲嘉平月栢鄉魏荔彤念庭氏謹識";凡例;總目。卷末有乾隆十四年《跋》,署"乾隆己巳日松陵曾姪孫汝培又生拜手敬跋"。

鈐有"源賴德印""鳳翔閣藏"印。

子目:

三角法舉要五卷

勾股闡微四卷 〔清〕楊作枚補

弧三角舉要五卷

環中黍尺六卷

塹堵測量二卷

方圓冪積一卷

幾何補編五卷

解八綫割圓之根一卷

曆學疑問三卷補二卷

交食管見一卷

交食蒙求三卷

揆日候星紀要一卷

歲周地度合考一卷

冬至考一卷

諸方節氣加時日軌高度表一卷

五星紀要一卷

火星本法一卷

七政細草補注一卷

仰義簡儀二銘補注一卷

曆學駢枝四卷

授時平立定三差詳説一卷

曆學答問一卷

古算衍略一卷

筆算五卷

籌算七卷

度算釋例二卷

方程論六卷

少廣拾遺一卷

兼濟堂纂刻梅勿菴先生曆算全書二十八種七十四卷 1985/1—32

〔清〕梅文鼎撰 〔清〕魏荔彤輯

清光緒十一年(1885)敦懷書屋刻本 三十二册

鈐有"南洋大學圖書館藏書"印。

子目:

法原

三角法舉要五卷

勾股闡微四卷 〔清〕楊作枚補

弧三角舉要五卷

環中黍尺六卷

塹堵測量二卷
方圓冪積一卷
幾何補編五卷
解八綫割圓之根一卷
法數(續出)
曆學
曆學疑問三卷補二卷
交食管見一卷
交食蒙求三卷
揆日候星紀要一卷
歲周地度合考一卷
冬至考一卷
諸方節氣加時日軌高度表一卷
五星紀要一卷
火星本法一卷
七政細草補注一卷
仰義簡儀二銘補注一卷
曆學駢枝四卷
授時平立定三差詳説一卷
曆學答問一卷
算學
古算衍略一卷
筆算五卷
籌算七卷
度算釋例二卷
方程論六卷
少廣拾遺一卷

天文之屬

御製曆象考成十卷　AC149 Zcl 2950

〔清〕允禄等編纂

清康熙間内府刻本　六册

半葉9行20字,小字雙行字同,白口,四周雙邊,單白魚尾,半框高21釐米,寬14.7釐米。版心上鎸書名,中鎸卷次及篇章名,下鎸葉碼。

按:書中卷端及目録端题名中"御製"二字之下内容全被挖去。

星土釋三卷首一卷　7100

〔清〕李林松編

清光緒十年(1884)重刻本　四册

中西經星同異考不分卷　7140 4967

〔清〕梅文鼎撰

清同治光緒間孔氏嶽雪樓影抄本　一册

鈐有"印廬珍藏"印。

天學會通不分卷　7180 2116

〔清〕薛鳳祚撰

清後期孔氏嶽雪樓影抄本　一册

鈐有"印廬珍藏"印。

曆法之屬

宋遼金元四史朔閏考二卷　2662.15 9735

〔清〕錢大昕撰

清咸豐二年(1852)刻本　一册

鈐有"馬鑒之印"印。

按:清伍崇曜輯《粤雅堂叢書》之零種,卷前另有《聲類》之卷三至卷四。

算書之屬

四元玉鑒三卷首一卷　　AC149 Zcl 1481

〔元〕朱世傑編述　〔清〕鍾煜校正

清光緒元年(1875)古荷花池精舍刻本　三册

原本直指算法統宗十二卷首一篇

AC149 Zcl 1675

〔明〕程大位編

清乾隆二年(1737)年集錦堂刻本　六册

半葉11行24字,小字雙行字同,白口,左右雙邊,單黑魚尾,半框高19.5釐米,寬13.2釐米,有圖。版心上鎸"算法統宗",中鎸卷次,下鎸葉碼及"集錦"。

内封題"乾隆二年夏鎸,新安程汝思編集,新增算法統宗大全,集錦堂"。卷首依次有明萬曆二十一年(1593)《原本算法統宗序》,署"萬曆癸巳初夏七日漸江上吴繼綬著";目録;《原本直指算法統宗難題附集雜法序》;《師生問難圖》;《賓渠程君小像贊》。

鈐有"高□氏印"印。

數學五書五種　　AC149 Zcl 2939

〔清〕安清翹撰

清嘉慶間刻本　八册

子目:

矩綫原本四卷

一綫表用六卷

推步惟是四卷

學算存略三卷

樂律心得二卷

則古昔齋算學十三種二十四卷

1993/1—6

〔清〕李善蘭撰

清同治六年(1867)刻本　六册

鈐有"南洋大學圖書館藏書"印。

子目:

方圓闡幽一卷

弧矢啓秘二卷

對數探源二卷

垛積比類四卷

四元解二卷

麟德術解三卷

橢圜正術解二卷

橢圜新術一卷

橢圜拾遺三卷

火器真訣一卷

對數尖錐變法釋一卷

級數回求一卷

天算或問一卷

數學精詳十一卷首一卷末一卷

AC149 Zcl 2941

〔清〕屈曾發輯

清同治十年(1871)學海堂重刻本　五册

鈐有"番禺陳百斯藏書""哲如陳慶保藏書""陳百斯藏書之印"印。

算書廿一種　　AC149 Zcl 2938

〔清〕吴嘉善撰　〔清〕丁取忠刊

清同治十一年(1872)刻本　四册

子目:

筆算一卷

今有術一卷

分法一卷
開方術一卷
平方術一卷
平圜術一卷
立方立圜術一卷
勾股術一卷
平三角術一卷
弧三角術一卷
測量術一卷
衰分一卷
盈不足一卷
方程一卷
天元一術釋例一卷
天元名式釋例一卷
天元一草一卷
天元問答一卷
方程天元合釋一卷
四元名式釋例一卷
四元草一卷

白芙堂算學叢書二十二種　1996/1—40

〔清〕丁取忠輯

清同治光緒間長沙古荷花池精舍刻本　四十册

鈐有"南洋大學圖書館藏書"印。

子目：

算書廿一種附八綫對數表一卷　〔清〕吴嘉善撰　（八綫對數表）〔清〕張作楠撰
借根方勾股細草一卷　〔清〕李錫蕃撰
天元勾股細草二卷　〔清〕李鋭撰
開方説三卷　〔清〕李鋭撰
少廣縋鑿一卷　〔清〕夏鸞翔撰
務民義齋算學十一卷　〔清〕徐有壬撰
百雞術衍二卷　〔清〕時曰醇撰
輿地經緯度里表一卷　〔清〕丁取忠述
求一術通解二卷　〔清〕黄宗憲述
割圜八綫綴術四卷　〔清〕吴嘉善述
數學拾遺一卷　〔清〕丁取忠述
測圓海鏡十二卷　〔元〕李冶撰
益古演段三卷　〔元〕李冶撰
圜率考真圖解一卷　〔清〕曾紀鴻述
圓理括囊一卷　（日本）加悦傳一郎撰
粟布演草二卷補一卷　〔清〕丁取忠撰
緝古算經細草三卷　〔清〕張敦仁撰
對數詳解五卷　〔清〕丁取忠述
綴術釋明二卷　〔清〕左潛述
綴術釋戴一卷　〔清〕左潛述
四元玉鑒三卷附四象假令細草一卷　〔元〕朱世傑撰　（四象假令細草）〔清〕丁取忠撰
格術補一卷　〔清〕鄒伯奇撰

又一部　二十九册　AC149 Zcl 2937

按：館藏缺《四元玉鑒》三卷。

白芙堂算學叢書二十二種　1996—2/1—8

〔清〕丁取忠輯

清光緒二十二年（1896）石印本　八册

鈐有"南洋大學圖書館藏書"印。

子目：

算書廿一種附八綫對數表一卷　〔清〕吴嘉善撰　（八綫對數表）

〔清〕張作楠撰
借根方勾股細草一卷　〔清〕李錫蕃撰
天元勾股細草二卷　〔清〕李鋭撰
開方説三卷　〔清〕李鋭撰
少廣縋鑿一卷　〔清〕夏鸞翔撰
務民義齋算學十一卷　〔清〕徐有壬撰
百雞術衍二卷　〔清〕時曰醇撰
輿地經緯度里表一卷　〔清〕丁取忠述
求一術通解二卷　〔清〕黄宗憲述
割圓八綫綴術四卷　〔清〕吴嘉善述
數學拾遺一卷　〔清〕丁取忠述
測圓海鏡十二卷　〔元〕李冶撰
益古演段三卷　〔元〕李冶撰
圜率考真圖解一卷　〔清〕曾紀鴻述
圓理括囊一卷　（日本）加悦傳一郎撰
粟布演草二卷補一卷　〔清〕丁取忠撰
緝古算經細草三卷　〔清〕張敦仁撰
對數詳解五卷　〔清〕丁取忠述
綴術釋明二卷　〔清〕左潛述
綴術釋戴一卷　〔清〕左潛述
四元玉鑒三卷　〔元〕朱世傑撰
格術補一卷　〔清〕鄒伯奇撰

梅氏叢書輯要六十二卷　1986/1—6

〔清〕梅文鼎撰

清光緒二年（1876）温葆深石印本　六册

鈐有“南洋大學圖書館藏書”“中學堂藏書樓儀器院之圖記”印。

行素軒算稿五種　AC149 Zcl 2970

〔清〕華蘅芳撰

清光緒八年（1882）梁谿華氏刻本　六册

鈐有“普定姚大榮字儷桓號芷澧金石書畫”印。

子目：
問方别術一卷
數根術解一卷
開方古義二卷
積較術三卷
學算筆談六卷

御製數理精藴上編五卷下編四十卷附數學圖表八卷　AC149 Zcl 2949

〔清〕允祉等編纂　〔清〕張樹聲等重刊

清光緒八年（1882）廣東藩司刻本　三十册

鈐有“陳慶保”印。

數學上編十三卷數學上編答數一卷附卷二卷　AC149 Zcl 1520

〔清〕曹汝英撰　〔清〕李光等校字

清光緒三十三年（1907）羊城刻本　六册

直方大齋數學中編四卷　AC149 Zcl 2530

〔清〕曹汝英撰

清光緒三十四年（1908）湖北公立工業傳習所刻本　二册

術數類

類編之屬

百二漢鏡齋秘書四種 1739.3 2513

〔清〕程芝雲校訂

清道光間百二漢鏡齋刻本　二册

子目：

火珠林一卷　題〔宋〕麻衣道者撰

靈棋經一卷　〔漢〕東方朔撰　〔晋〕顔幼明、〔南朝宋〕何承天注　〔元〕陳師凱、〔明〕劉基解

秘授命理須知滴天髓二卷　題〔宋〕京圖撰　〔明〕劉基注

測字秘牒一卷　〔清〕程省撰

占候之屬

乙巳占十卷 1742 5930

〔唐〕李淳風撰

清光緒三年(1877)刻本　四册

白猿經不分卷 1743 2530

〔明〕劉基注

清抄本　二册

天星選擇撮要不分卷附立命真度表擇吉要法一卷 AC149 Zcl 2968

〔清〕左敬元撰　〔清〕左兆麟校

清同治十三年(1874)順邑龍山崇日堂刻本　一册

雲氣占候二卷 AC149 Zcl 3924

〔清〕汪宗沂撰

清光緒間袁氏漸西村舍刻本　一册

命書相書之屬

神機妙算鐵板數十四卷 1746 9389

〔清〕邵雍撰

清光緒十年(1884)善成堂重刻本　十三册

鈐有“齋藤藏書”印。

相門精義不分卷 1745 3500

題〔清〕羅山道人注　題〔清〕紫雲居士輯

清光緒十五年(1889)筆花館刻本　一册

神相水鏡集全編四卷 1745 9193

題〔清〕右髻道人纂要

清宣統元年(1909)上海書局石印本　二册

相宅相墓之屬

入地眼全書十卷 1747 5453

〔宋〕釋静道撰　〔清〕萬樹華編次

清道光元年(1821)善成堂刻本　五册

山洋指迷原本四卷 1747 4795

〔明〕周景一撰

清經國堂刻本　四册

陽宅指要二卷 1747 5335

〔明〕倪尚忠撰

清末寶翰樓刻本　二册

新刻羅經解三卷 1747 7330

〔明〕吴天洪批點　〔明〕熊汝嶽編述　〔明〕熊世章參輯　〔明〕余應虬校閲

清末右文堂刻本　三册

陽宅見易正宗方卦二卷 1747 5335

〔清〕馮家楷撰

清嘉慶二十年(1815)刻本　二册

地理知本金鎖秘二卷 1747 4732

〔清〕鄧恭撰　〔清〕鄧學晋、鄧學升編次

清嘉慶二十一年(1816)紫貴堂刻本　四册

堪輿洩秘六卷 1747 1200

〔清〕熊起磻編集　〔清〕陳文烜參訂　〔清〕熊士諤、熊習應校

清嘉慶間思補堂刻本　四册

按:内封有墨筆題跋"宣統己酉孟秋衡漳厚甫何培源留閲,焦旺村德源堂記"。

陽宅指迷不分卷 1747 1200

〔清〕熊起磻編集　〔清〕陳文烜參定　〔清〕熊士諤、熊習應校

清嘉慶間思補堂刻本　一册

嚴陵張九儀地理穿山透地真傳二卷 1747 3944

〔清〕張九儀撰

清道光九年(1829)英文堂刻本　二册

陽宅紫府寶鑒三卷 1747 5346

〔清〕劉文瀾撰　〔清〕劉伯陽校

清道光十二年(1832)廣州雙門底大文堂刻本　二册

心眼指要四卷 1747 1535

〔清〕章仲山集

清道光十六年(1836)文奎堂刻本　二册

心眼指要四卷附元空秘旨一卷 1747 1535

〔清〕章仲山集

清同治十二年(1873)經元堂刻本　二册

按:《元空秘旨》一卷,題目講禪師著、無心道人解。

陽基集腋四卷 1747 5335

〔清〕趙允真撰

清道光二十年(1840)佛山文光樓刻本　二册

金光斗臨經不分卷 1747 3347

清咸豐三年(1853)經綸堂刻本　一册

地理辨正疏五卷首一卷末一卷 1747 4723

〔清〕張心言撰

清咸豐八年(1858)紫貴堂刻本　二册

地理辨正疏五卷首一卷末一卷 1747 4723

〔清〕張心言撰

清同治二年(1863)天寶樓刻本　二册

六圃沈新周先生地學二卷 1747 4100

〔清〕沈鎬撰

清同治三年(1864)刻本　二册

地理心法四卷附一卷 1747 4716

題〔清〕業存子輯

清同治八年(1869)刻本　三册

理氣溯源初集六卷二集四卷 1747 7395

〔清〕陳啓沅撰　〔清〕陳光祖編　〔清〕陳啓容、陳乃材校

清光緒十年(1884)惜陰草堂刻本　八册

六友堂羅經活圖解二卷 1747 7314

〔清〕李國龍輯

清光緒十一年(1885)聯興堂馮烘記刻本　一册

地理辨正翼六卷首一卷 1747 4723

〔清〕蔣平階注　〔清〕姜垚校刊　〔清〕榮錫勳補翼

清光緒十一年(1885)刻本　三册

又一部　四册 1747 4723

地理冰海不分卷 1747 4721

〔清〕高守中撰

清光緒十四年(1888)刻本　一册

地理經正鈔四卷 1747 4733

題〔清〕五溪道者編

清光緒二十三年(1897)困學齋刻本　二册

羅經解定七卷附羅經問答一卷 1747 1334

〔清〕胡國楨撰

清光緒三十年(1904)古越墨潤書苑石印本　四册

增訂陽宅井明四卷 1747 5533

〔清〕鄧遂識撰

清宣統二年(1910)廣州城雙門底儒雅堂刻本　三册

三元三要八宅救害明鏡二卷 1747 2383

題〔清〕簭冠道人撰

清末和安堂刻本　二册

地理正義鉛彈子砂水要訣七卷 1747 4734

〔清〕張鳳藻撰述　〔清〕高爾公鑒定　〔清〕張廷芳、張廷樫校訂

清末同文堂刻本　七册

按:坊刻巾箱本。

地理末學六卷 1747 4781

〔清〕紀大奎撰

清末刻本　二册

又一部　四册 1747 4781

新刻校正黄帝八宅周書秘奥十卷 1747 1423

清末刻本　四册

占卜之屬

新刻增定邵康節先生梅花觀梅拆字數全集五卷 1741 8134

〔宋〕邵雍撰

清末光華堂刻本　二册

神課金口訣六卷别録一卷 1741 9333

題〔明〕遽然子撰

明萬曆三十四年(1606)金陵富春堂刻本　三册

半葉10行20字,白口,左右雙邊,單黑魚尾,半框高18.5釐米,寬13.5釐米。版心上鎸書名,中鎸卷次,下鎸葉碼。

卷端題"神課金口訣"。内封題"官板大六壬神課金口訣,金陵富春堂校梓"。卷首依次有明萬曆三十四年《神課金口訣序》,署"丙午歲季春清明日余川遽然子謹序";明適適子撰《鈐叙》;目録;《神課金口訣起例》,末署"萬曆廿四年六月吉旦新安赤岸真陽子訂"。

六壬龍首經八卷 1742 7579

清抄本　八册

陰陽五行之屬

新鎸許真君玉匣記增補諸家選擇日用通書二卷 1741 1335

〔晉〕許遜撰

清咸豐七年(1857)右文堂刻本　二册

重刻天元奇門遁甲句解煙波釣叟歌不分卷 1745 3863

〔宋〕趙普撰

清刻本　一册

新編日用涓吉奇門玉總龜四卷 1744 3863

〔宋〕郭子晟撰

清後期坊刻本　二册

董公選秘訣要覽不分卷 1743 4312

〔明〕董潛撰　〔清〕林豫棻校

清光緒十九年(1893)刻本　一册

新增重刻大五行辨正圖訣不分卷 1747 4612

〔清〕戴禮臺撰　〔清〕戴洪潤直解　〔清〕陳良謨參訂　〔清〕陳炳文增撰

清光緒十七年(1891)陳讀易草堂重刻本　一册

欽定協紀辨方書三十六卷 1743 1326

〔清〕允禄等編纂

清宣統三年(1911)上海錦章書局石印本　八册

藝術類

類編之屬

寶顔堂秘笈 AC149 Zcl 1069

〔明〕陳繼儒校輯

明萬曆間沈氏尚白齋刻本　二十

七册

半葉8行18字,白口,四周單邊,無魚尾,半框高20.1釐米,寬12.6釐米。版心上鎸書名,下鎸葉碼。

鈐有"馬鑒之印"印。

子目:

寶顔堂訂正金臺紀聞一卷　〔明〕陸深撰　〔明〕陳繼儒、王體元校

寶顔堂訂正可談一卷　〔宋〕朱彧撰　〔明〕陳繼儒訂

寶顔堂訂正集異志四卷　〔唐〕陸勳集　〔明〕陳繼儒、郁嘉慶校

寶顔堂訂正賢奕編四卷　〔明〕劉元卿編纂　〔明〕陳繼儒、岳元聲校

寶顔堂訂正鶴山渠陽經外雜抄二卷　〔宋〕魏了翁輯撰

寶顔堂訂正長水日抄一卷　〔明〕陸樹聲撰　〔明〕顧雲鳳等校

寶顔堂訂正寤言一卷　〔明〕陸樹聲撰　〔明〕陳繼儒校

寶顔堂訂正玉堂漫筆一卷　〔明〕陸深撰　〔明〕陳繼儒、王體國校

寶顔堂訂正疑仙傳一卷　〔宋〕王簡撰　〔明〕陳繼儒、沈孚先校

陳眉公訂正觚不觚録一卷　〔明〕王世貞撰　〔明〕陳泰交、陳鋐校

陳眉公訂正蜀都雜抄一卷　〔明〕陸深撰　〔明〕沈從先、張弢校

陳眉公訂正楓窗小牘二卷　〔宋〕袁褧撰　〔宋〕袁頤續　〔明〕姚士粦校

陳眉公訂正震澤長語二卷　〔明〕王鏊撰　〔明〕項燧先、沈逢吉校

大司寇蕭岳峰公夷俗記一卷　〔明〕蕭大亨纂　〔明〕項德楨、陳繼儒校

江鄰幾雜志一卷　〔宋〕江休復撰

煮泉小品一卷　〔明〕田藝蘅撰　〔明〕陳繼儒閲　〔明〕陳天保校

讀書鏡五卷　〔明〕陳繼儒撰

眉公見聞録四卷　〔明〕陳繼儒撰

按:館藏存十八種。

篆學瑣著三十種　AC149 Zcl 3835—3843

〔清〕顧湘校刊

清道光二十年(1840)海虞顧氏刻本

十二册

鈐有"彊堂""聽濤閣""古鏡"印。

子目:

論篆一卷　〔唐〕李陽冰撰

五十六種書法一卷　〔唐〕韋續撰

學古編一卷　〔元〕吾邱衍撰

古今印史一卷　〔三國吴〕徐官撰

篆學指南一卷　〔明〕趙宧光撰

印章集説一卷　〔清〕甘暘撰

續學古編二卷　〔元〕吾邱衍撰　〔明〕何震續

印旨一卷　〔清〕程遠撰

印經一卷　〔清〕朱簡撰

印章要論一卷　〔清〕朱簡撰

篆刻十三略一卷　〔清〕袁三俊撰

印章考一卷　〔清〕方以智輯

敦好堂論印一卷　〔清〕吴先聲撰

説篆一卷　〔清〕許容撰

印辨一卷　〔清〕高積厚撰

古今印制一卷　〔清〕孫光祖纂

印述一卷　〔清〕高積厚撰

六書緣起一卷　〔清〕孫光祖纂

印箋説一卷　〔清〕徐堅撰

篆印發微一卷 〔清〕孫光祖纂
古印考略一卷 〔清〕夏一駒撰
續三十五舉一卷 〔清〕桂馥撰
再續三十五舉一卷 〔清〕桂馥撰
重定續三十五舉一卷 〔清〕桂馥撰
印説一卷 〔清〕陳鍊撰
印言一卷 〔清〕陳鍊撰
論印絶句一卷 〔清〕吴騫撰
印學管見一卷 〔清〕馮承輝撰
印人傳三卷 〔清〕周亮工撰
續印人傳八卷 〔清〕汪啓淑撰

壽鼎齋叢書二種 AC149 Zcl 2870

〔清〕齊學裘校刊

清咸豐五年(1855)吴門壽鼎齋刻本 一册

鈐有"藏之名山傳之其人"印。

子目:
寶襖室法帖序跋一卷
玉谿書畫題跋一卷

賞奇軒合編五種 AC149 Zcl 2124

清光緒十二年(1886)上海同文書局石印本 五册

子目:
南陵無雙譜一卷 〔清〕金史繪
蘭譜一卷 〔清〕陳馗繪
竹譜一卷
東坡遺意二卷 〔明〕顧杲、鄒德基書
官子譜一卷

賞奇軒四種合編 AC149 Zcl 2120—2123

清光緒二十六年(1900)刻本 四册

子目:
南陵無雙譜一卷 〔清〕金史撰
官子譜一卷
竹譜一卷 〔晋〕戴凱之撰
二妙集一卷 〔金〕段克己撰

美術叢書十五種 6073 8949

〔清〕鄧實輯

清宣統三年(1911)上海神州國光社鉛印本 四十册

子目:
書筏一卷 〔清〕笪重光撰
書筌一卷 〔清〕笪重光撰
書訣一卷 〔清〕龔賢撰
畫語録一卷 〔清〕釋道濟撰
賜硯齋題畫偶録一卷 〔清〕戴熙撰
草心樓讀畫集一卷 〔清〕黄崇惺撰
摹印述一卷 〔清〕陳澧撰
墨經一卷 〔宋〕晁説之撰
琴學八則一卷 〔清〕程雄撰
觀石録一卷 〔清〕高兆撰
藝蘭記一卷 〔清〕劉文淇撰
勇盧閒詰一卷 〔清〕趙之謙撰
勇盧閒詰評語一卷 〔清〕周繼煦撰
七頌堂詞繹一卷 〔清〕劉體仁撰
七頌堂識小録一卷 〔清〕劉體仁撰

書畫之屬

書法

寶真齋法書贊二十八卷 AC149 Zcl 1940

〔宋〕岳珂撰

清道光間刻本 十册

御覽書院菁華二十卷　AC149 Zcl 365

〔宋〕陳思纂次

清同治十三年(1874)藏修書屋刻本　六册

書苑菁華二十卷　AC149 Zcl 2489

〔宋〕陳思纂次

清光緒十三年(1887)大同局石印本　二册

翰林要訣不分卷　AC149 Zcl 2047

〔元〕陳繹曾撰

清光緒五年(1879)京都琉璃廠西山堂書坊校刻本　一册

鈐有"馬鑒之印"印。

淳化閣帖十卷　AC149 Zcl 4100

〔宋〕王著編次

明刻泉州拓本　十册

半開高26.2釐米,寬15.5釐米。

卷末手書題字"宋屢經喪亂,神州不守,至君臣逃海,可謂困矣,而尚以淳化閣石本自隨,豈不癡絶"。又墨筆題"此亦泉州初梓",末鈐"項叔子""宫保世家""項墨林鑒賞章""匏如""興暮"印。

鈐有"雲間王匏如珍藏""三槐堂印""陳氏□復""文正曾孫,文淖從孫,文共家子""子子孫孫永寶用""項子京家珍藏""墨林祕玩""退密"印。

欽定重刻淳化閣帖十卷絳帖平六卷　AC149 Zcl 649

〔清〕于敏中等編校　(絳帖平)〔宋〕姜夔撰　〔清〕紀昀等校

清同治間據武英殿聚珍版重刻本　四册

淳化秘閣法帖考正十二卷　AC149 Zcl 2499

〔清〕王澍詳訂　〔清〕汪玉球参正

清乾隆間詩鼎齋仿宋刻本　三册

半葉10行18字,白口,左右雙邊,單黑魚尾,半框高20釐米,寬12.9釐米。版心鎸"閣帖考正"及卷次,下鎸葉碼及"詩鼎齋"。

卷端題"淳化秘閣法帖考正,琅邪王澍虚舟詳定,天都汪玉球竹廬參正"。内封題"淳化秘閣法帖考正,琅邪王虚舟詳正,天都汪竹廬參訂"。卷首依次有《宋史黄伯思本傳》;《宋史米芾本傳》;宋政和五年(1115)《許翰法帖刊誤原跋》,署"政和五年三月中澣襄陵許翰崧老跋";宋元祐三年(1088)《米芾法帖題跋原題》,署"元祐三年維揚倦游閣襄陽漫士米芾元章書";《宋史王著本傳》;清汪玉球撰《序》;凡例;宋黄伯思撰《黄伯思法帖刊誤原敘》;清雍正八年(1730)《淳化秘閣法帖考正敘》,署"雍正庚戌冬十有一月朔奉直大夫吏部員外郎琅邪王澍書於二泉之聽松菴"。

鈐有"□□館藏書印""叔連印信"印。

按:館藏缺卷十一至卷十二。

御刻三希堂石渠寶笈法帖釋文十六卷　AC149 Zcl 654

〔清〕孫功烈等編

清光緒二十三年(1897)上海鴻寶齋

石印本　六册

書法正傳十卷　　AC149 Zcl 2140

〔清〕馮武編

清乾隆五十年(1785)楊岱世豸堂板補刻本　四册

半葉10行20字,白口,左右雙邊,單黑魚尾,半框高19釐米,寬13.5釐米。版心上鎸書名,中鎸篇名,下鎸葉碼及"世豸堂"。

卷端題"書法正傳,虞山馮武簡緣編輯,姪孫鼎調軒、男守謙若谷、姪孫許雄雲亭同校"。内封題"虞山馮簡緣先生編輯,書法正傳,世豸堂藏板"。卷首依次有清陳祖範撰《書法正傳序》;清乾隆五十年《序》,署"乾隆歲次乙巳五月恬莊楊岱識";《書法正傳自叙》;總目;凡例。

鈐有"渡邊千秋藏書"印。

草字彙不分卷　　AC149 Zcl 1590

〔清〕石梁集

清乾隆五十一年(1786)刻本　六册

半葉3行,字數不等,小字單行,字數不等,白口,四周雙邊,無魚尾,無界行,半框高19.3釐米,寬13.8釐米。版心上鎸地支名,中鎸部首名,下鎸葉碼。

卷端題"草字彙,竪菴石梁集"。内封題"石竪葊集,草字彙,本衙藏板"。卷首依次有清乾隆五十一年《序》,署"乾隆丙午秋七月既望同學弟菉園趙思道書";清乾隆五十一年《序》,署"乾隆丙午七月既望善畦蔣光越拜書";例略;《長瀾行》;《歷代草聖》。

鐵函齋書跋四卷　　AC149 Zcl 1987

〔清〕楊賓撰　〔清〕楊霈編　〔清〕余廷槐、楊仲奇參校

清道光二十七年(1847)粤東糧道署校刻本　二册

大瓢偶筆八卷　　AC149 Zcl 2298

〔清〕楊賓撰　〔清〕楊霈編　〔清〕余廷槐、楊仲奇參校

清道光二十七年(1847)粤東糧道署校刻本　六册

墨緣彙觀録四卷　　AC149 Zcl 2195

〔清〕安岐撰

清光緒元年(1875)刻本　四册

鈐有"汪希文印"印。

名賢手札不分卷　　AC149 Zcl 4578

〔清〕瞿鴻機輯

清光緒十年(1884)湘陰郭氏岵瞻堂摹刻本　四册

蘇米齋蘭亭考八卷　　AC149 Zcl 1991

〔清〕翁方綱撰

清光緒十五年(1889)常熟後知不足齋校刻本　四册

鈐有"高氏藏書""玉笥山樓印"印。

論書偶存不分卷　　AC149 Zcl 2119

〔清〕李朝棟撰　〔清〕武文炳梓

清光緒十六年(1890)岐山武氏刻本　一册

鈐有"馬鑒之印"印。

廣藝舟雙楫六卷　6134.8 3539

〔清〕康有爲撰

清光緒十九年(1893)南海康氏萬木草堂刻本　二册

鈐有“許紹南印”印。

歐陽書考十二卷首一卷末一卷　AC149 Zcl 2495

〔清〕袁繼翰撰　〔清〕王啓原等訂

清光緒二十年(1894)述歐之室刻本　四册

鳳墅殘帖釋文八卷補二卷　AC149 Zcl 2136

〔清〕錢大昕撰

清光緒間刻本　四册

鳴野山房彙刻帖目四集　AC149 Zcl 2218

〔清〕沈復粲輯

清光緒間刻本　四册

敦煌石室真跡録三卷　797.9 120—02

〔清〕王仁俊輯

清宣統元年(1909)吴縣王氏國粹堂影印本　三册

敦煌石室真跡録一卷　797.9 120.02

〔清〕王仁俊輯

清宣統三年(1911)吴縣王氏國粹堂影印本　一册

按:增印本,《敦煌石室真跡録》共分甲、乙、丙、丁、戊、己六卷,館藏爲其中之己卷。

繪畫

歷代名畫記十卷　AC149 Zcl 1267

〔唐〕張彦遠撰

明萬曆十八年(1590)王氏淮南書院重刻本　八册

半葉10行20字,小字雙行字同,白口,左右雙邊,單黑魚尾,半框高20.1釐米,寬13.8釐米。版心上鎸“王氏畫苑”,中鎸卷次及葉碼。

卷端題“歷代名畫記,唐河東張彦遠撰”。卷首有目録,題“皇明朱衣、姚汝循同校”。卷末題“萬曆庚寅歲夏五月王氏淮南書院重刊”。

廣川畫跋六卷　AC149 Zcl 1707

〔宋〕董逌撰　〔明〕朱衣、姚汝循校

明萬曆間刻本　二册

半葉10行20字,白口,左右雙邊,單黑魚尾,半框高20.1釐米,寬14釐米。版心上鎸“王氏畫苑”,中鎸卷次及葉碼,下鎸“補益”。

卷端題“廣川畫跋,宋廣川董逌著,皇明朱衣、姚汝循同校”。卷首有目録。

按:此書應爲《王氏畫苑補益》之一種,館藏缺卷五至卷六。

寶繪録二十卷　AC149 Zcl 2083

〔明〕張泰階編次

清後期金匱書屋據知不足齋本翻刻本　八册

鐵網珊瑚二十卷　AC149 Zcl 1969

〔明〕都穆撰

清乾隆二十三年(1758)都肇斌刻本 八册

半葉10行22字,白口,左右雙邊,單黑魚尾,半框高17釐米,寬13.5釐米。版心上鎸書名,中鎸卷次,下鎸葉碼。

卷端題“鐵網珊瑚,太僕少卿吴郡都穆”。内封題“鐵網珊瑚”。卷首依次有清乾隆二十三年《序》,署“乾隆歲次戊寅中秋日長洲後學沈德潜序書於紫陽書院”;目録。

畫苑補益二卷 AC149 Zcl 2010

〔明〕王世貞輯 〔明〕詹景鳳、王元貞校

明萬曆十九年(1591)刻本 二册

半葉10行20字,小字雙行字同,白口,左右雙邊,單黑魚尾,半框高19.5釐米,寬14釐米。版心上鎸“畫苑補益”,中鎸卷次,下鎸葉碼。

卷端題“梁元帝山水松石格,皇明新安詹景鳳、秣陵王元貞仝校”。卷首依次有明萬曆十八年(1590)《畫苑補益題詞》,署“萬曆十八年中秋後五日新安詹景鳳著”;明萬曆十九年《王氏續畫苑叙》,署“萬曆辛卯冬日五嶽山人沔陽陳文燭撰”;目録。

鐵網珊瑚書品十卷畫品六卷

AC149 Zcl 2189

〔清〕朱存理撰

清雍正六年(1728)年希堯刻本 十六册

半葉10行21字,白口,左右雙邊,單黑魚尾,半框高20.8釐米,寬14.7釐米。版心鎸書名、卷次及篇章名,下鎸葉碼。

卷端題“鐵網珊瑚,吴郡朱存理性父集録”。内封題“欣賞齋原編,鐵網珊瑚”。卷末依次有明萬曆二十八年(1600)《跋》,署“萬曆二十八年閏三月初十日雨中書於清溪一曲官舍中,海虞清常道人趙琦美識”;清雍正六年《跋》,署“雍正六年七月既望偶齋年希堯跋”。

鈐有“鵬北菴記”印。

又一部 十四册 AC149 Zcl 2125

芥子園畫傳五卷 AC149 Zra 56

〔清〕王槩輯

清康熙十八年(1679)刻多色套印本 五册

半葉9行20字,白口,四周單邊,單黑魚尾,半框高21.5釐米,寬14.7釐米,有圖。版心上鎸書名,中鎸卷次,下鎸葉碼。

内封題“李笠翁先生論定,繡水王安節摹古,芥子園畫傳,本衙藏板”。卷首依次有清康熙十八年《序》,署“康熙十有八年歲次己未長至後三日湖上笠翁李漁題於吴山之層園”;目録。卷末有清陳扶揺《識記》。

芥子園畫傳二集八卷 AC149 Zcl 2065

〔清〕王槩輯

清康熙四十一年(1702)刻多色套印本 四册

半葉9行20字,白口,四周單邊,無魚尾,半框高21.6釐米,寬15.1釐米,有圖。版心上鎸書名,下鎸册數及葉碼。

卷首依次有清康熙四十年(1701)

《梅菊譜序》，署“康熙辛巳菊月雄州余椿題於秦淮書舍”；清康熙四十年《畫傳合編序》，署“康熙辛巳歲仲秋望日湖邨王槩手題”。《蘭竹譜》卷首有清康熙二十一年(1682)《蘭竹譜序》，署“康熙壬戌中秋前二日錢塘諸昇題於南山之煙霞精舍”。

芥子園畫傳二集八卷　　AC149 Zra 53

〔清〕王槩輯

清乾隆四十七年(1782)金閶書業堂重刻本　四册

半葉9行20字，白口，四周單邊，無魚尾，半框高21.8釐米，寬14.9釐米，有圖。版心上鎸書名，下鎸册數及葉碼。

内封題“宇内諸名家合訂，繡水王宓草、安節、司直摹古，芥子園畫傳二集”，背面有題記，不署撰者。《梅譜》册内封題“梅譜”。牌記題“乾隆壬寅仲春月金閶書業堂重鎸珍藏”。卷首依次有清康熙四十年(1701)《序》，署“康熙辛巳歲仲秋望日湖邨王槩手題”；例言；總目。《梅譜》卷首依次有清康熙四十年《梅菊譜序》，署“康熙辛巳菊月雄州余椿題於秦淮書舍”；目録。《竹譜》卷首依次有清康熙二十一年(1682)《蘭竹譜序》，署“康熙壬戌中秋前二日錢塘諸昇題於南山之煙霞精舍”；目録。

芥子園畫傳三集不分卷　AC149 Zcl 2636

〔清〕王蓍等摹古

清乾隆四十七年(1782)金閶書業堂重刻多色套印本　四册

半葉9行20字，無版心，整葉刻印、裝訂，框高21.8釐米，寬29釐米，有圖。

内封題“宇内諸名家合訂，繡水王宓草、安節、司直摹古，芥子園畫傳三集”。卷首依次有清康熙四十年(1701)《序》，署“康熙辛巳歲長至前一日郗城王澤弘題於思匡閣”；總目，末題“乾隆壬寅仲春月金閶書業堂重鎸珍藏”。

芥子園畫傳四集四卷附芥子園圖章會纂一卷　AC149 Zcl 1543

〔清〕丁臯編

清嘉慶二十三年(1818)芥子園刻本　四册

芥子園畫傳六卷　　AC149 Zcl 1549

〔清〕王槩輯

清光緒十三年(1887)上海天寶書局石印本　四册

芥子園畫傳初集六卷二集九卷三集六卷　AC149 Zcl 657

〔清〕王槩輯

清光緒十四年(1888)上海千頃堂書局石印本　六册

芥子園畫傳二集八卷　　AC149 Zcl 3508

〔清〕王槩輯

清刻本　一册

按：館藏存卷五至卷六。

讀書録四卷　　AC149 Zcl 2041

〔清〕周亮工撰

清刻本　一册

鈐有“杳冥君室”印。

夢幻居畫學簡明五卷 AC149 Zcl 3512

〔清〕鄭績撰

清同治三年(1864)夢幻居刻本 一册

鈐有"韞岑藏書"印。

桐陰論畫二卷首一卷附録一卷二編二卷三編二卷 AC149 Zcl 2210

〔清〕秦祖永撰

清同治三年(1864)、光緒八年(1882)刻朱墨套印本 四册

按:二編和三編刻於光緒八年。

又一部 四册 AC149 Zcl 2200

又二部 四册 AC149 Zcl 2199

鈐有"鱸香書屋藏""鱸香書屋精玩""倉山堂藏書記"印。

按:館藏缺二編二卷及三編二卷。

又三部 四册 AC149 Zcl 2267

鈐有"桐陰館印"。

按:此本無二編二卷及三編二卷。

青霞館論畫絶句不分卷 AC149 Zcl 1996

〔清〕吴修撰

清光緒二年(1876)葛氏嘯園刻本 一册

小山畫譜二卷 AC149 Zcl 1912

〔清〕鄒一桂撰

清光緒二年(1876)葛氏嘯園滬上刻本 一册

畫學心印八卷 AC149 Zcl 2076

〔清〕秦祖永評輯

清光緒四年(1878)刻朱墨套印本 八册

南宋院畫録八卷 AC149 Zcl 684

〔清〕厲鶚撰

清光緒十年(1884)錢塘丁氏竹書堂刻本 四册

詩中畫二卷 AC149 Zcl 2902

〔清〕馬濤編繪

清光緒十七年(1891)石印本 二册

習苦齋畫絮十卷 AC149 Zcl 2494

〔清〕戴熙撰 〔清〕惠年編 〔清〕吴祥麟等校訂

清光緒十九年(1893)刻本 四册

鈐有"番禺汪氏藏書""汪希文印"印。

歸石軒畫談十卷 AC149 Zcl 2163

〔清〕楊翰撰

清同治光緒間刻本 四册

虚齋名畫録十六卷 AC149 Zcl 1544

〔清〕龐元濟撰

清宣統元年(1909)烏程龐氏申江刻本 十六册

鈐有"高氏家藏""玉笥山樓印"印。

又一部 十六册 AC149 Zcl 2114

書畫

王氏書苑十二卷補益八卷畫苑四卷 AC149 Zcl 1131

〔明〕王世貞編

明萬曆間刻本　十六册

半葉10行20字,小字雙行字同,白口,左右雙邊,單黑魚尾,半框高20.1釐米,寬13.9釐米。版心上鎸書名,中鎸卷次及葉碼。

卷首依次有明王世貞撰《古法書苑小序》;明王世貞撰《古今法書苑序》;《王氏續書苑序》;唐張彦遠撰《法書要録序》;目録。《王氏畫苑》卷首依次有明王世貞撰《重刻古畫苑選小序》;明王世貞撰《古今名畫苑序》;目録。

鈐有"阮亭"印。

按:《王氏畫苑》館藏缺卷二至卷四。

清河書畫舫十二集　AC149 Zcl 692

〔明〕張丑撰

清乾隆二十八年(1763)池北草堂刻本　十二册

半葉9行22字,小字雙行字同,黑口,左右雙邊,無魚尾,半框高13.4釐米,寬9.8釐米。版心鎸書名、子集人物名、集次及葉碼。

卷端題"清河書畫舫,吴郡張丑青父造"。内封題"張米菴先生著,清河書畫舫,池北草堂開彫"。卷首依次有乾隆二十八年《序》,署"乾隆二十有八年歲在昭陽協洽余月望鐵橋嚴誠書";《清河書畫引》;目録;《池北草堂校刊清河書畫舫例略》。卷末題"乾隆壬午四月上浣六日仁和吴長元麗煌氏校於池北草堂"。

又一部　十二册　AC149 Zcl 2092

鈐有"寶常畫印"印。

庚子銷夏記八卷　AC149 Zcl 2793

〔清〕孫承澤撰

清乾隆二十六年(1761)知不足齋刻本　二册

半葉10行19字,黑口,左右雙邊,雙黑魚尾,半框高19釐米,寬13.4釐米。版心鎸書名、卷次及葉碼。

内封題"北平孫退谷著,庚子銷夏記"。卷首依次有清乾隆二十六年《序》,署"乾隆辛巳六月盧文弨書於暨陽書院之輩學軒";目次,末有短跋署"乾隆乙亥除夕前二日鮑廷博書於知不足齋"。

鈐有"君展""鄧""曾留櫪園故户""特健藥""游于藝""驥英""櫪園""佗城舊學"印。

庚子銷夏記八卷　Z5949 SCZ. G

〔清〕孫承澤撰

清宣統三年(1911)掃葉山房石印本　二册

又一部　四册　941.7 362

湘管齋寓賞編六卷　AC149 Zcl 2072

〔清〕陳焯輯

清乾隆四十七年(1782)湘管齋刻本　六册

半葉9行20字,黑口,左右雙邊,無魚尾,半框高13.1釐米,寬9.8釐米。版心鎸書名、卷次、篇章名及葉碼。

卷端題"湘管齋寓賞編,烏程陳焯暎之輯"。内封題"乾隆壬寅鎸,湘管齋寓賞編,本衙藏板"。卷首依次有清乾隆四十七年《序》,署"乾隆壬寅仲冬烏程陳焯書於勾餘學舍";目録;較刊姓氏。卷末有清朱琰撰《跋》。

鈐有“木樨香館范氏藏書”“宜秋館藏書”印。

書畫緣十二卷首一卷末一卷 AC149 Zcl 2024

〔清〕沈辰編

清嘉慶二年(1797)德遠堂刻本 十六册

鈐有“商岩所藏”印。

自怡悦齋書畫録三十卷 AC149 Zcl 714

〔清〕張大鏞撰 〔清〕何樹校刊 〔清〕景長華校録

清道光十二年(1832)虞山張氏刻本 八册

石渠隨筆八卷 AC149 Zcl 1911

〔清〕阮元撰

清咸豐四年(1854)南海伍氏刻本 二册

按:清伍崇曜輯《粤雅堂叢書》之零種。

藤花亭書畫跋五卷 AC149 Zcl 2102

〔清〕梁廷楠撰

清咸豐五年(1855)刻本 五册

常惺惺齋書畫題跋二卷附常惺子遊羅浮日記一卷 AC149 Zcl 2019

〔清〕謝蘭生撰

清同治十年(1871)常惺惺齋刻本 二册

書畫鑒影二十四卷 AC149 Zcl 687

〔清〕李佐賢編

清同治十年(1871)利津李氏刻本 八册

又一部 八册 AC149 Zcl 2078

夢園書畫録二十五卷 AC149 Zcl 2497

〔清〕方濬頤輯訂 〔清〕許奉恩、湯世厚參訂 〔清〕方臻朗編校

清光緒三年(1877)定遠方氏錦城柏署刻本 十二册

嶽雪樓書畫録五卷 AC149 Zcl 666

〔清〕孔廣陶編 〔清〕孔廣鏞閲 〔清〕張湜訂 〔清〕孔昭熙等校字 〔清〕周浚霖書

清光緒十五年(1889)三十有三萬卷堂刻本 五册

辛丑銷夏記五卷 AC149 Zcl 1995

〔清〕吴榮光撰 〔清〕潘正煒等訂

清光緒三十一年(1905)刻本 五册

吴越所見書畫録六卷 AC149 Zcl 368

〔清〕陸時化編

清宣統二年(1910)順德鄧氏鉛印本 六册

鈐有“韞岑藏書”印。

王奉常書畫題跋二卷 AC149 Zcl 405

〔清〕王時敏撰 〔清〕李玉棻校刊

清宣統二年(1910)通州李氏甌鉢羅室刻本 二册

愛日吟廬書畫録四卷續録八卷 AC149 Zcl 2164

〔清〕葛金烺編纂

清宣統二年(1910)當湖葛氏滬上刻本　六册

鈐有"玉笥山樓印""澄海高氏經籍記""韞岑所讀書"印。

甌鉢羅室書畫過目考四卷首一卷附一卷 AC149 Zcl 2209

〔清〕李玉棻編

清宣統三年(1911)北京晋華書局石印本　二册

鈐有"杳冥君室"印。

過雲樓書畫記十卷 AC149 Zcl 642

〔清〕顧文彬撰

清光緒八年(1882)蘇州閶門内鐵瓶巷刻本　四册

書畫題跋記十二卷 AC149 Zcl 2177

〔清〕郁逢慶編

清宣統三年(1911)順德鄧氏鉛印本　四册

畫譜之屬

十竹齋書畫譜不分卷 AC149 Zcl 2496

〔明〕胡正言摹古　〔清〕張學畊重校

清光緒五年(1879)刻多色套印本　八册

又一部　八册 AC149 Zcl 2635

李曜門百蝶圖不分卷 AC149 Zcl 653

〔清〕李國龍繪

清道光間刻本　一册

佩文齋書畫譜一百卷 AC149 Zcl 4533

〔清〕孫嶽頒等編纂

清光緒九年(1883)上海同文書局石印本　十六册

鈐有"漢陽太守之章""百尺樓珍藏""蓮峰清玩"印。

泛槎圖一卷續泛槎圖一卷續泛槎圖三集一卷艤槎圖四集一卷灕江泛棹圖一卷續泛槎圖六集一卷 AC149 Zcl 720

〔清〕張寶撰

清嘉慶道光間羊城尚古齋張太占刻本　六册

歷代名公真跡縮本四卷 AC149 Zcl 2522

〔清〕王寅輯

清光緒五年(1879)王氏日本東京刻本　四册

冶梅石譜不分卷 AC149 Zcl 2143

〔清〕王寅繪

清光緒六年(1880)金陵王氏日本浪華刻本　二册

水滸畫像不分卷 5752.3 3779

〔清〕陳洪綬繪

清光緒十年(1884)上海同文書局石印本　一册

任渭長先生畫傳四種 2261.30 3930

〔清〕任熊繪

清光緒十二年(1886)上海同文書局石印本 一册

鈐有"仲鸞書畫""仲鸞""寶棠畫印""癡人阿六"印。

按:館藏存《高士傳》三卷。

篆刻之屬

印典八卷 AC149 Zcl 646

〔清〕朱象賢編

清乾隆間就閒堂重刊本 二册

半葉11行21字,白口,左右雙邊,雙黑魚尾,半框16.8釐米,寬11.6釐米。版心鐫書名、卷次及葉碼。

卷端題"印典,清溪朱象賢編"。内封題"家藏正本,印典,就閒堂雕版"。卷首依次有清鈕讓《序》;清朱象賢《序》,署"清溪朱象賢識於大梁使院之含翠亭";例言。卷末依次有康熙六十一年(1722)《跋》,署"康熙六十一年歲次壬寅春仲沙村白長庚";清朱廷詔《跋》。

卷末墨筆題"丁未夏藏於玉蝶園之適己堂,蘇完書崖",末鈐"書巖印"印。

鈐有"北平謝氏藏書印""緑硯齋""緑硯齋主人瓜爾佳氏藏書之印""米舫"印。

又一部 四册 AC149 Zcl 2090

又二部 四册 AC149 Zcl 2266

鈐有"審葛時雍""小谷氏圖書"印。

癖石山房印譜初集不分卷

AC149 Zcl 2095

〔清〕侯紹裘輯

清同治五年(1866)侯氏録古齋鈐印本 四册

印苑十二卷 AC149 Zcl 2154

〔清〕顧湘纂 〔清〕顧崇福、顧康福校

清光緒三十年(1904)海虞顧氏鈐印本 十二册

繆篆分韻五卷附補遺一卷

AC149 Zcl 1558

〔清〕桂馥撰

清光緒間偲進齋重刻本 二册

又一部 四册 AC149 Zcl 1559

廣印人傳十六卷 AC149 Zcl 2046

〔清〕葉銘輯

清宣統三年(1911)西泠印社刻本 四册

樂譜之屬

琴譜諧聲六卷 AC149 Zcl 561

〔清〕周顯撰

清嘉慶二十五年(1820)北京松筠閣刻本 六册

按:内封題與"十四均聲律、表洞簫譜合刊",但館藏只有《琴譜諧聲》六卷。

悟雪山房琴譜六卷 AC149 Zcl 2069

〔清〕黄景星撰

清光緒十三年(1887)嶺南南海忠義鄉李氏校刻本 六册

棋弈之屬

弈理妙悟不分卷　　AC149 Zcl 2777

〔清〕毛季光撰

清嘉慶十三年(1808)刻本　一册

弈理指歸圖三卷　　AC149 Zcl 2511

〔清〕錢長澤繪圖　〔清〕錢廷桂校訂　〔清〕馬光樞參

清光緒七年(1881)重刻本　三册

遊藝之屬

古今集聯不分卷　　AC149 Zcl 1294

〔清〕莫友芝等輯

清同治十三年(1874)京都琉璃廠刻本　四册

鈐有"馬鑒之印"印。

又一部　二册　　AC149 Zcl 1295

按:館藏存《雙魚罌齋録莫子偲友芝集漢碑聯》一册、《雙魚罌齋録何子貞紹基集争坐位稿字》一册。

益智圖二卷　　AC149 Zcl 2036

〔清〕童葉庚撰

清光緒四年(1878)童氏刻本　二册

益智圖二卷　　AC149 Zcl 2061

〔清〕童葉庚撰

清宣統元年(1909)蘇州振新書社刻本　二册

益智續圖不分卷益智字圖不分卷附字圖一卷　　AC149 Zcl 2037

〔清〕童葉庚編次　〔清〕童杲等撰　〔清〕童昇、童暠校　(益智字圖)〔清〕祝梅君撰

清光緒四年(1878)任菊農刻本　二册

廿四家隱語二卷　　AC149 Zcl 1183

〔清〕劉玉才等輯

清光緒八年(1882)京都琉璃廠西門登瀛閣刻字鋪刻本　二册

文房遊戲圖不分卷　　AC149 Zcl 2108

清光緒十三年(1887)補闕齋刻本　二册

謎拾二卷附謎學一卷　　AC149 Zcl 1214

〔清〕唐景崧撰

清光緒十九年(1893)刻本　一册

鈐有"馬鑒之印"印。

圍壚新話不分卷　　AC149 Zcl 1094

〔清〕楊小湄等撰

清光緒十九年(1893)聽雪書屋刻本　二册

按:此書包括清楊小湄編《作嫁衣裳齋隱語》、清唐毅齋撰《聽雪書屋度詞》兩種。

譜録類

器物之屬

湖船録不分卷附續録一卷　4510.10 1370

〔清〕厲鶚撰

清光緒七年(1881)錢塘丁氏刻本　一册

石畫記五卷　AC149 Zcl 1555

〔清〕阮元撰

清道光十五年(1835)刻本　四册

按:卷首《序》爲手抄補配。

石畫記五卷　AC149 Zcl 2142

〔清〕阮元撰

清道光間刻本　二册

曹氏墨林二卷　AC149 Zcl 656

〔清〕曹素功輯

清雍正元年(1723)重刻本　二册

半葉6行,字數不等,白口,四周單邊,無魚尾,半框高24.2釐米,寬14.7釐米。版心上鎸書名,下鎸卷次及葉碼。

内封題"墨林初集"。卷首依次有清雍正元年《序》,署"雍正癸卯秋八月庚午懷圃志宏撰";清文埴《序》。

按:此書爲二册通行本,部分篇章與康熙年原本有異。

端溪硯史三卷　AC149 Zcl 4053

〔清〕吴蘭修編　〔清〕鄭廷松校

清道光十四年(1834)淳一堂鄭氏校刻本　一册

寶硯堂硯辨不分卷　AC149 Zcl 4054

〔清〕何傳瑶撰　〔清〕高鴻校刊

清道光十九年(1839)肇城東門街群玉樓刻本　一册

景德鎮陶録十卷　AC149 Zcl 1939

〔清〕藍浦撰　〔清〕鄭廷桂補輯

清同治九年(1870)昌南鄭氏刻本　四册

鈐有"宗衍"印。

景德鎮陶録十卷　AC149 Zcl 2131

〔清〕藍浦撰　〔清〕鄭廷桂補輯

清光緒十七年(1891)京都書業堂刻本　四册

匋雅二卷　AC149 Zcl 1185

〔清〕陳瀏撰

清宣統二年(1910)上海朝記書莊石印本　四册

瓷學二卷　AC149 Zcl 3514

〔清〕陳孝威撰

清宣統二年(1910)鉛印本　一册

按:館藏缺下卷。

茗壺圖録二卷　AC149 Zcl 689

(日本)奥玄寶撰

清光緒二年(1876)注春居刻本　二册

成家寶書不分卷　4566 4200

清抄本　二册

鳥獸蟲魚之屬

蟋蟀秘要一卷　AC149 Zcl 2966

清咸豐十一年(1861)刻本　一册

鈐有"馬鑒之印"印。

宗教類

道教之屬

道藏

道藏輯要二十八集 2149/1—244

〔清〕彭定求輯

清光緒三十二年(1906)成都二仙庵重刻本 二百四十四册

鈐有“南洋大學圖書館藏書”印。

戒律

十戒功過格不分卷 1924.4 9333

〔唐〕吕嵓定

清光緒十一年(1885)道山貽香社重刻本 一册

鈐有“吟風弄月”印。

丹桂籍四卷首一卷末一卷 1920.7 4330

〔明〕顏正注釋 〔清〕顏章敬較刊 〔清〕顏文瑞補案

清咸豐七年(1857)補刻本 六册

陰隲果報圖注不分卷 1924.4 5332

〔明〕顏正注解

清光緒十七年(1891)石印本 一册

太上感應篇圖説八卷首一卷 1927 3524

〔清〕黄正元輯

清光緒八年(1882)樂善堂刻本 八册

太上寶筏圖説不分卷 AC149 Zcl 4470

〔清〕黄正元撰

清光緒十八年(1892)鴻文書局石印本 八册

方法

性命雙修萬神圭旨四集 1924.6 1891

清刻本 四册

衆術

古本周易參同契集注二卷 AC149 Zra 38

〔清〕仇兆鰲集補

清同治光緒間刻本 四册

勸誡

修心轉性救劫回生四卷 1681.18 3319

〔清〕任佑等彙輯

清光緒十年(1884)刻本 四册

修煉

金丹真傳二卷 1938 3433

〔明〕孫汝忠撰 〔明〕張崇烈注 〔明〕李堪疏 〔清〕傅金銓頂批 〔清〕張合乾重校

清嘉慶二十五年(1820)三元宫刻本 一册

金丹真傳二卷 1938 3433

〔明〕孫汝忠撰 〔明〕張崇烈注 〔明〕李堪疏 〔清〕傅金銓頂批 〔清〕張合乾重校

清三元宫刻本 一册

敲蹻洞章二卷 1938 3345

〔清〕劉琇峰撰

清光緒十七年(1891)刻本 一册

雜著

吕祖文集七卷附神功廣濟先師救生度化寶懺一卷 1938 4535

〔清〕鄭應鈞選

清光緒二年(1876)刻本 八册

佛教之屬

經藏

解深密經五卷 221.76 676

〔唐〕釋玄奘譯

清同治十年(1871)金陵刻經處刻本 一册

鈐有"南洋大學圖書館藏書"印。

論藏

大乘起信論不分卷 1839.71 0000

〔唐〕釋實叉難陀譯

清光緒二十四年(1898)金陵刻經處刻本 一册

鈐有"恭讀"印。

大乘起信論疏解彙集八種 1839.71 9313

〔清〕楊文會彙刻

清光緒十一至二十五年(1885—1899)金陵刻經處刻本 十二册

鈐有"季明""馬鑒讀"印。

子目:

大乘起信論一卷 〔南朝梁〕釋真諦譯

大乘起信論一卷 〔唐〕釋實叉難陀譯

釋摩訶衍論十卷 〔後秦〕釋筏提摩多譯

大乘起信論義記七卷大乘起信論別記一卷 〔唐〕釋法藏撰

大乘起信論疏記會本六卷 〔南朝梁〕釋真諦譯 〔唐〕釋元曉疏

大乘起信論纂注二卷 〔南朝梁〕釋真諦譯 〔明〕釋真界纂注

大乘起信論直解二卷 〔明〕釋德清述

大乘起信論裂網疏六卷 〔明〕釋智旭述

撰述

章疏部

因明入正理論疏八卷 1811.5 9000

〔唐〕釋窺基撰

清光緒二十二年(1896)金陵刻經處刻本 二册

鈐有"季明""馬鑒讀"印。

相宗八要直解八卷　　1872.22 1425

〔明〕釋智旭等撰

清同治九年(1870)金陵刻經處刻本　二册

鈐有"季明""馬鑒讀"印。

佛説阿彌陀經疏鈔四卷　　221.34 681

〔明〕釋袾宏撰

清光緒十八年(1892)金陵刻經處刻本　五册

鈐有"李氏澹園所存"印。

按:末附事義一卷、問辯一卷、續問答一卷、答净土四十八問一卷。

妙法蓮華經台宗會義十六卷　　AC149 Zcl 1485

〔明〕釋智旭撰

清光緒十九年(1893)江北刻經處　八册

地藏菩薩本願經科注六卷　　1822.5 3300

〔清〕釋靈椉輯

清光緒十一年(1885)杭州府慧空經房刻本　六册

楞嚴經勢至念佛圓通章疏鈔二卷首一卷　　221.94 955

〔清〕釋續法集

清末刻本　一册

論著部

摩訶止觀輔行傳弘決二十卷　　1873.31 3361

〔唐〕釋湛然撰

清末刻本　十册

六祖大師法寶壇經不分卷　　1880.4 7449

〔唐〕釋法海編集

清光緒六年(1880)廣州海幢寺經坊刻本　一册

鈐有"哲如陳慶保藏書"印。

大慧普覺禪師宗門武庫附雪堂行和尚拾遺録不分卷　　1880.25 4123

〔宋〕釋道謙編

清光緒七年(1881)常熟刻經處刻本　一册

永嘉真覺大師證道歌不分卷　　1880.1 3433

〔宋〕釋彦琪注

清光緒二十二年(1896)李培楨刻本　一册

肇論略注六卷　　1871 3773

〔明〕釋德清撰

清光緒十四年(1888)金陵刻經處刻本　二册

纂集部

弘明集十四卷　　1857 1830

〔南朝梁〕釋僧祐集

清光緒二十二年(1896)金陵刻經處刻本　四册

鈐有"季明""馬鑒讀"印。

史傳部

釋迦譜十卷 1893 9320

〔南朝梁〕釋僧祐撰

清光緒三十四年(1908)刻本 四册

鈐有"季明""馬鑒之印""馬鑒讀"印。

大慈恩寺三藏法師傳十卷 1899 4444

〔唐〕釋彦悰箋

清宣統元年(1909)常州天寧寺刻本 三册

鈐有"季明""馬鑒之印""馬鑒讀"印。

五燈會元二十卷 226.6 760—2

〔宋〕釋普濟撰

清光緒三十年(1904)刻本 二十册

釋氏稽古略四卷續集三卷 1887 9933

〔清〕釋覺岸編集

清光緒十二年(1886)刻本 五册

音義部

一切經音義二十五卷 221.04 128

〔唐〕釋玄應撰 〔清〕莊炘等校正

清同治八年(1869)刻本 四册

翻譯名義集二十卷 1810 6585

〔宋〕釋法雲編

清光緒四年(1878)金陵刻經處刻本 六册

鈐有"季明""馬鑒讀"印。

佛爾雅八卷 AC149 Zcl 1526

〔清〕周春撰

清嘉慶二十一年(1816)刻本 二册

鈐有"曾在依雲樓""徐紹曾印""順德馬氏文庫""雲山""海綃翁""蒹葭樓"印。

按:書中粘有墨筆題簽,署"道光戊子八月紹曾記",末鈐"壽魚""徐紹曾印"印。

目録部

閱藏知津四十四卷總目四卷 221.09 836

〔明〕釋智旭編次

清光緒十八年(1892)金陵刻經處刻本 十册

鈐有"南洋大學圖書館藏書"印。

大藏一覽十卷 1803 4457

〔清〕陳實編 〔清〕姚舜漁重輯

清光緒十一年(1885)刻本 五册

雜撰部

憨山老人夢遊集五十五卷 1881.8 8533

〔明〕釋德清撰

清光緒五年(1879)江北刻經處刻本 二十册

竹窗隨筆三卷 220.7 681—02

〔明〕釋袾宏撰

清光緒二十四年(1898)金陵刻經處刻本 三册

鈐有"半閒堂珍存""義安學院圖書

館章”“南洋大學圖書館藏書”印。

佛教初學課本不分卷　　220.21 272

〔清〕楊文會撰

清光緒三十二年(1906)金陵刻經處刻本　一册

鈐有“南洋大學圖書館藏書”印。

其他

筠州黄蘗山斷際禪師傳心法要二卷　　226.6 992

〔唐〕裴休輯

清光緒十年(1884)金陵刻經處刻本　一册

徹悟禪師語録二卷附靈峰蕅益大師梵室偶談一卷　　1919 6954

〔清〕釋了亮等集

清同治十年(1871)金陵刻本　一册

民間宗教之屬

三教源流搜神大全七卷　　9100.9 7749

清宣統元年(1909)郎園校刻本　一册

按:館藏缺卷四至卷七。

敬竈全書不分卷　　1938 3439

題〔清〕惕心憫世道人輯

清道光二十年(1840)粤東城外德興街口雲梯閣善書局刻本　一册

仙佛真傳章句直解不分卷　AC149 Zcl 16

清同治四年(1865)敲竹堂、崇善堂、心德堂重刻本　二册

基督教之屬

神道宗論三卷　　1978.2 9447

(美國)倪維思撰

清同治十一年(1872)上海美華書館鉛印本　三册

耶穌言行節録一百四論　　1983 5951

清同治十三年(1874)羊城太平塘小書會刻本　一册

聖人説不分卷　　1978.2 9590

(英國)山雅谷撰

清光緒二十二年(1896)上海美華書館鉛印本　一册

張袁兩友相論十一回　　1978.2 3575

清光緒二十二年(1896)上海聖教會鉛印本　一册

長遠兩友相論十一回信道初學不分卷百年一覺二十八章　　1978.2 3575

清光緒間本　一册

按:合訂爲一本,《長遠兩友相論》《信道初學》爲刻本,《百年一覺》爲光緒二十年(1894)鉛印本。

性海淵源不分卷　　1978.2 1155

(德國)花之安撰

清光緒二十四年(1898)上海美華書

館鉛印本　一册

聖道代興不分卷 1978.2 9441

(美國)貝德禮撰

清光緒二十七年(1901)廣學會鉛印本　一册

奉士大夫書不分卷 1978.2 6946

(英國)慕稼德撰

清光緒三十年(1904)上海商務印書館鉛印本　一册

紀實新編不分卷 2268 3913

(美國)夏察理鑒定　〔清〕劉孟湜、陳烺皋參校

清光緒三十二年(1906)福州羅馬字書局鉛印本　一册

道原集不分卷 1978.2 4530

〔清〕王謙如撰　〔清〕麥梅生校梓

清宣統元年(1909)鉛印本　一册

伊斯蘭教之屬

歸真要道譯義四卷首一卷 1989.9 3354

〔元〕二卜頓撈吸·額補·白克爾撰　〔清〕伍遵契譯注　〔清〕蔣春華增注

清光緒十七年(1891)南京城念一齋蔣氏鉛印本　四册

鈐有"白門蔣氏秀冬心賞"印。

集部

楚辭類

楚辭集注八卷 5240.15 3103

〔宋〕朱熹集注

清乾隆間聽雨齋刻朱墨套印本　四册

半葉8行22字,白口,左右雙邊,單黑魚尾,無界行,半框高19.7釐米,寬13釐米。版心上鎸書名,中鎸卷次及篇章名,下鎸葉碼及"聽雨齋",天頭及行間鎸有評文。

卷端題"楚辭集注,朱熹集注"。内封題"八十四家評點,朱文公楚辭集注,聽雨齋開雕"。卷首依次有宋朱熹撰《楚辭集注自序》;批評《楚辭集注》姓氏;唐沈亞之撰《屈原外傳》;漢司馬遷撰《屈原列傳》;《楚辭集注總評》。

楚辭集注八卷辯證二卷後語六卷 5240 3433

〔宋〕朱熹集注

清後期覆明刻本　四册

楚辭燈四卷 5242.2 7583

〔清〕林雲銘論述　〔清〕林沅較正

清康熙三十六年(1697)刻本　四册

半葉8行20字,小字雙行字同,黑口,左右雙邊,單黑魚尾,無界行,半框高18.7釐米,寬13.4釐米。版心上鎸書名,中鎸卷次,下鎸葉碼。

卷端題"楚辭燈,晋安林雲銘西仲論述,男沅芷之較"。内封題"晋安林西仲評注,楚辭燈,寶仁藏板"。卷首依次有清康熙三十六年《序》,署"康熙丁丑歲孟春望日晋安林雲銘西仲氏題於西泠之挹奎樓";目次;凡例;《楚懷襄二王在位事跡考》;《屈原列傳》。

鈐有"馬氏老學齋劫餘文物"印。

楚辭燈四卷 5242.2 7583

〔清〕林雲銘論述　〔清〕林沅較正

清後期刻本　四册

屈原賦注七卷附屈原賦通釋二卷屈原賦音義三卷 AC149 Zcl 992

〔清〕戴震撰

清光緒十七年(1891)廣雅書局刻本　二册

離騷彙訂不分卷 AC149 Zcl 993

〔清〕王邦采輯

清光緒二十六年(1900)廣雅書局刻本　二册

又一部　二册 AC149 Zcl 1302

鈐有"馬鑒""馬氏老學齋劫餘文物"印。

楚辭新注求確十卷 AC149 Zcl 69

〔清〕胡濬源增注

清嘉慶二十五年(1820)務本堂刻本　四册

鈐有"馬鑒之印""馬氏老學齋劫餘文物"印。

楚辭天問箋不分卷 AC149 Zcl 993

〔清〕丁晏撰

清光緒間廣雅書局刻本　一册

屈賦微二卷　5242.2 8333

〔清〕馬其昶撰

清光緒三十二年(1906)集虛草堂刻本　一册

鈐有"新都今事廬汪氏藏書""陳慶保"印。

别集類

漢魏六朝别集

張河間集二卷李蘭臺集一卷　AC149 Zcl 3515

〔漢〕張衡撰　〔明〕張溥校　(李蘭臺集)〔漢〕李尤撰　〔明〕張溥閲

清光緒十八年(1892)善化章經濟堂重刻本　一册

按:《張河間集》館藏缺卷一。明張溥輯《漢魏六朝百三名家集》之零種。

蔡中郎集十卷外集四卷　AC149 Zcl 469

〔漢〕蔡邕撰

清光緒十六年(1890)番禺陶氏愛廬仿宋刻本　五册

鈐有"振瞶書室所藏""達廬藏書"印。

王侍中集一卷魏阮元瑜集一卷魏劉公幹集一卷　AC149 Zcl 538

〔三國魏〕王粲撰　〔明〕張溥閲　(魏阮元瑜集)〔三國魏〕阮瑀撰　〔明〕張溥閲　(魏劉公幹集)〔三國魏〕劉楨撰　〔明〕張溥閲

清光緒十八年(1892)善化章經濟堂重刻本　一册

按:明張溥輯《漢魏六朝百三名家集》之零種。

陳思王集二卷陳記室集一卷　AC149 Zcl 637

〔三國魏〕曹植撰　〔明〕張溥閲　(陳記室集)〔三國魏〕陳琳撰　〔明〕張溥閲

清光緒十八年(1892)善化章經濟堂重刻本　一册

按:《陳思王集》館藏缺卷一。明張溥輯《漢魏六朝百三名家集》之零種。

阮步兵集一卷　AC149 Zcl 533

〔三國魏〕阮籍撰　〔明〕張溥評

清光緒十八年(1892)善化章經濟堂重刻本　一册

按:明張溥輯《漢魏六朝百三名家集》之零種。

傅鶉觚集一卷　AC149 Zcl 539

〔晋〕傅玄撰　〔明〕張溥閲

清光緒十八年(1892)善化章經濟堂重刻本　一册

按:明張溥輯《漢魏六朝百三名家集》之零種。

陸平原集二卷　AC149 Zcl 624

〔晋〕陸機撰　〔明〕張溥閲

清光緒十八年(1892)善化章經濟堂重刻本　一册

按:明張溥輯《漢魏六朝百三名家集》

之零種。

陸清河集二卷 AC149 Zcl 625

〔晉〕陸雲撰 〔明〕張溥閱

清光緒十八年(1892)善化章經濟堂重刻本 一册

按:明張溥輯《漢魏六朝百三名家集》之零種。

晉王右軍集二卷 AC149 Zcl 638

〔晉〕王羲之撰 〔明〕張溥閱

清光緒十八年(1892)善化章經濟堂重刻本 一册

按:館藏缺卷一。明張溥輯《漢魏六朝百三名家集》之零種。

靖節先生集十卷首一卷末一卷 5263.2 4303

〔晉〕陶潛撰 〔清〕陶澍集注

清道光二十年(1840)刻本 四册

鈐有"季明""馬鑒之印""馬鑒讀"印。

陶淵明集八卷首一卷末一卷 843.2 404—8

〔晉〕陶潛撰

清光緒五年(1879)廣州翰墨園刻朱墨套印本 二册

陶淵明集八卷首一卷末一卷 AC149 Zcl 113

〔晉〕陶潛撰

清光緒六年(1880)信都呼清泰刻三色套印本 四册

鈐有"馬鑒之印"印。

宋何衡陽集一卷宋傅光禄集一卷 AC149 Zcl 534

〔南朝宋〕何承天撰 〔明〕張溥閱 (宋傅光禄集)〔南朝宋〕傅亮撰 〔明〕張溥閱

清光緒十八年(1892)善化章經濟堂重刻本 一册

按:明張溥輯《漢魏六朝百三名家集》之零種。

南齊孔詹事集一卷 AC149 Zcl 531

〔南朝齊〕孔稚珪撰 〔明〕張溥閱

清光緒十八年(1892)善化章經濟堂重刻本 一册

按:明張溥輯《漢魏六朝百三名家集》之零種。

南齊竟陵王集二卷 AC149 Zcl 532

〔南朝齊〕蕭子良撰 〔明〕張溥閱

清光緒十八年(1892)善化章經濟堂重刻本 一册

按:明張溥輯《漢魏六朝百三名家集》之零種。

劉户曹集一卷王詹事集一卷 AC149 Zcl 535

〔南朝梁〕劉峻撰 〔明〕張溥閱 (王詹事集)〔南朝梁〕王筠撰 〔明〕張溥閱

清光緒十八年(1892)善化章經濟堂重刻本 一册

按:明張溥輯《漢魏六朝百三名家集》

之零種。

沈隱侯集二卷　　AC149 Zcl 536

〔南朝梁〕沈約撰　〔明〕張溥閲

清光緒十八年(1892)善化章經濟堂重刻本　二册

按:館藏缺卷二。明張溥輯《漢魏六朝百三名家集》之零種。

邱司空集一卷任中丞集一卷　　AC149 Zcl 543

〔南朝梁〕邱遲撰　〔明〕張溥閲　(任中丞集)〔南朝梁〕任昉撰　〔明〕張溥閲

清光緒十八年(1892)善化章經濟堂重刻本　一册

按:明張溥輯《漢魏六朝百三名家集》之零種。

王左丞集一卷陸太常集一卷　　AC149 Zcl 542

〔南朝梁〕王僧孺撰　〔明〕張溥閲　(陸太常集)〔南朝梁〕陸倕撰　〔明〕張溥閲

清光緒十八年(1892)善化章經濟堂重刻本　一册

按:明張溥輯《漢魏六朝百三名家集》之零種。

温侍讀集一卷邢特進集一卷魏特進集一卷　　AC149 Zcl 540

〔北魏〕温子昇撰　〔明〕張溥閲　(邢特進集)〔北魏〕邢邵撰　〔明〕張溥閲　(魏特進集)〔北齊〕魏收撰　〔明〕張溥閲

清光緒十八年(1892)善化章經濟堂重刻本　一册

按:明張溥輯《漢魏六朝百三名家集》之零種。

梁簡文帝御製集二卷　　AC149 Zcl 537

〔南朝梁〕簡文帝蕭綱撰　〔明〕張溥閲

清光緒十八年(1892)善化章經濟堂重刻本　二册

按:明張溥輯《漢魏六朝百三名家集》之零種。

梁元帝集一卷　　AC149 Zcl 530

〔南朝梁〕元帝蕭繹撰　〔明〕張溥閲

清光緒十八年(1892)善化章經濟堂重刻本　一册

按:明張溥輯《漢魏六朝百三名家集》之零種。

何記室集一卷吴朝請集一卷　　AC149 Zcl 626

〔南朝梁〕何遜撰　〔明〕張溥閲　(吴朝請集)〔南朝梁〕吴均撰　〔明〕張溥閲

清光緒十八年(1892)善化章經濟堂重刻本　一册

按:明張溥輯《漢魏六朝百三名家集》之零種。

徐孝穆全集六卷　　5276.2 1701

〔南朝陳〕徐陵撰　〔清〕吴兆宜箋注

清光緒二年(1876)廣東翰墨園重刻

本　三册

鈐有"哲如陳慶保藏書"印。

庾子山集十六卷　AC149 Zcl 153

〔北周〕庾信撰　〔清〕倪璠注釋

清光緒二十年(1894)儒雅堂刻本　十二册

鈐有"陳慶保"印。

又一部　十二册　PL2668 YXi. Y

又二部　十二册　AC149 Zcl 1064

按:館藏缺卷二至卷三。

江令君集二卷　AC149 Zcl 541

〔南朝陳〕江總撰　〔明〕張溥閲

清光緒十八年(1892)善化章經濟堂重刻本　一册

按:明張溥輯《漢魏六朝百三名家集》之零種。

唐五代别集

隋煬帝集一卷　AC149 Zcl 627

〔隋〕煬帝楊廣撰

清光緒間善化藍田章氏重刻本　一册

按:明張溥輯《漢魏六朝百三名家集》之零種。原書應有兩册,館藏存一册。

駱丞集四卷首一卷附駱丞集辨訛考異二卷　AC149 Zcl 622

〔唐〕駱賓王撰

清同治八年(1869)胡氏退補齋刻本　一册

王子安集注二十卷首一卷末一卷　AC149 Zcl 1882

〔唐〕王勃撰　〔清〕蔣清翊注

清光緒九年(1883)吴縣蔣氏雙唐碑館刻本　六册

鈐有"馬鑒之印""馬氏老學齋劫餘文物"印。

張説之文集二十五卷附補遺五卷　AC149 Zcl 455

〔唐〕張説撰

清光緒三十一年(1905)仁和朱氏刻朱印本　四册

鈐有"馬鑒之印"印。

唐丞相曲江張文獻公集十二卷附千秋金鑒録五卷　844.14 313—03

〔唐〕張九齡撰

清雍正十三年(1735)紹風堂刻本　六册

半葉9行18字,白口,四周單邊,單黑魚尾,半框高21釐米,寬16釐米。版心上鎸"曲江集",中鎸卷次,下鎸葉碼。

卷端題"唐丞相曲江張文獻公集,裔孫世績、緯、綱重梓"。内封題"張曲江公著,金鑒録全集,紹風堂藏板"。卷首依次有清雍正十二年(1734)《曲江公文集序》,署"雍正十二年歲在甲寅嘉平之吉欽命廣東承宣布政使司布政使武遂後學渠頓首拜書";明成化九年(1473)《曲江集元序》,署"成化九年龍集癸巳仲春初吉翰林院侍講學士瓊臺丘濬叙";明萬曆十二年(1584)《重刻曲江先生文集元序》,署"萬曆十二年甲申孟春吉旦賜進士第奉政大夫廣東提刑按察司僉事奉敕整飭南韶等處兵備前巡按直隸監察御史豫章金谿後學王民順書”；明萬曆四十一年（1613）《補刻曲江集元序》，署“萬曆四十一年歲在癸丑二月初吉吏部司勳郎參知政事同里後學四餘李延大頓首拜書”；清順治十三年（1656）《張曲江文獻公集元叙》，署“順治丙申暢月欽差提督廣東學政按察司副使虞山後學錢朝鼎撰”；清順治十四年（1657）《曲江張文獻公集元序》，署“順治丁酉春王正月欽差整飭南韶兵備道廣東按察司副使東萊後學周日燦序”；明蔣思孝撰《跋曲江文集後》；清陳象謙撰《曲江公文集後序》；清雍正十二年《重刻曲江集序》，署“甲寅秋九月邑後學曾璟識”；清雍正十二年《張曲江公文集序》，署“雍正十二年歲在甲寅季冬大寒日番禺後學韓海拜序”；清雍正十三年《張曲江公文集序》，署“歲在乙卯春王之吉中憲大夫知韶州府事調任瓊州府知府事燕山後學袁安煜書”；清雍正十三年《曲江張文獻公文集序》，署“雍正乙卯歲季春之吉賜進士出身改授韶州府儒學教授後學譚會海謹書”；清雍正十三年《文獻公集書後》，署“雍正乙卯清和月既望淛西嘉禾宗裔宗栻拜識”；清雍正十三年《張文獻公文集序》，署“雍正乙卯年季秋月知韶州事桐城姚孔鋅拜撰”；像；《張荆州畫贊並序》；《張文獻公本傳》；附録；目録。

鈐有“南洋大學圖書館藏書”印。

李太白全集十六卷　　5298 7423

〔唐〕李白撰　〔清〕李調元、鄧在珩編訂　〔清〕蒲中蘭較

清道光十八年（1838）彰明縣學署重刻本　六册

鈐有“許紹南印”印。

李太白文集三十六卷　　844.14 293—05

〔唐〕李白撰　〔清〕王琦輯注

清乾隆二十四年（1759）聚錦堂刻本　八册

半葉10行20字，小字雙行字同，白口，左右雙邊，單黑魚尾，半框高17.5釐米，寬13.6釐米。版心上鎸書名，中鎸卷次，下鎸葉碼。

卷端題“李太白文集，錢塘王琦琢崖輯注，縉端臣、思謙藴山較”。内封題“李太白文集輯注，聚錦堂藏板”。卷首依次有清趙信撰《序》；清乾隆二十四年《序》，署“乾隆己卯閏月望後一日友弟杭世駿”；清乾隆二十四年《李太白集輯注序》，署“乾隆己卯中秋天台齊召南撰”；清乾隆二十三年（1758）《序》，署“乾隆二十三年歲次戊寅正月望日王琦載菴漫述”；目録；《跋》五則。

鈐有“義安學院圖書館章”“南洋大學圖書館藏書”印。

又一部　十四册　　AC149 Zcl 3526

鈐有“米氏東理齋藏書印記”印。

李太白文集三十卷　　AC149 Zcl 523

〔唐〕李白撰　〔宋〕宋敏求編

清光緒元年（1875）湖北崇文書局刻本　四册

鈐有“鄞馬鑒季明藏”印。

李太白文集三十卷 AC149 Zcl 1890

〔唐〕李白撰

清光緒十三年(1887)上海積山書局石印本 四册

杜工部集二十卷首一卷 AC149 Zcl 90a

〔唐〕杜甫撰 〔明〕王世貞等評

清光緒二年(1876)粤東翰墨園刻多色套印本 十册

又一部 十册 AC149 Zcl 90

鈐有"陳慶保"印。

又二部 八册 782.8414 243—02

鈐有"南洋大學圖書館藏書""望洋樓藏"印。

錢牧齋先生箋注杜工部集二十卷 AC149 Zcl 29

〔唐〕杜甫撰 〔清〕錢謙益箋注

清宣統二年(1910)鉛印本 八册

鈐有"汪希文印"印。

錢牧齋箋注杜詩二十卷 PL2675 QQY

〔唐〕杜甫撰 〔清〕錢謙益箋注

清宣統三年(1911)時中書局石印本 八册

杜詩詳注二十五卷首一卷附編二卷 AC149 Zra 39

〔唐〕杜甫撰 〔清〕仇兆鰲輯注

清康熙三十二年(1693)刻本 十三册

半葉10行22字,小字雙行字同,黑口,左右雙邊,單黑魚尾,半框高20.4釐米,寬14.5釐米。版心上鐫書名,中鐫卷次及葉碼。

卷端題"杜詩詳注,翰林院編修臣仇兆鰲輯注"。内封題"進呈刊本,史官仇兆鰲誦習,杜少陵全集詳注"。卷首依次有清康熙三十二年《進呈表》,署"康熙三十二年十一月日翰林院編修臣仇兆鰲上表";清康熙三十二年《自序》,署"康熙三十二年癸酉歲長至日翰林院編修臣仇兆鰲謹序";五代劉昫撰《舊唐書文苑本傳》;《杜氏世系》;《杜工部年譜》;凡例;目録。

鈐有"馬鑒之印"印。

宗玄集三卷 5323 9595

〔唐〕吴筠撰

清同治光緒間孔氏嶽雪樓影抄本 一册

鈐有"印廬珍藏"印。

韋蘇州集十卷 844.16 225—02

〔唐〕韋應物撰

清宣統元年(1909)石印本 六册

鈐有"肯肩樸學勝封侯""南洋大學圖書館藏書"印。

按:内封有方潤華墨筆題字,署"潤華習字,香港一九七八年九月廿八日",末鈐"方潤華印""方樹福堂敬贈"朱印。

唐陸宣公集二十二卷 4662.4 4713

〔唐〕陸贄撰 〔清〕周石、吴紹沅重校

清嘉慶二十三年(1818)春暉堂刻本 六册

鈐有"季明""馬鑒之印"印。

唐陸宣公集二十四卷 844.16 387—3

〔唐〕陸贄撰 〔清〕耆英重訂 〔清〕文晟、華廷傑校

清道光二十七年(1847)節署重刻本 八册

白香山詩集四十卷長慶集二十卷後集十七卷補遺二卷别集一卷 AC149 Zcl 478

〔唐〕白居易撰 〔清〕汪立名編訂

清康熙四十二年(1703)一隅草堂刻本 十册

半葉12行21字,小字雙行31字,白口,左右雙邊,單黑魚尾,半框高18.5釐米,寬15釐米。版心上鐫字數,中鐫篇章名、卷次及葉碼,下鐫"一隅草堂"。

卷端題"白香山詩長慶集,古歙汪立名西亭編訂"。卷首依次有清康熙四十二年《序》,署"康熙癸未且月商丘宋犖撰";清康熙四十二年《序》,署"康熙四十二年夏六月幾望南書房舊史秀水朱彝尊序時年七十有五";唐會昌五年(845)《白氏文集自記》,署"會昌五年夏五月一日樂天重記";唐長慶四年(824)《白氏長慶集序》,署"長慶四年冬十二月十日微之序";唐開成五年(840)《白氏後集自序》,署"大唐開成五年十一月二日中大夫守太子少傅馮翊縣開國侯上柱國賜紫金魚袋白居易樂天記";清康熙四十一年(1702)《序》,署"康熙壬午余月古歙汪立名序";凡例;《舊唐書本傳》;《白香山年譜舊本》;清汪立名撰《白香山年譜》;目録。

鈐有"馬鑒讀""季明""馬鑒之印""馬氏老學齋劫餘文物"印。

新雕校證大字白氏諷諫不分卷 AC149 Zcl 1157

〔唐〕白居易撰

清光緒十九年(1893)刻本 一册

鈐有"馬鑒之印"印。

權載之文集五十卷附補刻一卷 AC149 Zcl 258a

〔唐〕權德輿撰

清嘉慶十一年(1806)刻本 八册

鈐有"哲如陳慶保藏書""伯玉""張振聲印"印。

昌黎先生集四十卷 1195 0000

〔唐〕韓愈撰 〔唐〕李漢編

清同治八年(1869)江蘇書局重刻本 十册

鈐有"季明""馬鑒之印""馬氏老學齋劫餘文物"印。

又一部 十册 1195 0000

昌黎先生詩集注十一卷 AC149 Zcl 902

〔唐〕韓愈撰 〔清〕顧嗣立删補

清道光十七年(1837)膺德堂重刻三色套印本 四册

鈐有"哲如陳慶保藏書""芙蓉華裹讀書齋""馬咏""袁詢""袁燮"印。

昌黎先生詩集注十一卷 844.16 233—1

〔唐〕韓愈撰 〔清〕顧嗣立删補

清光緒九年(1883)廣州翰墨園刻三色套印本 四册

韓集點勘四卷 1195 4300

〔清〕陳景雲撰

清同治九年(1870)江蘇書局重刻本 一册

韓文百篇編年三卷 AC149 Zcl 336

〔唐〕韓愈撰 〔清〕劉成忠選評

清光緒二十六年(1900)食舊堂刻本 三册

鈐有"馬鑒之印"印。

唐柳河東集四十五卷 AC149 Zcl 341

〔唐〕柳宗元撰 〔明〕蔣之翹輯注

清嘉慶十三年(1808)刻本 二十册

鈐有"陳慶保"印。

唐柳河東集四十五卷外集五卷附録一卷 AC149 Zcl 1329

〔唐〕柳宗元撰 〔明〕蔣之翹輯注

清道光十九年(1839)雙梧居重刻本 二十册

鈐有"馬鑒之印"印。

絳守居園池記注一卷 3048 3935

〔唐〕樊宗師撰 〔元〕趙仁舉注 〔元〕吴師道補注 〔元〕許謙正誤

清道光咸豐間孔氏嶽雪樓影抄本 一册

鈐有"印盧珍藏"印。

樊川詩集四卷附補遺一卷樊川外集一卷樊川别集一卷 AC149 Zcl 34

〔唐〕杜牧撰 〔清〕馮集梧注

清光緒十六年(1890)湘南書局重刻本 四册

鈐有"穆臣"印。

温飛卿詩集九卷 AC149 Zcl 323

〔唐〕温庭筠撰 〔明〕曾益原注 〔清〕顧予咸補注 〔清〕顧嗣立重校

清光緒八年(1882)泉唐汪氏重刻本 二册

鈐有"鎔經鑄史齋""况周"印。

李義山詩集三卷 844.18 291—1

〔唐〕李商隱撰 〔清〕朱鶴齡箋注 〔清〕沈厚塽輯評

清同治九年(1870)廣州倅署刻三色套印本 四册

鈐有"南洋大學圖書館藏書"印。

李義山詩集三卷 5318 7599

〔唐〕李商隱撰 〔清〕朱鶴齡箋注 〔清〕沈厚塽輯評

清同治九年(1870)廣州倅署刻四色套印本 四册

李義山詩集十六卷 PL2672 Ypq

〔唐〕李商隱撰 〔清〕姚培謙箋 〔清〕王原閱

清乾隆五年(1740)松桂讀書堂刻本 四册

半葉10行21字,小字雙行30字,白口,左右雙邊,單黑魚尾,半框高18.8釐米,寬14.5釐米。版心上鎸字數,中鎸書名、卷次及詩體名,下鎸葉碼。

卷端題"李義山詩集,華亭姚培謙平山箋,青浦王原西亭閱"。卷首依次有清乾隆四年(1739)《序》,署"乾隆己未秋日北平黄叔琳序";《讀義山詩存疑》;例言;目録。卷末題"乾隆庚申二月吴郡王煦谷録"。

樊南文集詳注八卷　　AC149 Zcl 99

〔唐〕李商隱撰　〔清〕馮浩編訂

清乾隆三十年(1765)刻本　四册

半葉11行25字,小字雙行33字,白口,左右雙邊,單黑魚尾,半框高18.5釐米,寬14.5釐米。版心上鎸書名,中鎸卷次,下鎸葉碼。

卷端題"樊南文集詳注,桐鄉馮浩孟亭編訂,受業朱天鎬周望參校"。卷首依次有清乾隆三十年《序》,署"乾隆三十年歲次乙酉長至荼山同學弟錢維城序";發凡,末署"桐鄉馮浩孟亭甫書";目録。

鈐有"鄞馬鑒季明藏""老學齋"印。

可之先生文集二卷　　AC149 Zcl 398

〔唐〕孫樵撰

清宣統二年(1910)上海會文堂粹記石印本　一册

鈐有"陳慶保"印。

重刊校正笠澤叢書四卷附補遺一卷續補遺一卷　　AC149 Zcl 304a

〔唐〕陸龜蒙撰

清晚期大疊山房重刻本　一册

元英集八卷　　5323 2119

〔唐〕方干撰

清晚期孔氏嶽雪樓影抄本　一册

鈐有"印廬珍藏"印。

寒山詩不分卷　　AC149 Zcl 4813

〔唐〕釋寒山撰

清刻本　一册

白蓮集十卷　　AC149 Zcl 4147

〔後唐〕釋齊己撰

清同治光緒間孔氏嶽雪樓影抄本　二册

鈐有"印廬珍藏"印。

宋别集

徐騎省集三十卷　　AC149 Zcl 529

〔宋〕徐鉉撰

清光緒十九年(1893)黟南李氏三校刻本　八册

林和靖先生詩集四卷附録一卷　　AC149 Zcl 122

〔宋〕林逋撰

清光緒二十一年(1895)婺原俞氏清蔭堂刻本　二册

孫明復小集一卷　　AC149 Zcl 951

〔宋〕孫復撰

清光緒十五年(1889)問經精舍校刻本　一册

鈐有"馬鑒之印"印。

宋石學士詩集不分卷　　AC149 Zcl 619

〔宋〕石延年撰　〔清〕李振綱校輯

清道光二十年(1840)李振綱刻本　一册

武溪集二十卷 AC149 Zcl 407

〔宋〕余靖撰

清康熙三十六年(1697)重刻本 五册

半葉9行20字,白口,左右雙邊,單黑魚尾,無界行,半框高17.6釐米,寬13釐米。版心上鎸書名,中鎸卷次及篇章名,下鎸葉碼。

卷端題"武溪集,宋少師工部尚書始興襄公余靖著,三韓高登科校"。卷首依次有清康熙三十六年《重刻余襄公文集》,署"康熙丁丑歲閏三月朔賓坻同學弟王煐序";總目録;清康熙三十四年(1695)《序》署"康熙乙亥嘉平月穀旦中先大夫知廣東韶州事襄平後學陳廷策頓首拜撰";校梓姓氏,署"康熙三十六年三月上巳新安程履新識";明嘉靖四十五年(1566)《舊序》,署"嘉靖四十五年丙寅秋月整飭南韶兵備兼分巡廣東按察司副使前南京駕部郎中丙辰進士仁山劉穩序",又明成化九年(1473)《舊序》,署"成化九年龍集癸巳仲春初吉翰林院侍讀學士瓊臺丘序";宋韓璜題《書武溪集後》;《余襄公神道碑碑銘並序》。

鈐有"玉蘭堂""穀庵"印。

按:館藏缺卷十四至卷十七。封面墨筆題"武溪集,穀庵老人批校本,戊子十月宗衍記",末鈐"玉蘭堂"朱印。

六一居士全集録五卷外集録二卷 845.14 423—7

〔宋〕歐陽修撰 〔清〕儲欣録 〔清〕吴蔚起參校 〔清〕汪誠、儲在文校

清光緒八年(1882)江蘇書局刻本 五册

按:清儲欣編《唐宋大家全集録》之零種。

歐陽文忠公全集一百五十二卷附録五卷 9112 1563

〔宋〕歐陽修撰

清光緒十九年(1893)澹雅書局刻本 三十二册

鈐有"陳慶保"印。

安陽集五十卷附忠獻韓魏王家傳十卷 AC149 Zcl 151

〔宋〕韓琦撰

清乾隆四年(1739)刻本 十六册

半葉10行21字,黑口,左右雙邊,雙黑魚尾,半框高18釐米,寬14.6釐米。版心鎸書名、卷次及葉碼。

卷端題"安陽集,宋司徒太師侍中上柱國尚書令忠獻魏王韓琦著"。卷首依次有清乾隆四年《重刻安陽集序》,署"乾隆四年歲在屠維協洽臯月文林郎知安陽縣事加二級剡溪陳錫輅撰";目録。卷末有明萬曆十五年(1587)《安陽集重刻後序》,署"萬曆丁亥夏四月望日賜進士光禄大夫少傅兼太子太傅吏部尚書武英殿大學士安陽後學郭樸謹撰"。

鈐有"静觀亭圖書記""有造館記""鈴村藏書"印。

司馬温公文集十四卷 845.14 303—04

〔宋〕司馬光撰 〔清〕張伯行重訂

清同治五年(1866)福州正誼書局重校刻本 六册

鈐有“方潤華印”“南洋大學圖書館藏書”“方樹福堂敬贈”印。

祠部集三十五卷 AC149 Zcl 1291

〔宋〕强至撰

清乾隆間武英殿聚珍本　八册

半葉9行21字,白口,四周雙邊,單黑魚尾,半框高18.6釐米,寬12.6釐米。版心上鎸書名,中鎸卷次,下鎸葉碼。

卷端題“祠部集,宋强至撰”。卷首依次有清乾隆三十九年(1774)《御製題武英殿聚珍版十韻有序》,署“乾隆甲午仲夏”;《提要》;宋元豐三年(1080)《祠部集原序》,署“元豐三年七月五日亳州樗堂曾鞏序”;目録。

青山集三十卷附録一卷續集五卷 AC149 Zcl 895

〔宋〕郭祥正撰　〔清〕吳立堅等校刊

清嘉慶間刻本　十册

鈐有“山陽丁晏藏書”印。

東坡和陶合箋四卷附録一卷陶詩彙評四卷附録一卷 AC149 Zcl 823

〔宋〕蘇軾撰　〔清〕温汝能纂訂

清嘉慶十一年(1806)温氏刻本　四册

鈐有“閒雲野鶴”“哲如陳慶保藏書”印。

蘇文忠公詩集五十卷目録二卷 845.16 554—7

〔宋〕蘇軾撰　〔清〕紀昀評點

清道光十四年(1834)兩廣節署刻朱墨套印本　十二册

鈐有“番禺陶福祥藏”“撫松閣”“南洋大學圖書館藏書”“翰墨流香”印。

蘇文忠公詩編注集成四十六卷總案四十五卷諸家雜綴酌存一卷蘇海識餘四卷附韻山堂詩集七卷 AC149 Zcl 863

〔宋〕蘇軾撰　〔清〕王文誥輯訂　〔清〕王霖圻較

清光緒十四年(1888)浙江書局刻本　二十四册

山谷詩集注二十卷 AC149 Zcl 380

〔宋〕黄庭堅撰

清光緒二十六年(1900)刻本　二十册

鈐有“曾在依雲樓”“汪希文印”“印廬所藏精品”“馬賓甫藏”“韓雲山讀書記”印。

黄詩全集五十八卷 AC149 Zcl 833

〔宋〕黄庭堅撰

清乾隆五十四年(1789)樹經堂刻本　二十册

半葉12行23字,白口,左右雙邊,單黑魚尾,半框高19.3釐米,寬14.5釐米。版心上鎸子集名,中鎸卷次,下鎸葉碼。

卷端題“山谷詩,天社任淵”。内封題“黄詩全集,天社任氏青神史氏三注本并補編年譜摠計五十八卷,樹經堂鋟本”。卷首依次有宋許尹《豫章後山詩解序》;清乾隆四十年(1775)序,署“乾隆四十年歲在乙未夏六月十二日識於蘇齋之南軒北平翁方綱”;清乾隆五十三年(1788)《刻黄詩全集序》,署“乾隆五十三年冬十月朔北平翁方綱";總目;清乾隆五十四年《跋》,署"乾隆己酉春二月既望南康謝啓昆識,鉛山熊枚、臨川李秉禮、新城楊以緟、新城吴慶珍、贛縣鍾愈旭、靖安舒夢蘭、南昌黄麒瑞、寧都廖誠、崇仁楊璋、鉛山祝若愚、餘干俞咨嶽、寧州陳密同校訂"。《山谷詩外集注》卷首依次有宋嘉定元年(1208)《薌室史氏注山谷外集詩序》,署"嘉定元年十二月乙酉晋陵錢文子序";目録。

鈐有"齊安林氏逸聖收藏金石書畫之記""墨卿琛藏""静偶軒長物""鶴儕""壽讀"印。

按:含内集二十卷、外集十七卷、别集二卷、外集補四卷、别集補一卷、年譜十四卷。

後山先生集二十四卷首一卷 **AC149 Zcl 103**

〔宋〕陳師道撰

清光緒十一年(1885)趙本重刻本　四册

鈐有"馬鑒"印。

道鄉集四十卷補遺一卷附録一卷 **AC149 Zcl 32**

〔宋〕鄒浩撰

光緒八年(1882)蘇州嘉魚坊西賓華山房刻本　十二册

羅豫章先生集十二卷首一卷末一卷 **1227 0000**

〔宋〕羅從彦撰

清光緒九年(1883)延平府古燕張國正重刻本　四册

鈐有"哲如陳慶保藏書"印。

少陽集十卷 **AC149 Zcl 302**

〔宋〕陳東撰

清光緒十八年(1892)順德龍氏知服齋刻本　二册

鈐有"陳慶保"印。

栟溪居士集十二卷 **AC149 Zcl 4149**

〔宋〕劉才邵撰

清同治光緒間抄本　七册

歐陽修撰集七卷 **AC149 Zcl 1040**

〔宋〕歐陽澈撰

清末順德龍鳳鑣知服齋抄本　四册

鈐有"龍伯鑾讀書記""汪希文印""暉山所藏書畫""柏鸞過目"印。

胡澹庵先生文集三十二卷 **AC149 Zcl 782**

〔宋〕胡銓撰　〔清〕胡文恩考訂　〔清〕胡芳槑等校刊

清道光十三年(1833)歷原讀書堂刻本　六册

鈐有"哲如陳慶保藏書""黄有澤藏書"印。

東萊集注類編觀瀾文集二十五卷 **AC149 Zcl 72**

〔宋〕林之奇編

清光緒十年(1884)碧琳瑯館重刻本　十二册

鈐有"屺鄉""紹昌之印""黄""芑香曾讀""香山居士"印。

朱子集一百四卷目録二卷附補遺一卷　1237 0000

〔宋〕朱熹撰

清咸豐十年(1860)紫霞洲祠堂刻本　五十册

鈐有"陳慶保"印。

南軒文集四十四卷南軒先生論語解十卷南軒先生孟子説七卷　9112 3133

〔宋〕張栻撰

清咸豐四年(1854)綿邑南軒祠重刻本　十六册

又一部　六册　845.22 307—3

鈐有"温氏丹銘"印。

按:館藏存《南軒文集》四十四卷。

攻媿集一百二十卷附補遺一卷　AC149 Zcl 383

〔宋〕樓鑰撰

清光緒二十一年(1895)據聚珍版重刻本　二十六册

吕東萊先生文集二十卷首一卷　1264 0000

〔宋〕吕祖謙撰　〔清〕王崇炳編　〔清〕胡鳳丹重校

清同治七年(1868)胡鳳丹退補齋刻本　十册

鈐有"陳慶保"印。

按:清胡鳳丹輯《金華叢書》之零種。

象山先生全集三十二卷　1254 0000

〔宋〕陸九淵撰　〔明〕王守仁鑒定　〔清〕陸麟比重編

清康熙六十年(1721)刻本　十二册

半葉10行20字,白口,四周雙邊,單黑魚尾,半框高20釐米,寬13釐米。版心鎸書名及卷次,下鎸葉碼。

卷端題"撫州金谿陸象山先生文集,餘姚王陽明先生鑒定,元孫麟比玉書氏重編"。卷首依次有宋開禧元年(1205)《前序》,署"開禧元年夏六月乙卯門人四明楊簡敬書";宋嘉定五年(1212)《陸象山先生文集序》,署"宋嘉定五年九月戊申門人四明袁燮書";明嘉靖四十年(1561)《陸象山先生集序》,署"嘉靖四十年辛酉五月臨海後學王宗沐頓首拜撰";清康熙十九年(1680)《陸象山先生文集叙》,署"康熙十九年庚申夏月賜進士出身文林郎知金谿縣新昌吕翼鳳百拜撰";清康熙六十年《陸象山先生重刊文集序》,署"康熙六十年辛丑春月賜進士第出身文林郎知弋陽縣事兼攝金谿縣事欽取吏部郎中令陞山東全省學政吕文櫻謹序";清康熙六十年《文安公文集序》,署"康熙六十年春正月上旬文安公十八世元孫麟比謹序";目録;《附録少湖徐先生學則辨》。

按:《前序》中所署年份有誤,開禧元年應爲"乙丑"年。

潛室陳先生木鐘集十一卷　AC149 Zcl 419

〔宋〕陳埴撰

清同治六年(1867)東甌郡齋重刻本　四册

鈐有"錫山薛氏傳經樓藏書印"印。

絜齋集二十四卷附從祀録六卷 AC149 Zcl 138

〔宋〕袁燮撰

清光緒二年(1876)刻本　八册

水心先生别集十六卷 1271 2300

〔宋〕葉適撰

清同治九年(1870)刻本　四册

鈐有"馬鑒之印"印。

白石道人集八卷歌曲四卷别集一卷詩集二卷詩説一卷 AC149 Zcl 789

〔宋〕姜夔撰

清道光間刻本　二册

鈐有"微尚齋鑒藏書畫印記""濠堂藏本""濠堂藏本之一""陳澧""微尚齋""陳澧之印"印。

北溪先生全集五十卷字義二卷外集一卷附字義一卷 1251 2333

〔宋〕陳淳撰

清光緒八年(1882)種香别業刻本　八册

鈐有"陳慶保"印。

方泉先生詩集三卷 AC149 Zcl 570

〔宋〕周文璞撰

清宣統元年(1909)國光社影印本　一册

滄浪詩集二卷 5213 2194

〔宋〕嚴羽撰

清後期孔氏嶽雪樓影抄本　一册

鈐有"印廬珍藏"印。

夢窗甲乙丙丁稿四卷補遺一卷附札記一卷 AC149 Zcl 1233

〔宋〕吴文英撰

清光緒二十五年(1899)四印齋刻本　二册

鈐有"馬鑒之印"印。

深寧先生文鈔八卷 AC149 Zcl 774

〔宋〕王應麟撰　〔清〕葉熊校刊　〔清〕葉培元、葉培誠參訂　〔清〕陳僅等校

清道光九年(1829)紫藤花館刻本　八册

鈐有"馬鑒之印"印。

謝疊山先生文集九卷附詩傳注疏三卷 AC149 Zcl 427

〔宋〕謝枋得撰　〔清〕陳喬樅編次

清道光二十九年(1849)刻本　六册

廬陵宋丞相信國公文忠烈先生全集十六卷 AC149 Zcl 488

〔宋〕文天祥撰　〔清〕文有焕等輯刊

清光緒十三年(1887)仕江周穀詒堂重刻本　十四册

鈐有"陳慶保"印。

金别集

滹南遺老王先生文集四十五卷 AC149 Zcl 755

〔金〕王若虚撰

清光緒十二年(1886)刻本　四册

鈐有"鄞馬鑒季明藏""馬氏老學齋劫餘文物"印。

遺山先生詩集二十卷　AC149 Zcl 404

〔金〕元好問撰

明抄本　七册

半葉9行19字,小字雙行字同,版心處抄有"遺山詩集"、卷次。

鈐有"維新市隱""黄有澤藏書""馬鑒"印。

元遺山詩集箋注十四卷附元遺山全集附録一卷元遺山全集補載一卷　AC149 Zcl 1338

〔金〕元好問撰　〔清〕施國祁箋　〔清〕蔣炳校

清道光二年(1822)南潯瑞松堂蔣氏刻本　六册

鈐有"擇善書屋藏書之印"印。

元遺山先生集四十卷首一卷附録一卷補載一卷　587/1—19

〔金〕元好問撰

清光緒七年(1881)讀書山房重刻本　十九册

鈐有"義安學院圖書館章""南洋大學圖書館藏書"印。

元别集

湛然居士文集十四卷　845.71 155—03

〔元〕耶律楚材撰

清光緒二十一年(1895)漸西村舍刻本　四册

趙文敏公松雪齋全集十卷附外集一卷續集一卷　AC149 Zcl 444

〔元〕趙孟頫撰　〔清〕曹培廉校

清光緒五年(1879)上海海左書局石印本　六册

趙文敏公松雪齋全集十卷附外集一卷續集一卷　AC149 Zcl 4114

〔元〕趙孟頫撰　〔清〕曹培廉校

清光緒八年(1882)洞庭楊氏校刻本　四册

鐵厓咏史八卷附鐵厓小樂府一卷　AC149 Zcl 84

〔元〕楊維楨撰　〔清〕宋澤元校訂

清光緒十二年(1886)懺華盦刻本　四册

鈐有"馬鑒"印。

按:清宋澤元輯《四家咏史樂府》之零種。

鐵厓詩集三種　845.77 273—9

〔元〕楊維楨撰　〔清〕樓卜瀍注

清光緒十四年(1888)諸暨樓氏崇德堂補刻本　六册

子目:

鐵厓樂府注十卷首一卷

鐵厓咏史注八卷

鐵厓逸編注八卷附録一卷

鐵厓三種　846.1 273

〔元〕楊維楨撰　〔清〕樓卜瀍注

清宣統二年(1910)掃葉山房石印本　十册

鈐有"南洋大學圖書館藏書"印。

子目:

鐵厓樂府注十卷

鐵厓咏史注八卷

鐵厓逸編注八卷

復古詩集六卷 5397 9241

〔元〕楊維楨撰

清後期孔氏嶽雪樓影抄本 一册

鈐有"印廬珍藏"印。

淵穎集十二卷 AC149 Zcl 327

〔元〕吴萊撰 〔清〕王邦采箋 〔清〕胡鳳丹校梓

清光緒元年(1875)退補齋刻本 四册

元風雅集前集六卷後集六卷 5399 9572

〔元〕孫存吾編

清同治光緒間孔氏嶽雪樓影抄本 三册

鈐有"印廬珍藏"印。

明别集

全室外集九卷續集一卷 AC149 Zcl 4148

〔明〕釋宗泐撰

清道光間孔氏嶽雪樓影抄本 二册

鈐有"印廬珍藏"印。

楊孟載手録眉庵集二卷 AC149 Zcl 750

〔明〕楊基撰

清光緒三十四年(1908)影印本 二册

新編蘭軒詩集三卷 AC149 Zcl 4156

〔明〕費懿芳撰

明末抄本 三册

半葉10行20字,無界行。

卷端題"滇南永昌蘭軒費氏懿芳著,浙江布政使司都事同郡李庸編次"。卷首有明天順七年(1463)《蘭軒詩集序》,署"天順癸未冬十月望中憲大夫太常少卿致仕會稽陳贄惟成書"。

鈐有"四明盧氏抱經樓藏書印""印廬珍藏""無竟先生獨志堂物"印。

高青邱詩集注二十五卷 AC149 Zcl 841

〔明〕高啓撰 〔清〕金檀輯注

清後期翻刻雍正文瑞樓本 十二册

鈐有"曾藏蔡南离處""廉父珍藏""月郊"印。

春草齋文集選一卷春草齋詩集選一卷 AC149 Zcl 4151

〔明〕烏斯道撰 〔清〕熊伯龍選 〔清〕黄敬修評 〔清〕烏震梓

清道光間抄本 二册

鈐有"真州吴氏有福讀書堂藏書""印廬珍藏"印。

邱文莊公集十卷 AC149 Zcl 66

〔明〕丘濬撰

清同治十年(1871)刻本 六册

按:《邱海二公合集》之零種。

重編瓊臺會稿詩文集二十四卷 AC149 Zcl 1141

〔明〕丘濬撰

清光緒五年(1879)曾慕顔重校刻本　十三册

王文恪公集三十六卷附鵑音一卷白社詩草一卷　AC149 Zra 79

〔明〕王鏊撰　〔明〕朱國楨訂　〔明〕董其昌閲

明萬曆間震澤王氏三槐堂刻本　十六册

半葉9行20字,白口,四周單邊,單白魚尾,半框高21.6釐米,寬14.3釐米。版心上鎸"文恪公集",中鎸篇章名、卷次及葉碼,下鎸"三槐堂"。

卷端題"王文恪公集,震澤王鏊濟之著,吴興朱國楨文寧訂,雲間董其昌玄宰閲"。内封題"王文恪公全集,附鵑音、白社詩二册"。卷首依次有明董其昌撰《震澤先生集序》;明嘉靖十五年(1536)《叙文恪公集》,署"嘉靖十五年丙申秋八月望後十日南京禮部尚書前吏部左侍郎詹事府詹事兼翰林院學士南海霍韜渭先生書";明朱國楨撰《震澤王文恪公集叙》;《名公筆記》;《明史本傳》;目録。

鈐有"曾經東山柳蓉邨過眼印"印。

枝山文集四卷　AC149 Zcl 781

〔明〕祝允明撰　〔清〕李文楷編校　〔清〕祝壽眉輯刊

清光緒元年(1875)元和祝氏刻本　二册

懷星堂全集三十卷　AC149 Zcl 2999

〔明〕祝允明撰

清宣統二年(1910)中國書畫會影印本　八册

鈐有"齊安林氏逸聖收藏金石書畫之記"印。

王文成公全書三十八卷　1307 3900

〔明〕王守仁撰

清同治光緒間刻本　二十四册

甫田集三十六卷　AC149 Zcl 910

〔明〕文徵明撰

清宣統三年(1911)鉛印本　十二册

鈐有"幽香書屋藏書印"印。

又一部　十二册　PL2698 Wz

李空同詩集三十二卷　AC149 Zcl 390

〔明〕李夢陽撰

清宣統二年(1910)掃葉山房石印本　十册

升菴外集一百卷　AC149 Zcl 154

〔明〕楊慎撰　〔明〕焦竑編　〔明〕顧起元校

明萬曆四十五年(1617)刻本　二十八册

半葉10行20字,小字雙行字同,白口,左右雙邊,單黑魚尾,半框高21釐米,寬15釐米。版心上鎸"外集"及卷次,中鎸篇章名及葉碼。

卷端題"升菴外集,成都楊慎著,瑯琊焦竑編,吴郡顧起元校"。卷首依次有明萬曆四十四年(1616)《序》,署"萬曆丙辰冬日江寧後學顧起元書";明萬曆四十五年《跋語》,署"萬曆丁巳春正月吉旦賜進士出身南京國子監司業海陽汪煇撰";目録;書籍目録,前有明萬曆四十五年《跋》,署“萬曆丁巳春瑯琊焦竑識”。

太史升菴全集八十一卷　AC149 Zcl 3867

〔明〕楊慎撰

清乾隆六十年(1795)養拙山房重刻本　四十册

半葉9行19字,白口,四周雙邊,單黑魚尾,半框高20.5釐米,寬14.6釐米。版心上鎸“楊升菴”,中鎸卷次,下鎸葉碼。

卷端題“成都楊慎著,從子有仁録,維楊陳大科校,新都周參元重刊”。内封題“乾隆乙卯年重鎸,升菴全集,養拙山房藏板”。卷首依次有清乾隆六十年《重刻太史升菴全集序》,署“乾隆六十年歲次乙卯蒲月中浣日揀發貴州侯補吏目署鎮遠府經歷後學賡九周參元書”;明陳大科撰《刻太史楊升菴全集叙》;《升菴先生年譜》;目録。

鈐有“季明”印。

升菴外集二十四卷　AC149 Zcl 3866

〔明〕楊慎撰　〔明〕焦竑編　〔明〕顧起元校

清道光二十四年(1844)桂湖重刻本　四十册

鈐有“季明”印。

汶濱蔡先生文集十卷語録二十卷 846 557

〔明〕蔡䨱撰

清光緒四年(1878)刻本　四册

鈐有“南洋大學圖書館藏書”印。

青湖先生文集十四卷首一卷

PL2698 WQH. W

〔明〕汪應軫撰

清同治十三年(1874)廣州刻本　四册

鈐有“汪希文印”印。

楊忠愍公全集四卷附録一卷

AC149 Zcl 357

〔明〕楊繼盛撰　〔清〕毛奇齡鑒定　〔清〕章鈺輯

清道光八年(1828)重刻本　四册

鈐有“陳慶保”印。

歸雲别集七十四卷　9115 3523

〔明〕陳士元撰　〔清〕吴毓梅校刊

清道光十三年(1833)寶善堂刻本　三十册

弇州山人詩集五十二卷目録八卷

AC149 Zcl 315

〔明〕王世貞撰

清光緒三十三年(1907)渭南嚴氏續刻本　十四册

白沙子全集十卷首一卷白沙子古詩教解二卷末一卷　1304 0000

〔明〕陳獻章撰

清乾隆三十六年(1771)碧玉樓重刻本　十二册

半葉10行21字,白口,四周雙邊,單黑魚尾,半框高19.2釐米,寬13.7釐米,有圖。版心上鎸書名,中鎸卷次及文體名,下鎸葉碼。

卷端題“白沙子全集”。内封題“撫藩學三大人鑒定,乾隆辛卯重鐫,白沙子全集,碧玉樓藏板”。卷首依次有清鍾音撰《序》;清乾隆三十四年(1769)《序》,署“乾隆三十四年歲次己丑立秋日通奉大夫廣東承宣布政使龍城後學歐陽永裿頓首拜撰”;清翁方綱撰《陳白沙先生集序》;明弘治十八年(1505)《白沙先生全集序》,署“弘治十八年乙丑春正月人日門人張詡謹書”;明弘治十八年《書白沙先生全集後序》,署“弘治乙丑春三月朔後學吉水羅僑謹書”;明嘉靖十二年(1533)《刻白沙子序》,署“嘉靖癸巳仲秋吉旦前進士西蜀後學高簡謹序”;“附論白沙子一則”;明嘉靖三十年(1551)《重刻白沙先生全集序》,署“嘉靖三十年歲在辛亥九月望賜進士出身資政大夫前南京兵部尚書奉敕參贊機務國子祭酒翰林侍讀同修國史經筵講官門人增城湛若水謹書”;明嘉靖三十年《重刻白沙陳先生全集後序》,署“嘉靖辛亥孟冬朔賜進士出身亞中大夫廣東布政使司左參政前三奉敕督理福建屯田水利廣東河南糧儲兵備永嘉項喬頓首拜書”;明隆慶三年(1569)《讀白沙先生全集》,署“隆慶三年孟冬朔後學惠安林會春謹書”;明萬曆二十九年(1601)《重刻白沙先生集叙》,署“萬曆辛丑歲秋八月閩後學林裕陽頓首撰”;明萬曆四十年(1612)《重刻白沙子序》,署“萬曆四十年歲次壬子孟秋之吉邑後學黄淳拜書”;明萬曆四十年《重刻白沙子全集序》,署“萬曆壬子菊月之吉後學何熊祥頓首撰”;明黄士俊撰《重刻陳白沙先生集序》;《明史儒林傳》;像贊;總目。

《白沙子古詩教解》卷首依次有明正德十六年(1521)《詩教解原序》,署“時正德辛巳孟秋之吉門人湛若水謹撰”;清乾隆三十六年《重刻詩教解序》,署“時乾隆三十六年歲在辛卯孟冬族後學炎宗謹撰”;目録。卷末有清謝廷知撰《重刻白沙子全集後序》。

鈐有“隘園”印。

吕新吾先生去僞齋文集十卷

AC149 Zcl 482

〔明〕吕坤撰

清康熙十三年(1674)吕慎多重刻本

十册

半葉10行18字,白口,四周雙邊,單黑魚尾,半框高18.6釐米,寬12.8釐米,版心上鐫“去僞齋文集”,中鐫卷次,下鐫葉碼。

卷端題“吕新吾先生去僞齋文集,寧陵吕坤叔簡甫著,孫男慎多重刊、慎高授梓,姪孫聲淯、振詮次,姪曾孫紹楨、姪伭孫前庚訂正,外曾孫魯楨、曾孫壻蔡之琪較閲,曾孫應菊藏板”。卷首依次有《吕新吾先生去僞齋文集序》,署“邑後學眷晚生王□頓首拜撰”;總目。卷末有明萬曆四十四年(1616)《去僞齋稿跋》,署“萬曆丙辰冬十二月既望男吕知畏頓首謹識”。

去僞齋集十卷呻吟語六卷實政録七卷

615/1—23

〔明〕吕坤撰

清道光七年(1827)開封府署刻本

二十三册

鈐有“南洋大學圖書館藏書”印。

區太史詩集二十七卷 AC149 Zcl 287

〔明〕區大相撰 〔明〕區大樞、區大倫校

清道光十年(1830)區燦如重刻本 四册

來禽館集二十九卷 AC149 Zcl 325

〔明〕邢侗撰

清道光九年(1829)崇德堂刻本 十二册

小辨齋偶存八卷 1322 3463

〔明〕顧允成撰

清光緒十二年(1886)涇里宗祠刻本 二册

容臺別集二卷 AC149 Zcl 1747

〔明〕董其昌撰 〔明〕董庭輯

明崇禎三年(1630)刻本 二册

半葉8行19字,白口,左右雙邊,無魚尾,半框高19.2釐米,寬13.2釐米。版心上鎸"容臺集",中鎸卷次及文體,下鎸葉碼。

卷端題"容臺別集,華亭董其昌著,冢孫亭輯"。

按:此書爲《容臺文集》之附集。

馮恭定先生全書二十二卷續四卷 9115 6343

〔明〕馮從吾撰

清光緒二十二年(1896)補刻本 十八册

栖霞山人石室稿二十二卷 AC149 Zcl 4153

〔明〕楊瞿崍撰

明末刻本 二十二册

半葉9行18字,白口,四周雙邊,單黑魚尾,半框高21.1釐米,寬14.2釐米。版心上鎸"栖霞稿",中鎸卷次,下鎸葉碼。

卷端題"栖霞山人石室稿,温陵楊瞿崍稚實著"。卷首依次有明莊際昌撰《栖霞石室稿序》;明錢繼登撰《栖霞石室稿序》;目録。

鈐有"印廬珍藏""會稽宗氏四賢義學藏書印信"印。

增訂徐文定公集六卷首二卷 AC149 Zcl 600

〔明〕徐光啓撰

清宣統元年(1909)上海慈母堂鉛印本 四册

劉子全書遺編二十四卷首一卷 AC149 Zcl 1503

〔明〕劉宗周撰 〔清〕沈復粲編

清光緒十八年(1892)重修刻本 十二册

按:内封題"道光庚戌刻本光緒壬辰重修"。

餘姚黄忠端公集六卷 AC149 Zcl 549

〔明〕黄尊素撰

清光緒十三年(1887)姚江黄氏重刻本 二册

鈐有"陳慶保"印。

黄漳浦集五十卷首一卷目録二卷年譜二卷　AC149 Zcl 53

〔明〕黄道周撰　〔清〕陳壽祺重編

清道光間陳氏刻本　三十二册

疑雨集四卷　PL 2698 Wyh. Y

〔明〕王彦泓撰

清嘉慶間刻本　四册

鈐有"吟濤""穆都盧阿""蒹葭樓""汪希文印""韓""云山"印。

棗林詩集不分卷　AC149 Zcl 67

〔明〕談遷撰

清宣統三年(1911)上海國學扶輪社鉛印本　一册

鈐有"陳慶保"印。

嶠雅二卷　AC149 Zcl 859

〔明〕鄺露撰

清道光間鄺瑞重刻本　四册

又一部　二册　AC149 Zcl 1487

又二部　二册　846.8 664

陳忠裕全集三十卷首一卷末一卷年譜三卷　AC149 Zcl 496

〔明〕陳子龍撰　〔清〕王昶輯　〔清〕王鴻逵等編訂

清同治八年(1869)重刻本　十册

返生香一卷附疏香閣附集一卷窈聞一卷續窈聞一卷　AC149 Zcl 1278

〔明〕葉小鸞撰

清光緒二十二年(1896)羊城秋夢盦刻本　二册

按:此書一名《疏香閣遺集》。

清别集

牧齋初學集詩注二十卷　AC149 Zra 57

〔清〕錢謙益撰　〔清〕錢曾箋注

清雍正間玉詔堂刻本　六册

半葉10行20字,小字雙行字同,黑口,四周單邊,單黑魚尾,半框高18釐米,寬14釐米。版心上鎸"初學集詩注",中鎸卷次及葉碼。

卷端題"牧齋初學集詩注,箋後人錢曾遵王箋注,茗南□□□□□鈔訂,東海朱梅朗巖分校"。内封題"初學集箋注,玉詔堂藏板"。卷首依次有《序》,不署撰者;目録。卷末補紙墨筆題"此本爲諸虎男舊藏只有原序卷首鈔訂人名墨釘未去當是初印本,譚瑑卿丈昔以見貽因識之,遐菴居士"。末鈐"遐庵"印,"清代忌諱語尚未删去,□自可珍"。

鈐有"玉詔堂藏板""虎男藏本""葉恭綽譽虎印""遐庵""遐庵鑒定""恭綽"印。

初學集一百十卷　AC149 Zcl 445

〔清〕錢謙益撰

清宣統二年(1910)邃漢齋鉛印本　二十四册

按:清錢謙益撰《牧齋全集》之零種。

綿津山人詩集三十一卷附楓香詞一卷　847.2 696—3

〔清〕宋犖撰

清康熙間刻本　四册

半葉10行19字,小字雙行字同,白口,四周單邊,雙黑魚尾,半框高18.4釐米,寬13.5釐米。版心上鎸書名,中鎸卷次及子集名,下鎸葉碼。

卷端題"綿津山人詩集,商丘宋犖牧仲"。内封題"綿津山人詩集"。卷首依次有清宋犖撰《漫堂説詩》;清康熙二十七年(1688)《序》,署"康熙二十七年夏五長洲汪琬謹序";清王鐸撰《古竹圃稿序》;清侯方域撰《古竹圃稿序》;清張自烈撰《嘉禾堂稿序》;清吴偉業撰《將母樓稿序》;清王士禎撰《雙江倡和集序》;清汪琬撰《雙江倡和集序》;清王士禎撰《回中集序》;清王士禎撰《西山倡和詩序》;清湯斌撰《西山倡和詩序》;清宋犖撰《嘯雪集小引》;清邵長蘅撰《廬山詩序》;清康熙三十七年(1698)《滄浪亭詩序》,署"康熙戊寅中秋西堂九九老人尤侗序";清康熙四十年(1701)《紅橋集序》,署"康熙辛巳孟陬月幾望門下士毗陵邵長蘅序";清馮景撰《紅橋集序》;清康熙四十二年(1703)《序》,署"康熙歲在昭陽協洽八月初吉南書房舊史秀水朱彝尊謹序";目録。卷末有清朱彝尊撰《序》。

鈐有"南洋大學圖書館藏書""曾經御覽"印。

夏峰先生集十六卷首一卷 847.2 362

〔清〕孫奇逢撰

清光緒二十五年(1899)大梁書院重刻本 八册

鈐有"南洋大學圖書館藏書"印。

金忠節公文集八卷 AC149 Zcl 777

〔清〕金聲撰

清光緒十四年(1888)黟邑李氏重刻本 六册

寶綸堂集十卷附寶綸堂集拾遺一卷 AC149 Zcl 4112

〔清〕陳洪綬撰 〔清〕陳字購輯 〔清〕陳豸對讀

清光緒十四年(1888)會稽萬氏取斯堂重刻本 八册

蔚園文稿二卷 AC149 Zcl 796

〔清〕陳衍虞撰

清道光二十六年(1846)鳳城鐵巷世聲堂補刻本 一册

堵文忠公集十卷 AC149 Zcl 300

〔清〕堵允錫撰

清光緒十三年(1887)重刻本 六册

鈐有"心民""哲如陳慶保藏書"印。

按:内封頁墨筆題"癸卯長至購自毗陵西郊",末鈐"耦廬"朱印。

霜紅龕集四十卷附録三卷年譜一卷 AC149 Zcl 491

〔清〕傅山撰

清宣統三年(1911)山陽丁氏刻本 十二册

傅徵君霜紅龕詩鈔不分卷 AC149 Zcl 132

〔清〕傅山撰 〔清〕蘇爾詒、劉贄參訂

清宣統三年(1911)上海國學扶輪社鉛印本 一册

鈐有"陳慶保"印。

按:張鈞衡輯《張氏適園叢書》之零種。

樓山堂集二十七卷 AC149 Zcl 298

〔清〕吴應箕撰

清宣統二年(1910)鉛印本 六册

梅村詩集箋注十八卷 5434.3 6656

〔清〕吴偉業撰 〔清〕吴翌鳳箋注

清光緒十年(1884)湖北官書處重刻本 十二册

鈐有"濠堂藏書""濠堂藏本"印。

又一部 八册 5434.3 6656

鈐有"遯盧藏書""蘇伯謀又號平庵""汪希文印""番禺蘇氏遯盧藏記"印。

吴詩集覽二十卷 AC149 Zcl 834

〔清〕吴偉業撰 〔清〕靳榮藩輯

清乾隆四十年(1775)凌雲亭刻本十六册

半葉9行21字,小字雙行字同,黑口,四周雙邊,單黑魚尾,半框高18.9釐米,寬13.4釐米。版心上鎸書名,中鎸卷次及葉碼。

卷端題"吴詩集覽,黎城靳榮藩介人集"。内封題"乾隆四十年春鎸,吴詩集覽,凌雲亭藏板"。卷首依次有清乾隆六年(1741)題詩,署"乾隆辛酉夏恭讀";清乾隆八年(1743)《記》,末署"乾隆八年歲在癸亥八月十日生員臣吴枋恭記";清乾隆四十年《序》,署"乾隆四十年秋七月進士及第通議大夫光禄卿前史官王鳴盛西莊氏撰";清乾隆三十五年(1770)《序》,署"乾隆上章攝提格閏五月緑溪靳榮藩介人叙";清乾隆四十年《序》,署"乾隆四十年歲在旃蒙協洽月在圉陽丁丑朏天都弟潘應椿拜序";清靳榮藩題詩;清陳廷敬撰《吴梅村先生墓表》;清康熙十二年(1673)顧湄撰《吴梅村先生形狀》,署"康熙十二年七月二十一日";凡例;目録;《吴詩談藪》。

鈐有"雙梧桐館"印。

梅村詩集箋注十八卷 AC149 Zcl 776a

〔清〕吴偉業撰 〔清〕吴翌鳳箋注

清光緒二十二年(1896)新化三味堂刻本 十二册

鈐有"雙梧桐館"印。

梅村家藏稿五十八卷補一卷年譜四卷附梅村先生樂府三種 AC149 Zcl 501

〔清〕吴偉業撰

清宣統三年(1911)武進董氏誦芬室刻本 八册

按:《樂府三種》:《秣陵春》二卷、《通天臺》一卷、《臨春閣》一卷。

剡源文鈔四卷附録佚文一卷 AC149 Zcl 829

〔清〕黄宗羲選定 〔清〕何焯評點

清光緒十五年(1889)大鄮山館重刻本 二册

鈐有"馬鑒之印"印。

楊園先生全集十三種 AC149 Zcl 3890

〔清〕張履祥撰

清乾隆四十七年(1782)屈橋年補刻本 五册

半葉10行25字,小字雙行字同,黑口,左右雙邊,雙黑魚尾,半框高16.2釐米,寬20.1釐米。版心上鎸書名,中鎸子目,下鎸葉碼。

卷端題"詩,桐鄉張履祥念芝氏著"。

卷末有清乾隆四十七年《跋》,署"乾隆四十有七年壬寅季冬月平湖後學屈橋年敬識"。

子目:

詩一卷

書四卷

言行見聞録二卷

近古録四卷

初學備忘一卷

學規一卷

訓子語二卷

答問一卷

門人所記一卷

備忘四卷附備忘録遺(缺卷一至卷二)

近鑒一卷

喪祭雜説一卷

農書二卷

楊園先生全集五十四卷 847.2 308

〔清〕張履祥撰 〔清〕姚璉輯 〔清〕萬斛泉編次

清同治十年(1871)江蘇書局刻本 十六册

寒松堂全集十二卷附寒松老人年譜一卷 AC149 Zcl 3446

〔清〕魏象樞口授 〔清〕魏學誠等録

清嘉慶十六年(1811)刻本 十三册

船山遺書二百八十八卷 682/1—100

〔清〕王夫之撰

清同治四年(1865)湘鄉曾氏金陵節署刻本 一百册

春酒堂文集不分卷 AC149 Zcl 818

〔清〕周容撰

清宣統二年(1910)上海國學扶輪社鉛印本 二册

鈐有"馬鑒"印。

八行堂集約鈔二卷 AC149 Zcl 1265

〔清〕史大成撰 〔清〕史久垣校刊

清光緒十二年(1886)史氏刻本 二册

鈐有"馬鑒之印"印。

海日堂集詩五卷文二卷附補遺一卷 AC149 Zcl 452

〔清〕程可則撰

清道光五年(1825)一經書室重刻本 四册

按:内封鈐"十六甫萃古堂發兑"朱印。

西征集四卷 AC149 Zcl 1151

〔清〕黄家鼎撰

清光緒八年(1882)刻本 二册

鈐有"季明"印。

子目：
西征詩録一卷
西征文存一卷
西征日記一卷
歸程紀略一卷

二曲集二十八卷四書反身録十四卷 847 290

〔清〕李顒撰

清光緒九年(1883)盩署刻本　十二册

鈐有"南洋大學圖書館藏書""退盦南氏""寧武南氏珍藏"印。

二曲全集二十六卷 1336 5333

〔清〕李顒撰

清光緒間湘陰奎樓蔣氏小娜嬛山館重刻本　六册

陳檢討集二十卷 AC149 Zra 33

〔清〕陳維崧撰　〔清〕程師恭注

清康熙間文兹堂刻本　六册

半葉10行22字,小字雙行字同,白口,左右雙邊,單黑魚尾,半框高18.2釐米,寬14.2釐米。版心鎸書名及卷次,下鎸葉碼。

卷端題"陳檢討集,宜興陳維崧其年撰,皖江程師恭叔才注"。内封題"吸古閣校對,陳檢討四六,文兹堂藏板"。卷首依次有清康熙三十二年(1693)《序》,署"康熙癸酉季冬桐山張英書於西華之賜第";目録;例言。

鈐有"陳慶保""璿浦"印。

陳檢討四六二十卷 AC149 Zcl 1495

〔清〕陳維崧撰　〔清〕程師恭注　〔清〕陳明善校閲

清乾隆三十五年(1770)亦園刻本　六册

半葉9行21字,小字雙行字同,白口,左右雙邊,單黑魚尾,半框高15.3釐米,寬11.8釐米。版心上鎸書名,中鎸卷次及文體名,下鎸葉碼。

卷端題"陳檢討四六,宜興陳維崧其年撰,皖江程師恭叔才氏注,武進陳明善服旃校閲"。内封題"乾隆庚寅年新鎸,陳檢討四六,亦園藏版"。卷首依次有清康熙三十二年(1693)《序》,署"康熙癸酉季冬桐山張英書於西華之賜第";目録。

湖海樓全集五十一卷 AC149 Zcl 2

〔清〕陳維崧撰

清乾隆六十年(1795)浩然堂刻本　十六册

半葉10行21字,小字雙行字同,白口,左右雙邊,單黑魚尾,半框高18.7釐米,寬13.4釐米。版心鎸子集名、卷次及文體名,下鎸葉碼。

卷端題"湖海樓詩集,宜興陳維崧其年著,從孫淮同南懿本、崇本、楙本編校"。内封題"乾隆乙卯新鎸,湖海樓全集,浩然堂藏板"。卷首依次有清康熙二十八年(1689)《序》,署"康熙二十八年戊辰冬季崑山同學徐乾學拜撰";清乾隆六十年《序》,署"乾隆歲次乙卯正月下浣陽湖後學楊倫謹序";清乾隆六十年《序》,署"乾隆六十年乙卯上元後五日從孫淮謹識";清蔣永修撰《陳檢討迦陵先生傳》;清蔣景祁撰《迦陵先生外傳》；目次。

《湖海樓詩集》卷首依次有清姜宸英撰《原序》；清尤侗撰《原序》；清陳履端撰《原序》。

《湖海樓詞集》卷首依次有清季振宜撰《原序》；清陳宗石撰《原序》；清蔣景祁撰《原序》；清高佑釲撰《原序》。

《湖海樓文集》卷首依次有清李澄中撰《原序》；清陳維嶽撰《原序》；清陳宗石撰《原序》。

《湖海樓儷體文集》卷首依次有清毛際可撰《原序》；清毛先舒撰《原序》；清佘國柱撰《原序》；清蔣景祁撰《原序》；清陳宗石撰《原序》。

鈐有“永野氏圖書記”“静觀亭圖書記”“仁枝忠印”印。

按：含詩十二卷、詞二十卷、文六卷、儷體文十二卷、附詩補遺一卷。

曝書亭集八十卷附録一卷及笛漁小稿十卷 847.2 835

〔清〕朱彝尊撰

清康熙間刻本　十二册

半葉12行23字，白口，左右雙邊，單黑魚尾，半框高19.5釐米，寬13.3釐米。版心鎸書名及卷次，下鎸葉碼。

卷端題“曝書亭集，秀水朱彝尊錫鬯”，内封題“曝書亭集”。《笛漁小稿》卷端題“笛漁小稿，秀水朱昆田西畯”。卷首依次有清王士禎撰《原序》；清魏禧撰《原序》；清查慎行撰《原序》；清曹爾堪撰《詞原序》；清葉舒崇撰《原序》；清柯維楨撰《蕃錦集原序》；清康熙四十七年(1708)《序》，署“康熙戊子仲春吴江潘耒序”；目録。《笛漁小稿》卷首依次有清高層雲《序》；清張雲章《序》；目録。

鈐有“南洋大學圖書館藏書”“番禺陶氏愛廬藏書印”印。

曝書亭集十一卷 AC149 Zcl 321

〔清〕朱彝尊撰　〔清〕孫銀槎輯注　〔清〕黄河清校勘

清嘉慶九年(1804)刻本　十六册

鈐有“哲如陳慶保藏書”印。

道援堂詩集十二卷附詞一卷 AC149 Zcl 324

〔清〕屈大均撰

清乾隆嘉慶間刻本　八册

鈐有“鄞馬鑒季明藏”“馬鑒”印。

翁山文外十六卷 AC149 Zcl 527

〔清〕屈大均撰

清宣統二年(1910)上海國學扶輪社鉛印本　五册

又一部　五册 AC149 Zcl 527a

翁山詩外二十卷 AC149 Zcl 528

〔清〕屈大均撰

清宣統二年(1910)上海國學扶輪社鉛印本　十二册

六是堂詩選不分卷附六是堂文稿略編一卷六是堂附録一卷 AC149 Zcl 601

〔清〕顧如華撰

清光緒十八年(1892)漢川甑山書院刻本　一册

鈐有“齊安林氏逸聖收藏金石書畫之

記”印。

居易録三十四卷　　AC149 Zcl 88

〔清〕王士禛撰

清康熙間刻本　八册

半葉10行20字,小字雙行字同,黑口,單黑魚尾,半框高17.1釐米,寬13.3釐米。版心鎸書名、卷次及葉碼。

卷端題“居易録,濟南王士禛著”。内封題“居易録”。卷首有清王士禛撰《居易録自序》。

鈐有“鄞馬鑒季明藏”印。

蠶尾集十卷續集二卷後集二卷
AC149 Zra 55

〔清〕王士禛撰

清雍正間刻本　六册

半葉10行19字,小字雙行28字,黑口,左右雙邊,單黑魚尾,半框高16.5釐米,寬13.3釐米。版心鎸書名、卷次及葉碼。

卷端題“蠶尾集,濟南王士禛貽上甫”。卷首依次有清王士禛撰《蠶尾集自叙》;清康熙三十五年(1696)《序》,署“康熙丙子皋月商丘同學弟宋犖叙”;目録。《蠶尾續集》卷首有清康熙四十三年(1704)《序》,署“康熙甲申十月錢塘後學吴陳琰謹序”。《蠶尾後集》卷首有清王士禛撰《序蠶尾後集》。

鈐有“馬鑒之印”印。

感舊集十六卷　　AC149 Zcl 124a

〔清〕王士禛選　〔清〕盧見曾補傳

清乾隆十七年(1752)刻本　十六册

半葉11行21字,小字雙行27字,白口,左右雙邊,單黑魚尾,半框高18.5釐米,寬14.6釐米。版心鎸書名及卷次,下鎸葉碼。

卷端題“感舊集,漁洋山人選,德州盧見曾補傳”。内封題“雅雨山人補傳,漁洋山人感舊集”。卷首依次有清乾隆十七年《刻漁洋山人感舊集序》,署“乾隆壬申夏六月德州後學盧見曾撰”;清朱彝尊撰《原序》;清康熙十三年(1674)《自序》,署“康熙十三年甲寅孟夏濟南王士正序”;清乾隆十七年《刻漁洋山人感舊集序》,署“乾隆壬申夏六月德州後學盧見曾撰”;清乾隆十七年《刻感舊集後序》,署“乾隆十七年中秋前十日淄川八十一歲老人張元書於長蘆官舍之廣居堂”;凡例;目録。

鈐有“毛稚雲珍藏書籍之印”“稚雲”“毛承霖印”印。

漁洋山人精華録訓纂十卷總目二卷漁洋山人自撰年譜二卷附金氏精華録箋注辯訛一卷　　AC149 Zcl 317

〔清〕王士禛撰　〔清〕惠棟訓纂

清光緒十七年(1891)南皮張氏紅豆齋刻本　十二册

西陂類稿五十卷　　AC149 Zcl 934

〔清〕宋犖撰

清康熙五十年(1711)刻本　十六册

半葉10行19字,白口,四周單邊,單黑魚尾,半框高18.6釐米,寬14.3釐米。版心上鎸書名,中鎸卷次,下鎸葉碼。

卷端題“西陂類稿,商丘宋犖牧仲”。内封題“西陂類稿”。卷首依次有清康熙五十年《總序》,署"康熙五十年辛卯三月澤州陳廷敬撰";《舊刻詩詞及新編文稿各序》;目録,題"吴江門人清周龍藻、姪之舉編次",末署"姪孫懷金、常熟門人毛扆、外孫高岑校梓"。

邵子湘全集三十卷 AC149 Zcl 421

〔清〕邵長蘅撰

清康熙四十四年(1705)青門草堂刻本 二十册

半葉10行21字,小字雙行字同,黑口,左右雙邊,單黑魚尾,半框高18.6釐米,寬13.9釐米。版心鐫子集書名、卷次及葉碼。

卷端題"青門簏稿,毗陵邵長蘅子湘纂一名衡,蘄州顧景星赤方批點"。内封題"青門草堂藏板,邵子湘全集,簏稿詩文十六卷旅稿詩文六卷剩稿詩文八卷"。卷首依次有清宋犖撰《序》;清康熙三十八年(1699)馮景撰《序》,署"康熙己卯中秋朔日";清王士禛撰《序》;清康熙三十四年(1695)彭鵬撰《序》,署"康熙乙亥仲冬";清康熙三十二年(1693)王元烜撰《序》,署"康熙癸酉嘉平月";《王阮亭先生書》,署"上元後二日弟期士禛頓首";清陳玉璂撰《青門山人傳》;清康熙十八年(1679)《簏稿詩序》,署"康熙己未夏五月蘄州顧景星序";清邵長蘅撰《自序》;清陸嘉淑纂《簏稿文序》;清邵長蘅題《青門旅稿自序》;《旅稿詩序》,署"康熙己未重九前一日合肥李天馥撰";清王弘撰《旅稿文序》;清宋犖《景梧集題辭》;清康熙三十二年《例言》,署"康熙癸酉中冬長至日受業姪璿、衷赤仝識";總目,末有清康熙四十四年《跋》,署"時乙酉長至高郵李必恒謹識"。

邵子湘全集三十卷 847.2 329

〔清〕邵長蘅撰

清康熙四十四年(1705)青門草堂刻本 十二册

半葉10行21字,小字雙行字同,黑口,左右雙邊,單黑魚尾,半框高18.5釐米,寬14.1釐米。版心鐫子集名、卷次及葉碼。

卷端題"青門簏稿,毗陵邵長蘅子湘纂一名衡,蘄州顧景星赤方批點"。内封題"青門草堂藏板,邵子湘全集,簏稿詩文十六卷,旅稿詩文六卷,賸稿詩文八卷"。

卷首依次有清宋犖撰《序》;清王士禛撰《序二》;清康熙三十四年(1695)彭鵬撰《序三》,署"康熙乙亥仲冬";清康熙三十二年(1693)王元烜撰《序四》,署"康熙癸酉嘉平月";"王阮亭先生書";清陳玉璂撰《青門山人傳》;清康熙十八年(1679)《簏稿詩序》,署"康熙己未夏五蘄州顧景星序";清邵長蘅撰《序》;清陸嘉淑撰《簏稿文序》;例言,末署"康熙癸酉中冬長至日受業姪璿、衷赤仝識";目録。

《青門旅稿》卷端題"毗陵邵長蘅子湘纂一名衡,濟南王士禛貽上評"。卷首依次有清邵長蘅撰《自序》;清康熙十八年《旅稿詩序》,署"康熙己未重九前一日合肥天馥撰";清王弘撰《旅稿文序》;目録。

《青門賸稿》卷端題"青門賸稿,毗陵邵長蘅子湘纂"。卷首依次有清宋犖撰《題辭》;清康熙三十八年(1699)馮景撰《序》,署"康熙己卯中秋朔日";目録,末有跋署"時乙酉長至高郵李必恒謹識"。

鈐有"南洋大學圖書館藏書"印。

子目:

青門簏稿十六卷

青門旅稿六卷

青門賸稿八卷

樓邨詩集二十五卷 AC149 Zcl 133

〔清〕王式丹撰

清雍正四年(1726)刻本 十册

半葉11行21字,白口,左右雙邊,單黑魚尾,半框高17.9釐米,寬13.1釐米。版心鐫書名、卷次及子集名,下鐫葉碼。

卷端題"樓邨詩集,寶應王式丹方若"。内封題"樓邨詩集二十五卷"。卷首依次有清吴斯洛《題詞》;清田雯撰《序》;清康熙六十一年(1722)《序》,署"康熙六十有一年歲次壬寅仲夏長沙學弟陳鵬年拜手題於淮浦官舍";清查慎行撰《序》;清雍正三年(1725)《序》,署"雍正三年乙巳季冬新安吴瞻淇拜題於吴門水壺秋月齋";總目。

按:卷二十五及卷末《跋》爲手抄補配。

篤素堂文集十六卷詩集七卷 717/1—6

〔清〕張英撰

清道光間刻本 六册

篤素堂文集四卷澄懷園語四卷

AC149 Zcl 801

〔清〕張英撰 〔清〕張鶴齡重鐫(澄懷園語)〔清〕張廷玉撰

清同治五年(1866)張氏翼經堂重刻本 二册

鈐有"哲如陳慶保藏書"印。

存誠堂詩集二十五卷應制詩五卷

847.2 309

〔清〕張英撰

清光緒二十三年(1897)桐城張氏重刻本 六册

聊齋先生文集二卷 AC149 Zcl 106

〔清〕蒲松齡撰

清宣統元年(1909)國學扶輪社鉛印本 二册

鈐有"馬鑒之印"印。

文貞公集十二卷首一卷 AC149 Zcl 409

〔清〕張玉書撰

清光緒二十七年(1901)木活字本 十二册

榕村全集四十卷别集四卷 1341.5 5433

〔清〕李光地撰

清乾隆元年(1736)刻本 十二册

半葉9行20字,白口,左右雙邊,單黑魚尾,半框高17.7釐米,寬13.7釐米。版心上鐫書名,中鐫卷次,下鐫葉碼。

卷端題"榕村全集"。卷首有清乾隆元年《榕村文集序》,署"乾隆元年季春下澣受業門人臨川李紱敬書"。《榕村别集》内封題"安溪先生著,榕村别集,教忠堂藏板"。

又一部 二十册 1341.5 5433

榕村語録續集二十卷 1341.5 5457

〔清〕李光地撰

清光緒二十年(1894)刻本 六册

緑陰亭集二卷 AC149 Zcl 4155

〔清〕陳奕禧撰

清道光二十八年(1848)抄本 二册

鈐有"鐵龍道人""德坭""閩鄧秀峰""筱雲所藏""鐵道人""筱雲""補過翁"印。

緑陰亭集二卷 AC149 Zcl 545

〔清〕陳奕禧撰 〔清〕宋澤元訂

清光緒十一年(1885)宋氏懺花盦刻本 一册

鈐有"杳冥君室"印。

嚴太僕先生集十二卷 AC149 Zcl 51

〔清〕嚴虞惇撰

清光緒十年(1884)常熟刻本 二册

敬業堂詩集五十卷 AC149 Zcl 2004

〔清〕查慎行撰

清康熙五十八年(1719)刻本 十六册

半葉11行21字,白口,左右雙邊,單黑魚尾,半框高17.4釐米,寬13.1釐米。版心鐫書名及卷次,下鐫葉碼。

卷端題"敬業堂詩集,海寧查慎行悔餘"。卷首依次有清康熙五十八年《敬業堂詩集序》,署"康熙五十八年己亥秋七月朔洛溪衰朽許汝霖序";清唐孫華《序》;《原序》,撰者依次有清王士禛、清楊雍建、清黄宗炎、清陸嘉淑、清鄭梁;總目。

鈐有"漚堂"印。

按:有内封,但蟲蛀破損嚴重,只能看到題"敬業堂集"四字。

寒村詩文選十七種 848 976

〔清〕鄭梁撰

清康熙間刻本 三十四册

半葉9行20字,小字雙行字同,黑口,左右雙邊,雙黑魚尾,半框高19.7釐米,寬14.4釐米。版心鐫書名及卷次,下鐫葉碼。

卷首依次有清裘璉撰《序》;明末清初黄宗羲撰《寒村詩選序》;總目。

《寒村見黄稿》卷首依次有明末清初黄宗羲撰《寒村文選序》;清康熙二十四年(1685)《寒村文選序》,署"康熙乙丑孟秋朔日同學鄞萬言撰";目録。

《寒村半生亭集》卷首依次有清康熙四十五年(1706)《寒村半生亭集序》,署"丙戌清明日通家子柴梓廷頓首拜撰";目録。

《寒村高州詩集》卷首有清康熙三十六年(1697)《序》,署"康熙歲次丁丑重陽五日受業武進錢安世謹識於高凉郡署之西齋"。

《寒村息尚編》卷首依次有清康熙四十六年(1707)《息尚編叙》,署"丁亥小春朔日通家子張錫璁頓首拜叙";目録。

鈐有"抱經樓""南洋大學圖書館藏書""博古齋收藏善本書籍"印。

子目:

見黄稿詩删五卷

五丁詩稿五卷

玉堂集一卷

玉堂後集一卷

歸省偶録一卷

見黄稿二卷

五丁集二卷

雜録二卷補一卷

南行雜録一卷

半生亭集一卷

半生亭詩集一卷

還朝詩存一卷

高州詩集二卷

竇善堂集二卷

白雲軒集二卷

安庸集三卷

息尚編四卷

按:總目爲手抄補配。

鴻桷堂詩集五卷附梅花四體詩一卷鴻桷堂文鈔一卷附録一卷　　AC149 Zcl 102

〔清〕胡方撰

清同治三年(1864)劬學齋重刻本　四册

又一部　四册　　AC149 Zcl 102a

鈐有"陳慶保""馬份甫皈依記"印。

又二部　四册　　AC149 Zcl 102b

鈐有"黄啓所貽"印。

又三部　四册　　PL2710 HFa. H

近光集二十八卷　　AC149 Zcl 1437

〔清〕汪士鋐編纂

清康熙五十八年(1719)刻本　六册

半葉9行19字,小字雙行字同,黑口,左右雙邊,單黑魚尾,半框高16.7釐米,寬12.8釐米。版心上鎸書名,中鎸卷次、篇章名及葉碼。

卷端題"近光集,長洲汪士鋐文升編纂,昆山徐修仁用晦參注"。内封題"汪文升編,近光集,是集選唐宋元明近體詩分門别類以備館閣之用諸同人參注"。卷首依次有清康熙五十八年《序》,署"康熙五十八年歲次己亥四月廿二日書";清康熙五十八年《自序》,署"左春坊左中允兼翰林院編修日講起居注官汪士鋐謹序康熙五十八年歲次己亥五月朔日書";清康熙五十八年《雜論》,署"康熙五十八年五月汪士鋐識";目録。

鈐有"用貽我賢子孫""西山曹氏珍藏"印。

又一部　八册　　AC149 Zcl 283

義門先生集十二卷附録一卷義門弟子姓氏録一卷何義門先生家書四卷　　AC149 Zcl 450

〔清〕何焯撰　〔清〕韓崇等輯

清宣統元年(1909)平江吴氏廣州刻本　六册

存研樓文集十六卷　　AC149 Zcl 760

〔清〕儲大文撰　〔清〕儲廷棻、儲廷槐重校

清光緒元年(1875)静遠堂刻本　十册

香屑集十八卷首一卷末一卷　　PL2710 HzJ. Xx

〔清〕黄之雋撰　〔清〕陳邦直校注

清同治十年(1871)近文堂刻本　六册

清芬樓遺稿四卷　847.5 915/1—2

〔清〕任啓運撰

清嘉慶二十二年(1817)刻本　二册

拙存堂文初集不分卷附學詩偶存一卷　847.4 526

〔清〕蔣衡撰

清乾隆間刻本　四册

半葉9行20字,白口,四周單邊,單黑魚尾,半框高18.3釐米,寬14.2釐米。版心上鎸書名,天頭鎸評文。

卷端題"拙存堂文初集,金壇蔣衡湘颿稿,同學諸子點評,門人子姪參較"。卷首依次有清乾隆八年(1743)《序》,署"乾隆八秊歲在癸亥春三月下浣年家眷弟海寧陳世倌書於嶧山舟次";清乾隆五年(1740)《序》,署"乾隆五年仲冬月下澣日年家眷弟劉吴隆拜書";清乾隆六年(1741)《序》,署"乾隆辛酉中秋東軒高斌書";清納蘭常安撰《序》。

鈐有"南洋大學圖書館藏書"印。

歸愚詩鈔二十卷附矢音集三卷　AC149 Zcl 394

〔清〕沈德潛撰

清乾隆間刻本　十册

半葉10行19字,白口,左右雙邊,單黑魚尾,半框高17.5釐米,寬14釐米。版心上鎸書名及卷次,下鎸葉碼。

《歸愚詩鈔》卷端題"歸愚詩鈔,長洲沈德潛碻士"。内封題"歸愚詩鈔"。卷首依次有清乾隆十八年(1753)《序》,署"乾隆癸酉冬月玉笥傅王露題";目録,末署"門人山陰梁國治、嘉定王鳴盛選,錢塘郁吴邑、嘉善戴兆薇校"。

《矢音集》卷端題"矢音集,長洲沈德潛碻士"。内封題"矢音集"。卷首依次有清乾隆十六年(1751)《序》,署"乾隆辛未小除夜書於坤寧宫之東閣";目録,末署"門人錢塘郁吴邑、嘉善戴兆薇校"。

沈歸愚詩文全集七十二卷　738/1—24

〔清〕沈德潛撰

清乾隆間教忠堂刻本　二十四册

半葉10行19字,小字雙行字同,白口,左右雙邊,單黑魚尾,半框高17.3釐米,寬13.9釐米。版心上鎸書名及卷次,下鎸葉碼。

内封題"沈歸愚詩文全集,教忠堂藏版"。

《年譜》卷首有清乾隆二十九年(1764)《序》,署"乾隆甲申夏五後學顧詒禄謹序"。

《壽詩》卷首依次有清乾隆十七年(1752)《序》,署"乾隆壬申十有一月望後二日門生王昶拜撰";清韓孝基撰《序》;清梁國治撰《序》;清乾隆十七年《八秩壽序》,署"乾隆十七年歲次壬申仲冬月賜進士出身光禄大夫太子太保兵部尚書兼都察院右都御史總督江南江西等處地方軍務兼理糧餉操江加二級紀録五十次又軍功加一級紀録二次年家眷友生尹繼善頓首拜撰"。

《歸田集》卷首有清乾隆三十二年(1767)《序》,署"乾隆丁亥正月沈德潛自序時年九十有五"。

《歸愚詩餘》卷首有清乾隆三十二年《序》,署"乾隆丁亥七月望日小姪顧詒禄謹序”。

《歸愚文鈔》卷首依次有清乾隆二十三年(1758)《序》,署“乾隆著雍攝提格之歲陽月既望還淳方棨如頓首謹述”;目録。

《歸愚文鈔餘集》卷首依次有清乾隆二十四年(1759)《序》,署“乾隆己卯春正月望日小姪顧詒禄拜手謹序”;目録。

《歸愚詩鈔》卷首依次有清乾隆十六年(1751)《序》,署“乾隆辛未小除夜書於坤寧宫之東閣”;目録。

《歸愚詩鈔餘集》卷首依次有清乾隆三十一年(1766)《序》,署“乾隆丙戌秋七月會稽門生梁國治拜題”;總目。

《説詩晬語》卷首有清沈德潛撰《序》。

鈐有“南洋大學圖書館藏書”印。

子目:

矢音集四卷

年譜一卷

壽詩一卷

歸田集一卷

歸愚詩餘一卷

歸愚文鈔二十卷餘集八卷

歸愚詩鈔二十卷餘集十卷

説詩晬語二卷

黄山遊草一卷

台山遊草一卷

南巡詩一卷

浙江通省志圖説一卷

讀杜心解六卷首二卷　　5299. 3 4604

〔清〕浦起龍撰

清中期文淵堂翻刻浦氏寧我齋刻本　八册

半葉10行22字,小字雙行31字,白口,左右雙邊,單黑魚尾,半框高18.1釐米,寬13.6釐米。版心上鎸書名,中鎸卷次及詩體名,下鎸葉碼、刻字字數及“寧我齋”。

卷端題“讀杜心解,無錫前磵浦起龍二田講解,弟起麟三玉參讀”。内封題“錫山浦起龍是正,讀杜心解,少陵全書,文淵堂藏板”。卷首依次有《題辭》;發凡,末署“皇帝雍正二年歲在閼逢執徐陽月哉生明無錫前磵後學浦起龍二田氏寧我齋謹書”;《舊唐書文苑本傳》;《墓係銘》;總目;《杜氏世系表略》;《少陵編年詩目譜》,題“無錫前磵浦起龍二田編,同學王聯曾緱笙、蔡名烜暘谷、同懷起麟三玉校”;《讀杜提綱》。

鈐有“川氏藏書之記”印。

新羅山人集五卷　　PL2710 Hy. X

〔清〕華嵒撰

清光緒二十一年(1895)古今圖書館石印本　三册

秋江集注六卷　　AC149 Zcl 481

〔清〕黄任撰　〔清〕王元麟注　〔清〕王亨樫參訂

清道光二十三年(1843)東山家塾刻本　六册

鈐有“展龐眼福”印。

柳南隨筆六卷續筆四卷　　AC149 Zcl 588

〔清〕王應奎撰

清光緒四年(1878)上海申報館鉛印本　四册

陳石間詩三十卷 847.2 378

〔清〕陳景元撰

清同治七年(1868)京師榮文祚雪石齋刻朱墨套印本　四册

樊榭山房集十卷續集十卷文集八卷 AC149 Zcl 435

〔清〕厲鶚撰

清光緒七年(1881)嶺南述軒重刻本　八册

嶺南集八卷 AC149 Zcl 93

〔清〕杭世駿撰

清光緒七年(1881)學海堂重刻本　二册

尹文端公詩集五卷 AC149 Zcl 507a

〔清〕尹繼善撰

清嘉慶二十一年(1816)尹慶保刻本　四册

尹文端公詩集十卷 AC149 Zcl 507

〔清〕尹繼善撰

清道光間刻本　五册

陳文恭公手札節要三卷 1681.3 3633

〔清〕陳宏謀撰

清光緒十三年(1887)東莞鄭氏江西糧署重刻本　一册

培遠堂手札節存三卷 AC149 Zcl 1037

〔清〕陳宏謀撰

清光緒十七年(1891)閩藩署刻本　二册

鈐有"陳慶保"印。

飴山詩集二十卷飴山文集十二卷附録一卷 AC149 Zcl 340

〔清〕趙執信撰

清乾隆間因園刻本　十三册

《飴山詩集》半葉10行21字,白口,四周單邊,單黑魚尾,半框高17.8釐米,寬13釐米。版心鎸子集名及葉碼。《飴山文集》左右雙邊,半框高17.6釐米,寬12.4釐米,版心上鎸"飴山文集",中鎸卷次,下鎸葉碼。

《飴山詩集》卷端題"飴山詩集,青州趙執信",内封題"乾隆壬申新鎸,飴山詩集,因園藏板"。卷首依次有清乾隆十九年(1754)《飴山詩集序》,署"甲戌九月德州門下後學盧見曾書";清吴雯撰《并門集序》;總目。

《飴山文集》卷端題"飴山文集,青州趙執信",内封題"乾隆甲午秋七月,飴山文集,因園藏板"。卷首依次有清乾隆二十七年(1762)《飴山文集序》,署"乾隆壬午冬日吴興後學閔鶚元頓首拜書";清乾隆三十八年(1773)《飴山文集序》,署"乾隆癸巳仲秋吴郡後學王鳴盛再拜謹撰";清乾隆十九年(1754)《序》,署"乾隆甲戌六月門下晚生婁東沈起元拜撰";總目。

鈐有"顒盦藏本"印。

海峰先生詩集十卷 AC149 Zcl 1150

〔清〕劉大櫆撰　〔清〕姚鼐校定

清光緒二十五年(1899)刻本　二册

鮚埼亭集三十八卷首一卷 847.4 984—03

〔清〕全祖望撰 〔清〕史夢蛟校

清同治十一年(1872)姚江借樹山房刻本 二十二册

鈐有"義安學院圖書館章""南洋大學圖書館藏書"印。

鮚埼亭集外編五十卷 AC149 Zcl 288

〔清〕全祖望撰

清嘉慶間刻本 十六册

思綺堂文集十卷 AC149 Zcl 338

〔清〕章藻功撰

清康熙六十一年(1722)善成堂刻本 十六册

半葉10行22字,小字雙行字同,白口,四周單邊,單黑魚尾,半框高19.5釐米,寬14.7釐米。版心鎸書名及卷次,下鎸葉碼。

卷端題"思綺堂文集"。内封題"錢唐章豈績著,注釋思綺堂四六文集,善成堂藏板"。卷首依次有清湯右曾《題詞》;清許汝霖撰《序》;清傅作楫撰《序》;凡例,末署"康熙再壬寅中伏日息廬主人豈績氏自識";目録。

萬善堂集十卷李石亭文集六卷 AC149 Zcl 803

〔清〕李化楠撰 〔清〕李調元編纂

清乾隆間刻本 六册

半葉10行21字,小字雙行字同,白口,左右雙邊,單黑魚尾,半框高17.4釐米,寬13.3釐米。版心上鎸書名,中鎸卷次,下鎸葉碼。

《萬善堂集》卷端題"萬善堂集,羅江李化楠讓齋著,男調元雨村編纂,杭州陸㷆補梅、受業嘉興李祖惠虹舟、紹興黄璋稚圭仝校"。《李石亭文集》卷端題"李石亭文集,羅江李化楠廷節著,男調元雨村編纂,德清陳墉厚堂、受業嘉興李祖惠虹舟、淳安王世維維之仝校"。卷首有清乾隆二十七年(1762)《李石亭先生詩集序》,署"時壬午季春下浣序於都門之從好齋賜進士出身誥授奉直大夫掌福建道監察御史前翰林院檢討同里乙齋劉天成拜撰"。

鈐有"彦臣印""菊農"印。

按:《萬善堂集》一名《李石亭詩集》。

香樹齋詩集十八卷文集二十八卷詩續集三十六卷文集續鈔五卷 AC149 Zcl 485

〔清〕錢陳群撰

清乾隆間刻本 二十四册

半葉10行19字,小字雙行字同,白口,左右雙邊,單黑魚尾,半框高18.1釐米,寬13.3釐米。版心上鎸書名,中鎸卷次,下鎸葉碼。

卷端題"香樹齋詩集,嘉興錢陳群集齋"。

《詩集》卷首依次有清彭啓豐《序》;清乾隆三年(1738)《序》,署"乾隆戊午夏六月當湖年弟陸奎勳序";清乾隆十六年(1751)《序》,署"時乾隆十有六年八月既望同館後學汪由敦序";詩集目録,末署"男汝誠、汝恭校字"。《詩集》卷末有清乾隆十六年《後序》,署"乾隆十六年九月望日門人宋弼"。

《文集》卷首依次有清乾隆二十九年

(1764)《序》,署"乾隆甲申春仲長洲後學沈德潛謹題時年九十有二";文集目録。

《詩續集》卷首依次有清乾隆十九年(1754)《序》,署"甲戌冬日長洲館後學沈德潛謹題";清齊召南《題詞》;續集目録。

鈐有"顒盦藏本""范以煦讀書印"印。

虚筠詩稿四卷續稿二卷　AC149 Zcl 339

〔清〕桂廷嗣撰

清乾隆五十一年(1786)印月草堂刻本　三册

半葉9行19字,小字雙行字同,白口,左右雙邊,單黑魚尾,半框高17.5釐米,寬12.7釐米。版心上鎸書名,中鎸卷次及葉碼,下鎸"印月草堂"。

《虚筠續稿》,半葉10行21字,小字雙行,字數不等,白口,四周雙邊,單黑魚尾,無界行,半框高18.9釐米,寬13.6釐米。版心鎸"虚筠續稿"及卷次,下鎸葉碼。

卷端題"印月草堂,慈谿桂廷蔚海洲撰"。内封題"乾隆丙午年鎸,虚筠詩稿(二)刻,印月草堂藏板"。卷首有清余大觀撰《序》。《虚筠續稿》卷首有清桂廷蔚撰《自叙》。

鈐有"師竹居書畫記"印。

按:内封書名,在"稿"字與"刻"字之間本有"二"字,被後人剜去。

袁文箋正十六卷　AC149 Zcl 1529

〔清〕袁枚撰　〔清〕石韞玉箋

清嘉慶十七年(1812)鶴壽山堂刻本　十二册

鈐有"周澹岩珍藏印""潤生"印。

又一部　十二册　AC149 Zcl 1529

又二部　六册　AC149 Zcl 3522

袁文箋正十六卷　AC149 Zcl 4308

〔清〕袁枚撰　〔清〕石韞玉箋

清同治八年(1869)省城儒林閣刻本　四册

袁文箋正十六卷附袁文補注一卷

AC149 Zcl 4434

〔清〕袁枚撰　〔清〕石韞玉箋

清光緒間上海文瑞樓石印本　四册

銅鼓書堂遺稿三十二卷　AC149 Zcl 1268

〔清〕查禮撰

清乾隆五十七年(1792)刻本　四册

半葉12行22字,白口,左右雙邊,單黑魚尾,半框高19.3釐米,寬14.3釐米。版心鎸書名及卷次,下鎸葉碼。

卷端題"銅鼓書堂遺稿,宛平查禮恂叔"。内封題"銅鼓書堂遺稿"。卷首依次有清乾隆三十五年(1770)《序》,署"乾隆庚寅日在西陸仁和姻弟杭世駿拜手";清乾隆五十七年《銅鼓書堂遺稿序》,署"乾隆五十有七年四月既望梁溪顧光旭頓首書於松風閣中";目録。卷末有清乾隆五十三年(1788)《後序》,署"乾隆五十三年十二月既望男淳謹識於鎮南關之公廨"。

鈐有"齊安林氏逸聖收藏金石書畫之記""藹叟"印。

頻羅庵遺集十六卷　AC149 Zcl 25

〔清〕梁同書撰

清光緒十三年(1887)蛟川修綆山莊

刻本　六册

又一部　八册　784/1—8

鈐有"南洋大學圖書館藏書"印。

紀文達公遺集十六卷　AC149 Zcl 326a

〔清〕紀昀撰　〔清〕孫樹馨編校

清嘉慶十七年(1812)刻本　十二册

又一部　十六册　AC149 Zcl 326

葆淳閣集二十四卷首一卷附葆淳閣集易説二卷　AC149 Zcl 33

〔清〕王傑撰

清嘉慶間刻本　十二册

忠雅堂詩集二十七卷補遺二卷銅絃詞二卷　AC149 Zcl 2014

〔清〕蔣士銓撰

清道光二十三年(1843)刻本　八册

忠雅堂詩集二十七卷補遺一卷銅絃詞一卷文集十二卷傳奇九種　AC149 Zcl 381

〔清〕蔣士銓撰

清同治光緒間刻本　二十四册

練溪漁唱二卷附集山中白雲詞句一卷　AC149 Zcl 3539

〔清〕江昉撰

清嘉慶九年(1804)揚州康山草堂刻本　一册

甌北集五十卷續增詩集三卷　AC149 Zcl 1411

〔清〕趙翼撰

清嘉慶十七年(1812)湛貽堂刻本　十六册

甌北詩鈔二十卷　847.4 198—102

〔清〕趙翼撰

清宣統三年(1911)掃葉山房石印本　八册

鈐有"管線白收藏金石書畫印""南洋大學圖書館藏書"印。

知足齋詩集二十卷進呈文稿二卷文集六卷詩續集四卷年譜三卷　AC149 Zcl 493

〔清〕朱珪撰

清嘉慶間刻本　十四册

鈐有"陳慶保"印。

惜抱先生尺牘八卷　AC149 Zcl 1415

〔清〕姚鼐撰　〔清〕陳用光輯

清宣統元年(1909)小萬柳堂據海源閣本重刻本　四册

鈐有"會稽周氏鳳皇專齋藏""馬鑒之印"印。

尊聞居士集八卷　AC149 Zcl 467

〔清〕羅有高撰　〔清〕彭紹升録

清光緒八年(1882)蘇州圓妙觀西瑪瑙經房刻本　四册

復初齋詩集七十卷　AC149 Zcl 640

〔清〕翁方綱撰

清道光二十五年(1845)漢陽葉志詵重刻本　十四册

鈐有"漢陽葉氏""葉志詵""光山胡氏""守閒居士"印。

溉亭述古録二卷 075.74 928

〔清〕錢塘撰 〔清〕阮元録

清嘉慶間文選樓刻本 二册

未谷詩集四卷 AC149 Zcl 615

〔清〕桂馥撰

清道光二十一年(1841)刻本 二册

晚學集八卷 AC149 Zcl 751

〔清〕桂馥撰

清道光二十一年(1841)刻本 二册

秋盦遺稿三卷 AC149 Zcl 1075

〔清〕黄易撰

清宣統二年(1910)石印本 一册

鈐有"穌盦藏書"印。

子目:

秋盦詩草一卷

秋盦詞草一卷

秋盦題跋一卷

述學内篇三卷補遺一卷外篇一卷别録一卷校勘記一卷 847.4 710—03

〔清〕汪中撰

清同治八年(1869)揚州書局重刻本 二册

鈐有"俠嘉夜室"印。

東井詩鈔四卷 AC149 Zcl 519

〔清〕黄定文撰

清嘉慶十一年(1806)刻本 二册

鈐有"鋤月山房""蘭皋氏""孫生""臣葉燕印""澤居"印。

冬花庵燼餘稿三卷 5490 4113

〔清〕奚岡撰

清同治十一年(1872)錢塘丁氏當歸草堂重刻本 一册

鈐有"祝氏與古齋珍藏書畫記""許紹南印"印。

有正味齋駢體文二十四卷首一卷 AC149 Zcl 73a

〔清〕吴錫麒撰 〔清〕王廣業箋

清咸豐九年(1859)青箱塾刻本 六册

鈐有"鄞馬鑒季明藏""學然後知不足""偉民""陳國人印"印。

又一部 十册 AC149 Zcl 73

有正味齋駢文十六卷 AC149 Zcl 89

〔清〕吴錫麒撰 〔清〕葉聯芬箋注

清同治七年(1868)慈北葉氏刻本 八册

卷施閣集文甲集十卷乙集十卷詩集二十卷 AC149 Zcl 436

〔清〕洪亮吉撰

清光緒三年(1877)鄂垣授經堂重刻本 十七册

澹静齋文鈔八卷詩鈔六卷 AC149 Zcl 613

〔清〕龔景瀚撰 〔清〕龔式穀校刊 〔清〕龔易圖重編

清同治八年(1869)濟南郡署重刻本 八册

五百四峰堂詩鈔二十五卷 AC149 Zcl 426

〔清〕黎簡撰

清同治十三年(1874)南海陳氏重刻本　六册

鈐有"陳慶保""番禺縣圖書館藏""番禺徐氏藏書"印。

按:部分葉爲手抄補配。

亦有生齋詩集三十二卷文集二十卷詞五卷 AC149 Zcl 428

〔清〕趙懷玉撰

清嘉慶間刻本　二十册

鈐有"恭壽堂印""用蘊"印。

[韋廬詩集]内集四卷首一卷末一卷外集四卷首一卷末一卷 AC149 Zcl 343

〔清〕李秉禮撰

清道光十年(1830)知稼堂刻本　八册

鈐有"孟香"印。

悔存詩鈔八卷 AC149 Zcl 385

〔清〕黄景仁撰

清嘉慶元年(1796)邱縣劉崧嵐刻本　二册

鈐有"香山黄氏藏書""公宫教胄""涂慶瀾印""心宿齋秘藏書畫印"佩三言齋""香山居士""屺鄉藏書""黄紹昌印""大得天地之奉""香山黄氏鑒藏書畫記""宜士祭尊""伯安"印。

兩當軒詩鈔十四卷悔存詞鈔二卷 AC149 Zcl 1289

〔清〕黄景仁撰　〔清〕趙希璜校

清嘉慶二十二年(1817)書帶草堂刻本　八册

鈐有"南海程維增三十歲前所得圖籍記""懊齋""南陽""曾在依雲樓""錫九""通園""鄒枚讀過""雲山""磊落"印。

兩當軒集二十二卷附録四卷考異二卷 AC149 Zcl 559

〔清〕黄景仁撰

清光緒二年(1876)家塾刻本　八册

有竹居集十五卷 AC149 Zcl 468

〔清〕任兆麟撰　〔清〕任以治編

清嘉慶三年(1798)刻本　四册

存素堂文集四卷續集一卷 AC149 Zcl 387

〔清〕法式善撰

清嘉慶十二年(1807)程氏揚州刻本　二册

簡莊文鈔六卷續編二卷附河莊詩鈔一卷雜綴一卷 AC149 Zcl 9

〔清〕陳鱣撰

清光緒十四年(1888)海昌羊氏粤東刻本　四册

鈐有"陳慶保"印。

芳茂山人詩録十卷 AC149 Zcl 3537

〔清〕孫星衍撰

清光緒十年(1884)白堤八字橋孫谿槐廬家塾刻本　一册

鈐有"季明"印。

按:館藏存《冶城絜養集》二卷、《冶

城遺集》一卷、《冶城集補遺》二卷、清王采薇撰《長離閣集》一卷。

吴學士詩集五卷文集四卷 AC149 Zcl 285

〔清〕吴鼒撰 〔清〕梁肇煌、薛時雨編訂

清光緒八年(1882)江寧藩署刻本 六册

聽雨齋詩集二十六卷别集一卷補編一卷 AC149 Zcl 522

〔清〕吴照撰

清嘉慶間刻本 四册

白湖詩稿八卷 AC149 Zcl 290

〔清〕葉燕撰

清嘉慶二十三年(1818)又次居刻本 四册

涵碧軒詩稿四卷 AC149 Zcl 598

〔清〕項本立撰 〔清〕項烜輯

清乾隆嘉慶間刻本 二册

鈐有"詩船""衡"印。

雙桂堂稿十卷續編十二卷附雙桂堂時文稿一卷 AC149 Zcl 130

〔清〕紀大奎撰

清嘉慶十三年至咸豐二年(1808—1852)刻本 四册

按:《雙桂堂稿》館藏缺卷一至卷二、卷七至卷十,《雙桂堂稿續編》館藏缺卷六至卷九。

紅杏山房詩鈔十種 AC149 Zcl 4062

〔清〕宋湘撰

清嘉慶二十五年(1820)刻本 四册

子目:

燕臺剩瀋一卷

南行草一卷

滇蹄集三卷

不易居齋集一卷

豐湖漫草一卷

豐湖續草一卷

紅杏山房試詩一卷

紅杏山房試帖詩一卷

漢書摘咏一卷

後漢書摘咏一卷

紅杏山房詩鈔十種 AC149 Zcl 461

〔清〕宋湘撰

清同治八年(1869)刻本 四册

鈐有"伯揚""蘇熊鑣印""哲如陳慶保藏書""陳慶保"印。

子目:

燕臺剩瀋一卷

南行草一卷

滇蹄集三卷

楚艘吟一卷

紅杏山房試帖詩一卷

漢書摘咏一卷

後漢書摘咏一卷

同館賦鈔一卷

附

不易居齋集一卷

豐湖漫草一卷續草一卷

大雲山房文稿初集四卷　AC149 Zcl 787

〔清〕惲敬撰

清嘉慶二十年(1815)武寧盧旬宣幼眉南昌甲戌坊刻本　八册

鈐有"鵬北菴記"印。

大雲山房文稿二集四卷　AC149 Zcl 787a

〔清〕惲敬撰

清嘉慶二十一年(1816)長洲宋揚光吉甫南海鹵湖街刻本　八册

鈐有"鵬北菴記"印。

時齋文集初刻十卷詩集二卷

AC149 Zcl 487

〔清〕李元春撰

清道光間刻本　十册

二思齋文存六卷二思齋詩鈔六卷

AC149 Zcl 439

〔清〕何文明撰

清光緒七年(1881)閩南節署刻本　四册

天真閣集五十四卷外集六卷附長真閣詩集七卷　AC149 Zcl 346

〔清〕孫原湘撰

清光緒十七年(1891)强氏南皋草廬重刻本　十二册

杏本堂詩古文學製二卷　AC149 Zcl 922

〔清〕陳之綱撰

清嘉慶間刻本　二册

鈐有"馬鑒之印"印。

張皋文手寫茗柯文稿不分卷

AC149 Zcl 1164

〔清〕張惠言撰

清光緒二十五年(1899)影印本　一册

澹香齋試帖輯注不分卷　AC149 Zcl 1070

〔清〕王廷紹撰　〔清〕張熙宇輯評　〔清〕王植桂輯注

清同治九年(1870)京師琉璃廠刻本　一册

按:清張熙宇輯《七家試帖輯注彙鈔》之零種。

船山詩草二十卷　AC149 Zcl 1407

〔清〕張問陶撰

清嘉慶十三年(1808)刻本　八册

鈐有"東洋鈞舍圖書之記""房山樓圖書記"印。

研經室集三十八卷續集十七卷外集五卷

847.6 375—02

〔清〕阮元撰

清道光三年(1823)刻本　二十四册

鈐有"姜氏體仁"印。

揅經室一集十四卷二集八卷三集五卷四集十一卷外集五卷　AC149 Zcl 1564

〔清〕阮元撰

清道光三年(1823)刻本　十八册

思適齋集十八卷　AC149 Zcl 355

〔清〕顧廣圻撰

清道光二十九年(1849)上海徐氏校

刻本　四册

鑒止水齋集二十卷　AC149 Zcl 830

〔清〕許宗彦撰

清咸豐八年(1858)刻本　六册

小謨觴館詩文集十卷附録詩餘一卷文集注四卷文續集注二卷　AC149 Zcl 31

〔清〕彭兆蓀撰　〔清〕孫元培、孫長熙纂輯

清光緒二十年(1894)泉唐汪氏合刻本　八册

謙受堂集十五卷　847.5 329

〔清〕邵大業撰

清嘉慶二年(1797)刻本　二册

鈐有"古麋張氏家藏""南洋大學圖書館藏書"印。

雙白燕堂文集二卷雙白燕堂外集八卷　AC149 Zcl 849

〔清〕陸耀遹撰

清光緒四年(1878)興國州署刻本　四册

抱經堂文集三十四卷　AC149 Zcl 1327

〔清〕盧文弨撰

清嘉慶二年(1797)刻本　八册

鈐有"霜紅庵""雲山""汪希文印"印。

古春軒詩鈔二卷　AC149 Zcl 1678

〔清〕梁德繩撰

清咸豐二年(1852)鳳城重刻本　一册

儀衛軒文集十二卷附外集一卷附録一卷　AC149 Zcl 140

〔清〕方東樹撰

清同治七年(1868)刻本　四册

鈐有"澤野氏藏書之印"印。

崇百藥齋文集二十卷續集四卷三集十二卷　AC149 Zcl 980/851—852

〔清〕陸繼輅撰

清光緒四年(1878)興國州署重刻本　十二册

今白華堂詩八卷　AC149 Zcl 551

〔清〕童槐撰　〔清〕童華校録

清同治八年(1869)刻本　四册

鈐有"馬鑒之印"印。

石雲山人詩集二十三卷　AC149 Zcl 1240

〔清〕吴榮光撰

清道光二十一年(1841)南海吴氏筠精館刻本　六册

石雲山人文集五卷附石雲山人奏議六卷　AC149 Zcl 1274

〔清〕吴榮光撰

清道光二十一年(1841)南海吴氏筠精館刻本　八册

太鶴山人集十三卷　AC149 Zcl 306

〔清〕端木國瑚撰

清道光二十四年(1844)刻本　六册

金源紀事詩八卷　2690.72 3539

〔清〕湯運泰撰　〔清〕湯顯業、湯顯幹注

清同治十二年(1873)淮南書局重刻本　四册

修竹齋試帖輯注不分卷　AC149 Zcl 1071

〔清〕那清安撰　〔清〕張熙宇輯評　〔清〕王植桂輯注

清同治九年(1870)京師琉璃廠刻本　一册

按:清張熙宇輯《七家試帖輯注彙鈔》之零種。

邁堂文略四卷　AC149 Zcl 1448

〔清〕李祖陶撰

清同治七年(1868)敖陽尚友樓刻本　四册

鈐有"有不爲齋"印。

韞山詩稿六卷　AC149 Zcl 604

〔清〕朱鳳森撰

清光緒三十三年(1907)孫師誠重刻本　二册

鈐有"陳慶保"印。

劉禮部集十二卷　AC149 Zcl 1492

〔清〕劉逢禄撰

清光緒十八年(1892)延暉承慶堂重刻本　六册

鈐有"朗日廬"印。

琴隱園詩集三十六卷附琴隱園詞集四卷　AC149 Zcl 386

〔清〕湯貽汾撰

清光緒元年(1875)刻本　八册

緑野齋文集四卷　AC149 Zcl 1447

〔清〕劉鴻翺撰　〔清〕李廷錫刊　〔清〕劉曦校字

清道光七年(1827)同懷堂刻本　四册

鈐有"千如所藏""古川藏書"印。

垂老讀書廬詩草二卷附文草一卷　AC149 Zcl 923

〔清〕黄定齊撰　〔清〕黄堉校字　〔清〕黄以志、黄以忠校　〔清〕黄家鼎刊

清光緒間四明黄氏補不足齋刻本　二册

鈐有"陳慶保"印。

真息齋詩鈔四卷　AC149 Zcl 506

〔清〕陸費瑔撰

清咸豐二年(1852)福謙堂刻本　二册

鈐有"林逸聖印""腳踼實地""真息齋病叟"印。

按:内封墨筆題"武漢大學惠存,林逸聖敬贈"。

百柱堂全集内集三十四卷外集十九卷　847.7 114

〔清〕王柏心撰

清光緒二十四年(1898)成山唐氏貴陽刻本　十六册

鈐有"南洋大學圖書館藏書"印。

［因寄軒文集］初集十卷二集六卷附補遺一卷附刻小異遺文一卷　AC149 Zcl 333

〔清〕管同撰

清光緒五年(1879)重刻本　四册

維心亨室文集不分卷　456.2 6119

〔清〕陸殿邦撰　〔清〕陸萬培編

清光緒十四年(1888)刻本　一册

鈐有"哲如陳慶保藏書"印。

妙吉祥室詩鈔十三卷附詩餘一卷雜存一卷壽閒齋吟草八卷　AC149 Zcl 292

〔清〕朱葵之撰

清光緒十年(1884)古義安郡署刻本　八册

衎石齋記事稿十卷衎石齋記事續稿十卷　AC149 Zcl 1073

〔清〕錢儀吉撰

清道光十四年(1834)刻本　十册

盂塗文集十卷盂塗駢體文二卷盂塗前集十卷盂塗後集二十二卷　AC149 Zcl 739

〔清〕劉開撰

清道光六年(1826)姚氏檗山草堂刻本　八册

後湘詩集九卷後湘二集五卷後湘續集七卷東溟奏稿四卷　AC149 Zcl 744

〔清〕姚瑩撰

清嘉慶道光間刻本　八册

鈐有"番禺古氏雙梧桐館藏"印。

太乙舟詩集十三卷　AC149 Zcl 1414

〔清〕陳用光撰　〔清〕陳蘭第、陳夔校刊

清咸豐四年(1854)孝友堂刻本　六册

鈐有"龍山蟄廬藏書章"印。

柏梘山房集三十一卷　AC149 Zcl 44

〔清〕梅曾亮撰

清咸豐六年(1856)刻本　六册

鈐有"楊松芬印""陳慶保"印。

柏梘山房文集十六卷附續集一卷　PL2719 Mzl. B

〔清〕梅曾亮撰

清宣統三年(1911)上海國學扶輪社石印本　四册

鈐有"馬鑒之印"印。

按:末附《柏梘山房駢體文》二卷、《柏梘山房詩集》十卷續集二卷。

繼雅堂詩集三十四卷　AC149 Zcl 406

〔清〕陳僅撰

清道光二十七年(1847)刻本　六册

鈐有"馬鑒之印"印。

南蘭文集六卷　CS2990 Zs. L

〔清〕張恕撰

清光緒五年(1879)刻本　四册

鈐有"馬鑒之印"印。

常惺惺齋文集十卷　AC149 Zcl 310

〔清〕錢世瑞撰

清道光三十年(1850)刻本　十册

鈐有“陳慶保”印。

意苕山館詩稿十六卷　AC149 Zcl 831

〔清〕陸嵩撰　〔清〕陸懋修校

清光緒十八年(1892)京師刻本　四册

甘泉鄉人稿二十四卷附年譜一卷郊農偶吟稿一卷　AC149 Zcl 981

〔清〕錢泰吉撰

清同治十一年(1872)刻本　六册

鈐有“潮州城南謝氏小草堂藏”印。

歸樸龕叢稿十二卷續編四卷　AC149 Zcl 470/289

〔清〕彭藴章撰

清道光二十八年(1848)刻本　四册

龔定盦全集三卷續集四卷補編四卷　847.6 659—3

〔清〕龔自珍撰

清光緒二十三年(1897)萬本書堂刻本　四册

鈐有“鄭渭鵬印”“義安學院圖書館章”“南洋大學圖書館藏書”印。

校訂定盦全集十卷　PL2709 GZZ. D

〔清〕龔自珍撰

清宣統元年(1909)上海時中書局鉛印本　六册

鈐有“展龐眼福”“有福方讀書”印。

懷古田舍詩節鈔六卷　AC149 Zcl 1126

〔清〕徐榮撰

清同治三年(1864)錦城刻本　六册

鈐有“足廬珍藏書畫金石印”印。

拙修集十卷　AC149 Zcl 495

〔清〕吴廷楝撰

清同治十年(1871)安求我齋刻本　四册

鈐有“哲如陳慶保藏書”印。

䙝䢱亭集三十二卷　AC149 Zcl 279

〔清〕祁寯藻撰

清咸豐六年(1856)刻本　十六册

潘少白先生文集八卷詩集五卷常語二卷　AC149 Zcl 356

〔清〕潘諮撰　〔清〕陳繼昌訂

清道光二十四年(1844)瞻園刻本　八册

古微堂内集二卷　AC149 Zcl 817

〔清〕魏源撰

清宣統元年(1909)上海國學扶輪社鉛印本　一册

鈐有“馬鑒之印”印。

眠琴館詩鈔四卷　AC149 Zcl 453

〔清〕胡斯錞撰

清道光十四年(1834)刻本　一册

鈐有“馬鑒之印”印。

修齊堂詩鈔五卷　AC149 Zcl 1269

〔清〕李承烈撰

清道光十五年(1835)刻本　一册

鈐有“馬鑒之印”印。

思貽堂詩集十二卷續存八卷三集四卷思貽堂書簡八卷後永州集八卷 AC149 Zcl 490

〔清〕黄文琛撰

清同治間刻本　十二册

鈐有"齊安林氏逸聖收藏金石書畫之記"印。

選樓集句二卷首一卷 AC149 Zcl 1120

〔清〕許祥光集

清道光二十年(1840)刻本　一册

東洲草堂文鈔二十卷 AC149 Zcl 733

〔清〕何紹基撰

清光緒間刻本　五册

補學軒詩集八卷 AC149 Zcl 565

〔清〕鄭獻甫撰

清咸豐十年(1860)采菽堂刻本　一册

鈐有"陳慶保"印。

海秋詩集二十六卷後集一卷 AC149 Zcl 376

〔清〕湯鵬撰

清同治十二年(1873)湯壽銘補刻本　十册

鈐有"芙蓉館主藏書之印"印。

守經堂詩集十卷 847.7 747

〔清〕沈筠撰

清光緒九年(1883)重刻本　四册

鈐有"義安學院圖書館章""南洋大學圖書館藏書"印。

白華山人詩集十六卷附白華詩説二卷 AC149 Zcl 620

〔清〕厲志撰　〔清〕葉元堦校

清道光十六年(1836)刻本　四册

慎盦文鈔二卷慎盦詩鈔二卷 AC149 Zcl 886

〔清〕左宗植注

清光緒元年(1875)刻本　四册

倭文端公遺書十卷首二卷 AC149 Zcl 1003

〔清〕倭仁輯

清光緒三年(1877)粤東翰元樓刻本　六册

巢經巢詩後集四卷 AC149 Zcl 840

〔清〕鄭珍撰

清光緒間刻本　一册

石泉書屋尺牘二卷 AC149 Zcl 1030

〔清〕李佐賢撰

清同治十年(1871)利津李氏刻本　一册

朱九江先生集十卷首四卷 AC149 Zcl 1489

〔清〕朱次琦撰

清光緒二十三年(1897)讀書草堂刻本　四册

鈐有"五雲書閣神仙裔""蔡惠溥淵若"印。

梅窗詩鈔三卷梅窗詞鈔一卷梅窗遺稿一卷附梅窗詩補遺一卷 AC149 Zcl 1445

〔清〕陳良玉撰

清光緒元年(1875)刻本 二册

鈐有"馬鑒之印"印。

又一部 二册 AC149 Zcl 602

鈐有"哲如陳慶保藏書"印。

舒藝室詩存七卷附索笑詞二卷存希閣詩録一卷 847.8 311—5

〔清〕張文虎撰

清光緒七年(1881)刻本 三册

按:清張文虎撰《覆瓿集》之零種。

西垣詩鈔二卷附西垣黔苗竹枝詞一卷 AC149 Zcl 1144

〔清〕毛貴銘撰

清光緒十年(1884)長沙王氏刻本

鮮虞中山國事表疆域圖説不分卷

〔清〕王先謙撰

光緒九年(1883)長沙王氏刻本

合訂一册

散樗書屋古今體詩摘鈔六卷附散樗書屋詩餘摘鈔一卷 AC149 Zcl 424

〔清〕李臨馴撰

清光緒十五年(1889)刻本 六册

曾文正公家書十卷附曾文正公家訓二卷 AC149 Zcl 91

〔清〕曾國藩撰

清光緒五年(1879)傳忠書局刻本 十二册

曾文正公家書十卷 AC149 Zcl 3505

〔清〕曾國藩撰

清光緒二十九年(1903)上海錦章書局石印本 一册

按:館藏缺卷六至卷十。

嘉穀山房詩草□□卷 AC149 Zcl 64

〔清〕張君玉撰

清咸豐間刻本 二册

鈐有"陳慶保"印。

按:館藏存卷一至卷四,總卷數不詳。

宛湄書屋文鈔十一卷 AC149 Zcl 800

〔清〕李光廷撰

清光緒四年(1878)端溪書院刻本 四册

鈐有"陳慶保"印。

恪靖侯盾鼻餘瀋不分卷 AC149 Zcl 1137

〔清〕左宗棠撰 〔清〕柳葆元、易策謙録刊 〔清〕石本清覆校

清光緒七年(1881)刻本 一册

薝蔔花館詩集二卷附補遺一卷薝蔔花館詞集一卷 847.6 952

〔清〕徐鴻謨撰

清光緒十二年(1886)刻本 一册

鈐有"南洋大學圖書館藏書"印。

煙嶼樓文集四十卷詩集十八卷尚書逸湯誓考六卷 AC149 Zcl 3547—3549

〔清〕徐時棟撰

清同治六年至光緒元年(1867—1875)刻本 十四册

綠伽楠館詩稿不分卷 AC149 Zcl 752

〔清〕馮譽驤撰

清宣統三年(1911)同文書館鉛印本 一册

鄂跗草堂詩二卷 AC149 Zcl 498

〔清〕郭柏蒼撰

清光緒八年(1882)刻本 一册

沁泉山館詩二卷 AC149 Zcl 499

〔清〕郭柏蒼撰

清光緒十年(1884)刻本 一册

二知軒詩鈔十四卷續鈔十六卷二知軒文存三十四卷 AC149 Zcl 382

〔清〕方濬頤撰

清同治五年(1866)、光緒四年(1878)廣州刻本 十八册

按:《二知軒文存》爲光緒四年續刻。

又一部 十二册 AC149 Zcl 382a

鈐有"東亭""郢氏壽珊"印。

按:此本無《二知軒文存》三十四卷。

遜學齋詩鈔十卷續鈔五卷文續鈔五卷 AC149 Zcl 85

〔清〕孫衣言撰

清同治二年(1863)重刻本 六册

遜學齋文鈔十二卷首一卷末一卷 AC149 Zcl 740

〔清〕孫衣言撰

清同治十二年(1873)刻本 六册

悔餘菴文稿九卷詩稿十二卷 AC149 Zcl 552—553

〔清〕何栻撰

清同治四年(1865)鳩江戎幄刻本 十册

鈐有"市原草堂珍藏"印。

按:《悔餘菴文稿》後附《衲蘇集》二卷、《餘辛集》三卷。

有不爲齋集六卷 AC149 Zcl 471

〔清〕端木埰撰 〔清〕鄧嘉緝編

清宣統元年(1909)刻本 四册

養知書屋詩集十五卷 AC149 Zcl 474

〔清〕郭嵩燾撰

清光緒十八年(1892)刻本 四册

養知書屋文集二十八卷 AC149 Zcl 736

〔清〕郭嵩燾撰

清光緒十八年(1892)刻本 十二册

又一部 十六册 847.8 633—02

又二部 十二册 847.8 633

賭棋山莊文集七卷 AC149 Zcl 371

〔清〕謝章鋌撰

清光緒十年(1884)弢盦南昌使廨刻本 三册

鈐有"馬鑒之印"印。

尺岡草堂遺詩八卷遺文四卷 AC149 Zcl 373

〔清〕陳璞撰

清光緒十五年(1889)刻本 六册

鈐有"哲如陳慶保藏書"印。

天岳山館文鈔四十卷 AC149 Zcl 49

〔清〕李元度撰

清光緒六年(1880)爽谿精舍刻本 十二册

鈐有"陳慶保"印。

春在堂雜文二卷續編五卷三編四卷四編八卷五編八卷六編十卷 AC149 Zcl 838

〔清〕俞樾撰

清光緒三十一年(1905)刻本 二十二册

鈐有"鏡宇""臣海寰印"印。

雙桂軒尺牘不分卷 AC149 Zcl 1184

〔清〕丁善儀撰

清光緒間上海申報館鉛印本 一册

竹石居詩草四卷附竹石居詞草一卷川雲集一卷 AC149 Zcl 825

〔清〕童華撰

清光緒間刻本 二册

函樓詩鈔八卷附因遇詩一卷 AC149 Zcl 584

〔清〕易佩紳撰

清光緒八年(1882)刻本 二册

芸薌閣詩草二卷 AC149 Zcl 621

〔清〕海禹禎撰

清同治五年(1866)粵東省城西湖街成文堂刻本 一册

鈐有"陳慶保"印。

雪竹樓詩稿十四卷 AC149 Zcl 607

〔清〕黄道讓撰

清同治六年(1867)刻本 六册

弢園文録外編十卷 AC149 Zcl 4130

〔清〕王韜撰

清光緒九年(1883)弢園老民香海鉛印本 五册

鈐有"劉氏筱雲藏書"印。

眠琴閣遺文一卷眠琴閣遺詩二卷浣月樓遺詩一卷附先母行略一卷先府君行略一卷 AC149 Zcl 732

〔清〕何慶涵撰 (浣月樓遺詩)〔清〕李楣撰

清光緒間刻本 一册

孟晋齋文集五卷附周列士傳一卷 847.7 959

〔清〕顧壽楨撰

清同治五年(1866)見素抱樸齋校刻本 四册

鈐有"南洋大學圖書館藏書"印。

寒松閣集五種 847.7 309

〔清〕張鳴珂撰

清光緒十至二十年(1884—1894)刻本 四册

子目:

寒松閣詩八卷

寒松閣駢體文一卷附續一卷

寒松閣詞四卷

按:館藏存三種。

師竹軒詩集四卷附韻香閣詩草一卷 AC149 Zcl 582

〔清〕劉樹堂撰 （韻香閣詩草）〔清〕孔祥淑撰

清光緒十四年(1888)刻本　一册

[瓶廬手札]不分卷 AC149 Zcl 2085

〔清〕翁同龢撰

清宣統元年(1909)石印本　十册

復堂類集二十一卷 847.8 601.2

〔清〕譚獻撰

清光緒十一年(1885)刻本　四册

鈐有"義安學院圖書館館章""南洋大學圖書館藏書"印。

復堂類集二十一卷 AC149 Zcl 123

〔清〕譚獻撰

清光緒十一至十三年(1885—1887)刻本　六册

鈐有"馬鑒之印"印。

按:含文四卷、詩九卷、詞二卷、日記六卷。

又一部　六册　AC149 Zcl 3731 /1—6

鈐有"南洋大學圖書館藏書""石守常藏書印"印。

植庵集十卷 AC149 Zcl 585

〔清〕李慎傳撰

清光緒九年(1883)刻本　四册

樂道堂詩鈔十卷文鈔五卷續鈔一卷 847.7 675

〔清〕奕訢撰

清同治元年(1862)、同治六年(1867)刻本　十六册

鈐有"南洋大學圖書館藏書"印。

坦室遺文一卷雜著一卷 AC149 Zcl 1031—1032

〔清〕李文桂撰　〔清〕李佐賢刊

清同治十三年(1874)利津李氏刻本　二册

東南樵草堂詩鈔四卷 AC149 Zcl 563

〔清〕單玉騏撰　〔清〕單維棪編　〔清〕單濟群校字

清光緒八年(1882)刻本　二册

鈐有"陳慶保"印。

有真意齋詩不分卷 AC149 Zcl 1218

〔清〕陶文鼎撰

清光緒十八年(1892)廣州刻本　一册

樂志簃文録四卷 AC149 Zcl 1074

〔清〕沈祥龍撰

清光緒二十七年(1901)文墨齋刻本　一册

敬孚類稿十六卷 AC149 Zcl 1147

〔清〕蕭穆撰

清光緒二十七年(1901)刻本　四册

紫荆吟館詩集四卷 AC149 Zcl 583

〔清〕曹秉哲撰

清光緒二十五年(1899)刻本　二册

谷艾園文稿四卷 AC149 Zcl 1098

〔清〕谷誠撰

清光緒間瑞安孫氏詒善祠塾刻本　二册

所託山房詩集四卷首三卷 AC149 Zcl 581

〔清〕周遐桃撰

清光緒間刻本　二册

鈐有"陳慶保"印。

謫麐堂遺集四卷 AC149 Zcl 596

〔清〕戴望撰

清光緒元年(1875)刻本　二册

鈐有"歸安陸樹聲叔桐父印"印。

按:含文二卷、詩二卷。

庸庵文集二十一卷 9119 5133

〔清〕薛福成撰

清光緒間刻本　十二册

子目:

庸庵文編四卷

庸庵文續編二卷

庸庵文外編四卷

庸庵海外文編四卷

籌洋芻議一卷

出使英法義比四國日記六卷

庸庵海外文編四卷 AC149 Zcl 1886

〔清〕薛福成撰

清光緒二十一年(1895)蕭山陳氏校刻本　四册

鈐有"青藜"印。

庸庵文别集六卷 AC149 Zcl 1380

〔清〕薛福成撰

清光緒二十九年(1903)石印本　六册

鈐有"馬鑒之印"印。

曾惠敏公詩集四卷文集五卷 1100/1—4

〔清〕曾紀澤撰

清光緒十九年(1893)江南製造總局鉛印本　四册

鈐有"南洋大學圖書館藏書"印。

晦明軒稿不分卷壬癸金石跋不分卷 AC149 Zcl 924

〔清〕楊守敬撰

清光緒二十七年(1901)、光緒三十三年(1907)鄰蘇園刻本　二册

桐城吴先生文集四卷詩集一卷附吴先生行狀一卷 AC149 Zcl 3684

〔清〕吴汝綸撰

清光緒三十年(1904)賀濤宋朝楨等刻本　四册

按:《桐城吴先生全書》之零種。

吴摯甫尺牘五卷附補遺一卷論兒書一卷 AC149 Zcl 835

〔清〕吴汝綸撰

清宣統二年(1910)上海國學扶輪社石印本　六册

鈐有"齊安林氏逸聖收藏金石書畫之記""張澤平氏"印。

劫火紀焚不分卷 2875 3136

〔清〕何桂笙撰

清光緒十一年(1885)上海萃珍齋重刻本　一册

翠螺閣詩稿四卷詞稿一卷 AC149 Zcl 987

〔清〕凌祉媛撰

清咸豐四年(1854)延慶堂丁氏刻本　四册

俞俞齋文稿初集四卷附俞俞齋詩稿初集二卷 AC149 Zcl 370

〔清〕史念祖撰

清光緒二十二年(1896)桂林刻本　十二册

鎮亭山房詩集十八卷 AC149 Zcl 430

〔清〕陸廷黻撰

清光緒十七年(1891)刻本　六册

鈐有"馬鑒之印"印。

鎮亭山房駢文四卷 AC149 Zcl 1251

〔清〕陸廷黻撰

清光緒間刻本　二册

鈐有"馬鑒之印"印。

藝風堂文集七卷附外篇一卷 AC149 Zcl 729

〔清〕繆荃孫撰

清光緒二十七年(1901)刻本　四册

盋山文録八卷 AC149 Zcl 939

〔清〕顧雲撰

清光緒十五年(1889)刻本　四册

樊山集二十四卷續集二十二卷附二家詞鈔五卷 1213/1—8

〔清〕樊增祥撰

清光緒二十年(1894)、光緒二十八年(1902)刻本　十四册

鈐有"南洋大學圖書館藏書"印。

按:《二家詞鈔》中,《霞川花隱詞》二卷清李慈銘撰,《五十麝齋詞賡》三卷清樊增祥撰。

安般簃集十卷 847.8 192—2

〔清〕袁昶撰

清光緒十八年(1892)刻本　四册

鈐有"南洋大學圖書館藏書"印。

漸西村人初集十三卷 847.8 192—3

〔清〕袁昶撰

清光緒二十年(1894)避舍蓋公堂刻本　三册

鈐有"南洋大學圖書館藏書"印。

于湖小集六卷附金陵雜事詩一卷 236/1—3

〔清〕袁昶撰

清光緒間水明樓刻本　三册

鈐有"南洋大學圖書館藏書"印。

又一部　二册 236/1—2

按:館藏缺卷四至卷六。

墨池賡和一卷冬日百咏一卷九芝仙館行卷一卷 831.8 946—2

〔清〕徐琪撰

清光緒十三年(1887)刻本　一册

鈐有“南洋大學圖書館藏書”印。

按:清徐琪輯《香海盦叢書》之零種。

拙庵文存二卷首一卷駢文存一卷詩存一卷試帖存一卷律賦存一卷雜存二卷 AC149 Zcl 505

〔清〕朱一新撰

清光緒二十二年(1896)葆真堂刻本 四册

鈐有“陳慶保”印。

又一部 二册 847.8 829

按:館藏缺《佩弦齋雜存》二卷。

人境廬詩草十一卷 5530.3 1413

〔清〕黄遵憲撰

清宣統三年(1911)鉛印本 四册

鈐有“馬氏老學齋劫餘文物”印。

崔翰林遺集二卷 AC149 Zcl 61

〔清〕崔舜球撰

清光緒十四年(1888)刻本 一册

鈐有“陳慶保”印。

嶺上白雲集十二卷 AC149 Zcl 55

〔清〕陸懋修撰 〔清〕陸潤庠校

清光緒二十三年(1897)刻本 四册

聊園雜文略一卷 AC149 Zcl 1651

〔清〕王增祺撰

清光緒二十九年(1903)成都文倫書局鉛印本 一册

鈐有“馬鑒之印”印。

梧桐山集四卷二集四卷三集四卷 PL2724 Sc. W

〔清〕田邵邨集撰 〔清〕魏宗弼、陳執中評

清光緒三十三年至民國三年(1907—1914)梧桐仙洞刻本 十二册

恥不逮齋文集三卷首一卷附卷一卷補卷一卷 AC149 Zcl 408

〔清〕熊其英撰

清光緒十七年(1891)蘇州五畝園刻本 四册

師鄭堂集六卷 AC149 Zcl 599

〔清〕孫同康撰

清光緒十七年(1891)無錫文苑閣木活字本 四册

畏廬文集不分卷 AC149 Zcl 352a

〔清〕林紓撰

清宣統二年(1910)上海商務印書館鉛印本 一册

漪香山館文集不分卷 AC149 Zcl 743

〔清〕吴曾祺撰

清宣統三年(1911)上海商務印書館鉛印本 一册

鈐有“陳慶保”印。

煮石齋稿不分卷 AC149 Zcl 1444

〔清〕鮑家瑞撰

清光緒十八年(1892)刻本 一册

棣垞集四卷首一卷外集三卷 AC149 Zcl 1410

〔清〕朱啓連撰

清光緒二十六年(1900)刻本　二册

又一部　二册　AC149 Zcl 296

又二部　二册　AC149 Zcl 296a

守身執玉軒遺文不分卷 847.8 189

〔清〕袁世紀撰

清光緒二十年(1894)刻本　一册

睫闇詩鈔四卷 AC149 Zcl 116a

〔清〕裴景福撰

清光緒二十六年(1900)刻本　二册

頤巢類稿不分卷 AC149 Zcl 938

〔清〕陶邵學撰

清宣統三年(1911)刻本　二册

鈐有"念慈"印。

又一部　二册　AC149 Zcl 938a

師鄭堂駢體文存二卷 AC149 Zcl 905

〔清〕孫同康撰　〔清〕李慈銘鑒定

清光緒二十一年(1895)刻本　一册

鈐有"馬鑒之印"印。

廬菴集十八卷 AC149 Zcl 573

〔清〕曾廉撰

清宣統三年(1911)曾氏會輔堂刻本　十二册

石遺室詩集十卷補遺一卷 089.79 285

〔清〕陳衍撰

清光緒三十一年(1905)武昌刻本　六册

按:附《朱絲詞》二卷,《石遺室文集》十二卷、續集一卷、三集一卷。

閒味軒詩鈔十卷附閒味軒詞鈔二卷 AC149 Zcl 734

〔清〕韓欽撰

清光緒二十二年(1896)刻本　六册

新增硃批詳注道生堂稿不分卷 AC149 Zcl 632

〔清〕鍾聲撰

清光緒二十二年(1896)校刻朱墨套印本　三册

香籢集發微不分卷 AC149 Zcl 1389

〔清〕震鈞撰

清宣統三年(1911)刻本　一册

鈐有"訔晴""書畫禪"印。

悝諟齋存稿十卷 075.7 432

〔清〕喻長霖撰

清宣統元年(1909)鉛印本　四册

鈐有"南洋大學圖書館藏書"印。

琴臺夢語一卷錦里詩録一卷峨眉詩録一卷青城詩録一卷林屋詩録一卷 848 468—3

〔清〕易順鼎撰

清光緒十三年(1887)刻本　一册

按:清易順鼎撰《琴志樓叢書》之零種。

四魂集四卷 848 468—5

〔清〕易順鼎撰

清光緒二十一年(1895)刻本　一册

按:清易順鼎撰《哭盦叢書》之零種。

盾墨拾餘十四卷　b10824613

〔清〕易順鼎撰

清光緒二十二年(1896)刻本　一册

按:館藏缺卷四至卷十四。

魂西集八卷　848 468—6

〔清〕易順鼎撰

清光緒間刻本　一册

按:館藏缺卷一、卷二、卷八。清易順鼎撰《琴志樓叢書》之零種。

也儂遺稿四卷　AC149 Zcl 858

〔清〕王慶善撰

清光緒二十八年(1902)金陵狀元境宜春閣木活字本　四册

又一部　四册　AC149 Zcl 862

懺盦詩鈔二卷附懺盦詞鈔一卷

AC149 Zcl 318

〔清〕沈澤棠撰

清光緒二十九年(1903)刻本　一册

鈐有"葉""□"印。

高山仰止篇不分卷　AC149 Zcl 1203

〔清〕高曦亭撰　〔清〕劉源森校刊

清光緒三十一年(1905)劉氏刻本　一册

面城精舍雜文二編　AC149 Zcl 717

羅振玉輯

清光緒間刻本　一册

新編分類飲冰室文集全編二十卷

AC149 Zcl 3710

〔清〕梁啓超撰

清光緒二十八至二十九年(1902—1903)上海廣益書局石印本　二十册

近水樓遺稿不分卷　AC149 Zcl 1013

〔清〕忻恕撰　〔清〕忻肇寅輯　〔清〕忻錦崖校字

清宣統二年(1910)木活字本　一册

鈐有"馬鑒之印"印。

秘書集十卷　b1081470x

〔清〕沈同芳撰

清宣統三年(1911)中國圖書公司鉛印本　二册

鈐有"南洋大學圖書館藏書"印。

清芬集二卷　AC149 Zcl 546

〔清〕潘譽徵撰

清宣統三年(1911)南海潘氏廣州刻本　一册

鈐有"陳慶保"印。

總集類

類編之屬

漢魏六朝百三家集一百十八卷

2199/1—100

〔明〕張溥輯

清光緒五年(1879)信述堂重刻本　一百册

鈐有“補松廬”印。

子目：

漢褚先生集一卷　〔漢〕褚少孫撰

王諫議集一卷　〔漢〕王褒撰

漢劉中壘集一卷　〔漢〕劉向撰

揚侍郎集一卷　〔漢〕揚雄撰

漢劉子駿集一卷　〔漢〕劉歆撰

馮曲陽集一卷　〔漢〕馮衍撰

班蘭臺集一卷　〔漢〕班固撰

東漢崔亭伯集一卷　〔漢〕崔駰撰

張河間集二卷　〔漢〕張衡撰

漢蘭臺令李伯仁集(一名李蘭臺集)一卷　〔漢〕李尤撰

東漢馬季長集一卷　〔漢〕馬融撰

東漢荀侍中集一卷　〔漢〕荀悦撰

蔡中郎集二卷　〔漢〕蔡邕撰

東漢王叔師集一卷　〔漢〕王逸撰

孔少府集一卷　〔漢〕孔融撰

諸葛丞相集一卷　〔三國蜀〕諸葛亮撰

魏武帝集一卷　〔三國魏〕武帝曹操撰

魏文帝集二卷　〔三國魏〕文帝曹丕撰

陳思王集二卷　〔三國魏〕曹植撰

陳記室集一卷　〔漢〕陳琳撰

王侍中集一卷　〔三國魏〕王粲撰

魏阮元瑜集一卷　〔三國魏〕阮瑀撰

魏劉公幹集一卷　〔三國魏〕劉楨撰

魏應德璉集一卷　〔三國魏〕應瑒撰

魏應休璉集一卷　〔三國魏〕應璩撰

阮步兵集一卷　〔三國魏〕阮籍撰

嵇中散集一卷　〔三國魏〕嵇康撰

魏鍾司徒集一卷　〔三國魏〕鍾會撰

晋杜征南集一卷　〔晋〕杜預撰

魏荀公曾集一卷　〔晋〕荀勖撰

傅鶉觚集一卷　〔晋〕傅玄撰

晋張司空集(一名張茂先集)一卷　〔晋〕張華撰

孫馮翊集一卷　〔晋〕孫楚撰

晋摯太常集一卷　〔晋〕摯虞撰

晋束廣微集一卷　〔晋〕束晳撰

夏侯常侍集一卷　〔晋〕夏侯湛撰

潘黄門集一卷　〔晋〕潘嶽撰

傅中丞集一卷　〔晋〕傅咸撰

潘太常集一卷　〔晋〕潘尼撰

陸平原集二卷　〔晋〕陸機撰

陸清河集二卷　〔晋〕陸雲撰

晋成公子安集一卷　〔晋〕成公綏撰

晋張孟陽集一卷　〔晋〕張載撰

晋張景陽集一卷　〔晋〕張協撰

晋劉越石集一卷　〔晋〕劉琨撰

郭弘農集二卷　〔晋〕郭璞撰

晋王右軍集二卷　〔晋〕王羲之撰

晋王大令集一卷　〔晋〕王獻之撰

孫廷尉集一卷　〔晋〕孫綽撰

陶彭澤集一卷　〔晋〕陶潜撰

宋何衡陽集一卷　〔南朝宋〕何承天撰

宋傅光禄集一卷　〔南朝宋〕傅亮撰

謝康樂集二卷　〔南朝宋〕謝靈運撰

顔光禄集一卷　〔南朝宋〕顔延之撰

鮑參軍集二卷　〔南朝宋〕鮑照撰

宋袁陽源集一卷　〔南朝宋〕袁淑撰

謝法曹集一卷　〔南朝宋〕謝惠連撰

謝光禄集一卷　〔南朝宋〕謝莊撰

南齊竟陵王集二卷　〔南朝齊〕蕭子良撰

王文憲集一卷　〔南朝齊〕王儉撰
王寧朔集一卷　〔南朝齊〕王融撰
謝宣城集一卷　〔南朝齊〕謝朓撰
齊張長史集一卷　〔南朝齊〕張融撰
南齊孔詹事集一卷　〔南朝齊〕孔稚珪撰
梁武帝御製集一卷　〔南朝梁〕武帝蕭衍撰
梁昭明太子集一卷　〔南朝梁〕蕭統撰
梁簡文帝御製集二卷　〔南朝梁〕簡文帝蕭綱撰
梁元帝集一卷　〔南朝梁〕元帝蕭繹撰
江醴陵集二卷　〔南朝梁〕江淹撰
沈隱侯集二卷　〔南朝梁〕沈約撰
陶隱居集一卷　〔南朝梁〕陶弘景撰
梁丘司空集一卷　〔南朝梁〕丘遲撰
任中丞集一卷　〔南朝梁〕任昉撰
王左丞集一卷　〔南朝梁〕王僧孺撰
陸太常集一卷　〔南朝梁〕陸倕撰
劉户曹集一卷　〔南朝梁〕劉峻撰
王詹事集一卷　〔南朝梁〕王筠撰
劉秘書集一卷　〔南朝梁〕劉孝綽撰
劉豫章集一卷　〔南朝梁〕劉潛撰
劉庶子集一卷　〔南朝梁〕劉孝威撰
庾度支集一卷　〔南朝梁〕庾肩吾撰
何記室集一卷　〔南朝梁〕何遜撰
吴朝請集一卷　〔南朝梁〕吴均撰
陳後主集一卷　〔南朝陳〕後主陳叔寶撰
徐僕射集一卷　〔南朝陳〕徐陵撰
沈侍中集一卷　〔南朝陳〕沈炯撰
江令君集一卷　〔南朝陳〕江總撰
陳張散騎集一卷　〔南朝陳〕張正見撰
高令公集一卷　〔北魏〕高允撰
温侍讀集一卷　〔北魏〕温子昇撰
邢特進集一卷　〔北齊〕邢邵撰
魏特進集一卷　〔北齊〕魏收撰
庾開府集二卷　〔北周〕庾信撰
王司空集一卷　〔北周〕王褒撰
隋煬帝集一卷　〔隋〕煬帝楊廣撰
盧武陽集一卷　〔隋〕盧思道撰
李懷州集一卷　〔隋〕李德林撰
牛奇章集一卷　〔隋〕牛弘撰
薛司隸集一卷　〔隋〕薛道衡撰

又一部　一百册　　**AC149 Zcl 146**

鈐有“蓬萊仙館藏書之印”“曾在張士驤處”印。

按：内封鈐“廣州雙門底藏修堂發兑”朱印。

漢魏六朝百三名家集一百十八卷

2199—2/1—100

〔明〕張溥輯

清光緒十八年(1892)長沙翰墨山房重刻本　一百册

子目：

漢褚先生集一卷　〔漢〕褚少孫撰
王諫議集一卷　〔漢〕王褒撰
漢劉中壘集一卷　〔漢〕劉向撰
揚侍郎集一卷　〔漢〕揚雄撰
漢劉子駿集一卷　〔漢〕劉歆撰
馮曲陽集一卷　〔漢〕馮衍撰
班蘭臺集一卷　〔漢〕班固撰
東漢崔亭伯集一卷　〔漢〕崔駰撰
張河間集二卷　〔漢〕張衡撰

漢蘭臺令李伯仁集(一名李蘭臺集)一卷 〔漢〕李尤撰
東漢馬季長集一卷 〔漢〕馬融撰
東漢荀侍中集一卷 〔漢〕荀悦撰
蔡中郎集二卷 〔漢〕蔡邕撰
東漢王叔師集一卷 〔漢〕王逸撰
孔少府集一卷 〔漢〕孔融撰
諸葛丞相集一卷 〔三國蜀〕諸葛亮撰
魏武帝集一卷 〔三國魏〕武帝曹操撰
魏文帝集二卷 〔三國魏〕文帝曹丕撰
陳思王集二卷 〔三國魏〕曹植撰
陳記室集一卷 〔漢〕陳琳撰
王侍中集一卷 〔三國魏〕王粲撰
魏阮元瑜集一卷 〔三國魏〕阮瑀撰
魏劉公幹集一卷 〔三國魏〕劉楨撰
魏應德璉集一卷 〔三國魏〕應瑒撰
魏應休璉集一卷 〔三國魏〕應璩撰
阮步兵集一卷 〔三國魏〕阮籍撰
嵇中散集一卷 〔三國魏〕嵇康撰
魏鍾司徒集一卷 〔三國魏〕鍾會撰
晋杜征南集一卷 〔晋〕杜預撰
魏荀公曾集一卷 〔晋〕荀勗撰
傅鶉觚集一卷 〔晋〕傅玄撰
晋張司空集(一名張茂先集)一卷 〔晋〕張華撰
孫馮翊集一卷 〔晋〕孫楚撰
晋摯太常集一卷 〔晋〕摯虞撰
晋束廣微集一卷 〔晋〕束皙撰
夏侯常侍集一卷 〔晋〕夏侯湛撰
潘黄門集一卷 〔晋〕潘嶽撰
傅中丞集一卷 〔晋〕傅咸撰
潘太常集一卷 〔晋〕潘尼撰
陸平原集二卷 〔晋〕陸機撰
陸清河集二卷 〔晋〕陸雲撰
晋成公子安集一卷 〔晋〕成公綏撰
晋張孟陽集一卷 〔晋〕張載撰
晋張景陽集一卷 〔晋〕張協撰
晋劉越石集一卷 〔晋〕劉琨撰
郭弘農集二卷 〔晋〕郭璞撰
晋王右軍集二卷 〔晋〕王羲之撰
晋王大令集一卷 〔晋〕王獻之撰
孫廷尉集一卷 〔晋〕孫綽撰
陶彭澤集一卷 〔晋〕陶潜撰
宋何衡陽集一卷 〔南朝宋〕何承天撰
宋傅光禄集一卷 〔南朝宋〕傅亮撰
謝康樂集二卷 〔南朝宋〕謝靈運撰
顔光禄集一卷 〔南朝宋〕顔延之撰
鮑參軍集二卷 〔南朝宋〕鮑照撰
宋袁陽源集一卷 〔南朝宋〕袁淑撰
謝法曹集一卷 〔南朝宋〕謝惠連撰
謝光禄集一卷 〔南朝宋〕謝莊撰
南齊竟陵王集二卷 〔南朝齊〕蕭子良撰
王文憲集一卷 〔南朝齊〕王儉撰
王寧朔集一卷 〔南朝齊〕王融撰
謝宣城集一卷 〔南朝齊〕謝朓撰
齊張長史集一卷 〔南朝齊〕張融撰
南齊孔詹事集一卷 〔南朝齊〕孔稚珪撰
梁武帝御製集一卷 〔南朝梁〕武帝蕭衍撰
梁昭明太子集一卷 〔南朝梁〕蕭統撰
梁簡文帝御製集二卷 〔南朝梁〕簡

文帝蕭綱撰
梁元帝集一卷　〔南朝梁〕元帝蕭繹撰
江醴陵集二卷　〔南朝梁〕江淹撰
沈隱侯集二卷　〔南朝梁〕沈約撰
陶隱居集一卷　〔南朝梁〕陶弘景撰
梁丘司空集一卷　〔南朝梁〕丘遲撰
任中丞集一卷　〔南朝梁〕任昉撰
王左丞集一卷　〔南朝梁〕王僧孺撰
陸太常集一卷　〔南朝梁〕陸倕撰
劉户曹集一卷　〔南朝梁〕劉峻撰
王詹事集一卷　〔南朝梁〕王筠撰
劉秘書集一卷　〔南朝梁〕劉孝綽撰
劉豫章集一卷　〔南朝梁〕劉潛撰
劉庶子集一卷　〔南朝梁〕劉孝威撰
庾度支集一卷　〔南朝梁〕庾肩吾撰
何記室集一卷　〔南朝梁〕何遜撰
吴朝請集一卷　〔南朝梁〕吴均撰
陳後主集一卷　〔南朝陳〕後主陳叔寶撰
徐僕射集一卷　〔南朝陳〕徐陵撰
沈侍中集一卷　〔南朝陳〕沈炯撰
江令君集一卷　〔南朝陳〕江總撰
陳張散騎集一卷　〔南朝陳〕張正見撰
高令公集一卷　〔北魏〕高允撰
温侍讀集一卷　〔北魏〕温子昇撰
邢特進集一卷　〔北齊〕邢邵撰
魏特進集一卷　〔北齊〕魏收撰
庾開府集二卷　〔北周〕庾信撰
王司空集一卷　〔北周〕王褒撰
隋煬帝集一卷　〔隋〕煬帝楊廣撰
盧武陽集一卷　〔隋〕盧思道撰
李懷州集一卷　〔隋〕李德林撰
牛奇章集一卷　〔隋〕牛弘撰
薛司隸集一卷　〔隋〕薛道衡撰

漢魏六朝百三名家集一百十八卷

AC149 Zcl 7

〔明〕張溥輯

清光緒十八年(1892)善化章經濟堂重刻本　九十八册

子目:

漢褚先生集一卷　〔漢〕褚少孫撰
王諫議集一卷　〔漢〕王褒撰
漢劉中壘集一卷　〔漢〕劉向撰
揚侍郎集一卷　〔漢〕揚雄撰
漢劉子駿集一卷　〔漢〕劉歆撰
馮曲陽集一卷　〔漢〕馮衍撰
班蘭臺集一卷　〔漢〕班固撰
東漢崔亭伯集一卷　〔漢〕崔駰撰
張河間集二卷　〔漢〕張衡撰
漢蘭臺令李伯仁集(一名李蘭臺集)一卷　〔漢〕李尤撰
東漢馬季長集一卷　〔漢〕馬融撰
東漢荀侍中集一卷　〔漢〕荀悦撰
蔡中郎集二卷　〔漢〕蔡邕撰
東漢王叔師集一卷　〔漢〕王逸撰
孔少府集一卷　〔漢〕孔融撰
諸葛丞相集一卷　〔三國蜀〕諸葛亮撰
魏武帝集一卷　〔三國魏〕武帝曹操撰
魏文帝集二卷　〔三國魏〕文帝曹丕撰
陳思王集二卷　〔三國魏〕曹植撰
陳記室集一卷　〔漢〕陳琳撰
王侍中集一卷　〔三國魏〕王粲撰

魏阮元瑜集一卷 〔三國魏〕阮瑀撰
魏劉公幹集一卷 〔三國魏〕劉楨撰
魏應德璉集一卷 〔三國魏〕應瑒撰
魏應休璉集一卷 〔三國魏〕應璩撰
阮步兵集一卷 〔三國魏〕阮籍撰
嵇中散集一卷 〔三國魏〕嵇康撰
魏鍾司徒集一卷 〔三國魏〕鍾會撰
晋杜征南集一卷 〔晋〕杜預撰
魏荀公曽集一卷 〔晋〕荀勗撰
傅鶉觚集一卷 〔晋〕傅玄撰
晋張司空集(一名張茂先集)一卷 〔晋〕張華撰
孫馮翊集一卷 〔晋〕孫楚撰
晋摯太常集一卷 〔晋〕摯虞撰
晋束廣微集一卷 〔晋〕束晳撰
夏侯常侍集一卷 〔晋〕夏侯湛撰
潘黄門集一卷 〔晋〕潘嶽撰
傅中丞集一卷 〔晋〕傅咸撰
潘太常集一卷 〔晋〕潘尼撰
陸平原集二卷 〔晋〕陸機撰
陸清河集二卷 〔晋〕陸雲撰
晋成公子安集一卷 〔晋〕成公綏撰
晋張孟陽集一卷 〔晋〕張載撰
晋張景陽集一卷 〔晋〕張協撰
晋劉越石集一卷 〔晋〕劉琨撰
郭弘農集二卷 〔晋〕郭璞撰
晋王右軍集二卷 〔晋〕王羲之撰
晋王大令集一卷 〔晋〕王獻之撰
孫廷尉集一卷 〔晋〕孫綽撰
陶彭澤集一卷 〔晋〕陶潜撰
宋何衡陽集一卷 〔南朝宋〕何承天撰
宋傅光禄集一卷 〔南朝宋〕傅亮撰
謝康樂集二卷 〔南朝宋〕謝靈運撰
顔光禄集一卷 〔南朝宋〕顔延之撰
鮑參軍集二卷 〔南朝宋〕鮑照撰
宋袁陽源集一卷 〔南朝宋〕袁淑撰
謝法曹集一卷 〔南朝宋〕謝惠連撰
謝光禄集一卷 〔南朝宋〕謝莊撰
南齊竟陵王集二卷 〔南朝齊〕蕭子良撰
王文憲集一卷 〔南朝齊〕王儉撰
王寧朔集一卷 〔南朝齊〕王融撰
謝宣城集一卷 〔南朝齊〕謝眺撰
齊張長史集一卷 〔南朝齊〕張融撰
南齊孔詹事集一卷 〔南朝齊〕孔稚珪撰
梁武帝御製集一卷 〔南朝梁〕武帝蕭衍撰
梁昭明太子集一卷 〔南朝梁〕蕭統撰
梁簡文帝御製集二卷 〔南朝梁〕簡文帝蕭綱撰
梁元帝集一卷 〔南朝梁〕元帝蕭繹撰
江醴陵集二卷 〔南朝梁〕江淹撰
沈隱侯集二卷 〔南朝梁〕沈約撰
陶隱居集一卷 〔南朝梁〕陶弘景撰
梁丘司空集一卷 〔南朝梁〕丘遲撰
任中丞集一卷 〔南朝梁〕任昉撰
王左丞集一卷 〔南朝梁〕王僧孺撰
陸太常集一卷 〔南朝梁〕陸倕撰
劉户曹集一卷 〔南朝梁〕劉峻撰
王詹事集一卷 〔南朝梁〕王筠撰
劉秘書集一卷 〔南朝梁〕劉孝綽撰
劉豫章集一卷 〔南朝梁〕劉潜撰
劉庶子集一卷 〔南朝梁〕劉孝威撰
庾度支集一卷 〔南朝梁〕庾肩吾撰

何記室集一卷　〔南朝梁〕何遜撰
吴朝請集一卷　〔南朝梁〕吴均撰
陳後主集一卷　〔南朝陳〕後主陳叔寶撰
徐僕射集一卷　〔南朝陳〕徐陵撰
沈侍中集一卷　〔南朝陳〕沈炯撰
江令君集一卷　〔南朝陳〕江總撰
陳張散騎集一卷　〔南朝陳〕張正見撰
高令公集一卷　〔北魏〕高允撰
温侍讀集一卷　〔北魏〕温子昇撰
邢特進集一卷　〔北齊〕邢邵撰
魏特進集一卷　〔北齊〕魏收撰
庾開府集二卷　〔北周〕庾信撰
王司空集一卷　〔北周〕王褒撰
隋煬帝集一卷　〔隋〕煬帝楊廣撰
盧武陽集一卷　〔隋〕盧思道撰
李懷州集一卷　〔隋〕李德林撰
牛奇章集一卷　〔隋〕牛弘撰
薛司隸集一卷　〔隋〕薛道衡撰

五朝詩别裁集　　AC149 Zcl 4548

〔清〕沈德潛選評

清乾隆間刻本　四十册

半葉 8 行 16 字,小字雙行字同,白口,四周單邊,單黑魚尾,半框高 9.6 釐米,寬 7.5 釐米。版心上鎸書名,中鎸卷次,下鎸葉碼。

鈐有"湘右學塾書藏之印""潮安吴氏懷軒楚碧書畫珍藏"印。

子目:
重訂唐詩别裁集二十卷
宋詩别裁八卷
元詩别裁八卷附補遺一卷
明詩别裁集十二卷
欽定國朝詩别裁集三十二卷

初唐四傑集三十七卷　　AC149 Zcl 45

〔清〕項家達輯

清咸豐六年(1856)儒雅堂刻本　十册

鈐有"哲如陳慶保藏書"印。

子目:
盧昇之集七卷　〔唐〕盧照鄰撰
駱丞集四卷　〔唐〕駱賓王撰
楊盈川集十卷　〔唐〕楊炯撰
王子安集十六卷　〔唐〕王勃撰

初唐四傑文集二十一卷　　AC149 Zcl 101

〔清〕項家達輯

清光緒五年(1879)淮南書局刻本　四册

鈐有"馬鑒之印""馬氏老學齋劫餘文物"印。

子目:
王勃文集九卷　〔唐〕王勃撰
楊炯文集七卷　〔唐〕楊炯撰
盧照鄰文集二卷　〔唐〕盧照鄰撰
駱賓王文集三卷　〔唐〕駱賓王撰

唐人三家集三種二十六卷　　2221/1—3

〔清〕秦恩復輯

清道光十年(1830)江都石研齋影宋刻本　三册

鈐有"南洋大學圖書館藏書""大興傅氏收藏印""傅氏藏本""長寧閣藏書""放慵樓"印。

子目：

駱賓王文集十卷 〔唐〕駱賓王撰

吕衡州文集十卷 〔唐〕吕温撰

李元賓文集六卷 〔唐〕李觀撰

又一部 六册 2221—2/1—6

唐四家集 AC149 Zcl 413—416

〔明〕毛晋輯

清光緒十年(1884)上海同文書局石印本 四册

鈐有"陶邵學印""匹東甄録圖籍""邵學私印"印。

子目：

高常侍集十卷 〔唐〕高適撰

孟浩然集四家 〔唐〕孟浩然撰

岑嘉州集八卷 〔唐〕岑參撰

王摩詰集六卷 〔唐〕王維撰

唐人五十家小集 2214/1—12

〔清〕江標輯

清光緒二十一年(1895)湖南使院江氏靈鶼閣影宋刻本 十二册

鈐有"南洋大學圖書館藏書""黄氏借竹宧藏書"印。

子目：

王勃集二卷 〔唐〕王勃撰

楊炯集二卷 〔唐〕楊炯撰

盧照鄰集二卷 〔唐〕盧照鄰撰

駱賓王集二卷 〔唐〕駱賓王撰

唐司空文明詩集三卷 〔唐〕司空曙撰

李端詩集三卷 〔唐〕李端撰

耿湋詩集一卷 〔唐〕耿湋撰

嚴維詩集一卷 〔唐〕嚴維撰

唐靈一詩集一卷 〔唐〕釋靈一撰

唐皎然詩集一卷 〔唐〕釋皎然撰

華陽真逸詩二卷 〔唐〕顧况撰

戎昱集詩一卷 〔唐〕戎昱撰

戴叔倫集二卷 〔唐〕戴叔倫撰

權德輿集二卷 〔唐〕權德輿撰

羊士諤詩集一卷 〔唐〕羊士諤撰

吕衡州詩集一卷 〔唐〕吕温撰

朱慶餘詩集一卷 〔唐〕朱慶餘撰

劉滄詩集一卷 〔唐〕劉滄撰

盧仝詩集三卷 〔唐〕盧仝撰

喻鳧詩集一卷 〔唐〕喻鳧撰

項斯詩集一卷 〔唐〕項斯撰

唐求詩集一卷 〔唐〕唐求撰

祠部郎曹鄴詩集二卷 〔唐〕曹鄴撰

崔塗詩集一卷 〔唐〕崔塗撰

張蠙詩集一卷 〔唐〕張蠙撰

劉駕詩集一卷 〔唐〕劉駕撰

唐李推官披沙集六卷 〔唐〕李咸用撰

劉叉詩集三卷 〔唐〕劉叉撰

蘇拯詩集一卷 〔唐〕蘇拯撰

章孝標詩集一卷 〔唐〕章孝標撰

于濆詩集一卷 〔唐〕于濆撰

李丞相詩集二卷 〔唐〕李建勳撰

唐女郎魚玄機詩一卷 〔唐〕魚玄機撰

唐貫休詩集一卷 〔唐〕釋貫休撰

唐齊己詩集一卷 〔唐〕釋齊己撰

僧無可詩集二卷 〔唐〕釋無可撰

劉兼詩集一卷 〔唐〕劉兼撰

王周詩集一卷 〔唐〕王周撰

儲嗣宗詩集一卷 〔唐〕儲嗣宗撰

章碣詩集一卷 〔唐〕章碣撰

李遠詩集一卷　〔唐〕李遠撰
會昌進士詩集一卷　〔唐〕馬戴撰
林寬詩集一卷　〔唐〕林寬撰
羅鄴詩集一卷　〔唐〕羅鄴撰
秦韜玉詩集一卷　〔唐〕秦韜玉撰
殷文珪詩集一卷　〔唐〕殷文珪撰
唐尚顔詩集一卷　〔唐〕釋尚顔撰
于武陵詩集一卷　〔唐〕于鄴撰
無名氏詩集一卷
張司業樂府集一卷　〔唐〕張籍撰

又一部　十二册　2214—2/1—16

又二部　十六册　AC149 Zcl 502

十種唐詩選十五卷　AC149 Zcl 590

〔清〕王士禎删纂

清康熙三十一年(1692)刻本　五册

半葉10行19字,黑口,左右雙邊,單黑魚尾,半框高16.4釐米,寬13.4釐米。版心鎸子目及葉碼。

卷端題“河嶽英靈集,唐殷璠元本,新城王士禎删纂”。卷首依次有清徐乾學《十種唐詩選序》;清盛符升撰《序》;清尤侗撰《序》;清韓菼撰《序》;總目。《才調集》卷首有清王士禎撰《才調集選序》。《唐文粹詩選》卷首有清康熙二十六年(1687)《唐文粹詩選序》,署“康熙丁卯孟秋月濟南王士禎校於□□□□”。卷末依次有清康熙三十一年《十種唐詩選書後》,署“康熙三十一年嘉平月徐乾學健菴書”;清郎廷槐撰《跋》。

子目:
河嶽英靈集一卷　〔唐〕殷璠撰
中興間氣集一卷　〔唐〕高仲武撰
國秀集一卷　〔唐〕芮挺章撰
篋中集一卷　〔唐〕元結撰
搜玉集一卷
御覽詩集一卷　〔唐〕令狐楚撰
極玄集一卷　〔唐〕姚合撰
又玄集　〔唐〕韋莊撰
才調集　〔後蜀〕韋縠輯
唐文粹詩選　〔宋〕姚鉉撰

三二家宫詞不分卷　1758/1

〔明〕毛晋編

清同治十二年(1873)淮南書局重刻本　二册

鈐有“南洋大學圖書館藏書”印。

子目:
三家宫詞
宫詞一百首　〔唐〕王建撰
宫詞一百首　〔後蜀〕花蕊夫人撰
宫詞一百首　〔宋〕王珪撰
二家宫詞
宫詞三百首　〔宋〕徽宗趙佶撰
宫詞五十首　〔宋〕恭聖皇后楊桂枝撰

三宋人集四十七卷　2269/1—8

〔清〕方功惠輯

清光緒七年(1881)碧琳瑯館校刻本　八册

鈐有“南洋大學圖書館藏書”印。

子目:
河東集十五卷附録一卷　〔宋〕柳開撰
河南集二十七卷　〔宋〕尹洙撰
穆參軍集三卷附録遺事一卷　〔宋〕穆修撰

三宋人集四十八卷 AC149 Zcl 451

〔清〕方功惠輯

清光緒七年(1881)碧琳瑯館刻本

五册

鈐有"陳慶保"印。

子目:

河東先生集十五卷附行狀一卷 〔宋〕柳開撰 〔宋〕柳開編

穆參軍集三卷附録遺事一卷 〔宋〕穆修撰 〔宋〕祖無擇編

河南先生文集二十七卷附録一卷 〔宋〕尹洙撰

南宋群賢小集八十種 AC149 Zcl 152

〔宋〕陳起編 〔清〕顧修輯

清嘉慶六年(1801)讀畫齋重刻本

三十八册

鈐有"鄞馬鑒季明藏""馬鑒"印。

子目:

巽齋小集一卷 〔宋〕危稹撰

雪坡小稿二卷 〔宋〕羅與之撰

菊磵小集一卷 〔宋〕高翥撰

梅屋吟一卷 〔宋〕鄒登龍撰

北窗詩稿一卷 〔宋〕余觀復撰

鷗渚微吟一卷 〔宋〕趙崇鉘撰

學吟一卷 〔宋〕朱南傑撰

雅林小稿一卷 〔宋〕王琮撰

菊潭詩集一卷 〔宋〕吴惟信撰

庸齋小集一卷 〔宋〕沈説撰

學詩初稿一卷 〔宋〕王同祖撰

西麓詩稿一卷 〔宋〕陳允平撰

橘潭詩稿一卷 〔宋〕何應龍撰

吾竹小稿一卷 〔宋〕毛珝撰

皇荂曲一卷 〔宋〕鄧林撰

梅屋詩稿一卷 〔宋〕許棐撰

融春小綴一卷 〔宋〕許棐撰

梅屋三稿一卷 〔宋〕許棐撰

梅屋四稿一卷 〔宋〕許棐撰

竹莊小稿一卷 〔宋〕胡仲參撰

東齋小集一卷 〔宋〕陳鑒之撰

芸隱横舟稿一卷 〔宋〕施樞撰

芸隱倦遊稿一卷 〔宋〕施樞撰

竹所吟稿一卷 〔宋〕徐集孫撰

雲卧詩集一卷 〔宋〕吴汝弌撰

適安藏拙餘稿一卷 〔宋〕武衍撰

適安藏拙乙稿一卷 〔宋〕武衍撰

疏寮小集一卷 〔宋〕高似孫撰

靖逸小集一卷 〔宋〕葉紹翁撰

秋江煙草一卷 〔宋〕張弋撰

雪林删餘一卷 〔宋〕張至龍撰

癖齋小集一卷 〔宋〕杜旃撰

招山小集一卷 〔宋〕劉仙倫撰

看雲小集一卷 〔宋〕黄文雷撰

抱拙小稿一卷 〔宋〕趙希楷撰

檜庭吟稿一卷 〔宋〕葛起耕撰

骳稿一卷 〔宋〕利登撰

雲泉詩一卷 〔宋〕薛嵎撰

無懷小集一卷 〔宋〕葛天民撰

漁溪詩稿二卷 〔宋〕俞桂撰

漁溪乙稿一卷 〔宋〕俞桂撰

小山集一卷 〔宋〕劉翰撰

雪聰小集一卷 〔宋〕張良臣撰

斗野稿支卷一卷 〔宋〕張蘊撰

露香拾稿一卷 〔宋〕黄大受撰

竹溪十一稿詩選一卷 〔宋〕林希逸撰

臞翁詩集二卷 〔宋〕敖陶孫撰

静佳乙稿一卷 〔宋〕朱繼芳撰

静佳龍尋稿一卷　〔宋〕朱繼芳撰
山居存稿一卷　〔宋〕陳必復撰
端隱吟稿一卷　〔宋〕林尚仁撰
雪蓬稿一卷　〔宋〕姚鏞撰
心遊摘稿一卷　〔宋〕劉翼撰
雪巖吟草一卷　〔宋〕宋伯仁撰
石屏續集四卷　〔宋〕戴復古撰
順適堂吟稿五卷　〔宋〕葉茵撰
龍洲集一卷　〔宋〕劉過撰
白石道人詩一卷附詩説一卷諸賢酬贈詩一卷　〔宋〕姜夔撰
孝詩一卷　〔宋〕林同撰
蒙泉詩稿一卷　〔宋〕李濤撰
方泉先生詩集三卷　〔宋〕周文璞撰
瓜廬詩一卷　〔宋〕薛師石撰
野谷詩集六卷　〔宋〕趙汝鐩撰
端平詩雋四卷　〔宋〕周弼撰
梅花衲一卷　〔宋〕李龏撰
翦綃集二卷　〔宋〕李龏撰
亞愚江浙紀行集句七卷　〔宋〕釋紹嵩撰
采芝集一卷　〔宋〕釋斯植撰
采芝集續集一卷　〔宋〕釋斯植撰
雲泉詩集一卷　〔宋〕釋永頤撰
芸居乙稿一卷　〔宋〕陳起撰
增廣高僧詩選前集一卷後集三卷續集一卷　〔宋〕陳起編
前賢小集拾遺五卷　〔宋〕陳起編
雪磯叢稿五卷　〔宋〕樂雷發撰
退菴遺集二卷　〔宋〕吴淵撰
葦碧軒集一卷　〔宋〕翁卷撰
清苑齋集一卷　〔宋〕趙師秀撰
芳蘭軒集一卷　〔宋〕徐照撰
二薇亭集一卷　〔宋〕徐璣撰
中興群公吟稿戊集七卷　〔宋〕陳起輯

石蓮盦彙刻九金人集九種

AC149 Zcl 1330

〔清〕吴重憙輯

清宣統元年(1909)刻本　三十六册

子目：

拙軒集六卷　〔金〕王寂撰
滏水集二十卷札記二卷附録一卷　〔金〕趙秉文撰
滹南集四十五卷　〔金〕王若虛撰
莊靖集十卷　〔金〕李俊民撰
遺山集四十卷附録一卷補載一卷年譜四卷新樂府五卷　〔金〕元好問撰
續夷堅志四卷　〔金〕元好問撰
明秀集三卷補一卷　〔金〕蔡松年撰
二妙集八卷逸文一卷摭遺一卷　〔金〕段成己、段克己撰
天籟集二卷　〔金〕白樸撰

弘正四傑詩集七十卷　**2292/1—16**

〔清〕張祖同輯

清光緒二十一年(1895)長沙張氏湘雨樓刻本　十六册

鈐有“南洋大學圖書館藏書”印。

子目：

李空同詩集三十二卷　〔明〕李夢陽撰
何大復詩集二十六卷　〔明〕何景明撰
邊華泉詩集七卷附録一卷　〔明〕邊貢撰

徐迪功詩集四卷 〔明〕徐禎卿撰

又一部 十六册 **AC149 Zcl 104**

鈐有"子子孫孫永寶""國喬""程維翰印""汪希文印""吟紅室藏"印。

又二部 二十册 **AC149 Zcl 104a**

國初十家詩鈔 2306

〔清〕王相輯

清道光十年(1830)信芳閣刻本 十八册

鈐有"百華卍卷草堂"印。

子目:

静惕堂詩八卷 〔清〕曹溶撰

賴古堂詩十二卷 〔清〕周亮工撰

南田詩五卷 〔清〕惲壽平撰

采山堂詩八卷 〔清〕周篔撰

十笏草堂詩四卷 〔清〕王士禄撰

遺山詩四卷 〔清〕高咏撰

青門詩十卷 〔清〕邵長蘅撰

陋軒詩六卷 〔清〕吴嘉紀撰

甖壘山人詩十卷 〔清〕徐昂發撰

弱水詩八卷 〔清〕屈復撰

新安二江先生集八卷附二卷

AC149 Zcl 3540

〔清〕江振鴻輯

清嘉慶九年(1804)揚州康山草堂刻本 一册

子目:

隨月讀書樓集三卷(存下卷) 〔清〕江春撰

晴綺軒集二卷 〔清〕江昉撰

練溪漁唱二卷(缺) 〔清〕江昉撰

集山中白雲詞一卷(缺) 〔清〕江昉撰

附

玉華詩鈔一卷(缺) 〔清〕江振鷺撰

文峰遺稿一卷(缺)〔清〕江振先撰

受經堂彙稿五種 114/1—4

〔清〕楊紹文輯

清道光四年(1824)刻本 四册

鈐有"巴陵方氏碧琳琅館藏書""南洋大學圖書館藏書""九鐘精舍藏書""方功惠藏書印"印。

子目:

茗柯文五卷 〔清〕張惠言撰

竹鄰遺稿二卷 〔清〕金式玉撰

齊物論齋賦一卷 〔清〕董士錫撰

安甫遺學三卷 〔清〕江承之撰

雲在文稿一卷 〔清〕楊紹文撰

七家試帖輯注彙鈔七種

AC149 Zcl 1228—1232

〔清〕張熙宇輯評 〔清〕王植桂輯注

清同治十一年(1872)京都琉璃廠刻本 八册

子目:

澹香齋試帖輯注一卷 〔清〕王廷紹撰

簡學齋試帖輯注一卷 〔清〕陳沆撰

尚絅堂試帖輯注一卷 〔清〕劉嗣綰撰

修竹齋試帖輯注一卷 〔清〕那清安撰

桐雲閣試帖輯注二卷 〔清〕楊庚撰

西漚試帖輯注二卷 〔清〕李惺撰

樫花館試帖輯注一卷 〔清〕路德撰

王批增注七家試帖輯注彙鈔七種 831.75 112

〔清〕張熙宇輯評　〔清〕王植桂輯注

清光緒十一年(1885)打磨廠文興堂刻本　八册

鈐有"南洋大學圖書館藏書"印。

子目:

澹香齋試帖輯注一卷　〔清〕王廷紹撰

西漚試帖輯注二卷　〔清〕李惺撰

桐雲閣試帖輯注二卷　〔清〕楊庚撰

尚絅堂試帖輯注一卷　〔清〕劉嗣綰撰

樫花館試帖輯注一卷　〔清〕路德撰

簡學齋試帖輯注一卷　〔清〕陳沆撰

修竹齋試帖輯注一卷　〔清〕那清安撰

通代之屬

文選六十卷文選考異十卷 5236.03 1406

〔南朝梁〕蕭統撰　〔唐〕李善注　〔清〕胡克家重校

清同治八年(1869)廣東省内城龍藏街萃文堂刻本　二十四册

又一部　二十四册　5236.03 1406

又二部　二十四册　830 514—05

鈐有"開平羅氏仲子鈞碩珍藏"印。

文選六十卷文選考異十卷 830 514—09

〔南朝梁〕蕭統撰　〔唐〕李善注

清同治八年(1869)湖北崇文書局重刻本　二十四册

鈐有"義安學院圖書館章""南洋大學圖書館藏書"印。

文選六十卷 5236.03 1406

〔南朝梁〕蕭統撰　〔唐〕李善注　〔清〕葉樹藩參訂

清晚期羊城翰墨園重刻朱墨套印本　十二册

選學膠言二十卷 AC149 Zcl 1885

〔清〕張雲璈撰

清道光二年(1822)刻本　八册

文選集釋二十四卷 AC149 Zcl 1149

〔清〕朱珔撰　〔清〕朱葆元、朱應坊校字

清光緒元年(1875)涇川朱氏梅材家塾刻本　十二册

鈐有"天均之室收藏校訂印""齊安林氏逸聖收藏金石書畫之記""余英之印""易氏經籍金石書畫記""忠籙私印""均室校讀"印。

又一部　十二册　830.07 827

鈐有"南洋大學圖書館藏書"印。

文選旁證四十六卷 AC149 Zcl 977

〔清〕梁章鉅撰

清光緒八年(1882)吴下重刻本　十六册

文選筆記八卷首附密齋隨録一卷 AC149 Zcl 79

〔清〕許巽行撰

清光緒五至十年(1879—1884)許嘉德杭州任有容齋刻本　六册

古文苑二十一卷 AC149 Zcl 108

〔宋〕章樵注 〔清〕李錫齡校刊

清光緒十四年(1888)長沙惜陰書局重刻本 四册

鈐有"鄞馬鑒季明藏""馬鑒讀"印。

按:清李錫齡輯《惜陰軒叢書》之零種。

重訂張天如古文删存十卷 AC149 Zcl 141

〔明〕張溥删閲 〔清〕趙古農重訂

明末刻本重裝本 三十册

半葉 9 行 19 字,小字雙行字同,白口,左右雙邊,單黑魚尾,半框高 20.1 釐米,寬 14.2 釐米。版心上鎸"廣文選删",中鎸卷次,下鎸葉碼,天頭鎸有評文。

卷端題"廣文選删,明太倉張溥删閲"。内封墨筆手寫題"重訂張天如古文删存"。卷首依次有清道光八年(1828)墨筆手寫《重訂張天如古文删存弁言》,署"道光八年戊子冬十月望巢阿老人書於抱影吟軒";墨筆手寫目録。

按:此本爲清人用明本《廣文選删》等重訂而成,各卷篇章順序與原板異,每卷卷首均有手寫重訂後目録。

古文奇賞二十二卷續古文奇賞三十四卷 AC149 Zra 12—13

〔明〕陳仁錫選評

明萬曆天啓間刻本 二十八册

半葉 10 行 20 字,小字雙行字同,白口,四周單邊,無魚尾,無界行,半框高 20 釐米,寬 14.6 釐米。版心上鎸書名,中鎸卷次、篇章名及葉碼,下鎸分類名及刻字字數。

卷端題"古文奇賞,古吴陳仁錫選評"。卷首依次有明萬曆四十六年(1618)《古文奇賞自序》,署"萬曆戊午孟冬日長洲陳仁錫書於問龍館";《古文奇賞略紀》;目録。

《續古文奇賞》卷首依次有明天啓元年(1621)《續古文奇賞序》,署"天啓辛酉長洲陳仁錫書於潜確居";目録。

鈐有"物部清印""字廉閬""五□之印""□□"印。

續古文苑二十卷 AC149 Zcl 454

〔清〕孫星衍撰

清光緒十一年(1885)白堤八字橋朱氏槐廬家塾刻本 八册

鈐有"馬鑒之印""孫溪逸士過眼"印。

古文選七種 621.73 951

〔清〕儲欣評

清乾隆七至十年(1742—1745)受祉堂刻本 三十二册

半葉 8 行 25 字,白口,左右雙邊,無魚尾,無界行,半框高 20.1 釐米,寬 11 釐米。版心上鎸書名,中鎸子目,下鎸葉碼。

《左傳選》卷端題"左傳選,宜興儲欣同人評,男芝五采參述,門下後學徐永公遜、董南紀宗少、孫男掌文曰虞校訂",内封題"乾隆壬戌新鎸,宜興儲同人先生評,翻刻必究,左傳選,受祉堂藏板"。

《公穀選》内封題"乾隆乙丑重鎸,宜興儲同人先生評,翻刻必究,公穀選,受祉堂藏板"。

《史記選》卷端題“史記選，宜興儲欣同人評，男芝五采參述，門下後學吴振乾文巖、徐永勳公遜、董南紀宗少、孫男掌文曰虞校訂”。内封題“乾隆十年新鐫，宜興儲同人先生評，翻刻必究，史記選，受祉堂藏板”。

《國語選》卷端題“國語選，宜興儲欣同人評，男芝五采參述，門下後學任環篛紈、徐遇仙書田、史章期荆少、吴景熹敦安、孫男掌文曰虞校訂”。内封題“乾隆乙丑重鐫，宜興儲同人先生評，翻刻必究，國語選，受祉堂藏板”。

《戰國策選》卷端題“戰國策選，宜興儲欣同人評，男芝五采參述，門下後學吴振乾文巖、徐永勳公遜、董南紀宗少、孫男掌文曰虞校訂”。内封題“乾隆乙丑新鐫，宜興儲同人先生評，翻刻必究，戰國策選，受祉堂藏板”。

《西漢文選》卷端題“西漢文選，宜興儲欣同人評，男芝五采參述，門下後學吴振乾文巖、徐永勳公遜、董南紀宗少、孫男掌文曰虞校訂”。内封題“乾隆十年新鐫，宜興儲同人先生評，翻刻必究，西漢書文選，受祉堂藏板”。

《唐宋八大家類選》卷端題“唐宋八大家類選，宜興儲欣同人評，男芝五采參述，門下後學吴振乾文巖、徐永勳公遜、董南紀宗少、孫男掌文曰虞校訂”。内封題“乾隆乙丑新鐫，宜興儲同人先生評，翻刻必究，唐宋八大家類選，受祉堂藏板”。

鈐有“青森縣中教院”“南洋大學圖書館藏書”“葛西”印。

子目：

左傳選一卷

公穀選一卷

史記選六卷

國語選一卷

戰國策選一卷

西漢文選四卷

唐宋八大家類選十四卷

古文詞略二十四卷　　AC149 Zcl 1002

〔清〕梅曾亮輯

清同治六年(1867)合肥李氏校刻本　六册

琴筑同聲集四卷補録一卷附録一卷　　AC149 Zcl 568

〔清〕周行編　〔清〕謝仁溥校刊

清咸豐十一年(1861)關中刻本　二册

樂府詩集一百卷　　AC149 Zcl 68

〔宋〕郭茂倩編

清初毛氏汲古閣刻本　十四册

半葉11行21字，黑口，左右雙邊，單黑魚尾，半框高19.1釐米，寬14.5釐米。版心鐫“樂府”、卷次及葉碼，每卷首頁和末頁版心處鐫“汲古閣毛氏正本”。

卷端題“樂府詩集，太原郭茂倩編次”。内封題“宋本勘定，郭茂倩樂府，汲古閣藏”。卷首依次有元至元六年(1340)《樂府詩集序》，署“至元六年十二月□□日永嘉李孝光謹序”；目録。每卷卷末題“東吴毛晋訂正，男扆再訂”。

鈐有“鄞馬鑒季明藏”“馬鑒之印”“馬氏老學齋劫餘文物”印。

樂府詩集一百卷目録二卷　5237.05 3835

〔宋〕郭茂倩編

清同治十三年(1874)崇文書局重刻本　十六册

又一部　十六册　　AC149 Zcl 65

鈐有"陳慶保"印。

又二部　十六册　　AC149 Zcl 65a

鈐有"華影詞□""聽劍謹讀"印。

瀛奎律髓四十九卷　　AC149 Zcl 4448

〔元〕方回選　〔清〕吴之振重閲

清康熙五十二年(1713)黄葉邨莊刻本　十册

半葉10行19字,小字雙行25字,黑口,左右雙邊,雙黑魚尾,半框高16.4釐米,寬13釐米。版心上鎸書名,中鎸卷次、篇章名及葉碼。

卷端題"瀛奎律髓,宋紫陽方虚谷先生選,州泉吴孟舉重閲"。内封題"黄葉邨莊重校,方虚谷瀛奎律髓,評注圈點悉依原本"。卷首依次有清康熙五十一年(1712)《序》,署"康熙壬辰小春月吉黄葉老人吴之振書於橙齋之西閣";清康熙五十二年《序》,署"康熙癸巳初夏苕溪沈邦貞滄孺識";清康熙五十二年《序》,署"康熙五十二年歲次癸巳仲夏商丘宋至撰";明成化三年(1467)《序》,署"成化三年龍集丁亥六月下澣皆春居士識";元至元二十年(1283)《瀛奎律髓原叙》,署"至元癸未良月旦日紫陽虚谷居士方回撰";清康熙五十一年《重刻律髓記言》,署"康熙壬辰孟冬之望語水後學吴寶芝瑞草識";目録。

鈐有"汪氏藏書""□源胡氏家藏書畫之印""望山樓藏書""潮安吴氏懷軒楚碧書畫珍藏""受益草廬藏書記"印。

瀛奎律髓刊誤四十九卷　AC149 Zcl 836

〔元〕方回選　〔清〕紀昀批點　〔清〕李光垣校刊

清嘉慶五年(1800)李氏雙桂堂刻本　十二册

鈐有"凡香樓""聖代寒儒""片山勤印""精堂""梅堂藏書"印。

佩文齋咏物詩選不分卷　　AC149 Zra 77

〔清〕張玉書等編纂

清康熙四十六年(1707)刻本　四十八册

半葉11行21字,黑口,左右雙邊,雙黑魚尾,半框高16.5釐米,寬11.7釐米。版心上鎸類名,中鎸書名及葉碼。

卷端題"佩文齋咏物詩選"。内封題"御定佩文齋咏物詩選"。卷首依次有清康熙四十五年(1706)《御製佩文齋咏物詩選序》,署"康熙四十五年六月二十一日";清康熙四十六年《御定佩文齋咏物詩選告成進呈表》,署"康熙四十六年三月初一日翰林院編修臣高輿謹上表";編纂人名録;總目。

鈐有"緑雪洞圖書記"印。

御定歷代賦彙正集一百四十卷外集二十卷逸句二卷補遺二十二卷　AC149 Zra 41

〔清〕陳元龍編緝

清康熙四十五年(1706)刻本　六十四册

半葉11行21字,黑口,左右雙邊,單

黑魚尾,半框高 19. 2 釐米,寬 14. 6 釐米。版心鎸"歷代賦彙"、卷次、類目、篇名及葉碼。

卷端題"御定歷代賦彙,經筵日講官起居注詹事府詹事兼翰林院侍讀學士加三級臣陳元龍奉旨編緝"。内封題"御定歷代賦彙"。卷首依次有清康熙四十五年《御製歷代賦彙序》,署"康熙四十五年季三月二十日";清康熙四十五年《御定歷代賦彙告成進呈表》,署"康熙四十五年九月十二日經筵日講官起居注詹事府詹事兼翰林院侍讀學士加三級臣陳元龍謹上表";凡例;目録。

又一部　四十八册　AC149 Zcl 3545

斯文精萃不分卷　AC149 Zcl 1161

〔清〕尹繼善輯

清乾隆間刻本　八册

半葉 9 行 24 字,白口,四周單邊,無魚尾,無界行,半框高 18. 8 釐米,寬 12. 2 釐米。版心上鎸書名,中鎸文體名,下鎸葉碼。

卷端題"斯文精萃"。卷首有目次。

按:館藏存賦體一册、唐律詩一册、唐古體一册、唐絶句一册、唐文一册、宋文一册、四六一册、雜體一册,均不分卷。

古詩箋三十二卷　831 114—02

〔清〕王士禛編　〔清〕聞人倓箋

清乾隆三十一年(1766)芷蘭堂刻本　十二册

半葉 10 行 21 字,小字雙行字同,白口,左右雙邊,單黑魚尾,半框高 17. 2 釐米,寬 13. 6 釐米。版心上鎸書名,中鎸卷次,下鎸葉碼及"芷蘭堂"。

卷端題"五言詩,王阮亭先生選本,雲間聞人倓訥甫箋"。内封題"王阮亭先生選本,古詩箋,芷蘭堂藏板"。封面墨筆題"古詩箋三十二卷,乾隆三十一年芷蘭堂原刻本,高齋題識",末鈐"高齋"朱印。卷首依次有清姜宸英撰《阮亭選古詩原序》;清乾隆三十一年《序》,署"乾隆三十一年夏四月二十一日雲間聞人倓題於采秀詩屋";《古詩箋》發凡;凡例;總目。

漁洋山人古詩選三十二卷惜抱軒今體詩選十八卷　AC149 Zcl 1875

〔清〕王士禛選　(惜抱軒今體詩選)〔清〕姚鼐輯

清同治五年(1866)金陵書局刻本　十册

漁洋山人古詩選五十卷　AC149 Zcl 431

〔清〕王士禛選

清同治五年(1866)金陵書局刻本　十册

按:含五言詩十七卷、七言詩十五卷、五言今體詩鈔九卷、七言今體詩鈔九卷。

古詩源十四卷　AC149 Zcl 1880

〔清〕沈德潛選

清康熙五十八年(1719)竹嘯軒刻本　四册

半葉 10 行 19 字,小字雙行 29 字,黑口,左右雙邊,單黑魚尾,半框高 17. 2 釐米,寬 13. 5 釐米。版心鎸書名、卷次及葉碼。

卷端題“古詩源，長洲沈德潛確士選”。内封題“長洲沈確士輯，古詩源，竹嘯軒藏板”。卷首依次有清康熙五十八年《序》，署“康熙己亥夏五月長洲沈德潛書於南徐之見山樓”；例言；參訂姓氏。

鈐有“馬鑒之印”“季明”印。

古詩源十四卷 AC149 Zcl 1450

〔清〕沈德潛選

清康熙五十八年（1719）藜照山館刻本 六册

半葉10行19字，小字雙行27字，黑口，左右雙邊，單黑魚尾，半框高17.3釐米，寬12釐米。版心鐫書名、卷次及葉碼。

卷端題“古詩源，長洲沈德潛確士選”。内封題“長洲沈確士評選，古詩源，藜照山館藏板”。卷首依次有清康熙五十八年《序》，署“康熙己亥夏五月長洲沈德潛書於南徐之見山樓”；例言；參訂姓氏。

古詩源十四卷 AC149 Zcl 795

〔清〕沈德潛選

清光緒十七年（1891）湖南經濟書局校刻本 四册

御選唐宋詩醇四十七卷目録二卷 831.41 716

〔清〕梁詩正等編纂

清乾隆二十五年（1760）珊城遺安堂重刻朱墨套印本 二十二册

半葉9行19字，白口，四周雙邊，單黑魚尾，無界行，半框高18.9釐米，寬14釐米。版心上鐫書名，中鐫卷次、詩人名及題目，下鐫葉碼。

卷端題“御選唐宋詩醇”。内封題“乾隆二十五年歲次庚辰奏明重刊，御選唐宋詩醇，珊城遺安堂藏板”。卷首依次有清乾隆十五年（1750）《御選唐宋詩醇序》，署“乾隆十五年庚午夏六月既望四日御筆”；清乾隆二十五年陳弘謀《奏請重刊表》，署“乾隆二十五年三月二十二日奏四月十七奉到”；校刻諸臣職名；凡例；目録。

鈐有“南洋大學圖書館藏書”印。

御選唐宋詩醇四十七卷目録二卷 AC149 Zcl 489

〔清〕梁詩正等編纂

清光緒七年（1881）浙江書局重刻本 二十册

歷朝詩約選九十三卷 AC149 Zcl 109

〔清〕劉大櫆纂

清光緒二十三年（1897）文徵閣刻本 二十二册

古唐詩合解十二卷附古詩二卷 831.41 114

〔清〕王堯衢注 〔清〕李模、李桓校

清雍正十年（1732）崇文堂刻本 六册

半葉10行21字，小字雙行字同，白口，左右雙邊，單黑魚尾，半框高19.9釐米，寬14.2釐米。版心上鐫書名，中鐫卷次，下鐫葉碼及“崇”。

卷端題“古唐詩合解，吴郡王堯衢翼雲注，門人李模宏遠、李桓廣心同校”。内封題“王阮亭先生原本，吴郡王翼雲先生注,後附古詩,唐詩合解箋注,崇文堂梓”。卷首依次有清雍正十年《序》,署“雍正壬子季春三月長洲王堯衢序”;凡例;目録。

鈐有“米内山藏書印”“南洋大學圖書館藏書”印。

古詩合解十二卷附古詩四卷 PL2531 Wyp. T

〔清〕王堯衢注 〔清〕李模、李桓校

清末善美堂刻本 五册

古詩賞析二十二卷 AC149 Zcl 802

〔清〕張玉穀選解

光緒十三年(1887)姑蘇思義堂刻本 八册

歷朝二十五家詩録三十七卷首一卷 AC149 Zcl 422

〔清〕鄒湘倜編 〔清〕李桓參訂

清光緒元年(1875)新化鄒氏得頤堂刻本 三十二册

東萊先生古文關鍵二卷 AC149 Zcl 1138

〔宋〕吕祖謙評 〔清〕蔡文子注 〔清〕徐樹屏考異

清光緒元年(1875)粵東番禺韓氏經畬草堂刻本 二册

古文析義十六卷 AC149 Zcl 1317

〔清〕林雲銘評注 〔清〕鄭郟等校

清光緒二十七年(1901)聯墨堂重刻本 十二册

聖祖欽定繙譯古文淵鑒十六卷 AC149 Zcl 909

〔清〕徐乾學等編注

清咸豐元年(1851)孟保刻本 十六册

古香齋新刻袖珍御選古文淵鑒六十四卷 835 948

〔清〕徐乾學等編注

清光緒十一年(1885)孔氏三十有三萬卷堂刻五色套印本 三十二册

鈐有“南洋大學圖書館藏書”印。

古文淵鑒六十四卷 AC149 Zcl 1334

〔清〕徐乾學等編注

清宣統二年(1910)學部圖書局影印本 二十四册

鈐有“馬鑒之印”印。

古文淵鑒六十四卷 AC149 Zcl 420

〔清〕徐乾學等編注

清刻五色套印本 三十二册

鈐有“哲如陳慶保藏書”印。

按:此本非康熙間内府刻本,爲後人仿刻,書中所鈐“稽古右文之章”“祖元生人”兩枚印章均爲摹刻。

唐宋八大家類選十四卷 AC149 Zcl 1027

〔清〕儲欣評 〔清〕儲芝參述 〔清〕吴振乾等校訂

清光緒十八年(1892)湖北官書處重刻本 六册

鈐有“苾蘅館藏”“齊安林氏逸聖收藏金石書畫之記”“字曰澤平”“張培愷

印”印。

古文快筆貫通録四卷 AC149 Zcl 399

〔清〕杭永年評解

清後期刻本　四册

古文觀止六卷 5238.08 6343

〔清〕吴興祚鑒定　〔清〕吴乘權、吴大職手録

清光緒二十八年(1902)善成堂刻本　六册

古文約選不分卷 AC149 Zcl 5

〔清〕方苞輯

清同治八年(1869)望三益齋重刻本　十二册

古文眉詮七十九卷 AC149 Zcl 456

〔清〕陳宏謀、吴牧園鑒定　〔清〕浦起龍論次　〔清〕程鍾、方楙福彙參

清光緒二十四年(1898)嶺南良産書屋重校刻本　二十六册

御選唐宋文醇五十八卷 AC149 Zcl 730

〔清〕高宗弘曆編選

清光緒三年(1877)楊昌濬浙江書局重刻本　二十四册

鈐有“静修文庫”印。

又一部　二十册　AC149 Zcl 1170

御選唐宋文醇五十八卷 835.41 716—02

〔清〕高宗弘曆選

清光緒二十三年(1897)巴蜀傳善成堂刻本　二十四册

忠雅堂評選四六法海八卷 AC149 Zcl 347

〔清〕蔣士銓評選

清光緒元年(1875)寄螺齋重刻本　八册

古文辭類纂七十五卷 5236.08 5803

〔清〕姚鼐纂集

清同治八年(1869)問竹軒刻本　十二册

又一部　十二册　AC149 Zcl 1710

古文辭類纂七十四卷續古文辭類纂三十四卷 AC149 Zcl 4256

〔清〕姚鼐纂集

清光緒三十三年(1907)上海商務印書館鉛印本　八册

鈐有“黄允銜印”“九十九峰山館主人”“勿菴”印。

又一部　六册　835 994—04

鈐有“南洋大學圖書館藏書”印。

按:《續古文辭類纂》館藏缺卷一至卷七、卷十七至卷三十四。

七十家賦鈔六卷 AC149 Zcl 754

〔清〕張惠言輯

清道光元年(1821)合河康紹鏞刻本　四册

全上古三代秦漢三國六朝文七百四十六卷 AC149 Zcl 2321

〔清〕嚴可均校輯

清光緒十九年(1893)廣州廣雅書局刻本　一百册

全上古三代秦漢三國六朝文七百四十一卷附韻編全文姓氏五卷　830.2 428—02

〔清〕嚴可均校輯

清光緒二十年(1894)黄岡王氏義莊刻本　一百册

鈐有"南洋大學圖書館藏書"印。

律賦必以集二卷　AC149 Zcl 98

〔清〕顧蒓輯

清光緒六年(1880)菊坡精舍重刻本　二册

[文章遊戲]初編八卷二編八卷三編八卷四編八卷　AC149 Zcl 170c

〔清〕繆艮輯

清嘉慶八年至道光元年(1803—1821)刻本　三十册

文章遊戲初編八卷二編八卷三編八卷四編八卷　AC149 Zcl 170a

〔清〕繆艮輯

清道光五年(1825)宏道堂重刻本　十六册

[文章遊戲]初編八卷二編八卷三編八卷四編八卷　AC149 Zcl 170/170b

〔清〕繆艮輯

清光緒二年(1876)經綸堂刻本　三十二册

駢體文鈔三十一卷　AC149 Zcl 46a

〔清〕李兆洛輯

清同治六年(1867)婁江徐氏刻本　十册

鈐有"芝圃珍藏""馬鑒讀""季耕鑒藏""剪淞閣""潘飛聲"印。

駢體文鈔三十一卷　AC149 Zcl 46

〔清〕李兆洛輯

清光緒八年(1882)滬上刻本　十册

鈐有"陳慶保""陽湖蔣氏珍藏"印。

乾坤正氣集五百七十四卷　9100.82 3333

〔清〕顧沅編選　〔清〕潘錫恩輯校

清道光二十八年(1848)袁江節署求是齋刻本　一百九十九册

鈐有"哲如陳慶保藏書"印。

按:館藏缺第一册,正文卷次不缺。

乾坤正氣集五百七十四卷　2170/1—200

〔清〕顧沅編選　〔清〕潘錫恩輯校

清道光二十八年(1848)袁江節署求是齋刻同治五年(1866)重印本　二百册

鈐有"南洋大學圖書館藏書"印。

批點唐宋八家鈔八卷　AC149 Zcl 1881

〔清〕高嵣集評

清道光十五年(1835)善成堂刻本　八册

經史百家雜鈔二十六卷　PL2451 Zgf

〔清〕曾國藩纂　〔清〕李鴻章校刊

清光緒二年(1876)傳忠書局刻本　十册

鈐有"馬宏山"印。

經史百家雜鈔二十六卷　AC149 Zcl 1090

〔清〕曾國藩纂　〔清〕李鴻章校刊

清光緒三十二年(1906)上海商務印書館鉛印本　十二册

賦學正鵠集釋十一卷　832.2 339

〔清〕李元度輯

清光緒八年(1882)崇文堂刻本　三册

鈐有"南洋大學圖書館藏書"印。

賦鈔箋略十五卷　AC149 Zcl 40

〔清〕雷琳、張杏濱箋

清道光五年(1825)賢文堂刻本　八册

古今小品續選十卷　AC149 Zcl 366

〔清〕樊屏編

清道光間抄本　五册

鈐有"陳慶保""遼陽將種""西侯""□□私印"印。

文苑菁華不分卷　AC149 Zcl 855

〔清〕蔣其章輯

清同治十二年(1873)鉛印本　八册

鈐有"馬鑒之印""半畝園曾存""竹雲山館""犢山父""竹雲""子孫永保"印。

古文分編集評初集五卷二集五卷三集八卷四集四卷　AC149 Zcl 295

〔清〕于在衡裁定　〔清〕于光華編

清光緒三年(1877)和安堂刻本　十八册

駢體南鍼十六卷　AC149 Zcl 342

〔清〕汪傳懿編

清光緒十一年(1885)刻本　八册

六朝文絜四卷　835.34 609—03

〔清〕許槤評選　〔清〕朱鈞參校

清光緒三年(1877)讀有用書齋刻朱墨套印本　二册

六朝文絜箋注十二卷　5328.38 1707

〔清〕許槤評選　〔清〕黎經誥箋注　〔清〕林群玉等參定

清光緒十五年(1889)刻本　四册

鈐有"許紹南印""霜月蟲音齋藏書"印。

八家四六文注八卷首一卷　AC149 Zcl 447

〔清〕許貞幹注

清光緒十七年(1891)刻本　十六册

鈐有"味青齋"印。

八家四六文注八卷附八家四六文補注一卷　AC149 Zcl 447a

〔清〕許貞幹注

清光緒十八年(1892)上海圖書集成印書局鉛印本　八册

鈐有"馬鑒之印"印。

律賦類纂十四卷　AC149 Zcl 472

〔清〕蘇興撰輯

清光緒二十七年(1901)思賢書局校刻本　八册

涵芬樓古今文鈔一百卷　835 441

〔清〕吴曾祺纂録

清宣統二年(1910)鉛印本　一百册

鈐有“南洋大學圖書館藏書”印。

斷代之屬

河嶽英靈集二集　AC149 Zcl 516

〔唐〕殷璠撰

清光緒四年(1878)遼陽賴豐烈校刻本　二册

鈐有“荆遺”印。

唐文粹一百卷補遺二十六卷　AC149 Zcl 1326

〔宋〕姚鉉纂

清光緒十六年(1890)杭州許氏榆園校刻本　二十四册

鈐有“馬鑒之印”印。

按:此書一名《文粹》。

又一部　二十册　AC149 Zcl 3546

鈐有“無竟先生獨志堂物”印。

唐文歸十卷　AC149 Zcl 967

〔明〕鍾惺輯　〔明〕楊彝參評

明崇禎間集賢堂刻本　十册

半葉9行26字,白口,四周單邊,無魚尾,無界行,半框高21.4釐米,寬12.4釐米。版心上鐫書名,中鐫卷次及葉碼,下鐫“集賢堂”,天頭鐫有評文。

卷端題“唐文歸,竟陵鍾惺伯敬父評次,古吴楊彝子常父參評”。卷首依次有明陶珽撰《唐宋文歸序》;明顧夢麟撰《唐宋文歸叙》;選例;總目;目録。

鈐有“宋有思襄日氏許藏寶書”“西在居”“陳慶保”“素行居”“字襄日”“宋有思印”“葉□之印”“宋有思藏”“哲如陳慶保藏書”“西在居記　字　號”“石湖隱者”印。

唐詩紀一百七十卷目録三十四卷　AC149 Zra 11

〔明〕方一元彙編　〔明〕方天眷重訂

明萬曆間刻本　十二册

半葉9行19字,小字雙行字同,白口,四周雙邊,單黑魚尾,半框高20.1釐米,寬13.6釐米。版心上鐫“詩紀”,中鐫篇章名、卷次及葉碼。

卷端題“初唐第一,唐詩紀,豫章李明睿閲,滁陽方一元彙編,海寧方天眷重訂”。卷首依次有明萬曆十三年(1585)《唐詩紀序》,署“萬曆乙酉秋九月七閩方沆撰”;目録。

按:館藏存初唐六十卷、目録十二卷,缺盛唐一百十卷、目録二十二卷。

唐賢三昧集三卷　831.41 113

〔清〕王士禛選　〔清〕吴煊、胡棠輯注　〔清〕黄培芳評

清光緒九年(1883)翰墨園刻朱墨套印本　三册

鈐有“那伽樓藏”“温珏”“南洋大學圖書館藏書”印。

中晚唐詩叩彈集十二卷續集三卷　AC149 Zra 36

〔清〕杜詔、杜庭珠輯

清康熙四十三年(1704)采山亭刻本　四册

半葉11行20字,小字雙行27字,白

口,四周單邊,單黑魚尾,半框高 18.9 釐米,寬 14.8 釐米。版心鎸書名、卷次及詩人名,下鎸葉碼、"采山亭"及刻工。

卷端題"中晚唐詩叩彈集,錫山杜詔紫綸、秀水杜庭珠詒穀集"。内封題"錫山杜紫綸、秀水杜詒穀同輯,中晚唐詩叩彈集,采山亭藏版"。卷首依次有康熙四十三年《序》,署"康熙甲申季秋恒齋秦松齡書";清杜詔撰《自序》;例言;目録。《續集》卷首依次有清杜庭珠撰《序》;目録。

鈐有"江陵毛氏所藏金石書畫之章""齊安林氏逸聖收藏金石書畫之記""中熙私印""筱東所藏""聊逍遥兮容與""筱東金石長壽""中熙"印。

全唐詩不分卷 831.41 668

〔清〕曹寅等編纂

清康熙四十六年(1707)刻本 一百二十册

半葉 11 行 21 字,小字雙行 32 字,黑口,左右雙邊,雙黑魚尾,半框高 16.6 釐米,寬 11.7 釐米。版心上鎸人名,中鎸書名及葉碼。卷首依次有清康熙四十六年《御製全唐詩序》,署"康熙四十六年四月十六日";參纂人職名;凡例;《進呈表》;目録。

鈐有"南洋大學圖書館藏書"印。

全唐詩不分卷 831.41 668—02

〔清〕曹寅等編纂

清光緒十三年(1887)上海同文書局石印本 三十二册

鈐有"南洋大學圖書館藏書"印。

唐詩金粉十卷 AC149 Zcl 483a

〔清〕沈炳震纂輯 〔清〕沈生倬、沈生霖訂正 〔清〕沈華錦讐校

清雍正二年(1724)冬讀書齋刻本 四册

半葉 11 行 22 字,小字雙行 34 字,白口,左右雙邊,單黑魚尾,半框高 19.1 釐米,寬 14.7 釐米。版心上鎸書名,中鎸卷次、篇章名、類别及葉碼,下鎸"冬讀書齋藏本"。

卷端題"唐詩金粉,歸安沈炳震東甫纂輯,男生倬雲將、生霖雨叔訂正,孫華錦榮斯讐校"。卷首依次有清雍正二年《唐詩金粉自序》,署"雍正甲辰閏夏歸安沈炳震東甫識";"唐詩金粉例";目録。

鈐有"解氏文字禪樓藏書印"印。

重訂唐詩别裁集三十二卷

AC149 Zcl 4548

〔清〕沈德潛編

乾隆二十八年(1763)元新堂刻本 四十册

半葉 8 行 16 字,小字雙行字同,白口,四周單邊,單黑魚尾,半框高 9.5 釐米,寬 7.5 釐米。版心上鎸"唐詩别裁集",中鎸卷次,下鎸葉碼。

卷端題"重訂唐詩别裁集,長洲沈德潛歸愚選"。内封題"長洲沈歸愚評選,重訂唐詩别裁集,元新堂藏板"。卷首依次有清乾隆二十八年《重訂唐詩别裁集序》,署"乾隆癸未秋七月長洲沈德潛題於鮮水之清曠樓";目次;凡例。

鈐有"湘父學塾書藏之印""潮安吴氏懷軒楚碧書畫珍藏"印。

唐詩三百首注疏六卷　5237.4 4992

〔清〕孫洙編　〔清〕章燮注　〔清〕孫孝根校正

清道光十五年(1835)文盛堂刻本　四册

鈐有“許紹南印”印。

唐詩三百首注釋六卷　AC149 Zcl 136

〔清〕孫洙編

清光緒十年(1884)湖南經濟書局刻本　三册

欽定全唐文一千卷總目三卷　AC149 Zcl 2322

〔清〕董誥等編纂

清嘉慶二十三年(1818)刻本　二百三十六册

唐人賦鈔六卷　AC149 Zcl 350

〔清〕程國仁、伊秉綬鑒定　〔清〕邱先德選　〔清〕邱士超箋

清嘉慶十八年(1813)文選樓刻本　六册

唐人賦鈔六卷　PL2519 Fu. Qxd

〔清〕程國仁、伊秉綬鑒定　〔清〕邱先德選　〔清〕邱士超箋

清光緒元年(1875)羊城福文堂刻本　六册

唐詩三百首續選不分卷　AC149 Zcl 242

〔清〕于慶元編　〔清〕于鼎元等校

清道光十七年(1837)經濟堂校刻本　一册

鈐有“馬鑒之印”印。

唐詩合選詳解十二卷　AC149 Zcl 466

〔清〕劉文蔚注釋

清光緒三年(1877)十七甫明經閣刻本　六册

宋文鑒一百五十卷目録三卷　AC149 Zcl 2323

〔宋〕吕祖謙編

清光緒十二年(1886)江蘇書局刻本　二十四册

忠義集七卷　5385 4671

〔元〕趙景良編

清同治光緒間孔氏嶽雪樓影抄本　一册

鈐有“印盧珍藏”印。

宋四名家詩不分卷　AC149 Zcl 30

〔清〕周之鱗、柴升選

清康熙間有文堂刻本　六册

半葉10行21字,小字雙行字同,黑口,左右雙邊,單黑魚尾,半框高18.5釐米,寬14.2釐米。版心鎸子目書名、詩體名及葉碼。

卷端題“東坡先生詩鈔,禹航周之鱗雪蒼、仁和柴升錦川仝選”。内封題“禹航周雪蒼、仁和柴錦川仝選,宋四名家詩,蘇東坡、黄山谷、范石湖、陸放翁,有文堂藏板”。卷首依次有清柴望撰《叙》;清柴升撰《東坡先生詩鈔序》;清周之鱗撰《東坡先生詩鈔序》;目次。

《山谷先生詩鈔》卷首依次有清柴升

撰《序》;清周之鱗撰《序》。

《石湖先生詩鈔》卷首依次有清周之鱗撰《序》;清柴升撰《序》。

《放翁先生詩鈔》卷首依次有清周之鱗撰《序》;清柴升撰《序》。

鈐有"曳尾堂圖書印""半澤文庫"印。

宋詩鈔初集不分卷　2257/1—40

〔清〕吴之振等選輯

清康熙間洲錢吴氏鑒古堂刻本　三十二册

半葉12行22字,黑口,左右雙邊,雙黑魚尾,半框高17.5釐米,寬13.8釐米。版心鎸選集名,下鎸葉碼。

内封題"吴孟舉、吕晚村、吴自牧同選,杭城錢塘學前對門有文堂老店書坊發兑,宋詩鈔初集,洲前吴氏鑒古堂藏"。卷首依次有清康熙十年(1671)《序》,署"康熙辛亥仲秋之朔洲錢吴之振書於鑒古堂";目録。

宋詩鈔四集

AC149 Zcl 1869a/1869b/1870/1871

〔清〕吴之振等選輯

清康熙十年(1671)州錢吴氏鑒古堂刻本　三十二册

半葉12行22字,黑口,左右雙邊,雙黑魚尾,半框高17.5釐米,寬13.6釐米。版心鎸選集名,下鎸葉碼。

《宋詩鈔初集》内封題"吴孟舉、吴自牧同選,宋詩鈔初集,州錢吴氏鑒古堂藏"。卷首依次有清康熙十年《序》,署"康熙辛亥仲秋之朔洲錢吴之振書於鑒古堂";清柴望撰《叙》;目録。

《宋詩鈔二集》内封題"吴孟舉、吴自牧同選,宋詩鈔二集,州錢吴氏鑒古堂藏"。

《宋詩鈔三集》内封題"吴孟舉、吴自牧同選,宋詩鈔三集,州錢吴氏鑒古堂藏"。

《宋詩鈔四集》内封題"吴孟舉、吴自牧同選,宋詩鈔四集,州錢吴氏鑒古堂藏"。

鈐有"石卿氏""夔拊""盱眙王錫元蘭生收藏經籍金石文字記"印。

宋四六選二十四卷　AC149 Zcl 780

〔清〕彭元瑞定　〔清〕曹振鏞輯

清乾隆四十一年(1776)翠微山麓刻本　十二册

半葉9行25字,白口,左右雙邊,單黑魚尾,無界行,半框高19.1釐米,寬14.5釐米。版心鎸書名及卷次,下鎸葉碼。

卷端題"宋四六選,芸楣定本,曹振鏞編"。内封題"宋四六選"。卷首依次有清彭元瑞撰《序》;總目,末有清曹振鏞撰《跋》。

宋四六選二十四卷　5239.58 2599

〔清〕彭元瑞定　〔清〕曹振鏞輯

清同治二年(1863)望三益齋抄本　六册

鈐有"印廬所藏""望三益齋""盱眙吴氏藏書"印。

全宋文六十四卷　AC149 Zcl 1301

〔清〕嚴可均校輯

清光緒間王毓藻校刻本　十册

南宋文範七十卷外編四卷 AC149 Zcl 647

〔清〕莊仲方編 〔清〕顧少卿鑒定

清光緒十四年(1888)江蘇書局刻本 十六册

金文雅十六卷 AC149 Zcl 1001

〔清〕莊仲方編

清光緒十七年(1891)江蘇書局重刻本 四册

金文最一百二十卷首一卷 835.56 313

〔清〕張金吾輯

清光緒八年(1882)粤雅堂刻本 三十六册

金文最六十卷 AC149 Zcl 1197

〔清〕張金吾輯

清光緒二十一年(1895)蘇州書局刻本 十六册

元文類七十卷目録三卷 AC149 Zcl 1146

〔元〕蘇天爵編

清光緒十五年(1889)江蘇書局刻本 十册

明詩綜一百卷 AC149 Zra 54

〔清〕朱彝尊編 〔清〕汪森輯評

清康熙四十四年(1705)六峰閣刻本 三十二册

半葉11行21字,小字雙行27字,白口,左右雙邊,單黑魚尾,半框高18.9釐米,寬14.4釐米。版心鎸書名及卷次,下鎸葉碼。

卷端題"明詩綜,小長蘆朱彝尊録,休陽汪森緝評"。内封題"朱竹垞太史選本,明詩綜,六峰閣藏板"。卷首依次有清康熙四十四年《序》,署"康熙四十有四年月正人日小長蘆朱彝尊序";家數。

外封墨筆題"衛委員琛甫先生惠存,蔡允敬贈"。末鈐"無錫蔡允"印。

鈐有"温良恭儉讓""鼇百蔡允"印。

明文在一百卷 5238.78 1108

〔清〕薛熙纂 〔清〕何潔輯

清光緒十五年(1889)江蘇書局刻本 十册

又一部 十册 835.6 567

鈐有"南洋大學圖書館藏書"印。

明三十家詩選初集八卷二集八卷 AC149 Zcl 1112

〔清〕汪端輯

清同治十二年(1873)藴蘭吟館重刻本 八册

同人集十二卷 AC149 Zcl 480

〔清〕冒襄輯 〔清〕冒禾書、冒丹書較訂

清光緒八年(1882)重刻本 十二册

切問齋文鈔三十卷 4735 3636

〔清〕陸燿輯

清同治八年(1869)金陵錢氏刻本 八册

鈐有"哲如陳慶保藏書"印。

湖海詩傳四十六卷 AC149 Zcl 1118

〔清〕王昶輯

清嘉慶八年(1803)三泖漁莊刻本 十二册

國朝詩十卷外編一卷補六卷 AC149 Zcl 1088

〔清〕吴翌鳳選 〔清〕趙元益校刻

清同治十一年(1872)新陽趙氏刻本 六册

國朝詩鐸二十六卷首一卷 AC149 Zcl 497

〔清〕張應昌選輯

清同治八年(1869)永康應氏秀芷堂刻本 十五册

國朝駢體正宗十二卷 AC149 Zcl 94

〔清〕曾燠輯

清嘉慶十一年(1806)賞雨茆屋刻本 六册

清朝駢體正宗評本十二卷 PL2621 Qcpt 1885

〔清〕曾燠輯 〔清〕姚燮評 〔清〕張壽榮參

清光緒十一年(1885)上海文瑞樓影印本 四册

國朝文録八十二卷 2363/1—32

〔清〕李祖陶輯 〔清〕吴作霖校刊

清道光十九年(1839)瑞州府鳳儀書院刻本 三十二册

鈐有"南洋大學圖書館藏書"印。

又一部 三十册 AC149 Zcl 1335a

國朝文録續編六十七卷 2363—2/1—33

〔清〕李祖陶輯

清同治七年(1868)敖陽李氏刻本 三十三册

鈐有"南洋大學圖書館藏書"印。

又一部 三十册 AC149 Zcl 1335

鈐有"有不爲齋"印。

國朝文録八十二卷 PL2451 YCu. G

〔清〕姚椿輯

清光緒二十六年(1900)掃葉山房石印本 二十册

國朝文述八卷附壑舟園初次稿一卷 830.7 118

〔清〕王壑輯

清道光二十二年(1842)藝海堂刻本 二十册

鈐有"南洋大學圖書館藏書"印。

本朝三十家文不分卷 AC149 Zcl 860

〔清〕蔡寅斗編

清乾隆嘉慶間刻本 六册

半葉9行25字,白口,四周單邊,無魚尾,無界行,半框高18.3釐米,寬10.8釐米。版心上鎸"本朝三十家"及四書名。

卷首有"本朝三十家文目",題"江陰蔡寅斗芳三定,崇明何忠相罕勛訂,太倉趙式序臯贊、元和顧宗泰景嶽同校"。每一家卷首均有《題辭》一篇,不署撰者。

按:館藏缺十七家。

校正硃批增注七家詩選八卷

PL2531 Qjsx

〔清〕張熙宇評選　〔清〕張昶注釋

清光緒六年(1880)掃葉山房刻朱墨套印本　四册

子目:

澹香齋試帖一卷　〔清〕王廷紹撰

修竹齋試帖一卷　〔清〕那清安撰

尚絅堂試帖一卷　〔清〕劉嗣綰撰

樫花館試帖一卷　〔清〕路德撰

桐雲閣試帖一卷　〔清〕楊庚撰

西漚試帖一卷　〔清〕李惺撰

簡學齋館課試律存一卷　〔清〕陳沆撰

附

隨月山房試帖一卷　〔清〕李惺評選　〔清〕江國霖撰

篤舊集十八卷　PL2537 Djji

〔清〕劉存仁編

清咸豐九年(1859)蘭州刻本　八册

八旗文經六十卷　5238.8 8361

〔清〕盛昱編

清光緒二十八年(1902)武昌刻本　十二册

鈐有"許紹南印""瞿氏補書堂所藏""霜月蟲音齋藏書"印。

八旗文經五十六卷作者考三卷叙録一卷

AC149 Zcl 1884

〔清〕盛昱編

清光緒二十八年(1902)武昌刻本　十二册

鈐有"惕盦行篋珍藏"印。

國朝正雅集九十九卷首一卷

AC149 Zcl 2324

〔清〕符葆森編　〔清〕張維屏參閱

清咸豐七年(1857)刻本　三十二册

道咸同光四朝詩史乙集八卷

AC149 Zcl 897

〔清〕孫雄輯

清宣統三年(1911)刻本　八册

鈐有"中山氏藏書之記"印。

萃林詩賦不分卷　AC149 Zcl 567

〔清〕張端卿等撰

清光緒間刻本　一册

按:原書應有多册,但館藏僅存一册。

國朝文匯甲前集二十卷甲集六十卷乙集七十卷丙集三十卷丁集二十卷

835.7 487

〔清〕沈粹芬等輯

清宣統元年(1909)上海國學扶輪社石印本　一百一册

鈐有"南洋大學圖書館藏書"印。

郡邑之屬

江蘇詩徵一百八十三卷　AC149 Zcl 1333

〔清〕王豫輯

清道光元年(1821)焦山海西庵詩徵閣刻本　四十册

白田風雅二十四卷 AC149 Zcl 446

〔清〕朱彬輯

清光緒十二年(1886)金陵刻本 四册

鈐有"唐學齋"印。

國朝常州駢體文録三十一卷附結一宦駢體文一卷 AC149 Zcl 337a

〔清〕屠寄輯

清光緒十六年(1890)刻本 六册

又一部 八册 AC149 Zcl 337

國朝常州駢體文録三十一卷附結一宦駢體文一卷 AC149 Zcl 1096

〔清〕屠寄輯

清末影印本 六册

鈐有"馬鑒之印"印。

兩浙輶軒録四十卷補遺十卷 AC149 Zcl 935

〔清〕阮元訂

清光緒十六年(1890)浙江書局重刻本 三十二册

又一部 三十二册 AC149 Zcl 935a

兩浙輶軒續録五十四卷補遺六卷 AC149 Zcl 952

〔清〕潘衍桐訂

清光緒十七年(1891)浙江書局刻本 三十六册

又一部 四册 AC149 Zcl 988

按:館藏存《兩浙輶軒續録》補遺六卷。

國朝杭郡詩輯三十二卷 AC149 Zcl 1865

〔清〕吴顥輯 〔清〕吴振棫重編

清同治十三年(1874)錢塘丁氏重刻本 十六册

國朝杭郡詩續輯四十六卷 AC149 Zcl 1866

〔清〕吴振棫編

清光緒二年(1876)錢塘丁氏重刻本 十六册

國朝杭郡詩三輯一百卷 AC149 Zcl 1867

〔清〕丁申、丁丙輯

清光緒十九年(1893)錢塘丁氏刻本 四十八册

鈐有"雨山學人過眼"印。

句餘嗣響不分卷 AC149 Zcl 1234

〔清〕沈思欽等撰

清宣統二年(1910)天門山館木活字本 一册

鈐有"馬鑒之印"印。

吴興詩存初集八卷二集十四卷三集六卷四集二十卷 AC149 Zcl 458

〔清〕陸心源輯

清光緒十六年(1890)刻本 十六册

竹里詩萃十六卷 AC149 Zcl 1005

〔清〕李道悠編録 〔清〕查輝等輯

清光緒二十一年(1895)蔣十咏廬刻本 四册

鈐有"季迪仲則之間""潘老蘭""剪淞閣""楊守敬印""印盧珍藏""蘭友石借

閲書畫之印”“姜月子”“虎丘試劍西湖載酒”“潘飛聲”“惠山試泉師林拜石”印。

桐溪耆隱集一卷　　831.76 193

〔清〕袁炯羲輯

清光緒十六年(1890)刻本　一册

鈐有“南洋大學圖書館藏書”印。

沅湘耆舊集二百卷前編四十卷　　AC149 Zcl 3518

〔清〕鄧顯鶴編

清道光二十四年(1844)刻本　四十册

按:館藏缺前編卷一至卷四、正文卷一至卷三。

沅湘攬秀集六卷　　AC149 Zcl 500

〔清〕陸寶忠輯

清光緒十四年(1888)湖南學院刻本　五册

鈐有“唐學齋”印。

南園五先生詩二卷　　AC149 Zcl 286

〔明〕趙介等撰

清乾隆十三年(1748)一簣山房刻本　二册

半葉8行20字,白口,左右雙邊,單黑魚尾,半框高19.1釐米,寬13.3釐米。版心上鎸書名,中鎸卷次,下鎸葉碼。

卷端題“臨清先生詩選,番禺趙介著,順德李瑄朗崇樸輯、兄羽長鳴千訂,男大生乾之、大作益之、姪三兆疊佩分較”。内封題“乾隆戊辰重訂,南園五先生詩,一簣山房藏板”。卷首依次有清康熙五十九年(1720)《重刻南園五先生詩序》,署“康熙庚子七夕五羊李瑄朗漫書於石塘春草亭”;明崇禎十一年(1638)《重訂五先生詩集舊叙》,署“崇禎十一年戊寅長至日按粤使者虎林葛徵奇漫書”;明陳子壯撰《重刻南園五先生詩舊序》;明嘉靖四十四年(1565)《重正五先生詩選舊序》,署“嘉靖乙丑五月朔閩人闇窗陳暹謹識”;南園社姓氏;《五先生詩評》;明永樂十九年(1421)《臨清集序》,署“永樂十九年龍集辛丑秋日掌滁州事中奉大夫直隸楊州府知府同郡陳璉序”;《臨清先生傳》;臨清先生詩選目録。

鈐有“微尚齋鑒藏書畫印記”“瓊浦”“桄葉山房藏書”印。

容城三賢文集三種　　2394/1—12

〔清〕張斐然輯

清光緒二十四年(1898)臨安俞廷獻重修刻本　十二册

鈐有“容城縣印”“南洋大學圖書館藏書”印。

子目:

容城文靖劉先生文集四卷　〔元〕劉因撰

容城椒山楊先生文集四卷　〔明〕楊繼盛撰

容城鍾元孫先生文集四卷　〔清〕孫奇逢撰

永平詩存二十四卷　　AC149 Zcl 759

〔清〕史夢蘭編　〔清〕郭長清参訂

清同治十年(1871)刻本　六册

全蜀藝文志六十四卷 AC149 Zcl 1105

〔明〕楊慎輯 〔清〕鄒蘭生校

清光緒十五年(1889)雨餘山房刻本 十二册

鈐有"高山遠水書屋藏書"印。

蜀秀集九卷 AC149 Zcl 281a

〔清〕譚宗浚訂

清光緒五年(1879)成都試院刻本 十册

鈐有"陳慶保"印。

又一部 八册 AC149 Zcl 281

又二部 九册 PL2622 Sxji

國朝嶺海詩鈔二十四卷 AC149 Zcl 331

〔清〕凌揚藻評輯

清道光六年(1826)狎鷗亭刻本 十二册

國朝嶺南文鈔十八卷 830.8 379

〔清〕陳在謙評輯

清道光間西湖街富文齋刻本 六册

又一部 六册 AC149 Zcl 309

鈐有"陳慶保"印。

嶺南三大家詩選二十四卷 AC149 Zcl 129

〔清〕王隼選

清同治七年(1868)南海陳氏翰芳齋重刻本 六册

粤東三子詩鈔十四卷 AC149 Zcl 577

〔清〕黄玉階編

清道光二十二年(1842)廣州刻本 四册

古瀛詩苑五卷 AC149 Zcl 792

〔清〕陳珏編 〔清〕陳廣澤補刊

清道光二十七年(1847)鳳城鐵巷世馨堂補刻本 二册

氏族之屬

沈氏三先生文集三十九卷 AC149 Zcl 4701

〔宋〕沈遘等撰

清光緒二十二年(1896)浙江書局刻本 十册

子目:

西溪集十卷 〔宋〕沈遘撰

長興集十九卷 〔宋〕沈括撰

雲巢編十卷 〔宋〕沈遼撰

講筵四世詩鈔十卷 AC149 Zcl 587

〔清〕張英撰 〔清〕張曾虔輯

清嘉慶三年(1798)刻本 八册

曲阜詩鈔八卷 AC149 Zcl 145

〔清〕孔憲彝纂輯 〔清〕孔憲庚参校

清道光二十三年(1843)刻本 二册

蓮山家言不分卷 AC149 Zcl 797

〔清〕陳士規等撰

清道光十九年(1839)鳳城鐵巷世馨堂補刻本 二册

寧都三魏全集八十三卷 2625/1—50

〔清〕林時益輯

清道光二十五年(1845)珍溪紱園書塾重刻本　四十二册

鈐有"南洋大學圖書館藏書"印。

子目:

一集

魏伯子文集十卷　〔清〕魏際瑞撰

二集

魏叔子文集二十二卷　〔清〕魏禧撰

魏叔子日録三卷　〔清〕魏禧撰

魏叔子詩集八卷　〔清〕魏禧撰

三集

魏季子文集十六卷　〔清〕魏禮撰

附

魏興士文集六卷(一名梓室文稿)　〔清〕魏世傑撰

魏昭士文集十卷(一名耕廡文稿)　〔清〕魏世傚撰

魏敬士文集八卷(一名爲谷文稿)　〔清〕魏世儼撰

寧都三魏文集八十三卷　AC149 Zcl 2732

〔清〕林時益輯

清末文奎堂刻本　六十四册

子目:

魏伯子文集十卷　〔清〕魏際瑞撰

魏季子文集十六卷　〔清〕魏禮撰

魏叔子文集外篇二十二卷(缺卷十一至卷十五)日録三卷詩集八卷　〔清〕魏禧撰

附

魏興士文集六卷(一名梓室文稿)　〔清〕魏世傑撰

魏敬士文集八卷(一名爲谷文稿)　〔清〕魏世儼撰

魏昭士文集十卷(一名耕廡文稿)　〔清〕魏世傚撰

酬唱之屬

影北宋本二李唱和集一卷　831.512 289

〔宋〕李昉、李至撰

清光緒十五年(1889)貴陽陳氏日本影印本　一册

玉山紀遊不分卷　3041.28 5935

〔明〕袁華輯

清同治光緒間孔氏嶽雪樓影抄本　一册

鈐有"印廬珍藏"印。

清暉贈言十卷附録一卷　2268 3345

〔清〕徐永宣等編次

清道光十六年(1836)來青閣刻本　八册

名山福壽編不分卷　831.8 946

〔清〕徐琪輯

清光緒七年(1881)刻本　一册

鈐有"南洋大學圖書館藏書"印。

荔支唱和集不分卷　AC149 Zcl 994

〔清〕丁惠衡輯

清光緒八年(1882)榕江絜園刻本　一册

鈐有"海膡樓""澄海高學濂隱岑長壽"印。

于湖題襟詩集六卷文集三卷　831.7 192

〔清〕袁昶輯

清光緒二十一年(1895)刻本　四册

鈐有“南洋大學圖書館藏書”印。

二家咏古詩一卷二家試帖詩一卷二家詞鈔二卷　AC149 Zcl 891

〔清〕樊增祥輯

清光緒二十七年(1901)刻本　一册

鈐有“陳慶保”印。

按:清樊增祥著《樊山全集》之零種。

題咏之屬

百美新咏不分卷　AC149 Zcl 1615

〔清〕顔希源撰

清嘉慶十年(1805)集腋軒刻本　四册

按:内封鈐“江左書林督造書籍”朱印。

紅樓夢圖咏不分卷　AC149 Zcl 2687

〔清〕改琦繪編

清光緒五年(1879)刻本　四册

又一部　四册　AC149 Zcl 2633

新增百美圖説二卷　AC149 Zcl 2029

〔清〕李世捷輯

清光緒十三年(1887)石印本　四册

秦淮八艷圖咏不分卷　AC149 Zcl 2725

〔清〕葉衍蘭輯

清光緒十八年(1892)羊城越華講院刻本　一册

鈐有“賓父目存”“汪希文印”“半癡道人”“韓雲山”“霜紅盦”印。

尺牘之屬

重刻賴古堂尺牘新鈔三選結隣集十六卷　AC149 Zcl 322

〔清〕周在梁等鈔

清道光十四年(1834)賴古堂板重刻本　十三册

名人尺牘小品四卷　AC149 Zcl 912

〔清〕王元勳、程化騄編

清光緒七年(1881)常熟抱芳閣刻本　四册

鈐有“馬鑒之印”印。

補注秋水軒尺牘四卷　AC149 Zcl 4754

〔清〕許思湄撰　〔清〕婁世瑞注釋　〔清〕管斯駿補注

清晚期刻本　三册

續刻秋水軒尺牘一卷　AC149 Zcl 1260

〔清〕許思湄撰

清光緒十四年(1888)上海簡玉山房刻朱墨套印本　一册

按:此本爲《秋水軒尺牘》之續刻,原書共四卷,續刻一卷。

國朝名人書札二卷　AC149 Zcl 1911

〔清〕吴曾祺編纂

清宣統三年(1911)上海商務印書館鉛印本　四册

謡諺之屬

古謡諺一百卷　AC149 Zcl 861

〔清〕杜文瀾輯

清咸豐十一年(1861)曼陀羅華閣刻本　二十册

天籟集不分卷　5582.6 4730

〔清〕鄭旭旦輯　〔清〕許之叙校

清同治元年(1862)刻本　一册

鈐有"許紹南印"印。

課藝之屬

詁經精舍文集十四卷　AC149 Zcl 820

〔清〕阮元撰

清嘉慶六年(1801)刻本　八册

學海堂初集十六卷二集二十二卷三集二十四卷四集二十八卷　AC149 Zcl 403

〔清〕阮元等輯　題〔清〕啓秀山房訂

清道光五年至光緒十二年(1825—1886)啓秀山房刻本　四十册

鈐有"王氏籀鄦誃藏書記"印。

經心書院續集十二卷　AC149 Zcl 354

〔清〕譚獻編

清光緒二十一年(1895)湖北官書處刻本　六册

辨志文會課藝不分卷　AC149 Zcl 1077

〔清〕宗源瀚撰

清光緒七年(1881)刻本　六册

鈐有"馬鑒之印"印。

江漢炳靈集二卷　AC149 Zcl 1473

〔清〕張之洞輯

清同治十二年(1873)務本堂刻本　六册

鐵網珊瑚課藝三集　AC149 Zcl 884

〔清〕沈鏡堂輯

清光緒四年(1878)文德堂重刻本　六册

小題文府不分卷　AC149 Zcl 1891

清光緒十三年(1887)滬上石印本　二十册

五經文府不分卷　AC149 Zcl 786

題〔清〕同文書局主人輯

清光緒十四年(1888)上海同文書局石印本　二十册

大題叁萬選不分卷　AC149 Zcl 277

題〔清〕同文書局主人輯

清光緒十四年(1888)上海同文書局石印本　四十四册

黼社筆談三卷　AC149 Zcl 1012

〔清〕張時中撰

清光緒十七年(1891)廉延徐氏校刻本　一册

鈐有"馬鑒之印"印。

沅湘通藝録八卷補沅湘通藝録二卷附日本華族女學校規則一卷　AC149 Zcl 1026

〔清〕江標編校

清光緒二十三年(1897)長沙使院刻本　九册

詩文評類

類編之屬

談藝珠叢二十七種　AC149 Zcl 4306

〔清〕王啓原輯

清光緒十一年(1885)長沙玉尺山房刻本　十二册

子目：

詩品三卷　〔南朝梁〕鍾嶸撰
樂府古題要解二卷　〔唐〕吴兢撰
詩式一卷　〔唐〕釋皎然撰
詩人主客圖三卷　〔唐〕張爲撰
詩品一卷　〔唐〕司空圖撰
風騷旨格一卷　〔唐〕釋齊己撰
晦庵詩説一卷　〔宋〕陳文蔚等録
白石道人詩説一卷　〔宋〕姜夔撰
滄浪詩話一卷　〔宋〕嚴羽撰
詩法家數一卷　〔元〕楊載撰
木天禁語一卷　〔元〕范梈撰
詩學禁臠一卷　〔元〕范梈撰
麓堂詩話一卷　〔明〕李東陽撰
談藝録一卷　〔明〕徐禎卿撰
藝苑卮言八卷　〔明〕王世貞撰
詩家直説四卷　〔明〕謝榛撰
藝圃擷餘一卷　〔明〕王世懋撰
詩譯一卷　〔清〕王夫之撰
夕堂永日緒論一卷　〔清〕王夫之撰
師友詩傳録一卷　〔清〕郎廷槐録
師友詩傳續録一卷　〔清〕劉大勤録
談龍録一卷　〔清〕趙執信撰
聲調譜一卷附續譜一卷　〔清〕趙執信撰
聲調譜拾遺一卷　〔清〕翟翬撰
然燈紀聞一卷　〔清〕王士禛述　〔清〕何世璂録
説詩晬語二卷　〔清〕沈德潜撰
兩當軒詩評一卷　〔清〕黄景仁撰

詩評之屬

滄浪詩話二卷　AC149 Zcl 513

〔宋〕嚴羽撰　〔清〕胡鑒注　〔清〕任世熙校

清光緒七年(1881)廣州刻本　一册

鈐有“馬鑒”印。

王孟詩評九卷　2234/1—4

〔宋〕劉辰翁評

清光緒五年(1879)碧琳瑯館重刻朱墨套印本　四册

鈐有“南洋大學圖書館藏書”“天津梅氏”“卷石齋印”印。

帶經堂詩話三十卷首一卷　821.872 114

〔清〕王士禛撰

清乾隆間刻本　十六册

半葉12行23字,小字雙行字同,黑口,左右雙邊,單黑魚尾,半框高18.7釐米,寬14釐米。版心鎸“詩話”、卷次、篇章名及葉碼。

卷端題“帶經堂詩話,漁洋山人”。内封題“帶經堂詩話”。卷首依次有清張宗松撰《寒坪兄手書一通》;清乾隆二十五年

(1760)《自識》，署“乾隆二十五年歲在上章執徐孟春海鹽後學張宗柟謹書”；清張宗橚撰《後序》；《帶經堂詩話纂例》；目録；清乾隆二十五年《跋》，署“乾隆庚辰浴佛日芷齋弟載華跋”；清乾隆二十七年(1762)《跋》，署“乾隆壬午醉司命日甥雲間楊源曼圃氏跋”；“帶經堂詩話彙纂書目”。卷末有清乾隆五十四年(1789)《含廣先生墓志銘》，署“乾隆五十四年歲次己酉重九日同里陸以謙撰”。

鈐有“南洋大學圖書館藏書”印。

帶經堂詩話三十卷首一卷 AC149 Zcl 1010

〔清〕王士禛撰

清同治十二年(1873)廣州藏修堂重刻本　十册

鈐有“馬鑒”印。

又一部　十四册　AC149 Zcl 1010a

鈐有“揚州阮氏嫏嬛仙館藏書印”“天尺樓”印。

本事詩二集十二卷 AC149 Zra 34

〔清〕徐釚編

清光緒十四年(1888)邵武徐氏刻本　四册

按：清徐幹輯《邵武徐氏叢書》之零種。

甌北詩話十卷 AC149 Zcl 1198

〔清〕趙翼撰

清同治十三年(1874)紅杏山房重刻本　二册

鈐有“冰清玉潔”“金谿趙氏”“宋清獻公谷子孫”“馬鑒之印”印。

停雲閣詩話八卷 AC149 Zcl 97

〔清〕李家瑞纂

清咸豐五年(1855)刻本　二册

鈐有“鏡唐藏書”“馬鑒”印。

閩川閨秀詩話四卷 AC149 Zcl 560

〔清〕梁章鉅撰

清道光二十九年(1849)刻本　一册

藝談録二卷 821.87 313

〔清〕張維屏撰　〔清〕沈世良校

清咸豐間刻本　四册

鈐有“古萬川温氏藏”“南洋大學圖書館藏書”印。

又一部　四册　AC149 Zcl 319

又二部　三册　AC149 Zcl 1025

角山樓蘇詩評注彙鈔二十卷目録二卷 AC149 Zcl 78

〔清〕趙克宜輯訂

清咸豐二年(1852)刻本　十二册

鈐有“何氏家藏”“雨山草堂”印。

聲調三譜四卷 AC149 Zcl 1614

〔清〕王祖源輯

清光緒八年(1882)福山王氏刻本　三册

按：清王懿榮輯《天壤閣叢書》之零種。

煮藥漫抄二卷 5748 3583

〔清〕葉煒撰

清光緒十七年(1891)金陵刻本　一册

鈐有“許紹南印”印。

明詩紀事三十卷 AC149 Zcl 3550

〔清〕陳田輯

清光緒二十三年(1897)貴陽陳氏聽詩齋刻本　三十八册

文評之屬

文心雕龍十卷 AC149 Zcl 87

〔南朝梁〕劉勰撰　〔清〕黄叔琳注　〔清〕紀昀評

清道光十三年(1833)粤東省城翰墨園刻朱墨套印本　四册

正文章軌範百家評林注釋七卷 AC149 Zra 43

〔宋〕謝枋得批選　〔明〕李廷機評訓

明萬曆二十六年(1598)余氏自新齋刻本　二册

半葉10行20字,小字雙行字同,白口,四周雙邊,單黑魚尾,半框高20.5釐米,寬12.8釐米。兩截版,上鎸評語,下鎸正文,版心上鎸"正文章軌範評林",中鎸卷次,下鎸葉碼。

卷端題"正文章軌範百家評林注釋,廣信疊山先生謝枋得批選,太史九我先生李廷機評訓,潭陽紹崖余良木繡梓"。牌記題"萬曆戊戌季冬穀旦書林余氏自新齋紹崖繡梓兑行"。卷首依次有萬曆二十六年《文章軌範序》,署"萬曆戊戌孟冬月望日自新齋重梓";目録;凡例。

鈐有"永缶藏書""南洋大學圖書館藏書""加藤氏藏書印""登壽院藏"印。

按:館藏缺卷三至卷四。

文章軌範七卷 AC149 Zcl 1011

〔宋〕謝枋得選評　〔清〕姚延謙、張琳校訂

清康熙五十七年(1718)澹成堂刻本　四册

半葉10行20字,小字雙行字同,白口,左右雙邊,單白魚尾,半框高18.5釐米,寬14釐米。版心鎸書名、卷次及葉碼。

卷端題"文章軌範,宋謝疊山先生元本,華亭姚延謙、錢唐張琳校訂"。内封題"宋謝疊山先生元本,華亭姚平山、錢唐張玉田仝校,文章軌範,澹成堂藏版"。卷首依次有明正德元年(1506)《文章軌範序》,署"正德丙寅仲秋既望餘姚王守仁撰";清康熙五十七年《序》,署"康熙戊戌清和月華亭姚延謙書";目録,末署"門人王淵濟謹識"。

鈐有"敦古堂藏書""馬鑒之印"印。

按:書中天頭及行間有佚名手書評點。

作義要訣一卷 AC149 Zcl 1461

〔元〕倪士毅撰

清晚期孔廣陶嶽雪樓影抄本　一册

鈐有"印廬珍藏"印。

分類絨腋六卷 856.4 756

〔明〕涂謙撰

清刻本　二册

按:館藏缺卷一、卷四至卷六。

雲林别墅纂輯酬世錦囊書啓續編四卷 AC149 Zcl 4356

〔清〕謝梅林、鄒可庭輯

清道光二十一年(1841)泉城吴尚志堂刻本　二册

制義叢話二十五卷　　AC149 Zcl 927a

〔清〕梁章鉅撰

清咸豐元年(1851)知足知不足齋刻本　八册

制義叢話二十四卷附題名一卷

5780 3541

〔清〕梁章鉅撰

清咸豐九年(1859)重刻本　八册

鈐有"許紹南印"印。

又一部　六册　　AC149 Zcl 927

詳注筆耕齋尺牘二卷附詳注寫信要覽一卷

AC149 Zcl 1177

〔清〕管士駿撰　〔清〕葉鳳池閱正

清光緒間上海申報館鉛印本　一册

鈐有"馬鑒之印"印。

詞　類

類編之屬

宋六十名家詞六十一種　AC149 Zcl 1297

〔明〕毛晋輯

清光緒十四年(1888)汲古閣原本錢塘汪氏重校刻本　十八册

鈐有"鄞馬鑒季明藏"印。

子目：

珠玉詞一卷　〔宋〕晏殊撰

六一詞一卷　〔宋〕歐陽修撰

樂章集一卷　〔宋〕柳永撰

東坡詞一卷　〔宋〕蘇軾撰

山谷詞一卷　〔宋〕黄庭堅撰

淮海詞一卷　〔宋〕秦觀撰

小山詞一卷　〔宋〕晏幾道撰

東堂詞一卷　〔宋〕毛滂撰

放翁詞一卷　〔宋〕陸游撰

稼軒詞四卷　〔宋〕辛棄疾撰

片玉詞二卷補遺一卷　〔宋〕周邦彦撰

梅溪詞一卷　〔宋〕史達祖撰

白石詞一卷　〔宋〕姜夔撰

石林詞一卷　〔宋〕葉夢得撰

酒邊詞二卷　〔宋〕向子諲撰

溪堂詞一卷　〔宋〕謝逸撰

樵隱詞一卷　〔宋〕毛幵撰

竹山詞一卷　〔宋〕蔣捷撰

書舟詞一卷　〔宋〕程垓撰

坦菴詞一卷　〔宋〕趙師俠撰

惜香樂府十卷　〔宋〕趙長卿撰

西樵語業一卷　〔宋〕楊炎撰

竹屋癡語一卷　〔宋〕高觀國撰

夢窗稿四卷補遺一卷　〔宋〕吴文英撰

近體樂府一卷　〔宋〕周必大撰

竹齋詩餘一卷　〔宋〕黄機撰

金谷遺音一卷　〔宋〕石孝友撰

散花菴詞一卷　〔宋〕黄昇撰

和清真詞一卷　〔宋〕方千里撰

後村别調一卷　〔宋〕劉克莊撰

蘆川詞一卷　〔宋〕張元幹撰

于湖詞三卷　〔宋〕張孝祥撰

洺水詞一卷　〔宋〕程珌撰

歸愚詞一卷　〔宋〕葛立方撰

龍洲詞一卷　〔宋〕劉過撰
初寮詞一卷　〔宋〕王安中撰
龍川詞一卷　〔宋〕陳亮撰
姑溪詞一卷　〔宋〕李之儀撰
友古詞一卷　〔宋〕蔡伸撰
石屏詞一卷　〔宋〕戴復古撰
海野詞一卷　〔宋〕曾覿撰
逃禪詞一卷　〔宋〕楊無咎撰
空同詞一卷　〔宋〕洪瑹撰
介菴詞一卷　〔宋〕趙彦端撰
平齋詞一卷　〔宋〕洪咨夔撰
文溪詞一卷　〔宋〕李公昂撰
丹陽詞一卷　〔宋〕葛勝仲撰
嬾窟詞一卷　〔宋〕侯寘撰
克齋詞一卷　〔宋〕沈端節撰
芸窗詞一卷　〔宋〕張榘撰
竹坡詞三卷　〔宋〕周紫芝撰
聖求詞一卷　〔宋〕吕濱老撰
壽域詞一卷　〔宋〕杜安世撰
審齋詞一卷　〔宋〕王千秋撰
東浦詞一卷　〔宋〕韓玉撰
知稼翁詞一卷　〔宋〕黄公度撰
無住詞一卷　〔宋〕陳與義撰
後山詞一卷　〔宋〕陳師道撰
蒲江詞一卷　〔宋〕盧祖皋撰
琴趣外篇六卷　〔宋〕晁補之撰
烘堂詞一卷　〔宋〕盧炳撰

又一部　六册

AC149 Zcl 3529—3534

子目：
友古詞一卷　〔宋〕蔡伸撰
石屏詞一卷　〔宋〕戴復古撰
海野詞一卷　〔宋〕曾覿撰
逃禪詞一卷　〔宋〕楊無咎撰
空同詞一卷　〔宋〕洪瑹撰
介菴詞一卷　〔宋〕趙彦端撰
平齋詞一卷　〔宋〕洪咨夔撰
文溪詞一卷　〔宋〕李公昂撰
丹陽詞一卷　〔宋〕葛勝仲撰
嬾窟詞一卷　〔宋〕侯寘撰
克齋詞一卷　〔宋〕沈端節撰
芸窗詞一卷　〔宋〕張榘撰
竹坡詞三卷　〔宋〕周紫芝撰
聖求詞一卷　〔宋〕吕濱老撰
壽域詞一卷　〔宋〕杜安世撰
審齋詞一卷　〔宋〕王千秋撰
東浦詞一卷　〔宋〕韓玉撰
知稼翁詞一卷　〔宋〕黄公度撰
無住詞一卷　〔宋〕陳與義撰
後山詞一卷　〔宋〕陳師道撰
蒲江詞一卷　〔宋〕盧祖皋撰
琴趣外篇六卷　〔宋〕晁補之撰
烘堂詞一卷　〔宋〕盧炳撰

按：館藏存二十三種。

又二部　二十八册

833.151 781—04

鈐有"南洋大學圖書館藏書"印。

詞學全書四種十五卷　AC149 Zcl 1401

〔清〕查繼超輯

清乾隆十一年(1746)世德堂刻本

六册

半葉10行20字，小字雙行字同，白口，左右雙邊，單黑魚尾，半框高17.4釐米，寬14釐米。版心上鎸子集書名，中鎸卷次，下鎸葉碼。

内封題"東海查王望先生鑒定，詞學全書，一刻名解一刻詞論一刻圖譜一刻詞韻,世德堂梓行”。卷首依次有清乾隆十一年《詞學全書序》,署“乾隆十一年歲次丙寅長至日查培繼題於如圃草堂”;略例;凡例。

子目:

填詞名解四卷　〔清〕毛先舒撰並注

古今詞論一卷　〔清〕王又華撰

填詞圖譜五卷續集三卷　〔清〕賴以邠撰

詞韻二卷　〔清〕仲恒編次

按:此本爲乾隆十一年查培繼(字王望)鑒定重刊本。

宋元名家詞十五種　　AC149 Zcl 1325

〔清〕江標輯

清光緒二十一年(1895)刻本　四册

鈐有“馬鑒之印”印。

子目:

信齋詞一卷　〔宋〕葛郯撰

樂齋詞一卷　〔宋〕向滈撰

晦庵詞一卷　〔宋〕朱熹撰

竹洲詞一卷　〔宋〕吴儆撰

虚齋樂府一卷　〔宋〕趙以夫撰

和清真詞一卷　〔宋〕楊澤民撰

風雅遺音二卷　〔宋〕林正大輯

文山樂府一卷　〔宋〕文天祥撰

松雪齋詞一卷　〔元〕趙孟頫撰

雪樓樂府一卷　〔元〕程文海撰

雁門集一卷　〔元〕薩都剌撰

古山樂府一卷　〔元〕張野撰

雲林詞一卷　〔元〕倪瓚撰

雪坡詞一卷　〔元〕姚勉撰

演山詞二卷　〔元〕黄裳撰

四印齋所刻詞二十一種　AC149 Zcl 148

〔清〕王鵬運輯

清光緒十四年(1888)王氏四印齋刻本　十二册

子目:

東坡樂府二卷　〔宋〕蘇軾撰

稼軒長短句十二卷　〔宋〕辛棄疾撰

白石道人詞集三卷别集一卷　〔宋〕姜夔撰

山中白雲詞二卷補二卷續補一卷　〔宋〕張炎撰

詞旨一卷　〔元〕陸輔之撰

花外集一卷　〔宋〕王沂孫撰

漱玉詞一卷附事輯一卷　〔宋〕李清照撰

詞林正韻三卷發凡一卷　〔清〕戈載輯

陽春集一卷　〔南唐〕馮延巳撰

東山寓聲樂府一卷　〔宋〕賀鑄撰

梅溪詞一卷　〔宋〕史達祖撰

斷腸詞一卷　〔宋〕朱淑真撰

樂府指迷一卷　〔宋〕沈義父撰

東山寓聲樂府補鈔一卷　〔宋〕賀鑄撰

南宋四名臣詞集一卷

趙忠簡得全居士詞　〔宋〕趙鼎撰

李莊簡詞　〔宋〕李光撰

李忠定梁溪詞　〔宋〕李綱撰

胡忠簡澹菴長短句　〔宋〕胡銓撰

天籟集二卷　〔元〕白樸撰

蟻術詞選四卷　〔元〕邵亨貞撰　〔明〕汪稷校

花間集十卷　〔後蜀〕趙崇祚輯

精選名賢詞話草堂詩餘二卷　〔宋〕

何士信校刊
清真集二卷外詞一卷 〔宋〕周邦彦撰
蕭閑老人明秀集注三卷 〔金〕蔡松年撰

宋元三十一家詞三十一卷 AC149 Zcl 1245

〔清〕王鵬運輯
清光緒十九年(1893)四印齋刻本 四册
子目:
逍遥詞一卷 〔宋〕潘閬撰
筠谿詞一卷 〔宋〕李瀰遜撰
栟櫚詞一卷 〔宋〕鄧肅撰
樵歌拾遺一卷 〔宋〕朱敦儒撰
梅詞一卷 〔宋〕朱雍撰
綺川詞一卷 〔宋〕倪偁撰
東溪詞一卷 〔宋〕高登撰
文定公詞一卷 〔宋〕丘崈撰
燕喜詞一卷 〔宋〕曹冠撰
梅山詞一卷 〔宋〕姜特立撰
拙庵詞一卷 〔宋〕趙磻老撰
宣卿詞一卷 〔宋〕袁去華撰
晦庵詞一卷 〔宋〕李處全撰
養拙堂詞一卷 〔宋〕管鑒撰
雙溪詩餘一卷 〔宋〕王炎撰
龍川詞補一卷 〔宋〕陳亮撰
龜峰詞一卷 〔宋〕陳人傑撰
梅屋詩餘一卷 〔宋〕許棐撰
秋崖詞一卷 〔宋〕方嶽撰
碎錦詞一卷 〔宋〕李好古撰
潛齋詞一卷 〔宋〕何夢桂撰
覆瓿詞一卷 〔宋〕趙必瑑撰
撫掌詞一卷 〔宋〕歐良編
章華詞一卷
藏春樂府一卷 〔元〕劉秉忠撰
淮陽樂府一卷 〔元〕張弘範撰
樵庵詞一卷 〔元〕劉因撰
牆東詩餘一卷 〔元〕陸文圭撰
天遊詞一卷 〔元〕詹玉撰
草廬詞一卷 〔元〕吴澄撰
五峰詞一卷 〔元〕李孝光撰

二家詞鈔五卷 AC149 Zcl 940

〔清〕樊增祥編
清光緒二十八年(1902)刻本 二册
子目:
霞川花隱詞二卷 〔清〕李慈銘撰
五十麝齋詞賡三卷 〔清〕樊增祥撰
按:《樊山全集》之零種。

小檀欒室彙刻閨秀詞十集 2664/1—20

徐乃昌輯
清光緒三十一年(1905)南陵徐氏刻本 二十册
鈐有"南洋大學圖書館藏書"印。
子目:
第一集
琴清閣詞一卷 〔清〕楊芸撰
生香館詞一卷 〔清〕李佩金撰
茝香詞一卷 〔清〕顧翎撰
衍波詞一卷 〔清〕孫蓀意撰
鴻雪樓詞一卷 〔清〕沈善寶撰
玉雨詞一卷 〔清〕曹慎儀撰
古春軒詞一卷 〔清〕梁德繩撰
洞簫樓詞一卷 〔清〕王倩撰
聽雪詞一卷 〔清〕歸懋儀撰

古雪詩餘一卷　〔清〕楊繼端撰
第二集
拙政園詩餘三卷　〔清〕徐燦撰
槑花園詩餘一卷　〔清〕鍾韞撰
玉窗詩餘一卷　〔清〕葛宜撰
貯素樓詞一卷　〔清〕蘇穆撰
緑月樓詞一卷　〔清〕江瑛撰
静一齋詩餘一卷　〔清〕周詒蘩撰
冷香齋詩餘一卷　〔清〕周翼杶撰
夢湘樓詞一卷　〔清〕宗婉撰
繡餘詞一卷　〔清〕錢念生撰
簪花閣詩餘一卷　〔清〕翁端恩撰
第三集
栖香閣詞二卷　〔清〕顧貞立撰
翥窗詩餘一卷　〔清〕張令儀撰
絳雪詞一卷　〔清〕薛瓊撰
浣紗詞一卷　〔清〕沈纕撰
青藜閣詞一卷　〔清〕江珠撰
碧桃館詞一卷　〔清〕趙我佩撰
松籟閣詩餘一卷　〔清〕沈榛撰
鮮潔亭詩餘一卷　〔清〕蔣紉蘭撰
澹音閣詞一卷　〔清〕趙友蘭撰
寫麋樓詞一卷　〔清〕陳嘉撰
第四集
秋水軒詞一卷　〔清〕莊盤珠撰
雨花軒奩詩餘一卷　〔清〕錢斐仲撰
夢影樓詞一卷　〔清〕關鍈撰
澹蘜軒詞一卷　〔清〕張綃英撰
緯青詞一卷　〔清〕張綸英撰
吹漱玉詞一卷　〔清〕許德蘋撰
澗南詞一卷　〔清〕許德蘋撰
濾月軒詩餘一卷　〔清〕趙芬撰
月樓琴語一卷　〔清〕蕭恒貞撰
倩影樓遺詞一卷　〔清〕陸蒨撰
寫均樓詞一卷　〔清〕吴尚憙撰
第五集
花簾詞一卷　〔清〕吴藻撰
香南雪北詞一卷　〔清〕吴藻撰
秋笳詞一卷　〔清〕吕采芝撰
聞妙香室詞一卷　〔清〕陸珊撰
長真閣詩餘一卷　〔清〕席佩蘭撰
秋瘦閣詞一卷　〔清〕唐韞撰
緑夢軒遺詞一卷　〔清〕錢湘撰
賦燕樓詞一卷　〔清〕陳珍瑶撰
光霽樓詞一卷　〔清〕陸蓉佩撰
翠螺閣詞一卷　〔清〕凌祉媛撰
彈緑詞一卷　〔清〕濮文綺撰
第六集
聽雨樓詞二卷　〔清〕孫雲鶴撰
瑶華閣詞一卷補遺一卷　〔清〕袁綬撰
九疑仙館詞一卷　〔清〕談印梅撰
金粟詞一卷　〔清〕朱璵撰
澹仙詞四卷　〔清〕熊璉撰
有誠堂詩餘一卷　〔清〕方彦珍撰
玉簫詞一卷　〔清〕殷秉璣撰
芷衫詩餘一卷　〔清〕高佩華撰
菊籬詞一卷　〔清〕陶淑撰
哦月樓詩餘一卷　〔清〕儲慧撰
第七集
嘯雪菴詩餘一卷　〔清〕吴绡撰
繡閒詞一卷　〔清〕徐元端撰
三秀齋詞一卷　〔清〕鮑之芬撰
德風亭詞一卷　〔清〕王貞儀撰
碧梧紅蕉館詞一卷　〔清〕左錫璇撰
冷吟仙館詩餘一卷　〔清〕左錫嘉撰
蓮因室詞一卷　〔清〕鄭蘭孫撰
慈暉館詞一卷　〔清〕阮恩灤撰
曇花詞一卷　〔清〕汪淑娟撰

蕉窗詞一卷 〔清〕鄧瑜撰
第八集
錦囊詩餘一卷 〔明〕商景蘭撰
澹香樓詞一卷 〔清〕葛秀英撰
補欄詞一卷 〔清〕劉琬懷撰
晚香居詞二卷 〔清〕張玉珍撰
瘦吟詞一卷 〔清〕許淑慧撰
浣青詩餘一卷 〔清〕錢孟鈿撰
茶香閣詞一卷 〔清〕黄婉璚撰
雯窗瘦影詞一卷 〔清〕許誦珠撰
佩秋閣詞一卷 〔清〕吴茝撰
慧福樓詞一卷 〔清〕俞繡孫撰
第九集
鏡閣新聲一卷 〔清〕朱中楣撰
古香樓詞一卷 〔清〕錢鳳綸撰
梨雲榭詞一卷 〔清〕鍾筠撰
湘筠館詞二卷 〔清〕孫雲鳳撰
韞玉樓詞一卷 〔清〕屈秉筠撰
楚畹閣詩餘一卷 〔清〕季蘭韻撰
壽研山房詞一卷 〔清〕曹景芝撰
含青閣詩餘一卷 〔清〕屈蕙纕撰
繡墨軒詞一卷 〔清〕俞慶曾撰
飲露詞一卷 〔清〕李道清撰
第十集
鸝吹詞一卷 〔明〕沈宜修撰
芳雪軒詞一卷 〔明〕葉紈紈撰
疏香閣詞一卷 〔明〕葉小鸞撰
雪壓軒詞一卷 〔明〕賀雙卿撰
倚雲閣詞一卷 〔清〕張友書撰
翠薇仙館詞一卷 〔清〕孫瑩培撰
唾絨詞一卷 〔清〕吴小姑撰
霞珍詞一卷 〔清〕繆珠蓀撰
崦樓詞一卷 〔清〕沈鵲應撰
華影吹笙室詞一卷 〔清〕李慎溶撰

又一部 二十四册 AC149 Zcl 313

小檀欒室彙刻閨秀詞八集

AC149 Zcl 1876

徐乃昌輯

清光緒三十年(1904)南陵徐氏小檀欒室刻本 十六册

鈐有“汪希文印”印。

子目:

第一集
琴清閣詞一卷 〔清〕楊芸撰
生香館詞一卷 〔清〕李佩金撰
茝香詞一卷 〔清〕顧翎撰
衍波詞一卷 〔清〕孫蓀意撰
鴻雪樓詞一卷 〔清〕沈善寶撰
玉雨詞一卷 〔清〕曹慎儀撰
古春軒詞一卷 〔清〕梁德繩撰
洞簫樓詞一卷 〔清〕王倩撰
聽雪詞一卷 〔清〕歸懋儀撰
古雪詩餘一卷 〔清〕楊繼端撰
第二集
拙政園詩餘三卷 〔清〕徐燦撰
槑花園詩餘一卷 〔清〕鍾韞撰
玉窗詩餘一卷 〔清〕葛宜撰
貯素樓詞一卷 〔清〕蘇穆撰
緑月樓詞一卷 〔清〕江瑛撰
静一齋詩餘一卷 〔清〕周詒蘩撰
冷香齋詩餘一卷 〔清〕周翼杶撰
夢湘樓詞一卷 〔清〕宗婉撰
繡餘詞一卷 〔清〕錢念生撰
簪花閣詩餘一卷 〔清〕翁端恩撰
第三集
栖香閣詞二卷 〔清〕顧貞立撰
蠹窗詩餘一卷 〔清〕張令儀撰

絳雪詞一卷　〔清〕薛瓊撰
浣紗詞一卷　〔清〕沈纕撰
青藜閣詞一卷　〔清〕江珠撰
碧桃館詞一卷　〔清〕趙我佩撰
松籟閣詩餘一卷　〔清〕沈榛撰
鮮潔亭詩餘一卷　〔清〕蔣紉蘭撰
澹音閣詞一卷　〔清〕趙友蘭撰
寫麋樓詞一卷　〔清〕陳嘉撰
第四集
秋水軒詞一卷　〔清〕莊盤珠撰
雨花軒奩詩餘一卷　〔清〕錢斐仲撰
夢影樓詞一卷　〔清〕關鍈撰
澹蘜軒詞一卷　〔清〕張縚英撰
緯青詞一卷　〔清〕張綸英撰
吹漱玉詞一卷　〔清〕許德蘋撰
澗南詞一卷　〔清〕許德蘋撰
濾月軒詩餘一卷　〔清〕趙芬撰
月樓琴語一卷　〔清〕蕭恒貞撰
倩影樓遺詞一卷　〔清〕陸蒨撰
寫均樓詞一卷　〔清〕吴尚憙撰
第五集
花簾詞一卷　〔清〕吴藻撰
香南雪北詞一卷　〔清〕吴藻撰
秋笳詞一卷　〔清〕吕采芝撰
聞妙香室詞一卷　〔清〕陸珊撰
長真閣詩餘一卷　〔清〕席佩蘭撰
秋瘦閣詞一卷　〔清〕唐韞撰
緑夢軒遺詞一卷　〔清〕錢湘撰
賦燕樓詞一卷　〔清〕陳珍瑶撰
光霽樓詞一卷　〔清〕陸蓉佩撰
翠螺閣詞一卷　〔清〕凌祉媛撰
彈緑詞一卷　〔清〕濮文綺撰
第六集
聽雨樓詞二卷　〔清〕孫雲鶴撰
瑶華閣詞一卷補遺一卷　〔清〕袁綬撰
九疑仙館詞一卷　〔清〕談印梅撰
金粟詞一卷　〔清〕朱璵撰
澹仙詞四卷　〔清〕熊璉撰
有誠堂詩餘一卷　〔清〕方彦珍撰
玉簫詞一卷　〔清〕殷秉璣撰
芷衫詩餘一卷　〔清〕高佩華撰
菊籬詞一卷　〔清〕陶淑撰
哦月樓詩餘一卷　〔清〕儲慧撰
第七集
嘯雪菴詩餘一卷　〔清〕吴綃撰
繡閒詞一卷　〔清〕徐元端撰
三秀齋詞一卷　〔清〕鮑之芬撰
德風亭詞一卷　〔清〕王貞儀撰
碧梧紅蕉館詞一卷　〔清〕左錫璇撰
冷吟仙館詩餘一卷　〔清〕左錫嘉撰
蓮因室詞一卷　〔清〕鄭蘭孫撰
慈暉館詞一卷　〔清〕阮恩灤撰
曇花詞一卷　〔清〕汪淑娟撰
蕉窗詞一卷　〔清〕鄧瑜撰
第八集
錦囊詩餘一卷　〔明〕商景蘭撰
澹香樓詞一卷　〔清〕葛秀英撰
補欄詞一卷　〔清〕劉琬懷撰
晚香居詞二卷　〔清〕張玉珍撰
瘦吟詞一卷　〔清〕許淑慧撰
浣青詩餘一卷　〔清〕錢孟鈿撰
茶香閣詞一卷　〔清〕黄婉璚撰
雯窗瘦影詞一卷　〔清〕許誦珠撰
佩秋閣詞一卷　〔清〕吴茝撰
慧福樓詞一卷　〔清〕俞繡孫撰

别集之屬

更生齋詩餘二卷擬兩晋南北史樂府二卷附鮚軒外集一卷 AC149 Zcl 808

〔清〕洪亮吉撰

清光緒三至四年(1877—1878)鄂垣授經堂重刻本　一册

鈐有"馬鑒之印"印。

遠春詞二卷附遠春試體賦鈔一卷 AC149 Zcl 809

〔清〕張興鏞撰

清嘉慶四年(1799)刻本　一册

鈐有"齊安林氏逸聖收藏金石書畫之記"印。

按:清張興鏞撰《紅椒山館詩鈔》之零種。

知止堂詞録三卷 AC149 Zcl 1201

〔清〕朱綬撰

清光緒二十年(1894)湖南思賢書局刻本　一册

鈐有"祝蕖""一粟樓"印。

疏影樓詞四卷 AC149 Zcl 753

〔清〕姚燮撰

清道光十三年(1833)上湖草堂刻本二册

鈐有"馬鑒之印"印。

子目:

畫邊琴趣二卷

吴涇蘋唱一卷

翦鐙夜語一卷

石雲吟雅一卷

眉緑樓詞不分卷 AC149 Zcl 790a

〔清〕顧文彬撰

清光緒五年(1879)刻本　一册

采香詞四卷 AC149 Zcl 618

〔清〕杜文瀾撰

清同治四年(1865)曼陀羅花閣刻本一册

悔餘菴樂府四卷 AC149 Zcl 554

〔清〕何栻撰

清同治四年(1865)鳩江戎幄刻本二册

秋夢盦詞鈔二卷續一卷再續一卷 AC149 Zcl 824

〔清〕葉衍蘭撰

清光緒十六年(1890)羊城刻本　一册

花影吹笙詞鈔二卷附小遊仙詞一卷 AC149 Zcl 807

〔清〕葉英華撰

清光緒三年(1877)羊城刻本　一册

鈐有"維士""高㕑嘉印""齊安林氏逸聖收藏金石書畫之記""硯穀經眼""緑蓏閣""包慧"印。

留雲借月盦詞五卷 AC149 Zcl 814

〔清〕劉炳照撰

清光緒十九年(1893)刻本　一册

鈐有"齊安林氏逸聖收藏金石書畫之記""寶樞印章"印。

瞻園詞二卷　AC149 Zcl 907

〔清〕張仲炘撰

清光緒三十一年(1905)刻本　一册

鈐有"齊安林氏逸聖收藏金石書畫之記"印。

鬘天影事譜五卷　848 468—2

〔清〕易順鼎撰

清光緒二十二年(1896)長沙重刻本　一册

楚頌亭詞一卷　848 468—4

〔清〕易順鼎撰

清光緒十年(1884)刻本　一册

雙溪詞三卷　AC149 Zcl 822

〔清〕陳步墀撰

清宣統元年(1909)鉛印本　一册

按:清陳步墀輯《繡詩樓叢書》之零種。

花笑樓詞四種四卷　AC149 Zcl 810

〔清〕楊其光撰　〔清〕陳步墀選

清宣統元年(1909)鉛印本　一册

鈐有"馬鑒之印"印。

子目:

花笑詞一卷

歸夢醒餘一卷

華月詞一卷

錦瑟哀辭一卷

按:清陳步墀輯《繡詩樓叢書》之零種。

總集之屬

絶妙好詞箋七卷附續鈔一卷　5616 6461

〔宋〕周密輯　〔清〕查爲仁、厲鶚箋

清同治十一年(1872)會稽章氏重刻本　四册

鈐有"雨屋深鐙詞客"印。

按:封面墨筆題"絶妙好詞箋,微尚老人過録陳東塾先生評點本,戊子十月宗釧敬記"。目録葉末墨筆題"孝堅世兄出眎東塾師評點本用墨筆照録一過癸酉小除夕兆鏞記",末鈐"汪大"印。

御選歷代詩餘一百二十卷

AC149 Zcl 4207

〔清〕沈辰垣等編纂

清康熙間刻本　六十册

半葉11行21字,小字雙行29字,白口,左右雙邊,雙黑魚尾,半框高16.7釐米,寬11.5釐米。版心上鎸書名,中鎸卷次、詞牌名及葉碼。

卷端題"御選歷代詩餘,司經局洗馬掌局事兼翰林院修撰加二級臣王奕清奉旨校刊"。卷首依次有清康熙四十六年(1707)《御製選歷代詩餘序》,署"康熙四十六年七月十二日";凡例;"編纂官名録";總目。

鈐有"華亭梅氏藏書之印"印。

詞綜三十六卷　833.1 835

〔清〕朱彝尊抄撮　〔清〕汪森增定　〔清〕柯崇樸編次　〔清〕周篔辨譌

清同治四年(1865)重校亦西齋刻本　十册

又一部　八册　AC149 Zcl 1682

詞綜三十八卷　AC149 Zcl 3821

〔清〕朱彝尊抄撮　〔清〕汪森增定　〔清〕柯崇樸編次　〔清〕周篔辨訛

清光緒二十八年(1902)金匱浦氏重修刻本　二十四册

按:内封墨筆題"南洋大學圖書館惠存,鄭成勛敬贈一九七九年十一月吉日",末鈐"鄭成勛"朱印。

詞選二卷續詞選二卷附録一卷

AC149 Zcl 1188

〔清〕張惠言録

清光緒間刻本　一册

詩餘偶鈔六卷　AC149 Zcl 261

〔清〕王先謙輯

清光緒十六年(1890)長沙王氏刻本　一册

鈐有"馬鑒之印"印。

閨秀詞鈔十六卷　AC149 Zcl 778

徐乃昌輯

清宣統元年(1909)小檀欒室刻本　八册

唐五代詞選三卷　AC149 Zcl 1193

〔清〕馮煦輯

清光緒十三年(1887)刻本　一册

鈐有"修竹甘蕉吟館""季明"印。

宋四家詞選不分卷　AC149 Zcl 1194

〔清〕周濟輯

清光緒間刻本　一册

明詞綜十二卷　833.16 117

〔清〕王昶纂

清同治四年(1865)重校亦西齋刻本　二册

國朝詞綜四十八卷　AC149 Zcl 3509

〔清〕王昶纂

清嘉慶七年(1802)刻本　十二册

按:此本爲嘉慶板後印本。

國朝詞綜四十八卷二集八卷　833.17 117

〔清〕王昶纂

清嘉慶八年(1803)刻本　十二册

鈐有"南洋大學圖書館藏書""退叟"印。

篋中詞六卷續四卷　AC149 Zcl 1494

〔清〕譚獻撰

清光緒八年(1882)刻本　四册

國朝常州詞録三十一卷　AC149 Zcl 725

〔清〕繆荃孫輯

清光緒二十二年(1896)雲自在龕刻本　十二册

國朝金陵詞鈔八卷　833.78 102

〔清〕陳作霖輯

清光緒二十八年(1902)刻本　四册

詞話之屬

樂府指迷一卷詞源二卷詞旨一卷

AC149 Zcl 1195

〔宋〕沈義父撰 (詞源)〔宋〕張炎撰 (詞旨)〔元〕陸輔之撰

清光緒間刻本 一册

又一部 二册 **AC149 Zcl 815**

詞源二卷 **AC149 Zcl 4143**

〔宋〕張炎撰

清道光八年(1828)享帚精舍刻本 二册

鈐有"伯超""秦□之印""曾在高翰生許""十萬卷書人家"印。

詞譜之屬

詞律二十卷附詞律拾遺五卷補遺一卷

5575 4700

〔清〕萬樹訂正

清光緒二年(1876)刻本 十二册

鈐有"許紹南印""竹谿沈均瑲收藏琳琅書畫印""曾藏沈氏積照堂"印。

白香詞譜箋四卷 **AC149 Zcl 1864**

〔清〕舒夢蘭輯 〔清〕謝朝徵箋 〔清〕張蔭桓校

清光緒十二年(1886)成都志古堂刻本 四册

碎金詞譜六卷附碎金詞一卷

AC149 Zcl 2908

〔清〕謝元淮輯

清道光二十四年(1844)刻朱墨套印本 六册

鈐有"覺盦藏書""許紹南印"印。

曲 類

傳奇之屬

紅雪樓九種曲十三卷 **AC149 Zcl 77**

〔清〕蔣士銓填詞

清乾隆間紅雪樓刻本 十二册

半葉 9 行 22 字,小字雙行字同,白口,四周單邊,單黑魚尾,半框高 17.2 釐米,寬 14 釐米。版心上鎸曲名,中鎸卷次,下鎸葉碼,天頭鎸評文。

《香祖樓》卷端題"香祖樓一名轉情關,天都兩峰外史評文,鵝湖藏園居士填詞,新城種木山人訂譜",内封題"清容外集,香祖樓,紅雪樓藏板"。卷首依次有清乾隆三十九年(1774)《自序》,署"乾隆甲午寒食日藏園居士自書";清乾隆三十九年《後序》,署"乾隆甲午九秋種木居士陳守詒題撰";《論文》一則;《題詞》;目録。

《臨川夢》卷端題"臨川夢,長白明新春岩正譜,鉛山蔣士銓定甫填詞,秀水錢世錫百泉評校",内封題"清容外集,臨川夢,紅雪樓藏板"。卷首依次有清乾隆三十九年《自序》,署"甲午上巳鉛山蔣士銓書於芳潤堂";《玉茗先生傳》;明湯顯祖撰《論輔臣科臣疏》;目録。

《桂林霜》卷端題"桂林霜,大興張三禮椿山評文,鉛山蔣士銓清容填詞,鳳翔楊迎鶴松軒正譜",内封題"清容外集,桂林霜，紅雪樓藏板”。卷首依次有清乾隆三十六年(1771)《序》，署“乾隆辛卯九秋燕臺張三禮書於越州郡齋”；清乾隆三十六年《自序》，署“乾隆辛卯仲夏鉛山蔣士銓書於蕺山之館”；《馬文毅公傳》；《題詞》；目録。

《空谷香傳奇》卷端題“空谷香傳奇，鉛山蔣中子士銓填詞，武康高東井文照題評”，内封題“清容外集，空谷香，紅雪樓藏板”。卷首依次有清乾隆三十六年《序》，署“辛卯二月燕臺張三禮椿山氏書”；《自序》，署“小雪日濟寧舟次鉛山倦客自序”；《題詞》；目録。

《雪中人》卷端題“雪中人，泰安李士珠寶巖正譜，鉛山蔣士銓清容填詞，秀水錢世錫百泉評點”，内封題“清容外集，雪中人，紅雪樓藏板”。卷首依次有《鐵丐傳》；清蔣士銓撰《自序》；目録。

《冬青樹》卷端題“冬青樹，鉛山蔣士銓填詞”，内封題“清容外集，冬青樹，紅雪樓藏板”。卷首依次有清乾隆四十六年(1781)《序》，署“乾隆辛丑中秋後二日丁亥吴郡張塤石公序”；清乾隆四十六年《自序》，署“辛丑八月離垢居士書”；目録。

《四絃秋》卷端題“四絃秋一名青衫泪，鶴亭居士正拍，清容主人填詞，夢樓居士題評”，内封題“清容外集，四絃秋，紅雪樓藏板”。卷首依次有清江春《序》；清乾隆三十八年(1773)《序》，署“乾隆癸巳六月中浣東皋弟張景宗拜題於莨灣舟中”；清蔣士銓撰《序》；《題詞》；詩餘；目録。

《一片石》卷端題“一片石，華亭王興居宗之評定，鉛山蔣士銓清容填詞，真州吴承緒芬餘正譜”，内封題“清容外集，一片石，紅雪樓藏板”。卷首依次有清蔣士銓撰《自序》；《題詞》；目録。

《第二碑》卷端題“第二碑又名後一片石，見亭外史正譜，藏園居士填詞，蒼厓老人評校”，内封題“清容外集，第二碑，紅雪樓藏板”。卷首依次有清乾隆四十一年(1776)《叙》，署“丙申涂月上浣上谷王均槼平氏書於古江州之庾樓”；清阮龍光撰《序》；清蔣士銓撰《自序》；《題詞》；目録。

紅雪樓九種曲　　2762/1—12

〔清〕蔣士銓撰

清刻本　十二册

子目：

冬青樹二卷三十八齣

雪中人十六齣

四絃秋(一名青衫泪)四齣

一片石四齣

第二碑(一名後一片石)六齣

香祖樓二卷三十二齣

空谷香傳奇二卷三十齣

桂林霜二卷二十四齣

臨川夢二卷二十齣

庶幾堂今樂初集十六種二集十二種　　5715 9343

〔清〕余治撰

清光緒六年(1880)蘇州元妙觀得見齋書坊刻本　八册

子目：

初集

後勸農一卷

活佛圖一卷

同胞案一卷

義民記一卷
海烈婦記一卷
岳侯訓子一卷
英雄譜一卷
風流鑒一卷
延壽籙一卷
育怪圖一卷
屠牛報一卷
老年福一卷
文星現一卷
掃螺記一卷
前出劫圖一卷
後出劫圖一卷
二集
義犬記一卷
回頭岸一卷
推磨記一卷
公平判一卷
陰陽獄一卷
硃砂痣一卷
同科報一卷
福善圖一卷
酒樓記一卷
緑林鐸一卷
劫海圖一卷
燒香案一卷

倚晴樓七種曲　986/1—10

〔清〕黄燮清填詞

清光緒三十三年(1907)海鹽開通新書局刻本　十册

鈐有"松年藏書""曾在壽松堂陳家""南洋大學圖書館藏書"印。

子目:
茂陵絃二卷　〔清〕瞿世瑛評文　〔清〕李光溥訂譜
帝女花二卷　〔清〕查仲誥正譜　〔清〕孫福海重校
脊令原二卷　〔清〕陳用光鑒定
鴛鴦鏡一卷　〔清〕陳石士鑒定　〔清〕查仲誥訂譜
凌波影一卷
桃谿雪二卷　〔清〕李光溥評文　〔清〕瞿傳鼎、余炘正譜
居官鑒二卷

又一部　十册　986/1—10

鈐有"南洋大學圖書館藏書"印。

牡丹亭還魂記二卷五十五齣　5686 8441

〔明〕湯顯祖編

清光緒十二年(1886)積山書局石印本　四册

鈐有"季明"印。

按:卷首内封有墨筆題識,署"三十五年五月一日於成都季明",末鈐"馬鑒"印。

慎鸞交傳奇二卷　AC149 Zcl 4760

〔清〕李漁編

清康熙間刻本　一册

半葉11行22字,白口,四周單邊,單黑魚尾,半框高22釐米,寬14.7釐米,有圖。兩截版,上鎸評文,下鎸正文,版心上鎸"慎鸞交"及卷次,下鎸葉碼。

卷端題"慎鸞交傳奇,湖上笠翁編次,匡廬居士、雲間木叟合評"。卷首有繡像。

鈐有"南洋大學圖書館藏書"印。

按：館藏存上卷一册第一至第十八齣。

擁雙艷三種 AC149 Zcl 3889

〔清〕萬樹撰

清康熙二十五年（1686）粲花别墅刻本　四册

半葉9行22字，白口，四周單邊，單黑魚尾，半框高18.4釐米，寬13.1釐米。版心上鎸書名，中鎸卷次，下鎸葉碼及“粲花别墅”，天頭鎸評文。

《念八翻傳奇》卷端題“念八翻傳奇，陽羡紅友山農萬樹編次，姚江葯菴居士吕洪烈題評”，内封題“樂府新編，紅友寓言，念八翻，粲花别墅”。卷首依次有清康熙二十五年《序》，署“康熙丙寅秋月山陰弟吕洪烈題於文來閣下”；目録。《空青石傳奇》卷端題“空青石傳奇，陽羡紅友山農萬樹編次，山陰雪舫溪漁吴棠禎題評”，内封題“紅友寓言，空青石，粲花别墅”。卷首依次有清康熙二十五年《序》，署“康熙二十五年歲在丙寅仲春花朝山陰後學吴棠禎伯憩氏題於端州之文來閣”；目録。

鈐有“許紹南印”印。

子目：

念八翻傳奇二卷二十八齣

空青石傳奇二卷二十九齣

按：館藏存二種。此書一名《粲花齋三種曲》。

桃花扇四卷首一卷四十齣 5697 4191

〔清〕孔尚任編

清光緒二十一年（1895）蘭雪堂重校刻本　五册

芝龕記六卷六十齣首一齣

AC149 Zcl 4140

〔清〕董榕撰

清道光二年（1822）補刻本　八册

芝龕記六卷 AC149 Zcl 3949

〔清〕董榕撰

清光緒十五年（1889）資中刻本　六册

鈐有“許紹南印”印。

鶴歸來傳奇二卷 AC149 Zcl 3919

〔清〕瞿頡填詞　〔清〕周昂評點

清後期刻本　四册

鈐有“許紹南印”印。

昭代簫韶二十卷首一卷三百六十齣

AC149 Zcl 4220

〔清〕王廷章等編

清嘉慶十八年（1813）内府刻朱墨套印本　二十册

紅樓夢傳奇八卷 5762.4 3371

〔清〕陳鍾麟填詞

清道光十五年（1835）粤東省城西湖街汗青齋刻本　八册

返魂香傳奇四卷 AC149 Zcl 4198

〔清〕宣鼎撰

清光緒三年（1877）上海申報館鉛印本　二册

鈐有“馬鑒之印”印。

瘗雲巖傳奇二卷　5711 5553

題〔清〕玉泉樵子填詞　題〔清〕停雲逸客評點

清光緒三年(1877)碧聲吟館刻本　一册

鈐有"許紹南印"印。

風雲會傳奇二卷三十齣　5711 6513

題〔清〕玉泉樵子填詞　題〔清〕梅谿逸叟訂譜

清光緒三年(1877)碧聲吟館刻本　二册

鈐有"許紹南印"印。

茯苓仙十四齣　5710 6710

題〔清〕玉泉樵子填詞

清光緒九年(1883)碧聲吟館刻本　一册

鈐有"許紹南先生贈書之印"印。

胭脂獄不分卷　AC149 Zcl 3921

題〔清〕玉泉樵子填詞

清光緒十年(1884)刻本　一册

鈐有"許紹南印"印。

靈媧石不分卷　AC149 Zcl 3922

題〔清〕玉泉樵子填詞

清光緒十一年(1885)碧聲吟館刻本　一册

鈐有"許紹南印"印。

青石山不分卷　AC149 Zcl 234

清光緒九年(1883)抄本　八册

鈐有"馬鑒之印"印。

散曲之屬

西堂樂府六種　AC149 Zcl 3927

〔清〕尤侗撰

清康熙間刻本　四册

半葉10行21字,白口,四周單邊,無魚尾,半框高18釐米,寬13.8釐米。兩截版,上鎸評點,下鎸正文,版心上鎸篇目,下鎸葉碼。

卷端題"讀離騷,長洲尤侗悔菴撰"。卷首依次有清尤侗撰《自序》;清王士禄撰《讀離騷題詞》;清丁澎撰《讀離騷題詞》;清康熙三年(1664)《讀離騷題詞》,署"甲辰立夏後三日海鹽彭孫遹題於南園";清吴綺撰《采桑子題詞》一首;總目。《弔琵琶》卷首有清彭孫遹撰《弔琵琶題詞》。

《桃花源》卷首依次有清彭孫遹撰《小桃紅題詞》一首;清吴綺撰《清平樂題詞》一首。《黑白衛》卷首有清康熙五年(1666)《題詞》,署"丙午杪秋淮南李瀅題"。《清平調》卷首有清杜濬題《李白登科記題詞》。

《鈞天樂》卷首依次有清吴偉業撰《序》;清尤侗撰《自序》;目録。

鈐有"許紹南印"印。

子目:

讀離騷四折

弔琵琶四折

桃花源四折

黑白衛四折

李白登科記(一名清平調)一折

鈞天樂三十二齣

按:《鈞天樂》兩册版式稍異,半框高18.2釐米,寬13.9釐米,版心上鎸"鈞天樂",中鎸本次,下鎸葉碼。

俗曲之屬

霓裳續譜八卷附萬壽慶典一卷 AC149 Zcl 784

〔清〕王廷紹點訂

清乾隆六十年(1795)集賢堂刻本　六册

半葉10行20字,小字單行字同,白口,左右雙邊,單黑魚尾,半框高13.4釐米,寬10.2釐米。版心上鎸書名,中鎸卷次,下鎸葉碼。

卷端題"霓裳續譜"。内封題"秣陵王楷堂訂,霓裳續譜,集賢堂梓"。卷首依次有清乾隆六十年《序》,署"乾隆六十年歲次乙卯春二月上浣秣陵楷堂王廷紹撰";清王盛安撰《序》;清葛霖撰《跋》;目録,題"秣陵王楷堂點訂";《萬壽慶典》。

新造秦雪梅全歌八卷 AC149 Zcl 4353

清末潮安府前街李萬利春記刻本　八册

按:潮州歌本。

新造四美圖九卷 AC149 Zcl 4354

清末義安路瑞文智記刻本　九册

按:潮州歌本。

新造龍圖公陰陽判六卷 AC149 Zcl 4349

清末潮城府前街瑞文堂刻本　六册

按:潮州歌本。

新造五星圖八卷 AC149 Zcl 4350

清末潮城大街四進士亭脚李家萬利號刻本　八册

按:潮州歌本。

新造八仙圖十卷 AC149 Zcl 4351

清末潮城大街四進士亭脚李家萬利號刻本　十册

按:潮州歌本。

新造狄龍狄虎下棚平北二十九卷 AC149 Zcl 4347

清末潮安義安路李萬利春記刻本　二十九册

按:潮州歌本。

新造五美緣十四卷 AC149 Zcl 4348

清末潮城府前街吴家瑞文堂刻本　十四册

按:潮州歌本。

曲選之屬

納書楹曲譜全集二十二卷 853.374 504

〔清〕葉堂訂譜　〔清〕王文治参訂

清乾隆間納書楹刻本　二十二册

半葉6行18字,白口,四周雙邊,單黑魚尾,半框高19釐米,寬14釐米。版心上鎸書名,中鎸卷次及篇目,下鎸葉碼,《納書楹曲譜補遺》下鎸葉碼及劇名。

《納書楹四夢全譜》卷端題"納書楹牡丹亭全譜,長洲葉堂廣明訂譜,丹徒王文治禹卿参訂",《納書楹南柯記全譜》内封題"乾隆壬子春鎸,南柯記全譜,納書楹藏板"。卷首依次有清乾隆五十七年(1792)《納書楹四夢全譜自序》,署"乾隆壬子春正月懷庭居士自序";凡例;目録。

《納書楹曲譜》卷端題"納書楹曲譜正集,長洲葉堂廣明訂譜,丹徒王文治禹卿參訂"。卷首依次有清乾隆五十七年《納書楹曲譜自序》,署"乾隆五十七年壬子孟春懷庭居士自序";凡例;總目。

《納書楹曲譜補遺》卷端題"納書楹曲譜補遺,長洲葉堂廣明訂譜,丹徒王文治禹卿參訂",内封題"乾隆甲寅春鐫,納書楹補遺曲譜,納書楹藏板"。卷首依次有清乾隆五十九年(1794)《納書楹補遺曲譜自序》,署"乾隆五十九年甲寅人日懷庭居士自序";總目。

鈐有"南洋大學圖書館藏書"印。

按:含四夢全譜八卷、正集四卷、續集四卷、外集二卷、補遺四卷。《納書楹四夢全譜》及《納書楹曲譜》刻於乾隆五十七年,《納書楹曲譜補遺》刻於乾隆五十九年。

又一部　二十二册　AC149 Zcl 2117

彈詞之屬

繡像全圖再生緣全傳二十卷

PL2710 Xygz

〔清〕陳端生撰

清光緒三十一年(1905)永記書莊影印本　十册

按:館藏缺卷十一至卷二十。

繪圖巧奇冤全傳十卷　847.566 160

清光緒三十二年(1906)上海萃文齋書局石印本　八册

鈐有"南洋大學圖書館藏書"印。

按:館藏缺卷九至卷十。

繪圖筆生花十六卷三十二回

AC149 Zcl 4419

〔清〕邱心如撰

清光緒間石印本　十六册

曲評曲話曲目之屬

續詞餘叢話三卷　AC149 Zcl 1046

〔清〕楊恩壽撰

清光緒間刻本　一册

按:應爲《詞餘叢話》三卷之續。

小説類

文言之屬

聊齋志異遺稿四卷　5739 2977.2

〔清〕蒲松齡撰

清光緒四年(1878)聚珍堂木活字本　二册

鈐有"馬鑒之印"印。

詳注聊齋志異圖咏十六卷首一卷

5739 2977

〔清〕蒲松齡撰　〔清〕吕湛恩注

清光緒十二年(1886)上海同文書局石印本　八册

詳注聊齋志異圖咏十六卷首一卷

5739 2977

〔清〕蒲松齡撰　〔清〕吕湛恩注

清光緒二十六年(1900)上海鍊石齋書局石印本　二册

閱微草堂筆記二十四卷 2129/1—10

〔清〕紀昀撰

清道光十五年(1835)廣州林記書莊刻本 十册

閱微草堂筆記五種二十四卷 AC149 Zcl 4254

〔清〕紀昀撰

清道光二十七年(1847)粤東緯文堂校刻本 十册

子目:

灤陽消夏録六卷

如是我聞四卷

槐西雜志四卷

灤陽續録六卷

姑妄聽之四卷

姑妄聽之四卷 AC149 Zcl 134a

〔清〕紀昀撰

清同治五年(1866)禪山連元閣刻本 二册

螢窗異草四卷 AC149 Zcl 1396

題〔清〕長白浩歌子撰 題〔清〕隨園老人續評 題〔清〕柳橋居士重訂

清光緒二年(1876)上海申報館鉛印本 四册

螢窗異草初編四卷二編四卷三編四卷 AC149 Zcl 1057

題〔清〕長白浩歌子撰 題〔清〕隨園老人續評 題〔清〕柳橋居士重訂

清光緒間上海申報館鉛印本 十二册

鈐有"遜敏齋印"印。

質直談耳八卷 AC149 Zcl 1052

〔清〕錢肇鼇撰

清道光四年(1824)學餘堂刻本 六册

竹西花事小録不分卷燕臺花事録三卷 AC149 Zcl 1391

題〔清〕芬利它行者編 (燕臺花事録)題〔清〕蜀西樵也撰

清光緒三年(1877)上海申報館鉛印本 一册

夜雨秋燈録八卷 AC149 Zcl 4201

〔清〕宣鼎撰

清光緒三年(1877)上海申報館鉛印本 八册

想當然耳八卷 AC149 Zcl 2515

〔清〕鄒鍾撰

清光緒四年(1878)聚珍堂木活字本 四册

鈐有"馬鑒之印"印。

聊攝叢談六卷 AC149 Zcl 1189

〔清〕須方岳撰 〔清〕余培元校

清光緒十二年(1886)文英堂刻本 六册

鈐有"馬鑒之印"印。

池上草堂筆記二卷 AC149 Zcl 1050

〔清〕梁恭辰撰

清光緒十八年(1892)汴梁城北書店街藝文堂刻本 八册

鈐有"馬鑒之印"印。

蕉軒摭録十二卷 AC149 Zcl 1176

〔清〕俞夢蕉撰

清光緒間上海申報館鉛印本　四册

鈐有"季明"印。

晚翠軒筆記八卷 AC149 Zcl 1753

〔清〕徐達培撰　〔清〕徐逌謩、徐逌熙編校

清宣統二年(1910)大公石印館石印本　四册

短篇之屬

情史類略二十四卷 AC149 Zcl 4257

〔明〕馮夢龍評輯

清道光二十八年(1848)經綸堂刻本　十册

長篇之屬

評論出像水滸傳二十卷七十回 5752 9131

〔元〕施耐庵撰　〔清〕金聖嘆評點

清嘉慶間善成堂重刻本　二十册

鈐有"馬鑒之印"印。

評注圖像水滸傳七十五卷 AC149 Zcl 443

〔元〕施耐庵撰　〔清〕金聖嘆評點

清光緒十二年(1886)上海同文書局石印本　八册

按:此書一名《評注圖像五才子書》。

評注圖像水滸傳七十五卷七十回 AC149 Zcl 4593

〔元〕施耐庵撰　〔清〕王仕雲評

清光緒三十三年(1907)石印本　十一册

按:館藏缺卷五十五至卷六十二(第五十二回至五十七回)。

四大奇書第一種(三國演義)二十卷首一卷一百二十回 AC149 Zra 58

〔明〕羅貫中撰　〔清〕金聖嘆評　〔清〕毛宗崗評

清順治元年(1644)懷德堂刻本　二十册

半葉11行24字,小字雙行字同,白口,四周單邊,單黑魚尾,無界行,半框高21.1釐米,寬14.8釐米,有圖。版心上鎸書名,中鎸卷次,下鎸葉碼及"九如堂"。

卷端題"四大奇書第一種,聖嘆外書,茂苑毛宗崗序始氏評"。内封題"聖嘆外書,毛聲山評三國志,第一才子書,懷德堂藏板"。卷首依次有清順治元年《序》,署"順治歲次甲申嘉平朔日金人瑞聖嘆氏題";凡例;《讀三國志法》;目録;圖像。

增像全圖加批西遊記一百回 AC149 Zcl 4410

〔明〕吴承恩撰　〔清〕陳士斌評

清光緒二十六年(1900)源記書莊石印本　八册

鈐有"梁耀焜印"印。

增像全圖加批西遊記八卷一百回 AC149 Zcl 4183

〔明〕吴承恩撰 〔清〕陳士斌評

清光緒三十三年(1907)上海章福記石印本 八册

繪圖封神演義一百回 AC149 Zcl 4926

〔明〕許仲琳撰

清宣統二年(1910)上海有益齋石印本 八册

孫龐演義四卷二十回 AC149 Zcl 4930

清宣統元年(1909)上海文元書莊石印本 一册

新刻逸田叟女仙外史大奇書一百回 AC149 Zcl 2964

〔清〕吕熊撰

清康熙五十年(1711)釣璜軒刻本 二十册

半葉10行22字,白口,四周單邊,單黑魚尾,半框高19.9釐米,寬14釐米。版心上鎸"外史",中鎸回數,下鎸葉碼。

卷端題"新刻逸田叟女仙外史大奇書"。内封題"新大奇書,古稀逸田吕叟著,女仙外史,釣璜軒貯板"。卷首依次有清陳奕禧撰《序》;清劉廷璣《品題二十則》;清吕熊撰《自叙》;清康熙五十年《自跋》,署"歲次辛卯人日吕熊文兆氏自跋於後";清楊顒《評論七則》;清康熙五十年葉旉《跋》,署"康熙歲次辛卯中秋望日";目録。

水滸後傳四十回 5752.2 3309

〔清〕陳忱撰

清光緒三年(1877)上海申報館鉛印本 十册

鈐有"季明"印。

繡像東周列國志二十七卷一百八回 AC149 Zcl 4204

〔清〕蔡奡評點

清光緒三十一年(1905)上海商務印書館鉛印本 十二册

東周列國全志二十三卷一百八回 AC149 Zcl 473

〔清〕蔡奡評點

清義合齋刻本 二十四册

增訂繪圖精忠説岳全傳八卷八十回 AC149 Zcl 4933

〔清〕錢彩編 〔清〕金豐增訂

清光緒三十二年(1906)上海書局石印本 八册

四雪草堂重訂通俗隋唐演義二十卷一百回 AC149 Zcl 4929

〔清〕褚人獲撰

清光緒三十三年(1907)上海書局石印本 十册

繡像續金瓶梅十二卷六十四回 PL2698 Xxs. Zydr

〔清〕丁耀亢編

清末刻本 十二册

雪月梅傳十卷五十回 AC149 Zcl 1319

〔清〕陳朗編 〔清〕董孟汾評釋

〔清〕邵松年校定

清乾隆四十年(1775)德華堂刻本　十册

半葉10行21字,小字雙行字同,黑口,左右雙邊,單黑魚尾,半框高19.1釐米,寬13.8釐米。版心鎸卷次,下鎸葉碼。

卷端題"雪月梅傳,鏡湖逸叟陳朗曉山編輯,介山居士董孟汾月巖評釋,穎上散人邵松年鶴巢校定"。内封題"鏡湖逸叟著,孝義雪月梅傳,德華堂藏版"。卷首依次有清乾隆四十年《序》,署"乾隆乙未仲春花朝鏡湖逸叟自序於古鈞陽之松月山房";目録;《雪月梅讀法》,末署"乾隆乙未仲春上浣月岩氏謹識於古許昌之松風草堂"。

鈐有"燕臺劉賢""燕臺文庫"印。

全圖增評金玉緣一百二十卷 AC149 Zcl 4192

〔清〕曹雪芹撰

清光緒三十二年(1906)上海桐蔭軒石印本　十六册

增評補像全圖金玉緣一百二十回 AC149 Zcl 4412

〔清〕曹雪芹撰

清光緒三十四年(1908)求不負齋石印本　十册

增評補像全圖金玉緣十五卷一百二十回 PL2700 Cxq

〔清〕曹雪芹撰

清光緒間石印本　五册

按:館藏缺卷一至卷十(第一回至第八十回)。

警富新書四卷四十回 AC149 Zcl 4414

〔清〕安和先生撰

清嘉慶十四年(1809)省城太平新街以文堂刻本　一册

繡像緑野仙踪全傳八十回 AC149 Zcl 4180

〔清〕李百川撰

清道光十年(1830)刻本　十六册

鈐有"許紹南印"印。

新編雷峰塔奇傳五卷 AC149 Zcl 4415

題〔清〕玉花堂主人校訂

清道光二十二年(1842)粵東省城狀元坊内太平新街以文堂重刻本　一册

按:館藏缺卷三至卷五。

繪圖陰陽鬥異桃花女傳奇四卷十六回 AC149 Zcl 4248

清光緒二十年(1894)上海鑄記書局石印本　四册

繪圖鏡花緣一百回 AC149 Zcl 4181

〔清〕李汝珍撰

清光緒十四年(1888)上海校經山房石印本　七册

按:館藏缺第四十九回至第六十六回。

繪圖鏡花緣一百回 5763.5 7531

〔清〕李汝珍撰

清光緒二十一年(1895)上海積山書局石印本　六册

鈐有"許紹南印"印。

增像續小五義六卷一百二十四回 AC149 Zcl 4182

清光緒十六年(1890)上洋公興書局鉛印本　三册

兒女英雄傳評話四十回 AC149 Zcl 4932

〔清〕文康撰

清光緒三十三年(1907)上海鍊石齋書局石印本　十册

林蘭香六十四回 AC149 Zcl 1416

題〔清〕隨緣下士撰　題〔清〕寄旅散人批點

清光緒三年(1877)上海申報館鉛印本　八册

鈐有"季明"印。

青樓夢六十四回 AC149 Zcl 4138

〔清〕俞達撰

清光緒四年(1878)上海申報館鉛印本　十册

鈐有"季明"印。

繪芳録八十回 AC149 Zcl 4197

題〔清〕西泠野樵撰

清光緒四年(1878)上海申報館鉛印本　十六册

鈐有"季明"印。

風月夢三十二回 AC149 Zcl 4184

題〔清〕邗上蒙人撰

清光緒十二年(1886)刻本　六册

繪圖萬花樓傳六卷六十八回 AC149 Zcl 4416

〔清〕李雨堂撰

清光緒三十二年(1906)上海書局石印本　六册

官場現形記五編六十卷 AC149 Zcl 1856

〔清〕李寶嘉撰

清光緒二十九年(1903)石印本　十七册

鈐有"馬鑒之印"印。

按:此書内封題"滬遊雜記"。

燕山外史注釋八卷 AC149 Zcl 4202

〔清〕陳球撰　題〔清〕若騤子輯注〔清〕項震新參校

清光緒三十二年(1906)上海海左書局石印本　一册

燕山外史二卷 AC149 Zcl 4255

〔清〕陳球撰

清小蓬仙館刻本　二册

後西遊記四十回 AC149 Zcl 4196

清光緒間上海申報館鉛印本　八册

鈐有"季明"印。

繡像錦上花二十四回 AC149 Zcl 4247

〔清〕修月閣主人撰

清宣統元年(1909)石印本　八册

新鐫古本批評繡像三世報隔簾花影四十八回　AC149 Zcl 4115

題〔清〕四橋居士撰

清刻本　六册

新刻繪圖粉妝樓全傳六卷八十回

AC149 Zcl 4250

清宣統元年(1909)萃英書局石印本　六册

新編批評繡像後七國樂田演義四卷十八回

AC149 Zcl 4931

清宣統元年(1909)上海文元書莊石印本　一册

類叢部

類書類

通類之屬

北堂書鈔一百六十卷 041.41 489

〔隋〕虞世南撰 〔清〕孔廣陶校注

清光緒十四年(1888)南海孔氏三十有三萬卷堂重刻本 二十册

又一部 二十册 9296 2493

藝文類聚一百卷 041.411 423

〔唐〕歐陽詢撰

清光緒間宏達堂校刻本 二十八册

按:影明刻本。

古香齋鑒賞袖珍初學記三十卷 AC149 Zcl173

〔唐〕徐堅等撰

清乾隆間刻本 十二册

半葉9行18字,小字雙行字同,白口,四周雙邊,單黑魚尾,半框高10.1釐米,寬8.1釐米。版心上鎸"古香齋初學記",中鎸卷次,下鎸葉碼。

卷端題"古香齋鑒賞袖珍初學記,光禄大夫行右散騎常侍集賢院學士副知院事東海郡開國公徐堅等奉敕撰"。卷首依次有宋紹興四年(1134)《古香齋鑒賞袖珍初學記序》,署"紹興四年歲次甲寅正月上元日右修職郎建陽縣丞福唐劉本序";目録。

鈐有"厲氏家藏""馬鑒之印"印。

初學記三十卷 041.414 947

〔唐〕徐堅等撰 〔清〕黄加焜校刊

光緒十四年(1888)蘊石齋刻本 十六册

鈐有"南洋大學圖書館藏書"印。

太平御覽一千卷目録十五卷 9297 7604.1

〔宋〕李昉等編纂

清嘉慶十七年(1812)歙鮑氏刻本 一百二册

太平御覽一千卷目録十五卷 9297 7604.2

〔宋〕李昉等編纂 〔清〕鮑崇城重校

清嘉慶二十三年(1818)刻本 一百二十册

又一部 一百四册 041.512 289—02

太平御覽一千卷目録十五卷 041.512 289

〔宋〕李昉等編纂

清光緒十八年(1892)南海李氏重刻本 一百册

册府元龜一千卷 9297 4653

〔宋〕王欽若等編纂

清康熙十一年(1672)據明崇禎板重刻本 一百九十七册

半葉10行20字,小字雙行字同,白口,四周單邊,無魚尾,半框高19.4釐米,寬14.4釐米。版心上鎸書名及篇章名,中鎸卷次,下鎸葉碼。

卷端題"册府元龜,淮南李嗣京參閲,西極文翔鳳訂正,豫章黄國琦較釋"。卷首依次有明文翔鳳撰《册府元龜叙》;明崇禎十五年(1642)《序》,署"崇禎壬午長至月匡山黄國琦題於潭陽古治";清康熙十一年《後跋》,署"康熙壬子秋桂月侄九錫百拜敬跋";《册府元龜考據》;目録。

按:館藏缺第十一册(卷四十三至卷四十八)、第十八册(卷八十至卷八十三)、第五十册(卷二百二十七至卷二百三十二)。

玉海二百卷　　AC149 Zcl 2806

〔宋〕王應麟撰

元刻元明清遞修本　一百二十一册

半葉10行20字,小字雙行字同,白口,四周單邊,雙黑魚尾,半框高20.9釐米,寬13.3釐米。版心上鎸補刊時間,中鎸書名、卷次及葉碼,下鎸刻字字數。

鈐有"曳尾堂圖書印""半澤文庫"印。

按:此本爲明正德元年至二年(1506—1507)、嘉靖二十九至三十六年(1550—1557)、萬曆十一年(1583)、萬曆十五至十七年(1587—1589)、崇禎九至十年(1636—1637)、清康熙二十六年(1687)、乾隆三年(1738)、乾隆五十六年(1791)遞修本。

皇朝類苑七十八卷　　9297 1399

〔宋〕江少虞撰

清宣統三年(1911)武進董氏刻本　十二册

三才圖會一百八卷　　AC149 Zcl 4762

〔明〕王圻撰

明後期刻本　一册

半葉9行22字,小字雙行字同,白口,四周單邊,單黑魚尾,半框高21釐米,寬13.8釐米,有圖。版心上鎸書名,中鎸篇章名及卷次,下鎸葉碼。

鈐有"南洋大學圖書館藏書"印。

按:館藏存《文史》一卷。

唐類函二百卷　　AC149 Zra 4

〔明〕俞安期輯

明萬曆三十一年(1603)刻本　四十册

半葉10行20字,小字雙行字同,黑口,四周單邊,單黑魚尾,半框高20.7釐米,寬14.6釐米。版心上鎸子部,中鎸卷次及葉碼,下鎸類别。

卷端題"唐類函,明東吴俞安期彙纂,明同郡徐顯卿校訂"。卷首依次有明萬曆三十一年《刻唐類函序》,署"萬曆癸卯嘉平月既望吴郡蘇菴主人申時行書";明萬曆三十一年《唐類函序》,署"萬曆癸卯冬日繡水沈思孝純父叙";明李維楨撰《唐類函叙》;凡例;目録。

鈐有"醉李朱伯子永明藏書印"印。

又一部　四十册　　AC149 Zra 19

按:此本目録頁爲手抄補配。

潛確居類書一百二十卷　　AC149 Zra 30

〔明〕陳仁錫纂輯

明崇禎間金閶映雪草堂刻本　八十册

半葉10行20字,小字雙行字同,白

口,四周單邊,單黑魚尾,半框高 21.3 釐米,寬 14.7 釐米。版心上鎸"潛確類書",中鎸卷次及篇章名,下鎸葉碼及篇名。

卷端題"潛確居類書,史官陳仁錫明卿父纂輯"。内封題"太史陳明卿先生輯,潛確類書,金閶映雪草堂藏板"。卷首依次有明陳仁錫撰《潛確居類書序》;《類書隱旨》;總目;徵閲書目。

潛確居類書一百二十卷 9299 3337

〔明〕陳仁錫纂輯

明崇禎間吴門大觀堂刻本 六十六册

半葉 10 行 20 字,小字雙行字同,白口,四周單邊,單黑魚尾,半框高 21.2 釐米,寬 14.9 釐米。版心上鎸"潛確類書",中鎸卷次及篇章名,下鎸葉碼及類名。

卷端題"潛確居類書,史官陳仁錫明卿父纂輯"。内封題"陳明卿太史纂輯,潛確類書,吴門大觀堂發行"。卷首依次有明陳仁錫撰《潛確居類書序》;《類書隱旨》;徵閲書目;總目;目録。

鈐有"八閩潭城徐氏""介石居藏笈"印。

欽定古今圖書集成一萬卷目録三十二卷 9301 3349

〔清〕蔣廷錫等編纂

清光緒十年(1884)上海圖書集成鉛版印書局鉛印本 一千六百二十七册

類書纂要三十三卷 9301 7945

〔清〕周魯輯 〔清〕侯杲參 〔清〕黄機鑒定

清康熙間無錫天和堂刻本 二十册

半葉 9 行 22 字,小字雙行字同,白口,四周單邊,單白魚尾,半框高 20.1 釐米,寬 11.6 釐米。版心上鎸書名,中鎸卷次,下鎸葉碼。

卷端題"類書纂要,武林次辰黄太史鑒定,無錫周魯南林輯,同邑侯杲仙蓓參"。内封題"黄太史鑒定,周南林手纂,類書纂要,無錫天和堂藏版,翻刻者千里必究"。卷首依次有清康熙三年(1664)《序》,署"康熙三年夏初三日賜進士出身禮部右侍郎前翰林侍讀學士纂修實録辛卯奉命江南正主考武林黄機次辰氏題";凡例;目次。

子史精華一百六十卷 AC149 Zcl 2011

〔清〕張廷玉等編撰

清雍正五年(1727)刻本 二十四册

半葉 8 行 24 字,小字雙行字同,白口,四周雙邊,單黑魚尾,無界行,半框高 18.4 釐米,寬 12.5 釐米。版心上鎸書名,中鎸卷次、部類及篇名,下鎸葉碼。

卷端題"子史精華"。卷首依次有清雍正五年《御製子史精華序》,署"雍正五年四月初九日";編纂職名;目録。

鈐有"五橋珍藏""慈谿馮氏醉經閣圖藉"印

又一部 三十六册 9301 4931

鈐有"陳慶保""拜經館藏""高西垣氏珍玩"印。

子史精華一百六十卷 AC149 Zcl 4406

〔清〕張廷玉等編撰

清光緒十年(1884)上海同文書局石

印本　八册

省軒考古類編十二卷　　071.74 501

〔清〕柴紹炳纂

清雍正四年(1726)澹成堂刻本　六册

半葉10行21字,小字雙行字同,黑口,左右雙邊,雙黑魚尾,半框高17.2釐米,寬12.4釐米。版心鎸"考古類編"、卷次、篇章名及葉碼。

卷端題"省軒考古類編,仁和柴紹炳虎臣纂,華亭姚廷謙平山評,長洲汪琬苕文、宣城施閏章尚白、石門吕留良晚村、寧都魏禧冰叔參,鐵嶺高纘勳希武、越步青訂,姪謙南屏、男世堂胥山校"。内封題"華亭姚平山評定、鉄嶺高步青參閲,省軒考古類編,澹成堂藏版"。卷首依次有清雍正二年(1724)《序》,署"雍正甲辰花生日華亭後學姚廷謙拜手書";清雍正四年《序》,署"雍正四年二月既望鐵嶺後學高越拜題於挹峰樓";清柴紹炳撰《自序》;凡例,末署"雍正三年二月上浣門下後學高纘勳希武識";目録。

鈐有"汜水縣儒學記□□□□□□""南洋大學圖書館藏書"印。

古香齋新刻袖珍淵鑒類函四百五十卷目録四卷　　9301 5371

〔清〕張英等纂修

清乾隆間重刊本　一百八十册

半葉10行21字,小字雙行字同,白口,四周雙邊,單黑魚尾,半框高10.2釐米,寬8.1釐米。版心上鎸"古香齋淵鑒類函",中鎸卷次、篇章名及葉碼。

卷端題"古香齋新刻袖珍淵鑒類函"。卷首依次有清康熙四十九年(1710)《古香齋新刻袖珍御製淵鑒類函序》,署"康熙四十九年十月二十五日";清康熙四十年(1701)《進呈類函表》,署"康熙四十年十二月二十六日經筵官文華殿大學士兼禮部尚書今致仕臣張英、經筵講官刑部尚書臣王士正、經筵講官吏部左侍郎兼翰林院學士臣王掞、内閣學士兼禮部侍郎臣張榕端";凡例;參纂人職名;目録。

鈐有"潤生"印。

通俗編三十八卷　　AC149 Zcl 1136

〔清〕翟灝編

清乾隆十六年(1751)無不宜齋刻本　八册

半葉12行22字,白口,左右雙邊,單黑魚尾,半框高17.1釐米,寬12.6釐米。版心上鎸書名,中鎸卷次及篇章名,下鎸葉碼。

卷端題"通俗編,仁和翟灝"。内封題"無不宜齋雕本,通俗編,武林竹簡齋藏版"。卷首依次有清乾隆十六年《序》,署"乾隆十有六年歲在辛未仲秋西隒弟周天度";目録。

專類之屬

蒙求注釋四卷　　9308 8339

〔晋〕李瀚撰　〔清〕方宗敷注釋　〔清〕方功惠校訂

清光緒元年(1875)清貽堂刻本　二册

校正尚友録二十二卷續集二十二卷 2257.6 9570

〔明〕廖用賢編纂 〔清〕張伯琮補輯

清光緒二十九年(1903)上海茹古山房石印本 八册

經濟類編一百卷 AC149 Zra 6

〔明〕馮琦纂

明萬曆三十二年(1604)浙虎林郡南屏山刻本 六十四册

半葉10行20字,白口,四周單邊,無魚尾,半框高22釐米,寬15.1釐米,版心上鎸書名及卷次,中鎸葉碼,下鎸篇名。

卷端題"經濟類編,明北海馮琦纂,弟馮瑗、楚黄門人周家棟、淮南門人吴光義校"。卷首依次有明萬曆三十二年《大宗伯臨朐馮公經濟類編序》,署"萬曆甲辰嘉平之吉真實居士馮夢禎序於孤山别業之青巖居";凡例;校刻姓氏,末署"大明萬曆三十二年校刻於浙虎林郡南屏山";目録。

鈐有"阿波國文庫""永福昌宜子孫"印。

按:館藏缺卷六十一至卷一百。

佩文韻府一百六卷韻府拾遺一百六卷 9306 2656

〔清〕張玉書等編纂

清刻本 一百六十册

御定駢字類編二百四十卷 041.73 313

〔清〕張廷玉等編纂

清光緒十三年(1887)上海同文書局石印本 四十八册

又一部 四十八册 9301 2472

格致鏡原一百卷 9301 3335

〔清〕陳元龍撰

清雍正十三年(1735)刻本 十八册

半葉11行21字,黑口,左右雙邊,雙黑魚尾,半框高17.1釐米,寬11.3釐米。版心鎸書名、卷次、篇章名及葉碼。

卷端題"格致鏡原"。卷首依次有清雍正十三年《格致鏡原序》,署"雍正乙卯正月既望八十四老人陳元龍識";凡例;總目。

鈐有"馬鑒之印""維新市隱""黄有澤藏書"印。

事物異名録四十卷 9301 9658

〔清〕厲荃輯 〔清〕關槐增纂

清乾隆五十三年(1788)刻本 十二册

半葉11行21字,小字雙行字同,白口,左右雙邊,單黑魚尾,半框高16.3釐米,寬11.4釐米。版心上鎸書名,中鎸卷次,下鎸葉碼。

卷端題"事物異名録,慈谿厲静薌先生荃原輯,仁和關晋軒先生槐增纂"。内封題"乾隆戊申年鎸,事物異名録,本衙藏板"。卷首依次有清乾隆五十三年《序》,署"乾隆戊申春正月兩廣總督兵部尚書館後進孫士毅拜題";清乾隆四十一年(1776)《序》,署"乾隆四十一年九月既望慈谿厲荃静薌甫序";凡例;總目。

鈐有"蕙園"印。

事類統編九十三卷首一卷 9301 9742

〔清〕林意誠彙刊 〔清〕林敬昭重校

清道光十九年(1839)栢溪林氏刻本 三十二册

鈐有"華仁記子""越國文庫""圖書寮"印。

增補事類統編九十三卷首一卷 AC149 Zcl 1377

〔清〕黄葆真增輯 〔清〕何立中校字

清道光二十九年(1849)丹陽黄氏敦好堂刻本 四十册

增補事類統編九十三卷 041.513 440

〔清〕黄葆真增輯 〔清〕何立中校字

清咸豐十年(1860)丹陽黄氏刻本 四十八册

增補事類統編九十三卷首一卷 9301 9742

〔清〕黄葆真增輯 〔清〕何立中校字

清同治十一年(1872)范陽書林聖蔭堂刻本 三十册

分類字錦六十四卷 042.72 313

〔清〕何焯等編纂

清康熙六十一年(1722)刻本 六十四册

半葉8行22字,小字雙行字同,白口,四周雙邊,單黑魚尾,無界行,半框高18.1釐米,寬12.5釐米。版心上鎸書名,中鎸卷次、類目、分類名及葉碼。

卷端題"分類字錦"。卷首依次有清康熙六十一年《御製分類字錦序》,署"康熙六十一年八月初一日翰林院侍讀學士臣陳邦彦奉敕敬書";參纂人職名;目録。

分類字錦六十四卷 9301 6743

〔清〕何焯等編纂

清後期坊刻本 六十四册

讀書紀數略五十四卷 9301 4939

〔清〕宫夢仁編纂 〔清〕宋澤元校刊

清光緒六年(1880)懺花盦刻本 十四册

按:清宋澤元輯《懺花盦叢書》之零種。

又一部 十二册 9301 4939

鈐有"馬鑒之印"印。

又二部 十二册 041.72 700

稱謂録三十二卷 9309 3670

〔清〕梁章鉅撰 〔清〕梁恭辰校刊

清光緒十年(1884)刻本 八册

又一部 八册 802.19 721

鈐有"南洋大學圖書館藏書"印。

角山樓增補類腋不分卷 AC149 Zcl 716

〔清〕姚培謙撰 〔清〕趙克宜增輯

清光緒十二年(1886)上海鴻章書局石印本 六册

類腋四部五十五卷補遺一卷 9301 7500

〔清〕姚培謙輯

清後期聚業堂刻本 十六册

韻海大全不分卷 AC149 Zcl 96

題〔清〕仁壽室主人輯

清光緒十三年(1887)上海積山書局石印本　六册

鈐有"壽而康""敬則有福"印。

壹是紀始二十二卷補遺一卷　071.7 106

〔清〕魏崧撰

清光緒十七年(1891)京都隆福寺文奎堂刻本　六册

鈐有"□盦珍藏"印。

策學備纂三十二卷　4667 4124

〔清〕吴熲炎輯

清光緒二十六年(1900)上海點石齋石印本　四十八册

叢書類

彙編之屬

廣漢魏叢書八十種　9100.7 3164

〔明〕何允中輯

清嘉慶間刻本　九十五册

子目:

經翼十七種

易傳三卷　〔漢〕京房撰

焦氏易林四卷　〔漢〕焦贛撰

周易略例一卷　〔三國魏〕王弼撰

古三墳一卷　〔晋〕阮咸注

詩傳孔氏傳一卷　〔周〕端木賜撰

詩説一卷　〔漢〕申培撰

韓詩外傳十卷　〔漢〕韓嬰撰

大戴禮記十三卷　〔漢〕戴德撰

春秋繁露十七卷　〔漢〕董仲舒撰

白虎通德論四卷　〔漢〕班固撰

獨斷一卷　〔漢〕蔡邕撰

忠經一卷　〔漢〕馬融撰

孝傳一卷　〔晋〕陶潛撰

方言十三卷　〔漢〕揚雄撰

釋名四卷　〔漢〕劉熙撰

博雅十卷　〔三國魏〕張揖纂輯　〔隋〕曹憲音義

小爾雅一卷　〔漢〕孔鮒撰

别史十五種

吴越春秋六卷　〔漢〕趙曄撰

越絶書十五卷　〔漢〕袁康撰

十六國春秋一卷　〔北魏〕崔鴻撰

鄴中記一卷　〔晋〕陸翽撰

元經薛氏傳十卷　〔隋〕王通撰　〔唐〕薛收傳　〔宋〕阮逸注

逸周書十卷　〔晋〕孔晁注

竹書紀年二卷　〔南朝梁〕沈約注

穆天子傳六卷　〔晋〕郭璞注

漢武帝内傳一卷　〔漢〕班固撰

飛燕外傳一卷　〔漢〕伶玄撰

雜事秘辛一卷

群輔録一卷　〔晋〕陶潛撰

神仙傳十卷　〔晋〕葛洪撰

高士傳三卷　〔晋〕皇甫謐撰

英雄記一卷　〔三國魏〕王粲撰

子餘二十一種

參同契一卷　〔漢〕魏伯陽撰

陰符經一卷　〔漢〕張良注

素書一卷　〔漢〕黄石公撰

心書一卷　〔漢〕諸葛亮撰

孫子二卷　〔三國魏〕武帝曹操注

新語二卷　〔漢〕陸賈撰

新書十卷　〔漢〕賈誼撰

新序十卷　〔漢〕劉向撰
新論十卷　〔南朝梁〕劉勰撰
淮南鴻烈解二十一卷　〔漢〕劉安撰
孔叢子二卷　〔漢〕孔鮒撰
法言十卷　〔漢〕揚雄撰
新鍥葛稚川内篇四卷外篇四卷(一名抱朴子)　〔晉〕葛洪撰
申鑒五卷　〔漢〕荀悦撰
中論二卷　〔漢〕徐幹撰
中説二卷　〔隋〕王通撰
枕中書一卷　〔晉〕葛洪撰
潛夫論十卷　〔漢〕王符撰
天禄閣外史八卷　〔漢〕黄憲撰
説苑二十卷　〔漢〕劉向撰
論衡三十卷　〔漢〕王充撰
載籍二十七種
搜神記八卷　〔晉〕干寶撰
神異經一卷　〔漢〕東方朔撰
海内十洲記一卷　〔漢〕東方朔撰
述異記二卷　〔南朝梁〕任昉撰
續齊諧記　〔南朝梁〕吴均撰
洞冥記四卷　〔漢〕郭憲撰
西京雜記六卷　〔漢〕劉歆撰
拾遺記十卷　〔晉〕王嘉撰
博物志十卷　〔晉〕張華撰
古今注三卷　〔晉〕崔豹纂
風俗通十卷　〔漢〕應劭撰
人物志三卷　〔三國魏〕劉邵撰
文心雕龍十卷　〔南朝梁〕劉勰撰
詩品三卷　〔南朝梁〕鍾嶸撰
書品一卷　〔南朝梁〕庾肩吾撰
顔氏家訓七卷　〔北齊〕顔之推撰
鹽鐵論十二卷　〔漢〕桓寬撰
三輔黄圖六卷
華陽國志十二卷　〔晉〕常璩撰
洛陽伽藍記五卷　〔北魏〕楊衒之撰
水經二卷　〔漢〕桑欽撰
星經二卷　〔漢〕石申撰
荆楚歲時記一卷　〔晉〕宗懔撰
南方草木狀三卷　〔晉〕嵇含撰
竹譜一卷　〔晉〕戴凱之撰
古今刀劍録一卷　〔南朝梁〕陶弘景纂
鼎録一卷　〔南朝梁〕虞荔纂

又一部　八十六册　9100.7 3164

古今説海一百三十五種一百四十二卷　2091/1—20

〔明〕陸楫輯

清道光元年(1821)苕溪邵氏酉山堂重刻本　十八册

鈐有“南洋大學圖書館藏書”印。

子目：
説選部
小録家
北征録一卷　〔明〕金幼孜撰
北征後録一卷　〔明〕金幼孜撰
北征記一卷　〔明〕楊榮撰
偏記家
平夏録一卷　〔明〕黄標撰
江南別録一卷　〔宋〕陳彭年撰
三楚新録三卷　〔宋〕周羽翀撰
溪蠻叢笑一卷　〔宋〕朱輔撰
遼志一卷　〔宋〕葉隆禮撰
金志一卷　題〔宋〕宇文懋昭撰
蒙韃備録一卷　〔宋〕孟珙撰
北邊備對一卷　〔宋〕程大昌撰
桂海虞衡志一卷　〔宋〕范成大撰

真臘風土記一卷　〔元〕周達觀撰
北户録一卷　〔唐〕段公路撰
西使記一卷　〔元〕元劉郁撰
北轅録一卷　〔宋〕周煇撰
滇載記一卷　〔明〕楊慎撰
星槎勝覽四卷　〔明〕費信撰
説淵部
別傳家
靈應傳一卷
洛神傳一卷　〔唐〕薛瑩撰
夢遊録一卷　〔唐〕任蕃撰
吴保安傳一卷
崑崙奴傳一卷
鄭德璘傳一卷　〔唐〕薛瑩撰
李章武傳一卷　〔唐〕李景亮撰
韋自東傳一卷
趙合傳一卷
杜子春傳一卷　〔唐〕鄭還古撰
裴伷先別傳一卷
震澤龍女傳一卷　〔唐〕薛瑩撰
袁氏傳一卷　〔後蜀〕顧敻撰
少室仙姝傳一卷
李林甫外傳一卷
遼陽海神傳一卷　〔明〕蔡羽撰
蚍蜉傳一卷
甘棠靈會録一卷
顔濬傳一卷
張無頗傳一卷
板橋記一卷
鄴侯外傳一卷　〔唐〕李繁撰
洛京獵記一卷
玉壺記一卷
姚生傳一卷
唐晅手記一卷　〔唐〕唐晅撰
獨孤穆傳一卷
王恭伯傳一卷
中山狼傳一卷　〔宋〕謝良撰
崔煒傳一卷
陸顒傳一卷
潤玉傳一卷
李衛公別傳一卷
齊推女傳一卷
魚服記一卷
聶隱娘傳一卷
袁天綱外傳一卷
曾季衡傳一卷
蔣子文傳一卷　〔唐〕羅鄴撰
張遵言傳一卷
侯元傳一卷
同昌公主外傳一卷　〔唐〕蘇鶚撰
睦仁蒨傳一卷　〔唐〕陳鴻撰
韋鮑二生傳一卷
張令傳一卷
李清傳一卷
薛昭傳一卷
王賈傳一卷
烏將軍記一卷
竇玉傳一卷
柳參軍傳一卷
人虎傳一卷
馬自然傳一卷
竇應録一卷
白蛇記一卷
巴西侯傳一卷
柳歸舜傳一卷
求心録一卷
知命録一卷
山莊夜怪録一卷

五真記一卷
小金傳一卷
林靈素傳一卷　〔宋〕趙與峕撰
海陵三仙傳一卷
説略部
雜記家
默記一卷　〔宋〕王銍撰
宣政雜録一卷　〔宋〕江萬里撰
靖康朝野僉言一卷
朝野遺紀一卷
墨客揮犀一卷　〔宋〕彭乘撰
續墨客揮犀一卷　〔宋〕彭乘撰
聞見雜録一卷　〔宋〕蘇舜欽撰
山房隨筆一卷　〔元〕蔣子正撰
諧史一卷　〔宋〕沈俶撰
昨夢録一卷　〔宋〕康譽之撰
三朝野史一卷
鐵圍山叢談一卷　〔宋〕蔡絛撰
孔氏雜説一卷　〔宋〕孔平仲撰
瀟湘録一卷　〔唐〕李隱撰
三水小牘一卷　〔唐〕皇甫枚撰
談藪一卷　〔宋〕龐元英撰
清尊録一卷　〔宋〕廉布撰
睽車志一卷　〔宋〕郭彖撰
話腴一卷　〔宋〕陳郁撰
朝野僉載一卷　題〔唐〕張鷟撰
古杭雜記一卷　〔宋〕李有撰
蒙齋筆談(節録巖下放言)一卷　題〔宋〕鄭景璧(葉夢得)撰
文昌雜録一卷　〔宋〕龐元英撰
就日録一卷
碧湖雜記一卷
錢氏私志一卷　〔宋〕錢愐撰　〔宋〕錢世昭輯
遂昌山樵雜録一卷　〔元〕鄭元祐撰
高齋漫録一卷　〔宋〕曾慥撰
桐陰舊話一卷　〔宋〕韓元吉撰
霏雪録一卷　〔明〕劉績撰
東園友聞一卷拊掌録一卷　〔元〕元懷撰
説纂部
逸事家
漢武故事一卷　題〔漢〕班固撰
艮嶽記一卷　〔宋〕張淏撰
青溪寇軌一卷　〔宋〕方勺撰
煬帝海山記一卷
煬帝迷樓記一卷
煬帝開河記一卷
散録家
江行雜録一卷　〔宋〕廖瑩中撰
行營雜録一卷　〔宋〕趙葵撰
避暑漫抄一卷　〔宋〕陸游撰
養痾漫筆一卷　〔宋〕趙溍撰
虚谷閒抄一卷　〔宋〕方回撰
蓼花洲閒録一卷　〔宋〕高文虎撰
雜纂家
樂府雜録一卷　〔唐〕段安節撰
教坊記一卷　〔唐〕崔令欽撰
孫内翰北里志一卷　〔唐〕孫棨撰
青樓集一卷　〔元〕夏庭芝撰
雜纂三卷　〔唐〕李商隱撰　〔宋〕王君玉、蘇軾續
損齋備忘録一卷　〔明〕梅純撰
復辟録一卷　〔明〕楊瑄撰
靖難功臣録一卷
備遺録一卷　〔明〕張芹撰　〔明〕姜南續增
按：館藏缺《真臘風土記》一卷、《北

户録》一卷、《西使記》一卷、《北轅録》一卷、《滇載記》一卷、《星槎勝覽》四卷。

稗海四十六種 2620.72 5170

〔明〕商濬輯

明萬曆間商氏半埜堂刻本 十三册

半葉9行20字,小字雙行字同,白口,四周單邊,單黑魚尾,半框高20.9釐米,寬14.4釐米。版心上鎸書名,中鎸卷次,下鎸葉碼。

鈐有"馬鑒之印""季明"印。

子目:

因話録六卷 〔唐〕趙璘撰 〔明〕陳汝元校

楓窗小牘二卷 〔宋〕袁褧撰 〔宋〕袁頤續

遊宦紀聞十卷 〔宋〕張世南撰

螢雪叢説二卷 〔宋〕俞成撰

孫公談圃三卷 〔宋〕孫升撰

清波雜志三卷 〔宋〕周輝撰

蠡海集一卷 〔宋〕王逵撰 〔明〕商濬校

過庭録一卷 〔宋〕范公稱撰 〔明〕商濬校

按:館藏存八種。

顧氏四十家小説四十種 2094/1—8

〔明〕顧元慶編

清宣統三年(1911)上海國學扶輪社鉛印本 八册

鈐有"南洋大學圖書館藏書"印。

子目:

稗史集傳一卷 〔元〕徐顯撰

西征記一卷 〔宋〕盧襄撰

避戎夜話二卷 〔宋〕石茂良撰

雲林遺事一卷附録一卷 〔明〕顧元慶撰

翦勝野聞一卷 〔明〕徐禎卿撰

近言一卷 〔明〕顧璘撰

茶譜一卷 〔明〕顧元慶撰

續編宋史辨一卷 〔明〕陳桱撰

病逸漫記一卷 〔明〕陸釴撰

夷白齋詩話一卷 〔明〕顧元慶撰

讀書筆記一卷 〔明〕祝允明撰

存餘堂詩話一卷 〔明〕朱承爵撰

皇明天全先生遺事一卷 〔明〕徐子陽撰

清夜録一卷 〔宋〕俞文豹撰

聽雨紀談一卷 〔明〕都穆撰

談藝録一卷 〔明〕徐禎卿撰

君子堂日詢手鏡一卷 〔明〕王濟撰

陽山新録一卷 〔明〕顧元慶撰

海槎餘録一卷 〔明〕顧岕撰

新倩籍一卷 〔明〕徐禎卿撰

今雨瑶華一卷 〔明〕岳岱撰

簷曝偶談一卷 〔明〕顧元慶撰

金石契一卷 〔明〕祝肇撰

十友譜一卷 〔明〕顧元慶撰

瑯琊漫抄一卷 〔明〕文林撰

國寶新編一卷 〔明〕顧璘撰

七人聯句詩記一卷 〔明〕楊循吉撰

寓意篇一卷 〔明〕都穆撰

縣笥瑣探一卷 〔明〕劉昌撰

吴郡二科志一卷 〔明〕閻秀卿撰

瘞鶴銘考一卷 〔明〕顧元慶撰

青溪暇筆一卷 〔明〕姚福撰

景仰撮書一卷 〔明〕王達撰

蠶衣一卷 〔明〕祝允明撰

寶櫝記一卷　〔明〕滑惟善撰
彭文憲公筆記二卷　〔明〕彭時撰
否泰録一卷　〔明〕劉定之撰
蘇談一卷　〔明〕楊循吉撰
吴中往哲記一卷　〔明〕楊循吉撰
太湖新録一卷　〔明〕文徵明、徐禎卿撰

五朝小説八十一種　　3070.2 6144

清順治間刻本　九册

半葉9行20字,白口,左右雙邊,單白魚尾,半框高19.1釐米,寬14.2釐米。版心上鎸書名,下鎸葉碼。

鈐有"馬鑒之印"印。

子目:

花經一卷　〔宋〕張翊撰
禪本草一卷　〔宋〕釋慧日撰
耕禄稿一卷　〔宋〕胡錡撰
水族加恩簿一卷　〔宋〕毛勝撰
感應經一卷　〔宋〕陳櫟撰
土牛經一卷　〔宋〕向孟撰
物類相感志一卷　〔宋〕蘇軾撰
雜纂續一卷　〔宋〕王銍撰
韓奉議鸎歌傳一卷　〔宋〕何薳撰
遊仙夢記一卷　〔宋〕蘇轍撰
龍壽丹記一卷　〔宋〕蔡襄撰
惠民藥局記一卷　〔宋〕沈括撰
鬼國續記一卷　〔宋〕洪邁撰
海外怪洋記一卷　〔宋〕洪芻撰
閩海蠱毒記一卷　〔宋〕楊朏撰
福州猴王神記一卷　〔宋〕洪邁撰
野人閒話一卷　〔宋〕景焕撰
西溪叢語一卷　〔宋〕姚寬撰
植杖閒談一卷　〔宋〕錢康功撰
道山清話一卷　〔宋〕王暐撰
深雪偶談一卷　〔宋〕方嶽撰
船窗夜話一卷　〔宋〕顧文薦撰
葦航紀談一卷　〔宋〕蔣津撰
雲谷雜記一卷　〔宋〕張淏撰
東齋記事一卷　〔宋〕許觀撰
澹山雜識一卷　〔宋〕錢功撰
楊文公談苑一卷　〔宋〕黄鑒撰
老學庵筆記一卷　〔宋〕陸游撰
擁絮迂談一卷　〔明〕朱鷺撰
遼邸記聞一卷　〔明〕錢希言撰
女俠傳一卷　〔明〕鄒之麟撰
秘録一卷　〔明〕李夢陽撰
笑禪録一卷　〔明〕潘游龍撰
醫閭漫記一卷　〔明〕賀欽撰
義虎傳一卷　〔明〕祝允明撰
琉球使略一卷　〔明〕陳侃撰
雲中事記一卷　〔明〕蘇祐撰
南巡日録一卷　〔明〕陸深撰
洞簫記一卷　〔明〕陸燦撰
平定交南録一卷　〔明〕丘濬撰
雲林遺事一卷　〔明〕顧元慶撰
國寶新編一卷　〔明〕顧璘撰
仰山脞録一卷　〔明〕閔文振撰
新倩籍一卷　〔明〕徐禎卿撰
異林一卷　〔明〕徐禎卿撰
緑雪亭雜言一卷　〔明〕敖英撰
雲夢藥溪談一卷　〔明〕文翔鳳撰
蒹葭堂雜抄一卷　〔明〕陸楫撰
快雪堂漫録一卷　〔明〕馮夢禎撰
天爵堂筆餘一卷　〔明〕薛岡撰
遒徇編一卷　〔明〕葉秉敬撰
雪濤談叢一卷　〔明〕江盈科撰
推蓬寤語一卷　〔明〕李豫亨撰

寒檠膚見一卷 〔明〕毛元仁撰
書肆説鈴一卷 〔明〕葉秉敬撰
語窺今古一卷 〔明〕洪文科撰
新知録一卷 〔明〕劉士義撰
雜纂三續一卷 〔明〕黄允交撰
庚巳編一卷 〔明〕陸粲撰
續巳編一卷 〔明〕郎瑛撰
涉異志一卷 〔明〕閔文振撰
蘇談一卷 〔明〕楊循吉撰
意見一卷 〔明〕陳于陛撰
遇恩録一卷 〔明〕劉仲璟撰
天順日録一卷 〔明〕李賢撰
今言一卷 〔明〕鄭曉撰
彭公筆記一卷 〔明〕彭時撰
琅琊漫抄一卷 〔明〕文林撰
震澤紀聞一卷 〔明〕王鏊撰
清暑筆談一卷 〔明〕陸樹聲撰
甲乙剩言一卷 〔明〕胡應麟撰
百可漫志一卷 〔明〕陳鼒撰
見聞紀訓一卷 〔明〕陳良謨撰
先進遺風一卷 〔明〕耿定向撰
委巷叢談一卷 〔明〕田汝成撰
前定録補一卷 〔明〕朱佐撰
譚輅一卷 〔明〕張鳳翼撰
戲瑕一卷 〔明〕錢希言撰
語怪一卷 〔明〕祝允明撰
海味索隱一卷 〔明〕屠本畯撰
西州合譜一卷 〔明〕張鴻磐撰

昭代叢書甲集五十卷乙集四十卷

60/1—12

〔清〕張潮輯

清康熙刻乾隆間後印本 十二册

半葉9行20字,白口,四周單邊,無魚尾,半框高17.5釐米,寬13.7釐米。版心上鐫書名、子目及卷次,下鐫葉碼。

《昭代叢書甲集》卷端題“昭代叢書,新安張潮山來輯,武林王嗣槐仲昭校”。内封題“昭代叢書”,背面牌記題“吴門掃葉山房藏版”。卷首依次有清康熙三十六年(1697)《昭代叢書序》,署“康熙丁丑秋日長洲戊午老人尤侗漫題”;清張潮撰《昭代叢書序》;選例;目録。

《昭代叢書乙集》卷端題“昭代叢書乙集,新安張潮山來輯”。卷首依次有清康熙三十九年(1700)《昭代叢書乙集自序》,署“康熙上章執徐則如之月新安張潮山來氏撰”;凡例;目録;清張潮撰《毛朱詩題辭》。

子目:

甲集

第一帙 禮

更定文章九命一卷 〔清〕王晫撰
天官考異一卷 〔清〕吴肅公撰
五行問一卷 〔清〕吴肅公撰
學曆説一卷 〔清〕梅文鼎撰
改元考同一卷 〔清〕吴肅公撰
進賢説一卷 〔清〕張能鱗撰
塾講規約一卷 〔清〕施璜撰

第二帙 樂

夙興語一卷 〔清〕甘京撰
家人子語一卷 〔清〕毛先舒撰
語小一卷 〔清〕毛先舒撰
心病説一卷 〔清〕甘京撰
日録雜説一卷 〔清〕魏禧撰
觀宅四十吉祥相一卷 〔清〕周文煒撰
增訂心相百二十善一卷 〔清〕沈

捷撰
竹溪雜述一卷　〔清〕殷曙撰
閒餘筆話一卷　〔明〕湯傳楹撰
暢春苑御試恭紀一卷　〔清〕狄億紀
第三帙　射
松溪子一卷　〔清〕王晫撰
讀莊子法一卷　〔清〕林雲銘撰
蒙養詩教一卷　〔清〕胡淵撰
謝皋羽年譜一卷　〔清〕徐沁撰
西華仙籙一卷　〔清〕王言撰
將就園記一卷　〔清〕黄周星撰
歙問一卷　〔清〕洪玉圖撰
黄山松石譜一卷　〔清〕閔麟嗣撰
第四帙　禦
外國竹枝詞一卷　〔清〕尤侗撰
西方要紀一卷　（意大利）利類思等撰
安南雜記一卷　〔清〕李仙根撰
聲韻叢説一卷　〔清〕毛先舒撰
花底拾遺一卷　〔明〕黎遂球撰
十眉謡附十髻謡一卷　〔清〕徐士俊撰
第五帙　書
秋星閣詩話一卷　〔清〕李沂撰
而菴詩話一卷　〔清〕徐增撰
製曲枝語一卷　〔清〕黄周星撰
書法約言一卷　〔清〕宋曹撰
戒賭文一卷　〔清〕尤侗撰
快説續犯一卷　〔清〕王晫撰
廋詞一卷　〔清〕黄周星撰
酒社芻言一卷　〔清〕黄周星撰
懶園觴政一卷　〔清〕蔡祖庚撰
岕茶彙鈔一卷　〔清〕冒襄撰
第六帙　數
硯林一卷　〔清〕余懷撰
宣爐歌注一卷　〔清〕冒襄撰
裝潢志一卷　〔清〕周嘉胄撰
牌譜一卷　〔清〕鄭旭旦撰
三友棋譜一卷　〔清〕鄭晋德撰
兵仗記一卷　〔清〕王晫撰
荔枝譜一卷　〔清〕陳鼎撰
蘭言一卷　〔清〕冒襄撰
龍經一卷　〔清〕王晫撰
乙集
第一帙　山
毛朱詩説一卷　〔清〕閻若璩撰〔清〕洪嘉植校
春秋三傳異同考一卷　〔清〕吴陳琰撰　〔清〕黄元治校
讀禮問一卷　〔清〕吴肅公撰　〔清〕沈泌校
十六國年表一卷　〔清〕張愉曾補〔清〕張碩校
第二帙　水
北嶽恒山歷祀上曲陽考一卷　〔清〕劉師峻撰　〔清〕張漸校
江南星野辨一卷　〔清〕葉燮撰〔清〕梅文鼎校
三年服制考一卷　〔清〕毛奇齡撰〔清〕張漸校
師友行輩議一卷　〔清〕魏禧撰〔清〕梅庚校
國朝謚法考一卷　〔清〕王士禛編〔清〕宋實穎校閲
旗軍志一卷　〔清〕金德純撰　〔清〕陳于王校
封長白山記一卷　〔清〕方象瑛撰〔清〕靳治荆校

第三帙　魚
紀琉球入太學始末一卷　〔清〕王士禛撰　〔清〕黄雲校
人瑞録一卷　〔清〕孔尚任編　〔清〕趙吉士校
迎駕紀恩録一卷　〔清〕王士禛撰　〔清〕潘應賓校
恩賜御書紀一卷　〔清〕董文驥撰　〔清〕顧圖河校
恭迎大駕紀一卷　〔清〕徐秉義撰　〔清〕顧嗣立校
格言僅録一卷　〔清〕王仕雲撰　〔清〕張漸校
出山異數記一卷　〔清〕孔尚任撰　〔清〕史申義校
奏對機緣一卷　〔清〕釋道忞撰　〔清〕聶先校
第四帙　花
塞程别紀一卷　〔清〕余寀撰　〔清〕趙承烈校
西北水利議一卷　〔清〕許承宣撰　〔清〕張榕端校
廣州遊覽小志一卷　〔清〕王士禛撰　〔清〕林鳳岡校
隴蜀餘聞一卷　〔清〕王士禛撰　〔清〕方象瑛校
東西二漢水辯一卷　〔清〕王士禛撰　〔清〕毛際可校
日録裏言一卷　〔清〕魏禧撰　〔清〕葉藩校
偶書一卷　〔清〕魏際瑞撰　〔清〕汪士鋐校
第五帙　酒
漫堂説詩一卷　〔清〕宋犖撰　〔清〕尤侗校
燃脂集例一卷　〔清〕王士禄撰　〔清〕陳玉璂校
身易一卷　〔清〕唐彪撰　〔清〕張漸校
伯子論文一卷　〔清〕魏際瑞撰　〔清〕周之樞校
日録論文一卷　〔清〕魏禧撰　〔清〕徐發校
韻問一卷　〔清〕毛先舒撰　〔清〕黄泰來校
南曲入聲客問一卷　〔清〕毛先舒撰　〔清〕朱襄校
第六帙　鳥
連文釋義一卷　〔清〕王言撰　〔清〕蔡方炳校
畫訣一卷　〔清〕孔衍栻撰　〔清〕顧卓校
焦山古鼎考一卷　〔清〕王士禄圖釋　〔清〕林佶增益
瘞鶴銘辨一卷　〔清〕張弨撰　〔清〕杜首昌校
昭陵六駿圖辨一卷　〔清〕張弨撰　〔清〕卓爾堪校
甘泉宫瓦考一卷　〔清〕林佶撰　〔清〕蔡琞校
飯有十二合説一卷　〔清〕張英撰　〔清〕王士正校

按：内封鈐有“蘇州掃葉山房永記精造書籍”印。

又一部　十二册　60/1—12

鈐有“南洋大學圖書館藏書”印。

按：此版無牌記。

正誼堂全書六十三種續刻五種

9100.81 3543

〔清〕張伯行編 〔清〕左宗棠校正

清同治八至九年(1869—1870)福州正誼書院板重校續刻本 一百六十册

子目:

周濂溪集十三卷 〔宋〕周敦頤撰
二程文集十二卷 〔宋〕程顥、程頤撰
張横渠集十二卷 〔宋〕張載撰
朱子文集十八卷 〔宋〕朱熹撰
楊龜山集六卷 〔宋〕楊時撰
尹和靖集一卷 〔宋〕尹焞撰
羅豫章集十卷 〔宋〕羅從彦撰
李延平集四卷 〔宋〕李侗撰
張南軒集七卷 〔宋〕張栻撰
黄勉齋集八卷 〔宋〕黄榦撰
陳克齋集五卷 〔宋〕陳文蔚撰
許魯齋集六卷 〔宋〕許衡撰
薛敬軒集十卷 〔明〕薛瑄撰
胡敬齋集三卷 〔明〕胡居仁撰
諸葛武侯文集四卷 〔三國蜀〕諸葛亮撰
陸宣公集四卷 〔唐〕陸贄撰
韓魏公集二十卷 〔宋〕韓琦撰
司馬温公集十四卷 〔宋〕司馬光撰
文文山集二卷 〔宋〕文天祥撰
謝疊山集二卷 〔宋〕謝枋得撰
方正學集七卷 〔明〕方孝孺撰
楊椒山集二卷 〔明〕楊繼盛撰
二程粹言二卷 〔宋〕楊時編
伊洛淵源録十四卷 〔宋〕朱熹撰
上蔡語録三卷 〔宋〕魯恬、胡安國録 〔宋〕謝良佐語 〔宋〕朱熹删定
程氏家塾讀書分年日程三卷 〔元〕程端禮撰
朱子學的二卷 〔明〕丘濬編
學蔀通辨十二卷 〔明〕陳建撰
讀書録八卷 〔明〕薛瑄撰
居業録八卷 〔明〕胡居仁撰
道南源委六卷 〔明〕朱衡撰
困知記二卷續記二卷 〔明〕羅欽順撰
思辨録輯要二十二卷 〔清〕陸世儀撰
王學質疑五卷附録一卷 〔清〕張烈撰
讀禮志疑六卷 〔清〕陸隴其輯
讀朱隨筆四卷 〔清〕陸隴其輯
問學録四卷 〔清〕陸隴其輯
松陽鈔存一卷 〔清〕陸隴其輯
石徂徠集二卷 〔宋〕石介撰
高東溪集二卷 〔宋〕高登撰
真西山集八卷 〔宋〕真德秀撰
熊勿軒集六卷 〔宋〕熊禾撰
聞過齋集四卷 〔元〕吴海撰
魏莊渠集二卷 〔明〕魏校撰
羅整庵集存稿二卷 〔明〕羅欽順撰
陳剩夫集四卷 〔明〕陳真晟撰
張陽和集三卷 〔明〕張元忭撰
湯潛庵集二卷 〔清〕湯斌撰
陸稼書集二卷 〔清〕陸隴其撰
道統録二卷附録一卷 〔清〕張伯行撰
二程語録十八卷 〔清〕張伯行訂
朱子語類八卷 〔清〕張伯行訂
濂洛關閩書十九卷 〔清〕張伯行集解
近思録十四卷 〔清〕張伯行編

廣近思録十四卷 〔清〕張伯行撰
困學録集粹八卷 〔清〕張伯行撰
小學集解六卷 〔清〕張伯行撰
濂洛風雅九卷 〔清〕張伯行撰
學規類編二十七卷 〔清〕張伯行撰
養正類編十三卷 〔清〕張伯行撰
居濟一得八卷 〔清〕張伯行撰
正誼堂文集十二卷 〔清〕張伯行撰
正誼堂續集八卷 〔清〕張伯行撰 續刻
唐宋八大家文鈔十九卷 〔清〕張伯行編
范文正公集九卷 〔宋〕范仲淹撰
楊大洪集二卷 〔明〕楊漣撰
海剛峰集二卷 〔明〕海瑞撰
續近思録十四卷 〔清〕張伯行撰

又一部 一百五十六册

9100.81 3543a

按:館藏缺《許魯齋集》六卷、《諸葛武侯文集》四卷、《唐宋八大家文鈔》卷一至卷二。

又二部 一百六十册

9100.81 3543b

又三部 一百七十四册

9100.81 3543c

藏書十三種 732/1—46

〔清〕朱軾輯

清乾隆二年(1737)刻本 四十六册

半葉8行20字,小字雙行字同,白口,四周雙邊,單黑魚尾,半框高20.9釐米,寬14.8釐米。版心上鎸書名,中鎸卷次,下鎸葉碼。

内封題"進呈御覽,高安朱文端公校輯,藏書十三種,本衙藏板翻刻必究"。

鈐有"望山樓藏書""杭州王氏九峰舊廬藏書之章""南洋大學圖書館藏書"印。

子目:
周易傳義合訂圖義十二卷 〔清〕朱軾輯
春秋鈔十卷首一卷 〔清〕朱軾輯 〔清〕鄂彌達校
孝經一卷附三本管窺一卷 〔清〕朱軾輯
儀禮節略二十卷 〔清〕朱軾輯
大戴禮記十三卷 〔漢〕戴德撰
禮記纂言三十六卷 〔元〕吴澄纂 〔清〕朱軾重校
吕氏四禮翼一卷 〔明〕吕坤撰
張子全書十五卷 〔宋〕朱熹注釋 〔清〕朱軾、段志熙仝校
顔氏家訓二卷 〔北齊〕顔之推撰 〔清〕朱軾評點
家範十卷 〔宋〕司馬光撰 〔清〕朱軾評點
歷代名儒傳八卷 〔清〕朱軾、蔡世遠訂 〔清〕李清植纂
歷代名臣傳三十五卷續編五卷 〔清〕朱軾、蔡世遠訂 〔清〕張江纂
歷代循吏傳八卷 〔清〕朱軾、蔡世遠訂 〔清〕張福昶纂

藏書十三種 732—2/1—79

〔清〕朱軾輯

清光緒二十三年(1897)刻本 七十九册

鈐有“南洋大學圖書館藏書”印。

子目：

周易傳義合訂圖義十二卷 〔清〕朱軾輯

春秋鈔十卷首一卷 〔清〕朱軾輯 〔清〕鄂彌達校

孝經一卷附三本管窺 〔清〕朱軾輯

儀禮節略二十卷 〔清〕朱軾輯

大戴禮記十三卷 〔漢〕戴德撰

禮記纂言三十六卷 〔元〕吴澄纂 〔清〕朱軾重校

吕氏四禮翼一卷 〔明〕吕坤撰

張子全書十五卷 〔宋〕朱熹注釋 〔清〕朱軾、段志熙校

顔氏家訓二卷 〔北齊〕顔之推撰 〔清〕朱軾評點

家範十卷 〔宋〕司馬光撰 〔清〕朱軾評點

歷代名儒傳八卷 〔清〕朱軾、蔡世遠訂 〔清〕李清植纂

歷代名臣傳三十五卷續編五卷 〔清〕朱軾、蔡世遠訂 〔清〕張江纂

歷代循吏傳八卷 〔清〕朱軾、蔡世遠訂 〔清〕張福昶纂

又一部 八十册 9118 3643

隨園三十六種 780/1—50

〔清〕袁枚撰輯

清光緒十八年(1892)上海圖書集成印書局鉛印本 五十册

鈐有“南洋大學圖書館藏書”印。

子目：

隨園圖一卷(缺)

小倉山房文集三十五卷 〔清〕袁枚撰

小倉山房外集八卷 〔清〕袁枚撰

小倉山房詩集三十七卷補遺二卷 〔清〕袁枚撰

袁太史稿一卷 〔清〕袁枚撰

隨園尺牘十卷 〔清〕袁枚撰

牘外餘言一卷 〔清〕袁枚撰

隨園詩話十六卷補遺十卷 〔清〕袁枚撰

隨園隨筆二十八卷 〔清〕袁枚撰

新齊諧二十四卷續十卷 〔清〕袁枚撰

隨園食單一卷 〔清〕袁枚撰

續同人集十七卷 〔清〕袁枚輯

隨園八十壽言六卷 〔清〕袁枚輯

紅豆村人詩集十四卷 〔清〕袁樹撰

碧腴齋詩存八卷 〔清〕胡德琳撰

何南園詩選二卷 〔清〕何士顒撰

筱雲詩選二卷 〔清〕陸應宿撰

湄君詩選二卷 〔清〕陸建撰

袁家三妹合稿 〔清〕袁枚輯

繡餘吟稿一卷(缺) 〔清〕袁棠撰

盈書閣遺稿一卷 〔清〕袁棠撰

樓居小草一卷 〔清〕袁杼撰

素文女子遺稿一卷 〔清〕袁機撰

閩南雜咏一卷(缺)

湘痕閣詩稿二卷詞稿一卷 〔清〕袁嘉撰

瑶華閣詩草一卷 〔清〕袁綬撰

女弟子詩六卷 〔清〕袁枚輯

飲水詞鈔二卷 〔清〕納蘭性德撰 〔清〕袁通選録

七家詞鈔 〔清〕汪世泰輯

箏船詞選一卷 〔清〕劉嗣綰撰
捧月樓詞選二卷 〔清〕顧翰撰
緑秋草堂詞選一卷 〔清〕汪度撰
玉山堂詞選一卷 〔清〕汪全德撰
崇睦山房詞選一卷 〔清〕袁通撰
過雲精舍詞選二卷 〔清〕楊夔生撰
碧梧山館詞選二卷 〔清〕汪世泰撰
隨園瑣記二卷 〔清〕袁祖志撰
談瀛録一卷 〔清〕袁祖志撰

隨園三十種 9118 9599

〔清〕袁枚撰輯

清刻本 九十六册

鈐有"漾漾□圖書記""越後國羽榎村國井氏"印。

子目:

小倉山房文集二十五卷續餘文集十卷 〔清〕袁枚撰
小倉山房詩集三十七卷附續集二卷 〔清〕袁枚撰
小倉山房外集八卷 〔清〕袁枚撰
袁太史稿一卷 〔清〕袁枚撰
隨園尺牘十卷附牘外餘言一卷 〔清〕袁枚撰
隨園詩話十六卷 〔清〕袁枚撰
隨園詩話補遺十卷 〔清〕袁枚撰
隨園隨筆二十八卷 〔清〕袁枚撰
新齊諧二十四卷續十卷 〔清〕袁枚撰
隨園食單一卷 〔清〕袁枚撰
碧腴齋詩存八卷 〔清〕胡德琳撰
續同人集十七卷 〔清〕袁枚輯
隨園女弟子詩選六卷 〔清〕袁枚輯
隨園八十壽言六卷 〔清〕袁枚輯
紅豆村人詩稿十四卷 〔清〕袁樹撰
袁家三妹合稿 〔清〕袁枚輯
盈書閣遺稿一卷 〔清〕袁棠撰
繡餘吟稿一卷 〔清〕袁棠撰
素文女子遺稿一卷 〔清〕袁機撰
樓居小草一卷 〔清〕袁杼撰
南園詩選二卷 〔清〕何士顒撰
湄君詩集二卷 〔清〕陸建撰
筱雲詩集二卷 〔清〕陸應宿撰
飲水詞鈔二卷 〔清〕納蘭性德撰 〔清〕袁通選録
七家詞鈔 〔清〕汪世泰輯
箏船詞一卷 〔清〕劉嗣綰撰
捧月樓詞二卷 〔清〕袁通撰
緑秋草堂詞一卷 〔清〕顧翰撰
玉山堂詞一卷 〔清〕汪度撰
崇睦山房詞一卷 〔清〕汪全德撰
過雲精舍詞二卷 〔清〕楊夔生撰
碧梧山館詞二卷 〔清〕汪世泰撰

按:部分册裝訂混亂,内封與内容不一致。

武英殿聚珍版書五十四種 72/1—128

〔清〕高宗弘曆輯

清同治十三年(1874)江西書局刻本 一百二十八册

鈐有"南洋大學圖書館藏書"印。

子目:

郭氏傳家易説十一卷 〔宋〕郭雍撰
易象意言一卷 〔宋〕蔡淵撰
易緯十二卷 〔漢〕鄭玄注
乾坤鑿度二卷
乾鑿度二卷
稽覽圖二卷

辨終備一卷
通卦驗二卷
乾元序制記一卷
是類謀一卷
坤靈圖一卷
禹貢指南四卷 〔宋〕毛晃撰
融堂書解二十卷 〔宋〕錢時撰
續呂氏家塾讀詩記三卷 〔宋〕戴溪撰
絜齋毛詩經筵講義四卷 〔宋〕袁燮撰
儀禮識誤三卷 〔宋〕張淳撰
儀禮釋宫一卷 〔宋〕李如圭撰
春秋傳説例一卷 〔宋〕劉敞撰
春秋辨疑四卷附校勘記一卷 〔宋〕蕭楚撰
鄭志三卷補遺一卷附校勘記一卷 〔三國魏〕鄭小同撰
水經注四十卷 〔北魏〕酈道元撰
五代史纂誤三卷 〔宋〕吴縝撰
魏鄭公諫續録二卷 〔元〕翟思忠撰
宋朝事實二十卷 〔宋〕李攸撰
直齋書録解題二十二卷 〔宋〕陳振孫撰
欽定武英殿聚珍版程式一卷 〔清〕金簡編
漢官舊儀一卷補遺一卷 〔漢〕衛宏撰
鄴中記一卷 〔晋〕陸翽撰
嶺表録異三卷 〔唐〕劉恂撰
麟臺故事五卷拾遺二卷 〔宋〕程俱撰
傅子一卷 〔晋〕傅玄撰
傅子五卷 〔晋〕傅玄撰 〔清〕嚴可均輯 〔清〕孫星華重輯
帝範四卷 〔唐〕太宗李世民撰
公是先生弟子記四卷 〔宋〕劉敞撰
明本釋三卷 〔宋〕劉荀撰
農桑輯要七卷 〔元〕司農司撰
孫子算經三卷 〔北周〕甄鸞述 〔唐〕李淳風注
海島算經一卷 〔晋〕劉徽述 〔唐〕李淳風注
五曹算經五卷 〔北周〕甄鸞述 〔唐〕李淳風注
夏侯陽算經三卷 〔北周〕甄鸞述
五經算術二卷 〔隋〕韓延述 〔唐〕李淳風注
墨法集要一卷 〔明〕沈繼孫撰
雲谷雜記四卷 〔宋〕張淏撰
甕牖閒評八卷 〔宋〕袁文撰
考古質疑六卷 〔宋〕葉大慶撰
澗泉日記三卷 〔宋〕韓淲撰
敬齋古今黈八卷拾遺五卷 〔元〕李冶撰
老子道德經注二卷 〔三國魏〕王弼撰
涑水紀聞十六卷 〔宋〕司馬光撰
南陽集六卷拾遺一卷 〔宋〕趙湘撰
學易集八卷 〔宋〕劉跂撰
文恭集四十卷拾遺一卷 〔宋〕胡宿撰
後山集十二卷 〔宋〕陳師道撰 〔宋〕任淵注
陶山集十六卷 〔宋〕陸佃撰
絜齋集二十四卷拾遺一卷 〔宋〕袁燮撰
蒙齋集二十卷拾遺一卷 〔宋〕袁甫撰
茶山集八卷拾遺一卷 〔宋〕曾幾撰

拙軒集六卷 〔金〕王寂撰
金淵集六卷 〔元〕仇遠撰
文苑英華辨證十卷拾遺一卷 〔宋〕彭叔夏撰
歲寒堂詩話十卷 〔宋〕張戒撰
碧溪詩話十卷 〔宋〕黄徹撰
浩然齋雅談三卷 〔宋〕周密撰

武英殿聚珍版書一百四十八種

9100.81 6543

〔清〕高宗弘曆輯

清光緒二十五年(1899)廣雅書局重刻本 八百册

子目:

經部三十四種
周易口訣義六卷 〔唐〕史徵撰
易説六卷 〔宋〕司馬光撰
易原八卷 〔宋〕程大昌撰
吴園易解九卷附録一卷 〔宋〕張根撰
郭氏傳家易説十一卷 〔宋〕郭雍撰
誠齋易傳二十卷 〔宋〕楊萬里撰
易象意言一卷 〔宋〕蔡淵撰
易學濫觴一卷 〔元〕黄澤撰
易緯十二卷 〔漢〕鄭玄注
乾坤鑿度二卷
乾鑿度二卷
稽覽圖二卷
辨終備一卷
通卦驗二卷
乾元序制記一卷
是類謀一卷
坤靈圖一卷
尚書詳解二十六卷 〔宋〕夏僎撰
尚書詳解五十卷 〔宋〕陳經撰
融堂書解二十卷 〔宋〕錢時撰
禹貢指南四卷 〔宋〕毛晃撰
禹貢説斷四卷 〔宋〕傅寅撰
詩總聞二十卷 〔宋〕王質撰
續吕氏家塾讀詩記三卷 〔宋〕戴溪撰
絜齋毛詩經筵講義四卷 〔宋〕袁燮撰
欽定詩經樂譜三十卷附樂律正俗一卷 〔清〕鄒奕孝等編纂
儀禮集釋三十卷 〔宋〕李如圭撰
儀禮釋宫一卷 〔宋〕李如圭撰
儀禮識誤三卷 〔宋〕張淳撰
大戴禮記注十三卷 〔北周〕盧辯撰
春秋釋例十五卷附校勘記二卷 〔晋〕杜預撰
春秋集傳纂例十卷附校勘記一卷 〔唐〕陸淳撰
春秋傳説例一卷 〔宋〕劉敞撰
春秋經解十五卷 〔宋〕孫覺撰
春秋集注四十卷 〔宋〕高閌撰
春秋考十六卷 〔宋〕葉夢得撰
春秋辨疑四卷附校勘記一卷 〔宋〕蕭楚撰
春秋繁露十七卷附校勘記二卷 〔漢〕董仲舒撰
白虎通義四卷附校勘記四卷 〔漢〕班固撰
鄭志三卷補遺一卷附校勘記一卷 〔三國魏〕鄭小同撰
論語意原四卷 〔宋〕鄭汝諧撰
方言十三卷 〔漢〕揚雄撰
史部三十六種

東觀漢記二十四卷 〔漢〕劉珍撰
漢官舊儀一卷補遺一卷 〔漢〕衛宏撰
兩漢刊誤補遺十卷附校勘記一卷 〔宋〕吴仁傑撰
三國志辨誤三卷
新唐書糾謬二十卷附校勘記二卷 〔宋〕吴縝撰
五代史纂誤三卷 〔宋〕吴縝撰
唐史論斷三卷附校勘記一卷 〔宋〕孫甫撰
唐書直筆四卷 〔宋〕吕夏卿撰
西漢會要七十卷 〔宋〕徐天麟撰
東漢會要四十卷 〔宋〕徐天麟撰
唐會要一百卷 〔宋〕王溥撰
五代會要三十卷 〔宋〕王溥撰
宋朝事實二十卷 〔宋〕李攸撰
建炎以來朝野雜記四十卷附校勘記五卷 〔宋〕李心傳撰
麟臺故事五卷拾遺二卷 〔宋〕程俱撰
魏鄭公諫續録二卷 〔元〕翟思忠撰
元朝名臣事略十五卷附校勘記一卷 〔元〕蘇天爵撰
欽定明臣奏議四十卷
水經注四十卷 〔北魏〕酈道元撰
元和郡縣志四十卷 〔唐〕李吉甫撰
元豐九域志十卷 〔宋〕王存撰
輿地廣記三十八卷附校勘記二卷 〔宋〕歐陽忞撰
鄴中記一卷 〔晋〕陸翽撰
河朔訪古記三卷 〔元〕納新撰
嶺表録異三卷 〔唐〕劉恂撰
蠻書十卷 〔唐〕樊綽撰
琉球國志略十六卷 〔清〕周煌撰
畿輔安瀾志五十六卷 〔清〕王履泰撰
幸魯盛典四十卷(原缺卷十一至卷二十) 〔清〕孔毓圻撰
直齋書録解題二十二卷 〔宋〕陳振孫撰
欽定四庫全書總目二百卷 〔清〕紀昀等撰
欽定四庫全書考證一百卷 〔清〕王太岳等撰
欽定武英殿聚珍版程式一卷 〔清〕金簡撰
欽定校正淳化閣帖釋文十卷
絳帖平六卷 〔宋〕姜夔撰
寶真齋法書贊二十八卷 〔宋〕岳珂撰
子部三十四種
老子道德經注二卷 〔三國魏〕王弼撰
文子纘義十二卷 〔宋〕杜道堅撰
鶡冠子注二卷 〔宋〕陸佃撰
傅子一卷 〔晋〕傅玄撰
傅子五卷 〔晋〕傅玄撰 〔清〕嚴可均輯 〔清〕孫星華重輯
帝範四卷 〔唐〕太宗李世民撰
帝王經世圖譜十六卷 〔宋〕唐仲友撰
公是先生弟子記四卷 〔宋〕劉敞撰
明本釋三卷 〔宋〕劉荀撰
項氏家説十卷附録二卷 〔宋〕項安世撰
農書三十六卷 〔元〕王楨撰
農桑輯要七卷 〔元〕司農司撰
蘇沈良方八卷拾遺二卷 〔宋〕蘇軾、沈括撰

小兒藥證直訣三卷 〔宋〕錢乙撰
周髀算經二卷附宋李籍音義一卷 〔漢〕趙君卿注 〔北周〕甄鸞述 〔唐〕李淳風釋
九章算術九卷附宋李籍音義一卷 〔晋〕劉徽述 〔唐〕李淳風注
海島算經一卷 〔晋〕劉徽述 〔唐〕李淳風注
孫子算經三卷 〔北周〕甄鸞述 〔唐〕李淳風注
五曹算經五卷 〔北周〕甄鸞述 〔唐〕李淳風注
五經算術二卷 〔隋〕韓延述 〔唐〕李淳風注
夏侯陽算經三卷 〔北周〕甄鸞述
墨法集要一卷 〔明〕沈繼孫撰
意林六卷附佚文一卷 〔唐〕馬總撰
學林十卷 〔宋〕王觀國撰
唐語林八卷拾遺一卷 〔宋〕王讜撰
涑水紀聞十六卷 〔宋〕司馬光撰
能改齋漫録十八卷拾遺一卷 〔宋〕吴曾撰
雲谷雜記四卷 〔宋〕張淏撰
猗覺寮雜記二卷 〔宋〕朱翌撰
甕牖閒評八卷 〔宋〕袁文撰
考古質疑六卷 〔宋〕葉大慶撰
朝野類要五卷 〔宋〕趙昇撰
澗泉日記三卷 〔宋〕韓淲撰
敬齋古今黈八卷拾遺五卷 〔元〕李冶撰
歸潛志十四卷 〔金〕劉祁撰
集部四十四種
張燕公集二十五卷 〔唐〕張説撰
文忠集十六卷 〔唐〕顔真卿撰
小畜集三十卷外集七卷拾遺一卷 〔宋〕王禹偁撰
南陽集六卷拾遺一卷 〔宋〕趙湘撰
元憲集三十六卷 〔宋〕宋庠撰
景文集六十二卷 〔宋〕宋祁撰
文恭集四十卷拾遺一卷 〔宋〕胡宿撰
祠部集三十五卷 〔宋〕强至撰
華陽集四十卷 〔宋〕王珪撰
公是集五十四卷 〔宋〕劉敞撰
彭城集四十卷 〔宋〕劉攽撰
净德集三十八卷 〔宋〕吕陶撰
忠肅集二十卷拾遺一卷 〔宋〕劉摯撰
山谷集三十九卷拾遺五卷 〔宋〕黄庭堅撰
後山集十二卷 〔宋〕陳師道撰 〔宋〕任淵注
柯山集五十卷拾遺十二卷續拾遺一卷 〔宋〕張耒撰
陶山集十六卷 〔宋〕陸佃撰
學易集八卷 〔宋〕劉跂撰
西臺集二十卷 〔宋〕畢仲游撰
浮沚集九卷 〔宋〕周行己撰
毗陵集十六卷拾遺一卷 〔宋〕張守撰
浮溪集三十卷拾遺三卷 〔宋〕汪藻撰
簡齋集十六卷 〔宋〕陳與義撰
茶山集八卷拾遺一卷 〔宋〕曾幾撰
文定集二十四卷拾遺一卷 〔宋〕汪應辰撰
雪山集十六卷 〔宋〕王質撰
攻媿集一百十二卷拾遺一卷 〔宋〕樓鑰撰

乾道稿二卷淳熙稿二十卷章泉稿五卷章泉稿拾遺一卷 〔宋〕趙蕃撰
止堂集十八卷 〔宋〕彭龜年撰
絜齋集二十四卷拾遺一卷 〔宋〕袁燮撰
南澗甲乙稿二十二卷拾遺一卷 〔宋〕韓元吉撰
蒙齋集二十卷拾遺一卷 〔宋〕袁甫撰
恥堂存稿八卷 〔宋〕高斯得撰
拙軒集六卷 〔金〕王寂撰
金淵集六卷 〔元〕仇遠撰
牧庵集三十六卷 〔元〕姚燧撰
御製詩文十全集五十四卷 〔清〕彭元瑞編
御製悦心集五卷 〔清〕世宗胤禛撰
萬壽衢歌樂章六卷 〔清〕彭元瑞撰
詩倫二卷 〔清〕汪薇選
文苑英華辨證十卷拾遺一卷 〔宋〕彭叔夏撰
歲寒堂詩話十卷 〔宋〕張戒撰
砦溪詩話十卷 〔宋〕黄徹撰
浩然齋雅談三卷 〔宋〕周密撰
按:《意林》第六卷據宋本補刻。

雅雨堂叢書十三種 9100.81 5544

〔清〕盧見曾輯

清乾隆二十一至二十七年(1756—1762)雅雨堂刻本 三十七册

半葉10行21字,小字雙行字同,白口,四周單邊,單黑魚尾,半框高18.3釐米,寬14.4釐米。版心上鎸書名,中鎸卷次,下鎸葉碼及"雅雨堂"。

鈐有"明德館圖書章""稼軒進藤氏圖書記"印。

子目:
易傳十七卷 〔唐〕李鼎祚集解
經典釋文不分卷 〔唐〕陸德明撰
大戴禮記十三卷(缺) 〔北周〕盧辯注
鄭氏周易三卷附圖 〔漢〕鄭玄撰 〔宋〕王應麟撰集 〔清〕惠棟增補
尚書大傳四卷附考異一卷補遺一卷續補遺一卷 〔漢〕鄭玄注
鄭司農集一卷 〔漢〕鄭玄撰
周易乾鑿度二卷 〔漢〕鄭玄注
戰國策三十三卷 〔漢〕高誘注
匡謬正俗八卷 〔唐〕顔師古撰
封氏聞見記十卷 〔唐〕封演撰
摭言十五卷 〔唐〕王定保撰
北夢瑣言二十卷 〔宋〕孫光憲纂集
文昌雜録六卷 〔宋〕龐元英撰

知不足齋叢書三十集首帙一集 9100.81 3243

〔清〕鮑廷博輯

清道光二年(1822)重刻本 二百四十册

鈐有"陳慶保""毋忘思齋書畫""静泉手購""静泉氏字齊深""黄德求印""静泉珍賞""静泉""德求""□""静""毋妄思齋主人""毋妄思齋書畫之章""家在灘南平藻門""慶吟嗜酒耽書畫""齊深氏""哲如陳慶保藏書"印。

子目:
首帙
御覽闕史二卷 〔唐〕高彦休撰
第一集

孝經一卷　〔漢〕孔安國傳　（日本）太宰純音
寓簡十卷附録一卷　〔宋〕沈作喆撰
兩漢刊誤補遺十卷　〔宋〕吴仁傑撰
涉史隨筆一卷　〔宋〕葛洪撰
客杭日記一卷　〔元〕郭畀撰
韻石齋筆談二卷　〔明〕姜紹書撰
七頌堂識小録一卷　〔清〕劉體仁撰
第二集
公是先生弟子記一卷　〔宋〕劉敞撰
經筵玉音問答一卷　〔宋〕胡銓撰
碧溪詩話十卷　〔宋〕黄徹撰
獨醒雜志十卷　〔宋〕曾敏行撰
梁谿漫志十卷　〔宋〕費衮撰
赤雅三卷　〔明〕鄺露撰
諸史然疑一卷　〔清〕杭世駿撰
榕城詩話三卷　〔清〕杭世駿撰
第三集
入蜀記六卷　〔宋〕陸游撰
猗覺寮雜記二卷　〔宋〕朱翌撰
對牀夜語五卷　〔宋〕范晞文撰
歸田詩話三卷　〔明〕瞿佑撰
南濠詩話一卷　〔明〕都穆撰
麓堂詩話一卷　〔明〕李東陽撰
石墨鐫華八卷　〔明〕趙崡撰
第四集
孫子算經三卷　〔唐〕李淳風等注釋
五曹算經五卷　〔唐〕李淳風等注釋
釣磯立談一卷
洛陽縉紳舊聞記五卷　〔宋〕張齊賢集
四朝聞見録五卷附録一卷　〔宋〕葉紹翁撰
金石史二卷　〔明〕郭宗昌撰
閒者軒帖考一卷　〔清〕孫承澤撰
第五集
清虚雜著　〔宋〕王鞏撰
聞見近録一卷
甲申雜記一卷
隨手雜録一卷
清虚雜著補闕一卷
補漢兵志一卷　〔宋〕錢文子撰
臨漢隱居詩話一卷　〔宋〕魏泰撰
滹南詩話三卷　〔金〕王若虚撰
歸潛志十四卷　〔元〕劉祁撰
黄孝子紀程　〔清〕黄向堅撰
尋親紀程一卷
滇還紀程一卷
虎口餘生記一卷　〔明〕邊大綬撰
澹生堂藏書約一卷附流通古書約一卷　〔明〕祁承㸁撰
苦瓜和尚畫語録一卷　〔清〕釋道濟撰
第六集
玉壺清話十卷　〔宋〕釋文瑩撰
愧郯録十五卷　〔宋〕岳珂撰
碧雞漫志五卷　〔宋〕王灼撰
樂府補題一卷　〔宋〕陳恕可輯
蜕巖詞二卷　〔元〕張翥撰
第七集
論語集解義疏十卷　〔三國魏〕何晏集解　〔南朝梁〕皇侃義疏
離騷草木疏四卷　〔宋〕吴仁傑撰
遊宦紀聞十卷　〔宋〕張世南撰
第八集
張丘建算經三卷　〔北周〕甄鸞注　〔唐〕李淳風等注釋　〔唐〕劉孝孫細草

緝古算經一卷 〔唐〕王孝通撰並注
默記一卷 〔宋〕王銍撰
南湖集十卷 〔宋〕張鎡撰
蘋洲漁笛譜二卷 〔宋〕周密撰
第九集
金樓子六卷 〔南朝梁〕元帝蕭繹撰
鐵圍山叢談六卷 〔宋〕蔡絛撰
農書三卷 〔元〕王楨撰
蠶書一卷 〔宋〕秦觀撰
耕織圖詩一卷 〔宋〕樓璹撰
湛淵静語二卷 〔元〕白珽撰
責備餘談二卷 〔明〕方鵬撰
第十集
續孟子二卷 〔唐〕林慎思撰
伸蒙子三卷 〔唐〕林慎思撰
麟角集一卷 〔唐〕王棨撰
蘭亭考十二卷附群公帖跋一卷 〔宋〕桑世昌集
蘭亭續考二卷 〔宋〕俞松集
石刻鋪叙二卷 〔宋〕曾宏父纂述
江西詩社宗派圖一卷附江西詩派小序一卷 〔清〕張泰來撰 （江西詩派小序)〔宋〕劉克莊撰
第十一集
詩傳注疏三卷 〔宋〕謝枋得撰
顔氏家訓七卷附考證一卷 〔北齊〕顔之推撰
江南餘載二卷 〔宋〕鄭文寶撰
五國故事二卷
故宫遺録一卷 〔明〕蕭洵撰
伯牙琴一卷 〔宋〕鄧牧撰
洞霄詩集十四卷 〔元〕孟宗寶撰
石湖詞一卷附和石湖詞一卷 〔宋〕范成大撰 （和石湖詞)〔宋〕陳三聘撰
花外集一卷 〔宋〕王沂孫撰
第十二集
詩義指南一卷 〔宋〕段昌武撰
離騷集傳一卷 〔宋〕錢杲之撰
江淮異人録一卷 〔宋〕吴淑撰
慶元黨禁一卷 題〔宋〕滄州樵叟撰
北山酒經三卷 〔宋〕朱肱撰
山居新話一卷 〔元〕楊瑀撰
鬼董五卷
墨史三卷 〔元〕陸友撰
龔安節先生畫訣一卷 〔清〕龔賢撰
畫筌一卷 〔清〕笪重光撰
今水經一卷 〔清〕黄宗羲撰
佐治藥言一卷續集一卷 〔清〕汪輝祖撰
第十三集
相臺書塾刊正九經三傳沿革例一卷 〔宋〕岳珂撰
玄真子三卷 〔唐〕張志和撰
翰苑群書二卷 〔宋〕洪遵輯
續翰林志二卷 〔宋〕蘇易簡撰
朝野類要五卷 〔宋〕趙升撰
碧血録二卷附周端孝先生血疏貼黄册一卷 〔明〕黄煜撰 （周端孝先生血疏貼黄册)〔明〕周茂蘭撰
逍遥集一卷 〔宋〕潘閬撰
百正集三卷 〔宋〕連文鳳撰
張子野詞二卷補遺二卷 〔宋〕張先撰
貞居詞一卷 〔元〕張雨撰
第十四集
籟紀一卷 〔南朝陳〕王叔齊撰
潛虚一卷附發微論一卷 〔宋〕司馬

光撰
袁氏世範三卷附集事詩鑒一卷 〔宋〕袁采撰 (集事詩鑒)〔宋〕方昕撰
天水冰山録一卷附鈐山堂書畫記一卷 (鈐山堂書畫記)〔明〕文嘉撰
第十五集
新唐書糾謬二十卷 〔宋〕吴縝撰
洞霄圖志六卷 〔元〕鄧牧撰
聱隅子歔欷瑣微論二卷 〔宋〕黄晞撰
世緯二卷附録一卷 〔明〕袁袠撰
第十六集
皇宋書録三卷 〔宋〕董史撰
宣和奉使高麗圖經四十卷 〔宋〕徐兢撰
武林舊事十卷附録一卷 〔宋〕周密撰
錢塘先賢傳贊一卷 〔宋〕袁韶撰
第十七集
五代史纂誤三卷 〔宋〕吴縝撰
嶺外代答十卷 〔宋〕周去非撰
南窗紀談一卷
蘇沈内翰良方十卷 〔宋〕蘇軾、沈括輯
浦陽人物記二卷 〔明〕宋濂撰
第十八集
宜州乙酉家乘一卷 〔宋〕黄庭堅撰
吴船録二卷 〔宋〕范成大撰
清波雜志十二卷别志三卷 〔宋〕周輝撰
蜀難叙略一卷 〔清〕沈荀蔚撰
灊山集三卷 〔宋〕朱翌撰
頤菴居士集二卷 〔宋〕劉應時撰
第十九集
文苑英華辨證十卷 〔宋〕彭叔夏撰
詩紀匡謬一卷 〔清〕馮舒撰
西塘集耆舊續聞十卷 〔宋〕陳鵠録正
山房隨筆一卷 〔元〕蔣正子撰
勿菴曆算書目一卷 〔清〕梅文鼎撰
黄山領要録一卷 〔清〕汪洪度撰
世善堂藏書目録二卷 〔明〕陳第撰
第二十集
測圓海鏡細草十二卷 〔元〕李冶撰
蘆浦筆記十卷 〔宋〕劉昌詩撰
五代史記纂誤補四卷 〔清〕吴蘭庭撰
山静居畫論二卷 〔清〕方薰撰
茗香詩論一卷 〔清〕宋大樽撰
第二十一集
孝經鄭注一卷附補證一卷 〔漢〕鄭玄注
孝經鄭氏解一卷 〔漢〕鄭玄解
益古演段三卷 〔元〕李冶撰
弧矢算術細草一卷 〔清〕李鋭撰
五總志一卷 〔宋〕吴炯撰
古今紀要逸編一卷 〔宋〕黄震撰
北行日譜一卷 〔明〕朱祖文撰
粤行紀事三卷 〔清〕瞿昌文撰
滇黔土司婚禮記一卷 〔清〕陳鼎撰
三山鄭菊山先生清雋集一卷 〔宋〕鄭起撰
所南翁一百二十圖詩集一卷附錦錢餘笑一卷 〔宋〕鄭思肖撰
鄭所南先生文集一卷 〔宋〕鄭思肖撰
第二十二集
鑒誡録十卷 〔後蜀〕何光遠撰

侯鯖録八卷 〔宋〕趙令畤撰
松窗百説一卷 〔宋〕李季可撰
北軒筆記一卷 〔元〕陳世隆撰
藏海詩話一卷 〔宋〕吴可撰
吴禮部詩話一卷附雜説 〔宋〕吴師道撰
畫墁集八卷 〔宋〕張舜民撰
第二十三集
讀易别録三卷 〔清〕全祖望撰
古今僞書考一卷 〔清〕姚際恒撰
澠水燕談録十卷 〔宋〕王闢之撰
石湖紀行三録(吴船録收入第十八集) 〔宋〕范成大撰
攬轡録一卷
驂鸞録一卷
附桂海虞衡志一卷
北行日録二卷 〔宋〕樓鑰撰
放翁家訓一卷 〔宋〕陸游撰
庶齋老學叢談三卷 〔元〕盛如梓撰
湛淵遺稿三卷補一卷 〔元〕白珽撰
趙待制遺稿一卷 〔元〕趙雍撰
灤京雜咏二卷 〔元〕楊允孚撰
陽春集一卷 〔宋〕米友仁撰
草窗詞二卷補二卷 〔宋〕周密撰
第二十四集
吹劍録外集一卷 〔宋〕俞文豹撰
宋遺民録十五卷 〔明〕程敏政輯
天地間集一卷 〔宋〕謝翱編
宋舊宫人詩詞一卷 〔宋〕汪元量輯
竹譜詳録七卷 〔元〕李衎撰
書學捷要二卷 〔清〕朱履貞撰
第二十五集
履齋示兒編二十三卷 〔宋〕孫奕撰
霽山先生集五卷首一卷附拾遺一卷 〔宋〕林景熙撰
第二十六集
五行大義五卷 〔隋〕蕭吉撰
負暄野録一卷 〔宋〕陳槱撰
古刻叢鈔一卷 〔元〕陶宗儀撰
梅花喜神譜二卷 〔宋〕宋伯仁編
斜川集六卷附録二卷 〔宋〕蘇過撰
第二十七集
道命録十卷 〔宋〕李心傳輯
曲洧舊聞十卷 〔宋〕朱弁撰
字通一卷 〔宋〕李從周撰
透簾細草一卷
續古摘奇算法一卷 〔宋〕楊輝撰
丁巨算法一卷 〔元〕丁巨撰
緝古算經三卷 〔唐〕王孝通撰並注 〔清〕張敦仁細草
第二十八集
雲林石譜三卷 〔宋〕杜綰撰
夢粱録二十卷 〔宋〕吴自牧撰
静春堂詩集四卷附録三卷附紅蕙山房吟稿一卷附録一卷 〔元〕袁易撰 (紅蕙山房吟稿)〔清〕袁廷檮撰
第二十九集
梧溪集七卷補遺一卷 〔元〕王逢撰
困學齋雜録一卷 〔元〕鮮于樞撰
第三十集
克庵先生尊德性齋小集三卷補遺一卷 〔宋〕程洵撰
麈史三卷 〔宋〕王得臣撰
全唐詩逸三卷 (日本)河世寧輯
中吴紀聞六卷 〔宋〕龔明之撰 〔明〕毛晋訂
廣釋名二卷 〔清〕張金吾撰
餘姚兩孝子萬里尋親記一卷 〔清〕

翁廣平撰
畫梅題記一卷 〔清〕朱方藹撰

經訓堂叢書二十一種 85—2/1—17

〔清〕畢沅輯

清光緒十三年(1887)大同書局石印本 十七册

子目:

山海經十八卷 〔晉〕郭璞傳 〔清〕畢沅校正
夏小正考注一卷 〔漢〕戴德撰 〔清〕畢沅考注
道德經考異二卷 〔清〕畢沅撰
墨子十六卷 〔清〕畢沅校正
晏子春秋九卷 〔清〕孫星衍校
吕氏春秋二十六卷 〔清〕畢沅輯校
正字釋名疏證八卷補遺一卷續釋名一卷 〔漢〕劉熙撰 〔清〕畢沅疏證
篆字釋名疏證八卷補遺一卷續釋名一卷 〔漢〕劉熙撰
晉書地道記一卷 〔清〕畢沅輯
太康三年地記一卷 〔清〕畢沅輯
晉書地理志新補正五卷 〔清〕畢沅撰
三輔黄圖六卷補遺一卷 〔清〕畢沅校
長安志二十卷圖三卷 〔宋〕宋敏求撰 〔清〕畢沅校正
易漢學八卷 〔清〕惠棟撰 〔清〕畢沅校刊
説文解字舊音一卷 〔清〕畢沅輯
明堂大道録八卷 〔清〕惠棟撰
禘説二卷 〔清〕惠棟撰
關中金石記八卷 〔清〕畢沅撰
中州金石記五卷 〔清〕畢沅撰
音同義異辯一卷 〔清〕畢沅撰
經典文字辨證五卷 〔清〕畢沅撰

又一部 二十册 9100.81 3144

鈐有"著易堂圖記"印。

又二部 十六册 85/1—16

鈐有"南洋大學圖書館藏書"印。

增訂漢魏叢書八十六種 9100.7 4416

〔清〕王謨輯

清乾隆五十七年(1792)重刻本 九十六册

半葉9行20字,小字雙行字同,白口,左右雙邊,單黑魚尾,半框高19.8釐米,寬14.2釐米。版心上鎸書名,中鎸卷次,下鎸葉碼。

内封題"乾隆辛亥重鎸,漢魏叢書,經翼二十種、别史十六種、子餘廿二種、載籍廿八種,本衙藏版"。卷首依次有清乾隆五十七年《重刻漢魏叢書叙》,署"乾隆壬子孟秋上浣桂林陳蘭森撰";明萬曆十九年(1591)《漢魏叢書序》,署"萬曆壬辰蠟月東海屠隆緯真甫纂";唐王俞撰《易林序》;增訂漢魏叢書凡例;參閲姓氏;目次;《易林》總評。

子目:

經翼二十種
焦氏易林四卷 〔漢〕焦贛撰
易傳三卷 〔漢〕京房撰 〔三國吴〕陸績注
關氏易傳一卷 〔北魏〕關朗撰
周易略例一卷 〔三國魏〕王弼撰
古三墳一卷 〔晉〕阮咸注

汲冢周書十卷　〔晋〕孔晁注
詩傳孔氏傳一卷　〔周〕端木賜撰
詩説一卷　〔漢〕申培撰
韓詩外傳十卷　〔漢〕韓嬰撰
毛詩草木鳥獸蟲魚疏二卷　〔三國吴〕陸璣撰
大戴禮記十三卷　〔漢〕戴德撰　〔北周〕盧辯注
春秋繁露十七卷　〔漢〕董仲舒撰
白虎通德論四卷　〔漢〕班固撰
獨斷一卷　〔漢〕蔡邕撰
忠經一卷　〔漢〕馬融撰
孝傳一卷　〔晋〕陶潛撰
小爾雅一卷　〔漢〕孔鮒撰
方言十三卷　〔漢〕揚雄撰　〔晋〕郭璞注
博雅十卷　〔三國魏〕張揖撰　〔隋〕曹憲音注
釋名四卷　〔漢〕劉熙撰
別史十六種
竹書紀年二卷　〔南朝梁〕沈約注
穆天子傳六卷　〔晋〕郭璞注
越絶書十五卷　〔漢〕袁康撰
吴越春秋六卷　〔漢〕趙曄撰
西京雜記六卷　〔漢〕劉歆撰
漢武帝内傳一卷　〔漢〕班固撰
飛燕外傳一卷　〔漢〕伶玄撰
雜事秘辛一卷
華陽國志十四卷　〔晋〕常璩撰
十六國春秋十六卷　〔北魏〕崔鴻撰
元經薛氏傳十卷　〔隋〕王通撰　〔唐〕薛收傳　〔宋〕阮逸注
群輔録一卷　〔晋〕陶潛撰
英雄記鈔一卷　〔三國魏〕王粲撰
高氏傳三卷　〔晋〕皇甫謐撰
蓮社高賢傳一卷
神仙傳十卷　〔晋〕葛洪撰
子餘二十二種
孔叢子二卷　〔漢〕孔鮒撰
新語二卷　〔漢〕陸賈撰
新書十卷　〔漢〕賈誼撰
新序十卷　〔漢〕劉向撰
説苑二十卷　〔漢〕劉向撰
淮南子二十一卷　〔漢〕劉安撰　〔漢〕高誘注
鹽鐵論十二卷　〔漢〕桓寬撰
法言十卷　〔漢〕揚雄撰
申鑒五卷　〔漢〕荀悦撰
論衡三十卷　〔漢〕王充撰
潛夫論十卷　〔漢〕王符撰
中論二卷　〔漢〕徐幹撰
中説二卷　〔隋〕王通撰
風俗通義十卷　〔漢〕應劭撰
人物志三卷　〔南朝宋〕劉邵撰
新論十卷　〔南朝梁〕劉勰撰
顔氏家訓二卷　〔北齊〕顔之推撰
參同契一卷　〔漢〕魏伯陽撰
陰符經一卷
風后握奇經一卷　〔漢〕公孫弘解
素書一卷　〔漢〕黄石公撰
心書一卷　〔漢〕諸葛亮撰
載籍二十八種
古今注三卷　〔晋〕崔豹纂
博物志十卷　〔晋〕張華撰
文心雕龍十卷　〔南朝梁〕劉勰撰
詩品三卷　〔南朝梁〕鍾嶸撰
書品一卷　〔南朝梁〕庾肩吾撰
尤射一卷　〔三國魏〕繆襲撰

拾遺記十卷 〔晋〕王嘉撰
述異記二卷 〔南朝梁〕任昉撰
續齊諧記一卷 〔南朝梁〕沈約撰
搜神記八卷 〔晋〕干寶撰
搜神後記二卷 〔晋〕陶潜撰
還冤記一卷 〔北齊〕顔之推撰
神異經一卷 〔漢〕東方朔撰
海内十洲記一卷 〔漢〕東方朔撰
洞冥記四卷 〔漢〕郭憲撰
枕中書一卷 〔晋〕葛洪撰
佛國記一卷 〔晋〕釋法顯撰
洛陽伽藍記五卷 〔北魏〕楊衒之撰
三輔黄圖六卷
水經二卷 〔漢〕桑欽撰
星經二卷 〔漢〕甘公、石申撰
荆楚歲時記一卷 〔晋〕宗懔撰
南方草木狀三卷 〔晋〕嵇含撰
竹譜一卷 〔晋〕戴凱之撰
禽經一卷 〔晋〕張華注
古今刀劍録一卷 〔南朝梁〕陶弘景纂
鼎録一卷 〔南朝梁〕虞荔纂
天禄閣外史八卷 〔漢〕黄憲撰

又一部 八十册 24

鈐有"南洋大學圖書館藏書"印。

按:此本内封鈐有"滸灣愛日堂發兑"朱印。

重刊拜經樓叢書七種 9100.81 2374

〔清〕吴騫輯

清光緒十一年(1885)會稽章氏刻本 八册

子目:

詩譜補亡後訂一卷 〔清〕吴騫撰
陶靖節詩注四卷 〔宋〕湯漢注
謝宣城集五卷 〔齊〕謝朓撰
讒書五卷 〔唐〕羅隱撰
國山碑考一卷 〔清〕吴騫撰
桃溪客語五卷 〔清〕吴騫撰
陽羡名陶録二卷 〔清〕吴騫撰

重校拜經樓叢書十種 9100.81 2374

〔清〕吴騫輯 〔清〕朱記榮重輯

清光緒二十年(1894)孫谿朱氏校經堂刻本 十册

子目:

詩譜補亡後訂一卷 〔清〕吴騫撰
陶靖節詩注四卷 〔宋〕湯漢注
謝宣城集五卷 〔南朝齊〕謝朓撰
讒書五卷 〔唐〕羅隱撰
國山碑考一卷 〔清〕吴騫撰
桃溪客語五卷 〔清〕吴騫撰
陽羡名陶録二卷 〔清〕吴騫撰
蠡塘漁乃一卷續一卷 〔清〕吴騫撰
扶風傳信録一卷 〔清〕吴騫撰
拜經樓集外詩一卷附珠樓遺稿一卷 〔清〕吴騫撰 (珠樓遺稿)〔清〕徐貞撰

函海一百四十七種 9100.81 1100

〔清〕李調元編 〔清〕李朝夔補刻

清道光五年(1825)萬卷樓板李氏補刻本 一百六十册

鈐有"玉函山房藏書"印。

子目:

第一函

華陽國志十二卷 〔晋〕常璩撰
郭子翼莊一卷 〔晋〕郭象撰 〔明〕

高発纂
古今同姓名録二卷 〔南朝梁〕元帝蕭繹撰 〔唐〕陸善經續 〔元〕葉森補
素履子三卷 〔唐〕張弧撰
第二函
説文解字韻譜五卷 〔南唐〕徐鍇撰
緝古算經一卷 〔唐〕王孝通撰
主客圖一卷 〔唐〕張爲撰
蘇氏演義二卷 〔唐〕蘇鶚撰
寶藏論一卷 〔唐〕釋僧肇撰
心要經一卷 〔唐〕釋道段撰
金華子雜編二卷 〔南唐〕劉崇遠撰
第三函
易傳燈四卷 〔宋〕徐總幹撰
鄭氏古文尚書十卷 〔宋〕王應麟撰集
程氏考古編十卷 〔宋〕程大昌撰
敷文鄭氏書説一卷 〔宋〕鄭樸撰
孟子外書四篇四卷 〔宋〕劉攽注
伸蒙子三卷 〔唐〕林慎思撰
洪範統一一卷 〔宋〕趙善湘撰
續孟子二卷 〔唐〕林慎思撰
廣成子解一卷 〔宋〕蘇軾撰
第四函
唐史論斷三卷 〔宋〕孫甫撰
東坡烏臺詩案一卷 〔宋〕朋九萬撰
藏海詩話一卷 〔宋〕吴可撰
益州名畫録三卷 〔宋〕黄休復撰
韓氏山水純全集一卷 〔宋〕韓拙撰
月波洞中記一卷 〔三國吴〕張仲遠傳本 〔宋〕潘時竦刊行
蜀檮杌二卷 〔宋〕張唐英撰
産育寶慶集二卷 〔宋〕郭稽中纂
顱顖經一卷
出行寶鏡一卷圖一卷
第五函
翼元十二卷 〔宋〕張行成撰
農書三卷 〔宋〕陳旉撰
芻言三卷 〔宋〕崔敦禮撰
常談一卷 〔宋〕吴箕撰
第六函
靖康傳信録三卷 〔宋〕李綱撰
淳熙薦士録一卷 〔宋〕楊萬里撰
江南餘載二卷 〔宋〕鄭文寶撰
江淮異人録二卷 〔宋〕吴淑撰
張氏可書一卷 〔宋〕張知甫撰
青溪弄兵録一卷 〔宋〕王彌大撰
珍席放談二卷 〔宋〕高晦叟撰
鶴山筆録一卷 〔宋〕魏了翁撰
建炎筆録三卷 〔宋〕趙鼎撰
辯誣筆録一卷 〔宋〕趙鼎撰
采石瓜洲記一卷 〔宋〕蹇駒撰
家訓筆録一卷 〔宋〕趙鼎撰
舊聞證誤四卷 〔宋〕李心傳撰
第七函
建炎以來朝野雜記甲集二十卷 〔宋〕李心傳撰
第八函
建炎以來朝野雜記乙集二十卷 〔宋〕李心傳撰
第九函
州縣提綱四卷 〔宋〕陳襄撰
諸蕃志二卷 〔宋〕趙汝適撰
省心雜言一卷 〔宋〕李邦獻撰
三國雜事二卷 〔宋〕唐庚撰
三國紀年一卷 〔宋〕陳亮撰
五國故事二卷

東原録一卷　〔宋〕龔鼎臣撰
肯綮録一卷　〔宋〕趙叔向撰
燕魏雜記一卷　〔宋〕吕頤浩撰
夾漈遺稿三卷　〔宋〕鄭樵撰
龍洲集十卷　〔宋〕劉過撰
第十函
龍龕手鑒四卷　〔遼〕釋行均撰
雪履齋筆記一卷　〔元〕郭翼撰
日聞録一卷　〔元〕李翀撰
吴中舊事一卷　〔元〕陸友仁撰
鳴鶴餘音一卷　〔元〕虞集撰
第十一函
升菴經説十四卷　〔明〕楊慎撰
檀弓叢訓二卷　〔明〕楊慎撰
世説舊注一卷　〔南朝梁〕劉孝標撰　〔明〕楊慎輯
山海經補注一卷　〔明〕楊慎撰
莊子闕誤一卷　〔明〕楊慎撰
第十二函
秇林伐山二十卷　〔明〕楊慎撰
古雋八卷　〔明〕楊慎輯
謝華啓秀八卷　〔明〕楊慎撰
第十三函
哲匠金桴五卷　〔明〕楊慎撰
均藻四卷　〔明〕楊慎撰
譚苑醍醐八卷　〔明〕楊慎撰
第十四函
升菴韻學七種　〔明〕楊慎撰
轉注古音略五卷古音後語一卷
古音叢目五卷
古音獵要五卷
古音附録一卷
古音餘五卷
奇字韻五卷
古音略例一卷
古音駢字五卷　〔明〕楊慎撰
古音複字五卷　〔明〕楊慎撰
希姓録五卷　〔明〕楊慎撰
第十五函
升菴詩話十二卷補遺二卷　〔明〕楊慎撰
詞品六卷拾遺一卷　〔明〕楊慎撰
第十六函
墨池瑣録二卷　〔明〕楊慎撰
書品一卷　〔明〕楊慎撰
法帖神品目一卷　〔明〕楊慎撰
名畫神品目一卷　〔明〕楊慎撰
畫品一卷　〔明〕楊慎撰
金石古文十四卷　〔明〕楊慎撰
古文韻語一卷　〔明〕楊慎撰
石鼓文音釋三卷　〔明〕楊慎撰
第十七函
風雅逸篇十卷　〔明〕楊慎輯
古今風謡一卷　〔明〕楊慎撰
古今諺一卷　〔明〕楊慎撰
俗言一卷　〔明〕楊慎撰
麗情集一卷附續集一卷　〔明〕楊慎撰
墐户録一卷　〔明〕楊慎撰
雲南山川志一卷　〔明〕楊慎撰
滇載記一卷　〔明〕楊慎撰
第十八函
丹鉛雜録十卷　〔明〕楊慎撰
玉名詁一卷　〔明〕楊慎撰
異魚圖贊四卷異魚贊閏集一卷附升菴年譜一卷　〔明〕楊慎撰
異魚圖贊補三卷　〔明〕胡世安撰

第十九函
大學古本旁注一卷 〔漢〕戴聖撰 〔明〕王守仁注
月令氣候圖説一卷 〔清〕李調元撰
尚書古文考一卷 （日本）山井鼎撰
詩音辯略二卷 〔明〕楊貞一撰
左傳事緯四卷 〔清〕馬驌撰
夏小正箋一卷 〔清〕李調元注
蜀語一卷 〔明〕李實撰
蜀碑記十卷 〔宋〕王象之撰
中麓畫品一卷 〔明〕李開先撰
卮辭一卷 〔明〕王禕撰
第二十函
周禮摘箋五卷 〔清〕李調元撰
儀禮古今考二卷 〔清〕李調元撰
禮記補注四卷 〔清〕李調元撰
易古文三卷 〔清〕李調元輯
逸孟子一卷 〔清〕李調元輯
十三經注疏錦字四卷 〔清〕李調元輯
左傳官名考二卷 〔清〕李調元輯
春秋三傳比二卷 〔清〕李調元撰
第二十一函
蜀碑記補十卷 〔清〕李調元撰
卍齋璅録十卷 〔清〕李調元撰
諸家藏書簿十卷 〔清〕李調元輯
博物要覽十二卷 〔清〕谷應泰撰
第二十二函
金石存十五卷 〔清〕吴玉搢輯
第二十三函
通俗編十五卷 〔清〕翟灝撰
第二十四函
南越筆記十六卷 〔清〕李調元輯
第二十五函
雨村賦話十卷 〔清〕李調元撰
雨村詩話二卷 〔清〕李調元撰
雨村詞話四卷 〔清〕李調元撰
雨村曲話二卷 〔清〕李調元撰
六書分毫三卷 〔清〕李調元撰
古音合二卷 〔清〕李調元撰
第二十六函
尾蔗叢談四卷 〔清〕李調元撰
奇字名十二卷 〔清〕李調元撰
樂府侍兒小名二卷 〔清〕李調元撰
通詁二卷 〔清〕李調元撰
剿説四卷 〔清〕李調元撰
第二十七函
四家選集 （清）張懷溎選
小倉選集八卷 〔清〕袁枚撰
夢樓選集四卷 〔清〕王文治撰
甌北選集五卷 〔清〕趙翼撰
童山選集十二卷 〔清〕李調元撰
第二十八函
制義科瑣記四卷 〔清〕李調元輯
然犀志二卷 〔清〕李調元撰
出口程記一卷 〔清〕李調元撰
方言藻二卷 〔清〕李調元撰
粤風四卷 〔清〕李調元輯解
粤歌一卷 〔清〕吴淇輯
猺歌一卷 〔清〕趙龍文輯
苗歌一卷 〔清〕吴代輯
獞歌一卷 〔清〕黄道輯
第二十九函
蜀雅二十卷 〔清〕李調元選
第三十函
醒園録一卷 〔清〕李化楠撰
萬善堂集十卷 〔清〕李化楠撰

李石亭文集六卷 〔清〕李化楠撰
第三十一至第三十四函
全五代詩一百卷補遺一卷 〔清〕李調元編
第三十五至第三十六函
童山詩集四十二卷 〔清〕李調元撰
第三十七函
童山文集二十卷 〔清〕李調元撰
第三十八函
粤東皇華集四卷 〔清〕李調元撰
第三十九函
淡墨録十六卷 〔清〕李調元撰
第四十函
羅江縣志十卷 〔清〕李調元撰
又一部 一百四十册 9100.81 1100

藝海珠塵八集 106/1—64
〔清〕吴省蘭輯
清嘉慶間南匯吴氏聽彝堂刻本 六十四册
子目:
金集
易象意言一卷 〔宋〕蔡淵撰
詩論一卷 〔宋〕程大昌撰
春秋或辯一卷 〔清〕許之獬撰
春秋三傳異同考一卷 〔清〕吴陳琰撰
春秋識小録三種 〔清〕程廷祚撰
春秋職官考略三卷
春秋地名辨異三卷附録一卷
左傳人名辨異三卷
中文孝經一卷 〔清〕周春撰
孝經外傳一卷 〔清〕周春撰
箴膏肓一卷起廢疾一卷發墨守一卷 〔漢〕鄭玄撰 〔清〕王復輯
讀書瑣記一卷 〔清〕鳳應韶撰
轉注古義考一卷 〔清〕曹仁虎撰
官韻考異一卷 〔清〕吴省欽撰
續方言二卷 〔清〕杭世駿撰
續方言補正一卷 〔清〕程際盛撰
七十二候考一卷 〔清〕曹仁虎撰
江漢叢談二卷 〔明〕陳士元撰
説叩一卷 〔清〕葉抱崧撰
夾漈遺稿三卷 〔宋〕鄭樵撰
可儀堂文集二卷 〔清〕俞長城撰
聲調譜一卷談龍録一卷 〔清〕趙執信撰
石集
春秋經玩四卷 〔清〕沈淑撰
春秋左傳分國土地名二卷
左傳職官一卷
左傳器物宫室一卷
五經贊一卷 〔清〕陸榮秬撰 〔清〕徐堂注
婦學一卷 〔清〕章學誠撰
天問略一卷 (葡萄牙)陽瑪諾撰
海國聞見録並圖一卷 〔清〕陳倫炯撰
倭情屯田議一卷 〔明〕趙士楨撰
備邊屯田車銃議並圖一卷 〔明〕趙士楨撰
番社采風圖考一卷 〔清〕六十七撰
維西見聞紀一卷 〔清〕余慶遠撰
金川瑣記六卷 〔清〕李心衡撰
朝鮮志二卷
至遊子二卷
夢占逸旨八卷 〔明〕陳士元撰
五總志一卷 〔宋〕吴埛撰

孔氏談苑五卷 〔宋〕孔平仲撰
讀書偶見一卷 〔清〕吴騏撰
學福齋雜著一卷 〔清〕沈大成撰
岳忠武王集一卷 〔宋〕岳飛撰
丁孝子詩集三卷 〔元〕丁鶴年撰
圭塘欸乃集一卷 〔元〕許有壬等撰
刻燭集一卷 〔清〕曹仁虎撰
絲集
鄭敷文書説一卷 〔宋〕鄭伯熊撰
舜典補亡一卷 〔清〕毛奇齡撰
論語筆解二卷 〔唐〕韓愈撰 〔唐〕李翺參 〔明〕鄭鄤評
論語絶句一卷 〔宋〕張九成撰
孟子外書注四卷 〔宋〕劉攽注
駁五經異義一卷 〔漢〕許慎撰 〔漢〕鄭玄駁
駁五經異義補遺一卷 〔漢〕許慎撰 〔漢〕鄭玄駁
駢字分箋二卷 〔清〕程際盛撰
武宗外紀一卷 〔清〕毛奇齡撰
勝朝彤史拾遺記六卷 〔清〕毛奇齡撰
東南防守利便三卷 〔宋〕吕祉撰
蜀檮杌二卷 〔宋〕張唐英撰
炳燭偶鈔一卷 〔清〕陸錫熊撰
讀史論略一卷 〔清〕杜詔撰
異魚圖贊一卷 〔明〕楊慎撰
龜經一卷
古算器考一卷 〔清〕梅文鼎撰
曆學疑問補二卷 〔清〕梅文鼎撰
半村野人閑談一卷 〔明〕姜南撰
抱璞簡記一卷 〔明〕姜南撰
一椶居詩稿二卷 〔清〕馮柷撰
竹集
春秋傳説例一卷 〔宋〕劉敞撰
饗禮補亡一卷 〔清〕諸錦撰
魯齋述得一卷 〔清〕丁傳撰
唐史論斷三卷 〔宋〕孫甫撰
滇載記一卷 〔明〕楊慎撰
使俄羅斯行程録一卷 〔清〕張鵬翮撰
外國竹枝詞一卷 〔清〕尤侗撰
異域竹枝詞三卷 〔清〕福慶撰
海潮説一卷 〔清〕周春撰
三垣疏稿三卷 〔明〕許譽卿撰
閩中海錯疏三卷 〔明〕屠本畯、徐𤊹補疏
伸蒙子三卷 〔唐〕林慎思撰
廣成子解一卷 〔宋〕蘇軾撰
二儀銘補注一卷 〔清〕梅文鼎撰
曆學答問一卷 〔清〕梅文鼎撰
蘇氏演義二卷 〔唐〕蘇鶚撰
投甕隨筆一卷 〔明〕姜南撰
風月堂雜識一卷 〔明〕姜南撰
學圃餘力一卷 〔明〕姜南撰
輞川詩鈔六卷 〔清〕王澐撰
匏集
北郊配位尊西向議一卷 〔清〕毛奇齡撰
昏禮辨正一卷 〔清〕毛奇齡撰
大小宗通繹一卷 〔清〕毛奇齡撰
四書索解四卷 〔清〕毛奇齡撰
紀元要略二卷 〔清〕陳景雲撰
紀元要略補一卷 〔清〕陳黄中撰
山海經補注一卷 〔明〕楊慎撰
海潮輯説二卷 〔清〕俞思謙撰
吾師録一卷 〔明〕黄淳耀撰

聰訓齋語二卷 〔清〕張英撰
恒産瑣言一卷 〔清〕張英撰
中星表一卷 〔清〕徐朝俊撰
木棉譜一卷 〔清〕褚華撰
宜齋野乘一卷 〔宋〕吴枋撰
東原録一卷 〔宋〕龔鼎臣撰
文録一卷 〔宋〕唐庚撰
呵凍漫筆二卷 〔明〕談修撰
墨畬錢鎛一卷 〔明〕姜南撰
瓠里子筆談一卷 〔明〕姜南撰
洗硯新録一卷 〔明〕姜南撰
蓉塘記聞一卷 〔明〕姜南撰
夏内史集二卷 〔明〕夏完淳撰
土集
易緯乾坤鑿度二卷 〔漢〕鄭玄注
易緯是類謀一卷 〔漢〕鄭玄注
洪範統一一卷 〔宋〕趙善湘撰
説學齋經説一卷 〔清〕葉鳳毛撰
辨定嘉靖大禮議二卷 〔清〕毛奇齡撰
儒林譜一卷 〔清〕焦袁熹撰
雲間第宅志一卷 〔清〕王澐撰
恥言二卷 〔明〕徐禎稷撰
修慝餘編一卷 〔清〕陳藎撰
太元解一卷 〔清〕焦袁熹撰
潛虚解一卷 〔清〕焦袁熹撰
素履子二卷 〔唐〕張弧撰
握奇經解一卷 〔漢〕公孫弘解
黄帝授三子玄女經一卷
肯綮録一卷 〔宋〕趙叔向撰
東皋雜鈔三卷 〔清〕董潮撰
茶餘客話十二卷 〔清〕阮葵生撰
古今風謡一卷 〔明〕楊慎撰
古今諺一卷 〔明〕楊慎撰
聲調譜拾遺一卷 〔清〕翟翬撰
古詩十九首解一卷 〔清〕張庚撰
革集
易稽覽圖二卷 〔漢〕鄭玄注
詩説一卷 〔宋〕張耒撰
詩疑二卷 〔宋〕王柏撰
左氏蒙求注一卷 〔元〕吴化龍撰 〔清〕許乃濟、王慶麟注
匡謬正俗八卷 〔唐〕顔師古撰
皇朝武功紀盛四卷 〔清〕趙翼撰
山海經圖贊一卷 〔晋〕郭璞撰
明洪武四年進士登科録一卷
社事始末一卷 〔清〕杜登春撰
淞故述一卷 〔明〕楊樞撰
南華經傳釋一卷 〔清〕周金然撰
經天該一卷 （意大利）利瑪竇撰
地理古鏡歌一卷 〔清〕蔣大鴻撰
翻卦挨星圖訣考著一卷 〔清〕戴鴻撰
蘇沈良方八卷 〔宋〕蘇軾、沈括撰
一草亭目科全書一卷 〔清〕鄧苑撰
雲仙散録一卷 〔唐〕馮贄撰
燕魏雜記一卷 〔宋〕吕頤浩撰
叩舷憑軾録一卷 〔明〕姜南撰
交行摘稿一卷 〔明〕徐孚遠撰
貞蕤稿略一卷 （朝鮮）朴齊家撰
拜經樓詩話四卷 〔清〕吴騫撰
木集
正易心法一卷 題〔宋〕麻衣道者撰 〔宋〕陳摶注
學校問一卷 〔清〕毛奇齡撰
郊社禘祫問一卷 〔清〕毛奇齡撰
小國春秋一卷 〔清〕焦袁熹撰
小兒語一卷 〔明〕吕得勝撰

續小兒語一卷　〔明〕吕坤撰
捕蝗考一卷　〔清〕陳芳生撰
滇南新語一卷　〔清〕張泓撰
松江衢歌一卷　〔清〕陳金浩撰
淞南樂府一卷　〔清〕楊光輔撰
遠鏡説一卷　(德國)湯若望撰
滇南憶舊録一卷　〔清〕張泓撰
紀聽松菴竹鑪始末一卷　〔清〕鄒炳泰撰
雜咏二卷　〔唐〕李嶠撰
月山詩集四卷　〔清〕恒仁撰
月山詩話一卷　〔清〕恒仁撰
鎌山草堂詩合鈔二卷　〔明〕王光承撰
四繪軒詩鈔一卷　〔清〕徐振纂
杜詩雙聲疊韻譜括略八卷　〔清〕周春撰

按:《海國聞見録並圖》一卷、《備邊屯田車銃議並圖》一卷、《滇載記》一卷、《使俄羅斯行程録》一卷、《外國竹枝詞》一卷五種爲手抄補録。

又一部　五十册　　9100.82 5133

貸園叢書初集十二種　　9100.81 4549

〔清〕周永年輯

清乾隆五十四年(1789)竹西書屋刻本　二十四册

半葉11行22字,小字雙行字同,黑口,左右雙邊,雙黑魚尾,半框高17.5釐米,寬14.4釐米。版心鎸書名、卷次及葉碼。

内封題"貸園叢書初集,竹西書屋藏版"。《春秋左傳補注》内封題"惠定宇先生著。左傳補注,潮陽縣衙鋟版"。《左傳評傳》内封題"李静叔左傳評,乾隆乙未潮陽縣衙鋟版"。《古韻標準》内封題"乾隆辛卯鋟,古韻標準,潮陽縣衙存版"。《聲韻考》内封題"戴東原先生著,聲韻考,潮陽縣署鋟版"。卷首依次有清乾隆五十四年《貸園叢書初集叙》,署"乾隆五十四年歲次己酉仲夏歷城周永年書昌氏叙於京宣武坊寓舍";目録。

鈐有"敦夙好齋""漢陽葉名澧潤臣甫印""古鄮擁百城樓主人珍藏書畫印記""穀士"印。

子目:
九經古義十六卷　〔清〕惠棟撰　〔清〕惠承緒校
易例二卷　〔清〕惠棟撰
春秋左傳補注六卷　〔清〕惠棟撰
左傳評傳三卷　〔清〕李文淵評
古韻標準不分卷　〔清〕江永編　〔清〕戴震參定　〔清〕李文藻覆校
四聲切韻表不分卷　〔清〕江永編
聲韻考四卷　〔清〕戴震撰
石刻鋪叙二卷　〔宋〕曾宏父纂述
鳳墅殘帖釋文二卷　〔清〕錢大昕撰
三事忠告四卷　〔元〕張養浩撰
　牧民忠告二卷
　風憲忠告一卷
　廟堂忠告一卷
蒿菴閒話二卷　〔清〕張爾岐撰
談龍録不分卷　〔清〕趙執信撰

又一部　十六册　　87/1—16

鈐有"南洋大學圖書館藏書"印。

龍威秘書十集　　9100.81 7629

〔清〕馬俊良輯

清乾隆五十九年至嘉慶元年(1794—1796)大西山房刻本　七十八册

半葉9行20字,小字雙行字同,黑口,左右雙邊,無魚尾,半框高12.3釐米,寬9.5釐米。版心鎸書名及葉碼。

一集内封題“乾隆甲寅年刊,漢魏叢書採珍,一集,龍威秘書,凡已入秘書廿一種及有専刻者不重載,大西山房”。卷首依次有清馬俊良撰《龍威秘書自識》;總目。

二集内封題“嘉慶元年新刊,四庫論録十三種計八册,龍威秘書,二集,浙江石門馬氏家藏”。卷首依次有清馬俊良撰《龍威秘書乙集序》;總目。

三集内封題“古今詩話集雋,三集,龍威秘書,大西山房”。卷首依次有清馬俊良撰《龍威秘書丙集序》;總目。

四集内封題“晋唐小説暢觀,龍威秘書,四集,大西山房”。卷首依次有清馬俊良撰《龍威秘書四集叙》;總目。

五集内封題“古今叢説拾遺三十四種計八册,龍威秘書,五集,浙江石門馬氏藏書”。卷首依次有清馬俊良撰《龍威秘書戊集叙》;總目。

六集内封題“名臣四六奏章,龍威秘書,六集,大西山房”。卷首有清馬俊良撰《引》。

七集内封題“吴氏説鈴攬勝,龍威秘書,七集,大西山房”。卷首依次有清馬俊良撰《吴氏説鈴攬勝弁語》;目録。

八集内封題“西河經義存醇,八集,龍威秘書,大西山房”。卷首依次有清馬俊良撰《龍威秘書八集序》;總目。

九集内封題“荒外奇書,九集,龍威秘書,大西山房”。卷首依次有總目;清馬俊良撰《龍威秘書九集弁語》。

十集内封題“十集,龍威秘書,説文繫傳”。卷首有清馬俊良撰《龍威秘書癸集弁語》。

鈐有“鄞馬鑒季明藏”“紹南”印。

子目:

一集　漢魏叢書採珍　八册十九種

小爾雅一卷　〔漢〕孔鮒撰

群輔録一卷　〔晋〕陶潜撰

南方草木狀三卷　〔晋〕嵇含撰

西京雜記六卷　〔漢〕劉歆撰

海内十洲記一卷　〔漢〕東方朔撰

搜神記八卷　〔晋〕干寶撰

神仙傳十卷　〔晋〕葛洪撰

神異經一卷　〔漢〕東方朔撰　〔明〕孫士鑣閲

穆天子傳六卷　〔晋〕郭璞注　〔明〕汪明際訂

漢武帝内傳一卷　〔漢〕班固撰　〔明〕章斐然閲

飛燕外傳一卷　〔漢〕伶玄撰

雜事秘辛一卷

述異記二卷　〔南朝梁〕任昉撰

枕中書一卷　〔晋〕葛洪撰

别國洞冥記四卷　〔漢〕郭憲撰

詩品三卷　〔南朝梁〕鍾嶸撰

鼎録一卷　〔南朝梁〕虞荔纂

竹譜一卷　〔晋〕戴凱之撰

古今刀劍録一卷　〔南朝梁〕陶弘景纂

二集　四庫論録　八册十三種

江淮異人録一卷　〔宋〕吴淑纂

離騷集傳一卷　〔宋〕錢杲之集傳

離騷草木疏四卷 〔宋〕吴仁傑撰
御覽闕史二卷 〔唐〕參寥子撰
農書三卷 〔宋〕陳旉撰
蠶書一卷 〔宋〕秦觀撰
於潛令樓公進耕織二圖詩一卷附録一卷 (宋)樓璹撰
江南餘載二卷 (宋)鄭文寶撰
五國故事二卷
故宫遺録一卷 〔明〕蕭洵編
赤雅三卷 〔明〕鄺露纂
平臺紀略一卷 〔清〕藍鼎元撰
雲仙雜記一卷 〔唐〕馮贄撰
三集 歷代詩話 八册八種
二十四詩品一卷 〔唐〕司空圖撰
本事詩一卷 〔唐〕孟棨撰
雲溪友議一卷 〔唐〕范攄編
本朝名家詩鈔小傳四卷 〔清〕鄭方坤撰
蓮坡詩話三卷 〔清〕查爲仁撰
歸田詩話三卷 〔明〕瞿佑撰
臨漢隱居詩話一卷 〔宋〕魏泰撰
滹南詩話三卷 〔金〕王若虚撰
四集 晋唐小説暢觀 八册五十九種
酉陽雜俎二卷 〔唐〕段成式撰
諾皋記一卷 〔唐〕段成式撰
博異志一卷 〔唐〕鄭還古撰
李泌傳一卷 〔唐〕李繁撰
仙史傳一卷 題〔唐〕太上隱者輯
英雄傳一卷 〔唐〕雍陶撰
劍俠傳一卷 〔唐〕段成式撰
柳毅傳一卷 〔唐〕李朝威撰
虬髯客傳一卷 〔唐〕張説撰
馮燕傳一卷 〔唐〕沈亞之撰
蔣子文傳一卷 〔唐〕羅鄴撰
杜子春傳一卷 〔唐〕鄭還古撰
龍女傳一卷 〔唐〕薛瑩撰
妙女傳一卷 〔唐〕顧非熊撰
神女傳一卷 〔唐〕孫頠輯
楊太真外傳二卷 〔宋〕樂史撰
長恨歌傳一卷 〔唐〕陳鴻傳 〔唐〕白居易歌
梅妃傳一卷 〔唐〕曹鄴撰
紅線傳一卷 〔唐〕楊巨源撰
劉無雙傳一卷 〔唐〕薛調撰
霍小玉傳一卷 〔唐〕蔣防撰
牛應貞傳一卷 〔唐〕宋若昭撰
謝小蛾傳一卷 〔唐〕李公佐撰
李娃傳一卷 〔唐〕白行簡撰
章臺柳傳一卷 〔唐〕許堯佐撰
非烟傳一卷 〔唐〕皇甫枚撰
會真記一卷 〔唐〕元稹撰
黑心符一卷 〔唐〕于義方撰
南柯記一卷 〔唐〕李公佐撰
枕中記一卷 〔唐〕李泌撰
高力士傳一卷 〔唐〕郭湜撰
白猿傳一卷
任氏傳一卷 〔唐〕沈既濟撰
袁氏傳一卷 〔後蜀〕顧敻撰
揚州夢記一卷 〔唐〕于鄴撰
妝樓記一卷 〔南唐〕張泌纂
雷民傳一卷 〔唐〕沈既濟撰
離魂記一卷 〔唐〕陳元祐撰
再生記一卷 〔後蜀〕閻選撰
夢遊録一卷 〔唐〕任蕃撰
三夢記一卷 〔唐〕白行簡撰
幽怪録一卷 〔唐〕王惲撰
續幽怪録一卷 〔唐〕李復言撰
幻戲志一卷 〔唐〕蔣防撰

幻異志一卷　〔唐〕孫頠撰
靈應傳一卷
才鬼記一卷　〔唐〕鄭蕡纂
靈鬼志一卷　〔唐〕常沂撰
玄怪記一卷　〔唐〕徐炫撰
續玄怪録一卷
昌黎雜説一卷　〔唐〕韓愈撰
録異記一卷　〔前蜀〕杜光庭撰
飛燕遺事一卷
趙后遺事一卷　〔宋〕秦醇撰
搜神後記一卷　題〔晋〕陶潜撰
窮怪録一卷
幽怪録一卷　〔唐〕牛僧孺撰
古鏡記一卷　〔隋〕王度撰
楊娼傳一卷　〔唐〕房千里撰
五集　古今叢説拾遺　八册三十四種
輶軒絶代語一卷　〔漢〕揚雄撰
臆乘一卷　〔宋〕楊伯嵒撰
吉凶影響録一卷　〔宋〕岑象求撰
桯史一卷　〔宋〕岳珂撰
仇池筆記一卷　〔宋〕蘇軾撰
東齋記事一卷　〔宋〕許觀撰
漁樵閒話一卷　〔宋〕蘇軾撰
廬陵雜説一卷　〔宋〕歐陽修撰
遺史記聞一卷　〔宋〕詹玠撰
摭青雜説一卷　〔宋〕王明清撰
晰獄龜鑒一卷　〔宋〕鄭克撰
搜神秘覽一卷　〔宋〕章炳文撰
玉溪編事一卷
乘異記一卷　〔宋〕張君房撰
廣異記一卷　〔唐〕戴孚撰
近異録一卷　〔南朝宋〕劉質撰
甄異記一卷　〔晋〕戴祚撰
旌異記一卷　〔隋〕侯白撰
睽車志一卷　〔宋〕郭彖撰
雞肋一卷　〔宋〕趙崇絢撰
虎口餘生記一卷　〔明〕邊大綬撰
小娥傳一卷
陶説六卷　〔清〕朱琰述
鬼董五卷
説郛雜著十種　〔清〕馬俊良輯
　乾𦠆子一卷　〔唐〕温庭筠撰
　志林一卷　〔宋〕蘇軾撰
　金樓子一卷　〔南朝梁〕元帝蕭繹撰
　五色線一卷
　雲齋廣録一卷　〔宋〕李獻民撰
　田間書一卷　〔宋〕林芳撰
　席上腐談一卷　〔宋〕俞琰撰
　王烈婦一卷
　平定交南録一卷　〔明〕丘濬撰
　西北域記一卷　〔清〕謝濟世撰
考槃餘事四卷　〔明〕屠隆撰
六集　名臣四六奏章　八册一種
國朝麗體金膏八卷　〔清〕馬俊良輯
七集　吴氏説鈴攬勝　八册二十五種
金鰲退食筆記二卷　〔清〕高士奇撰
京東考古録一卷　〔清〕顧炎武撰
山東考古録一卷　〔清〕顧炎武撰
泰山紀勝一卷　〔清〕孔貞瑄纂
隴蜀餘聞一卷　〔清〕王士禛撰
板橋雜記三卷　〔清〕余懷撰
揚州鼓吹詞序一卷　〔清〕吴綺撰
匡廬紀遊一卷　〔清〕吴闡思撰
遊雁蕩山記一卷　〔清〕周清原撰
甌江逸志一卷　〔清〕勞大與撰
湖壖雜記一卷　〔清〕陸次雲撰

峒谿纖志一卷 〔清〕陸次雲撰
坤輿外紀一卷 (比利時)南懷仁撰
嶺南雜記一卷 〔清〕吴震方撰
封長白山記一卷 〔清〕方象瑛撰
使琉球紀一卷 〔清〕張學禮撰
閩小紀二卷 〔清〕周亮工撰
臺灣紀略一卷附澎湖紀略一卷 〔清〕林謙光撰
臺灣雜記一卷 〔清〕季麒光撰
安南紀遊一卷 〔清〕潘鼎珪撰
粵述一卷 〔清〕閔叙輯
粵西偶記一卷 〔清〕陸祚蕃撰
滇黔紀遊一卷 〔清〕陳鼎撰
滇行紀程一卷續抄一卷 〔清〕許纘曾撰
東還紀程一卷續抄一卷 〔清〕許纘曾撰
八集 西河經義存醇 八册十一種
西河合集 〔清〕毛奇齡撰
推易始末四卷
春秋屬辭比事記四卷
春秋占筮書三卷
韻學指要一卷(缺)
竟山樂録(一名古樂復興録)四卷
李氏學樂録二卷 〔清〕李塨撰
論語稽求篇七卷
大學證文一卷
明堂問一卷
白鷺洲主客説詩一卷
續詩傳鳥名三卷
九集 荒外奇書 八册六種
八紘譯史四卷 〔清〕陸次雲撰
八紘荒史一卷 〔清〕陸次雲撰
譯史記餘四卷 〔清〕陸次雲撰
西番譯語一卷
外國竹枝詞一卷 〔清〕尤侗撰
西藏記二卷
十集 八册
説文解字繫傳四十卷 〔南唐〕徐鍇傳釋 〔南唐〕朱翺反切
按:第四集缺第五册九種。

微波榭叢書 713.1 3700

〔清〕孔繼涵輯

清乾隆間孔氏微波榭刻本 三十二册

半葉10行20字,小字雙行字同,白口,四周雙邊,單黑魚尾,半框高18.1釐米,寬14釐米。版心上鐫書名,下鐫葉碼及"微波榭刻"。

鈐有"鄞馬鑒季明藏""馬鑒之印"印。

子目:
春秋長曆一卷 〔晉〕杜預撰
春秋地名一卷 〔晉〕杜預撰
孟子趙注十四卷附音義二卷 〔漢〕趙岐注 〔宋〕孫奭音義
戴氏遺書十四種 〔清〕戴震撰
毛鄭詩考正四卷首一卷
杲溪詩經補注二卷
考工記圖二卷
孟子字義疏證三卷
聲韻考四卷
聲類表九卷首一卷
原善三卷
原象一卷
輶軒使者絶代語釋别國方言疏證十三卷

勾股割圜記三卷
策算一卷
水地記一卷
東原文集十卷
續天文略三卷(缺下卷)
按:館藏存四種,原書種類難以確考。

藝苑捃華四十八種　9100.83 5531

〔清〕顧之逵輯
清同治七年(1868)顧氏務本堂刻本
二十四册
子目:
小爾雅一卷　〔漢〕孔鮒撰　〔明〕潘之淙閲
西京雜記六卷　〔漢〕劉歆撰　〔明〕邵泰鴻閲
海内十洲記一卷　〔漢〕東方朔撰　〔明〕胡潜閲
群輔録一卷　〔晋〕陶潜撰　〔明〕徐仁毓閲
南方草木狀三卷　〔晋〕嵇含撰　〔明〕徐仁毓閲
搜神記八卷　〔晋〕干寶撰　〔明〕沈春壽閲
神仙傳五卷　〔晋〕葛洪撰　〔明〕徐仁毓閲
闕史二卷　〔唐〕參寥子撰
二十四詩品一卷　〔唐〕司空圖撰
本事詩　〔唐〕孟棨撰
雲溪友議一卷　〔唐〕范攄編
酉陽雜俎二卷　〔唐〕段成式撰
諾皋記一卷　〔唐〕段成式撰
博異志一卷　〔唐〕鄭還古撰
李泌傳一卷　〔唐〕李繁撰
仙史傳一卷　題〔唐〕太上隱者輯
英雄傳一卷　〔唐〕雍陶撰
劍俠傳一卷　〔唐〕段成式撰
柳毅傳一卷　〔唐〕李朝威撰
虬髯客傳一卷　〔唐〕張説撰
馮燕傳一卷　〔唐〕沈亞之撰
蔣子文傳一卷　〔唐〕羅鄴撰
杜子春傳一卷　〔唐〕鄭還古撰
龍女傳一卷　〔唐〕薛瑩撰
妙女傳一卷　〔唐〕顧非熊撰
神女傳一卷　〔唐〕孫顔輯
楊太真傳二卷　〔唐〕樂史撰
長恨歌傳一卷　〔唐〕陳鴻傳　〔唐〕白居易歌
梅妃傳一卷　〔唐〕曹鄴撰
紅線傳一卷　〔唐〕楊巨源撰
劉無雙傳一卷　〔唐〕薛調撰
霍小玉傳一卷　〔唐〕蔣防撰
牛應貞傳一卷　〔唐〕宋若昭撰
謝小蛾傳一卷　〔唐〕李公佐撰
李娃傳一卷　〔唐〕白行簡撰
章臺柳傳一卷　〔唐〕許堯佐撰
非烟傳一卷　〔唐〕皇甫枚撰
江淮異人録一卷　〔宋〕吴淑纂
離騷集傳一卷　〔宋〕錢杲之集傳
離騷草木疏四卷　〔宋〕吴仁傑撰
農書三卷　〔宋〕陳旉撰
蠶書一卷　〔宋〕秦觀撰
耕織圖詩一卷
本朝詩鈔小傳三卷　〔清〕鄭方坤撰
國朝麗體金膏四卷　〔清〕馬俊良撰
説鈴　〔清〕吴震方輯
竟山樂録四卷　〔清〕毛奇齡撰
八紘譯史三卷　〔清〕陸次雲撰

平津館叢書六集三十五種　　96/1—84

〔清〕孫星衍輯

清嘉慶間孫氏平津館刻本　八十四册

鈐有“南洋大學堂圖書館藏書”印。

子目：

甲集

周書六韜六卷附逸文一卷

魏武帝注孫子三卷　〔三國魏〕武帝曹操注

吴子二卷　〔三國魏〕武帝曹操注

司馬法三卷　〔三國魏〕武帝曹操注

尸子二卷　〔清〕孫星衍校集

燕丹子三卷　〔清〕孫星衍校

牟子一卷　〔漢〕牟融撰　〔清〕孫星衍校

黄帝五書　〔清〕孫星衍校

黄帝龍首經二卷

黄帝金匱玉衡經一卷

黄帝授三子玄女經一卷

廣黄帝本行記一卷

軒轅黄帝傳一卷

漢禮器制度一卷　〔漢〕叔孫通撰

漢官一卷

漢官解詁一卷　〔漢〕王隆撰

漢舊儀二卷附補遺二卷　〔漢〕衛宏撰

漢官儀二卷　〔漢〕應劭撰

漢官典職儀式選用一卷　〔漢〕蔡質撰

漢儀一卷　〔三國吴〕丁孚撰

魏三體石經遺字考一卷　〔清〕孫星衍撰

琴操二卷附補遺一卷　〔漢〕蔡邕撰

穆天子傳六卷附録一卷　〔晋〕郭璞注

竹書紀年二卷　〔清〕洪頤煊校

物理論一卷　〔晋〕楊泉撰

古史考一卷　〔三國蜀〕譙周撰

乙集

華氏中藏經三卷　〔漢〕華佗撰

素女方一卷附製太黄丸方一卷　〔清〕孫星衍校

千金寶要六卷　〔唐〕孫思邈撰

秘授清寧丸方一卷　〔清〕孫星衍輯

寰宇訪碑録十二卷　〔清〕孫星衍撰

古刻叢鈔一卷　〔元〕陶宗儀撰

建立伏博士始末二卷　〔清〕孫星衍撰

丙集

三輔黄圖一卷　〔清〕孫星衍校

影宋本説文解字十五卷　〔漢〕許慎撰

渚宫舊事五卷補遺一卷　〔唐〕余知古撰

丁集

孔子集語十七卷　〔清〕孫星衍編

古文尚書考異六卷　〔明〕梅鷟撰

戊集

續古文苑二十卷　〔清〕孫星衍輯

己集

抱朴子内篇二十卷外篇五十卷　〔晋〕葛洪撰　〔清〕孫星衍輯

平津館叢書十集三十八種　9100. 82 2334

〔清〕孫星衍輯　〔清〕朱記榮重刊

清光緒十一年(1885)吴縣朱氏槐廬家塾刻本　五十册

子目：

甲集

周書六韜六卷附逸文一卷
魏武帝注孫子三卷 〔三國魏〕武帝曹操注
吴子二卷 〔三國魏〕武帝曹操注
司馬法三卷 〔三國魏〕武帝曹操注
尸子二卷 〔清〕孫星衍校集
燕丹子三卷 〔清〕孫星衍校
牟子一卷 〔漢〕牟融撰 〔清〕孫星衍校
黄帝五書 〔清〕孫星衍校
黄帝龍首經二卷
黄帝金匱玉衡經一卷
黄帝授三子玄女經一卷
廣黄帝本行記一卷
軒轅黄帝傳一卷
漢禮器制度一卷 〔漢〕叔孫通撰
漢官一卷
漢官解詁一卷 〔漢〕王隆撰
漢舊儀二卷附補遺二卷 〔漢〕衛宏撰
漢官儀二卷 〔漢〕應劭撰
漢官典職儀式選用一卷 〔漢〕蔡質撰
漢儀一卷 〔三國吴〕丁孚撰
魏三體石經考一卷 〔清〕孫星衍撰
琴操二卷 〔漢〕蔡邕撰
乙集
穆天子傳六卷 〔晋〕郭璞注
竹書紀年二卷 〔清〕洪頤煊校
物理論一卷 〔晋〕楊泉撰
古史考一卷 〔三國蜀〕譙周撰
建立伏博士始末二卷 〔清〕孫星衍撰
華氏中藏經三卷 〔漢〕華佗撰
素女方一卷 〔清〕孫星衍校
秘製清寧丸方一卷 〔清〕孫星衍輯
千金寶要六卷 〔唐〕孫思邈撰
丙集
寰宇訪碑録十二卷 〔清〕孫星衍撰
丁集
影宋本説文解字十五卷 〔漢〕許慎撰
渚宫舊事五卷補遺一卷 〔唐〕余知古撰
戊集
三輔黄圖一卷 〔清〕孫星衍校
孔子集語十七卷 〔清〕孫星衍編
己集
古文尚書考異六卷 〔明〕梅鷟撰
古刻叢鈔一卷 〔元〕陶宗儀撰
庚集
續古文苑二十卷 〔清〕孫星衍輯
辛集
抱朴子内篇二十卷外篇五十卷 〔晋〕葛洪撰 〔清〕孫星衍輯
壬集
尚書今古文注疏三十卷 〔清〕孫星衍撰
癸集
芳茂山人詩集九卷 〔清〕孫星衍撰
長離閣詩集一卷 〔清〕王采薇撰

讀書齋叢書八集四十六種 9100.82 4134
〔清〕顧修輯
清嘉慶四年(1799)刻本 六十四册
子目:
甲集
文選理學權輿八卷 〔清〕汪師韓撰

文選理學權輿補一卷 〔清〕孫志祖輯
文選考異四卷 〔清〕孫志祖輯
文選李注補正四卷 〔清〕孫志祖輯
乙集
李氏易解剩義三卷 〔清〕李富孫輯
錦里耆舊傳四卷 〔宋〕勾延慶纂
明畫録八卷 〔清〕徐沁撰
好古堂家藏書畫記二卷 〔清〕姚際恒撰
香研居詞塵五卷 〔清〕方成培述
丙集
隱居通議三十一卷 〔元〕劉壎撰
精選名儒草堂詩餘三卷 〔元〕鳳林書院輯
丁集
金華子雜編二卷 〔南唐〕劉崇遠撰 〔清〕周廣業校注
五代春秋二卷 〔宋〕尹洙撰
泊宅編十卷 〔宋〕方勺撰
泊宅編三卷 〔宋〕方勺撰
遂昌山人雜録一卷 〔元〕鄭元祐撰
北牕炙輠二卷 〔宋〕施德操編
洞天清禄集一卷 〔宋〕趙希鵠撰
清波小志二卷 〔清〕徐逢吉輯 〔清〕陳景鐘訂
清波小志補一卷 〔清〕陳景鐘輯
皇朝武功紀盛四卷 〔清〕趙翼撰
戊集
梅磵詩話三卷 〔宋〕韋居安撰
文淵閣書目二十卷 〔明〕楊士奇編
己集
儒門經濟長短經九卷 〔唐〕趙蕤撰
琴操二卷附補一卷 〔漢〕蔡邕撰
御史臺精舍碑題名一卷 〔清〕趙魏録
郎官石柱題名一卷 〔清〕趙魏録
新刊秘訣三命指迷賦一卷 〔宋〕珞琭子撰 〔宋〕岳珂補注
乾元秘旨一卷 〔清〕舒繼英撰
質疑二卷 〔清〕杭世駿撰
庚集
吹劍録一卷 〔宋〕俞文豹撰
佩韋齋輯聞四卷 〔宋〕俞德鄰撰
文瑞樓書目十二卷 〔清〕金檀撰
學治臆説二卷續説一卷贅一卷 〔清〕汪輝祖撰
蕉窗日記二卷 〔清〕王豫撰
月滿樓詩别集八卷 〔清〕顧宗泰撰
辛集
宣和北苑貢茶録一卷 〔宋〕熊蕃撰
北苑别録一卷 〔宋〕趙汝礪撰
讀畫録四卷 〔清〕周亮工撰
劉涓子鬼遺方五卷 〔南朝齊〕龔慶宣撰
優古堂詩話一卷 〔宋〕吴幵撰
娱書堂詩話二卷 〔宋〕趙與虤集
雲莊四六餘話一卷 〔宋〕楊囦道撰
玉山璞稿二卷 〔元〕顧瑛撰
玉山逸稿四卷附録一卷 〔清〕鮑廷博輯録
滄浪櫂歌一卷 〔明〕陶宗儀撰 〔明〕唐錦選
又一部 六十四册 99/1—64

士禮居黄氏叢書二十二種附三種

9100. 82 9731

〔清〕黄丕烈輯

清嘉慶五年至道光四年(1800—1824)黄氏士禮居刻本　五十册

鈐有“泰和蕭敷政蒲郡氏珍藏書籍之章”印。

子目:

周禮十二卷附札記一卷　〔漢〕鄭玄注

儀禮十七卷附校録一卷　〔漢〕鄭玄注

夏小正戴氏傳四卷附校録一卷　〔宋〕傅崧卿注

夏小正經傳集解四卷　〔清〕顧鳳藻輯

天聖明道本國語二十一卷附札記一卷　〔三國吴〕韋昭注

剡川姚氏本戰國策三十三卷附札記三卷　〔漢〕高誘注

兩漢人物志　〔清〕惠棟撰(嗣出)

梁公九諫一卷

輿地廣記三十八卷札記二卷　〔宋〕歐陽忞撰

汲古閣珍藏秘本書目一卷　〔清〕毛扆撰

季滄葦藏書目一卷　〔清〕季振宜撰

藏書記要一卷　〔清〕孫從添撰

傷寒總病論六卷附札記一卷　〔宋〕龐安時撰

洪氏集驗方五卷　〔宋〕洪遵撰

焦氏易林十六卷　〔宋〕焦延壽撰

博物志十卷　〔晋〕張華撰

新刊宣和遺事二卷

盲史精華　〔清〕黄丕烈撰(嗣出)

百宋一廛賦一卷　〔清〕顧廣圻撰

百宋一廛書録　〔清〕黄丕烈撰(嗣出)

汪本隸辨刊誤一卷　〔清〕黄丕烈撰

蕘言二卷　〔清〕黄丕烈撰(嗣出)

附

蜀大字本三經音義(板大另行)

船山詩草選六卷　〔清〕張問陶撰　〔清〕石韞玉録

同人唱和詩一卷　〔清〕黄丕烈輯

士禮居黄氏叢書二十二種附三種

100—4/1—30

〔清〕黄丕烈輯

清光緒十三年(1887)上海蜚英館石印本　三十册

子目:

周禮十二卷附札記一卷　〔漢〕鄭玄注

儀禮十七卷附校録一卷　〔漢〕鄭玄注

夏小正戴氏傳四卷附校録一卷　〔宋〕傅崧卿注

夏小正經傳集解四卷　〔清〕顧鳳藻輯

天聖明道本國語二十一卷附札記一卷　〔三國吴〕韋昭注

剡川姚氏本戰國策三十三卷附札記三卷　〔漢〕高誘注

兩漢人物志　〔清〕惠棟撰(嗣出)

梁公九諫一卷

輿地廣記三十八卷札記二卷　〔宋〕歐陽忞撰

汲古閣珍藏秘本書目一卷　〔清〕毛扆撰

季滄葦藏書目一卷　〔清〕季振宜撰

藏書記要一卷 〔清〕孫從添撰
傷寒總病論六卷 〔宋〕龐安時撰
洪氏集驗方五卷 〔宋〕洪遵撰
焦氏易林十六卷 〔漢〕焦延壽撰
博物志十卷 〔晋〕張華撰
新刊宣和遺事二卷
盲史精華 〔清〕黄丕烈撰(嗣出)
百宋一廛賦一卷 〔清〕顧廣圻撰
百宋一廛書録 〔清〕黄丕烈撰(嗣出)
汪本隸辨刊誤一卷 〔清〕黄丕烈撰
蕘言二卷 〔清〕黄丕烈撰(嗣出)
附
蜀大字本三經音義(板大另行)
船山詩草選六卷 〔清〕張問陶撰 〔清〕石韞玉録
同人唱和詩一卷 〔清〕黄丕烈輯

心齋十種 089.74 915

〔清〕任兆麟撰輯

清乾隆間任氏校刻本 六册

半葉9行17字,小字雙行字同,白口,左右雙邊,單黑魚尾,半框高17.4釐米,寬13.7釐米。版心上鐫書名,中鐫卷次,下鐫葉碼。

内封題"王西莊、盧抱經、錢竹汀三先生鑒,心齋十種,夏小正注、石鼓文集釋、尸子、四民月令、襄陽耆舊記、文章始、壽者傳、孟子時事略、心齋詩樂譜、綱目通論"。《夏小正注》内封題"乾隆丙午秋鐫,震澤任文田著,夏小正注,忠敏家塾藏版"。

鈐有"南洋大學圖書館藏書"印。

子目:
夏小正補注四卷 〔清〕任兆麟撰
石鼓文集釋一卷 〔清〕任兆麟撰
尸子三卷附録一卷 〔清〕惠棟輯 〔清〕任兆麟補遺
四民月令不分卷 〔漢〕崔實撰
襄陽耆舊記三卷 〔晋〕習鑿齒撰
文章始一卷 〔南朝梁〕任昉撰
壽者傳三卷 〔清〕陳懋仁撰
孟子時事略一卷 〔清〕任兆麟撰
綱目通論一卷 〔清〕任兆麟撰
心齋集詩稿一卷弦歌古樂譜一卷 〔清〕任兆麟撰

湖海樓叢書十二種 107/1—26

〔清〕陳春輯

清嘉慶十四至二十四年(1809—1819)蕭山陳氏湖海樓刻本 二十六册

鈐有"吴士鑒讀書記"印。

子目:
周易鄭注十二卷 〔漢〕鄭玄注 〔宋〕王應麟撰集 〔清〕丁傑後定 〔清〕張惠言訂正
論語類考二十卷 〔明〕陳士元撰 〔清〕陳春校
孟子雜記四卷 〔明〕陳士元撰 〔清〕陳春校
列子八卷附釋文二卷 〔晋〕張湛注
尸子二卷尹文子一卷 〔清〕汪繼培輯校
潛夫論箋十卷 〔清〕汪繼培箋
學林十卷 〔宋〕王觀國撰
巵林十卷附補遺一卷 〔明〕周嬰纂
訂訛雜録十卷 〔清〕胡鳴玉述
龍筋鳳髓判四卷 〔唐〕張鷟撰 〔明〕劉允鵬注 〔清〕陳春補正

永嘉先生八面鋒十三卷 〔宋〕陳傅良撰
會稽三賦不分卷 〔宋〕王十朋撰
又一部 三十六册 9100.82 1174

青照堂叢書三編八十三種 124/1—99
〔清〕李元春輯
清道光十五年(1835)朝邑劉氏刻本
九十九册
鈐有"南洋大學圖書館藏書"印。
子目:
初編
御案七經要説三十八卷 〔清〕李元春撰
學宫輯略六卷 〔清〕余丙撰 〔清〕李元春增輯
重訂理學備考正編二卷副編一卷 〔清〕范鄗鼎撰 〔清〕李元春增輯
圖書檢要七卷 〔清〕李元春撰 〔清〕李來南等圖注
次編
諸經緯逸一卷 〔清〕劉學寵撰
蘇氏易傳九卷 〔宋〕蘇軾撰
尚書大傳一卷補遺一卷考異一卷續補遺一卷 〔漢〕鄭玄注 〔清〕盧文弨校
古文尚書辨二卷 〔清〕王鳴盛撰
王氏詩考一卷 〔宋〕王應麟撰
詩地理考六卷 〔宋〕王應麟撰
詩疏廣要四卷 〔明〕毛晋撰
鄭注爾雅三卷 〔宋〕鄭樵撰
拾雅十卷附字音一卷 〔清〕李元春撰 (字音)〔清〕石全潤等撰
經傳摭餘五卷 〔清〕李元春撰
南華通七卷 〔清〕屈復撰
楚詞新注八卷附列傳事跡考外傳一卷 〔清〕屈復撰
史編雜録一卷 〔清〕劉學寵撰
史義拾遺一卷 〔元〕楊維楨撰
鐵厓咏史一卷 〔元〕楊維楨撰
盧長公史陳六卷續一卷 〔清〕盧士元撰
鉤喙録八卷 〔清〕盧士元撰
日知録史論一卷 〔清〕顧炎武撰
史漢通鑑注正一卷 〔清〕顧炎武撰
隨園史論一卷 〔清〕袁枚撰
重訂懿畜編三卷 〔明〕黄道周撰 〔清〕李元春訂
朱子訓學齋規一卷 〔宋〕朱熹撰
省心録一卷 〔宋〕林逋撰
厚德録一卷 〔宋〕李元綱撰
袁氏世範一卷 〔宋〕袁采撰
吕氏鄉約一卷 〔宋〕吕大忠撰
鄭氏家範一卷 〔元〕鄭太和撰
范氏義莊規矩一卷 〔宋〕范仲淹撰
四禮翼一卷 〔明〕吕坤撰
四禮辨俗一卷 〔清〕李元春撰
農桑書録要一卷 〔清〕李元春撰
農桑二編一卷 〔清〕李元春撰
晝簾緒論一卷 〔宋〕胡太初撰
吕滎公官箴一卷 〔宋〕吕本中撰
重訂居官寡過録六卷 題〔清〕盤嶠野人撰
河防述言一卷 〔清〕張靄生撰
治河要語一卷 〔清〕丁蕚亭撰
黄河考一卷 〔清〕汪份撰
左氏兵法二卷 〔清〕李元春輯評
梅氏筆算五卷 〔清〕梅文鼎撰

勾股淺述一卷　〔清〕梅冲撰
三編
五經文字三卷附五經文字疑一卷　〔唐〕張參撰　(五經文字疑)〔清〕孔繼涵撰
干禄字書一卷　〔唐〕顔元孫撰
俗書證誤一卷　〔隋〕顔湣楚撰
金壺字考一卷　〔宋〕釋適之撰
字書誤讀一卷　〔宋〕王雰撰
吕忱字林一卷　〔晋〕吕忱撰
國朝四庫全書辨正通俗文字一卷
張氏發音録一卷　〔明〕張位撰
李氏切韻射標一卷　〔明〕李世澤撰
古今韻通一卷　〔清〕李因篤撰
四聲纂句一卷　〔清〕王鑒撰
法帖譜系一卷　〔宋〕曹士冕撰
法帖刊誤一卷　〔宋〕黄伯思撰
陳氏法帖刊誤一卷　〔宋〕陳與義撰
集古録一卷　〔宋〕歐陽修撰
石墨鐫華八卷　〔明〕趙崡撰
金石史二卷　〔明〕郭宗昌撰
侯氏書品一卷　〔清〕侯仁朔撰
李氏刊誤一卷　〔唐〕李涪撰
袪疑説一卷　〔宋〕儲泳撰
辨惑論一卷　〔元〕謝應芳撰
馬氏譚誤四卷附同州馬氏家傳一卷　〔明〕馬樸撰　〔清〕李元清注
楊胡解紛四卷　〔清〕盧士元撰
益聞散録三卷　〔清〕李元春撰
病榻寤言一卷　〔明〕陸樹聲撰
松窗寤言一卷　〔明〕崔銑撰
桐窗囈説一卷　〔清〕李元春撰
夢悟一卷　〔清〕王維戊撰
熙朝新語刊要二卷　〔清〕徐錫齡撰　〔清〕李元春選評
臺灣志略二卷　〔清〕李元春編
西域聞見録八卷首一卷　〔清〕七十一撰
西方要覽一卷　(意大利)利類思等纂
新曆曉惑一卷　(德國)湯若望撰
樂府解題一卷　〔唐〕吴兢撰
説詩晬語一卷　〔清〕沈德潛撰
文談一卷　〔清〕張秉直撰
舉業卮言二卷　〔清〕武叔卿撰
四書文法述聞一卷　〔清〕李元春撰

經學叢書九種　1372/1—42

〔清〕吴志忠輯

清嘉慶十五至二十年(1810—1815)璜川吴氏重刻本　四十二册

鈐有“南洋大學圖書館藏書”印。

子目:

易説六卷　〔清〕惠士奇撰
詩説三卷附録一卷　〔清〕惠周惕撰
禮説十四卷　〔清〕惠士奇撰
大學説一卷　〔清〕惠士奇撰
半農先生春秋説十五卷　〔清〕吴泰來、惠棟校
三正考二卷　〔清〕吴鼐撰
春秋疑義二卷　〔清〕華學泉撰
經句説十卷　〔清〕吴英撰
道德真經集注釋文一卷　〔宋〕彭耜撰

五經歲遍齋校書三種　9100.82 6392

〔清〕翟雲升輯

清道光間五經歲遍齋刻本　十册

子目：

覆校穆天子傳六卷附補遺一卷 〔晉〕郭璞注

校正古今人表一卷 〔漢〕班固撰 〔唐〕顔師古注

焦氏易林校略十六卷 〔漢〕焦贛撰

春暉堂叢書十一種 9100.82 3144

〔清〕徐渭仁輯

清道光咸豐間刻同治八年(1869)上海徐大有補刻本 十二册

鈐有"漱緑樓藏書印"印。

子目：

來齋金石刻考略三卷 〔清〕林侗纂輯 〔清〕徐渭仁删校

寓意録四卷 〔清〕徐渭仁删校

煙霞萬古樓詩選二卷 〔清〕王曇撰

仲瞿詩録一卷 〔清〕徐渭仁輯

秋紅丈室遺詩一卷 〔清〕金禮嬴撰 〔清〕文静玉編

陔南池館遺集二卷 〔清〕喬重禧撰

雙樹生詩草一卷 〔清〕林鎬撰

紀半樵詩一卷 〔清〕紀大復撰

思適齋集十八卷 〔清〕顧廣圻撰

儀鄭堂殘稿二卷 〔清〕曹堉撰

賜硯齋題畫偶録一卷 〔清〕戴熙撰

居易堂殘稿一卷 〔清〕章鶴齡撰

又一部 十六册 131/1—16

三長物齋叢書二十六種 9100.83 9363

〔清〕黄本驥輯 〔清〕蔣環校

清道光間蔣氏刻本 八十册

子目：

聖域述聞二十八卷 〔清〕龍光甸修 〔清〕黄本驥輯

皇朝經籍志六卷 〔清〕黄本驥撰

歷代統系録六卷 〔清〕黄本驥撰

歷代紀元表一卷附年號分韻録一卷 〔清〕黄本驥撰

郡縣分韻考十卷 〔清〕黄本驥撰

三志合編七卷 〔清〕黄本驥輯

朝邑韓志一卷 〔明〕韓邦靖撰

武功康志三卷 〔明〕康海撰

靈壽陸志節本三卷 〔清〕陸隴其撰

歷代職官表六卷 〔清〕黄本驥輯

避諱録五卷 〔清〕黄本驥撰

古志石華三十卷附録一卷 〔清〕黄本驥輯

顔魯公文集三十卷首一卷世系表一卷補遺一卷年譜一卷 〔唐〕顔真卿撰 (年譜)〔清〕黄本驥撰

集古録跋尾十卷 〔宋〕歐陽修撰

集古録目五卷 〔宋〕歐陽棐撰 〔清〕黄本驥輯

金石録目録十卷跋尾二十卷 〔宋〕趙明誠撰

明尺牘墨華三卷 〔清〕黄本驥輯

賢母録四卷附旌節録一卷 〔清〕黄本騏撰 〔清〕黄本驥續

大潙山房遺稿九卷 〔清〕黄湘南撰 〔清〕諶瑶編

紅雪詞鈔四卷附録二卷 〔清〕黄湘南撰 (附録)〔清〕黄本驥、黄婉璚撰

三十六灣草廬稿十卷 〔清〕黄本驥撰

茶香閣遺草一卷附一卷 〔清〕黄婉

璚撰
姓氏解紛十卷 〔清〕黄本驥撰
湖南方物志八卷 〔清〕黄本驥撰
詩韻檢字一卷附辨似一卷 〔清〕黄本驥撰
癡學八卷 〔清〕黄本驥撰
嵰山甜雪十二卷 〔清〕黄本驥撰
三長物齋詩略五卷附夏小正試帖一卷 〔清〕黄本驥撰
三長物齋文略六卷 〔清〕黄本驥撰

惜陰軒叢書三十四種　9100.82 1514

〔清〕李錫齡輯

清道光二十六年(1846)宏道書院刻本 一百十二册

子目:

玩易意見二卷 〔明〕王恕撰
石渠意見四卷附拾遺二卷補缺一卷 〔明〕王恕撰
學易記五卷 〔明〕金賁亨撰
周易本義爻徵二卷 〔清〕吴曰慎撰
虚字説一卷 〔清〕袁仁林撰
戰國策校注十卷 〔宋〕鮑彪校注 〔元〕吴師道重校
雲南機務抄黄一卷 〔明〕張紞輯
東西洋考十二卷 〔明〕張燮撰
會稽三賦注四卷 〔宋〕王十朋撰 〔明〕南逢吉注
授經圖二十卷 〔明〕朱睦㮮撰
　易四卷
　書四卷
　詩四卷
　春秋四卷
　禮四卷
京畿金石考二卷 〔清〕孫星衍撰
雍州金石記十卷附記餘一卷 〔清〕朱楓撰
北溪字義二卷附嚴陵講義一卷 〔宋〕陳淳撰
正蒙會稿四卷 〔明〕劉璣撰
宋四子抄釋 〔明〕吕柟撰
　周子抄釋三卷
　張子抄釋六卷
　二程子抄釋十卷
　朱子抄釋二卷
陣紀四卷 〔明〕何良臣撰
小兒藥證直訣三卷 〔宋〕錢乙撰
衛生寶鑒二十四卷附補遺一卷 〔元〕羅天益撰
書法離鉤十卷 〔明〕潘之淙撰
六如畫譜三卷 〔明〕唐寅撰
新增格古要論十三卷 〔明〕曹昭撰 〔明〕王佐增
元城語録解三卷附行録解一卷 〔明〕王崇慶撰
兩山墨談十八卷 〔明〕陳霆撰
見物五卷 〔明〕李蘇撰
事物紀原十卷 〔宋〕高承撰
書敘指南二十卷 〔宋〕任廣撰
表異録二十卷 〔明〕王志堅撰
清異録二卷 〔宋〕陶穀撰
唐語林八卷 〔宋〕王讜撰
世説新語三卷 〔南朝宋〕劉義慶撰
老子集解二卷附考異一卷 〔明〕薛蕙撰
古文周易參同契注八卷 〔清〕袁仁林撰
楚辭補注十七卷 〔宋〕洪興祖撰

古文苑二十一卷 〔宋〕章樵撰

又一部 七十册 9100.82 1514

宜稼堂叢書七種 9100.82 5344

〔清〕郁松年輯

清道光二十一至二十二年(1841—1842)上海郁氏刻本 六十四册

子目:

續後漢書九十卷附札記四卷 〔宋〕蕭常撰 (札記)〔清〕郁松年撰

數書九章十八卷附札記四卷 〔宋〕秦九韶撰 (札記)〔清〕宋景昌撰

詳解九章算法一卷附札記一卷 〔宋〕楊輝撰 (札記)〔清〕宋景昌撰

楊輝算法六卷札記一卷 〔宋〕楊輝撰 (札記)〔清〕宋景昌撰

田畝比類乘除捷法二卷

算法通變本末一卷

乘除通變算寶一卷

法算取用本末一卷

續古摘奇算法一卷

剡源集三十卷附札記一卷 〔元〕戴表元撰 (札記)〔清〕郁松年撰

清容居士集五十卷附札記一卷 〔元〕袁桷撰 (札記)〔清〕郁松年撰

按:館藏缺《續後漢書》九十卷附札記四卷。

海山仙館叢書五十六種 9100.82 1913

〔清〕潘仕成輯

清道光二十五年至咸豐元年(1845—1851)海山仙館刻本 一百二十册

鈐有"木堂"印。

子目:

遂初堂書目一卷 〔宋〕尤袤撰

易大義一卷 〔清〕惠棟撰

讀書敏求記四卷 〔清〕錢曾撰

尚書注考一卷 〔明〕陳泰交撰

讀詩拙言一卷 〔明〕陳第撰 〔清〕凌鳴喈訂誤

四書逸箋六卷 〔清〕程大中撰

一切經音義二十五卷 〔唐〕釋玄應撰

古史輯要六卷首一卷

史記短長説二卷 〔明〕凌稚隆訂正

順宗實録五卷 〔唐〕韓愈撰

九國志十二卷 〔宋〕路振撰

靖康傳信録三卷 〔宋〕李綱撰

庚申外史二卷 〔明〕權衡撰

二十一史感應録二卷 〔清〕彭希涑輯

洛陽名園記一卷 〔宋〕李格非撰

廣名將傳二十卷 〔明〕黄道周注斷

高僧傳十三卷 〔南朝梁〕釋慧皎撰

酌中志二十四卷 〔明〕劉若愚撰

火攻挈要三卷 (德國)湯若望授 〔清〕焦勗述

慎守要録九卷 〔明〕韓霖撰

明夷待訪録一卷 〔清〕黄宗羲撰

考古質疑六卷 〔宋〕葉大慶撰

隱居通議三十一卷 〔元〕劉壎撰

洞天清禄集一卷 〔宋〕趙希鵠撰

調燮類編四卷

菰中隨筆一卷 〔清〕顧炎武撰

雲谷雜記四卷首一卷末一卷 〔宋〕張淏撰

龍筋鳳髓判四卷附録一卷 〔唐〕張鷟撰 〔明〕劉允鵬訂 〔清〕陳春補正
桂苑筆畊二十卷 〔唐〕崔致遠撰
敬齋古今黈八卷 〔元〕李冶撰
晁具茨先生詩集十五卷 〔宋〕晁冲之撰
揭曼碩詩集三卷 〔元〕揭傒斯撰
青藤書屋文集三十卷 〔明〕徐渭撰 〔明〕袁宏道編
婦人集一卷 〔清〕陳維崧撰 〔清〕冒褒注
苕溪漁隱叢話六十卷後集四十卷 〔宋〕胡仔纂集
四溟詩話四卷 〔明〕謝榛撰
宋四六話十二卷 〔清〕彭元瑞撰
詞苑叢談十二卷 〔清〕徐釚編
竹雲題跋四卷 〔清〕王澍撰 〔清〕錢人龍訂
讀畫録四卷 〔清〕周亮工撰
續三十五舉一卷 〔清〕桂馥撰
茶董補二卷 〔明〕陳繼儒輯
酒顛補三卷 〔明〕陳繼儒輯
尺牘新鈔十二卷 〔清〕周亮工輯
顔氏家藏尺牘四卷附姓氏考一卷 〔清〕顔光敏輯
幾何原本六卷 （意大利）利瑪竇口譯 〔明〕徐光啓筆録
同文算指前編二卷通編八卷 （意大利）利瑪竇授 〔明〕李之藻演
圜容較義一卷 （意大利）利瑪竇授 〔明〕李之藻演
測量法義一卷 （意大利）利瑪竇授 〔明〕徐光啓筆録
測量異同一卷 〔明〕徐光啓撰
勾股義一卷 〔明〕徐光啓撰
翼梅八卷 〔清〕江永撰
　曆學補論一卷
　歲實消長辯一卷
　恒氣注曆辯一卷
　冬至權度一卷
　七政衍一卷
　金水發微一卷
　中西合法擬草一卷
　算賸一卷
女科二卷産後編二卷 〔清〕傅山撰
海録一卷 〔清〕楊炳南撰
新釋地理備考全書十卷 （葡萄牙）瑪吉士撰
全體新論十卷 （英國）合信氏撰
又一部 一百二十册 144/1—120

連筠簃叢書十五種 9100. 82 7554

〔清〕楊尚文輯

清道光二十七至二十九年（1847—1849）靈石楊氏刻本 三十二册

鈐有"醴陵文濬珍藏"印。

子目：
韻補五卷附録一卷 〔宋〕吴棫撰 （附録）〔清〕謝啓昆撰
韻補正五卷 〔清〕顧炎武撰
元朝秘史十五卷
唐兩京城坊考五卷 〔清〕徐松撰 〔清〕張穆校補
長春真人西遊記二卷 〔元〕李志常撰
漢石例六卷 〔清〕劉寶楠撰
勾股截積和較算術二卷 〔清〕羅士

琳撰
橢圜術一卷 〔清〕項名達撰
鏡鏡詅癡五卷 〔清〕鄭復光撰 〔清〕楊尚文繪圖 〔清〕張穆編校
癸巳存稿十五卷 〔清〕俞正燮等輯
群書治要五十卷 〔唐〕魏徵等撰
湖北金石詩一卷 〔清〕嚴觀撰
落颿樓文稿四卷 〔清〕沈垚撰

按:館藏缺《説文解字義證》五十卷、《永樂大典目録》六十卷二種。

清頌堂叢書八種 9100.82 3944

〔清〕黄奭輯

清道光間刻本 十八册

子目:
消暑隨筆四卷附子目二卷 〔清〕潘世恩輯 (子目)〔清〕黄奭撰
太乙舟文集八卷 〔清〕陳用光撰
存悔齋集杜注三卷 〔清〕劉鳳誥撰
集陶詩一卷注一卷 〔清〕吴永和撰 〔清〕吴傑注
青霞仙館詩録一卷 〔清〕王城撰
胥屏山館詩存二卷文存一卷 〔清〕陸麟書撰
涇西書屋詩稿四卷文稿二卷 〔清〕汪元爵撰
端綺集二十八卷 〔清〕黄奭撰

屑玉叢譚初集十六種 AC149 Zcl 1383

〔清〕錢徵、蔡爾康輯

清光緒四年(1878)上海申報館鉛印本 四册

鈐有"季明"印。

子目:
燕京雜記一卷
營口雜記一卷 〔清〕諸仁安撰
越州紀略一卷
常熟紀變始末二卷 〔清〕譚嘘雲撰
守虞日記一卷 〔清〕譚嘘雲撰
松江府志摘要一卷 〔清〕閔山葭撰
物類相感志一卷 〔宋〕蘇軾撰
蜂房春秋一卷 〔清〕胡啓俊撰
花史一卷 題〔清〕愛菊主人撰
羅浮夢記一卷 題〔清〕醉石居士撰
四海記一卷 題〔清〕虎林醉犀生撰
科場餤口一卷 題〔清〕虎林醉犀生撰
秋紅霓咏一卷 〔清〕杜元勳撰
霜猿集二卷 〔明〕周同谷撰
仙閨集二卷 〔元〕錢蕖馨撰
山曉閣詞集一卷 〔清〕孫琮撰

荔牆叢刻十四種 172/1—16

〔清〕汪曰楨輯

清光緒五年(1879)烏程汪氏會稽學署刻本 十六册

子目:
四聲切韻表補正五卷 〔清〕江永撰 〔清〕汪曰楨補正
長術輯要十卷 〔清〕汪曰楨撰
古今推步諸術考二卷 〔清〕汪曰楨撰
畫學鉤深一卷 〔清〕董棨撰
嫏雅堂詩話一卷 〔清〕趙文哲撰
眼科方一卷 〔清〕葉桂撰
慎疾芻言一卷 〔清〕徐大椿撰
隨山宇方鈔一卷 〔清〕汪曰楨撰
温熱經緯五卷 〔清〕王士雄撰

〔清〕楊照藜、汪曰楨評

戴氏三俊集三卷 〔清〕戴芬等撰

傳書樓詩稿一卷 〔清〕金順撰

壽花軒詩略一卷 〔清〕汪懋芳撰

濾月軒集七卷 〔清〕趙棻撰

荔牆詞一卷 〔清〕汪曰楨撰

又一部 十六册 9100.83 7343

學古堂日記三十九種 9100.83 1345

〔清〕雷浚、汪之昌選 〔清〕吴履剛、顧光昌編次 〔清〕章鈺等校

清光緒二十二年(1896)續刻本 二十六册

子目:

讀周易日記一卷 〔清〕顧樹聲撰

讀周易日記一卷 〔清〕許克勤撰

讀尚書日記一卷 〔清〕余宏淦撰

讀毛詩日記一卷 〔清〕郲鼎元撰

讀毛詩日記一卷 〔清〕張一鵬撰

讀毛詩日記一卷 〔清〕申濩元撰

讀毛詩日記一卷 〔清〕徐鴻鈞撰

讀毛詩日記一卷 〔清〕錢人龍撰

讀毛詩日記一卷 〔清〕楊賡元撰

讀毛詩日記一卷 〔清〕鳳恭寶撰

讀周禮日記一卷 〔清〕于鬯撰

讀儀禮日記一卷 〔清〕費祖芬撰

讀儀禮日記一卷 〔清〕于鬯撰

讀小戴禮盧植注日記一卷 〔清〕蔣元慶撰

讀小戴禮日記一卷 〔清〕阮惟和撰

讀小戴日記一卷 〔清〕于鬯撰

讀孝經日記一卷 〔清〕潘任撰

讀爾雅日記一卷 〔清〕陸錦燧撰

讀爾雅日記一卷 〔清〕王頌清撰

讀爾雅日記一卷 〔清〕董瑞椿撰

讀爾雅補記一卷 〔清〕董瑞椿撰

讀爾雅日記一卷 〔清〕王仁俊撰

讀爾雅日記一卷 〔清〕楊賡元撰

讀爾雅日記一卷 〔清〕包錫咸撰

讀爾雅日記一卷 〔清〕蔣元慶撰

讀説文玉篇日記一卷 〔清〕費廷璜撰

讀段注説文解字日記一卷 〔清〕馮世澂撰

讀説文日記一卷 〔清〕胡常德撰

讀史記日記一卷 〔清〕查德基撰

讀史記日記一卷 〔清〕朱錦綬撰

讀漢書日記一卷 〔清〕王肇釗撰

讀漢書日記一卷 〔清〕鳳曾叙撰

讀漢書日記一卷 〔清〕徐鴻鈞撰

讀漢書日記一卷 〔清〕朱錦綬撰

讀通鑑日記一卷 〔清〕徐德森撰

讀史日記三種 〔清〕沈惟賢撰

前漢匈奴表三卷附録一卷

後漢匈奴表二卷

晋五胡表一卷

讀文選日記一卷 〔清〕陳秉哲撰

治算學日記三種 〔清〕吴壽萱撰

垂線互求術一卷

平方和較術一卷

疊微比例術一卷

學古堂日記叢鈔六卷 〔清〕雷浚、汪之昌輯

又一部 二十六册 9100.83 1345

又二部 二十六册 231/1—26

長恩書室叢書十八種 9100.83 3599

〔清〕莊肇麟輯

清咸豐四年(1854)過客軒刻本　二十册

子目:

神機制敵太白陰經十卷　〔唐〕李筌撰

何博士備論一卷　〔宋〕何去非撰

守城録四卷　〔宋〕陳規撰

歷代兵制八卷　〔宋〕陳傅良撰

陣紀四卷　〔明〕何良臣撰

救荒活民書三卷附拾遺一卷　〔宋〕董煟撰

農桑遺事撮要二卷　〔元〕魯明善撰

旅舍備要方一卷　〔宋〕董汲撰

傷寒微旨二卷　〔宋〕韓祇和撰

全生指迷方四卷　〔宋〕王貺撰

六韜六卷附逸文一卷　〔周〕吕望撰　〔清〕孫同元輯

魏武帝注孫子三卷　〔三國魏〕武帝曹操注

吴子二卷　〔周〕吴起撰

司馬法三卷　〔周〕司馬穰苴撰

九邊圖論不分卷　〔明〕許論撰

州縣提綱四卷　〔宋〕陳襄撰

捕蝗考一卷　〔清〕陳芳生撰

靈棋經二卷　〔漢〕東方朔撰

琳琅秘室叢書四集三十種　9100.83 7729

〔清〕胡珽編校

清光緒十四年(1888)會稽董氏取斯堂木活字本　二十四册

子目:

第一集

孔氏祖庭廣記十二卷附校訛一卷續補校一卷　〔金〕孔元措撰

東家雜記二卷首一卷附校訛一卷續校一卷　〔宋〕孔傳撰

質孔説二卷附校訛一卷續校一卷　〔清〕周夢顔輯

論語竢質三卷附校訛一卷續校一卷　〔清〕江聲撰

六書説一卷附校訛一卷續校一卷　〔清〕江聲撰

杜注考工記二卷附校訛一卷續校一卷補校一卷　〔唐〕杜牧注

第二集

吴郡圖經續記三卷附校勘記一卷續校一卷補校一卷　〔宋〕朱長文撰

茅亭客話十卷附校勘記一卷續校一卷補校 一卷　〔宋〕黄休復集

續幽怪録四卷拾遺二卷附校勘記一卷續校一卷補校一卷　〔唐〕李復言編

劉江東家藏善本葬書一卷附校訛一卷續校一卷　〔晋〕郭璞撰　〔元〕吴澄删定　〔明〕鄭謐注釋

傷寒九十論一卷附校訛一卷續校一卷補校一卷　〔宋〕許叔微述

列仙傳二卷附校訛一卷補校一卷　〔漢〕劉向撰

疑仙傳三卷附校訛一卷補校一卷　〔宋〕王簡撰

第三集

三教平心論二卷附校訛一卷補校一卷　〔元〕劉謐撰

西齋净土詩三卷附録一卷附録一卷校訛一卷補校一卷　〔明〕釋梵琦撰

蠻書十卷附校訛一卷續校一卷補校

一卷　〔唐〕樊綽撰
南海百咏一卷附校訛一卷續校一卷補校一卷　〔宋〕方信孺撰
幽明録一卷附校訛一卷續校一卷補校一卷　〔南朝宋〕劉義慶撰
雞肋編三卷附校勘記一卷續校一卷補校一卷　〔宋〕莊綽撰
第四集
九賢秘典一卷
角力記一卷附校訛一卷續校一卷補校一卷　〔宋〕調露子撰
密齋筆記五卷續記一卷附校訛一卷續校一卷補校一卷　〔宋〕謝采伯撰
鷃林子五卷附校訛一卷續校一卷補校一卷　〔明〕趙釴撰
緑珠傳一卷附校勘記一卷續校一卷補校一卷　〔宋〕樂史撰
李師師外傳一卷附録一卷校訛一卷續校一卷補校一卷
梅花字字香前集一卷後集一卷附校訛一卷續校一卷補校一卷　〔元〕郭豫亨撰
霜猿集一卷附校訛一卷續校一卷補校一卷　〔明〕周同谷撰
丁鶴年集四卷附校訛一卷續校一卷補校一卷　〔元〕丁鶴年撰
艇齋詩話一卷附校訛一卷續校一卷補校一卷　〔宋〕曾季貍撰
蓮堂詩話二卷附校訛一卷續校一卷補校一卷　〔元〕祝誠撰

榆園叢刻二十四種　　9100.83 5543
〔清〕許增輯
清光緒十九年(1893)娱園刻本　十六册
子目：
白石道人詩集二卷附詩説一卷　〔宋〕姜夔撰
白石道人歌曲四卷附别集一卷　〔宋〕姜夔撰
山中白雲詞八卷附録一卷　〔宋〕張炎撰
詞源二卷　〔宋〕張炎撰
衍波詞二卷　〔清〕王士禎撰
納蘭詞五卷附補遺一卷　〔清〕納蘭性德撰
靈芬館詞四種　〔清〕郭麐撰
蘅夢詞二卷
浮眉樓詞二卷
懺餘綺語二卷
爨餘詞一卷
拜石山房詞鈔四卷　〔清〕顧翰撰
憶雲詞甲乙丙丁稿四卷附憶雲詞删存一卷　〔清〕項廷紀撰
微波詞一卷　〔清〕錢枚撰
松壺畫贅二卷　〔清〕錢杜撰
縵雅堂駢體文八卷　〔清〕王詒壽撰
笙月詞五卷　〔清〕王詒壽撰
花影詞一卷　〔清〕王詒壽撰
藏書記要一卷　〔清〕孫從添撰
閒者軒帖考一卷　〔清〕孫承澤撰
漫堂墨品一卷　〔清〕宋犖撰
筆史一卷　〔清〕梁同書撰
金粟箋説一卷　〔清〕張燕昌撰
陽羨名陶録二卷　〔清〕吴騫編
書畫説鈴一卷　〔清〕陸時化撰
頻羅庵論書一卷　〔清〕梁同書撰

賞延素心録一卷 〔清〕周二學撰
端溪硯史三卷 〔清〕吴蘭修編
又一部 十八册 226/1—18
鈐有"南洋大學圖書館藏書"印。

小石山房叢書三十八種 175/1—16
〔清〕顧湘編
清同治十三年(1874)虞山顧氏校刻本 十六册
鈐有"南洋大學圖書館藏書"印。
子目：
四書講義一卷 〔明〕顧憲成撰
淮雲問答一卷續編一卷 〔清〕陳瑚撰
論學酬答四卷 〔清〕陸世儀撰
韋庵經説一卷 〔清〕周象明撰
毋欺録一卷 〔明〕朱用純撰
潘瀾筆記二卷 〔清〕彭兆蓀撰
懺摩録一卷 〔清〕彭兆蓀撰
東觀奏記三卷 〔唐〕裴庭裕撰
承華事略一卷 〔元〕王惲撰
明夷待訪録一卷 〔清〕黄宗羲撰
岳陽風土記一卷 〔宋〕范致明撰
校正朝邑志一卷 〔明〕韓邦靖撰
吴門耆舊記一卷 〔清〕顧承撰
松窗快筆一卷 〔明〕龔立本撰
海虞畫苑略一卷補遺一卷 〔清〕魚翼撰
疑年録四卷 〔清〕錢大昕撰
續疑年録四卷 〔清〕吴修撰
稼書先生(陸隴其)年譜一卷 〔清〕陸宸徵、李鉉撰
汲古閣校刻書目一卷補遺一卷刻板存亡考一卷 〔清〕鄭德懋撰
隱録軒題識一卷 〔清〕陳奕禧撰
砥齋題跋一卷 〔清〕王宏撰
湛園題跋一卷 〔清〕姜宸英撰
義門題跋一卷 〔清〕何焯撰
山家清供一卷 〔宋〕林洪撰
勿藥須知一卷 〔清〕尤乘撰
尋花日記二卷 〔清〕歸莊撰
看花雜咏一卷 〔清〕歸莊撰
冬心先生畫竹題記一卷 〔清〕金農撰
冬心先生三體詩一卷 〔清〕金農撰
詞評一卷 〔明〕王世貞撰
墨井詩鈔二卷 〔清〕吴歷撰
三巴集一卷 〔清〕吴歷撰
墨井題跋一卷 〔清〕吴歷撰
海珊詩鈔一卷 〔清〕嚴遂成撰
藝庵遺詩一卷 〔清〕黄彦撰
明人詩品一卷 〔清〕杜蔭棠撰
夢曉樓隨筆一卷 〔清〕宋顧樂撰
虞東先生文録八卷 〔清〕顧鎮撰
又一部 十六册 175/1—16
鈐有"南洋大學圖書館藏書"印。
又二部 二十册 9100.83 1996

仰視千七百二十九鶴齋叢書六集四十種 179/1—36
〔清〕趙之謙輯
清光緒六年(1880)會稽趙氏刻本 三十六册
鈐有"南洋大學圖書館藏書"印。
子目：
第一集
韓詩遺説二卷訂譌一卷 〔清〕臧庸撰

九經學存一卷 〔清〕王聘珍撰
叔廬札記一卷 〔清〕丁泰撰
從古堂款識學一卷 〔清〕徐同柏考釋
汰存録一卷 〔清〕黄宗羲撰
僞陽雜録一卷 〔清〕章大來撰
英吉利廣東入城始末一卷 題〔清〕河上釣叟記
東籬耦談四卷 （朝鮮）金正喜撰 （朝鮮）金敬淵記
阮亭詩餘一卷 〔清〕王士禛撰
書巖剩稿一卷 〔清〕楊峒撰
二十一都懷古詩一卷 （朝鮮）柳得恭撰
勇盧閒詰一卷 〔清〕趙之謙撰
第二集
虞氏易事二卷 〔清〕張惠言撰
質疑一卷 〔清〕任泰撰
補五代史藝文志一卷 〔清〕顧櫰三纂
景祐六壬神定經二卷 〔清〕楊惟德撰
天問閣集三卷 〔清〕李長祥撰
鮓話一卷 〔清〕佟世思撰
西藏考一卷
第三集
讀史舉正八卷 〔清〕張熷撰
弟子職注一卷 〔清〕孫同元撰
餘生録一卷 〔清〕張茂滋撰
甲乙雜著一卷 〔清〕孫肩撰
遯翁隨筆二卷 〔清〕祁駿佳撰
鄭堂札記五卷 〔清〕周中孚撰
第四集
春秋朔閏異同二卷 〔清〕羅士琳撰
金源札記二卷 〔清〕施國祁撰
存漢録一卷 〔清〕高斗樞撰
論語孔注辨訛二卷 〔清〕沈濤撰
敬修堂釣業一卷 〔清〕查繼佐撰
張忠烈公年譜一卷 〔清〕趙之謙纂輯
第五集
古易音訓二卷 〔清〕宋咸熙輯
憶書六卷 〔清〕焦循撰
柳邊紀略五卷 〔清〕楊賓撰
曹州牡丹譜一卷 〔清〕余鵬年撰
明氏實録一卷 〔清〕楊學可編 〔清〕徐松校補
天慵庵筆記二卷 〔清〕方士庶撰
第六集
奇門金章一卷 〔清〕劉士林輯
南江札記四卷 〔清〕邵晋涵撰
墨妙亭碑目考四卷 〔清〕張鑒撰

咫進齋叢書三集三十五種 9100.83 3334

〔清〕姚覲元輯

清光緒九年(1883)歸安姚氏刻本 二十四册

鈐有“種紅蕉館所藏”“沔陽周氏”印。

子目：
第一集
公羊禮疏十一卷 〔清〕凌曙撰
公羊問答二卷 〔清〕凌曙撰
孝經疑問一卷 〔清〕姚舜牧撰
説文答問疏證六卷附文學薛君墓志銘 〔清〕薛傳均撰
瘞鶴銘圖考一卷 〔清〕汪士鋐撰
蘇齋唐碑選一卷 〔清〕翁方綱撰

姚氏藥言一卷　〔清〕姚舜牧撰
咽喉脉證通論一卷　〔清〕姚覲元輯
務民義齋算學十一卷　〔清〕徐有壬撰
　測圜密率三卷
　橢圜正術一卷
　弧三角拾遺一卷
　截球解義一卷
　朔食九服里差三卷
　用表推日食三差一卷
　造各表簡法一卷
大雲山房十二章圖説二卷　〔清〕惲敬撰
大雲山房雜記二卷　〔清〕惲敬撰
棠湖詩稿一卷　〔清〕岳珂撰
春草堂遺稿一卷　〔清〕姚陽元撰
第二集
小爾雅疏證五卷　〔清〕葛其仁撰
説文引經考二卷附補遺一卷　〔清〕吴玉搢撰
説文檢字二卷補遺一卷　〔清〕毛謨輯
古今韻考四卷附記一卷　〔清〕李因篤撰
前徽録一卷　〔清〕姚世錫撰
中州金石目四卷附補遺一卷　〔清〕姚晏撰
三十五舉一卷續一卷再續一卷　〔清〕吾邱衍撰　(續)〔清〕桂馥撰　(再續)〔清〕姚晏撰
安吴論書一卷　〔清〕包世臣撰
寒秀草堂筆記四卷　〔清〕姚衡撰
第三集
禮記天算釋一卷　〔清〕孔廣牧撰
孝經鄭注一卷　〔漢〕鄭玄輯　〔清〕嚴可均輯
爾雅補郭二卷　〔清〕翟灝撰
説文新附考六卷　〔清〕鄭珍撰
汲古閣説文訂一卷　〔清〕段玉裁撰
説文校定本二卷　〔清〕朱士端撰
四聲等子一卷
銷燬抽燬書目一卷
禁書總目一卷
違礙書目一卷
慎疾芻言一卷　〔清〕徐大椿撰
陽宅闢謬一卷　題〔清〕梅漪老人撰
清閟齋詩存三卷　〔清〕周鼎樞撰
又一部　三十二册　　200/1—32
鈐有“南洋大學圖書館藏書”印。

功順堂叢書十八種　　9100. 83 3144
〔清〕潘祖蔭輯
清道光間刻本　二十四册
子目：
春秋左氏傳補注十二卷　〔清〕沈欽韓撰
春秋左氏傳地名補注十二卷　〔清〕沈欽韓撰
周人經説八卷　〔清〕王紹蘭撰
王氏經説六卷附王氏音略一卷　〔清〕王紹蘭撰
論語孔注辨僞二卷　〔清〕沈濤撰
爾雅補注殘本一卷　〔清〕劉玉麐撰
急就章一卷考證一卷　〔漢〕史游纂　〔清〕鈕樹玉校定
説文古籀疏證六卷　〔清〕莊述祖撰
國史考異六卷　〔清〕潘檉章撰　〔清〕吴炎訂

平定羅刹方略四卷
西清筆記二卷　〔清〕沈初撰
涇林續記一卷　〔明〕周玄暐撰
廣陽雜記五卷　〔清〕劉獻廷撰
無事爲福齋隨筆二卷　〔清〕韓泰華撰
范石湖詩集注三卷　〔清〕沈欽韓撰
半氈齋題跋二卷　〔清〕江藩撰
南澗文集二卷　〔清〕李文藻撰
冬青館古宫詞三卷　〔清〕張鑒撰
又一部　二十四册　　169/1—24
鈐有"南洋大學圖書館藏書"印。

滂喜齋叢書四函五十四種　9100.83 2134
〔清〕潘祖蔭輯
清同治六年至光緒九年（1867—1883）潘氏八囍齋京師刻本　三十二册
子目：
第一函
虞氏易消息圖説初稿一卷　〔清〕胡祥麟撰
大誓答問一卷　〔清〕龔自珍撰
求古録禮説補遺一卷續一卷　〔清〕金鶚撰
公羊逸禮考徵一卷　〔清〕陳奂撰
喪禮經傳約一卷　〔清〕吴卓信撰
京畿金石考二卷　〔清〕孫星衍撰
止觀輔行傳宏决一卷　〔唐〕釋湛然撰　〔清〕胡澍録
炳燭編四卷　〔清〕李賡芸撰
橋西雜記一卷　〔清〕葉名澧撰
蕙西先生遺稿一卷　〔清〕邵懿辰撰
張文節公遺集二卷　〔清〕張洵撰
亢藝堂集三卷　〔清〕孫廷璋撰
陳比部遺集　〔清〕陳壽祺撰
纂喜堂詩稿一卷
青芙館詞鈔一卷
二非室詩餘别集一卷
西凫殘草一卷　〔清〕王星諴撰
啗敢覽館稿一卷　〔清〕曹應鐘撰
壬申消夏詩一卷　〔清〕潘祖蔭輯
第二函
卦本圖考一卷　〔清〕胡秉虔撰
尚書序録一卷　〔清〕胡秉虔撰
春秋左氏古義六卷　〔清〕臧壽恭撰
説文管見三卷　〔清〕胡秉虔撰
古韻論三卷　〔清〕胡秉虔撰
鹽法議略一卷　〔清〕王守基撰
黄帝内經素問校義一卷　〔清〕胡澍撰
藝芸書舍宋元本書目一卷　〔清〕汪士鐘藏編
王井山館筆記一卷舊遊日記一卷　〔清〕許宗衡撰
宋四家詞選一卷　〔清〕周濟編
癸酉消夏詩一卷　〔清〕潘祖蔭輯
南苑唱和詩一卷　〔清〕潘祖蔭輯
第三函
别雅訂五卷　〔清〕吴玉輯　〔清〕許瀚校勘
許印林遺著一卷　〔清〕許瀚撰
非石日記鈔一卷　〔清〕鈕樹玉撰　〔清〕王頌蔚輯
鈕非石遺文一卷　〔清〕鈕樹玉撰
炳燭室雜文一卷　〔清〕江藩撰
天馬山房詩别録一卷　〔清〕汪巽東撰
沈四山人詩録六卷附録一卷　〔清〕

沈謹學撰
吴郡金石目一卷 〔清〕程祖慶輯
稽瑞樓書目一卷 〔清〕陳揆編
懷舊集二卷 〔清〕馮舒撰
愛吾廬文鈔一卷 〔清〕吕世宜撰
第四函
劉貴陽説經殘稿一卷 〔清〕劉書年撰
劉氏遺著一卷 〔清〕劉禧延撰
寶鐵齋金石文跋尾三卷 〔清〕韓崇撰
百塼考一卷 〔清〕吕佺孫撰
陳簠齋丈筆記一卷附手札一卷 〔清〕陳介祺撰
簠齋傳古别録一卷 〔清〕陳介祺撰
鮑臆園丈手札一卷 〔清〕鮑康撰
幽夢續影一卷 〔清〕朱錫綬撰
徐元嘆先生殘稿(一名浪齋新舊詩)一卷 〔明〕徐波撰
萬卷書屋詩存一卷 〔清〕朱棆撰
楙花盦詩二卷附録一卷外集一卷 〔清〕葉廷琯撰
聽雨樓詩一卷 〔清〕石嘉吉撰
葵青居詩録一卷附録一卷 〔清〕石渠撰
小草庵詩鈔一卷 〔清〕屠蘇撰
日本金石年表一卷 (日本)西田直養撰
又一部 三十二册 168/1—32
鈐有"南洋大學圖書館藏書"印。

半厂叢書初編十種 9100.83 2194
〔清〕譚獻輯
清光緒八至十五年((1882—1889)仁和譚氏刻本 十六册
子目:
詩本誼一卷 〔清〕龔橙撰
西夏紀事本末三十六卷首二卷 〔清〕張鑒撰
白香詞譜箋四卷 〔清〕舒夢蘭輯 〔清〕謝朝徵箋 〔清〕張蔭桓校
篋中詞六卷續四卷 〔清〕譚獻纂録
復堂類集文四卷詩十一卷詞三卷 〔清〕譚獻撰
復堂日記八卷 〔清〕譚獻撰
合肥三家詩録二卷 〔清〕譚獻選
待堂文一卷 〔清〕吴懷珍撰
池上題襟小集一卷 〔清〕譚獻輯
非見齋審定六朝正書碑目一卷 〔清〕譚獻評
又一部 十四册 082.78 601

當歸草堂叢書八種 162/1—8
〔清〕丁丙輯
清同治二至五年(1863—1866)錢塘丁氏當歸草堂刻本 八册
鈐有"南洋大學圖書館藏書"印。
子目:
童蒙訓三卷 〔宋〕吕本中撰
讀書分年日程三卷附綱領 〔元〕程端禮撰
慎言集訓二卷 〔明〕敖英撰
温氏母訓一卷 〔明〕温璜撰
松陽鈔存二卷 〔清〕陸隴其撰
切近編一卷 〔清〕桑調元、沈廷芳纂
張楊園先生年譜一卷附録一卷 〔清〕蘇惇元撰
忱行録一卷 〔清〕邵懿辰撰

又一部 六册 9100.83 4344

鈐有“雨山學人過眼”印。

古香齋袖珍十種 66/1—300

〔清〕孔廣陶校刊

清同治十三年至光緒十一年(1874—1885)南海孔氏三十有三萬卷堂刻本 三百册

子目:

古香齋五經八卷 〔清〕孔廣陶輯

古香齋四書十九卷 〔清〕孔廣陶輯

古香齋鑒賞袖珍史記一百三十卷 〔漢〕司馬遷撰 〔南朝宋〕裴駰集解 〔唐〕司馬貞索隱 〔唐〕張守節正義

古香齋新刻袖珍資治通鑑綱目三編二十卷 〔清〕張廷玉等編纂

古香齋鑒賞袖珍初學記三十卷 〔宋〕徐堅等編纂

古香齋新刻袖珍御纂朱子全書六十六卷 〔清〕熊賜履等編纂

古香齋鑒賞袖珍春明夢餘録七十卷 〔清〕孫承澤撰

古香齋新刻袖珍淵鑒類函四百五十卷 〔清〕張英等編纂

古香齋鑒賞袖珍施注蘇詩四十二卷續補遺二卷 〔清〕顧嗣立等删補

古香齋新刻袖珍御選古文淵鑒六十四卷 〔清〕徐乾學等編注

小萬卷樓叢書十八種 9100.83

〔清〕錢培名輯

清光緒四年(1878)刻本 十二册

子目:

易學濫觴一卷 〔元〕黄澤撰

續吕氏家塾讀詩記三卷(缺) 〔宋〕戴溪撰

春秋通義一卷

左傳博議拾遺二卷 〔清〕朱元英撰

律吕元音一卷附復畢子筠明府書一卷 〔清〕畢華珍撰

豐清敏公遺事一卷附録一卷 〔宋〕李樸撰

越絶書十五卷附札記一卷 〔漢〕袁康撰 (札記)〔清〕錢培名撰

唐書直筆四卷 〔宋〕吕夏卿撰

申鑒五卷附札記一卷 〔漢〕荀悦撰 (札記)〔清〕錢培名撰

中論二卷附札記一卷 〔漢〕徐幹撰 (札記)〔清〕錢培名撰

醫經正本書一卷附札記一卷 〔宋〕程迥撰 (札記)〔清〕錢培名撰

對數簡法一卷 〔清〕戴煦撰

元城語録三卷附録一卷 〔宋〕馬永卿編 (附録)〔清〕錢培名輯

武陵山人雜著一卷 〔清〕顧觀光撰

道德真經集解四卷 〔金〕趙秉文撰

陸士衡文集十卷附札記一卷 〔晋〕陸機撰 (札記)〔清〕錢培名撰

謝幼槃文集十卷 〔宋〕謝邁撰

西渡詩集一卷 〔宋〕洪炎撰

十萬卷樓叢書三集五十種 9100.83 9637

〔清〕陸心源輯

清光緒五至十八年(1879—1892)歸安陸氏刻本 一百册

子目:

初集

書經注十二卷 〔宋〕金履祥撰
資治通鑑釋文三十卷 〔宋〕史炤撰
陸宣公奏議注十五卷 〔宋〕郎曄撰
史載之方二卷 〔宋〕史堪撰
陰証略例一卷 〔元〕王好古撰
本草衍義二十卷 〔宋〕寇宗奭撰
東萊吕紫薇師友雜志一卷 〔宋〕吕本中撰
東萊吕紫微雜説一卷 〔宋〕吕本中撰
可書一卷 〔宋〕張知甫撰
東原録一卷 〔宋〕龔鼎臣撰
地理葬書集注九卷 〔元〕鄭謐撰
醫經正本書一卷 〔宋〕程迥撰
人倫大統賦二卷 〔金〕張行簡撰
乙巳占十卷 〔唐〕李淳風撰
太上老子道德經集解二卷 〔宋〕董思靖撰
夷堅志甲集二十卷乙集二十卷丙集二十卷丁集二十卷 〔宋〕洪邁撰
二集
明本排字九經直音二卷補遺一卷
周秦刻石釋音一卷 〔元〕吾邱衍撰
切韻指掌圖一卷附檢圖例 〔宋〕司馬光撰 (檢圖例)〔宋〕邵光祖撰
許國公奏議四卷 〔宋〕吴潜撰
紹陶録二卷 〔宋〕王質撰
諸葛忠武侯傳一卷 〔宋〕張栻撰
保越録一卷 〔元〕徐勉之撰
北户録三卷 〔唐〕段公路撰
歲時廣記四十二卷 〔宋〕陳元靚撰
注解傷寒發微論二卷 〔宋〕許叔微撰
注解傷寒百證歌五卷 〔宋〕許叔微撰
廣川書跋六卷 〔宋〕董逌撰
衍極五卷 〔元〕鄭杓撰
文房四譜五卷 〔宋〕蘇易簡撰
漢官儀三卷 〔宋〕劉攽撰
自號録一卷 〔宋〕徐光溥撰
友會談叢三卷 〔宋〕上官融撰
蔡中郎文集十卷 〔漢〕蔡邕撰
詩苑衆芳一卷 〔宋〕劉瑄撰
作義要訣一卷 〔元〕倪士毅撰
三集
靖康要録十六卷
麟臺故事四卷 〔宋〕程俱撰
寶刻叢編二十卷 〔宋〕陳思撰
至書一卷 〔宋〕蔡沈撰
宋徽宗聖濟經十卷 〔宋〕徽宗趙佶撰 〔宋〕吴禔注
衛生家寶産科備要八卷 〔宋〕朱端章撰
續談助五卷 〔宋〕晁載之撰
續考古圖五卷釋文一卷 〔宋〕趙九成釋文
雲煙過眼録二卷續録一卷 〔宋〕周密撰 〔元〕湯允謨續
三曆撮要一卷
墨藪一卷 〔唐〕韋續撰
玉管照神局三卷 〔南唐〕宋齊邱撰
新編分門古今類事二十卷
詩式五卷 〔宋〕釋皎然撰

槐廬叢書五編四十六種　9100.83 1749

〔清〕朱記榮輯

清光緒十三至十五年(1887—1889)吴縣朱氏刻本　八十册

子目：
初編
李氏易解剩義三卷 〔清〕李富孫輯
尚書餘論一卷 〔清〕丁晏撰
詩辨説一卷 〔清〕趙德撰
饗禮補亡一卷 〔清〕諸錦撰
公羊逸禮考徵一卷 〔清〕陳奂撰
弟子職集解一卷 〔清〕莊述祖撰
斁經筆記一卷 〔清〕陳倬撰
世本二卷附考證一卷 〔清〕孫馮翼輯 〔清〕陳其榮補
楚漢春秋一卷附考證一卷 〔清〕茆泮林輯
楚漢諸侯疆域志三卷 〔清〕劉文淇撰
括地志八卷 〔清〕孫星衍輯
金石三例續編 〔清〕朱記榮輯
漢石例六卷 〔清〕劉寶楠撰
金石例補二卷 〔清〕郭麐撰
志銘廣例二卷 〔清〕梁玉繩撰
二編
九經古義十六卷 〔清〕惠棟撰
十三經詁答問六卷 〔清〕馮登府撰
古易音訓二卷 〔清〕宋咸熙輯
京畿金石考二卷 〔清〕孫星衍撰
平津讀碑記八卷續記一卷 〔清〕洪頤煊撰
周髀算經二卷附音義一卷校勘記一卷 〔漢〕趙爽注 〔北周〕甄鸞重述 〔唐〕李淳風等注釋 （音義）〔宋〕李籍撰 （校勘記）〔清〕顧觀光撰
數術記遺一卷 〔漢〕徐嶽撰 〔北周〕甄鸞注
九數外録一卷 〔清〕顧觀光撰
吕子校補二卷附校續補一卷 〔清〕梁玉繩撰
芳茂山人文集十二卷 〔清〕孫星衍撰
問字堂文集六卷附贈言
岱南閣文集二卷
平津館文稿二卷
五松園文稿一卷
嘉穀堂文集一卷
三編
四禮榷疑八卷 〔清〕顧廣譽撰
爾雅漢注三卷 〔清〕臧鏞堂撰
宅京記二十卷 〔清〕顧炎武撰
求古録一卷 〔清〕顧炎武撰
漢魏六朝墓銘纂例四卷 〔清〕李福孫撰
補寰宇訪碑録六卷 〔清〕趙之謙纂 〔清〕沈樹鏞勘
圖畫精意識一卷 〔清〕張庚撰
玉谿生詩説二卷 〔清〕紀昀撰
四編
論語孔注辨僞二卷 〔清〕沈濤撰
營平二州地名記一卷 〔清〕顧炎武撰
明季實録一卷 〔清〕顧炎武撰
廣川書跋十卷 〔清〕董逌撰
金石稱例五卷 〔清〕梁廷柟撰
金石綜例四卷 〔清〕馮登府撰
石經閣金石跋文一卷 〔清〕馮登府撰
針灸甲乙經十二卷 〔晋〕皇甫謐撰
中吴紀聞六卷 〔清〕龔明之撰
五編

孟子時事略一卷 〔清〕任兆麟撰
讀孟質疑二卷 〔清〕施彦士撰
金石録補二十七卷續跋七卷 〔清〕葉奕苞撰
漢學商兑四卷 〔清〕方東樹撰
遜志堂雜鈔十卷 〔清〕吴翌鳳撰
醫學讀書記三卷續記一卷 〔清〕尤怡撰
附
静香樓醫案一卷 〔清〕尤怡撰
何氏心傳一卷 〔清〕何熔撰

又一部 八十册 243/1—80

鈐有“吴縣朱氏珍藏”“南洋大學圖書館藏書”印。

校經山房叢書二十六種 9100.83 3396

〔清〕朱記榮輯

清光緒三十年(1904)孫谿槐廬家塾刻本 三十二册

子目:
傳經表一卷附通經表一卷 〔清〕畢沅撰
古易音訓二卷 〔清〕宋咸熙輯
春秋夏正二卷 〔清〕胡天游撰
家語疏證六卷 〔清〕孫志祖撰
漢書西域傳補注二卷 〔清〕徐松撰
晉書地理志新補正五卷 〔清〕畢沅撰
乾道臨安志三卷 〔宋〕周淙撰
弟子職集解一卷 〔清〕莊述祖撰
吕子校補二卷 〔清〕梁玉繩撰
疑年表一卷超辰表三卷 〔清〕汪曰楨撰
竹汀先生日記鈔三卷 〔清〕錢大昕撰
鍾山札記四卷龍城札記三卷 〔清〕盧文弨撰
銅熨斗齋隨筆八卷 〔清〕沈濤撰
癖談六卷 〔清〕蔡雲撰
知聖道齋讀書跋二卷 〔清〕彭元瑞撰
曝書雜記三卷 〔清〕錢泰吉撰
經藉跋文一卷附對策六卷 〔清〕陳鱣撰
拜經樓藏書題跋記五卷附録一卷 〔清〕吴壽暘撰
廉石居藏書記二卷 〔清〕孫星衍、陳宗彝編
平津館鑒藏記三卷補遺一卷續編一卷 〔清〕孫星衍撰
志銘廣例二卷 〔清〕梁玉繩撰
金石例補二卷 〔清〕郭麐撰
元魏滎陽鄭文公摩崖碑跋一卷 〔清〕諸可寶撰
溉亭述古録二卷 〔清〕錢塘撰
後甲集二卷 〔清〕章大來撰
晚學集八卷 〔清〕桂馥撰

又一部 二十一册 244/1—22

鈐有“南洋大學圖書館藏書”印。

籑喜廬叢書四種 9100.83 4174

〔清〕傅雲龍輯

清光緒十五年(1889)日本東京德清傅氏刻本 七册

子目:
唐卷子本論語十卷
唐卷子本新修本草十卷補輯一卷
景日本延喜刊本文選卷五

景唐刊卷子本陶文

又一部　五册　9100.83 4174

又二部　五册　212/1—5

按：館藏缺《景唐刊卷子本陶文》一種。

粟香室叢書五十二種　9110 9194

〔清〕金武祥輯

清光緒十五年(1889)江陰金氏校刻本　四十册

子目：

陽羡風土記一卷　〔晋〕周處撰　〔清〕王謨輯　〔清〕惲敬參

宜齋野乘一卷　〔宋〕吴枋撰

北郭集六卷補遺一卷　〔元〕許恕撰

滄螺集六卷　〔明〕孫作撰

青暘集四卷補遺一卷　〔明〕張宣撰

陽羡茗壺系一卷　〔明〕周高起撰

洞山岕茶系一卷　〔明〕周高起撰

江陰李氏得月樓書目一卷　〔明〕李鶚翀撰

藏説小萃七種　〔明〕李鶚翀輯

公餘日録十五條　〔明〕湯沐撰

宦遊紀聞十三條　〔明〕張誼撰

水南翰記十八條　〔明〕張衮撰

存餘堂詩話十九條　〔明〕朱承爵撰

暖姝由筆十六條　〔明〕徐充撰

延州筆記十四條　〔明〕唐覲撰

戒庵漫筆三十五條　〔明〕李詡撰

延州筆記四卷　〔明〕唐覲撰

名家詞集十種　〔清〕侯文燦輯

二主詞一卷　〔南唐〕李景、李煜撰

陽春集一卷　〔南唐〕馮延巳撰

子野詞一卷　〔宋〕張先撰

東山詞一卷　〔宋〕賀鑄撰

松雪齋詞一卷　〔元〕趙孟頫撰

天錫詞一卷　〔元〕薩都剌撰

古山樂府一卷　〔元〕張野撰

信齋詞一卷　〔宋〕葛郯撰

竹洲詞一卷　〔宋〕吴儆撰

虚齋樂府一卷　〔宋〕趙以夫撰

江南春詞一卷附録一卷附考一卷　〔明〕朱之蕃輯　〔清〕梁廷楠考

江上孤忠録一卷　〔清〕黄明曦纂

江上遺聞一卷　〔清〕沈濤撰

李仲達被逮紀略一卷　〔明〕蔡士順撰

荔枝譜一卷附録一卷　〔清〕陳鼎撰　(附録)〔清〕金武祥撰

經書言學指要一卷　〔清〕楊名時撰

守一齋筆記四卷　〔清〕金捧閶撰

客牕二筆一卷　〔清〕金捧閶撰

春及堂稿一卷　〔清〕謝聘撰

鶚亭詩話一卷附録一卷　〔清〕屠紳撰

笏巖詩鈔一卷　〔清〕屠紳撰

讀書瑣記一卷　〔清〕鳳應韶撰

讀雪山房唐詩凡例一卷　〔清〕管世銘撰

讀雪山房雜著一卷　〔清〕管世銘撰

雲溪樂府二卷　〔清〕趙懷玉撰

玉麈集二卷　〔清〕洪亮吉撰

冰甌詞一卷　〔清〕于胡魯撰

端溪硯坑記一卷　〔清〕李兆洛撰

開方之分還原術一卷　〔清〕宋景昌補草　〔清〕鄒安鬯補圖

勇盧閒詰評語一卷　〔清〕周繼煦撰

篤慎堂燼餘詩稿二卷附文稿一卷　〔清〕金諤撰
松筠閣貞孝録一卷　〔清〕金武祥輯
緯青遺稿一卷　〔清〕張綸英撰
澹盦自娱草二卷附録一卷　〔清〕金應澍撰
存齋古文一卷　〔清〕黄懷孝撰
傳忠堂學古文一卷　〔清〕周星譼撰
沈子磻遺文一卷　〔清〕沈銘石撰
鷗堂剩稿一卷附補遺一卷　〔清〕周星譽撰
東鷗草堂詞二卷附補遺一卷　〔清〕周星譽撰
鷗堂日記三卷　〔清〕周星譽撰
水雲樓剩稿一卷　〔清〕蔣春霖撰
玉紀一卷附玉紀補一卷　〔清〕陳性撰
表忠録一卷　〔清〕金武祥輯
教孝編一卷　〔清〕姚廷傑撰
思忠録一卷　〔清〕金武祥輯
冰泉唱和集一卷　〔清〕金武祥輯
冰泉唱和閏集一卷　〔清〕金武祥輯
江陰藝文志二卷校補一卷　〔清〕金武祥輯
灕江雜記一卷附灕江遊草一卷　〔清〕金武祥撰
赤溪雜志二卷附霞城唱和集一卷　〔清〕金武祥撰
陶廬雜憶一卷續咏一卷補咏一卷後憶一卷五憶一卷六憶一卷　〔清〕金武祥撰

融經館叢書十一種　　9119 5334

〔清〕徐友蘭輯

清光緒六至十三年(1880—1887)融經館刻本　三十六册

子目:

文選錦字録二十一卷　〔明〕凌迪知輯　〔明〕凌稚隆校
唐詩金粉十卷　〔清〕沈炳震纂輯　〔清〕沈華錦校
釋名疏證八卷　〔漢〕劉熙撰　〔清〕畢沅疏證
兩漢雋言十六卷　〔宋〕林越輯　〔明〕凌迪知校
楚騷綺語六卷　〔明〕張之象輯　〔明〕凌迪知訂
左國腴詞八卷　〔明〕凌迪知輯　〔明〕閔一崔校
太史華句八卷　〔明〕凌迪知輯　〔明〕凌稚隆校
漢書蒙拾三卷　〔清〕杭世駿撰
後漢書蒙拾二卷　〔清〕杭世駿撰
螺江日記八卷續編四卷　〔清〕張文虀撰
顧曲録四卷　〔清〕謝嘉玉輯

又一部　二十四册　　190/1—24

按:館藏存《兩漢雋言》十六卷、《楚騷綺語》六卷、《太史華句》八卷、《左國腴詞》八卷、《文選錦字》二十一卷。

南菁書院叢書八集四十二種　　1—32

〔清〕王先謙輯

清光緒間刻本　三十二册

鈐有"南洋大學圖書館藏書"印。

子目:

第一集

登科記考三十卷　〔清〕徐松撰

春秋摘微一卷 〔清〕李邦黻輯
第二集
深衣考一卷 〔清〕黄宗羲撰
左傳補注一卷 〔清〕姚鼐撰
公羊補注一卷 〔清〕姚鼐撰
穀梁補注一卷 〔清〕姚鼐撰
國語補注一卷 〔清〕姚鼐撰
論語注二十卷 〔清〕戴望撰
群經剩義一卷 〔清〕俞樾撰
操養齋遺書四卷 〔清〕管禮耕撰
第三集
易林釋文二卷 〔清〕丁晏撰
投壺考原一卷 〔清〕丁晏撰
佚禮扶微五卷 〔清〕丁晏輯
淮南萬畢術一卷 〔清〕丁晏輯
疇人傳三編七卷 〔清〕諸可寶撰
第四集
説文職墨三卷 〔清〕于鬯撰
説文舊音補注一卷補遺一卷續一卷 〔清〕胡玉縉撰
爾雅詁二卷 〔清〕徐孚吉撰
吴疆域圖説三卷 〔清〕范本禮撰
水經注洛涇二水補附五溪考一卷 〔清〕謝鍾英撰
開方用表簡術一卷 〔清〕程之驥撰
第五集
毛詩異文箋十卷 〔清〕陳玉樹撰
勾股演代二卷 〔清〕江衡撰
第六集
春秋世族譜拾遺一卷 〔清〕成蓉鏡撰
鄭志考證一卷 〔清〕成蓉鏡撰
釋名補證一卷 〔清〕成蓉鏡撰
三統術補衍一卷 〔清〕成蓉鏡撰
推步迪蒙記一卷 〔清〕成蓉鏡撰
史漢駢枝一卷 〔清〕成蓉鏡撰
宋州郡志校勘記一卷 〔清〕成蓉鏡撰
駉思室答問一卷 〔清〕成蓉鏡撰
漢太初曆考一卷 〔清〕成蓉鏡撰
心巢文録二卷 〔清〕成蓉鏡撰
第七集
蔡氏月令三卷 〔清〕蔡雲撰
律吕古義六卷 〔清〕錢塘撰
詩陸氏疏疏二卷 〔清〕焦循撰
左傳劉杜持平六卷 〔清〕邵瑛撰
第八集
周易二間記三卷 〔清〕茹敦和撰
方氏易學五書五卷 〔清〕方申撰
易例輯略一卷 〔清〕龐大堃撰
易説二卷 〔清〕陳壽熊撰
安甫遺學三卷 〔清〕江承之撰

又一部 四十六册 211—2/1—46

鈐有“南洋大學圖書館藏書”印。

又二部 三十二册 9100. 83 8395

雲自在龕叢書五集十九種 9100. 83 5441

〔清〕繆荃孫輯

清光緒間江陰繆氏校刻本 二十四册

子目：
尚書記七卷附尚書校逸二卷 〔清〕莊述祖撰
續千文一卷 〔宋〕侍其良器撰
吴興山墟名一卷 〔南朝宋〕張玄之撰
吴興記一卷 〔南朝宋〕山謙之撰
元和郡縣志逸文三卷 〔清〕繆荃

孫輯
奉天録四卷 〔唐〕趙元一撰
集古録目十卷 〔宋〕歐陽棐撰
第二集
三水小牘二卷逸文一卷 〔唐〕皇甫枚撰
北夢瑣言二十卷逸文四卷 〔宋〕孫光憲撰
天彭牡丹譜一卷 〔宋〕陸游撰
洛陽牡丹記一卷 〔宋〕歐陽修撰
教童子法一卷 〔清〕王筠撰
第三集
東湖叢記六卷 〔清〕蔣光煦撰
效顰集一卷 〔元〕繆鑒撰
萬善花室文集六卷續一卷 〔清〕方履籛撰
齊雲山人文集一卷 〔清〕洪符孫撰
第四集
名家詞十七種二十四卷 〔清〕繆荃孫輯
立山詞一卷 〔清〕張琦撰
竹鄰詞一卷 〔清〕金式玉撰
齊物論齋詞一卷 〔清〕董士錫撰
香草詞二卷 〔清〕宋翔鳳撰
洞簫詞一卷 〔清〕宋翔鳳撰
碧雲盦詞二卷附樂府餘論一卷 〔清〕宋翔鳳撰
柳下詞一卷 〔清〕周青撰
萬善花室詞一卷 〔清〕方履籛撰
金梁夢月詞二卷 〔清〕周之琦撰
懷夢詞一卷 〔清〕周之琦撰
三十六陂漁唱一卷 〔清〕王敬之撰
冰蠶詞一卷 〔清〕承齡撰
汀鷺詩餘一卷 〔清〕楊傳第撰
湖海草堂詞一卷 〔清〕樊景升撰
水雲樓詞二卷續一卷詩剩稿一卷 〔清〕蔣春霖撰
蘭紉詞一卷 〔清〕陸志淵撰
瓠落詞一卷 〔清〕陸志淵撰
第五集
定海遺愛録一卷
舊德集十四卷 〔清〕繆荃孫輯
又一部 三十二册 237/1—32
鈐有"南洋大學圖書館藏書"印。

對雨樓叢書五種 9100.83 4574
〔清〕繆荃孫輯
清光緒間江陰繆氏刻本 十册
子目:
詩品三卷 〔南朝梁〕鍾嶸撰
荀子考異一卷 〔宋〕錢佃撰
茅亭客話十卷 〔宋〕黄休復撰
南朝史精語十卷 〔宋〕洪邁撰
賓退録十卷 〔宋〕趙與旹撰

藕香零拾三十九種 9100.83 1179
〔清〕繆荃孫輯
清光緒宣統間刻本 三十二册
子目:
澹生堂藏書約四卷 〔明〕祁承爜撰
藏書記要一卷 〔清〕孫從添撰
流通古書約一卷 〔清〕曹溶撰
古歡社約一卷 〔清〕丁雄飛撰
開成石經圖考一卷 〔清〕魏錫曾撰
大唐創業起居注三卷 〔唐〕温大雅撰
安禄山事跡三卷附校記一卷 〔唐〕姚汝能纂

牛羊日曆一卷　〔唐〕劉軻撰
東觀奏記三卷　〔唐〕裴庭裕撰
廣陵妖亂志一卷附逸文一卷　〔唐〕羅隱撰
中興戰功録一卷　〔宋〕李壁撰
玉牒初草二卷　〔宋〕劉克莊録
宋中興學士院題名一卷東宫官寮題名一卷行在雜買務雜賣場提轄官題名一卷三公年表一卷　〔清〕何異撰
河南志四卷　〔清〕徐松輯
棲霞小志一卷　〔明〕盛時泰撰
唐兩京城坊考校補記一卷　〔清〕程鴻詔撰
遊城南記一卷　〔宋〕張禮撰
攄鞍録一卷　〔清〕楊應琚撰
遼東行部志一卷　〔金〕王寂撰
僞齊録二卷　〔宋〕楊堯弼撰
寓庵集八卷　〔元〕李庭撰
静軒集六卷　〔元〕閻復撰
清河集七卷附録一卷　〔元〕元明善撰
菊潭集四卷　〔元〕孛术魯翀撰
蘇潁濱年表一卷　〔宋〕孫汝德撰
孫淵如先生年譜二卷　〔清〕張紹南撰
曾公遺録三卷　〔宋〕曾布撰
山房隨筆一卷附補遺一卷　〔元〕蔣子正撰
澹餘筆記一卷　〔清〕曹申吉撰
刑統賦一卷　〔元〕傅霖撰
真賞齋賦一卷　〔明〕豐坊撰
河賦注一卷　〔清〕江藩撰　〔清〕錢坤注
舊聞證誤四卷附補遺一卷　〔宋〕李心傳撰
竹汀日記一卷　〔清〕錢大昕撰
農丹一卷　〔清〕張標撰
强蕚圃太守上當事三書一卷　〔清〕强望泰撰
古泉山館題跋二卷　〔清〕瞿中溶撰
破鐵網二卷　〔清〕胡爾滎撰
敬齋先生古今黈十二卷逸文二卷附録一卷　〔元〕李治撰

觀自得齋叢書二十三種别集六種

9100.83 3443

〔清〕徐士愷輯

清光緒二十年(1894)觀自得齋徐氏校刻本　二十四册

子目：

倉頡篇三卷　〔清〕陳其榮輯
續高士傳五卷　〔清〕高兆撰
征東實紀一卷　〔清〕錢世楨撰
(紹熙)雲間志三卷續入一卷　〔清〕朱端常等纂
(至正)崑山郡志六卷　〔清〕楊譓纂
浙程備覽五卷　〔清〕于敏中編
黑龍江述略六卷　〔清〕徐宗亮撰
國朝未刊遺書志略一卷　〔清〕朱記榮輯録
唐昭陵石蹟考略五卷　〔清〕林侗撰
清儀閣金石題識四卷　〔清〕陳其榮編
泉志校誤四卷　〔清〕金嘉穗撰
多暇録二卷　〔清〕程庭鷺撰
北窗囈語一卷　〔清〕朱燾撰
明宫詞一卷　〔清〕程嗣章撰

袁海叟詩集四卷附海叟詩補一卷 〔明〕袁凱撰
漁洋山人集外詩二卷 〔清〕王士禛撰
樊榭山房集外詩一卷 〔清〕厲鶚撰
寄生山館詩剩一卷附瘦玉詞鈔一卷 〔清〕徐士愷撰
大瓠堂詩録八卷 〔清〕孫周撰
梅村詩話一卷 〔清〕吴偉業撰
律詩定體一卷 〔清〕王士禛撰
漁洋山人詩問二卷 〔清〕王士禛撰
然燈紀聞一卷 〔清〕王士禛述 〔清〕何世璂録
别集
投壺儀節一卷 〔清〕汪禔編
馬戲圖譜一卷 〔宋〕李清照撰 〔明〕王蘭芳增輯
牙牌參禪圖譜一卷 〔清〕劉遵陸撰
詩牌譜一卷 〔明〕王良樞編 〔明〕周履靖校續
暢叙譜一卷 〔清〕沈德潛撰
倫敦竹枝詞一卷 題〔清〕局中門外漢撰

天壤閣叢書十六種 9100.83 4534

〔清〕王懿榮輯

清同治元年至光緒十年(1862—1884)福山王氏天壤閣家塾刻本 十六册

子目:

夏小正一卷 〔清〕王筠撰
爾雅直音二卷 〔清〕孫偘撰
麟角集一卷附録一卷 〔唐〕王棨撰
莆陽黄御史集二秩附録一卷别録一卷 〔唐〕黄滔撰
説文聲讀表七卷 〔清〕苗夔纂
弟子職正音一卷 〔清〕王筠撰
聲調三譜四卷 〔清〕王祖源編
説文逸字二卷附録一卷 〔清〕鄭珍撰
急就篇四卷 〔漢〕史游撰
古今韻考四卷 〔清〕李因篤撰
疑年録四卷 〔清〕錢大昕編 〔清〕吴修校
續疑年録四卷 〔清〕吴修編
明刑弼教録六卷 〔清〕王祖源纂輯
讀律心得三卷 〔清〕劉衡纂輯
爽鳩要録二卷 〔清〕蔣超伯輯
公門不費錢功德録一卷
求雨篇一卷 〔清〕紀大奎撰
内功圖説一卷 〔清〕潘霨撰
東古文存一卷 (朝鮮)金正喜輯

又一部 二十八册 9100.834534

按:此書經過後人改裝,册數比原版多。

又二部 十六册 164/1—16

鐵華館叢書六種 9100.83 4134

〔清〕蔣鳳藻輯

清光緒九至十一年(1883—1885)長洲蔣氏刻本 六册

鈐有"韓氏霜紅龕藏書印""汪希文印""梁佶修讀"印。

子目:

通玄真經十二卷 〔唐〕徐靈府注
冲虚至德真經八卷 〔晋〕張湛注
新序十卷 〔漢〕劉向撰
群經音辨七卷 〔宋〕賈昌朝撰
佩觿三卷 〔宋〕郭忠恕撰

字鑒五卷 〔元〕李文仲編

又一部 六册 201/1—6

按：内封墨筆題"鐵華館叢書，六種四十五卷，清光緒蔣鳳藻校刊。鳳藻字香生，江蘇長洲人，官福建知府。是本皆據善本鐫刻，《冲虚至德真經》《通玄真經》均影宋本《列子》，《新序》則據何義門校宋本。其他三種雖非宋元原槧，而皆康熙精刻，雖爲覆版，不下真跡。書刻於光緒癸未乙酉之間，卷端引趙文敏語戒讀者當愛護書籍，其用心可謂摯矣，辛巳十月"，末鈐"千里"朱印。

述古叢鈔五集二十八種 171/1—46

〔清〕劉晚榮輯

清同治九年(1870)藏修書屋刻本

四十一册

鈐有"武昌柯逢時收藏圖記""南洋大學圖書館藏書""馮氏辨齋藏書""慈谿畊餘樓藏"印。

子目：

第一集

藏書記要一卷 〔清〕孫從添撰

裝潢志一卷 〔清〕周嘉胄撰

畫筌析覽一卷 〔清〕湯貽汾編

清秘藏二卷 〔明〕張應文撰

法書名畫見聞表一卷 〔明〕張丑撰

南陽法書表一卷 〔明〕張丑撰

南陽名畫表一卷 〔明〕張丑撰

清河書畫表一卷 〔明〕張丑撰

張仲景注解傷寒百證歌五卷 〔宋〕許叔微撰

附經絡歌訣一卷 〔清〕汪昂撰

傷寒六經定法一卷問答一卷 〔宋〕舒詔撰

藥症忌宜一卷 〔清〕陳澈編

昭代名人尺牘小傳二十四卷 〔清〕吴修編次

靈棋經二卷 〔漢〕東方朔撰

獸經一卷 〔明〕黄省曾撰

虎苑二卷 〔明〕王穉登撰

第二集

書苑菁華二十卷(缺) 〔宋〕陳思撰

遼詩話二卷 〔清〕周春輯

無聲詩史七卷 〔清〕姜紹書輯

第三集

南唐書合刻四十八卷

南唐書三十卷 〔宋〕馬令撰

南唐書十八卷附音釋一卷 〔宋〕陸游撰 (音釋)〔元〕戚光撰

玉臺書史一卷 〔清〕厲鶚撰

玉臺畫史五卷别録一卷 〔清〕湯漱玉輯

第四集

詒晋齋集八卷 〔清〕永瑆撰

芳堅館題跋四卷 〔清〕郭尚先撰

太乙照神經三卷神相證驗百條二卷 〔清〕劉學誠輯

月波洞中記一卷 〔三國吴〕張仲遠傳本 〔宋〕潘時竦述

第五集

通鑑綱目釋地糾繆六卷 〔清〕張庚撰 〔清〕杭世駿参訂

通鑑綱目釋地補注六卷 〔清〕張庚撰 〔清〕徐以坤参訂

廣川畫跋六卷附校勘記一卷 〔宋〕董逌撰

寶綸堂文鈔八卷 〔清〕齊召南撰

後知不足齋叢書十六種　　9100. 83 1324

〔清〕鮑廷爵編

清光緒十年(1884)常熟鮑氏刻本　三十二册

子目：

鄭氏遺書五種　〔漢〕鄭玄撰

駁五經異義一卷補遺一卷

箴膏肓一卷

起廢疾一卷

發墨守一卷

鄭志三卷附録一卷

沈氏經學六種　〔清〕沈淑撰

陸氏經典異文輯六卷

陸氏經典異文補六卷

十三經注疏瑣語四卷

春秋左傳分國土地名二卷

左傳列國職官一卷

左傳器物宫室一卷

五經文字三卷　〔唐〕張參撰

九經字樣一卷　〔唐〕唐玄度撰

漢石經殘字一卷　〔清〕翁方綱撰

干禄字書一卷　〔唐〕顔元孫撰

班馬字類二卷　〔宋〕婁機撰

九經補韻考證一卷　〔宋〕楊伯嵒撰　〔清〕錢侗考證

説文雙聲疊韻譜一卷　〔清〕鄧廷楨撰

積古齋鐘鼎彝器款識十卷　〔清〕阮元撰

兩漢五經博士考三卷　〔清〕張金吾撰

漢魏六朝唐代金石例四卷　〔清〕吴鎬撰

金石訂例四卷　〔清〕鮑振方撰

稽瑞一卷　〔唐〕劉賡撰

崇文總目五卷　〔宋〕王堯臣撰

第六絃溪文鈔四卷　〔清〕黄廷鑑撰

又一部　三十二册　　180/1—32

鈐有“南洋大學圖書館藏書”印。

漸學廬叢書十六種　　9100. 83 3174

〔清〕胡祥鑅輯

清光緒二十三至二十五年(1897—1899)石印本　十一册

子目：

塞北紀行一卷　〔元〕張德輝撰

西北域記一卷　〔清〕謝濟世撰

寧古塔紀略一卷　〔清〕吴桭臣撰

西遊記金山以東釋一卷　〔清〕沈垚撰

帕米爾圖叙例一卷　〔清〕許景澄撰

帕米爾輯略一卷　〔清〕胡祥鑅輯

澳大利亞洲志譯本一卷　沈恩孚編次

咸豐以來功臣别傳三十卷　〔清〕朱孔彰撰

元書后妃公主列傳一卷　〔清〕毛嶽生撰

琿牘偶存一卷　〔清〕李金鏞撰

中越東西定議全界約文一卷　〔清〕孫傳鳳録

美利加英屬地小志一卷　〔清〕顧厚焜編

外交餘勢一卷　(日本)勝安芳撰

斷腸記一卷　(日本)勝安芳撰

立方奇法一卷　〔清〕龔傑撰

求一捷術一卷　〔清〕龔傑撰

式訓堂叢書一集十四種二集十二種 9100.83 9144

〔清〕章壽康輯

清光緒間會稽章氏刻本　二十四册

子目：

一集

古易音訓二卷　〔宋〕吕祖謙撰　〔清〕宋咸熙輯

傳經表一卷附通經表一卷　〔清〕畢沅撰

漢書西域傳補注二卷　〔清〕徐松撰

晋書地理志新補正五卷　〔清〕畢沅撰

乾道臨安志三卷　〔宋〕周淙撰

弟子職集解一卷　〔清〕莊述祖撰

吕子校補二卷　〔清〕梁玉繩撰

竹汀先生日記鈔三卷　〔清〕錢大昕撰

經籍跋文一卷附對策六卷　〔清〕陳鱣撰

拜經樓藏書題跋記五卷附録一卷　〔清〕吴壽暘撰

曝書雜記三卷　〔清〕錢泰吉撰

溉亭述古録二卷　〔清〕錢塘撰

志銘廣例二卷　〔清〕梁玉繩撰

金石例補二卷　〔清〕郭麐撰

二集

春秋夏正二卷　〔清〕胡天游撰

家語疏證六卷　〔清〕孫志祖撰

鍾山札記四卷龍城札記三卷　〔清〕盧文弨撰

知聖道齋讀書跋二卷　〔清〕彭元瑞撰

平津館鑒藏記三卷補遺一卷續補編一卷　〔清〕孫星衍撰

廉石居藏書記二卷　〔清〕孫星衍、陳宗彝編

銅熨斗齋隨筆八卷　〔清〕沈濤撰

癖談六卷　〔清〕蔡雲撰

疑年表一卷超辰表三卷　〔清〕汪曰楨撰

後甲集二卷　〔清〕章大來撰

晚學集八卷　〔清〕桂馥撰

元魏滎陽鄭文公摩崖碑跋一卷　〔清〕諸可寶撰

有福讀書堂叢刻四種 288/1—2

〔清〕吴引孫輯

清光緒二十七年(1901)揚州吴氏刻本　二册

鈐有“南洋大學圖書館藏書”印。

子目：

治家格言繹義二卷　〔清〕戴翊清撰

六事箴言一卷　〔清〕王鼎撰

公門懲勸録二卷　〔清〕周炳麟輯

石成金官紳約一卷　〔清〕石天基撰

求實齋叢書十五種 9100.83 3934

〔清〕蔣德鈞輯

清光緒十七年(1891)湘鄉蔣氏求實齋刻本　十二册

子目：

經史百家簡編二卷　〔清〕曾國藩纂

六書説一卷　〔清〕江聲撰

轉注古義考一卷　〔清〕曹仁虎撰

聲調譜一卷　〔清〕趙執信撰

三通序一卷　〔清〕蔣德鈞録

三才略三卷　〔清〕蔣德鈞輯

尸子二卷 〔清〕孫星衍輯
群書治要子鈔二卷 〔唐〕魏徵等撰 〔清〕蔣德鈞抄
水經注三卷 〔清〕陳澧撰
摹印述一卷 〔清〕陳澧撰
篤素堂集鈔三卷 〔清〕張英撰
曾文正公雜著鈔一卷 〔清〕曾國藩撰 〔清〕蔣德鈞抄
蔣丹林學使義學條規一卷 〔清〕蔣丹林撰
張香濤學使學究語一卷 〔清〕張之洞撰
牧令書鈔一卷 〔清〕徐棟輯 〔清〕蔣德鈞抄

大亭山館叢書十九種 9100.83 4493

〔清〕楊葆彝輯
清光緒間陽湖楊氏刻本 六册
子目：
經類
六書假借經徵四卷 〔清〕朱駿聲撰
六書例解一卷 〔清〕楊錫觀述
形聲類篇五卷 〔清〕丁履恒撰
史類
東南紀略一卷
夏蟲自語一卷 〔清〕楊德榮撰
子類
曼先生語録一卷 〔明〕程哲撰
握奇經定本一卷正義一卷附圖 〔清〕張惠言撰
青囊天玉通義五卷 〔唐〕楊筠松撰 〔清〕張惠言注
區田圖説一卷附録一卷 〔清〕凌霄撰
集類
劉海峰文鈔一卷 〔清〕張惠言編
玉餘外編文鈔一卷 〔清〕莊士敏撰
柏堂剩稿三卷附陳柏堂遺事述一卷 〔清〕陳爾幹撰
毗陵楊氏詩存五種附編三種 〔清〕楊葆彝輯
匪石山房詩鈔一卷 〔清〕楊玾撰
南蘭紀事詩鈔二卷 〔清〕楊文言撰
白雲樓詩鈔一卷 〔清〕楊宗發撰
逸齋詩鈔一卷 〔清〕楊超撰
抱璞山房詩鈔一卷 〔清〕楊垣撰
附編
絡緯吟一卷 〔清〕曹葶真撰
錢左才集一卷 〔清〕錢芬撰
春雨樓詩鈔一卷(缺) 〔清〕楊静娟撰
蓉湖草堂存稿一卷 〔清〕陳滋撰
吴瑟甫歌詩一卷(缺) 〔清〕吴璵撰
繩武堂詩古文辭一卷 〔清〕吴璵撰
栝玟經一卷 〔清〕吴璵撰
夢萱室遺詩一卷 〔清〕汪孝寬撰
華亭詩鈔一卷(缺) 〔清〕楊德榮撰

南菁札記十四種 250/1—6

〔清〕溥良輯
清光緒二十年(1894)江陰使署刻本 六册
子目：
爾雅稗疏四卷 〔清〕繆楷撰
前漢紀校釋三卷 鈕永建撰
後漢紀校釋三卷 鈕永建撰
讀四元玉鑑記一卷 〔清〕崔朝慶撰
讀代數術記一卷 〔清〕崔朝慶撰

盈朒演代一卷 〔清〕韓保徵撰
代數盈朒細草一卷 張東烈撰
古文官書一卷 〔漢〕衛宏撰
倉頡篇補本續一卷 〔清〕曹元忠撰
纂要一卷 〔南朝梁〕元帝蕭繹撰
桂苑珠叢一卷 〔隋〕曹憲撰
桂苑珠叢補遺一卷 〔隋〕曹憲撰
括地志一卷 〔唐〕李泰等撰
兩京新記一卷 〔唐〕韋述撰

嘯園叢書五十六種 9100.83 1549

〔清〕葛元煦撰

清光緒九年(1883)刻本 三十六册

鈐有"齊安林氏逸聖收藏金石書畫之記"印。

子目:

第一函

愚一録十二卷 〔清〕鄭獻甫撰 〔清〕周幹臣校
學詩闕疑一卷 〔清〕劉青芝撰
廿二史諱略一卷 〔清〕周榘撰
松花庵韻史一卷 〔清〕吴鎮撰
考古質疑六卷 〔宋〕葉大慶撰
六如居士畫譜三卷 〔明〕唐寅撰
小山畫譜一卷 〔清〕鄒一桂撰

第二函

臨池心解一卷 〔清〕朱和羹撰
三十五舉一卷 〔元〕吾邱衍撰
續三十五舉一卷 〔清〕桂馥撰
篆刻針度八卷 〔清〕陳克恕撰
薛文清公讀書録鈔四卷 〔明〕薛瑄撰 〔清〕陸緯輯
荆園語録一卷 〔清〕申涵光撰
聰訓齋語一卷 〔清〕張英撰
澄懷園語四卷 〔清〕張廷玉撰
説鈴一卷 〔清〕汪琬撰
匏園掌録一卷 〔清〕楊夔生撰
懺摩録一卷 〔清〕彭兆蓀撰
元邱素話一卷 〔清〕余紹祉撰
幽夢影一卷 〔清〕張潮撰
幽夢續影一卷 〔清〕朱錫綬撰

第三函

唐摭言十五卷 〔唐〕王定保撰
雲仙雜記十卷 〔唐〕馮贄撰
赤雅三卷 〔清〕鄺露撰
清嘉録十二卷 〔清〕顧禄撰
清波小志一卷 〔清〕徐逢吉撰
清波小志補一卷 〔清〕陳景鐘撰

第四函

韻石齋筆談一卷 〔明〕姜紹書撰
書蕉一卷 〔明〕陳繼儒撰
黄嬭餘話八卷 〔清〕陳錫路撰
劇談録一卷 〔宋〕康駢撰
泊宅編一卷 〔宋〕方勺撰
西溪叢語一卷 〔宋〕姚寬撰
味水軒日記八卷 〔明〕李日華撰
古夫于亭雜録六卷 〔清〕王士禎撰

第五函

説部精華十二卷 〔清〕王士禎撰 〔清〕劉堅類次
放翁題跋六卷 〔宋〕陸游撰
放翁家訓一卷 〔宋〕陸游撰
漁洋書跋一卷 〔清〕王士禎撰
南田畫跋一卷 〔清〕惲格撰
題畫偶録一卷 〔清〕戴熙撰
古詩十九首説一卷 〔清〕朱筠口授 〔清〕徐昆筆述
説詩晬語一卷 〔清〕沈德潛撰

梅道人遺墨一卷 〔元〕吴鎮撰
論印絶句一卷續編一卷 〔清〕吴騫撰
醉盦硯銘一卷 〔清〕王繼香撰
曼盦壺盧銘一卷 〔清〕葉金壽撰
第六函
香研居詞麈五卷 〔清〕方成培撰
詞林正韻一卷 〔清〕戈載撰
臨民要略 〔清〕葛元煦輯
學治一得編一卷 〔清〕何耿繩撰
明刑管見録一卷 〔清〕穆翰撰
讀律琯朗一卷 〔清〕梁他山撰
吴中判牘一卷 〔清〕蒯德模撰
洄溪醫案一卷 〔清〕徐大椿撰
慎疾芻言一卷 〔清〕徐大椿撰
景岳新方砭四卷 〔清〕陳念祖撰
理虚元鑒二卷 〔明〕汪綺石撰
保生胎養良方一卷

木犀軒叢書二十七種 214—2/1—48

〔清〕李盛鐸輯

清光緒間德化李氏木犀軒刻本 四十八册

鈐有“南洋大學圖書館藏書”印。

子目:
毛詩禮徵十卷 〔清〕包世榮撰
卦氣解一卷 〔清〕莊存與撰
車制考一卷 〔清〕錢坫撰
儀禮禮服通釋六卷 〔清〕凌曙撰
論語通釋一卷 〔清〕焦循撰
爾雅一切注音十卷 〔清〕嚴可均輯
爾雅補郭二卷 〔清〕翟灝撰
諧聲補逸十四卷 〔清〕宋保撰
續方言疏證二卷 〔清〕沈齡撰
漢書音義三卷補遺一卷 〔清〕臧鏞堂集
孫氏祠堂書目内編四卷外編三卷 〔清〕孫星衍撰
平津館鑒藏書籍記三卷補遺一卷續編一卷 〔清〕孫星衍撰
廉石居藏書記二卷 〔清〕孫星衍撰
平津讀碑記八卷續一卷再續一卷三續二卷 〔清〕洪頤煊撰
海東金石存考一卷 〔清〕劉喜海撰
易餘籥録二十卷 〔清〕焦循撰
群書答問二卷補遺一卷 〔清〕凌曙撰
開方通釋一卷 〔清〕焦循撰
京氏易八卷 〔清〕王保訓輯
曉庵遺書十五卷 〔清〕王錫闡撰
 曆法六卷
 曆法表三卷
 大統曆法啓蒙五卷
 雜著一卷
詩考異字箋餘十四卷 〔清〕周邵蓮撰
説文聲類二卷 〔清〕嚴可均撰
舊學蓄疑一卷 〔清〕汪中撰
荀勗笛律圖注一卷 〔清〕徐養原撰
管色考一卷 〔清〕徐養原撰
律吕臆説一卷 〔清〕徐養原撰
心得要旨一卷 〔清〕金星橋撰

又一部 四十册 214/1—40

又二部 四十册 9100.83 6114

元和江氏靈鶼閣叢書六集五十六種 9100.83 7334

〔清〕江標輯

清光緒二十三年(1897)湖南使院刻本　四十八册

子目:

第一集

韓詩遺説二卷訂譌一卷　〔清〕臧庸撰

尚書大傳補注七卷　〔清〕王闓運撰

校定皇象本急就章一卷　〔清〕鈕樹玉撰

説文解字索隱一卷補例一卷　〔清〕張度撰

漢事會最人物志三卷　〔清〕惠棟撰

菉友肊説一卷　〔清〕王筠撰

教童子法一卷　〔清〕王筠撰

洨民遺文一卷　〔清〕孫傳鳳撰

欽定四庫全書總目提要四部類叙一卷　〔清〕江標輯

先正讀書訣一卷　〔清〕周永年撰

第二集

朔方備乘札記一卷　〔清〕李文田撰

使德日記一卷　〔清〕李鳳苞撰

德國議院章程一卷　〔清〕徐建寅譯

英軺私記一卷　〔清〕劉錫鴻撰

新嘉坡風土記一卷　〔清〕李鐘珏撰

中西度量權衡表一卷

光論一卷　〔清〕張福僖譯

人參考一卷　〔清〕唐秉鈞撰

積古齋藏器目一卷　〔清〕阮元撰

平安館藏器目一卷　〔清〕葉志詵撰

清儀閣藏器目一卷　〔清〕張廷濟撰

懷米山房藏器目一卷　〔清〕曹載奎撰

兩罍軒藏器目一卷　〔清〕吴雲撰

木庵藏器目一卷　〔清〕程振甲撰

梅花草盦藏器目一卷　〔清〕丁彦臣撰

簠齋藏器目一卷　〔清〕陳介祺撰

愙齋藏器目一卷　〔清〕吴大澂撰

天壤閣雜記一卷　〔清〕王懿榮撰

董華亭書畫録一卷　〔明〕董其昌撰

畫友詩一卷　〔清〕趙彦修撰

士禮居藏書題跋記續一卷　〔清〕黄丕烈撰

江寧金石待訪目二卷　〔清〕嚴觀撰

山左南北朝石刻存目一卷　〔清〕尹彭壽撰

第三集

漢鼓吹鐃歌十八曲集解一卷　〔清〕譚儀撰

碧城仙館詩鈔八卷　〔清〕陳文述撰

西疆雜述詩四卷　〔清〕蕭雄撰

瓊州雜事詩一卷　〔清〕程秉釗撰

匪石山人詩一卷　〔清〕鈕樹玉撰

衍波詞一卷　〔清〕孫蓀意撰

第四集

文史通義補編一卷附鈔刊本目録一卷　〔清〕章學誠撰

和林金石録一卷詩一卷考一卷　〔清〕李文田撰

前塵夢影録二卷　〔清〕徐康撰

西遊録注一卷　〔元〕耶律楚材撰　〔清〕盛如梓删略　〔清〕李文田注

澳大利亞洲新志一卷　〔清〕吴宗濂、趙元益譯

張憶娘簪花圖卷題咏一卷　〔清〕江標輯

第五集

國語校文一卷　〔清〕汪中撰

嘉蔭簃藏器目一卷 〔清〕劉喜海撰
愛吾鼎齋藏器目一卷 〔清〕李璋煜撰
石泉書屋藏器目一卷 〔清〕李佐賢撰
雙虞壺齋藏器目一卷 〔清〕吴式芬撰
簠齋藏器目第二本一卷 〔清〕陳介祺撰
選青閣藏器目一卷 〔清〕王錫棨撰
藏書紀事詩一卷 〔清〕葉昌熾撰
第六集
沅湘通藝録八卷 〔清〕江標輯
新譯日本華族女學校規則一卷 〔清〕江標輯
黄蕘圃先生(丕烈)年譜一卷 〔清〕江標輯

又一部 四十八册 AC149 Zra 25

鈐有"陳屺廬收藏印"印。

邵武徐氏叢書初刻十四種二集八種

187/1—40

〔清〕徐幹輯

清光緒七至十四年(1881—1888)邵武徐氏刻本 四十册

鈐有"南洋大學圖書館藏書"印。

子目:

初刻
鄭氏詩譜考正一卷 〔漢〕鄭玄撰 〔宋〕歐陽修補 〔清〕丁晏重編
春秋世族譜一卷 〔清〕陳厚耀撰
小爾雅疏八卷 〔清〕王煦撰
韻補五卷附韻補正一卷 〔宋〕吴棫撰 (韻補正)〔清〕顧炎武撰
東南紀事十二卷 〔清〕邵廷采撰
西南紀事十二卷 〔清〕邵廷采撰
海東逸史十八卷 題〔清〕翁洲老民撰
李忠定公别集十卷 〔宋〕李綱撰
東觀餘論二卷附録一卷 〔宋〕黄伯思撰
琴操二卷 〔漢〕蔡邕撰
支遁集二卷補遺一卷 〔晋〕釋支遁撰 〔清〕蔣清翊輯補
西崑酬唱集二卷 〔宋〕楊億等輯
樵川二家詩六卷 〔清〕徐幹輯
文章緣起一卷 〔南朝梁〕任昉撰 〔明〕陳懋仁注 〔清〕方熊補注
二集
澄景堂史測十四卷 〔清〕施鴻撰
剡録一卷 〔宋〕高似孫撰
邵氏姓解辨誤一卷 〔清〕段朝端撰
讒書五卷附校一卷 〔唐〕羅隱撰 〔清〕吴騫校
竹齋詩集四卷 〔元〕王冕撰
亨甫詩選八卷 〔清〕張際亮撰
本事詩十二卷 〔清〕徐釚輯
花間集十卷 〔後蜀〕趙崇祚輯

花雨樓叢鈔十一種續鈔十一種附一種

9100.83 1547

〔清〕張壽榮輯

清光緒八至十四年(1882—1888)蛟川張氏刻本 三十二册

鈐有"愚山手披""甲戌進本"印。

子目:
虞氏易禮二卷 〔清〕張惠言輯撰
易學闡元一卷 〔清〕姚配中撰
鄭氏詩譜考正一卷 〔清〕丁晏訂補

經書算學天文考二卷 〔清〕陳懋齡撰
説雅二卷 〔清〕朱駿聲輯
茗柯文編五卷 〔清〕張惠言撰
茗柯詞一卷 〔清〕張惠言撰
初月樓四種 〔清〕吴德旋撰
初月樓文鈔十卷續鈔八卷 〔清〕吴德旋撰
初月樓詩鈔四卷 〔清〕吴德旋撰
初月樓古文緒論一卷 〔清〕吴德旋述 〔清〕吕璜輯
程子香文鈔二卷 〔清〕程德賚撰
尚絅堂文集二卷 〔清〕劉嗣綰撰
確山駢體文四卷 〔清〕宋世犖撰
成人篇一卷 〔清〕張壽榮撰
續鈔
各經承師立學考四編 〔清〕張壽榮輯
校正經典釋文叙録一卷 〔清〕盧文弨撰
傳經表二卷 〔清〕畢沅撰
通經表二卷 〔清〕畢沅撰
兩漢五經博士考三卷 〔清〕張金吾撰
王氏詩考補注二卷補遺二卷 〔清〕丁晏撰
禮記釋注四卷 〔清〕丁晏撰
考工記圖注二卷 〔清〕戴震撰
苔岑經義鈔六卷 〔清〕張鴻栴撰
戴東原先生(震)年譜一卷 〔清〕段玉裁撰
定香亭筆談四卷 〔清〕阮元撰
靈芬館雜著二卷 〔清〕郭麐撰
芙村文鈔二卷 〔清〕沈豫撰
仁在堂論文各法六卷(缺) 〔清〕路德撰
詩答問二卷(缺) 〔清〕張宗柟輯
附
國朝駢體正宗評本十二卷補編一卷 〔清〕曾燠輯 〔清〕姚燮評
又一部 二十八册 206
鈐有"南洋大學圖書館藏書"印。

懺花盦叢書三十種 9100.83 3114

〔清〕宋澤元輯
清光緒十三年(1887)山陰宋氏刻本
五十八册
子目:
毛詩異同評三卷 〔晋〕孫毓撰
難孫氏毛詩評一卷 〔晋〕陳統撰
古文尚書辨一卷附古文尚書考一卷 〔清〕朱彝尊撰 (古文尚書考)〔清〕陸隴其撰
周易述翼五卷 〔清〕黄應麒撰
石經考一卷 〔清〕萬斯同撰
兩漢解疑二卷 〔明〕唐順之撰
兩晋解疑一卷 〔明〕唐順之撰
五代史補五卷 〔宋〕陶嶽撰
五代史闕文一卷 〔宋〕王禹偁撰
五代春秋二卷 〔宋〕尹洙撰
元祐黨籍碑考一卷附慶元僞學逆黨籍一卷 〔明〕海瑞撰
烏臺詩案一卷 〔宋〕朋九萬撰
讀書紀數略五十四卷 〔清〕宫夢仁撰
考槃餘事十七卷 〔明〕屠隆撰
書箋一卷
洞天帖録一卷

辨帖箋一卷
畫箋一卷
紙箋一卷
筆箋一卷
墨箋一卷
研箋一卷
琴箋一卷
香箋一卷
文房器具箋一卷
起居器服箋一卷
遊具箋一卷
山齋志一卷
茶箋一卷
盆玩品一卷
魚鶴品一卷
浩然齋雅談三卷　〔宋〕周密撰
觀宅四十吉祥相一卷　〔清〕周文煒撰
心相百二十善一卷　〔清〕沈捷撰
慎疾芻言一卷　〔清〕徐大椿撰
義山雜纂一卷　〔唐〕李商隱撰
雜纂續一卷　〔宋〕王君玉撰
雜纂二續一卷　〔宋〕蘇軾撰
緑陰亭集二卷　〔清〕陳奕禧撰
侯氏書品一卷　〔清〕侯仁朔撰
竹雲題跋四卷　〔清〕王澍撰
虚舟題跋補原三卷　〔清〕王澍撰
虚舟題跋十卷　〔清〕王澍撰
瀛奎律髓刊誤四十九卷　〔元〕方回輯　〔清〕紀昀批點
四家咏史樂府　〔清〕宋澤元輯
鐵厓咏史八卷　〔元〕楊維楨撰
鐵厓小樂府一卷　〔元〕楊維楨撰
西涯樂府二卷　〔明〕李東陽撰
兩晋南北史樂府二卷　〔清〕洪亮吉撰
唐宋小樂府一卷　〔清〕洪亮吉撰
明史樂府一卷　〔清〕尤侗撰
柳亭詩話三十卷　〔清〕宋俊撰
評點草堂詩餘五卷　〔明〕楊慎撰

暢園叢書甲函六種　　9100.83 3549

〔清〕張邁輯

清光緒二十年(1894)始豐張氏四明刻本　四册

子目：
能一編二卷首一卷　〔清〕金安清輯
諫垣七疏一卷　〔清〕周洪謨撰
志遠齋史話六卷　〔清〕楊以貞撰
止焚稿一卷　〔清〕楊以貞撰
雌雄淵一卷　〔清〕包世臣撰
南遊記一卷(缺)　〔清〕孫嘉淦撰

振綺堂叢書初集十種　　9100.83 2134

〔清〕汪康年輯

清宣統二年(1910)泉唐汪氏京師鉛印本　五册

子目：
聖祖五幸江南恭録一卷
客舍偶聞一卷　〔清〕彭孫貽撰
克復諒山大略一卷　〔清〕兩廣督署鈔輯
拳匪聞見録一卷　〔清〕管鶴撰
韓南溪四種　〔清〕韓超撰
獨山平匪記一卷
遵義平匪日記一卷
苗變記事一卷
南溪韓公年譜一卷附玩寇新書回

目一卷 〔清〕陳昌運撰
漢官答問五卷(缺) 〔清〕陳樹鏞撰
澳門公牘録存一卷
蒙古西域諸國錢譜四卷 〔清〕陳其鏕譯述 〔清〕張美翊勘定
經典釋文補條例一卷 〔清〕汪遠孫撰
借閒隨筆一卷 〔清〕汪遠孫撰

葉氏觀古堂彙刻十四種 257/1—12

〔清〕葉德輝輯

清光緒二十九年(1903)湘潭葉氏刻本 十二册

鈐有"南洋大學圖書館藏書"印。

子目:
三家詩補遺三卷 〔清〕阮元撰
爾雅圖贊一卷 〔清〕嚴可均輯
山海經圖贊二卷 〔清〕嚴可均輯
龔定菴説文段注札記一卷 〔清〕劉肇隅編校
桂未谷説文段注鈔一卷補鈔一卷 〔清〕劉肇隅校録
明南雍經籍考二卷 〔清〕葉德輝輯
萬卷堂書目四卷 〔明〕朱睦㮮編
結一廬書目四卷宋元本書目一卷 〔清〕朱學勤輯
絳雲樓書目補遺一卷附静惕堂宋元人集書目一卷 〔清〕錢謙益輯
沈下賢集十二卷 〔唐〕沈亞之撰
唐女郎魚玄機詩一卷 〔唐〕魚玄機撰
義烏朱氏論學遺札一卷 〔清〕朱一新撰
華陽陶隱居内傳三卷 〔宋〕賈嵩撰
華陽陶隱居集二卷 〔南朝梁〕陶弘景撰

麗樓叢書九種 259/1—7

〔清〕葉德輝輯

清光緒三十三年(1907)長沙葉氏刻本 七册

子目:
南嶽總勝集三卷 〔宋〕陳田夫撰
古今書刻二卷 〔明〕周弘祖撰
古局象棋圖一卷 〔宋〕司馬光撰
投壺新格一卷 〔宋〕司馬光撰
譜雙五卷附録一卷 〔宋〕洪遵撰
打馬圖經一卷 〔宋〕李清照撰
除紅譜一卷 〔宋〕朱河撰
三教源流搜神大全七卷(缺)
唐女郎魚玄機詩一卷 〔唐〕魚玄機撰

晨風閣叢書二十二種 9100.83 3634

〔清〕沈宗畸輯

清宣統元年(1909)番禺沈氏校刻本 十六册

鈐有"汪希文"印。

子目:
詩經四家異文考補一卷 〔清〕江瀚撰
王懷祖先生説文解字校勘記殘稿一卷 〔清〕王念孫校
仁廟聖政記二卷
出圍城記一卷 〔清〕楊榮撰
西域水道記校補一卷 〔清〕徐松撰
寒山金石林部目一卷 〔明〕趙均撰
昭陵碑録三卷附札記一卷 羅振玉

校録
潛采堂書目四種四卷 〔清〕朱彝尊撰
全唐詩未備書目一卷
明詩綜采摭書目一卷
兩淮鹽筴書引證群書書目一卷
竹垞行笈書目一卷
藝芸書舍宋元本書目一卷 〔清〕汪士鐘撰
結一廬書目四卷 〔清〕朱學勤撰
滂喜齋宋元本書目一卷
曲録六卷 王國維撰
戲曲考原一卷 王國維撰
鹿門集三卷拾遺一卷續補遺一卷 〔唐〕唐彦謙撰
邕州小集一卷 〔宋〕陶弼撰
方叔淵遺稿一卷 〔元〕方瀾撰
高氏三宴詩集三卷附香山九老會詩一卷 〔清〕高正臣輯 （香山九老會詩）〔唐〕白居易輯
古洋遺響集一卷 〔宋〕文同撰
南唐二主詞一卷附補遺一卷校勘記一卷 〔南唐〕李璟、李煜撰 王國維補校
平園近體樂府一卷 〔宋〕周必大撰
後村别調一卷附補遺一卷 〔宋〕劉克莊撰
眉菴詞一卷 〔明〕楊基撰

又一部 十三册 9100.83 3634
按：館藏缺《潛采堂書目》四種四卷。
又二部 十六册 271/1—16
又三部 十六册 271/1—16
鈐有"南洋大學圖書館藏書"印。

箋經室叢書三種 9119 3394

〔清〕曹元忠撰
清光緒十九至二十七年（1893—1901）箋經室刻本 三册
子目：
荆州記三卷 〔南朝宋〕盛弘之撰 〔清〕曹元忠輯
司馬法三卷附音義一卷 〔清〕曹元忠注並音義
樂府補亡一卷 〔清〕曹元忠撰

玉簡齋叢書十四種二集八種 9100.83 5334

羅振玉輯
清宣統二年（1910）刻本 二十册
子目：
異語十九卷 〔清〕錢坫撰
漢志武成日月表一卷 〔清〕陳以綱撰
西遊録注一卷 〔清〕李文田撰
朝鮮紀事一卷 〔明〕倪謙撰
奉使朝鮮倡和集一卷 〔明〕倪謙撰
邊略五卷 〔明〕高拱撰
楊監筆記一卷 〔明〕楊德澤撰
山中聞見録十一卷 〔清〕彭孫貽撰
内閣小志一卷 〔清〕葉鳳毛撰
内閣大庫檔册一卷
洛陽伽藍記五卷 〔北魏〕楊衒之撰
龍瑞觀禹穴陽明洞天圖經一卷 〔宋〕葉樞撰 〔宋〕李宗諤修定
湟中雜記一卷
硯林拾遺一卷 〔清〕施閏章撰
二集
濮陽蒲汀李先生家藏目録一卷

〔明〕李廷相撰
萬卷堂書目四卷 〔明〕朱睦㮮撰
脉望館書目一卷 〔明〕趙琦美撰
近古堂書目二卷
四明天一閣藏書目一卷
也是園藏書目十卷 〔清〕錢曾撰
傳是樓宋元本書目一卷 〔清〕徐乾學撰
知聖道齋書目四卷 〔清〕彭元瑞撰

知服齋叢書二十五種 9100.83 3634

〔清〕龍鳳鑣輯

清光緒間順德龍氏知服齋刻本 二十册

子目：

第一集
逸周書十卷 〔晉〕孔晁注 〔清〕盧文弨校
漢禮器制度一卷 〔漢〕叔孫通撰 〔清〕孫星衍輯
漢官一卷 〔清〕孫星衍輯
漢官解詁一卷 〔漢〕王隆撰 〔清〕孫星衍輯
漢舊儀二卷補遺二卷 〔漢〕衛宏撰 〔清〕孫星衍校補
漢官儀二卷 〔漢〕應劭撰 〔清〕孫星衍輯
漢官典職儀式選用一卷 〔漢〕蔡質撰 〔清〕孫星衍輯
漢儀一卷 〔三國吴〕丁孚撰 〔清〕孫星衍輯
風俗通姓氏篇二卷 〔漢〕應劭撰 〔清〕張澍輯注
第二集
十三州志一卷 〔北魏〕闞駰撰 〔清〕張澍輯
三秦記一卷 〔清〕張澍輯
三輔決録二卷 〔漢〕趙岐撰 〔晉〕摯虞注 〔清〕張澍輯
南嶽小録一卷 〔唐〕李冲昭撰
赤松山志一卷 〔宋〕倪守約撰
島夷志略一卷 〔元〕汪大淵撰
寧古塔紀略一卷 〔清〕吴桭臣撰
元儒考略四卷 〔明〕馮從吾撰
少陽集十卷 〔宋〕陳東撰
第三集
雙溪醉隱集六卷 〔元〕耶律鑄撰 〔清〕李文田箋
楊忠愍公集五卷首一卷末一卷 〔明〕楊繼盛撰
元親征録一卷(缺) 〔清〕何秋濤校正 〔清〕李文田、沈曾植校注
第四集
陶菴集二十二卷首一卷末一卷 〔明〕黄淳耀撰
穀簾學吟一卷(缺) 〔明〕黄淵耀撰
第五集
崇禎五十宰相傳一卷(缺) 〔清〕曹溶撰
崇禎内閣行略一卷閣臣年表一卷(缺) 〔明〕陳盟撰

積學齋叢書十九種附一種 268—2

徐乃昌輯

清光緒十九年(1893)南陵徐乃昌刻本 十六册

鈐有“南洋大學圖書館藏書”印。

子目：
周易考占一卷　〔清〕金榜撰
尚書伸孔篇一卷　〔清〕焦廷琥撰
韓詩内傳徵四卷叙録二卷　〔清〕宋綿初撰
周禮故書考一卷　〔清〕程際盛撰
周官禮經注正誤一卷　〔清〕張宗泰撰
冕服考四卷　〔清〕焦廷琥撰
孟子七篇諸國年表二卷　〔清〕張宗泰撰
爾雅注疏本正誤五卷　〔清〕張宗泰撰
説文徐氏新補附考證一卷　〔清〕錢大昭撰
方言箋疏十三卷　〔清〕錢繹撰
補續漢書藝文志二卷　〔清〕錢大昭撰
後漢郡國令長考一卷　〔清〕錢大昭撰
水經釋地八卷　〔清〕孔繼涵撰
劉更生年表一卷　〔清〕梅毓撰
管子義證八卷　〔清〕洪頤煊撰
臨川答問一卷　〔清〕李聯琇撰　〔清〕劉壽曾録
同度記一卷　〔清〕孔繼涵撰
增廣新術二卷　〔清〕羅士琳撰
炳燭室雜文一卷　〔清〕江藩撰
附
南陵縣建置沿革表一卷　徐乃昌撰
又一部　十六册　　9100.83 3134

積學齋叢書二十種　　268
徐乃昌輯
清光緒間南陵徐氏刻本　二十册
鈐有"南洋大學圖書館藏書"印。
子目：
周易考占一卷　〔清〕金榜撰
韓詩内傳徵四卷叙録二卷　〔清〕宋綿初撰
尚書伸孔篇一卷　〔清〕焦廷琥撰
周禮故書考一卷　〔清〕程際盛撰
周官禮經注正誤一卷　〔清〕張宗泰撰
冕服考四卷　〔清〕焦廷琥撰
孟子七篇諸國年表二卷　〔清〕張宗泰撰
爾雅注疏本正誤五卷　〔清〕張宗泰撰
説文徐氏新補附考證一卷　〔清〕錢大昭撰
方言箋疏十三卷　〔清〕錢繹撰
補續漢書藝文志二卷　〔清〕錢大昭撰
後漢郡國令長考一卷　〔清〕錢大昭撰
水經釋地八卷　〔清〕孔繼涵撰
劉更生年表一卷　〔清〕梅毓撰
管子義證八卷　〔清〕洪頤煊撰
臨川答問一卷　〔清〕李聯琇撰　〔清〕劉壽曾録
同度記一卷　〔清〕孔繼涵撰
增廣新術二卷　〔清〕羅士琳撰
炳燭室雜文一卷　〔清〕江藩撰
錦瑟集一卷　徐乃昌撰

鄦齋叢書二十種　　9100.83 1349
徐乃昌編

清光緒二十六年(1900)南陵徐氏校刻本　十六册

子目:

周易諸卦合象考一卷　〔清〕任雲倬撰

周易互體卦變考一卷　〔清〕任雲倬撰

易經象類一卷　〔清〕丁晏撰

盧氏禮記解詁一卷　〔漢〕盧植撰　〔清〕臧庸輯

蔡氏月令章句二卷　〔漢〕蔡邕撰　〔清〕臧庸輯

夏小正分箋四卷　〔清〕黄模撰

鄭氏三禮目録一卷　〔漢〕鄭玄撰　〔清〕臧庸輯

何休注訓論語述一卷　〔清〕劉恭冕撰

爾雅小箋三卷　〔清〕江藩撰

鄭氏六藝論一卷　〔漢〕鄭玄撰　〔清〕臧琳輯　〔清〕臧庸補輯

經考五卷　〔清〕戴震撰

説文諧聲孳生述一卷　〔清〕陳立撰

隸通二卷　〔清〕錢慶曾撰

續方言又補二卷　徐乃昌撰

後漢儒林傳補逸一卷續一卷　〔清〕田普光撰　徐乃昌續

唐折衝府考四卷　〔清〕勞經原撰

中州金石目録八卷　〔清〕楊鐸撰

讀書小記二卷　〔清〕焦廷琥撰

漢氾勝之遺書一卷　〔漢〕氾勝之撰　〔清〕宋葆淳輯

焦里堂先生軼文一卷　徐乃昌校録

又一部　十二册　269/1—46

鈐有"南洋大學圖書館藏書"印。

隨庵徐氏叢書十種　9100.83 1119

徐乃昌輯

清光緒三十四年(1908)刻本　十二册

子目:

詞林韻釋一卷

吴越春秋十卷　〔漢〕趙曄撰

金石例十卷　〔元〕潘昂霄撰

中朝故事一卷　〔南唐〕尉遲偓撰

雲仙散録十卷　〔唐〕馮贄撰

述異記二卷　〔南朝梁〕任昉撰

離騷集傳一卷　〔宋〕錢杲之撰

唐女郎魚玄機詩一卷　〔唐〕魚玄機撰

篋中集一卷　〔唐〕元結輯

樂府新編陽春白雪前集五卷後集五卷　〔元〕楊朝英撰

懷豳雜俎十二種　9100.83 1244

徐乃昌輯

清宣統三年(1911)刻本　八册

子目:

崔府君祠録一卷　〔清〕鄭烺輯

瓊琚譜三卷　〔清〕姜紹書輯

我信録二卷　〔清〕羅聘撰

花部農譚一卷　〔清〕焦循撰

兩般秋雨庵詩選一卷　〔清〕梁紹壬撰

張家口至烏里雅蘇臺竹枝詞一卷　〔清〕志鋭撰

無益有益齋論畫詩二卷　〔清〕李葆恂撰

梡鞠録二卷　〔清〕朱祖謀編

念宛齋詞鈔一卷　〔清〕左輔撰

海漚漁唱一卷 〔清〕吴豐本撰
雲起軒詞鈔一卷 〔清〕文廷式撰
新聲譜一卷 〔清〕朱和羲輯
又一部 八册 270
鈐有“南洋大學圖書館藏書”印。

聚學軒叢書六十種 9100.83 3114
〔清〕劉世珩輯
清光緒二十九年(1903)貴池劉氏校刻本 一百册
子目:
經部
周易通論月令二卷 〔清〕姚配中撰
周易虞氏略例一卷 〔清〕李鋭撰
周易倚數録二卷附圖一卷 〔清〕楊履泰撰
讀易漢學私記一卷 〔清〕陳壽熊撰
晚書訂疑三卷 〔清〕程廷祚撰
尚書義考二卷 〔清〕戴震撰
尚書隸古定釋文八卷附録經文二卷 〔清〕李遇孫撰 (經文)〔宋〕薛季宣撰
毛詩草木鳥獸蟲魚疏校正二卷 〔清〕趙佑撰
宫室考一卷 〔清〕任啓運撰
周禮補注六卷 〔清〕吕飛鵬撰
左傳杜注辨證六卷 〔清〕張聰咸撰
春秋三家異文覈一卷 〔清〕朱駿聲撰
春秋亂賊考一卷 〔清〕朱駿聲撰
晋泰始笛律匡謬一卷 〔清〕凌廷堪撰
古經天象考十二卷圖志一卷 〔清〕雷學淇撰
四書是訓十五卷 〔清〕劉逢禄撰
四書拾義五卷 〔清〕胡紹勳撰
説文述誼二卷 〔清〕毛際盛撰
説文解字通正十四卷 〔清〕潘奕雋撰
説文管見三卷 〔清〕胡秉虔撰
説文辨疑一卷 〔清〕顧廣圻撰
小爾雅義證十三卷 〔清〕胡承珙撰
周秦名字解詁補一卷 〔清〕王萱齡撰
史部
國志蒙拾二卷 〔清〕郭麐撰
竹書紀年校補二卷 〔清〕張宗泰撰
周公年表一卷 〔清〕牟庭撰
讀史札記一卷附論學札説十則 〔清〕盧文弨撰
盛京疆域考六卷 〔清〕楊同桂、孫宗翰撰
元耶律文正公西遊録略注補一卷 〔清〕李文田注 〔清〕范壽金補
南江書録一卷 〔清〕邵晋涵撰
古墨齋金石跋六卷 〔清〕趙紹祖撰
安徽金石略十卷 〔清〕趙紹祖撰
涇川金石記一卷 〔清〕趙紹祖撰
鐵橋金石跋四卷 〔清〕嚴可均撰
金石萃編補目三卷 〔清〕黄本驥撰
元碑存目一卷 〔清〕黄本驥撰
金石文字辨異十二卷 〔清〕邢澍撰
隋唐石刻拾遺二卷 〔清〕黄本驥撰
括蒼金石志補遺四卷 〔清〕鄒柏森撰
南村帖考四卷 〔清〕程文榮撰
子部
松崖筆記三卷 〔清〕惠棟撰

九曜齋筆記三卷 〔清〕惠棟撰
經史質疑録二卷 〔清〕張聰咸撰
質疑删存三卷 〔清〕張宗泰撰
太玄闡秘十卷 〔清〕陳本禮撰
歲星表一卷 〔清〕朱駿聲撰
衡齋算學七卷 〔清〕汪萊撰
開方之分還原術一卷 〔清〕宋景昌撰
弧矢算術細草圖解一卷 〔清〕李鋭撰 〔清〕馮桂芬解
意林注五卷補遺一卷 〔清〕周廣業撰
丙辰札記一卷 〔清〕章學誠撰
瑟榭叢談一卷 〔清〕沈濤撰
交翠軒筆記四卷 〔清〕沈濤撰
聚星札記一卷 〔清〕尚鎔撰
古柏齋讀書雜識一卷 〔清〕王家文撰
退餘叢話二卷 〔清〕鮑倚雲撰
集部
文選箋證三十二卷 〔清〕胡紹煐撰
松崖文鈔二卷 〔清〕惠棟撰
清白士集校補四卷 〔清〕蔡雲撰
落帆樓文集剩稿二卷 〔清〕沈垚撰
又一部 一百册 265/1—100

三十三種叢書 227/1—80

〔清〕崇文書局輯
清光緒三年(1877)湖北崇文書局刻本 八十册
子目:
周易姚氏學十六卷首一卷 〔清〕姚配中撰
韓詩外傳十卷 〔漢〕韓嬰撰
周書十卷附録周書逸文一卷 〔清〕朱右曾集訓校釋
尚書大傳四卷考異一卷補遺一卷續補遺一卷 〔漢〕伏勝撰 〔漢〕鄭玄注 〔清〕盧文弨補遺並考異
春秋繁露十七卷首一卷 〔漢〕董仲舒撰
左傳舊疏考正八卷 〔清〕劉文淇撰
儀禮古今文疏義十七卷 〔清〕胡承珙撰
相臺書塾刊正九經三傳沿革例一卷 〔宋〕岳珂撰
隋經籍志考證十三卷 〔清〕章宗源撰
刊謬正俗八卷 〔唐〕顔師古撰
御覽闕史二卷 題〔唐〕參寥子撰
鑒戒録十卷 〔後蜀〕何光遠撰
高士傳三卷 〔晋〕皇甫謐撰
古列女傳八卷 〔漢〕劉向撰 〔明〕黄魯曾贊
水經注四十卷首一卷 〔漢〕桑欽撰 〔北魏〕酈道元注
今水經一卷表一卷 〔清〕黄宗羲撰
葬經内篇一卷 〔晋〕郭璞撰
黄帝宅經二卷
酉陽雜俎二十卷續集十卷 〔唐〕段成式撰
涑水紀聞十六卷補遺一卷 〔宋〕司馬光撰
世説新語六卷 〔南朝宋〕劉義慶撰 〔南朝梁〕劉孝標注
老學庵筆記十卷 〔宋〕陸游撰
意林五卷 〔唐〕馬總撰
人譜正篇一卷續篇一卷三篇一卷

〔明〕劉宗周撰

人譜類記增訂六卷 〔明〕劉宗周撰

淮南天文訓補注二卷 〔清〕錢塘撰

楚辭集注八卷辯證二卷 〔宋〕朱熹撰

離騷集傳一卷 〔宋〕錢杲之撰

離騷草木疏四卷 〔宋〕吴仁傑撰

離騷箋二卷 〔清〕龔景瀚撰

文心雕龍十卷 〔南朝梁〕劉勰撰

又一部 八十册 227/1—80

鈐有"南洋大學圖書館藏書"印。

集虚草堂叢書甲集九種 281/1—24

〔清〕李國松輯

清光緒三十至三十二年(1904—1906)合肥李氏刻本 二十四册

子目:

周易費氏學八卷叙録一卷 〔清〕馬其昶撰

尚書誼略二十八卷叙録一卷 〔清〕姚永樸撰

中庸篇義一卷 〔清〕馬其昶撰

左忠毅公年譜定本二卷 〔清〕馬其昶撰

莊子故八卷 〔清〕馬其昶撰

屈賦微二卷 〔清〕馬其昶撰

道旁散人集五卷附録一卷 〔清〕李孚青撰

敦艮吉齋文鈔四卷詩存二卷 〔清〕徐子苓撰

鄭東父遺書六卷 〔清〕鄭杲撰

又一部 二十四册 9100.83 3144

正覺樓叢刻二十九種 9100.83 3374

〔清〕崇文書局輯

清光緒間湖北崇文書局刻本 三十册

子目:

西京雜記二卷 〔漢〕劉歆撰

括地志八卷 〔唐〕李泰等撰 〔清〕孫星衍輯

兩京新記存一卷(卷三) 〔唐〕韋述撰

李嶠雜咏二卷 〔唐〕李嶠撰

龍經疑龍三卷撼龍統説一卷 〔唐〕楊益撰 〔清〕甘福校

樂書要録存三卷(卷五至卷七) 〔唐〕武后撰

譚子化書六卷 〔南唐〕譚峭撰

指南後録三卷 〔宋〕文天祥撰

酌中志餘二卷 〔明〕劉若愚撰

風角書八卷 〔清〕張爾岐撰

擬瑟譜一卷 〔清〕邵嗣堯撰

人海記二卷 〔清〕查慎行編 〔清〕張士寬校刊

律吕新義四卷附録一卷 〔清〕江永撰

樂府傳聲二卷 〔清〕徐大椿撰

二林居集二卷 〔清〕彭紹升撰

三國志辨疑三卷 〔清〕錢大昭撰

後漢郡國令長考一卷 〔清〕錢大昭撰

律吕臆説一卷 〔清〕徐養原撰

管色考一卷 〔清〕徐養原撰

笛律圖注一卷 〔清〕徐養原撰

三國職官表三卷 〔清〕洪飴孫述

周官指掌五卷 〔清〕莊有可撰
紀事約言二卷 〔清〕夏勤埔撰
舊唐書疑義四卷 〔清〕張道撰
臨安旬制紀三卷 〔清〕張道撰
全浙詩話刊誤一卷 〔清〕張道撰
禮記天算釋一卷 〔清〕孔廣牧撰
三國紀年表一卷 〔清〕周嘉猷撰
五代紀年表一卷 〔清〕周嘉猷撰

又一部 三十二册 228/1—32

鈐有“南洋大學圖書館藏書”印。

學海堂叢刻十二種 9110 1144

清光緒三年(1877)、光緒十二年(1886)廣州鎔經鑄史齋刻本 十四册

子目:
第一函
石畫記五卷 〔清〕阮元撰
供冀小言一卷 〔清〕林伯桐撰
聽松廬詩略二卷 〔清〕張維屏撰 〔清〕陳澧編
續三十五舉一卷 〔清〕黄子高撰
讀律提綱一卷 〔清〕楊榮緒撰
桐花閣詞鈔一卷 〔清〕吴蘭修撰
第二函
周禮注疏小箋五卷 〔清〕曾釗撰
面城樓集鈔四卷 〔清〕曾釗撰 〔清〕陳璞編
磨甋齋文存一卷 〔清〕張杓撰
止齋文鈔二卷 〔清〕馬福安撰
樂志堂文略四卷附録一卷 〔清〕譚瑩撰
是汝師齋遺詩一卷 〔清〕朱次琦撰

湖洲叢書十二種 9110 1349

〔清〕陸心源輯

清光緒間湖城義塾刻本 二十四册

子目:
周官故書考四卷 〔清〕徐養原撰
論語魯讀考一卷 〔清〕徐養原撰
儀禮古今文異同五卷 〔清〕徐養原撰
爾雅匡名二十卷 〔清〕嚴元照撰
娱親雅言六卷 〔清〕嚴元照撰
悔庵學文八卷補遺一卷 〔清〕嚴元照撰
柯家山館遺詩六卷詞三卷 〔清〕嚴元照撰
秋室集十卷 〔清〕楊鳳苞撰
禮耕堂叢説一卷 〔清〕施國祁撰
史論五答一卷 〔清〕施國祁撰
吉貝居暇唱一卷 〔清〕施國祁撰
澤雅堂文集八卷 〔清〕施補華撰

國粹叢書三集五十種 9100.83 3442

〔清〕國學保存會編

清光緒三十三年(1907)上海國學保存會鉛印本 十一册

鈐有“昕明”印。

子目:
李氏焚書六卷 〔明〕李贄撰
顔氏學記十卷 〔清〕戴望撰
顔習齋先生年譜二卷 〔清〕李塨纂 〔清〕王源訂 〔清〕黄節、鄧實校録
瘳忘編二卷附續論一卷 〔清〕李塨撰 〔清〕黄節、鄧實校録
李恕谷先生年譜五卷 〔清〕馮辰纂

吕用晦文集八卷 〔清〕吕留良撰
廣陽雜記三卷 〔清〕劉獻廷撰
張蒼水全集十二卷(缺卷八至卷十二) 〔明〕張煌言撰
戴褐夫集一卷 〔清〕戴名世撰
續甬上耆舊詩集一百四十卷(存卷一至卷十六) 〔清〕全祖望選
按:館藏存十種。

硯雲甲編八種 9100.81 5500

〔清〕金忠淳輯
清光緒間上海申報館鉛印本 四册
子目:
都公譚纂二卷 〔明〕都穆撰
明良記一卷 〔明〕楊儀述
北牕瑣語一卷 〔明〕余永麟撰
顧曲雜言一卷 〔明〕沈德符撰
南中紀聞一卷 〔明〕包汝楫撰
耳新八卷 〔明〕鄭仲夔撰
屏居十二課一卷 〔明〕黄景昉撰
夢憶一卷 〔明〕張岱撰

輯佚之屬

漢魏遺書鈔一百八種 417/1—20

〔清〕王謨輯
清嘉慶三年(1798)西齋刻本 二十册
鈐有"南洋大學圖書館藏書"印。
子目:
經翼第一册
歸藏一卷附連山易一卷 〔晉〕薛貞注
九家易解一卷附九師道訓一卷 〔漢〕荀爽撰
孟氏章句一卷 〔漢〕孟喜撰
京氏易傳一卷 〔漢〕京房撰
易飛侯一卷 〔漢〕京房撰
易洞林一卷 〔晉〕郭璞撰
易元包一卷 〔北周〕衛元嵩撰
尚書大傳一卷 〔漢〕伏勝撰
尚書注一卷 〔漢〕馬融撰
今文尚書説一卷 〔漢〕歐陽高撰
古文尚書疏一卷 〔隋〕顧彪撰
洪範五行傳一卷 〔漢〕劉向撰
尚書中候一卷 〔漢〕鄭玄撰
百兩篇一卷 〔漢〕張霸撰
尚書亡篇序一卷 〔南朝梁〕劉叔嗣撰
韓詩内傳一卷 〔漢〕韓嬰撰
韓詩翼要一卷 〔漢〕侯苞撰
魯詩傳一卷附齊詩一卷 〔漢〕申培撰
毛詩譜一卷 〔漢〕鄭玄撰
毛詩譜注一卷 〔三國吴〕徐整撰
毛詩拾遺一卷 〔晉〕郭璞撰
毛詩異同評一卷 〔晉〕孫毓撰
毛詩序義一卷 〔南朝宋〕周續之撰
毛詩答雜問一卷附毛詩提綱一卷 〔三國魏〕劉楨撰
毛詩箋音義證一卷附毛詩義問一卷 〔北魏〕劉芳撰
毛詩義疏一卷 〔南朝梁〕沈重撰
經翼第二册
三禮目録一卷 〔漢〕鄭玄撰
三禮義宗一卷 〔南朝梁〕崔靈恩撰
三禮圖一卷 〔漢〕阮諶撰
五禮駁一卷 〔晉〕孫毓撰

周官傳一卷　〔漢〕馬融撰
周官禮注一卷　〔晋〕干寶撰
喪服經傳一卷　〔漢〕馬融撰
喪服變除一卷　〔漢〕戴德撰
喪服變除圖一卷　〔三國吴〕射慈撰
喪服要記一卷　〔三國魏〕王肅撰
喪服經傳略注一卷　〔南朝宋〕雷次宗撰
喪服釋疑一卷　〔晋〕劉智撰
小戴禮記注一卷　〔漢〕盧植撰
禮記音義隱一卷　〔三國吴〕射慈撰
月令章句一卷　〔漢〕蔡邕撰
明堂月令論一卷　〔漢〕蔡邕撰
四民月令一卷　〔漢〕崔實撰
魯禮禘祫志一卷　〔漢〕鄭玄撰
禮統一卷　〔南朝梁〕賀述撰
禮論一卷　〔晋〕何承天撰
石渠禮論一卷　〔漢〕戴聖撰
漢禮器制度一卷附漢制度一卷　〔漢〕叔孫通撰　(漢制度)〔漢〕胡廣撰
問禮俗一卷　〔三國魏〕董勛撰
皇覽逸禮一卷　〔三國魏〕繆襲撰
王度記一卷　〔北齊〕淳于髠撰
謚法一卷　〔南朝梁〕賀琛撰
樂經一卷　題〔漢〕陽成子長撰
樂元語一卷　〔漢〕劉德撰
古今樂録一卷　〔南朝陳〕釋智匠撰
樂論一卷　〔晋〕阮籍撰
鐘律書一卷　〔漢〕劉歆撰
琴清英一卷　〔漢〕揚雄撰
琴操一卷　〔漢〕蔡邕撰
歌録一卷
經翼第三册
春秋釋例一卷　〔漢〕潁容撰
春秋决事一卷　〔漢〕董仲舒撰
春秋長曆一卷　〔晋〕杜預撰
春秋盟會圖一卷　〔漢〕嚴彭祖撰
春秋土地名一卷　〔晋〕京相璠撰
春秋左氏傳解詁一卷　〔漢〕賈逵撰
春秋左氏傳解誼四卷　〔漢〕服虔撰
賈服異同略一卷　〔晋〕孫毓撰
春秋左氏傳述義一卷　〔隋〕劉炫撰
規過一卷　〔隋〕劉炫撰
難杜一卷　〔北魏〕衛冀隆撰
左氏膏肓一卷　〔漢〕何休撰
穀梁廢疾一卷　〔漢〕何休撰
公羊墨守一卷　〔漢〕何休撰
春秋公羊穀梁傳解詁一卷　〔晋〕劉兆撰
穀梁傳注一卷　〔三國魏〕糜信撰
穀梁傳例一卷　〔晋〕范甯撰
答薄叔玄問穀梁義一卷　〔晋〕范甯撰
春秋後傳一卷　〔晋〕樂資撰
春秋後語一卷　〔晋〕孔衍撰
國語注一卷　〔漢〕賈逵撰
世本二卷　〔漢〕宋衷注
經翼第四册
論語注一卷　〔漢〕鄭玄撰
孔子弟子目録一卷　〔漢〕鄭玄撰
論語義疏一卷　〔南朝梁〕皇侃撰
論語隱義一卷
逸論語一卷
孝經傳一卷　〔周〕魏斯撰
孝經注一卷　〔漢〕鄭玄撰
孝經内事一卷　〔隋〕劉炫撰
孝經述義一卷　〔隋〕劉炫撰

爾雅注一卷　題〔漢〕犍爲舍人撰
爾雅圖贊一卷　〔晋〕郭璞撰
孟子注一卷　〔漢〕劉熙撰
孟子章指一卷　〔漢〕趙岐撰
五經通義一卷　〔漢〕劉向撰
五經通論一卷　〔晋〕束晳撰
五經異義一卷　〔漢〕許慎撰
五經要義一卷　〔南朝宋〕雷次宗撰
五經然否論一卷　〔三國蜀〕譙周撰
五經鉤沉一卷　〔晋〕楊方撰
五經析疑一卷　〔三國魏〕邯鄲綽撰
五經疑問一卷　〔北魏〕房景先撰
七經義綱一卷　〔北周〕樊深撰
七經詩一卷　〔晋〕傅咸撰
六藝論一卷　〔漢〕鄭玄撰
聖證論一卷　〔三國魏〕王肅撰
石經一卷　〔漢〕蔡邕撰

通德遺書所見録十九種　1401/1—4

〔漢〕鄭玄撰　〔清〕孔廣林輯

清光緒十六年(1890)山東書局刻本　四册

鈐有"南洋大學圖書館藏書"印。

子目：
六藝論一卷
周易注十二卷
尚書注十卷
尚書中候注六卷
尚書大傳注四卷
毛詩譜一卷
三禮目録一卷
答周禮難一卷
魯禮禘祫義一卷
喪服變除一卷
箴左氏膏肓一卷
發公羊墨守一卷
釋穀梁廢疾一卷
論語注十卷
論語篇目弟子一卷
駁五經異義十卷
鄭志八卷
孝經注一卷
敘録一卷

又一部　四册　1401/1—4

又二部　四册　1401/1—4

鄭氏佚書二十二種附録一種　1400/1—8

〔漢〕鄭玄撰　〔清〕袁鈞輯

清光緒十四年(1888)浙江書局刻本　八册

鈐有"瞿氏補書堂所藏""南洋大學圖書館藏書"印。

子目：
易注九卷
尚書注九卷
尚書中候注一卷
尚書大傳注三卷
尚書五行傳注一卷
尚書略説注一卷
詩譜三卷
三禮目録一卷
喪服變除一卷
魯禮禘祫義一卷
答臨碩難禮一卷
箴膏肓一卷
釋廢疾一卷
發墨守一卷
春秋傳服氏注十二卷

孝經注一卷
論語注十卷
孔子弟子目録一卷
駁五經異義十卷
六藝論一卷
鄭志八卷
鄭記一卷
附録
鄭君紀年一卷
又一部 八册 1400/1—8
鈐有“南洋大學圖書館藏書”印。
又二部 十册 141 3959

二酉堂叢書二十一種 9108 5544
〔清〕張澍輯
清道光元年(1821)二酉堂刻本 十二册
鈐有“無錫鄒氏藏書”印。
子目:
司馬法一卷 〔清〕張澍輯
子夏易傳一卷 〔清〕張澍輯
世本五卷 〔漢〕宋衷注 〔清〕張澍輯注
三輔决録二卷 〔漢〕趙岐纂 〔晉〕摯虞注
皇甫司農集一卷 〔漢〕皇甫規撰
張太常集一卷 〔漢〕張奂撰
段太尉集一卷 〔漢〕段熲撰
周生烈子一卷 〔三國魏〕周生烈纂
漢皇德傳一卷 〔漢〕侯瑾纂
風俗通姓氏篇一卷 〔漢〕應劭纂
三秦記一卷 〔清〕張澍輯
三輔舊事一卷 〔清〕張澍輯
三輔故事一卷 〔清〕張澍輯
十三州志一卷 〔北魏〕闞駰纂
凉州記一卷 〔北凉〕段龜龍纂
凉州異物志一卷 〔清〕張澍輯
西河舊事一卷 〔清〕張澍輯
西河記一卷 〔晉〕喻歸纂
沙州記一卷 〔南朝宋〕段國纂
陰常侍詩集一卷 〔南朝陳〕陰鏗撰
李尚書詩集一卷 〔唐〕李益撰
又一部 八册 9108 5544
又二部 十二册 418/1—12
鈐有“南洋大學圖書館藏書”印。

十種古逸書 9108 9335
〔清〕茆泮林輯
清道光二十二年(1842)梅瑞軒刻本 四册
子目:
世本十五篇 〔漢〕宋衷注
楚漢春秋九篇 〔漢〕陸賈撰
古孝子傳十篇 〔清〕茆泮林輯
伏侯古今注一卷附補遺一卷又補遺一卷 〔清〕茆泮林輯
淮南萬畢術一卷 〔漢〕劉安撰
計然萬物録一卷 〔清〕茆泮林輯
三輔决録一卷 〔漢〕趙岐撰 〔晉〕摯虞注
司馬彪莊子注一卷 〔晉〕司馬彪撰
元中記一卷附補遺一卷
唐明皇御刊定禮記月令一卷 〔唐〕玄宗李隆基撰 〔唐〕李林甫等注
又一部 四册 419/1—4
鈐有“南洋大學圖書館藏書”印。

玉函山房輯佚書六百十四種附一種

9108 5196

〔清〕馬國翰輯

清光緒九年(1883)長沙嫏嬛館補校刻本　八十册

子目：

經編

易類六十六種

連山一卷附諸家論説

歸藏一卷附諸家論説

周易子夏傳二卷　〔周〕卜商撰

周易薛氏記一卷　〔□〕薛虞撰

周易蔡氏易説一卷　〔漢〕蔡景君撰

周易丁氏易傳二卷　〔漢〕丁寬撰

周易韓氏易傳二卷　〔漢〕韓嬰撰

周易古五子易傳一卷

周易淮南九師道訓一卷　〔漢〕劉安撰

周易施氏章句一卷　〔漢〕施讎撰

周易孟氏章句二卷　〔漢〕孟喜撰

周易梁丘氏章句一卷　〔漢〕梁丘賀撰

周易京氏章句一卷　〔漢〕京房撰

費氏易一卷　〔漢〕費直撰

費氏易林一卷　〔漢〕費直撰

周易分野一卷　〔漢〕費直撰

周易馬氏傳三卷　〔漢〕馬融撰

周易劉氏章句一卷　〔漢〕劉表撰

周易宋氏注一卷　〔漢〕宋衷撰

周易荀氏注一卷　〔漢〕荀爽撰

周易陸氏述三卷　〔漢〕陸績撰

周易王氏注二卷　〔三國魏〕王肅撰

周易王氏音一卷　〔三國魏〕王肅撰

周易何氏解一卷　〔三國魏〕何晏撰

周易董氏章句一卷　〔三國魏〕董遇撰

周易姚氏注一卷　〔三國吴〕姚信撰

周易翟氏義一卷　〔□〕翟玄撰

周易向氏義一卷　〔晋〕向秀撰

周易統略一卷　〔晋〕鄒湛撰

周易卦序論一卷　〔晋〕楊乂撰

周易張氏義一卷　〔晋〕張軌撰

周易張氏集解一卷　〔晋〕張璠撰

周易干氏注三卷　〔晋〕干寶撰

周易王氏注一卷　〔晋〕王廙撰

周易蜀才注一卷　〔三國蜀〕范長生撰

周易黄氏注一卷　〔晋〕黄穎撰

周易徐氏音一卷　〔晋〕徐邈撰

周易李氏音一卷　〔晋〕李軌撰

易象妙於見形論一卷　〔晋〕孫盛撰

周易繫辭桓氏注一卷　〔晋〕桓玄撰

周易繫辭荀氏注一卷　〔南朝宋〕荀柔之撰

周易繫辭明氏注一卷　〔南朝齊〕明僧紹撰

周易沈氏要略一卷　〔南朝齊〕沈驎士撰

周易劉氏義疏一卷　〔南朝齊〕劉瓛撰

周易大義一卷　〔南朝梁〕武帝蕭衍撰

周易伏氏集解一卷　〔南朝梁〕伏曼容撰

周易褚氏講疏一卷　〔南朝梁〕褚仲都撰

周易周氏義疏一卷　〔南朝陳〕周宏正撰

附
周易本傳一卷
周易張氏講疏一卷 〔南朝陳〕張譏撰
周易何氏講疏一卷 〔隋〕何妥撰
周易姚氏注一卷 〔三國吴〕姚信撰
周易崔氏注一卷 〔□〕崔覲撰
周易傅氏注一卷
周易盧氏注一卷
周易王氏注一卷 〔□〕王凱冲撰
周易王氏義一卷 〔□〕王嗣宗撰
周易朱氏義一卷 〔□〕朱仰之撰
周易莊氏義一卷
周易侯氏注一卷 〔□〕侯果撰
周易探元三卷 〔唐〕崔憬撰
周易元義一卷 〔唐〕李淳風撰
周易新論傳疏一卷 〔唐〕陰宏道撰
周易新義一卷 〔唐〕徐鄖撰
易纂一卷 〔唐〕釋一行撰
周易劉氏注一卷 〔北魏〕劉昞撰
尚書類十二種
今文尚書一卷
古文尚書三卷
尚書歐陽章句一卷 〔漢〕歐陽生撰
尚書大夏侯章句一卷 〔漢〕夏侯勝撰
尚書小夏侯章句一卷 〔漢〕夏侯建撰
尚書馬氏傳四卷 〔漢〕馬融撰
尚書王氏注二卷 〔三國魏〕王肅撰
古文尚書音一卷 〔晋〕徐邈撰
尚書舜典注一卷 〔晋〕范甯撰
尚書劉氏義疏一卷 〔隋〕劉焯撰
尚書述義一卷 〔隋〕劉炫撰
尚書顧氏疏一卷 〔隋〕顧彪撰
詩類三十二種
魯詩故三卷 〔漢〕申培撰
齊詩傳二卷 〔漢〕后蒼撰
韓詩故二卷 〔漢〕韓嬰撰
韓詩内傳一卷 〔漢〕韓嬰撰
韓詩説一卷 〔漢〕韓嬰撰
薛君韓詩章句二卷 〔漢〕薛漢撰
韓詩翼要一卷 〔漢〕侯苞撰
毛詩馬氏注一卷 〔漢〕馬融撰
毛詩義問一卷 〔三國魏〕劉楨撰
毛詩王氏注四卷 〔三國魏〕王肅撰
毛詩義鉤一卷 〔三國魏〕王肅撰
毛詩奏事一卷 〔三國魏〕王肅撰
毛詩問難一卷 〔三國魏〕王肅撰
毛詩鉤一卷 〔三國魏〕王基撰
毛詩答雜問一卷 〔三國吴〕韋昭等撰
毛詩譜暢一卷 〔三國吴〕徐整撰
毛詩異同評三卷 〔晋〕孫毓撰
難孫氏毛詩評一卷 〔晋〕陳統撰
毛詩拾遺一卷 〔晋〕郭璞撰
毛詩徐氏音一卷 〔晋〕徐邈撰
毛詩序義疏一卷 〔南朝齊〕劉瓛等撰
毛詩周氏注一卷 〔南朝宋〕周續之撰
毛詩十五國風義一卷 〔南朝梁〕簡文帝蕭綱撰
毛詩隱義一卷 〔南朝梁〕何胤撰
集注毛詩一卷 〔南朝梁〕崔靈恩撰
毛詩舒氏義疏二卷 〔□〕舒援撰
毛詩沈氏義疏一卷 〔北周〕沈重撰
毛詩箋音義證一卷 〔北魏〕劉芳撰

毛詩述義一卷 〔隋〕劉炫撰
毛詩草蟲經一卷
毛詩題綱一卷
施氏詩説一卷 〔唐〕施士丐撰
周官禮類十三種
周禮鄭大夫解詁一卷 〔漢〕鄭興撰
周禮鄭司農解詁六卷 〔漢〕鄭衆撰
周禮杜氏注二卷 〔漢〕杜子春撰
周禮賈氏解詁一卷 〔漢〕賈逵撰
周官傳一卷 〔漢〕馬融撰
周禮鄭氏音一卷 〔漢〕鄭玄撰
周官禮干氏注一卷 〔晋〕干寶撰
周禮徐氏音一卷 〔晋〕徐邈撰
周禮李氏音一卷 〔晋〕李軌撰
周禮聶氏音一卷 題〔晋〕聶氏撰
周官禮義疏一卷 〔北周〕沈重撰
周禮劉氏音一卷 〔□〕劉宗昌撰
周禮戚氏音一卷 〔南朝陳〕戚衮撰
儀禮二十七種
大戴喪服變除一卷 〔漢〕戴德撰
冠禮約制一卷 〔漢〕何休撰
婚禮謁文一卷 〔漢〕鄭衆撰
喪服經傳馬氏注一卷 〔漢〕馬融撰
鄭氏喪服變除一卷 〔漢〕鄭玄撰
新定禮一卷 〔漢〕劉表撰
喪服經傳王氏注一卷 〔三國魏〕王肅撰
王氏喪服要記一卷 〔三國魏〕王肅撰
喪服變除圖一卷 〔三國吴〕射慈撰
喪服要集一卷 〔晋〕杜預撰
喪服經傳袁氏注一卷 〔晋〕袁準撰
集注喪服經傳一卷 〔晋〕孔倫撰
喪服經傳陳氏注一卷 〔晋〕陳銓撰
喪服釋疑一卷 〔晋〕劉智撰
蔡氏喪服譜一卷 〔晋〕蔡謨撰
賀氏喪服譜一卷 〔晋〕賀循撰
葬禮一卷 〔晋〕賀循撰
喪服要記一卷 〔晋〕賀循撰
喪服要記注一卷 〔□〕謝徽撰
葛氏喪服變除一卷 〔晋〕葛洪撰
凶禮一卷 〔晋〕孔衍撰
集注喪服經傳一卷 〔南朝宋〕裴松之撰
略注喪服經傳一卷 〔南朝宋〕雷次宗撰
喪服難問一卷 〔南朝宋〕崔凱撰
喪服古今集記一卷 〔南朝齊〕王儉撰
周氏喪服注一卷 〔南朝宋〕周續之撰
喪服世行要記一卷 〔南朝齊〕王逡之撰
禮記類十九種
禮記馬氏注一卷 〔漢〕馬融撰
禮記盧氏注一卷 〔漢〕盧植撰
禮傳一卷 〔漢〕荀爽撰
月令章句一卷 〔漢〕蔡邕撰
月令問答一卷 〔漢〕蔡邕撰
禮記王氏注二卷 〔三國魏〕王肅撰
禮記孫氏注一卷 〔三國魏〕孫炎撰
禮記音義隱一卷 〔□〕謝□撰
禮記范氏音一卷 〔晋〕范宣撰
禮記徐氏音三卷 〔晋〕徐邈撰
禮記劉氏音一卷 〔晋〕劉昌宗撰
禮記略解一卷 〔南朝宋〕庾蔚之撰
禮記隱義一卷 〔南朝梁〕何胤撰
禮記新義疏一卷 〔南朝梁〕賀瑒撰

禮記皇氏義疏四卷 〔南朝梁〕皇侃撰
禮記沈氏義疏一卷 〔北周〕沈重撰
禮記義證一卷 〔北魏〕劉芳撰
禮記熊氏義疏四卷 〔北周〕熊安生撰
禮記外傳一卷 〔唐〕成伯璵撰
通禮類二十三種
石渠禮論一卷 〔漢〕戴聖撰
魯禮禘祫志一卷 〔漢〕鄭玄撰
三禮圖一卷 〔漢〕鄭玄等撰
問禮俗一卷 〔三國魏〕董勛撰
雜祭法一卷 〔晋〕盧諶撰
祭典一卷 〔晋〕范汪撰
後養議一卷 〔晋〕干寶撰
禮雜問一卷 〔晋〕范甯撰
雜禮議一卷 〔晋〕吴商撰
禮論答問一卷 〔南朝宋〕徐廣撰
禮論一卷 〔南朝宋〕何承天撰
禮論條牒一卷 〔南朝宋〕任預撰
禮義答問一卷 〔南朝齊〕王儉撰
禮論鈔略一卷 〔南朝齊〕荀萬秋撰
禮統一卷 〔南朝梁〕賀述撰
禮疑義一卷 〔南朝梁〕周捨撰
三禮義宗四卷 〔南朝梁〕崔靈恩撰
釋疑論一卷 〔唐〕元行冲撰
禮論難一卷 〔晋〕范宣撰
逆降義一卷 〔南朝宋〕顔延之撰
明堂制度論一卷 〔北魏〕李謐撰
梁氏三禮圖一卷 〔□〕梁正撰
張氏三禮圖一卷 〔唐〕張鎰撰
樂類十三種
樂經一卷
樂記一卷
樂元語一卷 〔漢〕劉德撰
琴清英一卷 〔漢〕揚雄撰
鐘律書一卷 〔漢〕劉歆撰
樂社大義一卷 〔南朝梁〕武帝蕭衍撰
古今樂録一卷 〔南朝陳〕釋智匠撰
樂書一卷 〔北魏〕信都芳撰
樂部一卷
琴歷一卷
樂律義一卷 〔北周〕沈重撰
樂譜集解一卷 〔隋〕蕭吉撰
琴書一卷 〔唐〕趙惟暕撰
春秋類四十六種
春秋大傳一卷
春秋決事一卷 〔漢〕董仲舒撰
公羊嚴氏春秋一卷 〔漢〕嚴彭祖撰
春秋公羊顔氏記一卷 〔漢〕顔安樂撰
春秋穀梁傳尹氏章句一卷 〔漢〕尹更始撰
春秋穀梁傳説一卷 〔漢〕劉向撰
春秋左傳劉氏注一卷 〔漢〕劉歆撰
春秋牒例章句一卷 〔漢〕鄭衆撰
春秋左氏傳解詁二卷 〔漢〕賈逵撰
春秋左氏長經章句一卷 〔漢〕賈逵撰
春秋三傳異同説一卷 〔漢〕馬融撰
解疑論一卷 〔漢〕戴宏撰
春秋公羊文謚例一卷 〔漢〕何休撰
春秋左氏傳解誼四卷 〔漢〕服虔撰
春秋成長説一卷 〔漢〕服虔撰
春秋左氏膏肓釋痾一卷 〔漢〕服虔撰
春秋釋例一卷 〔漢〕潁容撰

左氏奇説一卷 〔漢〕彭汪撰
春秋左傳許氏注一卷 〔漢〕許淑撰
春秋左氏經傳章句一卷 〔三國魏〕董遇撰
春秋左傳王氏注一卷 〔三國魏〕王肅撰
春秋左傳嵇氏音一卷 〔三國魏〕嵇康撰
春秋穀梁傳糜氏注一卷 〔三國魏〕糜信撰
春秋公羊穀梁傳解詁一卷 〔晋〕劉兆撰
春秋左氏傳義注一卷 〔晋〕孫毓撰
春秋公羊穀梁二傳評一卷 〔晋〕江熙撰
春秋穀梁傳徐氏注一卷 〔晋〕徐乾撰
春秋土地名一卷 〔晋〕京相璠撰
春秋穀梁傳注義一卷 〔晋〕徐邈撰
春秋左傳徐氏音一卷 〔晋〕徐邈撰
春秋左氏函傳義一卷 〔晋〕干寶撰
答薄叔玄問穀梁義一卷 〔晋〕范甯撰
春秋穀梁傳鄭氏説一卷 〔晋〕鄭嗣撰
春秋左氏經傳義略一卷 〔南朝陳〕沈文阿撰
續春秋左氏經傳義略一卷 〔南朝陳〕王元規撰
春秋傳駁一卷 〔北魏〕賈思同撰 〔北魏〕秦道静述
春秋左氏傳義疏一卷 〔□〕蘇寬撰
春秋述義二卷 〔隋〕劉炫撰
春秋規過二卷 〔隋〕劉炫撰
春秋攻昧一卷 〔隋〕劉炫撰
春秋景天記一卷
春秋集傳一卷 〔唐〕啖助撰
春秋闡微纂類義統一卷 〔唐〕趙匡撰
春秋通例一卷 〔唐〕陸希聲撰
春秋折衷論一卷 〔唐〕陳嶽撰
春秋例統一卷 〔唐〕啖助撰
國語類六種
國語章句一卷 〔漢〕鄭衆撰
國語解詁二卷 〔漢〕賈逵撰
國語虞氏注一卷 〔三國吴〕虞翻撰
國語唐氏注一卷 〔三國吴〕唐固撰
國語孔氏注一卷 〔晋〕孔晁撰
國語音一卷
孝經類十六種
孝經傳一卷 〔周〕魏斯撰
孝經后氏説一卷 〔漢〕后蒼撰
孝經安昌侯説一卷 〔漢〕張禹撰
孝經長孫氏説一卷 題〔漢〕長孫氏撰
孝經王氏解一卷 〔三國魏〕王肅撰
孝經解贊一卷 〔三國吴〕韋昭撰
孝經殷氏注一卷 〔晋〕殷仲文撰
集解孝經一卷 〔晋〕謝萬撰
齊永明諸王孝經講義一卷
孝經劉氏説一卷 〔南朝齊〕劉瓛撰
孝經義疏一卷 〔南朝梁〕武帝蕭衍撰
孝經嚴氏注一卷 〔南朝梁〕嚴植之撰
孝經皇氏義疏一卷 〔南朝梁〕皇侃撰
古文孝經述義一卷 〔隋〕劉炫撰

御注孝經疏一卷　〔唐〕元行冲撰
孝經訓注一卷　〔唐〕魏真己撰
論語類四十一種
古論語十卷
齊論語一卷
論語孔氏訓解十一卷　〔漢〕孔安國撰
論語包氏章句二卷　〔漢〕包咸撰
論語周氏章句一卷　題〔漢〕周氏撰
論語馬氏訓説二卷　〔漢〕馬融撰
論語鄭氏注十卷　〔漢〕鄭玄撰
論語孔子弟子目録一卷　〔漢〕鄭玄撰
論語陳氏義説一卷　〔三國魏〕陳群撰
論語王氏説一卷　〔三國魏〕王朗撰
論語王氏義説一卷　〔三國魏〕王肅撰
論語周生氏義説一卷　〔三國魏〕周生烈撰
論語釋疑一卷　〔三國魏〕王弼撰
論語譙氏注一卷　〔三國蜀〕譙周撰
論語衛氏集注一卷　〔晋〕衛瓘撰
論語旨序一卷　〔晋〕繆播撰
論語繆氏説一卷　〔晋〕繆協撰
論語體略一卷　〔晋〕郭象撰
論語欒氏釋疑一卷　〔晋〕欒肇撰
論語虞氏贊注一卷　〔晋〕虞喜撰
論語庾氏釋一卷　〔晋〕庾翼撰
論語李氏集注二卷　〔晋〕李充撰
論語范氏注一卷　〔晋〕范甯撰
論語孫氏集注一卷　〔晋〕孫綽撰
論語梁氏注一卷　〔晋〕梁覬撰
論語袁氏注一卷　〔晋〕袁喬撰
論語江氏集解二卷　〔晋〕江熙撰
論語殷氏解一卷　〔晋〕殷仲堪撰
論語張氏注一卷　〔晋〕張憑撰
論語蔡氏注一卷　〔晋〕蔡謨撰
論語顔氏説一卷　〔南朝宋〕顔延之撰
論語琳公説一卷　〔南朝宋〕釋慧琳撰
論語沈氏訓注一卷　〔南朝齊〕沈驎士撰
論語顧氏注一卷　〔南朝齊〕顧歡撰
論語梁武帝注一卷　〔南朝梁〕武帝蕭衍撰
論語太史氏集解一卷　〔南朝梁〕太史叔明撰
論語褚氏義疏一卷　〔南朝梁〕褚仲都撰
論語沈氏注一卷　〔□〕沈峭撰
論語熊氏説一卷　〔□〕熊埋撰
論語隱義注一卷
孔子三朝記一卷
孟子類九種
孟子章指二卷篇叙一卷　〔漢〕趙岐撰
孟子程氏章句一卷　〔漢〕程曾撰
孟子高氏章句一卷　〔漢〕高誘撰
孟子劉氏注一卷　〔漢〕劉熙撰
孟子鄭氏注一卷　〔漢〕鄭玄撰
孟子綦毋氏注一卷　〔晋〕綦毋邃撰
孟子陸氏注一卷　〔唐〕陸善經撰
孟子張氏音義一卷　〔唐〕張鎰撰
孟子丁氏手音一卷　〔唐〕丁公著撰
爾雅類十三種
爾雅犍爲文學注三卷　〔漢〕郭舍

人撰
爾雅劉氏注一卷 〔漢〕劉歆撰
爾雅樊氏注一卷 〔漢〕樊光撰
爾雅李氏注三卷 〔漢〕李巡撰
爾雅孫氏注三卷 〔三國魏〕孫炎撰
爾雅孫氏音一卷 〔三國魏〕孫炎撰
爾雅音義一卷 〔晉〕郭璞撰
爾雅圖贊一卷 〔晉〕郭璞撰
集注爾雅一卷 〔南朝梁〕沈旋撰
爾雅施氏音一卷 〔南朝陳〕施乾撰
爾雅謝氏音一卷 〔南朝陳〕謝嶠撰
爾雅顧氏音一卷 〔南朝陳〕顧野王撰
爾雅裴氏注一卷 〔唐〕裴瑜撰
五經總類十種
五經通義一卷 〔漢〕劉向撰
五經要義一卷 〔南朝宋〕雷次宗撰
六藝論一卷 〔漢〕鄭玄撰
五經然否論一卷 〔三國蜀〕譙周撰
聖證論一卷 〔三國魏〕王肅撰
五經通論一卷 〔晉〕東晳撰
五經鈎沉一卷 〔晉〕楊方撰
五經大義一卷 〔晉〕戴逵撰
六經略注一卷 〔北魏〕常爽撰
七經義綱一卷 〔北周〕樊深撰
緯書類四十種
尚書中候三卷 〔漢〕鄭玄注
尚書緯璇璣鈐一卷 〔漢〕鄭玄注
尚書緯考靈曜一卷 〔漢〕鄭玄注
尚書緯刑德放一卷 〔漢〕鄭玄注
尚書緯帝命驗一卷 〔漢〕鄭玄注
尚書緯運期授一卷 〔漢〕鄭玄注
詩緯推度灾一卷 〔三國魏〕宋均注
詩緯汜歷樞一卷 〔三國魏〕宋均注
詩緯含神霧一卷 〔三國魏〕宋均注
禮緯含文嘉一卷 〔三國魏〕宋均注
禮緯稽命徵一卷 〔三國魏〕宋均注
禮緯斗威儀一卷 〔三國魏〕宋均注
樂緯動聲儀一卷 〔三國魏〕宋均注
樂緯稽耀嘉一卷 〔三國魏〕宋均注
樂緯葉圖徵一卷 〔三國魏〕宋均注
春秋緯文耀鉤一卷 〔三國魏〕宋均注
春秋緯運斗樞一卷 〔三國魏〕宋均注
春秋緯感精符一卷 〔三國魏〕宋均注
春秋緯合誠圖一卷 〔三國魏〕宋均注
春秋緯考異郵一卷 〔三國魏〕宋均注
春秋緯保乾圖一卷 〔三國魏〕宋均注
春秋緯漢含孳一卷 〔三國魏〕宋均注
春秋緯佐助期一卷 〔三國魏〕宋均注
春秋緯握誠圖一卷 〔三國魏〕宋均注
春秋緯潛潭巴一卷 〔三國魏〕宋均注
春秋緯説題辭一卷 〔三國魏〕宋均注
春秋緯演孔圖一卷 〔三國魏〕宋均注
春秋緯元命苞一卷 〔三國魏〕宋均注
春秋命歷序一卷 〔三國魏〕宋均注

春秋内事一卷 〔三國魏〕宋均注
孝經緯援神契一卷 〔三國魏〕宋均注
孝經緯鉤命訣一卷 〔三國魏〕宋均注
孝經中契一卷 〔三國魏〕宋均注
孝經左契一卷 〔三國魏〕宋均注
孝經右契一卷 〔三國魏〕宋均注
孝經内事圖一卷 〔三國魏〕宋均注
孝經章句一卷 〔三國魏〕宋均注
孝經雌雄圖一卷 〔三國魏〕宋均注
孝經古秘一卷 〔三國魏〕宋均注
論語讖八卷 〔三國魏〕宋均注
小學類四十七種
史籀篇一卷 〔周〕太史籀撰
蒼頡篇一卷 〔秦〕李斯等撰
凡將篇一卷 〔漢〕司馬相如撰
訓纂篇一卷 〔漢〕揚雄撰
蒼頡訓詁一卷 〔漢〕杜林撰
三蒼一卷 〔秦〕李斯等撰
古文官書一卷 〔漢〕衛宏撰
雜字指一卷 〔漢〕郭訓撰
勸學篇一卷 〔漢〕蔡邕撰
通俗文一卷 〔漢〕服虔撰
埤蒼一卷 〔三國魏〕張揖撰
古今字詁一卷 〔三國魏〕張揖撰
雜字一卷 〔三國魏〕張揖撰
雜字解詁一卷 〔三國魏〕周成撰
聲類一卷 〔三國魏〕李登撰
廣蒼一卷 〔南朝梁〕樊恭撰
辨釋名一卷 〔三國吴〕韋昭撰
異字一卷 〔三國吴〕朱育撰
始學篇一卷 〔三國吴〕項竣撰
草書狀一卷 〔晋〕索靖撰
發蒙記一卷 〔晋〕束晳撰
啓蒙記一卷 〔晋〕顧愷之撰
韻集一卷 〔晋〕吕静撰
字指一卷 〔晋〕李彤撰
四體書勢一卷 〔晋〕衛恒撰
要用字苑一卷 〔晋〕葛洪撰
演説文一卷 〔□〕庾儼默撰
字統一卷 〔北魏〕楊承慶撰
纂文一卷 〔南朝宋〕何承天撰
庭誥一卷 〔南朝宋〕顔延之撰
纂要一卷 〔南朝宋〕顔延之撰
纂要一卷 〔南朝梁〕元帝蕭繹撰
文字集略一卷 〔南朝梁〕阮孝緒撰
古今文字表一卷 〔北魏〕江式撰
韻略一卷 〔北齊〕楊休之撰
桂苑珠叢一卷 〔隋〕諸葛穎撰
文字指歸一卷 〔隋〕曹憲撰
四聲五音九弄反紐圖一卷 〔唐〕釋神珙撰
分毫字樣一卷
漢石經尚書一卷
漢石經魯詩一卷
漢石經儀禮一卷
漢石經公羊一卷
漢石經論語一卷
三字石經尚書一卷
三字石經春秋一卷
詁幼一卷 〔南朝宋〕顔延之撰
史編
雜史類五種
古文瑣語一卷
帝王要略一卷 〔三國吴〕環濟撰
三五曆記一卷 〔三國吴〕徐整撰
年曆一卷 〔晋〕皇甫謐撰

汲冢書鈔一卷 〔晋〕束皙撰
雜傳類二種
聖賢高士傳一卷 〔三國魏〕嵇康撰
鑒戒象贊一卷 〔北魏〕常景撰
目録類一種
七略别録一卷 〔漢〕劉向撰
子編
儒家類五十六種
漆雕子一卷 題〔周〕漆雕氏撰
宓子一卷 〔周〕宓不齊撰
景子一卷 題〔周〕景氏撰
世子一卷 〔周〕世碩撰
魏文侯書一卷 〔周〕魏斯撰
李克書一卷 〔周〕李克撰
公孫尼子一卷 〔周〕公孫尼撰
内業一卷 〔周〕管仲撰
讕言一卷 〔周〕孔穿撰
甯子一卷 〔周〕甯越撰
王孫子一卷 題〔□〕王孫氏撰
李氏春秋一卷
董子一卷 〔周〕董無心撰
徐子一卷 題〔周〕徐氏撰
魯連子一卷 〔周〕魯仲連撰
虞氏春秋一卷 〔周〕虞卿撰
平原君書一卷 〔漢〕朱建撰
劉敬書一卷 〔漢〕劉敬撰
至言一卷 〔漢〕賈山撰
河間獻王書一卷 〔漢〕劉德撰
兒寬書一卷 〔漢〕兒寬撰
公孫弘書一卷 〔漢〕公孫弘撰
終軍書一卷 〔漢〕終軍撰
吾邱壽王書一卷 〔漢〕吾邱壽王撰
正部論一卷 〔漢〕王逸撰
仲長子昌言二卷 〔漢〕仲長統撰
魏子一卷 〔漢〕魏朗撰
諸葛武侯集成一卷 〔三國蜀〕諸葛亮撰
周生子要論一卷 〔三國魏〕周生烈撰
王子正論一卷 〔三國魏〕王肅撰
去伐論一卷 〔晋〕袁宏撰
杜氏體論一卷 〔三國魏〕杜恕撰
王氏新書一卷 〔三國魏〕王基撰
周子一卷 〔三國吴〕周昭撰
顧子新語一卷 〔三國吴〕顧譚撰
典語一卷 〔三國吴〕陸景撰
通語一卷 〔三國吴〕殷基撰
譙子法訓一卷 〔三國蜀〕譙周撰
袁子正論二卷 〔晋〕袁準撰
袁子正書一卷 〔晋〕袁準撰
孫氏成敗志一卷 〔晋〕孫毓撰
古今通論一卷 〔晋〕王嬰撰
化清經一卷 〔晋〕蔡洪撰
夏侯子新論一卷 〔晋〕夏侯湛撰
太元經一卷 〔晋〕楊泉撰
華氏新論一卷 〔晋〕華譚撰
梅子新論一卷 題〔晋〕梅氏撰
志林新書一卷 〔晋〕虞喜撰
廣林一卷 〔晋〕虞喜撰
釋滯一卷 〔晋〕虞喜撰
通疑一卷 〔晋〕虞喜撰
干子一卷 〔晋〕干寶撰
顧子義訓一卷 〔晋〕顧夷撰
讀書記一卷 〔隋〕王劭撰
嚴助書一卷 〔漢〕嚴助撰
厲學一卷 〔晋〕虞溥撰
農家類九種
神農書一卷

野老書一卷
范子計然三卷 〔周〕范蠡撰
養魚經一卷 〔周〕陶朱公撰
尹都尉書一卷 題〔漢〕尹氏撰
氾勝之書二卷 〔漢〕氾勝之撰
蔡癸書一卷 〔漢〕蔡癸撰
養羊法一卷 〔漢〕卜式撰
家政法一卷
道家類十七種
伊尹書一卷 〔商〕伊摯撰
辛甲書一卷 〔周〕辛甲撰
公子牟子 〔周〕魏牟撰
田子一卷 〔周〕田駢撰
老萊子一卷 〔周〕老萊子撰
黔婁子一卷 〔周〕黔婁先生撰
鄭長者書一卷 〔周〕鄭長者撰
任子道論一卷 〔三國魏〕任嘏撰
洞極真經一卷 〔北魏〕關朗撰
唐子一卷 〔三國吴〕唐滂撰
蘇子一卷 〔晋〕蘇彦撰
陸子一卷 〔晋〕陸雲撰
杜氏幽求新書一卷 〔晋〕杜夷撰
孫子一卷 〔晋〕孫綽撰
苻子一卷 〔晋〕苻朗撰
少子一卷 〔南朝齊〕張融撰
夷夏論一卷 〔南朝齊〕顧歡撰
法家類七種
申子一卷 〔周〕申不害撰
鼂氏新書一卷 〔漢〕鼂錯撰
崔氏政論一卷 〔漢〕崔寔撰
劉氏政論一卷 〔三國魏〕劉廙撰
阮子政論一卷 〔三國魏〕阮武撰
世要論一卷 〔三國魏〕桓範撰
陳子要言一卷 〔三國吴〕陳融撰
名家類二種
惠子一卷 〔周〕惠施撰
士緯一卷 〔三國吴〕姚信撰
墨家類五種
史佚書一卷 〔周〕尹佚撰
田俅子一卷 〔周〕田俅撰
隋巢子一卷 〔周〕隋巢子撰
胡非子一卷 〔周〕胡非子撰
纏子一卷 〔周〕纏子撰
縱横家類七種
蘇子一卷 〔周〕蘇秦撰
闕子一卷 題〔周〕闕氏撰
蒯子一卷 〔漢〕蒯通撰
鄒陽書一卷 〔漢〕鄒陽撰
主父偃書一卷 〔漢〕主父偃撰
徐樂書一卷 〔漢〕徐樂撰
嚴安書一卷 〔漢〕嚴安撰
雜家類十九種
由余書一卷 〔周〕由余撰
博物記一卷 〔漢〕唐蒙撰
伏侯古今注一卷 〔漢〕伏無忌撰
蔣子萬機論一卷 〔三國魏〕蔣濟撰
篤論一卷 〔三國魏〕杜恕撰
鄒子一卷 題〔晋〕鄒氏撰
諸葛子一卷 〔三國吴〕諸葛恪撰
默記一卷 〔三國吴〕張儼撰
裴氏新言一卷 〔三國吴〕裴玄撰
新義一卷 〔三國吴〕劉廞撰
秦子一卷 〔三國吴〕秦菁撰
析言論一卷 〔晋〕張顯撰
時務論一卷 〔晋〕楊偉撰
廣志二卷 〔晋〕郭義恭撰
陸氏要覽一卷 〔晋〕陸機撰
古今善言一卷 〔南朝宋〕范泰撰

文釋一卷 〔南朝宋〕江邃撰
要雅一卷 〔南朝梁〕劉杳撰
俗説一卷 〔南朝梁〕沈約撰
小説家類八種
青史子一卷
宋子一卷 〔周〕宋鈃撰
裴子語林二卷 〔晋〕裴啓撰
笑林一卷 〔三國魏〕邯鄲淳撰
郭子一卷 〔晋〕郭澄之撰
元中記一卷 題〔□〕郭氏撰
齊諧記一卷 〔南朝宋〕東陽無疑撰
水飾一卷 〔隋〕杜寶撰
天文類八種
泰階六符經一卷
五殘雜變星書一卷
靈憲一卷 〔漢〕張衡撰
渾儀一卷 〔漢〕張衡撰
昕天論一卷 〔三國吴〕姚信撰
安天論一卷 〔晋〕虞喜撰
穹天論一卷 〔晋〕虞聳撰
未央術一卷
陰陽類三種
宋司星子韋書一卷
鄒子一卷 〔周〕鄒衍撰
陰陽書一卷 〔唐〕吕才撰
五行類八種
太史公素王妙論一卷 〔漢〕司馬遷撰
瑞應圖一卷 〔南朝梁〕孫柔之撰
白澤圖一卷
天鏡一卷
地鏡一卷
地鏡圖一卷
夢雋一卷 〔唐〕柳燦撰
雜五行書一卷
雜占類二種
請雨止雨書一卷
易洞林三卷補遺一卷 〔晋〕郭璞撰
藝術類二種
藝經一卷 〔三國魏〕邯鄲淳撰
投壺變一卷 〔晋〕虞潭撰
補遺二十種
經編
易類
周易劉氏注一卷 〔北魏〕劉昞撰
周官禮類
周官禮異同評一卷 〔晋〕陳邵撰
儀禮類
周氏喪服注一卷 〔南朝宋〕周續之撰
喪服世行要記一卷 〔南朝齊〕王逡之撰
通禮類
禮論難一卷 〔晋〕范宣撰
逆降義一卷 〔南朝宋〕顔延之撰
明堂制度論一卷 〔北魏〕李謐撰
梁氏三禮圖一卷 〔□〕梁正撰
張氏三禮圖一卷 〔唐〕張鎰撰
春秋類
春秋例統一卷 〔唐〕啖助撰
國語章句一卷 〔漢〕鄭衆撰
國語解詁二卷 〔漢〕賈逵撰
春秋外傳國語虞氏注一卷 〔三國吴〕虞翻撰
春秋外傳國語唐氏注一卷 〔三國吴〕唐固撰
春秋外傳國語孔氏注一卷 〔晋〕孔晁撰

國語音一卷
論語類
孔子三朝記一卷
小學類
詁幼一卷 〔南朝宋〕顔延之撰
子編
儒家類
嚴助書一卷 〔漢〕嚴助撰
厲學一卷 〔晉〕虞溥撰
附
目耕帖三十一卷 〔清〕馬國翰撰

玉函山房輯佚書六百十四種附一種

420/1—80

〔清〕馬國翰輯

清光緒十年(1884)楚南書局重刻本八十册

子目:
經編
易類六十六種
連山一卷附諸家論説
歸藏一卷附諸家論説
周易子夏傳二卷 〔周〕卜商撰
周易薛氏記一卷 〔□〕薛虞撰
周易蔡氏易説一卷 〔漢〕蔡景君撰
周易丁氏易傳二卷 〔漢〕丁寬撰
周易韓氏易傳二卷 〔漢〕韓嬰撰
周易古五子易傳一卷
周易淮南九師道訓一卷 〔漢〕劉安撰
周易施氏章句一卷 〔漢〕施讐撰
周易孟氏章句二卷 〔漢〕孟喜撰
周易梁丘氏章句一卷 〔漢〕梁丘賀撰
周易京氏章句一卷 〔漢〕京房撰
費氏易一卷 〔漢〕費直撰
費氏易林一卷 〔漢〕費直撰
周易分野一卷 〔漢〕費直撰
周易馬氏傳三卷 〔漢〕馬融撰
周易劉氏章句一卷 〔漢〕劉表撰
周易宋氏注一卷 〔漢〕宋衷撰
周易荀氏注一卷 〔漢〕荀爽撰
周易陸氏述三卷 〔漢〕陸績撰
周易王氏注二卷 〔三國魏〕王肅撰
周易王氏音一卷 〔三國魏〕王肅撰
周易何氏解一卷 〔三國魏〕何晏撰
周易董氏章句一卷 〔三國魏〕董遇撰
周易姚氏注一卷 〔三國吴〕姚信撰
周易翟氏義一卷 〔□〕翟玄撰
周易向氏義一卷 〔晉〕向秀撰
周易統略一卷 〔晉〕鄒湛撰
周易卦序論一卷 〔晉〕楊乂撰
周易張氏義一卷 〔晉〕張軌撰
周易張氏集解一卷 〔晉〕張璠撰
周易干氏注三卷 〔晉〕干寶撰
周易王氏注一卷 〔晉〕王廙撰
周易蜀才注一卷 〔三國蜀〕范長生撰
周易黄氏注一卷 〔晉〕黄穎撰
周易徐氏音一卷 〔晉〕徐邈撰
周易李氏音一卷 〔晉〕李軌撰
易象妙於見形論一卷 〔晉〕孫盛撰
周易繫辭桓氏注一卷 〔晉〕桓玄撰
周易繫辭荀氏注一卷 〔南朝宋〕荀柔之撰
周易繫辭明氏注一卷 〔南朝齊〕明僧紹撰

周易沈氏要略一卷 〔南朝齊〕沈驎士撰
周易劉氏義疏一卷 〔南朝齊〕劉瓛撰
周易大義一卷 〔南朝梁〕武帝蕭衍撰
周易伏氏集解一卷 〔南朝梁〕伏曼容撰
周易褚氏講疏一卷 〔南朝梁〕褚仲都撰
周易周氏義疏一卷 〔南朝陳〕周宏正撰
附
周易本傳一卷
周易張氏講疏一卷 〔南朝陳〕張譏撰
周易何氏講疏一卷 〔隋〕何妥撰
周易姚氏注一卷 〔三國吴〕姚信撰
周易崔氏注一卷 〔□〕崔覲撰
周易傅氏注一卷
周易盧氏注一卷
周易王氏注一卷 〔□〕王凱冲撰
周易王氏義一卷 〔□〕王嗣宗撰
周易朱氏義一卷 〔□〕朱仰之撰
周易莊氏義一卷
周易侯氏注一卷 〔□〕侯果撰
周易探元三卷 〔唐〕崔憬撰
周易元義一卷 〔唐〕李淳風撰
周易新論傳疏一卷 〔唐〕陰宏道撰
周易新義一卷 〔唐〕徐鄖撰
易纂一卷 〔唐〕釋一行撰
周易劉氏注一卷 〔北魏〕劉昞撰
尚書類十二種
今文尚書一卷
古文尚書三卷
尚書歐陽章句一卷 〔漢〕歐陽生撰
尚書大夏侯章句一卷 〔漢〕夏侯勝撰
尚書小夏侯章句一卷 〔漢〕夏侯建撰
尚書馬氏傳四卷 〔漢〕馬融撰
尚書王氏注二卷 〔三國魏〕王肅撰
古文尚書音一卷 〔晋〕徐邈撰
尚書舜典注一卷 〔晋〕范甯撰
尚書劉氏義疏一卷 〔隋〕劉焯撰
尚書述義一卷 〔隋〕劉炫撰
尚書顧氏疏一卷 〔隋〕顧彪撰
詩類三十二種
魯詩故三卷 〔漢〕申培撰
齊詩傳二卷 〔漢〕后蒼撰
韓詩故二卷 〔漢〕韓嬰撰
韓詩内傳一卷 〔漢〕韓嬰撰
韓詩説一卷 〔漢〕韓嬰撰
薛君韓詩章句二卷 〔漢〕薛漢撰
韓詩翼要一卷 〔漢〕侯苞撰
毛詩馬氏注一卷 〔漢〕馬融撰
毛詩義問一卷 〔三國魏〕劉楨撰
毛詩王氏注四卷 〔三國魏〕王肅撰
毛詩義駒一卷 〔三國魏〕王肅撰
毛詩奏事一卷 〔三國魏〕王肅撰
毛詩問難一卷 〔三國魏〕王肅撰
毛詩駒一卷 〔三國魏〕王基撰
毛詩答雜問一卷 〔三國吴〕韋昭等撰
毛詩譜暢一卷 〔三國吴〕徐整撰
毛詩異同評三卷 〔晋〕孫毓撰
難孫氏毛詩評一卷 〔晋〕陳統撰
毛詩拾遺一卷 〔晋〕郭璞撰

毛詩徐氏音一卷 〔晋〕徐邈撰
毛詩序義疏一卷 〔南朝齊〕劉瓛等撰
毛詩周氏注一卷 〔南朝宋〕周續之撰
毛詩十五國風義一卷 〔南朝梁〕簡文帝蕭綱撰
毛詩隱義一卷 〔南朝梁〕何胤撰
集注毛詩一卷 〔南朝梁〕崔靈恩撰
毛詩舒氏義疏二卷 〔□〕舒援撰
毛詩沈氏義疏一卷 〔北周〕沈重撰
毛詩箋音義證一卷 〔北魏〕劉芳撰
毛詩述義一卷 〔隋〕劉炫撰
毛詩草蟲經一卷
毛詩題綱一卷
施氏詩説一卷 〔唐〕施士丐撰
周官禮類十三種
周禮鄭大夫解詁一卷 〔漢〕鄭興撰
周禮鄭司農解詁六卷 〔漢〕鄭衆撰
周禮杜氏注二卷 〔漢〕杜子春撰
周禮賈氏解詁一卷 〔漢〕賈逵撰
周官傳一卷 〔漢〕馬融撰
周禮鄭氏音一卷 〔漢〕鄭玄撰
周官禮干氏注一卷 〔晋〕干寶撰
周禮徐氏音一卷 〔晋〕徐邈撰
周禮李氏音一卷 〔晋〕李軌撰
周禮聶氏音一卷 題〔晋〕聶氏撰
周官禮義疏一卷 〔北周〕沈重撰
周禮劉氏音一卷 〔□〕劉宗昌撰
周禮戚氏音一卷 〔南朝陳〕戚衮撰
儀禮二十七種
大戴喪服變除一卷 〔漢〕戴德撰
冠禮約制一卷 〔漢〕何休撰
婚禮謁文一卷 〔漢〕鄭衆撰
喪服經傳馬氏注一卷 〔漢〕馬融撰
鄭氏喪服變除一卷 〔漢〕鄭玄撰
新定禮一卷 〔漢〕劉表撰
喪服經傳王氏注一卷 〔三國魏〕王肅撰
王氏喪服要記一卷 〔三國魏〕王肅撰
喪服變除圖一卷 〔三國吴〕射慈撰
喪服要集一卷 〔晋〕杜預撰
喪服經傳袁氏注一卷 〔晋〕袁準撰
集注喪服經傳一卷 〔晋〕孔倫撰
喪服經傳陳氏注一卷 〔晋〕陳銓撰
喪服釋疑一卷 〔晋〕劉智撰
蔡氏喪服譜一卷 〔晋〕蔡謨撰
賀氏喪服譜一卷 〔晋〕賀循撰
葬禮一卷 〔晋〕賀循撰
喪服要記一卷 〔晋〕賀循撰
喪服要記注一卷 〔□〕謝徽撰
葛氏喪服變除一卷 〔晋〕葛洪撰
凶禮一卷 〔晋〕孔衍撰
集注喪服經傳一卷 〔南朝宋〕裴松之撰
略注喪服經傳一卷 〔南朝宋〕雷次宗撰
喪服難問一卷 〔南朝宋〕崔凱撰
喪服古今集記一卷 〔南朝齊〕王儉撰
周氏喪服注一卷 〔南朝宋〕周續之撰
喪服世行要記一卷 〔南朝齊〕王逡之撰
禮記類十九種
禮記馬氏注一卷 〔漢〕馬融撰
禮記盧氏注一卷 〔漢〕盧植撰

禮傳一卷 〔漢〕荀爽撰
月令章句一卷 〔漢〕蔡邕撰
月令問答一卷 〔漢〕蔡邕撰
禮記王氏注二卷 〔三國魏〕王肅撰
禮記孫氏注一卷 〔三國魏〕孫炎撰
禮記音義隱一卷 〔□〕謝□撰
禮記范氏音一卷 〔晋〕范宣撰
禮記徐氏音三卷 〔晋〕徐邈撰
禮記劉氏音一卷 〔晋〕劉昌宗撰
禮記略解一卷 〔南朝宋〕庾蔚之撰
禮記隱義一卷 〔南朝梁〕何胤撰
禮記新義疏一卷 〔南朝梁〕賀瑒撰
禮記皇氏義疏四卷 〔南朝梁〕皇侃撰
禮記沈氏義疏一卷 〔北周〕沈重撰
禮記義證一卷 〔北魏〕劉芳撰
禮記熊氏義疏四卷 〔北周〕熊安生撰
禮記外傳一卷 〔唐〕成伯璵撰
通禮類二十三種
石渠禮論一卷 〔漢〕戴聖撰
魯禮禘祫志一卷 〔漢〕鄭玄撰
三禮圖一卷 〔漢〕鄭玄等撰
問禮俗一卷 〔三國魏〕董勛撰
雜祭法一卷 〔晋〕盧諶撰
祭典一卷 〔晋〕范汪撰
後養議一卷 〔晋〕干寶撰
禮雜問一卷 〔晋〕范甯撰
雜禮議一卷 〔晋〕吴商撰
禮論答問一卷 〔南朝宋〕徐廣撰
禮論一卷 〔南朝宋〕何承天撰
禮論條牒一卷 〔南朝宋〕任預撰
禮義答問一卷 〔南朝齊〕王儉撰
禮論鈔略一卷 〔南朝齊〕荀萬秋撰
禮統一卷 〔南朝梁〕賀述撰
禮疑義一卷 〔南朝梁〕周捨撰
三禮義宗四卷 〔南朝梁〕崔靈恩撰
釋疑論一卷 〔唐〕元行冲撰
禮論難一卷 〔晋〕范宣撰
逆降義一卷 〔南朝宋〕顔延之撰
明堂制度論一卷 〔北魏〕李謐撰
梁氏三禮圖一卷 〔□〕梁正撰
張氏三禮圖一卷 〔唐〕張鎰撰
樂類十三種
樂經一卷
樂記一卷
樂元語一卷 〔漢〕劉德撰
琴清英一卷 〔漢〕揚雄撰
鐘律書一卷 〔漢〕劉歆撰
樂社大義一卷 〔南朝梁〕武帝蕭衍撰
古今樂録一卷 〔南朝陳〕釋智匠撰
樂書一卷 〔北魏〕信都芳撰
樂部一卷
琴歷一卷
樂律義一卷 〔北周〕沈重撰
樂譜集解一卷 〔隋〕蕭吉撰
琴書一卷 〔唐〕趙惟暕撰
春秋類四十六種
春秋大傳一卷
春秋决事一卷 〔漢〕董仲舒撰
公羊嚴氏春秋一卷 〔漢〕嚴彭祖撰
春秋公羊顔氏記一卷 〔漢〕顔安樂撰
春秋穀梁傳尹氏章句一卷 〔漢〕尹更始撰
春秋穀梁傳説一卷 〔漢〕劉向撰
春秋左傳劉氏注一卷 〔漢〕劉歆撰

春秋牒例章句一卷 〔漢〕鄭衆撰
春秋左氏傳解詁二卷 〔漢〕賈逵撰
春秋左氏長經章句一卷 〔漢〕賈逵撰
春秋三傳異同説一卷 〔漢〕馬融撰
解疑論一卷 〔漢〕戴宏撰
春秋公羊文謚例一卷 〔漢〕何休撰
春秋左氏傳解誼四卷 〔漢〕服虔撰
春秋成長説一卷 〔漢〕服虔撰
春秋左氏膏肓釋痾一卷 〔漢〕服虔撰
春秋釋例一卷 〔漢〕潁容撰
左氏奇説一卷 〔漢〕彭汪撰
春秋左傳許氏注一卷 〔漢〕許淑撰
春秋左氏經傳章句一卷 〔三國魏〕董遇撰
春秋左傳王氏注一卷 〔三國魏〕王肅撰
春秋左傳嵇氏音一卷 〔三國魏〕嵇康撰
春秋穀梁傳麋氏注一卷 〔三國魏〕麋信撰
春秋公羊穀梁傳解詁一卷 〔晉〕劉兆撰
春秋左氏傳義注一卷 〔晉〕孫毓撰
春秋公羊穀梁二傳評一卷 〔晉〕江熙撰
春秋穀梁傳徐氏注一卷 〔晉〕徐乾撰
春秋土地名一卷 〔晉〕京相璠撰
春秋穀梁傳注義一卷 〔晉〕徐邈撰
春秋左傳徐氏音一卷 〔晉〕徐邈撰
春秋左氏函傳義一卷 〔晉〕干寶撰
答薄叔玄問穀梁義一卷 〔晉〕范甯撰
春秋穀梁傳鄭氏説一卷 〔晉〕鄭嗣撰
春秋左氏經傳義略一卷 〔南朝陳〕沈文阿撰
續春秋左氏經傳義略一卷 〔南朝陳〕王元規撰
春秋傳駁一卷 〔北魏〕賈思同撰 〔北魏〕秦道静述
春秋左氏傳義疏一卷 〔□〕蘇寬撰
春秋述義二卷 〔隋〕劉炫撰
春秋規過二卷 〔隋〕劉炫撰
春秋攻昧一卷 〔隋〕劉炫撰
春秋景天記一卷
春秋集傳一卷 〔唐〕啖助撰
春秋闡微纂類義統一卷 〔唐〕趙匡撰
春秋通例一卷 〔唐〕陸希聲撰
春秋折衷論一卷 〔唐〕陳嶽撰
春秋例統一卷 〔唐〕啖助撰
國語類六種
國語章句一卷 〔漢〕鄭衆撰
國語解詁二卷 〔漢〕賈逵撰
國語虞氏注一卷 〔三國吴〕虞翻撰
國語唐氏注一卷 〔三國吴〕唐固撰
國語孔氏注一卷 〔晉〕孔晁撰
國語音一卷
孝經類十六種
孝經傳一卷 〔周〕魏斯撰
孝經后氏説一卷 〔漢〕后蒼撰
孝經安昌侯説一卷 〔漢〕張禹撰
孝經長孫氏説一卷 題〔漢〕長孫氏撰
孝經王氏解一卷 〔三國魏〕王肅撰

孝經解贊一卷　〔三國吴〕韋昭撰
孝經殷氏注一卷　〔晋〕殷仲文撰
集解孝經一卷　〔晋〕謝萬撰
齊永明諸王孝經講義一卷
孝經劉氏説一卷　〔南朝齊〕劉瓛撰
孝經義疏一卷　〔南朝梁〕武帝蕭衍撰
孝經嚴氏注一卷　〔南朝梁〕嚴植之撰
孝經皇氏義疏一卷　〔南朝梁〕皇侃撰
古文孝經述義一卷　〔隋〕劉炫撰
御注孝經疏一卷　〔唐〕元行冲撰
孝經訓注一卷　〔唐〕魏真己撰
論語類四十一種
古論語十卷
齊論語一卷
論語孔氏訓解十一卷　〔漢〕孔安國撰
論語包氏章句二卷　〔漢〕包咸撰
論語周氏章句一卷　題〔漢〕周氏撰
論語馬氏訓説二卷　〔漢〕馬融撰
論語鄭氏注十卷　〔漢〕鄭玄撰
論語孔子弟子目録一卷　〔漢〕鄭玄撰
論語陳氏義説一卷　〔三國魏〕陳群撰
論語王氏説一卷　〔三國魏〕王朗撰
論語王氏義説一卷　〔三國魏〕王肅撰
論語周生氏義説一卷　〔三國魏〕周生烈撰
論語釋疑一卷　〔三國魏〕王弼撰
論語譙氏注一卷　〔三國蜀〕譙周撰
論語衛氏集注一卷　〔晋〕衛瓘撰
論語旨序一卷　〔晋〕繆播撰
論語繆氏説一卷　〔晋〕繆協撰
論語體略一卷　〔晋〕郭象撰
論語欒氏釋疑一卷　〔晋〕欒肇撰
論語虞氏贊注一卷　〔晋〕虞喜撰
論語庾氏釋一卷　〔晋〕庾翼撰
論語李氏集注二卷　〔晋〕李充撰
論語范氏注一卷　〔晋〕范甯撰
論語孫氏集注一卷　〔晋〕孫綽撰
論語梁氏注一卷　〔晋〕梁覬撰
論語袁氏注一卷　〔晋〕袁喬撰
論語江氏集解二卷　〔晋〕江熙撰
論語殷氏解一卷　〔晋〕殷仲堪撰
論語張氏注一卷　〔晋〕張憑撰
論語蔡氏注一卷　〔晋〕蔡謨撰
論語顔氏説一卷　〔南朝宋〕顔延之撰
論語琳公説一卷　〔南朝宋〕釋慧琳撰
論語沈氏訓注一卷　〔南朝齊〕沈驎士撰
論語顧氏注一卷　〔南朝齊〕顧歡撰
論語梁武帝注一卷　〔南朝梁〕武帝蕭衍撰
論語太史氏集解一卷　〔南朝梁〕太史叔明撰
論語褚氏義疏一卷　〔南朝梁〕褚仲都撰
論語沈氏注一卷　〔□〕沈峭撰
論語熊氏説一卷　〔□〕熊埋撰
論語隱義注一卷
孔子三朝記一卷
孟子類九種

孟子章指二卷篇叙一卷 〔漢〕趙岐撰
孟子程氏章句一卷 〔漢〕程曾撰
孟子高氏章句一卷 〔漢〕高誘撰
孟子劉氏注一卷 〔漢〕劉熙撰
孟子鄭氏注一卷 〔漢〕鄭玄撰
孟子綦毋氏注一卷 〔晋〕綦毋邃撰
孟子陸氏注一卷 〔唐〕陸善經撰
孟子張氏音義一卷 〔唐〕張鎰撰
孟子丁氏手音一卷 〔唐〕丁公著撰
爾雅類十三種
爾雅犍爲文學注三卷 〔漢〕郭舍人撰
爾雅劉氏注一卷 〔漢〕劉歆撰
爾雅樊氏注一卷 〔漢〕樊光撰
爾雅李氏注三卷 〔漢〕李巡撰
爾雅孫氏注三卷 〔三國魏〕孫炎撰
爾雅孫氏音一卷 〔三國魏〕孫炎撰
爾雅音義一卷 〔晋〕郭璞撰
爾雅圖贊一卷 〔晋〕郭璞撰
集注爾雅一卷 〔南朝梁〕沈旋撰
爾雅施氏音一卷 〔南朝陳〕施乾撰
爾雅謝氏音一卷 〔南朝陳〕謝嶠撰
爾雅顧氏音一卷 〔南朝陳〕顧野王撰
爾雅裴氏注一卷 〔唐〕裴瑜撰
五經總類十種
五經通義一卷 〔漢〕劉向撰
五經要義一卷 〔南朝宋〕雷次宗撰
六藝論一卷 〔漢〕鄭玄撰
五經然否論一卷 〔三國蜀〕譙周撰
聖證論一卷 〔三國魏〕王肅撰
五經通論一卷 〔晋〕束晳撰
五經鈎沉一卷 〔晋〕楊方撰
五經大義一卷 〔晋〕戴逵撰
六經略注一卷 〔北魏〕常爽撰
七經義綱一卷 〔北周〕樊深撰
緯書類四十種
尚書中候三卷 〔漢〕鄭玄注
尚書緯璇璣鈐一卷 〔漢〕鄭玄注
尚書緯考靈曜一卷 〔漢〕鄭玄注
尚書緯刑德放一卷 〔漢〕鄭玄注
尚書緯帝命驗一卷 〔漢〕鄭玄注
尚書緯運期授一卷 〔漢〕鄭玄注
詩緯推度災一卷 〔三國魏〕宋均注
詩緯汜歷樞一卷 〔三國魏〕宋均注
詩緯含神霧一卷 〔三國魏〕宋均注
禮緯含文嘉一卷 〔三國魏〕宋均注
禮緯稽命徵一卷 〔三國魏〕宋均注
禮緯斗威儀一卷 〔三國魏〕宋均注
樂緯動聲儀一卷 〔三國魏〕宋均注
樂緯稽耀嘉一卷 〔三國魏〕宋均注
樂緯葉圖徵一卷 〔三國魏〕宋均注
春秋緯文耀鉤一卷 〔三國魏〕宋均注
春秋緯運斗樞一卷 〔三國魏〕宋均注
春秋緯感精符一卷 〔三國魏〕宋均注
春秋緯合誠圖一卷 〔三國魏〕宋均注
春秋緯考異郵一卷 〔三國魏〕宋均注
春秋緯保乾圖一卷 〔三國魏〕宋均注
春秋緯漢含孳一卷 〔三國魏〕宋均注
春秋緯佐助期一卷 〔三國魏〕宋

均注
春秋緯握誠圖一卷 〔三國魏〕宋均注
春秋緯潛潭巴一卷 〔三國魏〕宋均注
春秋緯説題辭一卷 〔三國魏〕宋均注
春秋緯演孔圖一卷 〔三國魏〕宋均注
春秋緯元命苞一卷 〔三國魏〕宋均注
春秋命歷序一卷 〔三國魏〕宋均注
春秋内事一卷 〔三國魏〕宋均注
孝經緯援神契一卷 〔三國魏〕宋均注
孝經緯鉤命訣一卷 〔三國魏〕宋均注
孝經中契一卷 〔三國魏〕宋均注
孝經左契一卷 〔三國魏〕宋均注
孝經右契一卷 〔三國魏〕宋均注
孝經内事圖一卷 〔三國魏〕宋均注
孝經章句一卷 〔三國魏〕宋均注
孝經雌雄圖一卷 〔三國魏〕宋均注
孝經古秘一卷 〔三國魏〕宋均注
論語讖八卷 〔三國魏〕宋均注
小學類四十七種
史籀篇一卷 〔周〕太史籀撰
蒼頡篇一卷 〔秦〕李斯等撰
凡將篇一卷 〔漢〕司馬相如撰
訓纂篇一卷 〔漢〕揚雄撰
蒼頡訓詁一卷 〔漢〕杜林撰
三蒼一卷 〔秦〕李斯等撰
古文官書一卷 〔漢〕衛宏撰
雜字指一卷 〔漢〕郭訓撰
勸學篇一卷 〔漢〕蔡邕撰
通俗文一卷 〔漢〕服虔撰
埤蒼一卷 〔三國魏〕張揖撰
古今字詁一卷 〔三國魏〕張揖撰
雜字一卷 〔三國魏〕張揖撰
雜字解詁一卷 〔三國魏〕周成撰
聲類一卷 〔三國魏〕李登撰
廣蒼一卷 〔南朝梁〕樊恭撰
辨釋名一卷 〔三國吴〕韋昭撰
異字一卷 〔三國吴〕朱育撰
始學篇一卷 〔三國吴〕項竣撰
草書狀一卷 〔晋〕索靖撰
發蒙記一卷 〔晋〕束晳撰
啓蒙記一卷 〔晋〕顧愷之撰
韻集一卷 〔晋〕吕静撰
字指一卷 〔晋〕李彤撰
四體書勢一卷 〔晋〕衛恒撰
要用字苑一卷 〔晋〕葛洪撰
演説文一卷 〔□〕庾儼默撰
字統一卷 〔北魏〕楊承慶撰
纂文一卷 〔南朝宋〕何承天撰
庭誥一卷 〔南朝宋〕顔延之撰
纂要一卷 〔南朝宋〕顔延之撰
纂要一卷 〔南朝梁〕元帝蕭繹撰
文字集略一卷 〔南朝梁〕阮孝緒撰
古今文字表一卷 〔北魏〕江式撰
韻略一卷 〔北齊〕楊休之撰
桂苑珠叢一卷 〔隋〕諸葛潁撰
文字指歸一卷 〔隋〕曹憲撰
四聲五音九弄反紐圖一卷 〔唐〕釋神珙撰
分毫字樣一卷
漢石經尚書一卷
漢石經魯詩一卷

漢石經儀禮一卷
漢石經公羊一卷
漢石經論語一卷
三字石經尚書一卷
三字石經春秋一卷
詁幼一卷 〔南朝宋〕顔延之撰
史編
雜史類五種
古文瑣語一卷
帝王要略一卷 〔三國吴〕環濟撰
三五曆記一卷 〔三國吴〕徐整撰
年曆一卷 〔晋〕皇甫謐撰
汲冢書鈔一卷 〔晋〕束晳撰
雜傳類二種
聖賢高士傳一卷 〔三國魏〕嵇康撰
鑒戒象贊一卷 〔北魏〕常景撰
目録類一種
七略別録一卷 〔漢〕劉向撰
子編
儒家類五十六種
漆雕子一卷 題〔周〕漆雕氏撰
宓子一卷 〔周〕宓不齊撰
景子一卷 題〔周〕景氏撰
世子一卷 〔周〕世碩撰
魏文侯書一卷 〔周〕魏斯撰
李克書一卷 〔周〕李克撰
公孫尼子一卷 〔周〕公孫尼撰
内業一卷 〔周〕管仲撰
讕言一卷 〔周〕孔穿撰
甯子一卷 〔周〕甯越撰
王孫子一卷 題〔□〕王孫氏撰
李氏春秋一卷
董子一卷 〔周〕董無心撰
徐子一卷 題〔周〕徐氏撰
魯連子一卷 〔周〕魯仲連撰
虞氏春秋一卷 〔周〕虞卿撰
平原君書一卷 〔漢〕朱建撰
劉敬書一卷 〔漢〕劉敬撰
至言一卷 〔漢〕賈山撰
河間獻王書一卷 〔漢〕劉德撰
兒寬書一卷 〔漢〕兒寬撰
公孫弘書一卷 〔漢〕公孫弘撰
終軍書一卷 〔漢〕終軍撰
吾邱壽王書一卷 〔漢〕吾邱壽王撰
正部論一卷 〔漢〕王逸撰
仲長子昌言二卷 〔漢〕仲長統撰
魏子一卷 〔漢〕魏朗撰
諸葛武侯集成一卷 〔三國蜀〕諸葛亮撰
周生子要論一卷 〔三國魏〕周生烈撰
王子正論一卷 〔三國魏〕王肅撰
去伐論一卷 〔晋〕袁宏撰
杜氏體論一卷 〔三國魏〕杜恕撰
王氏新書一卷 〔三國魏〕王基撰
周子一卷 〔三國吴〕周昭撰
顧子新語一卷 〔三國吴〕顧譚撰
典語一卷 〔三國吴〕陸景撰
通語一卷 〔三國吴〕殷基撰
譙子法訓一卷 〔三國蜀〕譙周撰
袁子正論二卷 〔晋〕袁準撰
袁子正書一卷 〔晋〕袁準撰
孫氏成敗志一卷 〔晋〕孫毓撰
古今通論一卷 〔晋〕王嬰撰
化清經一卷 〔晋〕蔡洪撰
夏侯子新論一卷 〔晋〕夏侯湛撰
太元經一卷 〔晋〕楊泉撰
華氏新論一卷 〔晋〕華譚撰

梅子新論一卷　題〔晉〕梅氏撰
志林新書一卷　〔晉〕虞喜撰
廣林一卷　〔晉〕虞喜撰
釋滯一卷　〔晉〕虞喜撰
通疑一卷　〔晉〕虞喜撰
干子一卷　〔晉〕干寶撰
顧子義訓一卷　〔晉〕顧夷撰
讀書記一卷　〔隋〕王劭撰
嚴助書一卷　〔漢〕嚴助撰
厲學一卷　〔晉〕虞溥撰
農家類九種
神農書一卷
野老書一卷
范子計然三卷　〔周〕范蠡撰
養魚經一卷　〔周〕陶朱公撰
尹都尉書一卷　題〔漢〕尹氏撰
氾勝之書二卷　〔漢〕氾勝之撰
蔡癸書一卷　〔漢〕蔡癸撰
養羊法一卷　〔漢〕卜式撰
家政法一卷
道家類十七種
伊尹書一卷　〔商〕伊摯撰
辛甲書一卷　〔周〕辛甲撰
公子牟子　〔周〕魏牟撰
田子一卷　〔周〕田駢撰
老萊子一卷　〔周〕老萊子撰
黔婁子一卷　〔周〕黔婁先生撰
鄭長者書一卷　〔周〕鄭長者撰
任子道論一卷　〔三國魏〕任嘏撰
洞極真經一卷　〔北魏〕關朗撰
唐子一卷　〔三國吴〕唐滂撰
蘇子一卷　〔晉〕蘇彦撰
陸子一卷　〔晉〕陸雲撰
杜氏幽求新書一卷　〔晉〕杜夷撰
孫子一卷　〔晉〕孫綽撰
苻子一卷　〔晉〕苻朗撰
少子一卷　〔南朝齊〕張融撰
夷夏論一卷　〔南朝齊〕顧歡撰
法家類七種
申子一卷　〔周〕申不害撰
鼂氏新書一卷　〔漢〕鼂錯撰
崔氏政論一卷　〔漢〕崔實撰
劉氏政論一卷　〔三國魏〕劉廙撰
阮子政論一卷　〔三國魏〕阮武撰
世要論一卷　〔三國魏〕桓範撰
陳子要言一卷　〔三國吴〕陳融撰
名家類二種
惠子一卷　〔周〕惠施撰
士緯一卷　〔三國吴〕姚信撰
墨家類五種
史佚書一卷　〔周〕尹佚撰
田俅子一卷　〔周〕田俅撰
隋巢子一卷　〔周〕隋巢子撰
胡非子一卷　〔周〕胡非子撰
纏子一卷　〔周〕纏子撰
縱横家類七種
蘇子一卷　〔周〕蘇秦撰
闕子一卷　題〔周〕闕氏撰
蒯子一卷　〔漢〕蒯通撰
鄒陽書一卷　〔漢〕鄒陽撰
主父偃書一卷　〔漢〕主父偃撰
徐樂書一卷　〔漢〕徐樂撰
嚴安書一卷　〔漢〕嚴安撰
雜家類十九種
由余書一卷　〔周〕由余撰
博物記一卷　〔漢〕唐蒙撰
伏侯古今注一卷　〔漢〕伏無忌撰
蔣子萬機論一卷　〔三國魏〕蔣濟撰

篤論一卷 〔三國魏〕杜恕撰
鄒子一卷 題〔晋〕鄒氏撰
諸葛子一卷 〔三國吴〕諸葛恪撰
默記一卷 〔三國吴〕張儼撰
裴氏新言一卷 〔三國吴〕裴玄撰
新義一卷 〔三國吴〕劉廞撰
秦子一卷 〔三國吴〕秦菁撰
析言論一卷 〔晋〕張顯撰
時務論一卷 〔晋〕楊偉撰
廣志二卷 〔晋〕郭義恭撰
陸氏要覽一卷 〔晋〕陸機撰
古今善言一卷 〔南朝宋〕范泰撰
文釋一卷 〔南朝宋〕江邃撰
要雅一卷 〔南朝梁〕劉杳撰
俗説一卷 〔南朝梁〕沈約撰
小説家類八種
青史子一卷
宋子一卷 〔周〕宋鈃撰
裴子語林二卷 〔晋〕裴啓撰
笑林一卷 〔三國魏〕邯鄲淳撰
郭子一卷 〔晋〕郭澄之撰
元中記一卷 題〔□〕郭氏撰
齊諧記一卷 〔南朝宋〕東陽無疑撰
水飾一卷 〔隋〕杜寶撰
天文類八種
泰階六符經一卷
五殘雜變星書一卷
靈憲一卷 〔漢〕張衡撰
渾儀一卷 〔漢〕張衡撰
昕天論一卷 〔三國吴〕姚信撰
安天論一卷 〔晋〕虞喜撰
穹天論一卷 〔晋〕虞聳撰
未央術一卷
陰陽類三種
宋司星子韋書一卷
鄒子一卷 〔周〕鄒衍撰
陰陽書一卷 〔唐〕吕才撰
五行類八種
太史公素王妙論一卷 〔漢〕司馬遷撰
瑞應圖一卷 〔南朝梁〕孫柔之撰
白澤圖一卷
天鏡一卷
地鏡一卷
地鏡圖一卷
夢雋一卷 〔唐〕柳燦撰
雜五行書一卷
雜占類二種
請雨止雨書一卷
易洞林三卷補遺一卷 〔晋〕郭璞撰
藝術類二種
藝經一卷 〔三國魏〕邯鄲淳撰
投壺變一卷 〔晋〕虞潭撰
補遺二十種
經編
易類
周易劉氏注一卷 〔北魏〕劉昞撰
周官禮類
周官禮異同評一卷 〔晋〕陳邵撰
儀禮類
周氏喪服注一卷 〔南朝宋〕周續之撰
喪服世行要記一卷 〔南朝齊〕王逡之撰
通禮類
禮論難一卷 〔晋〕范宣撰
逆降義一卷 〔南朝宋〕顔延之撰
明堂制度論一卷 〔北魏〕李謐撰

梁氏三禮圖一卷 〔□〕梁正撰
張氏三禮圖一卷 〔唐〕張鎰撰
春秋類
春秋例統一卷 〔唐〕啖助撰
國語章句一卷 〔漢〕鄭衆撰
國語解詁二卷 〔漢〕賈逵撰
春秋外傳國語虞氏注一卷 〔三國吴〕虞翻撰
春秋外傳國語唐氏注一卷 〔三國吴〕唐固撰
春秋外傳國語孔氏注一卷 〔晋〕孔晁撰
國語音一卷
論語類
孔子三朝記一卷
小學類
詁幼一卷 〔南朝宋〕顔延之撰
子編
儒家類
嚴助書一卷 〔漢〕嚴助撰
厲學一卷 〔晋〕虞溥撰
附
目耕帖三十一卷 〔清〕馬國翰撰

漢學堂叢書二百十二種 9108 1144

〔清〕黄奭輯

清光緒十九年(1893)甘泉黄氏刻本

六十册

子目：
經解逸書考七十六種
易類
易傳一卷 〔周〕卜商撰
易章句一卷 〔漢〕孟喜撰
易章句一卷 〔漢〕京房撰
易傳一卷 〔漢〕馬融撰
易章句一卷 〔漢〕劉表撰
易注一卷 〔漢〕宋衷撰
易言一卷 〔漢〕荀爽撰
易章句一卷 〔三國魏〕董遇撰
易注一卷 〔三國魏〕王肅撰
易述一卷 〔三國吴〕陸績撰
九家易集注一卷 〔清〕黄奭輯
翟子元易義一卷 〔□〕翟玄撰
張氏易注一卷 〔晋〕張璠撰
易義一卷 〔晋〕向秀撰
易注一卷 〔晋〕王廙撰
易集解一卷 〔晋〕張璠撰
易注一卷 〔晋〕黄穎撰
易注一卷 〔三國蜀〕范長生撰
乾坤義一卷 〔南朝齊〕劉瓛撰
繫辭義疏一卷 〔南朝齊〕劉瓛撰
褚氏易注一卷 〔南朝梁〕褚仲都撰
周氏易注一卷 〔南朝陳〕周弘正撰
周易講疏一卷 〔隋〕何妥撰
易注一卷 〔□〕侯果撰
易探元一卷 〔唐〕崔憬撰
易音注一卷 〔□〕薛虞撰
書類
尚書章句一卷 〔漢〕歐陽生撰
尚書義疏一卷 〔隋〕顧彪撰
詩類
魯詩傳一卷 〔漢〕申培撰
齊詩傳一卷 〔漢〕轅固撰
毛詩注一卷 〔漢〕馬融撰
毛詩注一卷 〔三國魏〕王肅撰
毛詩申鄭義一卷 〔三國魏〕王基撰
毛詩異同評一卷 〔晋〕孫毓撰
禮類

周官傳一卷　〔漢〕馬融撰
周官注一卷　〔晋〕干寶撰
儀禮喪服經傳一卷　〔漢〕馬融撰
儀禮喪服注一卷　〔三國魏〕王肅撰
喪服變除圖一卷　〔三國吴〕射慈撰
禮記解詁一卷　〔漢〕盧植撰
月令章句一卷　〔漢〕蔡邕撰
月令問答一卷　〔漢〕蔡邕撰
三禮圖一卷　〔漢〕阮諶撰
三禮義宗一卷　〔南朝梁〕崔靈恩撰
春秋類
春秋左氏解詁一卷　〔漢〕賈逵撰
春秋左氏傳解誼一卷　〔漢〕服虔撰
春秋土地名一卷　〔晋〕京相璠撰
春秋左氏傳述義一卷　〔隋〕劉炫撰
春秋盟會圖一卷　〔漢〕嚴彭祖撰
春秋穀梁傳注一卷　〔三國魏〕麋信撰
穀梁傳例一卷　〔晋〕范甯撰
春秋後傳一卷　〔晋〕樂資撰
五經總義類
五經通義一卷　〔漢〕劉向撰
小學類
爾雅古義十二卷
　爾雅犍爲文學注一卷　〔清〕黄奭輯
　爾雅注一卷　〔漢〕樊光撰
　爾雅注一卷　〔漢〕李巡撰
　爾雅注一卷　〔漢〕劉歆撰
　爾雅音注一卷　〔三國魏〕孫炎撰
　爾雅音義一卷　〔晋〕郭璞撰
　爾雅圖贊一卷　〔晋〕郭璞撰
　爾雅集注一卷　〔南朝梁〕沈旋撰
　爾雅音一卷　〔南朝陳〕施乾撰
　爾雅音一卷　〔南朝陳〕謝嶠撰
　爾雅音一卷　〔南朝梁〕顧野王
　爾雅衆家注一卷　〔清〕黄奭輯
辨釋名一卷　〔三國吴〕韋昭撰
倉頡篇一卷　〔清〕黄奭輯
凡將篇一卷　〔漢〕司馬相如撰
通俗文一卷　〔漢〕服虔撰
勸學篇一卷　〔漢〕蔡邕撰
古今字詁一卷　〔三國魏〕張揖撰
埤蒼一卷　〔三國魏〕張揖撰
字指一卷　〔晋〕李彤撰
文字集略一卷　〔南朝梁〕阮孝緒撰
新字林一卷　〔唐〕陸善經撰
字略一卷　〔北魏〕宋世良撰
字統一卷　〔北魏〕楊承慶撰
桂苑珠叢一卷　〔隋〕諸葛穎撰
字書一卷　〔清〕黄奭輯
小學一卷　〔清〕黄奭輯
聲類一卷　〔三國魏〕李登撰
音譜一卷附聲譜一卷　〔南朝宋〕李槩撰
韻略一卷　〔北齊〕陽休之撰
開元文字音義一卷　〔唐〕玄宗李隆基撰
唐韻二卷　〔唐〕孫愐撰
韻海鏡源一卷　〔唐〕顔真卿撰
切韻一卷　〔唐〕李舟撰
通緯五十一種附讖十種
河圖類
河圖緯一卷
河圖括地象一卷附括地圖一卷
河圖帝覽嬉一卷
河圖稽命徵一卷
河圖稽耀鉤一卷
龍魚河圖一卷

河圖始開圖一卷
雒書類
雒書一卷
雒書甄曜度(一作乾曜度)一卷
雒書靈準聽一卷
雒書摘六辟一卷
易類
易緯一卷附萌氣樞等緯一卷
易乾鑿度鄭氏注一卷　〔漢〕鄭玄撰
易乾坤鑿度鄭氏注一卷　〔漢〕鄭玄注
易是類謀鄭氏注一卷　〔漢〕鄭玄撰
易坤靈圖鄭氏注一卷　〔漢〕鄭玄撰
易乾元序制記鄭氏注一卷　〔漢〕鄭玄撰
書類
尚書璇璣鈐一卷　〔漢〕鄭玄注
尚書帝命驗一卷　〔漢〕鄭玄注
尚書刑德放一卷　〔漢〕鄭玄注
尚書運期授一卷　〔漢〕鄭玄注
詩類
詩緯一卷
詩含神霧一卷　〔三國魏〕宋均注
詩推度灾一卷　〔三國魏〕宋均注
禮類
禮緯一卷
禮含文嘉一卷　〔三國魏〕宋均注
禮稽命徵一卷　〔三國魏〕宋均注
樂類
樂緯一卷
樂協圖徵一卷　〔三國魏〕宋均注
春秋類
春秋一卷
春秋演孔圖一卷　〔三國魏〕宋均注
春秋説題辭一卷　〔三國魏〕宋均注
春秋元命苞一卷　〔三國魏〕宋均注
春秋文耀鉤一卷　〔三國魏〕宋均注
春秋運斗樞一卷　〔三國魏〕宋均注
春秋感精符一卷　〔三國魏〕宋均注
春秋合誠圖一卷　〔三國魏〕宋均注
春秋考異郵一卷　〔三國魏〕宋均注
春秋保乾圖一卷　〔三國魏〕宋均注
春秋佐助期一卷　〔三國魏〕宋均注
春秋握誠圖一卷　〔三國魏〕宋均注
春秋潛潭巴一卷　〔三國魏〕宋均注
春秋命歷序一卷　〔三國魏〕宋均注
春秋内事一卷　〔三國魏〕宋均注
論語類
論語摘輔象一卷　〔三國魏〕宋均注
論語摘衰聖一卷　〔三國魏〕宋均注
按:“衰”當作“襄”。
孝經類
孝經一卷
孝經鉤命决一卷　〔三國魏〕宋均注
孝經援神契一卷　〔三國魏〕宋均注
孝經緯一卷　〔三國魏〕宋均注
孝經内記圖一卷　〔三國魏〕宋均注
附讖
河圖聖洽符一卷
論語撰考讖　〔三國魏〕宋均注
論語陰嬉讖　〔三國魏〕宋均注
論語崇爵讖　〔三國魏〕宋均注
論語素王受命讖　〔三國魏〕宋均注
論語紀滑讖　〔三國魏〕宋均注
論語讖　〔三國魏〕宋均注(以上六種合爲一卷)
論語比考讖一卷　〔三國魏〕宋均注
孝經雌雄圖一卷

遁甲開山圖一卷　題〔□〕榮氏解
子史鉤沉七十五種
子部
儒家類
典論一卷　〔三國魏〕文帝曹丕撰
物理論一卷　〔晋〕楊泉撰
兵家類
六韜一卷　〔周〕吕望撰
法家類
法經一卷　〔周〕李悝撰
公羊治獄一卷　〔漢〕董仲舒撰
農家類
范子計然一卷　〔周〕范蠡撰
醫家類
神農本草經三卷
天文類
乾象術一卷　〔漢〕劉洪撰
術數類
易元包一卷　〔北周〕衛元嵩撰
藝術類
淮南萬畢術一卷　〔漢〕劉安撰
鐘律書一卷　〔漢〕劉歆撰
琴操一卷　〔漢〕蔡邕撰
古今樂録一卷　〔南朝陳〕釋智匠撰
雜家類
魏皇覽一卷　〔三國魏〕劉劭、王象撰
道家類
逸莊子一卷　〔周〕莊周撰
莊子注一卷　〔晋〕司馬彪撰
史部
正史類
後漢書一卷　〔晋〕薛瑩撰
後漢書注一卷　〔三國吴〕華嶠撰
後漢書一卷　〔晋〕謝沈撰
後漢書一卷　〔晋〕袁山松撰
晋書一卷　〔晋〕虞預撰
晋書一卷　〔晋〕朱鳳撰
晋中興書一卷附徵祥説一卷　〔南朝宋〕何法盛撰
晋書一卷　〔南朝宋〕謝靈運撰
晋書一卷　〔南朝齊〕臧榮緒撰
編年類
竹書紀年一卷
別史類
後漢記一卷　〔晋〕張璠撰
晋書(一名晋紀)一卷附惠帝起居注一卷　〔晋〕陸機撰
晋紀一卷　〔晋〕干寶撰
漢晋春秋一卷　〔晋〕習鑿齒撰
晋紀一卷　〔晋〕鄧粲撰
晋陽秋一卷　〔晋〕孫盛撰
晋紀一卷　〔南朝宋〕劉謙之
晋安帝紀一卷　〔南朝宋〕王韶之撰
晋紀一卷　〔晋〕徐廣撰
續晋陽秋一卷　〔南朝宋〕檀道鸞撰
晋起居注一卷　〔南朝宋〕劉道薈撰
衆家晋史一卷
雜史類
尚書百兩篇一卷　〔漢〕張霸撰
國語解詁一卷　〔漢〕鄭衆撰
國語注一卷　〔漢〕賈逵撰
國語注一卷　〔三國吴〕唐固撰
國語章句一卷　〔三國魏〕王肅撰
國語注一卷　〔晋〕孔晁撰
春秋後語一卷　〔晋〕孔衍撰
楚漢春秋一卷　〔漢〕陸賈撰
伏侯古今注一卷　〔漢〕伏無忌撰
英雄記一卷　〔三國魏〕王粲

戰略一卷 〔晋〕司馬彪撰
九州春秋一卷 〔晋〕司馬彪撰
晋諸公贊一卷 〔晋〕傅暢撰
晋後略一卷 〔晋〕荀綽撰
晋八王故事一卷 〔晋〕盧綝撰
晋四王遺事一卷 〔晋〕盧綝撰
傳記類
喪服要記一卷 〔三國魏〕王肅撰
三輔决録一卷 〔漢〕趙岐撰 〔晋〕摯虞注
孝子傳一卷 〔漢〕劉向撰
孝子傳一卷 〔晋〕蕭廣濟撰
孝子傳一卷 〔南朝宋〕師覺授撰
時令類
唐明皇月令注解一卷 〔唐〕李林甫等撰
地理類
晋太康三年地記一卷
晋書地道記一卷 〔晋〕王隱撰
括地志一卷 〔唐〕李泰等撰
職官類
漢官解詁一卷 〔漢〕王隆撰 〔漢〕胡廣注
漢官一卷
漢官儀一卷 〔漢〕應劭撰
漢官典儀一卷 〔漢〕蔡質撰
漢儀一卷 〔三國吴〕丁孚撰
晋百官名一卷
晋公卿禮秩一卷 〔晋〕傅暢撰
晋百官表注一卷 〔晋〕荀綽撰
政書類
石渠禮論一卷 〔漢〕戴聖撰
漢舊儀一卷 〔漢〕衛宏撰
問禮俗一卷 〔三國魏〕董勛撰
高密遺書 〔漢〕鄭玄撰
鄭司農(玄)年譜一卷 〔清〕孫星衍撰 〔清〕阮元補訂 〔清〕黄奭案
尚書大傳注一卷
毛詩譜一卷
答臨孝存周禮難一卷
魯禮禘祫義一卷
喪服變除一卷
三禮目録一卷
駁五經異義一卷
孝經解一卷
論語篇目弟子一卷
論語注一卷

又一部 八十册 9108 1144

古逸叢書二十六種 9100.83 3549

〔清〕黎庶昌輯

清光緒十年(1884)日本東京使署遵義黎氏刻本 四十九册

子目:
影覆宋蜀大字本爾雅三卷 〔晋〕郭璞注
影宋紹熙本穀梁傳十二卷 〔晋〕范甯集解
覆正平本論語集解十卷 〔三國魏〕何晏集解
覆元至正本易程傳六卷繫辭精義二卷 〔宋〕程頤傳
覆卷子本唐開元御注孝經一卷 〔唐〕玄宗李隆基注
集唐字老子道德經注二卷 〔三國魏〕王弼注
影宋台州本荀子二十卷 〔唐〕楊

倞注

影宋本莊子注疏十卷　〔晉〕郭象注

覆元本楚辭集注八卷辨證二卷後語六卷　〔宋〕朱熹集注

影宋大字本尚書釋音二卷　〔唐〕陸德明撰

影舊鈔卷子原本玉篇零卷四卷　〔清〕黎庶昌輯

覆宋本重修廣韻五卷附校札一卷　〔宋〕陳彭年等撰

覆元泰定本廣韻五卷　〔宋〕陳彭年等撰

覆舊鈔卷子本玉燭寶典十二卷　〔隋〕杜臺卿撰

影舊鈔卷子本文館詞林十四卷　〔唐〕許敬宗撰

影舊鈔卷子本琱玉集二卷

影北宋本姓解三卷　〔宋〕邵思纂

覆永禄本韻鏡一卷　〔宋〕張麟之撰

影舊鈔本日本國見在書目一卷　（日本）藤原佐世編

影宋本史略六卷　〔宋〕高似孫撰

影唐寫本漢書食貨志一卷　〔唐〕顔師古注

仿唐石經體寫本急就篇一卷　〔漢〕史游撰

覆麻沙本杜工部草堂詩箋四十卷補遺十卷外集一卷　〔宋〕蔡夢弼集録

影舊鈔卷子本碣石調幽蘭一卷　〔南朝陳〕丘公明撰

影舊鈔卷子本天台山記一卷　〔唐〕徐靈府撰

影宋本太平寰宇記補闕六卷　〔宋〕樂史撰

又一部　四十九册　　202/1—49

郡邑之屬

畿輔叢書一百二十六種　　9110 3649

〔清〕王灝輯

清光緒五年（1879）謙德堂刻本　四百册

鈐有“哲如陳慶保藏書”印。

子目：

荀子二十卷附校勘記補遺一卷　〔周〕趙荀況撰　〔唐〕楊倞注　〔清〕盧文弨、謝墉校補

春秋繁露十七卷附凌注校正十七卷　〔漢〕董仲舒撰　〔清〕凌曙注　〔清〕張駒賢校正

董子文集一卷　〔漢〕董仲舒撰

韓詩外傳十卷補逸一卷拾遺一卷　〔漢〕韓嬰撰　〔清〕周廷寀校注　〔清〕趙懷玉補逸　〔清〕周宗杬拾遺

戰國策三十三卷　〔漢〕高誘撰

廣雅疏證十卷博雅音十卷　〔三國魏〕張揖撰　〔清〕王念孫疏證（博雅音）〔隋〕曹憲撰　〔清〕王念孫校

人物志三卷　〔三國魏〕劉邵撰　〔北魏〕劉昞注

高令公集一卷　〔北魏〕高允撰

古今注三卷　〔晉〕崔豹撰

大戴禮記補注十三卷序録一卷　〔北周〕盧辯注　〔清〕孔廣森補

校正孔氏大戴禮記補注十三卷

〔清〕王樹枏撰
劉子十卷 〔北齊〕劉晝撰 〔唐〕袁孝政注
蒙求三卷 〔後晉〕李瀚撰
尚書故實一卷 〔唐〕李綽撰
封氏聞見記十卷 〔唐〕封演撰
朝野僉載一卷 題〔唐〕張鷟撰
元和郡縣圖志四十卷闕卷逸文一卷附考證三十四卷 〔唐〕李吉甫撰 (闕卷逸文)〔清〕孫星衍輯 〔清〕張駒賢考證
魏鄭公文集三卷詩集一卷 〔唐〕魏徵撰
魏鄭公諫録五卷 〔唐〕王方慶輯
魏鄭公諫續録一卷 〔元〕翟思忠輯
李相國論事集六卷遺文一卷 〔唐〕李絳撰 〔唐〕蔣偕輯
盧昇之集七卷 〔唐〕盧照鄰撰
高常侍集二卷 〔唐〕高適撰
劉隨州集十一卷 〔唐〕劉長卿撰
盧仝集三卷 〔唐〕盧仝撰
劉賓客文集三十卷補遺一卷 〔唐〕劉禹錫撰
李元賓文集六卷 〔唐〕李觀撰
長江集十卷閬仙詩附集一卷 〔唐〕賈島撰
李衛公會昌一品集二十卷别集十卷外集四卷補遺一卷 〔唐〕李德裕撰
群經音辨七卷 〔宋〕賈昌朝撰
明本釋三卷 〔宋〕劉荀撰
元城語録三卷附行録一卷 〔宋〕馬永卿撰 (行録)〔明〕崔銑撰
元城語録解三卷行録解一卷 〔明〕王崇慶撰
近事會元五卷附校勘記一卷考證一卷 〔宋〕李上交撰 〔清〕錢熙祚校勘 〔清〕王樹枏等考證
春明退朝録三卷 〔宋〕宋敏求撰
盡言集十三卷 〔宋〕劉安世撰
忠肅集二十卷 〔宋〕劉摯撰
學易集八卷 〔宋〕劉跂撰
李忠愍公集一卷 〔宋〕李若水撰
姑溪題跋二卷 〔宋〕李之儀撰
閑閑老人滏水文集二十卷補遺一卷附一卷 〔金〕趙秉文撰 (附)〔金〕元好問撰
滹南遺老集四十五卷詩集一卷續編詩集一卷 〔金〕王若虚撰
敬齋古今黈八卷 〔元〕李冶撰
西使記一卷 〔元〕劉郁撰
元朝名臣事略十五卷 〔元〕蘇天爵撰
汝南遺事四卷 〔元〕王鶚撰
困學齋雜録一卷 〔元〕鮮于樞撰
静修先生文集十二卷 〔元〕劉因撰
安默庵先生文集五卷 〔元〕安熙撰
易經增注十卷考一卷 〔明〕張鏡心撰 〔明〕張縉輯
古今律曆考七十二卷戊申立春考證一卷 〔明〕邢雲路撰
典故紀聞十八卷 〔明〕余繼登撰
平播全書十五卷 〔明〕李化龍撰
鄉約一卷 〔明〕尹畊撰
塞語一卷 〔明〕尹畊撰
車營百八叩一卷 〔明〕孫承宗撰
觀心約一卷 〔明〕鄒森撰
洨濱語録二十卷 〔明〕蔡靉撰

鹿忠節公(善繼)年譜一卷 〔清〕陳鋐撰
認真草十六卷 〔明〕鹿善繼撰
蘭臺奏疏三卷 〔明〕馬從聘撰
王少司馬奏疏二卷 〔明〕王家楨撰
金忠潔集六卷附金忠潔年譜一卷 〔明〕金鉉撰 (金忠潔年譜)〔清〕金鏡撰
東田文集三卷詩集三卷 〔明〕馬中錫撰
花王閣賸稿一卷 〔明〕紀坤撰
楊忠愍公集二卷 〔明〕楊繼盛撰
味檗齋文集十五卷 〔明〕趙南星撰
范文忠公文集十卷 〔明〕范景文撰
宋布衣集三卷 〔明〕宋登春撰
清平閣唱和詩一卷 〔明〕宋登春輯
史忠正公集四卷首一卷附録一卷 〔明〕史可法撰
永年申氏遺書十三種 〔清〕申居鄖編
　申端愍公文集二卷首一卷末一卷 〔明〕申佳胤撰
　申端愍公詩集八卷 〔明〕申佳胤撰
　申鳧盟先生(涵光)年譜一卷 〔清〕申涵煜、申涵昐撰
　聰山集三卷 〔清〕申涵光撰
　聰山詩選八卷 〔清〕申涵光撰
　荆園進語一卷 〔清〕申涵光撰
　荆園小語一卷 〔清〕申涵光撰
　省心短語一卷 〔清〕申涵煜撰
　通鑑評語五卷 〔清〕申涵煜撰
　忠裕堂集一卷 〔清〕申涵昐撰
　西巖贅語一卷 〔清〕申居鄖撰
　耐俗軒新樂府一卷 〔清〕申頲撰
　申氏拾遺集二卷 〔清〕申居鄖輯
顔習齋遺書四種 〔清〕顔元撰
　顔習齋先生年譜二卷 〔清〕李塨撰
　顔習齋先生言行録二卷闢異録二卷 〔清〕鍾錂輯
　習齋記餘十卷
　四存編十一卷
　　存學編四卷
　　存治編一卷
　　存人編四卷
　　存性編二卷
李恕谷遺書十二種 〔清〕李塨撰
　李恕谷先生年譜五卷 〔清〕馮辰撰
　聖經學規纂二卷
　論學二卷
　小學稽業五卷
　大學辨業四卷
　學禮五卷
　學射録二卷
　閲史郄視四卷續一卷
　擬太平策七卷
　評乙古文一卷
　恕谷後集十三卷
　平書訂十四卷
孫夏峰遺書六種 〔清〕孫奇逢撰
　夏峰先生集十四卷
　語録二卷
　答問二卷
　孫夏峰先生(奇逢)年譜二卷 〔清〕湯斌等撰
　孝友堂家規一卷

孝友堂家訓一卷
尹健餘先生全集九種 〔清〕尹會一撰
尹少宰奏議十卷
健餘先生文集十卷
四鑒録十六卷
君鑒録四卷
臣鑒録四卷
士鑒録四卷
女鑒録四卷
吕語集粹四卷
健餘札記四卷
健餘先生讀書筆記六卷 〔清〕苑瑄輯録
健餘先生撫豫條教四卷 〔清〕張受長輯
健餘先生尺牘四卷
尹健餘先生(會一)年譜三卷 〔清〕吕熾撰
崔東壁遺書十四種 〔清〕崔述撰
考信録提要二卷
補上古考信録二卷
唐虞考信録四卷
夏考信録二卷
商考信録二卷
豐鎬考信録八卷
豐鎬考信别録三卷
洙泗考信録四卷
洙泗考信餘録三卷
孟子事實録二卷
考信附録二卷
考古續説二卷
讀風偶識四卷
五服異同彙考三卷
介菴經説十卷補二卷 〔清〕雷學淇撰
世本二卷附考證一卷 〔漢〕宋衷注 〔清〕雷學淇輯並考證
古經服緯三卷附釋問一卷 〔清〕雷鐏撰 〔清〕雷學淇釋問
王制管窺一卷 〔清〕耿極撰
論語附記二卷 〔清〕翁方綱撰
孟子附記二卷 〔清〕翁方綱撰
詩附記四卷 〔清〕翁方綱撰
禮記附記六卷 〔清〕翁方綱撰
古本大學輯解二卷 〔清〕楊亶驊撰
中庸本解二卷中庸提要一卷 〔清〕楊亶驊撰
重斠唐韻考五卷 〔清〕紀容舒撰 〔清〕錢熙祚斠 〔清〕錢恂重斠
玉臺新咏考異十卷 〔清〕紀容舒撰
沈氏四聲考二卷 〔清〕紀昀撰
審定風雅遺音二卷 〔清〕史榮撰 〔清〕紀昀審定
歌麻古韻考四卷 〔清〕吴樹聲撰 〔清〕苗夔補注
周秦名字解故附録一卷 〔清〕王萱齡撰
潞城考古録二卷 〔清〕劉錫信撰
歷代諱名考一卷 〔清〕劉錫信撰
漢書西域傳補注二卷 〔清〕徐松撰
唐兩京城坊考五卷 〔清〕徐松撰 〔清〕張穆校補
明史紀事本末八十卷 〔清〕谷應泰撰
明書一百七十一卷 〔清〕傅維鱗撰
臺海使槎録八卷 〔清〕黄叔璥撰
黄崑圃先生(叔琳)年譜三卷 〔清〕

顧鎮撰
魏貞庵先生(裔介)年譜一卷 〔清〕魏荔彤撰
魏敏果公(象樞)年譜一卷 〔清〕魏象樞述 〔清〕魏學誠等録
廣陽雜記五卷 〔清〕劉獻廷撰
潛室札記二卷 〔清〕刁包撰
樵香小記二卷 〔清〕何琇撰
簡通録二卷 〔清〕馬煇撰
朱子學歸二十三卷 〔清〕鄭端輯
政學録五卷 〔清〕鄭端撰
成周徹法演四卷 〔清〕何貽霈撰
乾坤大略十卷補遺一卷 〔清〕王餘佑撰
魏文毅公奏議三卷 〔清〕魏裔介撰
兼濟堂集九卷 〔清〕魏裔介撰
瓊琚珮語一卷 〔清〕魏裔介撰
寒松堂集十卷詩集三卷 〔清〕魏象樞撰
居業堂文集二十卷 〔清〕王源撰
陳學士文集十五卷 〔清〕陳儀撰
笥河文集十六卷首一卷 〔清〕朱筠撰
瓶水齋詩集十七卷别集二卷 〔清〕舒位撰
知足齋文集六卷進呈文稿二卷 〔清〕朱珪撰
萬善花室文稿七卷 〔清〕方履籛撰
郝雪海先生筆記三卷 〔清〕郝浴撰
留耕堂詩集一卷 〔清〕殷岳撰
積書巖詩集一卷 〔清〕劉逢源撰
玉暉堂詩集五卷 〔清〕趙湛撰
柿葉庵詩選一卷 〔清〕張蓋撰
按:總目一册爲鉛印本。

又一部 四百二十九册 428/1—429
鈐有“南洋大學圖書館藏書”印。
又二部 四百三十册 9110 3649

棣香齋叢書五十六種 9110 4134
〔清〕邵廷烈輯
清道光十三年(1833)太倉東陵氏刻本 八册
子目:
金集
雪履齋筆記一卷 〔元〕郭翼撰
使緬録一卷 〔明〕張洪撰
病逸漫記一卷 〔明〕陸釴撰
桑子庸言一卷 〔明〕桑悦撰
談藝録一卷 〔明〕徐禎卿撰
服食崇儉論一卷 〔明〕黄元會撰
奉常家訓一卷 〔明〕王時敏撰
石集
易説一卷 〔明〕王育撰
説文引詩辨證一卷 〔明〕王育撰
海運説一卷 〔明〕華乾龍撰
補闕疑一卷 〔明〕錢可選撰
築圍説一卷 〔明〕陳瑚撰
治病説一卷 〔明〕陳瑚撰
救荒定議一卷 〔明〕陳瑚撰
蔚村三約一卷 〔明〕陳瑚撰
淮雲問答一卷 〔明〕陳瑚撰
絲集
婁江條議一卷 〔明〕陸世儀撰
蘇松浮糧考一卷 〔明〕陸世儀撰
桑梓五防一卷 〔明〕陸世儀撰
支更説一卷 〔明〕陸世儀撰
分野説一卷 〔明〕陸世儀撰
省身録一卷 〔明〕郁法撰

封建考一卷 〔明〕盛敬撰
竹集
梅村詩話一卷 〔清〕吴偉業撰
水利五論一卷 〔清〕顧士璉撰
論畫十則一卷 〔清〕王原祁撰
敬學録一卷 〔清〕陳邁撰
論學三説一卷 〔清〕黄與堅撰
廣論學三説一卷 〔清〕黄與堅撰
吴下喪禮辨一卷 〔清〕顧湄撰
匏集
語林考辨一卷 〔清〕周象明撰
稱謂考辨一卷 〔清〕周象明撰
八矢注字説一卷附注字圖一卷 〔清〕顧陳垿撰
課士條言一卷 〔清〕沈起元撰
太倉州名考一卷 〔清〕程穆衡撰
太倉風俗記一卷 〔清〕程穆衡撰
土集
洗心録一卷 〔清〕邵嗣宗撰
筮仕金鑒二卷 〔清〕邵嗣宗撰
舊鄉行紀一卷 〔清〕邵嗣宗撰
葬考一卷 〔清〕邵嗣宗撰
立學先基條説一卷 〔清〕周翥華撰
革集
秋樵雜録一卷 〔清〕王璸撰
課餘偶筆一卷 〔清〕顧成志撰
寓皭雜咏一卷 〔清〕顧張思撰
過庭紀聞一卷 〔清〕錢元熙撰
恒星餘論二卷 〔清〕張景江撰
懺摩録一卷 〔清〕彭姚蓀撰
木集
忍齋雜識一卷 〔清〕李坤元撰
勵學篇一卷 〔清〕王寶仁撰
侍疾要語一卷 〔清〕錢襄撰
讀左剩語一卷 〔清〕趙以錕撰
闇史瑣言一卷 〔清〕趙以錕撰
婁江雜詞一卷 〔清〕邵廷烈撰
飼鳩記略一卷 〔清〕邵廷烈撰
思源録一卷 〔清〕邵廷烈撰
望益編一卷(缺) 〔清〕邵廷烈撰
按:此書一名《婁東雜著》。

常州先哲遺書四十種附三種 9110 3313
〔清〕盛宣懷輯
清光緒二十五年(1899)武進盛氏刻本 六十四册
子目:
經類
詩傳旁通十五卷 〔元〕梁益撰
三續千文注一卷 〔宋〕葛剛正撰
史類
崇禎朝記事四卷 〔明〕李遜之撰
陳定生遺書三種 〔明〕陳貞慧撰
秋園雜佩一卷
山陽録一卷
書事七則一卷
吴中水利書一卷 〔宋〕單鍔撰
遂初堂書目一卷 〔宋〕尤袤撰
得月樓書目一卷 〔明〕李如一撰
子類
景仰撮書一卷 〔明〕王達撰
宜齋野乘一卷 〔宋〕吴枋撰
梁谿漫志十卷 〔宋〕費衮撰
萬柳溪邊舊話一卷 〔元〕尤玘撰
陽羨茗壺系一卷附洞山岕茶系一卷 〔明〕周高起撰
五行大義五卷 〔隋〕蕭吉撰
戒庵漫筆八卷 〔明〕李詡撰

集類
昭明太子集五卷　〔南朝梁〕蕭統撰
文選注考異一卷　〔宋〕尤袤撰
蕭茂挺文集一卷　〔唐〕蕭穎士撰
文恭集四十卷補遺一卷　〔宋〕胡宿撰
春卿遺稿一卷補遺一卷　〔宋〕蔣堂撰
蔣之翰之奇遺稿一卷　〔宋〕蔣之翰、蔣之奇撰
摛文堂集十五卷　〔宋〕慕容彦逢撰
毗陵集十六卷補遺一卷　〔宋〕張守撰
鴻慶居士集四十二卷補遺二十卷　〔宋〕孫覿撰
内簡尺牘編注十卷　〔宋〕孫覿撰　〔清〕李祖堯注　〔清〕蔡焯補注
丹陽集二十四卷　〔宋〕葛勝仲撰
梁谿遺稿二卷　〔宋〕尤袤撰
歸愚集十卷　〔宋〕葛立方撰
信齋詞一卷　〔宋〕葛郯撰
定齋集二十卷　〔宋〕蔡戡撰
牆東類稿二十卷　〔元〕陸文圭撰
清閟閣集十二卷　〔元〕倪瓚撰
滄螺集六卷　〔明〕孫作撰
荆川集十八卷補遺一卷　〔明〕唐順之撰
小辨齋偶存八卷　〔明〕顧允成撰
從野堂存稿八卷　〔明〕繆昌期撰
落落齋遺集十卷　〔明〕李應昇撰
金忠潔公文集二卷　〔明〕金鉉撰
堆山先生前集鈔一卷　〔明〕薛寀撰
韻語陽秋二十卷　〔宋〕葛立方撰
存餘堂詩話一卷　〔明〕朱承爵撰
附
留溪外傳十八卷　〔清〕陳鼎撰
青門集三十卷　〔清〕邵長蘅撰
學文堂集二十四卷　〔清〕陳玉璂撰

又一部　六十四册　443/1—64

鈐有“吴縣楊學沂岫隱父金石文字印信長壽”“逐悶藏書”“子孫永寳”“楊”印。

國朝金陵叢書十三種　9110 3743

〔清〕傅春官輯

清光緒二十七年(1901)江寧傅氏晦齋刻本　八册

子目：
宋史藝文志補一卷　〔清〕倪燦撰　〔清〕傅春官校刊
春秋職官考略三卷　〔清〕程廷祚撰次　〔清〕傅春官校刊
春秋地名辨異三卷附録一卷　〔清〕程廷祚撰次　〔清〕傅春官校刊
左傳人名辨異三卷　〔清〕程廷祚撰次　〔清〕傅春官校刊
金闕攀松集一卷　〔清〕嚴長明撰　〔清〕傅春官校刊
養龢軒隨筆一卷　〔清〕陳作霖撰　〔清〕傅春官校刊
金陵歷代建置表一卷　〔清〕傅春官纂

按：館藏存七種。

武林掌故叢編二十六集一百九十種　9110 6733

〔清〕丁丙輯

清光緒三至二十六年(1877—1900)嘉惠堂丁氏刻本　二百八册

鈐有"壽祺印信"印。

子目:

第一集

御題乾道臨安志十五卷(存卷一至卷三) 〔宋〕周淙撰

御題都城紀勝一卷 題〔宋〕耐得翁撰

錢塘西湖百咏一卷附楊公濟原唱一卷 〔宋〕郭祥正撰

錢塘先賢傳贊一卷 〔宋〕袁韶撰

古杭雜記一卷 〔元〕李有撰

古杭雜記詩集四卷

西湖韻事一卷 〔明〕汪汝謙撰

不繫園集一卷 〔明〕汪汝謙撰

隨喜庵集一卷 〔明〕汪汝謙撰

流香一覽一卷 〔清〕釋明開撰

理安寺志八卷 〔清〕釋實月撰

廣福廟志一卷 〔清〕唐垣九撰

第二集

武林舊事十卷 〔宋〕周密撰

重陽庵集一卷 〔明〕梅志暹撰

西湖紀述一卷 〔明〕袁宏道撰

玉岑山慧因寺志十二卷 〔明〕李翥撰

杭郡庠得表忠觀碑記事一卷 〔清〕余懋棅編

西湖修禊詩一卷 〔清〕鄂敏編

唐棲志略二卷 〔清〕何琪撰

吴山遺事詩一卷 〔清〕朱彭撰

南屏百咏一卷 〔清〕張炳編

崔府君祠録一卷 〔清〕鄭烺撰

第三集

御覽孤山志一卷 〔清〕王復禮撰

七述一卷 〔宋〕晁補之撰

錢塘湖山勝概詩文二卷 〔明〕夏時撰

西湖卧遊圖題跋一卷 〔明〕李流芳撰

西谿梵隱志四卷 〔明〕吴本泰撰

南宋古蹟考二卷 〔清〕朱彭撰

雲棲紀事一卷

孝義無礙庵録一卷 〔明〕釋袾宏撰

南湖倡和集一卷 〔清〕章世豐編

崇福寺志四卷續志一卷 〔清〕朱文藻撰 (續志)〔清〕章庭棫續

湖墅雜詩二卷 〔清〕魏標撰

第四集

淳祐臨安志存六卷(卷五至卷十) 〔宋〕施諤撰

遊明聖湖日記一卷 〔明〕浦祊撰

客越志略一卷 〔明〕王穉登撰

清波小志二卷小志補一卷 〔清〕徐逢吉撰 (小志補)〔清〕陳景鐘補

昭慶律寺志十卷 〔清〕釋篆玉撰

定鄉雜著二卷 〔清〕胡敬撰

金牛湖漁唱一卷 〔清〕張雲璈撰

西湖遊記一卷 〔清〕查人渼撰

銀瓶徵一卷 〔清〕俞樾撰

龍井顯應胡公墓録一卷 〔清〕丁午撰

第五集

西湖百咏二卷 〔宋〕董嗣杲撰 〔明〕陳贄和

客杭日記一卷 〔元〕郭畀撰

西湖八社詩帖一卷 〔明〕祝時泰等輯

湖山叙遊一卷 〔明〕劉暹撰

養素園詩四卷 〔清〕王德溥編

元妙觀志四卷 〔清〕仰蘅撰
西泠仙咏三卷 〔清〕陳文述撰
北隅掌録二卷 〔清〕黄士珣撰
西湖雜詩一卷 〔清〕蔣坦撰
揚清祠志一卷 〔清〕丁午撰
第六集
武林高僧事略一卷續事略一卷 〔宋〕釋元敬、釋元復撰 （續事略）〔明〕釋袾宏撰
西湖竹枝集一卷 〔元〕楊維楨編
西村十記一卷 〔明〕史鑒撰
西湖夢尋五卷 〔清〕張岱撰
韜光庵紀遊集二卷 〔清〕釋山止編
聖果寺志一卷 〔清〕釋超乾撰
南漳子二卷 〔清〕孫之騄撰
東城雜記二卷 〔清〕厲鶚撰
湖船録一卷 〔清〕厲鶚撰
湖船續録二卷 〔清〕丁午撰
第七集
武林怡老會詩集一卷 〔明〕張瀚編
西湖月觀記一卷 〔明〕陳仁錫撰
鼇峰倡和詩一卷 〔明〕范志敏編
横山遊記一卷 〔明〕馬元調撰
孝慈庵集一卷
武林草一卷附録一卷 〔清〕趙士麟撰
里居雜詩一卷 〔清〕朱樟撰
金鼓洞志八卷 〔清〕朱文藻撰
新門散記一卷 〔清〕羅以智撰
城北天后宫志一卷 〔清〕丁午撰
第八集
湖壖雜記一卷 〔清〕陸次雲撰
柴氏西湖百咏二卷 〔清〕柴傑撰
春草園小記一卷 〔清〕趙昱撰
武林新年雜咏一卷 〔清〕舒紹言等撰
復園紅板橋詩一卷 〔清〕吴修編
東郊土物詩一卷 〔清〕朱點編
江鄉節物詩一卷 〔清〕吴存楷撰
藺因集二卷 〔清〕陳文述編
定鄉小識十六卷 〔清〕張道撰
紫陽庵集一卷 〔清〕丁午編
第九集
山遊倡和詩一卷 〔宋〕釋契嵩編
錢塘賦一卷 〔宋〕葛澧撰
西湖雜記一卷 〔明〕黎遂球撰
南宋院畫録八卷 〔清〕厲鶚撰
蘇祠從祀議一卷 〔清〕吴騫撰
西湖紀遊一卷 〔清〕張仁美撰
捍海塘志一卷 〔清〕錢文瀚撰
翠微亭題名考一卷 〔清〕蔡名衡編
西泠閨咏十六卷 〔清〕陳文述撰
俞樓詩記一卷 〔清〕俞樾撰
第十集
南宋館閣録十卷續録十卷 〔宋〕陳騤撰
宋學士院題名一卷 〔宋〕何異撰
月會約一卷 〔明〕嚴武順撰
讀書社約一卷 〔明〕丁奇遇撰
勝蓮社約一卷 〔明〕虞淳熙撰
西溪百咏二卷 〔明〕釋大善撰
臨平記四卷 〔明〕沈謙撰
小雲棲放生録一卷 〔清〕釋與楷編
西湖秋柳詞一卷 〔清〕楊鳳苞撰 〔清〕楊知新注
臨平記補遺四卷 〔清〕張大昌撰
第十一集
靈隱寺志八卷 〔清〕孫治、徐增撰

雲林寺志八卷 〔清〕厲鶚撰
雲林寺續志八卷 〔清〕沈鑅彪撰
第十二集
錢塘遺事十卷 〔元〕劉一清撰
雪莊西湖漁唱七卷 〔清〕許承祖撰
龍井見聞録十卷附録二卷 〔清〕汪孟鋗撰
三學灑埽職一卷
湖山懷古集一卷 〔清〕陳時撰
武林第宅考一卷 〔清〕柯汝霖撰
第十三集
净慈寺志三十卷 〔清〕釋際祥撰
第十四集
夢粱録二十卷 〔宋〕吴自牧撰
神州古史考一卷 〔清〕倪璠撰
湖山雜咏一卷 〔清〕王緯撰
西湖雜咏一卷 〔清〕陳若蓮撰
湖上青山集一卷 〔清〕陳時撰
第十五集
四時幽賞録一卷 〔明〕高濂撰
浙鹾紀事一卷附録一卷 〔明〕葉永盛撰
西湖小史一卷 〔清〕李鼎撰
西泠懷古集十卷 〔清〕陳文述撰
龍興祥符戒壇寺志十二卷 〔清〕張大昌撰
第十六集
(萬曆)錢塘縣志不分卷 〔明〕聶心湯撰
武林遊記一卷 〔明〕高攀龍撰
流芳亭記一卷
雲居聖水寺志六卷補遺一卷 〔清〕釋明倫撰
西湖詩一卷 〔清〕汪志伊撰
第十七集
(嘉靖)仁和縣志十四卷 〔明〕沈朝宣撰
西子湖拾翠餘談三卷 〔明〕汪珂玉撰
杭志三詰三誤辨一卷 〔清〕毛奇齡撰
西湖竹枝詞一卷 〔清〕陳璨撰
東湖櫂歌一卷 〔清〕姚思勤撰
第十八集
西湖遊咏一卷 〔明〕田汝成、黄省曾撰
護國寺元人諸天畫象贊一卷 〔明〕傅巖撰
杭城治火議一卷 〔清〕毛奇齡撰
湖樓集一卷 〔清〕朱琰撰
庚辛泣杭録十六卷 〔清〕丁丙編
第十九集
吴越備史四卷補遺一卷雜考一卷 〔宋〕范坰、林禹撰
西湖治興二卷 〔明〕王瀛撰
鑒公精舍納凉圖題咏一卷 〔清〕朱文藻編
松吹讀書堂題咏一卷附録一卷 〔清〕杭棫編
桑孝子旌門録一卷 〔清〕桑調元撰
錢塘懷古詩一卷 〔清〕王德璘撰
褚堂閒史考證一卷附録一卷 〔清〕趙一清撰
寒山舊廬詩一卷 〔清〕陸森編
横橋吟館圖題咏一卷 〔清〕許乃穀編
瓊英小録一卷附録一卷 〔清〕俞樾撰

廣陵曲江復對一卷 〔清〕張大昌撰
孫花翁墓徵一卷 〔清〕張爾嘉撰
直閣朱公祠墓録二卷 〔清〕朱文懋撰
郭孝童墓記略一卷 〔清〕丁立志撰
第二十集
西湖遊覽志二十四卷志餘二十六卷 〔明〕田汝成撰
第二十一集
昭忠録五卷附録一卷 〔明〕周璟撰
艮山雜志二卷附録一卷 〔清〕翟灝撰
西溪雜咏一卷 〔清〕陳文述撰
西溪梅竹山莊圖咏一卷 〔清〕章黼編
臨安旬制紀三卷附録一卷 〔清〕張道撰 (附録)〔清〕羅椝撰
錢塘百咏一卷 〔清〕楊象濟撰
靈隱書藏紀事一卷 〔清〕潘衍桐編
金龍四大王祠墓録六卷 〔清〕仲學輅撰
同仁祠録二卷 〔清〕孫炳奎撰
續東河櫂歌一卷 〔清〕丁丙撰
第二十二集
建炎復辟記一卷
夜山圖題咏一卷 〔元〕吴福生編
西泠遊記一卷 〔明〕王紹傳撰
湖舫詩一卷 〔清〕沈奕琛編
迎鑾新曲二卷 〔清〕吴城、厲鶚撰
西湖遺事詩一卷 〔清〕朱彭撰
清波三志三卷 〔清〕陳景鐘、莫栻撰
金氏世德紀二卷 〔清〕金應麟編
照膽臺志略一卷 〔清〕鄒在寅撰
陳忠肅公墓録一卷 〔清〕孫峻撰
第二十三集
西湖水利考一卷 〔清〕吴農祥撰
皋亭倡和集一卷 〔清〕阮亨編
于忠肅公祠墓録十二卷 〔清〕丁丙撰
第二十四集
淳祐臨安志輯逸八卷 〔清〕胡敬輯
樊公祠録二卷 〔清〕孫樹禮撰
武林藏書録五卷 〔清〕丁申撰
風木盦圖題咏一卷 〔清〕丁丙編
武林雜事詩一卷 〔清〕丁立誠撰
第二十五集
杭州上天竺講寺志十五卷 〔明〕釋廣賓撰
西谿聯吟一卷 〔清〕吴祖枚、陳如松撰
南宋宫閨雜咏一卷 〔清〕趙棻撰
秦亭山民移居倡和詩一卷 〔清〕周三燮編
東城記餘二卷 〔清〕楊文傑撰
三塘漁唱三卷 〔清〕丁丙撰
第二十六集
文瀾閣志二卷附録一卷 〔清〕孫樹禮、孫峻撰
北隅綴録二卷續録二卷 〔清〕丁丙撰
北郭詩帳二卷 〔清〕丁丙撰

武林往哲遺著初編五十六種後編十種

9110 6763

〔清〕丁丙輯

清光緒間嘉惠堂丁氏刻本　九十六册

鈐有“惕盦行篋珍藏書畫印”印。

子目：
初編
褚亮集一卷 〔唐〕褚亮撰
褚遂良集一卷 〔唐〕褚遂良撰
鄭巢詩集一卷 〔唐〕鄭巢撰
錢塘韋先生文集十八卷附録一卷 〔宋〕韋驤撰
準齋雜説二卷附録一卷 〔宋〕吴如愚撰
棋訣一卷附録一卷 〔宋〕劉仲甫撰
新注朱淑真斷腸詩集十卷後集七卷補遺一卷 〔宋〕朱淑真撰 〔宋〕鄭元佐注
芝田小詩一卷 〔宋〕張煒撰
漁溪詩稿二卷乙稿一卷補遺一卷 〔宋〕俞桂撰
橘潭詩稿一卷 〔宋〕何應龍撰
芸居乙稿一卷補遺一卷附録一卷 〔宋〕陳起撰
雲泉詩稿一卷補遺一卷 〔宋〕釋永頤撰
書小史十卷 〔宋〕陳思撰
海棠譜三卷 〔宋〕陳思撰
湖山類稿五卷附録一卷 〔宋〕汪元量撰
水雲集一卷附録三卷 〔宋〕汪元量撰
對牀夜語五卷 〔宋〕范晞文撰
伯牙琴一卷補遺一卷 〔宋〕鄧牧撰
白雲集三卷附録一卷 〔元〕釋英撰
山村遺集一卷附録一卷 〔元〕仇遠撰
稗史一卷 〔元〕仇遠撰
湛淵静語二卷 〔元〕白珽撰
湛淵遺稿三卷補遺一卷附録一卷 〔元〕白珽撰
忍經一卷 〔元〕吴亮撰
疇齋二譜二卷外録一卷 〔元〕張仲壽撰
學古編一卷(缺) 〔元〕吾邱衍撰
閒居録一卷(缺) 〔元〕吾邱衍撰
竹素山房集三卷補遺一卷附録一卷 〔元〕吾邱衍撰
貞居先生詩集七卷補遺二卷附録二卷 〔元〕張雨撰
江月松風集十二卷補遺一卷文録一卷附録一卷 〔元〕錢惟善撰
山居新語一卷 〔元〕楊瑀撰
柘軒集四卷附録二卷 〔明〕凌雲翰撰
李草閣詩集六卷拾遺一卷文集一卷 〔明〕李曄撰
筠谷詩一卷 〔明〕李轅撰
松雨軒集八卷補遺一卷附録一卷 〔元〕平顯撰
咏物詩一卷 〔明〕瞿佑撰
周真人集一卷補遺一卷 〔明〕周思得撰
節庵集八卷續稿一卷 〔明〕高得暘撰
集古梅花詩二卷 〔明〕沈行撰
松窗夢語八卷 〔明〕張瀚撰
奚囊蠹餘二十卷補遺二卷附録二卷 〔明〕張瀚撰
孫夫人集一卷 〔明〕楊文儷撰
田叔禾小集十二卷 〔明〕田汝成撰
碧筠館詩稿四卷補遺一卷附録二卷 〔明〕凌立撰

亶爰子詩集二卷附録一卷　〔明〕江暉撰
弘藝録三十二卷　〔明〕邵經邦撰
藝苑玄幾一卷　〔明〕邵經邦撰
西軒效唐集録十二卷補遺一卷　〔明〕丁養浩撰
無纇生詩選一卷　〔明〕郎兆玉撰
龍珠山房詩集二卷補遺一卷附録一卷　〔明〕李奎撰
湖上篇一卷　〔明〕李奎撰
卓光禄集三卷　〔明〕卓明卿撰
王節愍公遺集二卷附録一卷　〔明〕王道焜撰
卧月軒稿三卷附録一卷　〔明〕顧若璞撰
附刻
始豐稿十四卷補遺一卷附録一卷　〔明〕徐一夔撰
東軒集選一卷補遺三卷附録一卷　〔明〕聶大年撰
後編
韓忠獻公遺事一卷補遺一卷　〔宋〕强至撰
汴都賦一卷附録一卷　〔宋〕周邦彦撰　（附録）〔明〕汪汝謙、陳繼儒輯
參寥集十二卷附録二卷　〔宋〕釋道潛撰
石門文字禪三十卷　〔宋〕釋惠洪撰
太上感應靈篇圖説一卷附録一卷　〔元〕陳堅撰
牧潛集七卷　〔元〕釋圓至撰
少保于公奏議十卷　〔明〕于謙撰
于肅愍公集八卷拾遺一卷附録一卷　〔明〕于謙撰
倪文僖公集三十二卷補遺一卷　〔明〕倪謙撰
青谿漫稿二十四卷補遺一卷附録一卷　〔明〕倪嶽撰

西湖掌故合刻三種　9110 1133

〔清〕朱記榮輯
清光緒九年(1883)朱氏刻本　二册
子目：
西湖竹枝集一卷　〔元〕楊維楨撰
銀瓶徵一卷　〔清〕俞樾撰
西湖遊記一卷　〔清〕查人渶撰

台州叢書二集七種　9110 4349

〔清〕宋世犖輯
清嘉慶道光間臨海宋氏重刻本　二十册
子目：
甲集
廣志繹六卷(卷六考訂嗣出)　〔明〕王士性撰
滇考二卷　〔清〕馮甦編
見聞隨筆二卷　〔清〕馮甦撰
石屏詩集十卷　〔宋〕戴復古撰
文則二卷　〔宋〕陳騤撰
乙集
赤城志四十卷　〔宋〕陳耆卿撰
赤城集十八卷　〔宋〕林表民輯
又一部　二十册　476/1—20
鈐有"南洋大學圖書館藏書"印。

永嘉叢書十種　9110 5349

〔清〕孫衣言輯

清光緒三年(1877)瑞安孫氏刻本　三十八册

鈐有“津門徐氏藏書”“愓盦行篋珍藏書畫印”印。

子目:

横塘集二十卷　〔宋〕許景衡撰

竹軒雜著六卷　〔宋〕林季仲撰

劉左史文集四卷　〔宋〕劉安節撰

劉給諫文集五卷　〔宋〕劉安上撰

薛艮齋浪語集三十五卷　〔宋〕薛季宣撰

水心别集十七卷　〔宋〕葉適撰

開禧德安守城録一卷　〔宋〕王致遠撰

蒙川遺稿四卷　〔宋〕劉黻撰

集韻考正十卷　〔清〕方成珪撰

陳止齋集五十二卷　〔宋〕陳傅良撰

金華叢書六十七種　9110 3149

〔清〕胡鳳丹輯

清同治光緒間胡氏退補齋刻本　二百七十五册

子目:

經部

東萊吕氏古易一卷　〔宋〕吕祖謙撰

周易音訓二卷　〔宋〕吕祖謙撰

增修東萊書説三十五卷首一卷　〔宋〕吕祖謙撰　〔宋〕時瀾修定

左氏傳説二十卷首一卷　〔宋〕吕祖謙撰

東萊先生左氏博議二十五卷　〔宋〕吕祖謙撰

吕氏家塾讀詩記三十二卷　〔宋〕吕祖謙撰

書疑九卷　〔宋〕王柏撰

詩疑二卷　〔宋〕王柏撰

尚書表注二卷　〔宋〕金履祥撰

大學疏義一卷　〔宋〕金履祥撰

論語集注考證十卷　〔宋〕金履祥撰

孟子集注考證七卷首一卷　〔宋〕金履祥撰

禹貢集解二卷　〔宋〕傅寅撰

讀四書叢説八卷　〔元〕許謙撰

詩集傳名物鈔八卷　〔元〕許謙撰

讀書叢説六卷　〔元〕許謙撰

史部

大事記十二卷通釋三卷解題十二卷　〔宋〕吕祖謙撰

唐鑒二十四卷音注考異一卷　〔宋〕范祖禹撰　〔宋〕吕祖謙音注　〔清〕胡鳳丹考異

西漢年紀三十卷　〔宋〕王益之撰

輿地碑記目十卷首一卷附辨訛考異一卷　〔宋〕王象之撰　〔清〕胡鳳丹考異

青溪寇軌一卷　〔宋〕方勺撰

西征道里記一卷　〔宋〕鄭剛中撰

涉史隨筆二卷　〔宋〕葛洪撰

洪武聖政記二卷　〔明〕宋濂撰

旌義編二卷　〔元〕鄭濤撰

浦陽人物記二卷　〔明〕宋濂撰

明朝國初事跡一卷　〔明〕劉辰撰

子部

玄真子三卷　〔唐〕張志和撰

卧遊録一卷　〔宋〕吕祖謙撰

螢雪叢説二卷　〔宋〕俞成撰

少儀外傳二卷　〔宋〕吕祖謙撰

詩律武庫十五卷後集十五卷　〔宋〕

呂祖謙撰
帝王經世圖譜十六卷附録一卷　〔宋〕唐仲友撰
泊宅編十三卷　〔宋〕方勺撰
日損齋筆記一卷附考證一卷　〔元〕黄溍撰　〔清〕陳熙晋考證
楓山章先生語録一卷附考異一卷　〔明〕章懋撰　〔清〕胡鳳丹考異
青巖叢録一卷　〔明〕王褘撰
華川卮辭一卷　〔明〕王褘撰
龍門子凝道記三卷　〔明〕宋濂撰
集部
駱丞集四卷首一卷附辨訛考異二卷　〔唐〕駱賓王撰　〔清〕胡鳳丹考異
禪月集十二卷首一卷　〔唐〕釋貫休撰
吕東萊先生文集二十卷首一卷附易説一卷　〔宋〕吕祖謙撰
忠簡公集七卷附辨訛考異一卷　〔宋〕宗澤撰　〔清〕胡鳳丹辨訛考異
龍川文集三十卷首一卷末一卷附録一卷附辨訛考異二卷　〔宋〕陳亮撰　〔清〕胡鳳丹辨訛考異
北山文集三十卷首一卷末一卷　〔宋〕鄭剛中撰
香溪集二十二卷　〔宋〕范浚撰
古文關鍵二卷　〔宋〕吕祖謙編
仁山先生金文安公文集五卷　〔宋〕金履祥撰
月泉吟社三卷　〔宋〕吴渭編
白雲集四卷首一卷附録一卷　〔元〕許謙撰
淵穎集十二卷　〔元〕吴萊撰
黄文獻公集十卷首一卷補遺一卷附録一卷　〔元〕黄溍撰
純白齋類稿二十卷首一卷附録二卷　〔元〕胡助撰
九靈山房集三十卷遺稿四卷首一卷又遺稿一卷遺稿補編一卷末一卷　〔元〕戴良撰
鹿皮子集四卷　〔元〕陳樵撰
青村遺稿一卷附録一卷　〔元〕金涓撰
宋學士全集三十二卷補遺八卷附録二卷　〔明〕宋濂撰
王忠文公集二十卷　〔明〕王褘撰
蘇平仲集十六卷　〔明〕蘇伯衡撰
胡仲子集十卷　〔明〕胡翰撰
楓山章先生集九卷附實紀八卷年譜二卷　〔明〕章懋撰　(實紀)〔明〕章接輯　(年譜)〔明〕阮鶚撰
石洞貽芳集二卷補遺一卷附考異一卷　〔明〕郭鈇撰　〔清〕郭鍾儒重輯　〔清〕胡鳳丹考異
新增五種
研幾圖一卷　〔宋〕王柏撰
何北山先生遺集三卷附録一卷　〔宋〕何基撰
濂洛風雅六卷首一卷　〔宋〕金履祥撰
魯齋集九卷補遺一卷附録一卷　〔宋〕王柏撰
漁石集四卷首一卷　〔明〕唐龍撰

紹興先正遺書四集十五種　　472/1—48

〔清〕徐友蘭輯
清光緒間會稽徐氏刻本　四十八册
鈐有“南洋大學圖書館藏書”印。

子目：
第一集
重訂周易二閭記三卷 〔清〕茹敦和撰 〔清〕李慈銘重訂
重訂周易小義二卷 〔清〕茹敦和撰 〔清〕李慈銘重訂
元史本證五十卷末一卷 〔清〕汪輝祖撰 〔清〕汪繼培補
南江札記四卷末一卷 〔清〕邵晋涵撰
第二集
群書拾補初編三十七卷 〔清〕盧文弨撰
群書拾補補遺三卷 〔清〕盧文弨撰
群書拾補識語一卷 〔清〕徐友蘭撰
第三集
重論文齋筆録十二卷 〔清〕王端履撰
蠻司合志十五卷末一卷 〔清〕毛奇齡撰
澹生堂藏書目十四卷 〔明〕祁承㸁撰
第四集
四庫全書提要分纂稿一卷 〔清〕邵晋涵撰
思復堂文集十卷附録一卷末一卷 〔清〕邵廷寀撰
漢孳室文鈔四卷補遺一卷 〔清〕陶方琦撰
行朝録十一卷末一卷 〔清〕黄宗羲撰
江右紀變一卷 〔清〕陸世儀撰

又一部 四十八册 9110 9113

湖北叢書三十種 9110 1249

〔清〕趙尚輔輯

清光緒十七年(1891)三餘草堂刻本

一百册

子目：
御定易經通注四卷 〔清〕傅以漸、曹本榮撰
易領四卷 〔明〕郝敬撰
周易集解纂疏十卷附易筮遺占一卷 〔清〕李道平撰
易象通義六卷 〔清〕秦篤輝撰
尚書辨解十卷 〔明〕郝敬撰
毛詩原解三十六卷 〔明〕郝敬撰
詩傳名物集覽十二卷 〔清〕陳大章撰
春秋非左二卷 〔明〕郝敬撰
春秋楚地答問一卷 〔清〕易本烺撰
論語類考二十卷 〔明〕陳士元撰
四書逸箋六卷 〔清〕程大中撰
孟子雜記四卷 〔明〕陳士元撰
孟子要略五卷 〔清〕劉傳瑩輯
陳氏孔子家語疏證十卷 〔清〕陳士珂輯
伸顧一卷附札記一卷 〔清〕易本烺撰
史懷二十卷 〔明〕鍾惺撰
讀史剩言四卷 〔清〕秦篤輝撰
學統五十三卷 〔清〕熊賜履撰
江漢叢談二卷 〔明〕陳士元纂
雲杜故事一卷 〔清〕易本烺撰
導江三議一卷附上何方伯書 〔清〕王柏心撰
姓觿十卷 〔明〕陳士元撰
姓觿刊誤一卷 〔清〕易本烺撰

名疑四卷 〔明〕陳士元撰
繹志十九卷 〔清〕胡承諾撰
讀書説四卷附年譜一卷 〔清〕胡承諾撰
蠕範八卷 〔清〕李元撰
平書八卷 〔清〕秦篤輝撰
樞言一卷續一卷 〔清〕王柏心撰
楚辭章句十七卷 〔漢〕王逸撰

涇川叢書四十五種續涇川叢書六種

9110 3349

〔清〕趙紹祖輯

清道光十二年(1832)趙氏古墨齋刻本 二十四册

子目:
毅齋經説一卷 〔明〕查鐸撰
拙齋學測一卷 〔明〕蕭良幹撰
讀書些子會心一卷 〔明〕朱苞撰
易學管窺一卷 〔清〕章芝撰
讀左管窺二卷 〔清〕趙青藜撰
論語注參二卷 〔清〕趙良猷撰
賓退録四卷 〔明〕趙善政撰
拙齋筆記一卷 〔明〕蕭良幹撰
拙齋十議一卷 〔明〕蕭良幹撰
濟南紀政一卷 〔明〕徐榜撰
浙鹺紀事一卷 〔明〕葉永盛撰
三峰傳稿一卷 〔明〕萬應隆撰
史疑一卷 〔明〕張應泰撰
續史疑二卷 〔明〕張一卿撰
三峰史論一卷 〔明〕萬應隆撰
星閣史論一卷 〔清〕趙青藜撰
九畹史論一卷 〔清〕翟灝撰
五城奏疏一卷 〔明〕董傑撰
毅齋奏疏一卷 〔明〕查鐸撰
伯仲諫臺疏草二卷 〔明〕鄭欽、鄭鋭撰
制府疏草二卷 〔明〕蕭彦撰
玉城奏疏一卷 〔明〕葉永盛撰
西臺摘疏一卷 〔明〕吴尚默撰
太極後圖説一卷 〔明〕左輔撰
八士辯一卷 〔明〕董傑撰
楚中會條一卷 〔明〕查鐸撰
水西會條一卷 〔明〕查鐸撰
稽山會約一卷 〔明〕蕭良幹撰
惜陰書院緒言一卷 〔明〕翟台撰
赤山會約一卷 〔明〕蕭雍撰
水西會語一卷 〔明〕查鐸撰
白水質問一卷 〔明〕徐榜撰
赤山會語一卷 〔明〕蕭雍撰
水西答問一卷 〔明〕翟台撰
梅峰語録二卷 〔明〕趙仲全撰
論學俚言一卷 〔清〕蕭繼炳撰
星閣正論一卷 〔清〕趙青藜撰
子貫附言一卷 〔清〕胡元暉撰
宦遊日記一卷 〔明〕徐榜撰
讀書十六觀補一卷 〔明〕吴愷撰
漢林四傳一卷 〔清〕鄭相如撰
箴友言一卷 〔清〕趙青藜撰
涇川詩話三卷 〔清〕趙知希撰
隻麈譚二卷 〔清〕胡承譜撰
續隻麈譚二卷 〔清〕胡承譜撰
續涇川叢書八種
東井誥敕一卷 〔明〕左鎰撰
讀春秋二卷 〔清〕趙良霨撰
讀禮記十二卷 〔清〕趙良霨撰
讀詩經四卷附讀易經一卷 〔清〕趙良霨撰
古墨齋金石跋六卷 〔清〕趙紹祖撰

涇川金石記一卷 〔清〕趙紹祖輯

嶺南遺書六集五十九種 9110 7859

〔清〕伍崇曜輯

清道光十一年至同治二年(1831—1863)南海伍氏粤雅堂校刻本 九十册

子目:

第一集

雙槐歲鈔十卷 〔明〕黄瑜撰

廣州人物傳二十四卷 〔明〕黄佐撰

翰林記二十卷 〔明〕黄佐撰

革除遺事節本六卷 〔明〕黄佐撰

春秋别典十五卷 〔明〕薛虞畿撰

百越先賢志四卷 〔明〕歐大任撰

第二集

劉希仁文集一卷 〔唐〕劉軻撰

理學簡言一卷 〔宋〕區仕衡撰

平定交南録一卷 〔明〕丘濬撰

白沙語要一卷 〔明〕陳獻章撰

甘泉新論一卷 〔明〕湛若水撰

元祐黨籍碑考一卷 〔明〕海瑞撰

疑耀七卷 〔明〕張萱撰

海語三卷 〔明〕黄衷撰

郭給諫疏稿二卷 〔明〕郭尚賓撰

算迪八卷 〔清〕何夢瑶撰

春秋詩話五卷 〔清〕勞孝輿撰

第三集

崔清獻公集五卷 〔宋〕崔與之撰

崔清獻公言行録三卷 〔宋〕李肖龍撰

羅浮志十卷 〔明〕陳槤撰

小學古訓一卷 〔明〕黄佐撰

龐氏家訓一卷 〔明〕龐尚鵬撰

昭代經濟言十四卷 〔明〕陳子壯撰

周易爻物當名二卷 〔明〕黎遂球撰

正學續四卷 〔清〕陳遇夫撰

史見二卷 〔清〕陳遇夫撰

迂言百則一卷 〔清〕陳遇夫撰

第四集

周易本義注六卷 〔清〕胡方撰

賡和録二卷 〔清〕何夢瑶撰

救荒備覽四卷 〔清〕勞潼撰

周易略解八卷附群經互解一卷算略一卷 〔清〕馮經撰

周髀算經述一卷 〔清〕馮經撰

粤臺徵雅録一卷 〔清〕羅元焕撰 〔清〕陳仲鴻注

重訂三家詩拾遺十卷 〔清〕范家相輯 〔清〕葉鈞重訂

第五集

楊議郎著書一卷 〔漢〕楊孚撰 〔清〕曾釗輯

異物志一卷 〔漢〕楊孚撰 〔清〕曾釗輯

交州記二卷 〔晋〕劉欣期撰 〔清〕曾釗輯

始興記一卷 〔南朝宋〕王韶之撰 〔清〕曾釗輯

潜虚述義四卷 〔宋〕司馬光撰 〔清〕蘇天木述

五山志林八卷 〔清〕羅天尺撰

測天約術一卷 〔清〕陳昌齊撰

吕氏春秋正誤一卷 〔清〕陳昌齊撰

楚詞辨韻一卷 〔清〕陳昌齊撰

袁督師事跡一卷

嶺南荔支譜六卷 〔清〕吴應逵撰

南漢紀五卷 〔清〕吴蘭修撰

南漢地理志一卷 〔清〕吴蘭修撰

南漢金石志二卷 〔清〕吴蘭修撰
端溪硯史三卷 〔清〕吴蘭修撰
粤詩蒐逸四卷 〔清〕黄子高撰
春秋古經説二卷 〔清〕侯康撰
穀梁禮證二卷 〔清〕侯康撰
補後漢書藝文志四卷 〔清〕侯康撰
補三國藝文志四卷 〔清〕侯康撰
第六集
毛詩通考三十卷 〔清〕林伯桐撰
毛詩識小三十卷 〔清〕林伯桐撰
虞書命羲和章解一卷 〔清〕曾釗撰
蠡勺編四十卷 〔清〕凌揚藻撰
紀夢編年一卷附續編一卷 〔清〕釋成鷲撰

粤十三家集十三種 PL3031.2 WCY.Y

〔清〕伍崇曜輯

清道光二十年(1840)詩雪軒校刻本 三十六册

子目：
文溪集二十卷 〔宋〕李昴英撰
秋曉先生覆瓿集四卷 〔宋〕趙必瑑撰
九峰先生集三卷 〔宋〕區仕衡撰
李駕部前集四卷後集二卷青霞漫稿一卷 〔明〕李時行撰
瑶石山人詩稿十六卷 〔明〕黎民表撰
區太史詩集二十七卷 〔明〕區大相撰
陳文忠公遺集十一卷 〔明〕陳子壯撰
蓮鬚閣集二十六卷 〔明〕黎遂球撰
中洲草堂遺集二十六卷 〔明〕陳子昇撰
九谷集六卷 〔清〕方殿元撰
六瑩堂集九卷二集八卷 〔清〕梁佩蘭撰
大樗堂初集十二卷 〔清〕王隼撰
雲華閣詩略六卷坡亭詞鈔一卷 〔清〕易宏撰

又一部 三十六册 **2459/1—36**

鈐有“南洋大學圖書館藏書”印。

家集之屬

傳經堂叢書十四種附四種 9118 3344

〔清〕洪頤煊撰輯

清嘉慶道光間臨海洪氏刻本 二十四册

子目：
禮經宫室答問二卷 〔清〕洪頤煊撰
孔子三朝記七卷目録一卷 〔清〕洪頤煊注釋
夏小正疏義四卷附一卷 〔清〕洪震煊撰
管子義證八卷 〔清〕洪頤煊撰
讀書叢録二十四卷 〔清〕洪頤煊撰
平津讀碑記八卷續記一卷再續一卷三續二卷 〔清〕洪頤煊撰
雪彊老人詩稿四卷 〔清〕洪枰撰
地齋詩鈔二卷 〔清〕洪坤煊撰
檞堂詩鈔一卷 〔清〕洪震煊撰
筠軒文鈔八卷 〔清〕洪頤煊撰
筠軒詩鈔四卷 〔清〕洪頤煊撰
國朝名人詞翰二卷 〔清〕洪頤煊輯
台州札記十二卷 〔清〕洪頤煊撰
諸史考異十八卷(即刻) 〔清〕洪頤

煊撰

附録

校正穆天子傳七卷 〔清〕洪頤煊撰

校正竹書紀年二卷 〔清〕洪頤煊撰

經典集林三十二卷 〔清〕洪頤煊輯

漢志水道疏證五卷 〔清〕洪頤煊撰

按:《校正穆天子傳》《校正竹書紀年》刻在金陵孫氏《平津館叢書》,《經典集林》《漢志水道疏證》刻在涿州孫氏《問經堂叢書》。

德州田氏叢書十三種 9111 3469

〔清〕田雯等撰

清康熙乾隆間彙刻本 二十八册

半葉11行21字,小字雙行字同,黑口,左右雙邊,單黑魚尾,半框高19.2釐米,寬14.3釐米。版心鎸書名、卷次及葉碼。

鈐有"息抱齋藏本"印。

子目:

古歡堂文集二十二卷詩集十五卷 〔清〕田雯撰

西圃叢辨三十二卷 〔清〕田同之纂集

蒙齋年譜一卷附蒙齋生志一卷 〔清〕田雯撰

長河志籍考十卷 〔清〕田雯撰

黔書二卷 〔清〕田雯編

水東草堂詩一卷 〔清〕田需撰

鬲津草堂詩不分卷 〔清〕田霡撰

有懷堂文集一卷詩集一卷 〔清〕田肇麗撰

二學亭文涘四卷 〔清〕田同之撰

硯思集六卷 〔清〕田同之撰

晚香詞三卷 〔清〕田同之撰

西圃文説三卷附詩説一卷詞説一卷 〔清〕田同之撰

安德明詩選遺一卷 〔清〕田同之撰

按:叢書不同時期刊刻版式略異,著録爲《古歡堂集》版式。

又一部 十七册 AC149 Zcl 1323

鈐有"蓼華院""趙國華印""菁衫""菁衫"印。

子目:

古歡堂文集二十二卷詩集十四卷 〔清〕田雯撰

西圃叢辨三十二卷 〔清〕田同之纂集

長河志籍考十卷 〔清〕田雯撰

黔書二卷 〔清〕田雯編

蒙齋年譜一卷 〔清〕田雯撰

按:館藏存五種。

三山陳氏家刻左海全集十種 538/1—24

〔清〕陳壽祺撰輯

清嘉慶道光間三山陳氏校刻本 二十四册

子目:

左海文集十卷

絳跗草堂詩集六卷

左海乙集駢體文二卷

五經異義疏證三卷

左海經辨二卷

尚書大傳定本五卷(存卷三至卷五)

洪範五行傳輯本三卷

東越儒林後傳一卷

東越文苑後傳一卷

東觀存稿一卷

繡水王氏家藏集十二種附刻六種 2483/1—16

〔清〕王相輯

清咸豐六年(1856)刻本　十六册

鈐有“南洋大學圖書館藏書”印。

子目：

清貽堂存稿四卷附録一卷　〔清〕王益朋撰

清貽堂剩稿一卷　〔清〕王士駿撰

清貽堂剩稿一卷　〔清〕王琦撰

偷閒集剩稿一卷　〔清〕王靄撰

安流舫存稿二卷　〔清〕王璋撰

復初集剩稿一卷　〔清〕王璣撰

鵜溪草堂存稿六卷　〔清〕王元鑒撰

蘭堂剩稿一卷　〔清〕王錦撰

憺園草二卷附補遺一卷　〔清〕王錚撰

橘香堂存稿二卷　〔清〕王澄撰

清閨遺稿一卷　〔清〕吴宗憲撰

絜華樓存稿三卷　〔清〕王楨撰

附刻

無止境初存稿六卷續存稿六卷外詩續存一卷　〔清〕王相撰

鄉程日記一卷　〔清〕王相撰

芬響閣初稿十卷　〔清〕王褧之撰

芬響閣附存稿一卷　〔清〕陳瑶撰

續鄉程日記一卷　〔清〕王褧之撰

雙紅豆館遺稿一卷　〔清〕王潔撰

富陽夏氏叢刻七種 9111 6519

〔清〕夏震武、夏鼎武撰

清光緒間刻本　四册

子目：

悔言六卷　〔清〕夏震武撰

悔言辨正六卷首一卷附記一卷　〔清〕夏震武撰　(附記)〔清〕夏鼎武撰

詩序辨一卷　〔清〕夏鼎武撰

讀禮私記一卷　〔清〕夏鼎武撰

衰説考誤一卷　〔清〕夏震武撰

寤言質疑一卷　〔清〕夏震武撰

庭聞憶略二卷附竹坡先生遺文一卷　〔清〕寶廷撰　〔清〕夏鼎武輯

董氏叢書十四種 9111 4949

〔清〕董金鑒輯

清光緒三十二年(1906)董氏取斯家塾刻本　十二册

子目：

中峰集十二卷附録三卷　〔明〕董玘撰　(附録)〔清〕董金鑒輯

中峰制藝一卷　〔明〕董玘撰

大易牀頭私録二卷　〔明〕董懋策撰

大學大意一卷中庸大意一卷　〔明〕董懋策撰

老子翼評點一卷　〔明〕董懋策撰

莊子翼評點八卷附録一卷　〔明〕董懋策撰

唐李長吉詩集四卷首一卷附外詩集一卷　〔唐〕李賀撰　〔明〕徐渭、董懋策批評

天籟集鈔存一卷　〔清〕董欽德撰

藝苑古文稿一卷　〔清〕董開宗撰

吴太夫人年譜三卷　〔清〕董金鑒編

添丁小酉之廬詩草一卷附楚生文存一卷　〔清〕董良玉撰

梅山夢草一卷　〔清〕董良玉撰

公文緣起二卷　〔清〕董良玉撰

天涯行乞圖題辭一卷 〔清〕董金鑒編

海鹽張氏涉園叢刻八種 2557/1—8

張元濟輯

清宣統三年(1911)上海商務印書館鉛印本 八册

子目:

入告編四卷 〔清〕張惟赤撰

退思軒詩集一卷 〔清〕張惟赤撰

賦閒樓詩集一卷 〔清〕張皓撰

篔谷詩選一卷 〔清〕張芳湄撰

捫腹齋詩鈔四卷 〔清〕張宗松撰

捫腹齋詩餘二卷 〔清〕張宗松撰

藕村詞存一卷 〔清〕張宗橚撰

涉園題咏一卷 〔清〕張鶴徵輯

如皋冒氏叢書三十四種附二種 9111 8949

冒廣生輯

清光緒民國間如皋冒氏刻本 二十册

子目:

冒伯麐先生集二十五卷(缺) 〔明〕冒愈昌撰

增定存笥小草四卷(缺) 〔明〕冒日乾撰

馭交記十二卷(缺) 〔明〕張鏡心撰

簡兮堂文剩一卷(缺) 〔明〕冒超處撰

香儷園偶存一卷 〔清〕冒襄撰

寒碧孤吟一卷 〔清〕冒襄撰

集美人名詩一卷 〔清〕冒襄撰

泛雪小草一卷 〔清〕冒襄撰

蘭言一卷 〔清〕冒襄撰

岕茶彙鈔一卷 〔清〕冒襄撰

宣爐歌注一卷 〔清〕冒襄撰

影梅庵憶語一卷附亡妾董氏小宛哀辭一卷 〔清〕冒襄撰

樸巢詩選一卷文選四卷 〔清〕冒襄撰

巢民詩集六卷文集七卷 〔清〕冒襄撰

鹿樵集葺一卷(缺) 〔清〕冒坦然撰

婦人集注一卷 〔清〕陳維崧撰 〔清〕冒褒注

婦人集補一卷 〔清〕冒丹書撰

鑄錯軒詩葺一卷 〔清〕冒褒撰

寒碧堂詩葺一卷附録一卷 〔清〕冒嘉穗撰

枕煙堂詩葺一卷 〔清〕冒丹書撰

葚原詩説四卷 〔清〕冒春榮撰

前後元夕讌集詩二卷 〔清〕冒篁編

枕干録一卷附一卷 〔清〕冒沅輯

永嘉高僧碑傳集八卷附録一卷補一卷(缺) 冒廣生輯

鉢池山志六卷志餘一卷(缺) 冒廣生撰

疚齋小品八種(缺) 冒廣生撰

如皋冒氏詩略十四卷詞略一卷 冒廣生輯

冒得庵(鸞)參議年譜一卷(缺) 冒廣生撰

冒嵩少(起宗)憲副年譜三卷(缺) 冒廣生撰

冒巢民(襄)徵君年譜一卷補一卷 冒廣生撰

同人集補一卷(缺) 冒廣生輯

小三吾亭文甲集一卷詩四卷詞二卷附一卷　冒廣生撰
謝康樂集拾遺一卷附校勘記一卷詩一卷　冒廣生輯校
冠柳集一卷　〔宋〕王觀撰　冒廣生編校
附
五周先生集六種(缺)　冒廣生輯
外家紀聞一卷(缺)　冒廣生撰

項城袁氏家集六種　529/1—56

〔清〕丁振鐸輯

清宣統三年(1911)清芬閣鉛印本　五十六册

鈐有"南洋大學堂圖書館藏書"印。

子目:
端敏公集　〔清〕袁甲三撰
卷首二卷
奏議二十卷
函牘二卷
中議公集　〔清〕袁保慶撰
事實紀略一卷
自乂瑣言二卷
文誠公集　〔清〕袁保恒撰
卷首一卷
奏議六卷
函牘二卷
文稿拾遺一卷
詩稿拾遺一卷
閣學公集　〔清〕袁保齡撰
卷首一卷
公牘十卷
書札四卷
書札録遺一卷
文稿拾遺一卷
詩稿拾遺一卷
雪鴻吟社詩鐘二卷
袁氏家書六卷　〔清〕袁世傳撰
母德録一卷　〔清〕袁世傳撰

自著之屬

忠武侯諸葛孔明先生全集二十卷　AC149 Zcl 278

〔清〕張澍纂輯

清同治元年(1862)聚珍齋活字本　七册

鈐有"陳慶保"印。

子目:
諸葛忠武侯故事五卷
諸葛忠武侯兵法六卷首一卷
諸葛武侯奇門六卷首一卷
諸葛忠武侯文集一卷

又一部　十册　AC149 Zcl 278a

范文正公全集四十八卷　830.514 538

〔宋〕范仲淹撰

清道光十年(1830)歲寒堂刻本　二十四册

子目:
文集二十卷
別集四卷
政府奏議二卷
尺牘三卷
年譜一卷
年譜補遺一卷
言行拾遺事録四卷
鄱陽遺事録一卷

遺跡一卷

義莊規矩一卷

褒賢集五卷

補編五卷

石林遺書十三種　574/1—14

〔宋〕葉夢得撰　〔清〕葉德輝輯

清宣統三年(1911)葉氏刻本　十四册

子目:

石林家訓一卷

治生家訓要略一卷

禮記解四卷

石林燕語考異十卷　〔宋〕宇文紹奕考異

石林燕語辨十卷　〔宋〕汪應辰辨

玉澗雜書一卷

巖下放言三卷

避暑録話二卷

老子解二卷

建康集八卷

石林詩話三卷　〔清〕葉廷琯輯

石林詞一卷

石林遺事三卷　〔清〕葉德輝撰集

又一部　十六册　9112 9759

白石道人四種　PL 2687 Jku. J

〔宋〕姜夔撰

清同治十年(1871)刻本　二册

子目:

白石詩集一卷附詩説一卷

歌曲四卷

别集一卷

續書譜一卷

朱子遺書初刻十二種二刻六種

9112 3459

〔宋〕朱熹撰

清康熙間禦兒吕氏寶誥堂重刻本　十二册

半葉12行22字,小字雙行字同,黑口,左右雙邊,雙黑魚尾,半框高17.9釐米,寬13.7釐米。版心鎸書名及卷次,下鎸葉碼。

内封題"朱子遺書,禦兒吕氏寶誥堂重刊白鹿洞原本"。卷首依次有"朱子遺書目録";目録;宋朱熹撰《序》;宋淳熙三年(1176)《序》,署"淳熙三年四月四日東萊吕祖謙謹書"。

《朱子遺書二刻》内封題"朱子遺書二刻,禦兒吕氏寶誥堂重刊白鹿洞原本"。卷首依次有"朱子遺書二刻目録";"論孟精義目録";宋乾道八年(1172)《序》,署"乾道壬辰月正元日新安朱熹謹書";《國朝諸老先生論孟精義綱領》。

鈐有"馬鑒之印"印。

子目:

初刻

近思録十四卷

延平李先生師弟子答問一卷後録一卷

雜學辨一卷附録一卷

中庸輯略二卷

論語或問二十卷

伊洛淵源録十四卷

上蔡先生語録三卷

二刻

國朝諸老先生論語精義十卷(存一卷)

按:館藏初刻存七種、二刻存一種,天

頭有後人佚名手寫批注。

真文忠公全集六種　　9112 1933

〔宋〕真德秀撰　〔明〕楊鶚重修　〔明〕丁辛重較

明刻明清遞修本　五十五册

半葉10行20字,白口,四周雙邊,單黑魚尾,半框高18.1釐米,寬14.1釐米。版心鎸書名及卷次,下鎸葉碼及刻工。

《西山先生真文忠公文集》卷端題"西山先生真文忠公文集,明後學武陵楊鶚庵父重修,明後學蘭陵丁辛先甲父重較",内封題"拱極堂,西山真文忠公文集,本祠藏板"。卷首依次有明萬曆二十六年(1598)《真文忠公全集叙》,署"萬曆二十六年五月朔日吉旦欽差提督軍務兼巡撫福建地方督察院右僉都御史錢塘金學曾書";明丁辛撰《真文忠公文集序》;清雍正元年(1723)《真文忠公文集序》,署"雍正元年歲次癸卯季夏提督福建等處學政翰林院侍講學士加一級後學阿爾賽謹識";清康熙四年(1665)《續補真西山先生全集序》,署"康熙肆年歲在乙巳臈月穀旦知浦城縣潞河後學王徲元謹撰";清康熙四年《真文忠公續補全集序》,署"康熙肆年歲在乙巳東拾月丁亥三山後學建寧府建安縣儒學訓導署浦城縣儒學教諭事姚兆禎謹撰";目録。

《大學衍義》卷端題"大學衍義,賜進士第知浦城縣事武陵楊鶚重刊,賜進士第知浦城縣事蘭陵丁辛重較,儒學署教諭事舉人朱朝熙、訓導林懋材、邑後學舉人張喬松、裔孫庠生文望督梓",内封題"經筵御覽,大學衍義"。卷首依次有《御製讀大學衍義詩》;清乾隆二年(1737)《御製跋》,署"乾隆二年　月　日";《明太宗文皇帝贊》;《大學衍義表並札子》;明崇禎十一年(1638)《大學衍義序》,署"崇禎戊寅季夏知浦城縣事蘭陵後學丁辛頓首拜撰";宋真德秀撰《大學衍義序》;明崇禎八年(1635)《重刻大學衍義序》,署"崇禎乙亥歲冬陽月閩中後學魏呈潤書";明真憲時撰《重刻大學衍義跋》;前後刊閲姓氏;目録。

《真文忠公心政經》卷端題"真文忠公心經,十六世裔孫祖蔭、祖武仝,男鼎元、拱元、叔元重梓,姪配元督刊",内封題"西山真文忠公心政二經,十八世裔孫榜督梓"。卷首依次有清康熙五十四年(1715)《真文忠公心政經序》,署"大清康熙五十四年歲次乙未莫春三日後學徐枝芳撰";明成化四年(1468)《真文忠公心政經序》,署"成化戊子中秋月丙申延陵陸簡序";宋淳祐二年(1242)《心政經序》,署"淳祐二年月正人日門人王邁序";明嘉靖三年(1524)《題心政經後》,署"嘉靖甲申春浦城後學張鵬謹書";明隆慶五年(1571)《跋》,署"隆慶辛未孟冬朔後學浦城徐栢謹跋";清康熙五十四年《題心政經後》,署"康熙乙未蒲月朔後學張普錫謹跋";清真祖蔭撰《序》。

《文章正宗復刻》内封題"乾隆戊子年新鐫,西山真夫子原本,文章正宗復刻,觀察使者,重輯梓行"。卷首依次有清乾隆三十二年(1767)《文章正宗復刻序》,署"乾隆丁亥七月既望韓城後學王傑拜手謹序";清錢琦撰《文章正宗復刻序》;清楊仲興撰《文章正宗復刻序》;凡例;綱目;

目録。

《西山先生真文忠公讀書記》卷首依次有清乾隆八年(1743)《重刻真西山先生讀書記序》,署"乾隆八年中秋日寧化後學雷鋐敬書於武彝一曲幔亭草堂";宋開慶元年(1259)《讀書記原序》,署"開慶改元十月初吉門人番陽湯漢謹書";綱目;清乾隆四年(1739)《重鐫西山真文忠公讀書記本末後》,署"乾隆四年己未孟冬望裔孫鼎元、元傑仝頓首百拜謹識";目録。

鈐有"陳慶保"印。

子目:

文集五十五卷

大學衍義四十三卷

真文忠公心政經二卷

年譜一卷

文章正宗復刻三十卷續十二卷

讀書記四十卷

按:此書爲不同時期刊刻,版式不一,著録的版式爲《西山先生真文忠公文集》版式,《文集》似爲明萬曆版,清雍正間修補舊版,其餘則是清乾隆間重刻本。

許文正公遺書十五種十三卷首一卷末二卷 9114 1633

〔元〕許衡撰

清乾隆五十三年(1788)重刻本

八册

半葉9行22字,白口,四周單邊,單黑魚尾,無界行,半框高19.6釐米,寬13.6釐米,有圖。版心上鐫書名,中鐫卷次及篇章名,下鐫葉碼。

卷端題"許文正公遺書"。卷首依次有《聖祖仁皇帝贊》;清康熙五十六年(1717)《御論理學源流》,署"康熙五十六年春二月";清乾隆二十四年(1759)《御製古槐重榮詩並序》,署"乾隆己卯長至月";清乾隆三十二年(1767)《御製批鑒闡要》,署"乾隆三十二年歲次丁亥";清乾隆五十三年《重刻許文正公遺書序》,署"乾隆五十三年歲次戊申六月穀旦中憲大夫知懷慶府事署河北兵備道燕山後學布顔序";《舊序》;目録。

鈐有"愼思明辨"印。

子目:

語録二卷

小學大義

大學要略(以上二種合爲一卷)

大學直解一卷

中庸直解一卷

讀易私言一卷

陰陽消長論

揲著説(以上二種合爲一卷)

奏疏一卷

雜著一卷

書狀一卷

稽古千文

編年歌括(以上二種合爲一卷)

詩一卷

授時歷經一卷

觀象廬叢書二十種 9119 3174

〔清〕吕調陽撰

清光緒間刻本　七十八册

子目:

易一貫六卷

六書十二聲傳十二卷

志學編八種

大學節訓一卷
中庸節訓一卷
洪範一卷
釋天一卷
重訂談天正義一卷
三代紀年考一卷
周官司徒類考一卷
考工記考一卷附考工圖一卷
釋地三種
群經釋地六卷
古史釋地三卷
諸子釋地一卷
五藏山經傳五卷附海内經附傳一卷
漢地理志詳釋四卷
曰若編七卷
史表號名通釋三卷
古律吕考一卷
詩序議四卷
論孟疑義一卷
穆天子傳釋一卷
逸經釋一卷
重訂越南圖説六卷 〔清〕盛慶紱撰
齊民要術十卷 〔清〕吕調陽校
解字贅言一卷
商周彝器釋銘六卷
弧角拾遺一卷(缺) 〔清〕徐有壬撰
下學菴勾股六術一卷(缺) 〔清〕項名達撰
輿地今古圖考二十二卷(缺)

顧端文公遺書十三種附一種 1322 3463

〔明〕顧憲成撰

清光緒三年(1877)涇里宗祠板重刻本 十六册

子目:
小心齋札記十八卷
東林會約一卷
東林商語二卷
虞山商語三卷
仁文商語一卷
南嶽商語一卷
經正堂商語一卷
志矩堂商語一卷
當下繹一卷
證性編八卷(原缺徵信、或問二卷)
還經録一卷
自反録一卷
涇皋藏稿二十二卷
附
顧端文公年譜二卷

又一部 十六册 **618/1—16**

陳一齋先生全集十五種附一種

9115 3531

〔明〕陳第撰 〔清〕陳斗初重刊

清道光二十八年(1848)陳氏重刻本 十七册

子目:
七世祖一齋公年譜一卷
伏羲圖贊二卷
雜卦傳古音考一卷
五嶽遊草七卷
尚書疏衍四卷
薊門兵事二卷
一齋陳先生考終録一卷
屈宋古音義三卷
寄心集六卷
兩粤遊草一卷

謬言一卷
書札燼存一卷
松軒講義一卷
意言一卷
薊門塞曲一卷
附
雜文一卷

貫華堂才子書彙稿十種　　9117 3144

〔清〕金人瑞撰　〔清〕鄧實輯

清宣統二年(1910)順德鄧氏上海國光印刷所鉛印本　四册

鈐有"思古人室所藏""陳慶保"印。

子目:
唱經堂杜詩解四卷
唱經堂古詩解一卷
唱經堂語録纂二卷
唱經堂隨手通一卷
唱經堂左傳釋一卷
唱經堂釋小雅一卷
唱經堂釋孟子四章一卷
唱經堂批歐陽永叔詞十二首一卷
唱經堂通宗易論一卷
唱經堂聖人千案一卷

王漁洋遺書三十五種　　713/1—68

〔清〕王士禛撰輯

清康熙雍正間刻本　六十八册

半葉10行19字,小字雙行字同,白口,左右雙邊,單黑魚尾,半框高16釐米,寬13.4釐米,有圖。版心鎸書名、卷次及葉碼。

牌記題"康熙己酉吴郡沂咏堂雕"。

鈐有"南洋大學圖書館藏書"印。

子目:
漁洋山人詩集二十二卷
漁洋山人續集十六卷
南海集二卷
雍益集一卷
漁洋山人文略十四卷
漁洋山人精華録十卷
蜀道驛程記二卷
皇華紀聞四卷
南來志一卷
北歸志一卷
廣州遊覽小志一卷
池北偶談二十六卷
國朝謚法考一卷
秦蜀驛程後記二卷
隴蜀餘聞一卷
長白山録一卷附補遺一卷
居易録三十四卷
浯溪考二卷
載書圖詩一卷
香祖筆記十二卷
分甘餘話四卷
漁洋詩話四卷
唐賢三昧集三卷
十種唐詩選十七卷
　河嶽英靈集一卷　〔唐〕殷璠輯
　中興閒氣集一卷　〔唐〕高仲武輯
　國秀集一卷　〔唐〕芮挺章輯
　篋中集一卷　〔唐〕元結輯
　搜玉集一卷
　御覽詩集一卷　〔唐〕令狐楚輯
　極玄集一卷　〔唐〕姚合輯
　又玄集一卷　〔唐〕韋莊輯
　才調集三卷　〔後蜀〕韋縠輯

文粹詩六卷　〔宋〕姚鉉輯
蕭亭詩選六卷　〔清〕張實居撰
考功集選四卷　〔清〕王士禄撰
二家詩選二卷
蘇門集選一卷　〔明〕高叔嗣撰
迪功集選一卷　〔明〕徐禎卿撰
華泉先生集選四卷附録一卷　〔明〕邊貢撰
邊仲子詩選一卷　〔明〕邊習撰
抱山集選一卷　〔清〕王士禧撰
古鉢集選一卷　〔清〕王士祜撰
歷仕録一卷　〔明〕王之垣述
隴首集一卷　〔清〕王與胤撰
清寤齋心賞編一卷　〔清〕王象晋輯
剪桐載筆一卷　〔清〕王象晋輯

按:此套善本只有《漁洋詩話》三卷刊刻於雍正三年(1725)前後,其餘均刊刻於康熙年間,版式因刊刻時間不同略有差異。

毛西河先生全集一百二十四種五百一卷

693/1—100

〔清〕毛奇齡撰

清康熙間蕭山陸凝瑞堂刻本　一百册

半葉10行20字,小字雙行字同,白口,四周單邊,無魚尾,半框高19.4釐米,寬14.3釐米。版心鎸書名及卷次,下鎸葉碼。

内封題"凡經集五函合五十一種共二百三十六卷,文集五函合六十六種共二百五十七卷,毛西河先生全集,侄孫覽輝、侄魯、孫紹睿、孫健、儒重輯,蕭山陸凝瑞堂藏板"。卷首依次有《贈詞》;《題》;清李天馥撰《西河合集領詞》;清李堺撰《西河合集總序》;清盛唐撰《西河先生傳》;編輯姓氏;清毛遠宗撰《述始篇》;像;總目録。

鈐有"南洋大學圖書館藏書"印。

子目:

經集
首一卷
仲氏易三十卷
推易始末四卷
河圖洛書原舛編一卷
太極圖説遺議一卷
易小帖五卷
易韻四卷
古文尚書冤詞八卷
尚書廣聽録五卷
舜典補亡一卷
國風省篇一卷
毛詩寫官記四卷
詩札二卷
詩傳詩説駁義五卷
白鷺洲主客説詩一卷
續詩傳鳥名三卷
昏禮辨正一卷
廟制折衷二卷
大小宗通繹一卷
北郊配位尊西向議一卷
辨定嘉靖大禮議二卷
辨定祭禮通俗譜五卷
喪禮吾説篇十卷
曾子問講録四卷
儀禮疑義二卷(缺)
春秋毛氏傳三十六卷
春秋屬辭比事記四卷

春秋條貫篇十一卷
春秋占筮書三卷
春秋簡書刊誤二卷
四書索解四卷
論語稽求篇七卷
大學證文四卷
大學知本圖説一卷
中庸説五卷
四書剩言四卷
四書剩言補二卷
聖門釋非録五卷
逸講箋三卷
聖諭樂本解説二卷
竟山樂録四卷
皇言定聲録八卷
李氏學樂録二卷
孝經問一卷
周禮問二卷
大學問一卷
明堂問一卷
學校問一卷
郊社禘祫問一卷
經問十八卷
經問補三卷
文集
誥詞一卷
頌一卷
策問一卷(缺)
表一卷(缺)
主客辭二卷
奏疏一卷
議四卷
揭子一卷
史舘札子一卷
史舘擬判一卷
書八卷
牘一卷
箋一卷
序三十四卷
引弁首一卷
題題詞題端一卷
跋一卷
書後緣起一卷
碑記十一卷
傳十一卷
王文成傳本二卷
墓碑銘二卷
墓表五卷
墓志銘十六卷
神道碑銘二卷
塔志銘二卷
事狀四卷
年譜一卷
記事一卷
集課記一卷
説一卷
録一卷
制科雜録一卷
後觀石録一卷
越語肯綮録一卷
何御史孝子祠主復位録一卷
湘湖水利志三卷
蕭山縣志刊誤三卷
杭志三詰三誤辨一卷
天問補注一卷
舘課擬文一卷
折客辨學文一卷
答三辨文一卷

釋二辨文一卷
辨聖學非道學文一卷
辨忠臣不徒死文一卷
古禮今律無繼嗣文一卷
古今無慶生日文一卷
禁室女守志殉死文一卷
勝朝彤史拾遺記六卷
武宗外紀一卷
後鑒録七卷
蠻司合志十五卷
韻學要指十一卷
賦四卷
續哀江南賦一卷(缺)
九懷詞一卷
擬廣博詞連珠詞一卷(缺)
誄文一卷
詩話八卷
詞話二卷
填詞六卷
擬連廂詞一卷
二韻詩三卷
七言絶句八卷
排律六卷
七言古詩十三卷
五言律詩六卷
七言律詩十卷
七言排律一卷
五言格詩五卷
雜體詩一卷
徐都講詩一卷

陸桴亭先生遺書二十二種　　1337 5900

〔清〕陸世儀撰
清光緒二十六年(1900)京師刻本
二十册
子目：
文集六卷附補遺一卷
詩集十卷
思辨録前後集三十五卷(續刻)
論學酬答四卷
志學録一卷
性善圖説一卷
虚齋格致傳補注一卷
四書講義輯存一卷
淮雲問答輯存一卷
八陣發明一卷
月道疏一卷
分野説一卷
治鄉三約一卷
制科議一卷
甲申臆議一卷
蘇松浮糧考一卷
婁江條議一卷
桑梓五防一卷
常平權法一卷
家祭禮一卷
支更説一卷
避地三策一卷

桐城錢飲光先生全書三種　　9117 4335

〔清〕錢澄之撰
清同治二年(1863)皖桐斟雉堂刻本
二十四册
鈐有“陳慶保”印。
子目：
田間易學一卷
田間詩學一卷
莊屈合詁一卷

顧亭林先生遺書十種 673/1—10

〔清〕顧炎武撰

清後期蓬瀛閣校刻本　十册

子目：

左傳杜解補正三卷

九經誤字一卷

石經考一卷

金石文字記六卷

韻補正一卷

昌平山水記二卷

譎觚十事一卷

顧氏譜系考一卷

亭林文集六卷

亭林詩集五卷

又一部　十册 9115 4719

西堂全集十七種附一種 9117 1433

〔清〕尤侗撰

清康熙間刻本　十八册

半葉10行21字，黑口，四周單邊，單黑魚尾，半框高18釐米，寬13.8釐米。版心上鎸書名，中鎸卷次，下鎸葉碼。

内封題“長洲尤悔庵著，西堂全集”。

鈐有“馬鑒”“宣庭氏所藏”印。

子目：

西堂雜組一集八卷

西堂雜組二集八卷

西堂雜組三集八卷

西堂剩稿二卷

西堂秋夢録一卷

西堂小草一卷

論語詩一卷

右北平集一卷

看雲草堂集八卷

述祖詩一卷

于京集五卷

哀絃集一卷

擬明史樂府一卷

外國竹枝詞一卷

百末詞六卷

性理吟一卷

後性理吟一卷

附

湘中草六卷　〔清〕湯傳楹撰

又一部　二十册 9117 1433

鈐有“哲如陳慶保藏書”印。

西堂全集十七種附一種 9177 1433

〔清〕尤侗撰

清末刻本　二十册

鈐有“哲如陳慶保藏書”印。

子目：

西堂雜組一集八卷

西堂雜組二集八卷

西堂雜組三集八卷

西堂剩稿二卷

西堂秋夢録一卷

西堂小草一卷

論語詩一卷

右北平集一卷

看雲草堂集八卷

述祖詩一卷

于京集五卷

哀絃集一卷

擬明史樂府一卷

外國竹枝詞一卷

百末詞六卷

性理吟一卷

後性理吟一卷
附
湘中草六卷 〔清〕湯傳楹撰

施愚山全集六種附一種 681/1—20
〔清〕施閏章撰
清宣統三年(1911)上海國學扶輪社石印本 二十册
鈐有“静雲涵碧之軒”印。
子目:
施愚山先生學餘文集二十八卷
施愚山先生學餘詩集五十卷
施愚山先生别集四卷
施愚山先生外集二卷
施愚山先生年譜四卷
施氏家風述略一卷續編一卷
附
隨村先生遺集六卷 〔清〕施瑮撰

陸子全書十八種 9117 7439
〔清〕陸隴其撰
清後期刻本 二十册
子目:
三魚堂文集十二卷
三魚堂外集六卷
三魚堂日記十卷
三魚堂剩言十二卷
三魚堂四書講義二十卷(缺)
松陽講義十二卷(缺)
讀禮志疑六卷
讀朱隨筆四卷
問學録四卷
戰國策去毒二卷
禮經會元疏釋四卷(缺)
莅政摘要二卷
松陽鈔存二卷
古文尚書考一卷
呻吟語質疑一卷
學術辨一卷
治嘉格言一卷(缺)
莅嘉遺蹟三卷(缺) 〔清〕黄維玉撰

榕村全書三十五種附十種 9117 5439
〔清〕李光地撰
清道光九年(1829)刻本 一百二十册
子目:
大學古本説一卷
中庸章段一卷餘論一卷四記一卷
讀論語札記二卷
論孟子札記二卷
周易通論四卷
周易觀象十二卷
周易觀象大指二卷
詩所八卷
尚書解義二卷
洪範説二卷
春秋燬餘四卷
孝經注一卷
古樂經傳五卷
曆象本要一卷
握奇經注一卷
陰符經注一卷
離騷九歌注一卷
參同契注一卷
韓子粹言一卷
正蒙注二卷
二程子遺書纂二卷外書纂一卷

朱子語類四纂五卷
朱子禮纂五卷
性理一卷
古文精藻二卷
榕村講授三卷
榕村字畫辨訛一卷
榕村韻書五卷
榕村詩選八卷首一卷 〔清〕李光地輯
程墨前選二卷 〔清〕李光地輯
名文前選六卷 〔清〕李光地輯
易義前選六卷 〔清〕李光地輯
榕村語録三十卷
榕村全集四十卷續集七卷别集五卷
榕村制義初集一卷二集四卷三集一卷四集一卷
附
周禮纂訓二十一卷 〔清〕李鐘倫撰
經書源流歌訣一卷 〔清〕李鐘倫撰
三禮儀制歌訣一卷 〔清〕李鐘倫撰
歷代姓系歌訣一卷 〔清〕李鐘倫撰
文貞公年譜二卷 〔清〕李清植撰
儀禮纂録二卷 〔清〕李清植撰
淛啰存愚二卷 〔清〕李清植撰
榕村譜録合考二卷 〔清〕李清馥撰
道南講授十三卷 〔清〕李清馥撰
律詩四辨四卷 〔清〕李宗文撰

又一部 一百二十册 720/1—120

徐位山先生六種 9118 1697

〔清〕徐文靖撰

清雍正乾隆間志寧堂刻本 二十四册

半葉9行20字,小字雙行字同,白口,左右雙邊,單黑魚尾,半框高20.1釐米,寬13.5釐米。版心上鎸書名,中鎸卷次,下鎸葉碼。

内封題"進呈御覽,徐位山先生六種,天下山河兩戒考、禹貢會牋、竹書紀年統牋、詩賦全集、管城碩記、經言拾遺,志寧堂藏板"。卷首有清乾隆二十年(1755)《序》,署"乾隆二十年歲次旃蒙大淵獻仲夏皋月門下侄壻毛大鵬雲翼謹識"。

鈐有"武田孝藏書印"印。

子目:
天下山河兩戒考十四卷
禹貢會箋十二卷
竹書紀年統箋十二卷附雜述一卷
詩賦全集一卷
管城碩記三十卷
經言拾遺十四卷

徐位山先生六種 9118 1697

〔清〕徐文靖撰

清光緒二年(1876)補刻本 二十四册

子目:
天下山河兩戒考十四卷
竹書紀年統箋十二卷
禹貢會箋十二卷
管城碩記三十卷
經言拾遺十四卷
志寧堂稿一卷

隨山館全集七種 9119 9933

〔清〕汪瑔撰

清光緒間刻本 十三册

子目:

隨山館猥稿十卷續稿二卷
隨山館詞稿一卷附續稿一卷
無聞子一卷
隨山館尺牘二卷
松煙小録六卷
旅譚五卷
隨山館叢稿四卷

抗希堂十六種 9118 3149

〔清〕方苞撰

清康熙嘉慶間抗希堂刻本　六十四册

子目：
周官集注十二卷
周官析疑三十六卷附考工記析疑四卷(缺附四卷)
周官辨一卷
離騷經正義一卷
春秋直解十二卷
春秋通論四卷
春秋比事目録四卷
禮記析疑四十卷
儀禮析疑十七卷
喪禮或問一卷
左傳義法舉要一卷
史記注補正一卷
刪定管荀二卷
　刪定管子一卷
　刪定荀子一卷
望溪文一卷望溪先生文偶鈔抄一卷

抗希堂十六種全書 734/1—64

〔清〕方苞撰

清光緒二十四年(1898)嫏嬛閣木活字本　六十四册

鈐有"南洋大學圖書館藏書"印。

子目：
周官辨一卷
周官析疑三十六卷附考工記析疑四卷
周官集注十二卷
春秋通論四卷
春秋直解十二卷
春秋比事目録四卷
左傳義法舉要一卷
禮記析疑四十卷
儀禮析疑十七卷
喪禮或問一卷
史記注補正一卷
刪定管荀二卷
　刪定管子一卷
　刪定荀子一卷
離騷經正義一卷
望溪文一卷望溪先生文偶鈔抄一卷

又一部　六十四册　9118 3149

古均閣遺著二種 980/1

〔清〕許槤撰

清光緒十四年(1888)刻本　一册

鈐有"瞿氏補書堂所藏""南洋大學圖書館藏書"印。

子目：
讀説文記一卷文一卷詩一卷
古均閣文一卷詩一卷

鹿洲全集八種四十三卷 9118 7333

〔清〕藍鼎元撰

清光緒五年(1879)刻本　十六册

子目:
鹿洲初集二十卷
平臺紀略一卷
東征集六卷(缺)
鹿洲公案二卷
修史試筆二卷
棉陽學準五卷(缺)
女學六卷(缺卷五至卷六)
鹿洲奏疏一卷

鹿洲全集八種四十三卷　9118 7333

〔清〕藍鼎元撰
清光緒六年(1880)雍正板補刻本　二十四册
子目:
鹿洲初集二十卷
女學六卷
東征集六卷
平臺紀略一卷
棉陽學準五卷
鹿洲公案二卷
修史試筆二卷
鹿洲奏疏一卷
按:此本與光緒五年(1879)本同爲雍正板重印本,但此本有重修《鹿洲奏疏》序。

桂馨堂集六種十三卷　AC149 Zcl 432

〔清〕張廷濟撰
清道光二十八年(1848)清儀閣刻本　十册
鈐有"拙窠藏書""南海程氏"印。
子目:
順安詩草八卷
清儀閣雜咏一卷
竹田樂府一卷
竹里畫者詩一卷
竹里耆舊詩一卷
感逝詩一卷

棣懷堂隨筆七種附二種　AC149 Zcl 1805

〔清〕李象鵾撰
清道光二十六年(1846)刻本　六册
子目:
春明雜著一卷
上谷存牘一卷
中州存牘一卷
里居雜著一卷
虔南存牘二卷
黔臬存牘二卷
黔藩存牘三卷
附
雙圃氏同館賦鈔一卷詩鈔一卷
周夢巖同館賦鈔一卷詩鈔一卷(缺)
〔清〕周作楫撰
按:卷端鈐有"羊城雙門底九經閣發兑"朱印。

浙刻雙池遺書八種　753/1—8

〔清〕汪紱撰
清光緒二十二年(1896)刻本　八册
鈐有"南洋大學圖書館藏書"印。
子目:
孝經章句一卷
孝經或問一卷
讀讀書録二卷
讀困知記三卷
讀問學録一卷

參讀禮志疑二卷

讀陰符經一卷

讀參同契三卷

空山堂牛氏全集九種 771/1—41

〔清〕牛運震撰

清乾隆嘉慶間空山堂刻本　四十一册

鈐有"南洋大學圖書館藏書"印。

子目：

詩志八卷

周易解九卷

春秋傳十二卷

論語隨筆二十卷(缺卷二十)

孟子論文七卷(缺卷一至卷四)

空山堂史記評注十二卷

讀史糾謬十五卷

空山堂文集十二卷

空山堂詩集六卷

杭氏八種十七卷 9117 1443

〔清〕杭世駿撰

清乾隆五十七年(1792)杭賓仁重校刻本　六册

半葉10行21字,小字雙行,白口,單黑魚尾,半框高16.8釐米,寬13.5釐米。版心鎸書名及卷次,下鎸葉碼。

鈐有"蘇完瓜爾佳景霖藏書畫之印""平門周氏藏書印"印。

子目：

漢書蒙拾三卷

後漢書蒙拾二卷

續方言二卷

文選課虚四卷

石經考異二卷

晋書補傳贊一卷

諸史然疑一卷

榕城詩話二卷

又一部　四册 761/1—4

鈐有"南洋大學圖書館藏書"印。

戴氏遺書十五種 78/1—24

〔清〕戴震撰

清乾隆間微波榭刻本　二十四册

半葉10行21字,白口,四周雙邊,單黑魚尾,半框高18.5釐米,寬13.8釐米。版心上鎸書名,中鎸卷次及葉碼,下鎸"微波榭刻"。

《文集》卷首有清乾隆四十三年(1778)《戴氏遺書序》,署"乾隆四十有三年八月東里盧文弨書"。《考工記圖》卷首有清紀昀撰《序》。《孟子字義疏證》卷首有清戴震撰《序》。《水經注》卷首依次有清孔繼涵撰《序》;目録。《勾股割圜記》卷首有清乾隆二十三年(1758)《序》,署"乾隆二十三年著雝攝提格壯月歙吴思孝書於存存屋"。

鈐有"莒航""南洋大學圖書館藏書""郭厚堂"印。

子目：

文集十卷

毛鄭詩考正四卷首一卷

杲溪詩經補注二卷

考工記圖二卷

孟子字義疏證三卷

聲韻考四卷

聲類表九卷首一卷

原善三卷

原象一卷
水地記一卷
續天文略三卷(缺下卷)
輶軒使者絶代語釋别國方言疏證十三卷
水經注校一卷
策算一卷
勾股割圜記三卷
按:《微波榭叢書》之零種。

潛研堂全書十六種 803/1—40

〔清〕錢大昕撰
清乾隆嘉慶間刻本　四十二册
子目:
廿二史考異一百卷
三史拾遺五卷
諸史拾遺四卷
元史氏族表三卷
元史藝文志四卷
通鑑注辨正三卷
洪文惠公(适)年譜一卷
洪文敏公(邁)年譜一卷
陸放翁(游)年譜一卷
王伯厚(應麟)年譜一卷
王弇州(世貞)年譜一卷
金石文跋尾六卷續七卷又續六卷三續六卷
金石文字目録八卷
十駕齋養新録二十卷餘録三卷
三統術衍三卷鈐一卷
潛研堂文集五十卷詩集十卷續集十卷

潛研堂全書二十一種 803—2/1—64

〔清〕錢大昕撰
清光緒十年(1884)長沙龍氏家塾重刻本　六十四册
鈐有"南洋大學圖書館藏書"印。
子目:
經
聲類四卷
按:原注云别刻板存安慶府署,今補。
史
廿二史考異一百卷附修唐書史臣表一卷
三史拾遺五卷
諸史拾遺五卷
元史氏族表三卷
元史藝文志四卷
宋遼金元四史朔閏考四卷
按:原注云别刻板存廣東,今補。
通鑑注辨正二卷
洪文惠公(适)年譜一卷
洪文敏公(邁)年譜一卷
陸放翁先生(游)年譜一卷
深寧先生(王應麟)年譜一卷
弇州山人(王世貞)年譜一卷
疑年録四卷
按:原未刻,今補。
金石文跋尾二十卷
按:原分四集總二十五卷。
金石文字目録八卷附識一卷
按:附識原未刻。
子
十駕齋養新録二十卷餘録三卷
三統術衍三卷鈐一卷
風俗通義逸文一卷
按:原目作二卷,注云别刻盧氏抱經堂群書拾補中,今據盧本補。

恒言録十卷

按:原目作十卷,注云别刻板存儀徵阮氏,今據阮本補。

集

潛研堂文集五十卷詩集十卷續集十卷

又一部 八十册 9118 3543

汪龍莊先生遺書八種 9118 6731

〔清〕汪輝祖撰

清同治十一年(1872)温陵郡齋刻本 六册

鈐有"陳慶保"印。

子目:

學治臆説二卷

學治續説一卷

學治説贅一卷

佐治藥言一卷

續佐治藥言一卷

病榻夢痕録二卷

夢痕録餘一卷

雙節堂庸訓六卷

惜抱軒全集十種 804/1—16

〔清〕姚鼐撰

清同治五年(1866)省心閣重刻本 十六册

鈐有"南洋大學圖書館藏書"印。

子目:

惜抱軒文集十六卷後集十卷詩集十卷詩後集一卷詩外集一卷

惜抱軒法帖題跋三卷

左傳補注一卷

公羊傳補注一卷

穀梁傳補注一卷

國語補注一卷

惜抱軒筆記八卷

惜抱軒九經説十七卷

五言今體詩鈔九卷

七言今體詩鈔九卷

又一部 十六册 9118 1213

介亭全集十種 812/1—8

〔清〕江濬源撰

清同治十三年(1874)重刻本 八册

子目:

介亭文集六卷

介亭外集六卷

介亭筆記六卷

筆記存二卷

居暇邇言二卷

北上偶録三卷

臨安府志序言一卷

于役迤南記二卷

介亭詩鈔一卷附録南旋草一卷

獨秀山房四書文一卷續編一卷

經韻樓叢書八種 9118 3574

〔清〕段玉裁撰

清乾隆道光間刻本 二十四册

子目:

經韻樓集十二卷

儀禮漢讀考一卷(缺)

戴東原集十二卷附札記一卷戴東原先生(震)年譜一卷 〔清〕戴震撰(札記、戴東原先生年譜)〔清〕段玉裁撰

古文尚書撰異三十二卷

毛詩故訓傳三十卷
周禮漢讀考六卷
春秋左氏古經十二卷
聲韻考四卷

崔東壁先生遺書八種附一種　9118 4425

〔清〕崔述撰

清嘉慶二十二年至道光四年(1817—1824)金華府學刻本　五十九册

鈐有"崇廣堂記"印。

子目:

考信録三十六卷
考信録提要二卷附欽定四庫全書提要三則
補上古考信録二卷
唐虞考信録四卷
夏考信録二卷
商考信録二卷
豐鎬考信録八卷
洙泗考信録四卷
豐鎬考信別録三卷
洙泗考信餘録三卷
孟子事實録二卷
考古續説二卷
考信附録二卷
王政三大典考三卷
三代正朔通考一卷(缺)
經傳禘祀通考一卷
三代經界通考一卷
讀風偶識四卷
古文尚書辨僞二卷
論語餘説一卷
易卦圖説一卷
五服異同彙考三卷
無聞集四卷
附
遺經樓文稿一卷

授堂遺書八種　833/1—16

〔清〕武億撰

清道光二十三年(1843)授堂重刻本　十六册

鈐有"南洋大學圖書館藏書"印。

子目:

經讀考異八卷附補經讀考異一卷四書考異一卷
句讀叙述二卷附補句讀叙述一卷
群經義證
論語一卷
孟子一卷
詩一卷
書一卷
春秋左氏傳三卷
春秋公羊穀梁傳一卷
三禮義證
儀禮一卷
禮記五卷
周禮四卷
金石三跋
金石一跋四卷
金石二跋四卷
金石三跋二卷
授堂金石文字續跋十四卷
授堂文鈔八卷續集二卷附讀畫山房文鈔二卷
授堂詩鈔八卷

授經堂重刊遺集二十四種 9118 1233

〔清〕洪亮吉撰

清光緒十五年(1889)湖北官書處據授經堂板重刻本　八十四册

子目:

洪北江先生年譜一卷　〔清〕吕培等編次
卷施閣文甲集十卷補遺一卷文乙集八卷續編一卷詩集二十卷
更生齋文甲集四卷文乙集四卷續集二卷
詩集八卷續集十卷附鮚軒詩八卷
冰天雪窖詞一卷
機聲鐙影詞一卷
兩晋南北史樂府二卷
唐宋小樂府一卷
北江詩話六卷
曉讀書齋雜録八卷
傳經表二卷
通經表二卷
六書轉注録十卷
弟子職箋釋一卷附史目表二卷
春秋左傳詁二十卷
漢魏音四卷
比雅十卷
乾隆府廳州縣圖志五十卷
補三國疆域志二卷
東晋疆域志四卷
十六國疆域志十六卷
伊犁日記一卷
天山客話一卷
外家紀聞一卷

顨軒孔氏所著書七種 847/1—10

〔清〕孔廣森撰

清嘉慶二十二年(1817)刻本　十册

鈐有"南洋大學圖書館藏書"印。

子目:

公羊春秋經傳通義十一卷序一卷
大戴禮記補注十三卷序録一卷
詩聲類十二卷分例一卷
禮學卮言六卷
經學卮言六卷
少廣正負術内外篇六卷
駢儷文三卷

又一部　十册 9118 9139

淵雅堂全集五十四卷 847.5 115.4

〔清〕王芑孫撰

清嘉慶八至二十五年(1803—1820)刻本　二十八册

鈐有"南海□氏""伍仲贇襄伯節衣縮食所置""松谿草堂""襄伯""伍翰藻印""松谿草堂珍藏""乾坤一腐儒""心逸目休""翰簡寶之""阿藻""桑者閒閒兮""吾家有一尊一鼎十硯一百奇石二千古泉二萬卷書""西樵山人"印。

子目:

淵雅堂編年詩稿二十卷
惕甫未定稿二十六卷
淵雅堂詩外集一卷
淵雅堂文外集四卷
讀賦卮言一卷
淵雅堂詩續集一卷文續集一卷

郝氏遺書三十三種 9118 1959

〔清〕郝懿行撰

清嘉慶光緒間刻本　八十册
子目：
經部
易説十二卷附易説便録一卷
書説二卷
詩説二卷
詩問七卷
詩拾遺一卷
鄭氏禮記箋四十九卷
春秋比二卷
春秋説略十二卷
爾雅義疏十九卷
史部
補宋書刑法志一卷
補宋書食貨志一卷
晋宋書故一卷
宋瑣語一卷
汲冢周書輯要一卷
竹書紀年校正十四卷
山海經箋疏十八卷附圖贊一卷訂譌一卷
烈女傳補注八卷附校正一卷叙録一卷　〔清〕王照圓撰
子部
荀子補注二卷
列仙傳校正本二卷附目録一卷贊一卷　〔漢〕劉向撰　〔清〕王照圓校
夢書一卷　〔清〕王照圓輯
梅叟閒評四卷　〔清〕郝培元撰　〔清〕郝懿行注
寶訓八卷
晏子春秋一卷
蜂衙小記一卷
記海錯一卷
證俗文十九卷
集部
曬書堂文集十二卷外集二卷别集一卷
曬書堂閨中文存一卷　〔清〕王照圓撰
曬書堂筆記二卷
曬書堂筆録六卷
曬書堂時文一卷
曬書堂詩鈔二卷試帖一卷詩餘一卷
和鳴集一卷
又一部　七十二册　856/1—72

紀慎齋先生全集十四種續集七種

9118 3933

〔清〕紀大奎撰輯

清嘉慶十三年至咸豐二年(1808—1852)刻本　四十四册

子目：
觀易外編六卷
易問六卷
古律經傳附考五卷
老子約説四卷
雙桂堂稿十卷
雙桂堂稿續編十二卷
敬義堂家訓二卷
雙桂堂時文稿一卷附録一卷
課子遺編一卷
地理末學六卷
筆算便覽五卷
崇祀録一卷
附刻
讀書録鈔二卷
甑峰先生遺稿二卷

續集
周易參同契集韻六卷
悟真篇三卷
俞氏參同契發揮五言注摘録一卷
仕學備餘六卷
六壬類聚四卷
地理水法要訣五卷
考訂河洛理數便覽一卷
又一部 四十一册 834/1—41

焦氏叢書九種附一種 9118 3959
〔清〕焦循撰
清嘉慶道光間刻本 四十二册
子目：
雕菰樓易學四十卷
易廣記三卷
易話二卷
六經補疏
　周易補疏二卷
　尚書補疏二卷
　毛詩補疏五卷
　禮記補疏三卷
　春秋左傳補疏五卷
　論語補疏三卷
孟子正義三十卷
群經宫室圖二卷
禹貢鄭注釋二卷
揚州北湖小志六卷
里堂學算記
　加減乘除釋八卷
　天元一釋二卷
　釋弧三卷
　釋輪二卷
　釋橢一卷
附
先府君事略一卷 〔清〕焦廷琥撰

焦氏遺書二十二種一百二十四卷 865/1—40
〔清〕焦循撰
清光緒二年(1876)衡陽魏家重刻本 四十册
鈐有"南洋大學圖書館藏書"印。
子目：
易學章句十二卷
圖略八卷
通釋二十卷
易話二卷
易廣記三卷
論語補疏三卷
周易補疏二卷
尚書補疏二卷
毛詩補疏五卷
春秋左傳補疏五卷
禮記補疏三卷
群經宫室圖二卷
禹貢鄭注釋二卷
孟子正義三十卷
加減乘除釋八卷
天元一釋二卷
釋弧三卷
釋輪二卷
釋橢一卷
北湖小志六卷首一卷
李翁醫記一卷
先府君事略一卷 〔清〕焦廷琥撰

話山草堂遺集八種十三卷 899/1—8

〔清〕沈道寬撰 〔清〕沈敦蘭校刊

清光緒三年(1877)江南潤州榷廨刻本 八册

鈐有"南洋大學圖書館藏書"印。

子目:

話山草堂詩鈔四卷

話山草堂詞鈔一卷

話山草堂文鈔一卷

六義郛郭一卷

八法筌蹄一卷

六書糠粃三卷

論語比一卷

操縵易知一卷

竹柏山房十五種附刻八種 903/1—40

〔清〕林春溥撰

清嘉慶咸豐間竹柏山房刻本 四十册

鈐有"南洋大學圖書館藏書"印。

子目:

開闢傳疑二卷

古史紀年十四卷

古史考年異同表二卷

武王克殷日紀一卷

滅國五十考一卷

春秋經傳比事二十二卷

戰國紀年六卷

竹書紀年補證四卷

孔門師弟年表一卷孟子時事年表一卷

孔子世家補訂一卷

孟子列傳纂一卷

孟子外書補證一卷

四書拾遺六卷

古書拾遺四卷

開卷偶得十卷

附刻

宜略識字二卷

識字續編一卷

論世約編七卷

閒居雜録二卷

新墨入彀四卷

鼇峰課選大題十卷

鼇峰課選小題五卷

鼇峰課選古學二卷

按:此書内封題"竹柏山房十五種",實則二十三種。

又一部 二十四册 9118 3296

鈐有"龍川氏圖書記"印。

按:館藏缺《滅國五十考》一卷及附刻八種。

二思堂叢書六種 9118 5944

〔清〕梁章鉅撰

清光緒元年(1875)浙江書局刻本 十六册

鈐有"水竹邨人藏書記"印。

子目:

退菴自訂年譜一卷

退菴隨筆二十二卷

南省公餘録八卷

古格言十二卷

閩川閨秀詩話四卷

農候雜占四卷附月令一卷

又一部 十六册 909/1—16

鈐有"南洋大學圖書館藏書"印。

安吴四種 908/1—16

〔清〕包世臣撰

清光緒十四年(1888)重校刻本　十六册

子目:

中衢一勺三卷附録四卷

藝舟雙楫論文四卷論書二卷附録三卷

管情三義賦三卷詩三卷詞一卷濁泉編一卷

齊民四術農三卷禮三卷刑二卷兵四卷

又一部　十六册 9118 1693

又二部　二十册 9118 1693

修本堂叢書十二種 9118 1244

〔清〕林伯桐撰

清道光二十四年(1844)番禺林氏刻本　十四册

子目:

毛詩通考三十卷

毛詩識小三十卷

人家冠昏喪祭考四卷

士人家儀考四卷

品官家儀考四卷

史記蠡測一卷

供冀小言一卷

修本堂稿五卷

月亭詩鈔一卷

古諺箋十卷

學海堂志一卷

公車見聞録一卷

又一部　十二册 9118 1244

春草堂三種 AC149 Zcl 1909

〔清〕謝堃撰

清光緒六年(1880)刻本　四册

子目:

書畫所見録三卷

金玉瑣碎二卷

雨牕寄所記四卷

春雨樓叢書六種 9118 3574

〔清〕朱士端撰

清同治元年至四年(1862—1865)寶應朱氏刻本　六册

子目:

彊識編四卷續一卷

説文校定本十五卷

安禄堂收藏金石記六卷附補編一卷

讀書解義一卷　〔清〕朱毓楷撰

吉金樂石山房文集一卷附續編一卷詩集二卷

棗花書屋詩集一卷　〔清〕朱之璣撰

又一部　六册 1072/1—6

鈐有“南洋大學圖書館藏書”印。

朱氏群書六種 934/1—6

〔清〕朱駿聲撰

清光緒八年(1882)臨嘯閣刻本　六册

子目:

説文通訓定聲補遺一卷

夏小正補傳一卷

儀禮經注一隅二卷

春秋左傳識小録二卷

小爾雅約注一卷

離騷賦補注一卷

景紫堂全書十一種 9118 3443

〔清〕夏炘撰

清咸豐同治間刻本 二十二册

子目：

檀弓辨誣三卷

述朱質疑十六卷

三綱制服尊尊述義三卷

學禮管釋十八卷

讀詩札記八卷附詩章句考一卷詩樂存亡譜一卷朱子詩經集傳校勘記一卷詩古韻表二十二部集説二卷

學制統述二卷

六書轉注説二卷

養痾三編八卷

漢唐諸儒與聞録六卷

訏謨成竹一卷

息遊咏歌一卷

漢賈誼政事疏考補一卷

陶主敬先生（安）年譜一卷

景紫堂文集十六卷（缺卷十五至卷十六）

按：《漢賈誼政事疏考補》一卷爲手抄補配。

董方立遺書十二種 1994/1—6

〔清〕董祐誠撰

清道光十年（1830）刻本 六册

子目：

割圓連比例術圖解三卷

橢圓求周術一卷

斜弧三邊求角補術一卷

堆垛求積術一卷

三統術衍補一卷

水經注圖説殘稿四卷

文甲集二卷

文乙集二卷

蘭石詞一卷

偶存集一卷 〔清〕董貽清撰

援守井研記略一卷 〔清〕董貽清撰

栘華館駢體文四卷 〔清〕董基誠、董祐誠撰

按：《文乙集》二卷即《栘華館駢體文》之卷三至卷四。

頤志齋叢書二十一種 9118 5334

〔清〕丁晏撰

清咸豐同治間丁氏六藝堂刻本 二十册

子目：

周易述傳二卷

周易訟卦淺説一卷

尚書餘論二卷

禹貢集釋三卷

禹貢蔡傳正誤一卷（缺）

禹貢錐指正誤一卷

毛鄭詩釋四卷

詩考補注二卷補遺一卷

鄭氏詩譜考正一卷

毛詩陸疏校正二卷 〔三國吴〕陸璣撰 〔清〕丁晏校正

儀禮釋注二卷

周禮釋注二卷

禮記釋注四卷

孝經述注一卷

北宋汴學二體石經記一卷

金天德大鐘款識一卷

子史粹言二卷

頤志齋四譜四卷

石亭紀事二卷
百家姓韻語三編一卷 〔清〕丁壽辰注
讀經説一卷(缺)

湯文正公全集四種 704/1—32
〔清〕湯斌撰
清同治九年(1870)重刻本 三十二册
子目:
湯子遺書十卷首一卷續編二卷
潛菴先生擬明史稿二十卷
乾坤兩卦解一卷
洛學編五卷
又一部 十册 AC149 Zcl 926
按:館藏存《湯子遺書》十卷首一卷。

顧氏遺書十二種附一種 959/1—12
〔清〕顧觀光撰
清光緒九年(1883)刻本 十二册
子目:
六曆通考一卷
九執曆解一卷
回回曆解一卷
算剩初編一卷
算剩續編一卷
算剩餘稿二卷
九數外録一卷
神農本草經四卷
周髀算經校勘記一卷
傷寒雜病論補注一卷
吴越春秋校勘記一卷
華陽國志校勘記一卷
附
國策編年一卷

何宫贊遺書四種附三種 9118 1345
〔清〕何若瑶撰
清光緒八年(1882)刻本 四册
子目:
春秋公羊注疏質疑二卷
前後漢書注考證二卷
海佗華館文集一卷
海佗華館詩集一卷
附
隙亭剩草一卷 〔清〕何森撰
隙亭雜言一卷 〔清〕何森撰
先世事略一卷
又一部 四册 1006/1—4
鈐有"南洋大學圖書館藏書"印。

鄭子尹遺書五種 988/1—8
〔清〕鄭珍撰
清咸豐同治間刻本 八册
鈐有"南洋大學圖書館藏書"印。
子目:
儀禮私箋八卷
鄭學録四卷
説文逸字二卷附録一卷
巢經巢詩鈔九卷
巢經巢集經説一卷

[張蓉溪全集]七種 AC149 Zcl 1589
〔清〕張承華撰
清同治間刻本 十册
子目:
大學補釋一卷
中庸補釋一卷
學庸臆解一卷
困學齋文存一卷

周頌備説一卷
魯頌考定一卷
商頌考一卷

番禺陳氏東塾叢書四種附一種 9119 3963

〔清〕陳澧撰

清道光二十二年至光緒五年(1842—1879)刻本 九册

子目:

漢儒通義七卷
聲律通考十卷
切韻考六卷外篇三卷
漢書地理志水道圖説七卷
附
考正德清胡氏禹貢圖一卷 〔清〕陳宗誼撰

觀古閣叢刻六種 2063 3334

〔清〕鮑康撰輯

清同治十二年至光緒二年(1873—1876)鮑氏觀古閣刻本 十二册

鈐有"珍藏書畫""牛氏曉泉"印。

子目:

觀古閣泉説一卷續泉説一卷 〔清〕鮑康撰 (續泉説)〔清〕李佐賢撰
虞夏贖金釋文一卷 〔清〕劉師陸撰
嘉蔭簃論泉截句二卷 〔清〕劉喜海撰
觀古閣叢稿二卷續叢稿一卷三編二卷 〔清〕鮑康撰
大錢圖録一卷 〔清〕鮑康撰
海東金石苑一卷 〔清〕劉喜海撰

又一部 七册 1003/1—7

鈐有"南洋大學圖書館藏書"印。

按:館藏缺清劉喜海撰《海東金石苑》一卷。

邃懷堂全集 AC149 Zcl 1482

〔清〕袁翼撰

清光緒十三至十六年(1887—1890)刻本 十六册

子目:

邃懷堂文集四卷
邃懷堂駢文箋注十六卷補箋一卷
邃懷堂詩集前編六卷後編二卷
袁氏家集
蛾術山房詩草四卷 〔清〕袁文炤撰
井夫詩存一卷 〔清〕袁鎮郊撰
漱瑛樓詩存一卷 〔清〕袁之鼐撰
秋聲館詩草一卷 〔清〕袁之蘭撰
蘭芬詩存一卷 〔清〕李蘭芬撰

按:館藏存四種,其中《袁氏家集》存五種,原書種數待考。

曾文正公全集十五種 999—2/1—128

〔清〕曾國藩撰

清同治光緒間傳忠書局刻本 一百二十八册

鈐有"始艮成印""南洋大學圖書館藏書印"印。

子目:

曾文正公奏稿三十卷
十八家詩鈔二十八卷
經史百家雜鈔二十六卷
經史百家簡編二卷
鳴原堂論文二卷
曾文正公詩集四卷文集四卷

曾文正公書札三十三卷
曾文正公批牘六卷
曾文正公雜著二卷
求闕齋讀書録十卷
求闕齋日記類鈔二卷 〔清〕王啓原輯
曾文正公年譜十二卷 〔清〕黎庶昌撰

按:館藏存十二種。

又一部 一百二十册 999/1—120

按:此本有清光緒三年(1877)李瀚章《序》。

又二部 一百二十八册 9199 4633

按:此本有《孟子要略》五卷附録一卷。

曾文正公全集十五種 9119 4633

〔清〕曾國藩撰

清光緒十四年(1888)鴻文書局鉛印本 四十二册

子目:

曾文正公奏稿三十六卷
十八家詩鈔二十八卷
經史百家雜鈔二十六卷
經史百家簡編二卷
鳴原堂論文二卷
曾文正公詩集四卷文集四卷
曾文正公書札三十三卷
曾文正公批牘六卷
曾文正公雜著二卷
求闕齋讀書録十卷
求闕齋日記類鈔二卷 〔清〕王啓原輯
曾文正公年譜十二卷 〔清〕黎庶昌撰
孟子要略五卷附録一卷 〔宋〕朱熹撰 〔清〕劉傳瑩輯 〔清〕曾國藩按
曾文正公家書十卷
曾文正公家訓二卷

有恒心齋集九種 1082/1—12

〔清〕程鴻詔撰

清同治間刻本 十二册

子目:

有恒心齋駢體文六卷
有恒心齋文十一卷(缺卷一)
有恒心齋外集二卷
有恒心齋詩七卷(缺卷一)
有恒心齋詩餘二卷詞餘一卷
雞澤脞録一卷
迎靄筆記二卷
夏小正集説四卷存説一卷附補一卷
先德記三卷

又一部 十二册 1082/1—12

鈐有"南洋大學圖書館藏書"印。

蛾術堂全集十四種 960/1—4

〔清〕沈豫撰

清道光十八年(1838)蕭山沈氏漢讀齋刻本 四册

鈐有"南洋大學圖書館藏書""深澤王氏洗心精舍所藏書畫"印。

子目:

皇清經解淵源録一卷
皇清經解提要二卷
群書提要一卷
讀經如面一卷

讀易寡過一卷
周官識小一卷
左官異禮略一卷
群書雜義一卷
袁浦札記一卷
讀史雜記一卷
秋陰雜記一卷
仿今言一卷
芙村文鈔二卷
芙村學吟一卷

又一部 四册 960/1—4

左文襄公全集七種附三種 1010/1—128

〔清〕左宗棠撰輯

清光緒十六至二十三年(1890—1897)刻本 一百二十八册

鈐有“南洋大學圖書館藏書”印。

子目:
左文襄公奏稿六十四卷
左文襄公謝摺二卷
左文襄公書牘二十六卷
左文襄公批札七卷
左文襄公咨札一卷附告示一卷
左文襄公文集五卷
左文襄公詩集一卷
附
張大司馬奏稿四卷 〔清〕張亮基撰
駱文忠公奏稿十卷 〔清〕駱秉章撰
左文襄公年譜十卷 〔清〕羅正鈞纂

又一部 一百十四册 9119 4613

按:此本無《張大司馬奏稿》《駱文忠公奏稿》兩種,有《左文襄公聯語》一卷、《藝學説帖》一卷。

又二部 一百十八册 9119 4613

按:此本有《左文襄公聯語》一卷,無《左文襄公年譜》十卷,《左文襄公年譜》刊刻於光緒二十三年,此本子集刊刻於清光緒十六至十八年(1890—1892)間。

胡文忠公遺集八十六卷首一卷

4662.8 1633

〔清〕胡林翼撰

清同治六年(1867)黄鶴樓刻本 三十二册

子目:
奏疏五十二卷
宦黔書牘六卷
撫鄂書牘二十五卷
撫鄂批札三卷

又一部 四十册 4662.8 1633

胡文忠公遺集八十六卷首一卷

AC149 Zcl 1376

〔清〕胡林翼撰 〔清〕鄭敦謹、曾國荃纂輯 〔清〕胡鳳丹重編 〔清〕涂家樑校正

清光緒十四年(1888)上海著易堂鉛印本 八册

子目:
奏疏五十一卷
宦黔書牘七卷附札諭
撫鄂書牘二十五卷
撫鄂批札三卷

按:此本目録編排有誤,將《奏疏》五十二卷編到卷一至卷五十一,《宦黔書牘》六卷則編入卷五十二至五十八(七卷),應爲排印之誤。

攟雪堂全集四種附三種　AC149 Zcl 47

〔清〕吴可讀撰　〔清〕郭嵐、李崇洸編

清光緒十九年(1893)刻本　五册

鈐有"陳慶保""攟雪堂章"印。

子目:

攟雪堂文集一卷

攟雪堂詩集一卷

罔極編一卷

攟雪堂家訓一卷

附

攟雪堂對聯一卷(缺)

攟雪堂時文一卷

攟雪堂試帖一卷

雷刻八種附刻二種續刻二種　1014/1—12

〔清〕雷浚撰

清光緒間吴縣雷氏刻本　十二册

鈐有"南洋大學圖書館藏書""培之"印。

子目:

説文引經例辨三卷

説文外編十五卷補遺一卷

韻府鉤沉五卷

睡餘偶筆二卷

道福堂詩集四卷

乃有廬雜著一卷

道福堂詩續集三卷(未梓)

後八家文鈔二十八卷(未梓)

附刻

劉氏碎金一卷　〔清〕劉禧延撰

顧氏説文辨疑一卷　〔清〕顧廣圻撰

續刻

豫章語録一卷　〔明〕雷翀撰

琴韻居詩存一卷　〔清〕雷大升撰

范聲山雜著十一種　AC149 Zcl 27

〔清〕范鍇撰輯

清道光間烏程范氏刻本　四册

鈐有"齊安林氏逸聖收藏金石書畫之記"印。

子目:

苕谿漁隱詞二卷

苕谿漁隱詩稿一卷

吴興藏書録一卷(缺)

吴興山墟名一卷(缺)

吴興記一卷(缺)

吴興入東記一卷(缺)

吴興統記一卷(缺)

吴興志續編一卷(缺)

詞源二卷附記一卷(缺)

清湘樓詩選一卷(缺)

潯谿紀事詩二卷

李忠武公遺書三種　089.78 294

〔清〕李續賓撰

清光緒十七年(1891)甌江巡署刻本　四册

鈐有"南洋大學圖書館藏書"印。

子目:

李忠武公奏疏一卷

李忠武公書牘二卷

褒節録一卷

方氏叢書十種　9119 2459

〔清〕方宗誠撰

清光緒間刻本　十二册

子目：
讀易筆記二卷
詩傳補義三卷
書傳補義三卷
禮記集説補義一卷
春秋傳正誼四卷
讀學庸筆記二卷
讀論孟筆記三卷補記二卷
柏堂讀書筆記九卷
俟命録十卷
志學録八卷

賭棋山莊全集八種 9119 4393
〔清〕謝章鋌撰
清光緒民國間刻本 三十三册
子目：
賭棋山莊文集七卷文集續二卷又續二卷詩集十四卷酒邊詞八卷
賭棋山莊餘集五卷
説文閩音通一卷附録一卷
賭棋山莊集詞話十二卷續編五卷
賭棋山莊筆記
圍爐瑣憶一卷
籐陰客贅一卷
稗販雜録四卷
課餘偶録四卷續録五卷
東嵐謝氏明詩略四卷 〔清〕謝世南輯
勸學淺語一卷(缺) 〔清〕沈源深撰
賭棋山莊八十壽言一卷(缺) 〔清〕謝章鋌撰

又一部 二十九册 9119 4393
按：館藏缺《説文閩音通》二卷、《東嵐謝氏明詩略》四卷。

又二部 二十册 1096/1—20
鈐有“南洋大學圖書館藏書”印。
按：館藏缺《賭棋山莊文集》七卷、《賭棋山莊餘集》五卷、《賭棋山莊集詞話》十二卷、《東嵐謝氏明詩略》四卷、《勸學淺語》一卷。

第一樓叢書九種 9119 4574
〔清〕俞樾撰
清同治十年(1871)刻本 九册
子目：
易貫五卷
玩易篇一卷
論語小言一卷
春秋名字解詁補義一卷
古書疑義舉例七卷
兒笘録四卷
讀書餘録二卷
詁經精舍自課文二卷
湖樓筆談七卷

春在堂全書三十四種 1034/1—100
〔清〕俞樾撰
清光緒二十五年(1899)重定刻本 一百册
鈐有“畢山手披”“甲戌進士”印。
子目：
群經平議三十五卷
諸子平議三十五卷
第一樓叢書三十卷
曲園雜纂五十卷
俞樓雜纂五十卷
賓萌集六卷外集四卷
春在堂雜文二卷續編五卷三編四卷

春在堂詩編二十三卷詞録三卷
春在堂隨筆十卷
春在堂尺牘六卷
楹聯録存五卷附録一卷
四書文一卷
太上感應篇纘義二卷
茶香室叢鈔二十三卷續鈔二十五卷
右台仙館筆記十六卷
遊藝録六卷
袖中書二卷
金剛經注二卷
東瀛詩記二卷
新定牙牌數一卷
慧福樓幸草一卷
按:館藏存二十一種。

又一部 一百册 9119 3443

子目:
群經平議三十五卷
諸子平議三十五卷
第一樓叢書三十卷
曲園雜纂五十卷
俞樓雜纂五十卷
賓萌集五卷外集四卷
春在堂雜文二卷續編五卷三編四卷四編八卷
春在堂詩編十二卷
春在堂詞録三卷
春在堂隨筆八卷
春在堂尺牘五卷
楹聯録存三卷
四書文一卷
右台仙館筆記十六卷
茶香室叢鈔二十三卷目録一卷
茶香室續鈔二十五卷目録一卷
茶香室三鈔二十九卷目録一卷
茶香室經説十六卷
金剛經注二卷
太上感應篇纘義二卷
遊藝録六卷
小蓬萊謡一卷
袖中書二卷
東瀛詩記二卷
新定牙牌數一卷
慧福樓幸草一卷
春在堂全書録要一卷
春在堂全書校勘記一卷
曲園自述詩一卷
曲園墨戲一卷
按:館藏存三十種。

李文忠公全集六種 847.8 292

〔清〕李鴻章撰

清光緒三十四年(1908)刻本 一百册

鈐有"南洋大學圖書館藏書"印。

子目:
李文忠公奏稿八十卷
李文忠公朋僚函稿二十卷
李文忠公譯署函稿二十卷
李文忠公遷移蠶池口教堂函稿一卷
李文忠公海軍函稿四卷
李文忠公電稿四十卷

求益齋全集二十卷 9119 3533

〔清〕强汝詢撰

清光緒二十四年(1898)江蘇書局刻本 八册

子目：
求益齋讀書記六卷
求益齋隨筆二卷
漢州郡縣吏制考二卷
金壇見聞記二卷
求益齋文集八卷

桐華閣叢書五種 9119 4134
〔清〕杜貴墀撰
清光緒二十五至三十一年（1899—1905）刻本 十册
子目：
典禮質疑六卷
漢律輯證六卷
巴陵人物志十五卷
桐華閣文集十二卷
桐華閣詞鈔二卷附録一卷

儆季雜著五種附二種 9119 3343
〔清〕黄以周撰
清光緒二十至二十一年（1894—1895）江蘇南菁講舍刻本 六册
子目：
禮説六卷
群經説四卷
史説略四卷
子叙一卷
文鈔六卷
附
尚書講義一卷 〔清〕黄家辰、黄家岱撰
嫗藝軒雜著三卷 〔清〕黄家岱撰
按：附兩種刻於光緒二十一年。
又一部 八册 9119 3343
按：館藏缺附二種。

魏稼孫先生全集五種五卷 1064/1—6
〔清〕魏錫曾撰
清光緒九年（1883）羊城西湖街富文齋刻本 六册
鈐有“南洋大學圖書館藏書”印。
子目：
非見齋碑録一卷
續語堂碑録一卷
續語堂題跋一卷
續語堂詩存一卷
續語堂文存一卷
又一部 六册 9119 6391

羲停山館集六種 9119 1493
〔清〕王景賢撰
清同治十三年（1874）三山王氏刻本 十二册
子目：
周易玩辭一卷
論語述注十六卷
性學圖説一卷
困學瑣言一卷
牧民贅語一卷
伊園文鈔四卷詩鈔三卷

庸庵全集九種三十七卷 1097/1—45
〔清〕薛福成撰
清光緒二十年（1894）刻本 四十五册
鈐有“南洋大學圖書館藏書”“律師徐福均珍藏章”印。
子目：
庸庵文編四卷

庸庵文續編二卷
庸庵文外編四卷
庸庵海外文編四卷
籌洋芻議一卷
浙東籌防録四卷
出使奏疏二卷
出使公牘十卷
出使英法義比四國日記六卷

春暉雜稿十二種二十一卷 1143/1—16

〔清〕郭階撰

清光緒十五年(1889)刻本　十六册

鈐有"南洋大學圖書館藏書"印。

子目:

大學古本釋一卷
中庸釋一卷
學庸識小一卷
周易漢讀考三卷
讀史提要録評一卷
天均巵言一卷
莊子識小一卷
老子識小一卷
芹曝録内篇一卷
集選詩一卷
遲雲閣詩稿四卷
遲雲閣文稿五卷

師伏堂叢書十八種 9119 9644

〔清〕皮錫瑞撰

清光緒十九至三十四年(1893—1908)善化皮氏師伏堂刻本　四十册

子目:

經學通論五卷
經學歷史一卷
尚書大傳疏證七卷
今文尚書考證三十卷
尚書中候疏證一卷
古文尚書寃詞平議二卷
孝經鄭注疏二卷
鄭志疏證八卷附鄭記考證一卷答臨孝存周禮難一卷
聖證論補評二卷
六藝論疏證一卷
魯禮禘祫義疏證一卷
王制箋一卷
漢碑引經考六卷附漢碑引緯考一卷
經訓書院自課文三卷(原缺六頁)
師伏堂咏史一卷
師伏堂詞一卷
師伏堂駢文二種六卷
師伏堂詩草六卷

陶廬叢刻初集二十種 1225/1—52

〔清〕王樹枏撰

清光緒民國間刻本　五十二册

鈐有"南洋大學圖書館藏書"印。

子目:

尚書商誼三卷
費氏古易訂文十二卷
校正孔氏大戴禮記補注十三卷
爾雅郭注佚存補訂二十卷
廣雅補疏四卷
學記箋證四卷
墨子評注補正二卷
歐洲列國戰事本末二十二卷
歐洲族類源流略五卷
彼得興俄記一卷
武漢戰紀一卷

天元草五卷
離騷注一卷
閑閑老人詩集十卷目録二卷年譜二卷
陶廬箋牘四卷
陶廬文集十二卷陶廬外篇一卷
文莫室駢文一卷
文莫室詩集八卷
陶廬詩續集十卷
希臘學案四卷(缺)

又一部　五十九册　9120 4743

按:館藏缺《文莫室駢文》一卷、《陶廬文集》十二卷,多《新疆山脉圖志》六卷、《新疆國界圖志》八卷、《希臘春秋》八卷。

耐安類稿五種　1157/1—6

〔清〕陳偉撰

清光緒二十二年(1896)刻本　六册

鈐有"南洋大學圖書館藏書"印。

子目:
愚慮録五卷
食古録一卷
待質録一卷
居求録一卷
誨爾録二卷

海嶽軒叢刻十種　1168/1—10

〔清〕杜俞撰

清光緒二十六年(1900)申江鉛印本　十册

鈐有"南洋大學圖書館藏書"印。

子目:
元穆日記三卷
元穆文鈔二卷
黄陵詩鈔一卷
河北致用精舍學規一卷
普法兵事記一卷
江口巡船章程一卷附水師説略四條　彭剛直公長江百條(録三十四條)　苦口藥一卷　〔清〕彭玉麟撰　〔清〕杜俞節録
黄陵書牘二卷
采菽堂筆記二卷
吴船日記一卷
采菽堂書牘二卷

鄭文焯著作九種　9119 4195

〔清〕鄭文焯撰

清光緒間刻本　六册

子目:
揚雄説故一卷
高麗國永樂好大王碑釋文纂考一卷
詞源斠律二卷
醫故二卷
苕雅餘集一卷
絶妙好詞校録一卷
樵風樂府九卷
比竹餘音四卷
冷紅詞四卷

慕皋廬雜刻五種　848 468

〔清〕易順鼎撰

清光緒間刻本　三册

子目:
慕皋廬雜稿一卷
國朝孝子小傳一卷
大學私訂本一卷

大學説一卷
孔門詩集一卷

説劍堂集十四種 AC149 Zcl 575

〔清〕潘飛聲撰

清光緒二十四年(1898)仙城藥洲刻本 六册

鈐有"陳慶保"印。

子目:
老劍文稿一卷
香海集一卷
遊樵漫草一卷
悼亡百韻詩一卷
論嶺南詞絶句一卷
柏林竹枝詞一卷
海上秋吟一卷
遊薩克遜日記一卷
西海紀行卷一卷
天外歸槎録一卷
海山詞一卷
花語詞一卷
珠江低唱一卷
長相思詞一卷

又一部 一册 AC149 Zcl 575a

按:館藏存《海山詞》一卷、《花語詞》一卷、《珠江低唱》一卷、《長相思詞》一卷、《西海紀行卷》一卷。

又二部 一册 AC149 Zcl 1028

鈐有"馬鑒之印"印。

按:館藏缺《老劍文稿》一卷、《西海紀行卷》一卷、《天外歸槎録》一卷。

觀古堂所著書十四種 1221/1—14

〔清〕葉德輝輯撰

清光緒二十八年(1902)湘潭葉氏刻本 十四册

子目:
天文本單經論語校勘記一卷 〔清〕葉德輝撰
孟子章句一卷附劉熙事跡考一卷 〔漢〕劉熙撰 〔清〕葉德輝輯並考
釋人疏證二卷 〔清〕葉德輝撰
淮南鴻烈閒詁二卷 〔漢〕許慎撰 〔清〕葉德輝輯
淮南萬畢術二卷 〔漢〕劉安撰 〔清〕葉德輝輯
山公啓事一卷佚事一卷 〔晋〕山濤撰 〔清〕葉德輝輯
傅子三卷附訂訛一卷 〔晋〕傅玄撰 〔清〕葉德輝輯並訂訛
晋司隸校尉傅玄集三卷 〔晋〕傅玄撰 〔清〕葉德輝輯
瑞應圖記一卷 〔南朝梁〕孫柔之撰 〔清〕葉德輝輯
祕書省續編到四庫闕書目二卷 〔清〕葉德輝考證
崑崙集一卷續一卷附一卷釋文一卷 〔清〕葉德輝編
古泉雜咏四卷 〔清〕葉德輝撰
古泉圖説(未刊) 〔清〕葉德輝撰
郋園書札一卷 〔清〕葉德輝撰

觀古堂所著書二集十六種 9120 3349

〔清〕葉德輝輯撰

清光緒三十三年(1907)刻本 十六册

鈐有"番禺顧朔捐"印

子目：

第一集

天文本單經論語校勘記一卷 〔清〕葉德輝撰

孟子章句一卷附劉熙事跡考一卷 〔漢〕劉熙撰 〔清〕葉德輝輯並考

月令章句四卷 〔漢〕蔡邕撰 〔清〕葉德輝輯

古今夏時表一卷附易通卦驗節候校文一卷 〔清〕葉德輝撰

釋人疏證二卷 〔清〕葉德輝撰

山公啓事一卷佚事一卷 〔晋〕山濤撰 〔清〕葉德輝輯

祕書省續編到四庫闕書目二卷 〔清〕葉德輝考證

瑞應圖記一卷 〔南朝梁〕孫柔之撰 〔清〕葉德輝輯

第二集

鬻子二卷 〔清〕葉德輝輯

郭氏玄中記二卷 〔清〕葉德輝輯

淮南鴻烈閒詁二卷 〔漢〕許慎撰 〔清〕葉德輝輯

淮南萬畢術二卷 〔漢〕劉安撰 〔清〕葉德輝輯

傅子三卷附訂訛一卷 〔晋〕傅玄撰 〔清〕葉德輝輯並訂訛

晋司隸校尉傅玄集三卷 〔晋〕傅玄撰 〔清〕葉德輝輯

古泉雜咏四卷 〔清〕葉德輝撰

消夏百一詩二卷 〔清〕葉德輝撰

按：此本爲光緒二十八年(1902)湘潭葉氏刻本重編本。

郎園先生全書 9100.9 9851

葉啓倬輯

清光緒三十三年至民國六年(1907—1917)長沙葉氏校刻本 四册

鈐有“馬鑒之印”印。

子目：

青樓集一卷 〔元〕夏庭芝撰

板橋雜記三卷 〔清〕余懷撰

吴門畫舫録一卷 題〔清〕西溪山人編

觀劇絶句三卷附録諸家題跋和作一卷 〔清〕金德瑛撰

木皮散人鼓詞一卷附萬古愁曲一卷 〔明〕賈鳧西撰 (萬古愁曲)〔清〕歸莊撰

乾嘉詩壇點將録一卷附東林點將録一卷點將録附考一卷 〔清〕舒位撰 (東林點將録)〔明〕王紹徽撰

秦雲擷英小譜一卷 〔清〕嚴長明撰

按：館藏存七種。

萬物炊累室類稿四種 9120 6637

〔清〕沈同芳編纂

清宣統三年(1911)中國圖書公司鉛印本 五册

鈐有“陳慶保”印。

子目：

漁業歷史一卷

公言集三卷

刻鵠集三卷

秘書集十卷

新學類

史志

繪圖蒙學歷史讀本不分卷

AC149 Zcl 1519

清光緒三十一年(1905)石印本　一册

蒙學外國歷史教科書不分卷

AC149 Zcl 2682

〔清〕秦瑞玠撰

清光緒三十一年(1905)上海文明書局鉛印本　一册

按:館藏此書缺頁。

萬國史記二十卷　AC149 Zcl 1384

(日本)岡本監輔撰　(日本)中村正直閱

清光緒間上海申報館鉛印本　十册

四裔編年表四卷　2316 9528

(美國)林樂知、〔清〕嚴良勳譯〔清〕李鳳苞彙編

清末刻本　四册

東洋史要二卷附圖一卷　b10815119

(日本)桑原隲藏撰　〔清〕樊炳清譯

清光緒二十五年(1899)上海中西書局石印本　四册

鈐有"求是齋""義安學院圖書館章""南洋大學圖書館藏書"印。

支那通史七卷　610 325

(日本)那珂通世編

清光緒二十五年(1899)東文學社第三次石印本　五册

鈐有"義安學院圖書館章""南洋大學圖書館藏書"印

按:目録有七卷實則只有四卷,無卷五至卷七。

又一部　五册　2516 3849

支那全史七卷　610 549

(日本)藤田久道編次　(日本)增田貢校正

清光緒二十七年(1901)教育世界社石印本　六册

鈐有"義安學院圖書館章""南洋大學圖書館藏書""武備學堂圖籍之章"印。

英國憲法史十編　AC149 Zcl 4555

(日本)松平康國編撰　〔清〕麥夢華譯述

清光緒二十九年(1903)上海廣智書局鉛印本　一册

閨娜傳十三回　1983 3830

(美國)博美瑞譯

清光緒八年(1882)畫圖新報館鉛印本　一册

政治法律

萬國政治藝學全書三編三百八十卷

071.7 829

〔清〕朱大文、凌賡颺編

清光緒二十八年(1902)上海鴻文書局石印本　五十四册

歐美政治要義十八章 574.4 213

〔清〕戴鴻慈、端方編

清光緒三十四年(1908)上海商務印書館石印本　四册

鈐有"南洋大學圖書館藏書""黄肇基"印。

政治泛論二卷七章 AC149 Zcl 4554

(美國)威爾遜撰　〔清〕麥鼎華譯

清光緒二十九年(1903)上海廣智書局鉛印本　二册

鈐有"黄肇基"印。

時務通考三十一卷 071 462

題〔清〕杞廬主人輯

光緒二十三年(1897)上海點石齋石印本　二十四册

鈐有"義安學院圖書館章""南洋大學圖書館藏書"印。

學　校

最新初等小學筆算教科書不分卷 AC149 Zcl 2680

〔清〕徐寯編纂

清光緒三十二年(1906)上海商務印書館鉛印本　二册

按:原書共五册,館藏缺第一至第三册。

最新初等小學筆算教科書不分卷 AC149 Zcl 2097

〔清〕徐寯編纂

清宣統二年(1910)上海商務印書館鉛印本　七册

最新初等小學珠算入門四篇 AC149 Zcl 4339

〔清〕杜秋孫撰

清光緒三十二年(1906)上海商務印書館鉛印本　二册

最新初等小學堂國語教科書不分卷 AC149 Zcl 2676

〔清〕黄展雲等編纂

清宣統二年(1910)商務印書館鉛印本　三册

按:原書共四册,館藏缺第一册。

高等小學修身課本不分卷 AC149 Zcl 2678

〔清〕林萬里、黄展雲編

清宣統三年(1911)上海中國圖書公司鉛印本　六册

按:原書共八册,館藏缺第二册、第七册。

最新高等小學理科教科書不分卷 AC149 Zcl 2673

〔清〕謝洪賚等編纂

清宣統三年(1911)上海商務印書館鉛印本　四册

京師大學堂史學科講義五章京師大學堂萬國史講義不分卷 2520.6 3941

〔清〕屠寄撰　(京師大學堂萬國史講義)(日本)服部宇之吉撰

清末鉛印本　一册

廣學類編十二卷　9336 3172

(英國)唐蘭孟編　(英國)李提摩太鑒定　〔清〕任廷旭譯

清光緒二十七年(1901)上海廣學會鉛印本　二册

鈐有"馬鑒之印""江安傅增湇收藏書畫金石印"印。

文科大詞典不分卷　AC149 Zcl 1603

清宣統三年(1911)上海國學扶輪社鉛印本　十二册

普通百科新大辭典不分卷

AC149 Zcl 1609

〔清〕黄人編

清宣統三年(1911)上海國學扶輪社鉛印本　十五册

農　政

栽桑新論十二章　AC149 Zcl 2982

〔清〕黄毅編　〔清〕莊景仲校閲

清光緒三十三年(1907)上海新學會社鉛印本　一册

按:此本爲《蠶業叢書》之零種(第一編)。

蠶體解剖論五章　AC149 Zcl 2980

〔清〕黄毅編譯

清光緒三十四年(1908)上海新學會社鉛印本　一册

按:此本爲《蠶業叢書》之零種(第三編)。

實驗蠶病消毒法四編　AC149 Zcl 2981

〔清〕黄湄西編撰　〔清〕林在南校訂

清光緒三十四年(1908)上海新學會社鉛印本　一册

按:此本爲《蠶業叢書》之零種(第九編)。

蠶體生理論十章　AC149 Zcl 2979

〔清〕黄毅編譯

清宣統元年(1909)上海新學會社鉛印本　一册

按:此本爲《蠶業叢書》之零種(第六編)。

肥料學三篇　AC149 Zcl 2985

〔清〕黄毅編述

清光緒三十四年(1908)上海新學會社鉛印本　一册

農用昆蟲學十章　AC149 Zcl 2986

〔清〕胡朝陽纂譯

清宣統元年(1909)上海新學會社鉛印本　一册

財　經

英國頒行公司定例不分卷

4893.9 5321

〔清〕上海廣學會編

清光緒二十二年(1896)美華書館鉛印本　一册

中國之金融不分卷　AC149 Zcl 2956

〔清〕潘承諤編譯

清光緒三十四年(1908)上海中國圖書公司鉛印本　二册

鈐有“奇經”印。

格　致

格致精華録四卷附德國議院章程一卷德國合盟紀事本末一卷　AC149 Zcl 4335

〔清〕王仁俊撰

清光緒二十二年(1896)仿泰西法石印本　四册

化　學

化學易知二卷　AC149 Zcl 2983

(英國)傅蘭雅撰

清光緒七年(1881)廣州真寶堂刻本　一册

全體學

全體新論不分卷　AC149 Zcl 610

(英國)合信氏、〔清〕陳修堂撰

清咸豐元年(1851)江蘇上海墨海書館刻本　一册

按:卷末署“羊城西關金利埠惠愛醫館刊印”。

動植物學

植物圖説四卷　AC149 Zcl 2987

(英國)傅蘭雅撰

清光緒二十一年(1895)益智書會刻本　一册

醫　學

西藥略釋六卷　AC149 Zcl 2032

〔清〕孔繼良譯撰　(美國)嘉約翰校正

清光緒間抄本　四册

漢譯診病奇侅二卷　AC149 Zcl 3011

(日本)丹波茝庭輯　(日本)松井操譯

清光緒十四年(1888)四明王氏鉛印本　二册

鈐有“哲如陳慶保藏書”印。

鴉片癮戒除法二卷　AC149 Zcl 3060

〔清〕曹炳章撰述　〔清〕何廉臣評閲　〔清〕徐承謨校訂

清宣統三年(1911)紹興墨潤堂、奎照樓明强藥局鉛印本　二册

鈐有“哲如陳慶保藏書”印。

衛生要旨不分卷　AC149 Zcl 3068

(美國)嘉約翰口譯

清光緒九年(1883)益智書會刻本　一册

幼學保身要言七章 AC149 Zcl 1133

(美國)伍梅氏撰 〔清〕林程初述

清光緒二十六年(1900)刻本 一册

濟急法不分卷 AC149 Zcl 1976

(英國)舍白辣撰 (英國)秀耀春口譯 〔清〕趙元益筆述 〔清〕曹永清繪圖

清光緒二十九年(1903)江南製造局刻本 一册

報 章

萬國公報 AC149 Zcl 4906

〔清〕廣學會校刊

清光緒二十六年(1900)鉛印本 十二册

鈐有"義安學院圖書館印""南洋大學圖書館藏書"印。

按:館藏報紙日期爲光緒二十六年一月至十二月。

時務報 059.21201 462—02

〔清〕梁啓超等編

清光緒二十二年(1896)鉛印本 三册

鈐有"義安學院圖書館章""南洋大學圖書館藏書"印。

白話畫圖日報 AC149 Zcl 1944

清宣統元年(1909)石印本 三册

雜 撰

全地五大洲女俗通考二十一卷首一卷 4176 3464

(美國)林樂知輯 〔清〕任保羅譯

清光緒二十九年(1903)上海華美書局鉛印本 二十一册

又一部 二十一册 AC149 Zcl 4445

叢 編

西學啓蒙十六種 9100.83 1138

(英國)赫德輯 (英國)艾約瑟譯

清光緒二十二年(1896)上海著易堂書局鉛印本 十六册

子目:

西學略述十卷

格致總學啓蒙三卷

地志啓蒙四卷

地理質學啓蒙七卷

地學啓蒙八卷

格致質學啓蒙十一章

身理啓蒙十章

動物學啓蒙八卷

化學啓蒙二十二章

植物學啓蒙三十章

天文學啓蒙七卷首一卷

富國養民策十六章

辨學啓蒙二十七章附考課諸問

希臘志略六卷

羅馬志略十三卷首一卷

歐洲史略十三卷

西學啓蒙十六種 077 578

(英國)赫德輯 (英國)艾約瑟譯

清光緒二十四年(1898)上海圖書集成印書局鉛印本 十六册

鈐有“南洋大學圖書館藏書”印。

子目：

西學略述十卷

格致總學啓蒙三卷

地志啓蒙四卷

地理質學啓蒙七卷

地學啓蒙八卷

格致質學啓蒙十一章

身理啓蒙十章

動物學啓蒙八卷

化學啓蒙二十二章

植物學啓蒙三十章

天文學啓蒙七卷首一卷

富國養民策十六章

辨學啓蒙二十七章附考課諸問

希臘志略六卷

羅馬志略十三卷首一卷

歐洲史略十三卷

西學富强叢書七十六種 9100.83 1163

〔清〕張蔭桓輯

清光緒二十三年(1897)鴻文書局石印本 六十四册

子目：

勾股六術一卷 〔清〕項名達撰

算式集要四卷 (英國)哈司韋輯 (英國)傅蘭雅口譯 〔清〕江衡筆述

九數外録一卷 〔清〕顧觀光撰

衍元要義一卷 〔清〕謝家禾撰

弧田問率一卷 〔清〕謝家禾撰

直積回求一卷 〔清〕謝家禾撰

割圓連比例術圖解三卷首一卷 〔清〕董祐誠撰

橢圓求周術一卷 〔清〕董祐誠撰

斜弧三邊求角補術一卷 〔清〕董祐誠撰

堆垛積術一卷 〔清〕董祐誠撰

三統術衍補一卷 〔清〕董祐誠撰

周冪知裁一卷 (美國)布倫編 (英國)傅蘭雅口譯 〔清〕徐壽筆述

器象顯真四卷附圖 (英國)白力蓋輯 (英國)傅蘭雅口譯 〔清〕徐建寅删述

重學

重學二十卷 (英國)艾約瑟口譯 〔清〕李善蘭筆述

電學

電學綱目一卷 (英國)田大里輯 (英國)傅蘭雅口譯 〔清〕周郇筆述

電學十卷首一卷 (英國)瑙挨德撰 (英國)傅蘭雅口譯 〔清〕徐建寅筆述

化學

化學鑒原六卷 (英國)韋而司撰 (英國)傅蘭雅口譯 〔清〕徐壽筆述

化學鑒原續編二十四卷 (英國)蒲陸山撰 (英國)傅蘭雅口譯 〔清〕徐壽筆述

化學鑒原補編六卷附體積分劑一卷 (英國)傅蘭雅口譯 〔清〕徐壽筆述

化學材料中西名目表一卷

聲學

聲學八卷 （英國）田大里撰 （英國）傅蘭雅口譯 〔清〕徐建寅筆述

光學

光學二卷 （英國）田大里輯 （美國）金楷理口譯 〔清〕趙元益筆述

視學諸器圖説一卷 （美國）金楷理口譯 〔清〕趙元益筆述

天學

談天十八卷附表 （英國）侯失勒原本 （英國）偉烈亞力口譯 〔清〕李善蘭删述 〔清〕徐建寅續述

測候叢談四卷 （美國）金楷理口譯 〔清〕華蘅芳筆述

地學

地學淺釋三十八卷 （英國）雷俠兒撰 （美國）瑪高温口譯 〔清〕華蘅芳筆述

史志

列國歲計政要十二卷首一卷 （英國）麥丁富得力編纂 （美國）林樂知口譯 〔清〕鄭昌棪筆述

光緒戊戌年列國歲計表一卷

萬國總説三卷 （日本）岡本監輔撰

中西紀年一卷附訂交涉公法論後（缺）

俄史輯譯四卷附中俄交界圖 〔清〕徐景羅譯

東方交涉記十二卷 （英國）麥高爾輯撰 （美國）林樂知、〔清〕瞿昂來譯

南北花旗戰犯十八卷 （美國）希理哈撰 （英國）傅蘭雅口譯 〔清〕華蘅芳筆述

法律

各國交涉公法論初集四卷二集四卷三集八卷校勘記一卷 （英國）費利摩羅巴德撰 （英國）傅蘭雅口譯 〔清〕俞世爵筆述 〔清〕汪振聲校正 〔清〕錢國祥覆校

英國水師律例四卷 （英國）德麟、極富德纂 〔清〕舒高第、鄭昌棪譯

礦政

開煤要法十二卷 （英國）士密德輯 （英國）傅蘭雅口譯 〔清〕王德均筆述

井礦工程三卷 （英國）白爾捺輯 （英國）傅蘭雅口譯 〔清〕趙元益筆述

銀礦指南一卷 （美國）亞倫撰 （英國）傅蘭雅口譯 〔清〕應祖錫筆述

冶金録三卷 （美國）阿發滿撰 （英國）傅蘭雅口譯 〔清〕趙元益筆述

鍊鋼要言一卷附録試驗各法 〔清〕徐家寶譯述

金石識别十二卷附中西名目表一卷 （美國）代那撰 （美國）瑪高温口譯 〔清〕華蘅芳筆述

工政

汽機必以十二卷首一卷附一卷 （英國）蒲而捺撰 （英國）傅蘭雅口譯 〔清〕徐建寅筆述

汽機新制八卷 （英國）白爾格撰 （英國）傅蘭雅口譯 〔清〕徐建寅筆述

鍊石編三卷附圖　(英國)亨利黎特撰　〔清〕舒高第、鄭昌棪同譯
海塘輯要十卷　(英國)韋更斯撰　(英國)傅蘭雅口譯　〔清〕趙元益筆述
行軍鐵路工程二卷附圖　(英國)傅蘭雅、〔清〕汪振聲譯
匠誨與規三卷　(英國)諾格德撰　(英國)傅蘭雅口譯　〔清〕徐壽筆述
造管之法一卷　(英國)傅蘭雅口譯　〔清〕徐壽筆述
回熱爐法一卷附圖(缺)　(英國)傅蘭雅口譯　〔清〕徐壽筆述
鎔金類罐一卷(缺)
造硫强水法一卷(缺)　(英國)傅蘭雅口譯　〔清〕徐壽筆述
色相留真一卷(缺)　(英國)傅蘭雅口譯　〔清〕徐壽筆述
水衣全論一卷(缺)　(英國)傅蘭雅口譯　〔清〕徐壽筆述
垸髹致美一卷　(英國)傅蘭雅口譯　〔清〕徐壽筆述
製肥皂法二卷　(美國)林樂知口譯　〔清〕鄭昌棪筆述
製油燭法一卷　(美國)林樂知口譯　〔清〕鄭昌棪筆述
電學鍍金四卷　(美國)金楷理口譯　〔清〕徐華封筆述
電氣鍍鎳一卷　(英國)傅蘭雅口譯　〔清〕徐華封筆述
造玻璃法二卷附瓷釉法藍　(英國)傅蘭雅口譯　〔清〕徐壽筆述
鐵船針向一卷　(英國)傅蘭雅口譯　〔清〕徐壽筆述
機動圖説一卷　(英國)傅蘭雅口譯　〔清〕徐壽筆述

兵政

列國陸軍制九卷　(美國)歐潑登撰　(美國)林樂知、〔清〕瞿昂來譯
臨陣管見九卷附圖　(美國)斯拉弗司撰　(美國)金楷理口譯　〔清〕趙元益筆述
營城揭要二卷附圖　(英國)儲意比撰　(英國)傅蘭雅口譯　〔清〕徐壽筆述
英國水師考一卷　(英國)巴那比、(美國)克理撰　(英國)傅蘭雅、〔清〕鍾天緯譯
法國水師考一卷　(美國)杜默能撰　(美國)羅亨利、〔清〕瞿昂來譯　〔清〕鍾天緯參校
美國水師考一卷　(英國)巴那比、(美國)克里撰　(英國)傅蘭雅、〔清〕鍾天緯譯
海軍調度要言三卷附圖　(英國)拏核甫撰　〔清〕舒高第、鄭昌棪譯
輪船布陣十二卷首一卷附圖　(英國)賈密倫原書　(英國)傅蘭雅口譯　〔清〕徐建寅筆述
製火藥法三卷　(英國)利稼孫、華得斯輯　(英國)傅蘭雅口譯　〔清〕丁樹棠筆述
兵船礮法六卷　(美國)水師書院原書　(美國)金楷理口譯　〔清〕朱恩錫筆述　〔清〕李鳳苞删潤
回特活德鋼礮一卷　(英國)傅蘭雅口譯　〔清〕徐壽筆述

克虜伯礮準心法一卷附圖 (德國)軍政局原書 (美國)金楷理口譯 〔清〕李鳳苞筆述
克虜伯礮説四卷 (德國)軍政局原書 (美國)金楷理口譯 〔清〕李鳳苞筆述
克虜伯礮操法四卷 (德國)軍政局原書 (美國)金楷理口譯 〔清〕李鳳苞筆述
克虜伯礮表八卷 (德國)軍政局原書 (美國)金楷理口譯 〔清〕李鳳苞筆述

增訂西學富强叢書八十二種　077 152

〔清〕張蔭桓輯 〔清〕日新社增訂
清光緒二十七年(1901)上海日新社石印本 六十四册
鈐有"南洋大學圖書館藏書"印。
子目:
勾股六術一卷 〔清〕項名達撰
算式集要四卷 (英國)哈司韋輯 (英國)傅蘭雅口譯 〔清〕江衡筆述
九數外録一卷 〔清〕顧觀光撰
衍元要義一卷 〔清〕謝家禾撰
弧田問率一卷 〔清〕謝家禾撰
直積回求一卷 〔清〕謝家禾撰
割圜連比例術圖解三卷首一卷 〔清〕董祐誠撰
橢圜求周術一卷 〔清〕董祐誠撰
斜弧三邊求角補術一卷 〔清〕董祐誠撰
堆垛積術一卷 〔清〕董祐誠撰
三統術衍補一卷 〔清〕董祐誠撰
周冪知裁一卷 (美國)布倫編 (英國)傅蘭雅口譯 〔清〕徐壽筆述
器象顯真四卷附圖 (英國)白力蓋輯 (英國)傅蘭雅口譯 〔清〕徐建寅删述
重學
重學二十卷 (英國)艾約瑟口譯 〔清〕李善蘭筆述
電學
電學綱目一卷 (英國)田大里輯 (英國)傅蘭雅口譯 〔清〕周郇筆述
電學十卷首一卷 (英國)瑙挨德撰 (英國)傅蘭雅口譯 〔清〕徐建寅筆述
化學
化學鑒原六卷 (英國)韋而司撰 (英國)傅蘭雅口譯 〔清〕徐壽筆述
化學鑒原續編二十四卷 (英國)蒲陸山撰 (英國)傅蘭雅口譯 〔清〕徐壽筆述
化學鑒原補編六卷附體積分劑一卷 (英國)傅蘭雅口譯 〔清〕徐壽筆述
化學材料中西名目表一卷
聲學
聲學八卷 (英國)田大里撰 (英國)傅蘭雅口譯 〔清〕徐建寅筆述
光學
光學二卷 (英國)田大里輯 (美國)金楷理口譯 〔清〕趙元益

筆述
視學諸器圖説一卷 (美國)金楷理口譯 〔清〕趙元益筆述
天學
談天十八卷附表 (英國)侯失勒原本 (英國)偉烈亞力口譯 〔清〕李善蘭删述 〔清〕徐建寅續述
測侯叢談四卷 (美國)金楷理口譯 〔清〕華蘅芳筆述
地學
地學淺釋三十八卷 (英國)雷俠兒撰 (美國)瑪高温口譯 〔清〕華蘅芳筆述
史志
列國歲計政要十二卷首一卷 (英國)麥丁富得力編纂 (美國)林樂知口譯 〔清〕鄭昌棪筆述
光緒戊戌年列國歲計表一卷
萬國總説三卷 (日本)岡本監輔撰
中西紀年一卷附訂交涉公法論後(缺)
俄史輯譯四卷附中俄交界圖 〔清〕徐景羅譯
東方交涉記十二卷 (英國)麥高爾輯撰 (美國)林樂知、〔清〕瞿昂來譯
南北花旗戰犯十八卷 (美國)希理哈撰 (英國)傅蘭雅口譯 〔清〕華蘅芳筆述
法律
各國交涉公法論初集四卷二集四卷三集八卷校勘記一卷 (英國)費利摩羅巴德撰 (英國)傅蘭雅口譯 〔清〕俞世爵筆述 〔清〕汪振聲校正 〔清〕錢國祥覆校
英國水師律例四卷 (英國)德麟、極富德纂 〔清〕舒高第、鄭昌棪譯
礦政
開煤要法十二卷 (英國)士密德輯 (英國)傅蘭雅口譯 〔清〕王德均筆述
井礦工程三卷 (英國)白爾捺輯 (英國)傅蘭雅口譯 〔清〕趙元益筆述
銀礦指南一卷 (美國)亞倫撰 (英國)傅蘭雅口譯 〔清〕應祖錫筆述
冶金録三卷 (美國)阿發滿撰 (英國)傅蘭雅口譯 〔清〕趙元益筆述
鍊鋼要言一卷附録試驗各法 〔清〕徐家寶譯述
金石識别十二卷附中西名目表一卷 (美國)代那撰 (美國)瑪高温口譯 〔清〕華蘅芳筆述
工政
汽機必以十二卷首一卷附一卷 (英國)蒲而捺撰 (英國)傅蘭雅口譯 〔清〕徐建寅筆述
汽機新制八卷 (英國)白爾格撰 (英國)傅蘭雅口譯 〔清〕徐建寅筆述
鍊石編三卷附圖 (英國)亨利黎特撰 〔清〕舒高第、鄭昌棪譯
海塘輯要十卷 (英國)韋更斯撰 (英國)傅蘭雅口譯 〔清〕趙元益筆述
行軍鐵路工程二卷附圖 (英國)傅

蘭雅、〔清〕汪振聲譯
匠誨輿規三卷 (英國)諾格德撰 (英國)傅蘭雅口譯 〔清〕徐壽筆述
造管之法一卷 (英國)傅蘭雅口譯 〔清〕徐壽筆述
回熱爐法一卷附圖 (英國)傅蘭雅口譯 〔清〕徐壽筆述
鎔金類罐一卷
造硫强水法一卷 (英國)傅蘭雅口譯 〔清〕徐壽筆述
色相留真一卷 (英國)傅蘭雅口譯 〔清〕徐壽筆述
水衣全論一卷 (英國)傅蘭雅口譯 〔清〕徐壽筆述
垸髹致美一卷 (英國)傅蘭雅口譯 〔清〕徐壽筆述
製肥皂法二卷 (美國)林樂知口譯 〔清〕鄭昌棪筆述
製油燭法一卷 (美國)林樂知口譯 〔清〕鄭昌棪筆述
電學鍍金四卷 (美國)金楷理口譯 〔清〕徐華封筆述
電氣鍍鎳一卷 (英國)傅蘭雅口譯 〔清〕徐華封筆述
造玻璃法二卷附瓷釉法藍 (英國)傅蘭雅口譯 〔清〕徐壽筆述
鐵船針向一卷 (英國)傅蘭雅口譯 〔清〕徐壽筆述
機動圖説一卷 (英國)傅蘭雅口譯 〔清〕徐壽筆述
兵政
列國陸軍制九卷 (美國)歐潑登撰 (美國)林樂知、〔清〕瞿昂來譯
臨陣管見九卷附圖 (美國)斯拉弗司撰 (美國)金楷理口譯 〔清〕趙元益筆述
營城揭要二卷附圖 (英國)儲意比撰 (英國)傅蘭雅口譯 〔清〕徐壽筆述
英國水師考一卷 (英國)巴那比、(美國)克理撰 (英國)傅蘭雅、〔清〕鍾天緯譯
法國水師考一卷 (美國)杜默能撰 (美國)羅亨利、〔清〕瞿昂來譯 〔清〕鍾天緯參校
美國水師考一卷 (英國)巴那比、(美國)克里撰 (英國)傅蘭雅、〔清〕鍾天緯譯
海軍調度要言三卷附圖 (英國)拏核甫撰 〔清〕舒高第、鄭昌棪譯
輪船布陣十二卷首一卷附圖 (英國)賈密倫原書 (英國)傅蘭雅口譯 〔清〕徐建寅筆述
製火藥法三卷 (英國)利稼孫、華得斯輯 (英國)傅蘭雅口譯 〔清〕丁樹棠筆述
兵船礮法六卷 (美國)水師書院原書 (美國)金楷理口譯 〔清〕朱恩錫筆述 〔清〕李鳳苞删潤
回特活德鋼礮一卷 (英國)傅蘭雅口譯 〔清〕徐壽筆述
克虜伯礮準心法一卷附圖 (德國)軍政局原書 (美國)金楷理口譯 〔清〕李鳳苞筆述
克虜伯礮説四卷 (德國)軍政局原書 (美國)金楷理口譯 〔清〕李鳳苞筆述

克虜伯礮操法四卷　(德國)軍政局原書　(美國)金楷理口譯　〔清〕李鳳苞筆述
克虜伯礮表八卷　(德國)軍政局原書　(美國)金楷理口譯　〔清〕李鳳苞筆述
開地道轟藥法三卷附圖　(英國)武備工程學堂編定　(英國)傅蘭雅口譯　〔清〕汪振聲筆述
攻守礮法一卷　(德國)軍政局原書　(美國)金楷理口譯　〔清〕李鳳苞筆述
克虜伯腰箍礮説一卷　(德國)軍政局原書　(美國)金楷理口譯　〔清〕李鳳苞筆述
克虜伯螺繩礮架説一卷　(德國)軍政局原書　(美國)金楷理口譯　〔清〕李鳳苞筆述
克虜伯礮架説一卷　(德國)軍政局原書　(美國)金楷理口譯　〔清〕李鳳苞筆述
克虜伯船礮操法一卷　(德國)軍政局原書　(美國)金楷理口譯　〔清〕李鳳苞筆述

西政叢書三十二種　　9100.83 1349

〔清〕梁啓超輯

清光緒二十三年(1897)慎記書莊石印本　三十二册

子目:

史志
希臘志略七卷
羅馬志略三卷
德國合盟紀事本末一卷　〔清〕徐建寅譯述
官制
德議院章程一卷　(德國)芬福根鑒定　〔清〕徐建寅譯述
學制
肄業要覽一卷　(英國)史本守撰　〔清〕顔永京譯
德學校論略一卷　(德國)花之安撰
西學課程彙編一卷　〔清〕出洋肄業局譯　〔清〕沈敦和校訂
公法
佐治芻言一卷　(英國)傅蘭雅口譯　〔清〕應祖錫筆述
公法總論一卷　(英國)羅柏村撰　(英國)傅蘭雅、〔清〕汪振聲譯
中國古世公法論略一卷　(美國)丁韙良撰
陸地戰例新選一卷　(瑞典)穆尼耶等撰　(美國)丁韙良譯
農政
農學新法一卷　(英國)貝德禮撰　(英國)李提摩太譯　〔清〕鑄鐵生述
農事論略一卷
蠶務圖説一卷　〔清〕康發達撰
紡織機器圖説一卷
工政
工程致富論略十三卷　(英國)瑪體生撰　(英國)傅蘭雅、〔清〕鍾天緯譯
考工記要十七卷　(英國)瑪體生撰　(英國)傅蘭雅、〔清〕鍾天緯譯　〔清〕汪振聲校訂
商政

富國養民策十六章　(英國)哲分斯撰
保富述要二卷　(英國)布萊德撰　(英國)傅蘭雅口譯　〔清〕徐家寶筆述
生利分利之别論二卷　(英國)李提摩太撰　〔清〕蔡爾康譯録
兵政
法國海軍職要一卷　題〔清〕適可居士輯
德軍制述要一卷　(德國)來春石泰撰　〔清〕沈敦和、(德國)錫樂巴譯
自强軍洋操課程十卷
雜著
英政概一卷法政概一卷　〔清〕劉啓彤譯編
日本雜事詩二卷　〔清〕黄遵憲撰
日本新政考二卷　〔清〕顧厚焜撰
適可齋記言四卷　〔清〕馬建忠撰
南海先生四上書記四卷　康有爲撰
庸書八卷　〔清〕陳熾撰
續富國策四卷　〔清〕陳熾撰
中外交涉類要表一卷　〔清〕錢學嘉撰
光緒通商綜覈表一卷　〔清〕錢學嘉撰

又一部　三十二册　　b10815168

鈐有“南洋大學圖書館藏書”印。

附録

和刻本

經部

五經正文 580 0000/221 0000/423 0000/320 0000/681 0000

〔明〕翁溥校

日本安永八年(1779)皇都書肆松梅軒重刻本　六册

半葉10行19字,白口,四周雙邊,單黑魚尾,半框高21釐米,寬16.3釐米。版心上鎸書名,中鎸子目書名及葉碼,下鎸"松梅軒"。

牌記題"明曆二年丙申春三月舊版,安永八年己亥春二月再刻,皇都書肆松梅軒,中川藤四郎、西村市郎右衛門、植村藤右衛門、河南四郎兵衛、長村半兵衛、長村和助、小林莊兵衛"。

《禮記》卷首依次有元至治二年(1322)《禮記集説序》,署"至治壬戌良月既望後學東匯澤陳澔序";目録。卷末有明嘉靖三十一年(1552)《書刻五經正文後》,署"嘉靖壬子秋九月甲辰諸暨翁溥謹識"。

《周易》卷首依次有《易序》;宋元符二年(1099)《易傳序》,署"宋元符二年己卯正月庚申河南程頤正叔序";總目。

《毛詩》卷首依次有宋淳熙四年(1177)《詩傳序》,署"淳熙四年丁酉冬十月戊子新安朱熹書";總目。

《尚書》卷首依次有漢孔安國撰《古文尚書序》;宋嘉定二年(1209)《書集傳序》,署"嘉定己巳三月既望武夷蔡沉序";目録。

《春秋》卷首依次有《春秋胡氏傳序》;《春秋年表》。

[五經集注]一百六卷 157 6333

(日本)松永昌易輯注

日本明治九年(1876)大坂書林汲書房刻本　五十七册

子目:

周易經傳二十四卷　(宋)程頤傳　(宋)朱熹本義

書經六卷　(宋)蔡沈集傳

詩經八卷　(宋)朱熹撰

禮記集説三十卷　(元)陳澔撰

春秋四傳三十八卷　(日本)松永昌易注

七經逢原三十卷 940 6500

(日本)中井履軒撰

日本德川時代後期稿本　三十九册

子目:

論語逢原四卷

中庸逢原一卷

周易逢原三卷

尚書逢原一卷

左傳逢原十二卷

古詩逢原一卷附録一卷

孟子逢原七卷

按:《左傳逢原》封面有後人墨筆題簽"中井家藏稿本"。

再刻頭書易經集注二十四卷 232 3330

〔宋〕程頤傳　〔宋〕朱熹本義

日本元治元年(1864)大坂書林積玉

圃、宋榮堂合刻本　十三册

鈐有“馬場文庫”印。

御纂周易述義十卷　　235.2 9500

〔清〕傅恒等編纂

日本弘化三年(1846)江都思誠塾刻本　八册

鈐有“訥菴大橋順校讀之記”“四谷服部氏藏圖書之記”“思誠塾藏梓”印。

周易象義辯正十七卷首一卷

AC149 Zcl 4302

(日本)根本通明撰

日本明治三十四年(1901)東京根本通明刻本　一册

鈐有“禮賢堂”“君子節古人風”印。

按:原書作者僅先刻一册(卷首一卷),其餘未見刊行。

易學啓蒙諺解大成四卷　　B127 I.S 1684

(日本)榊原玄輔撰

日本天和四年(1684)文臺屋治郎兵衛刻本　四册

半葉11行24字,小字雙行23字,白口,四周雙邊,單黑魚尾,半框高21.1釐米,寬17.4釐米。版心上鎸“啓蒙諺解”,中鎸卷次,下鎸葉碼,行間鎸有日文返點符號。

卷端題“易學啓蒙諺解大成”。内封題“篁洲榊原先生講義,易學啓蒙諺解,大阪積善館藏”。卷首有宋淳熙十三年(1186)《易學啓蒙序》,署“淳熙丙午暮春既望雲臺真逸手記”。卷末依次有日本天和二年(1682)《跋》,署“天和壬戌季冬之日篁洲野夫榊原玄輔”;刊刻時間,題“天和四年甲子正月吉日刊行,文臺屋治郎兵衛藏板”。

易學類編三卷　　239 7200

(日本)新井白蛾撰

日本明和二年(1765)大坂浪華書林刻本　三册

半葉10行21字,白口,左右雙邊,無魚尾,半框高21.6釐米,寬15.3釐米。版心上鎸書名,中鎸卷次,下鎸葉碼,行間鎸有日文返點符號。

卷端題“易學類編,新井白蛾著”。内封題“新井白蛾先生著,易學類編,浪華書林,充楝館、享文堂、星文堂”。卷首依次有日本明和二年《易學類編序》,署“明和乙酉春三月新井白蛾題”;《附言》,末署“明和元年秋七月新井祐登謙吉”;總目。

洗心洞札記二卷　　1443.52 1943

(日本)大鹽後素撰　(日本)松本乾知點　(日本)松浦誠之、但馬守約校

日本天保六年(1835)精義堂刻本　四册

新鍥書經講義會編十二卷　　334 3512

〔明〕申時行撰

日本延寶二年(1674)刻本　八册

半葉10行26字,白口,四周單邊,雙黑魚尾,半框高19.6釐米,寬13.6釐米。版心上鎸“書經講義會編”,中鎸卷次及葉碼,行間鎸有日文返點符號。

卷端題“新鍥書經講義會編,太學士申時行著”。牌記題“發行書肆,江户日本

橋南壹丁目須原屋茂兵衛，同二丁目山城屋佐兵衛，同二丁目須原屋新兵衛，同芝神明前岡田屋嘉七，同和泉屋吉兵衛，同淺草茅町二丁目須原屋伊八，同兩國横山町壹丁目出雲寺萬治郎，同下谷御成道紙屋德八，尾州名古屋傳馬町五丁目菱屋久八，大坂心齋橋通北久寶寺町河内屋源七郎板”。卷首依次有明萬曆二十六年（1598）《刻書經講義會編引》，署“萬曆戊戌秋月朔日吴郡申時行書甥李鴻編輯子用懋用嘉校訂後學徐銓校刊”。卷末依次有日本延寶二年《跋》，署“延寶甲寅初冬日”；《浪華書林前川文榮堂藏版書目》。

鈐有“鳥文堂藏書記”印。

古文尚書勤王師三卷 339 3636

（日本）山本信有撰 （日本）山本信謹等校

日本文政七年（1824）刻本 三册

詩經正解三十三卷 435.1 3300

〔清〕姜文燦、吴荃彙輯 （日本）菅野侗校訂

日本安政五年（1858）刻本 三十三册

鈐有“逢原堂記”印。

毛詩補傳三十卷首一卷 439 2300

（日本）仁井田好古撰

日本天保五年（1834）紀藩樂古堂刻本 十六册

鈐有“咬菜堂”“□□試賞□印”印。

毛詩品物圖考七卷 439 2643

（日本）岡元鳳纂輯

日本天明五年（1785）平安杏林軒、浪華五車堂刻本 二册

半葉16行22字，白口，四周單邊，單黑魚尾，無界行，半框高19.2釐米，寬14.2釐米，有圖。版心上鎸“品物圖考”，中鎸卷次及篇章名，下鎸葉碼。

卷端題“毛詩品物圖考，浪華岡元鳳纂輯”。内封題“岡公翼先生纂輯，千里必究、不許翻刻，毛詩品物圖考，書坊平安杏林軒、浪華五車堂仝梓”。卷首依次有日本天明五年《詩經品物圖考序》，署“乙巳仲春東讃柴邦彦撰”；日本天明四年（1784）《毛詩品物圖考序》，署“天明四年甲辰冬十月五日西播那波師曾撰並書”；目録。

又一部 一册 AC149 Zcl 4761

按：館藏缺卷一至卷四。

毛詩品物圖考七卷 439 2643

（日本）岡元鳳纂輯

日本天明五年（1785）浪華四書房刻本 三册

半葉16行22字，白口，四周單邊，單黑魚尾，無界行，半框高18.8釐米，寬14.1釐米，有圖。版心上鎸“品物圖考”，中鎸卷次及篇章名，下鎸葉碼，行間鎸有日文返點符號。

卷端題“毛詩品物圖考，浪華岡元鳳纂輯”。内封題“岡公翼先生纂輯，毛詩品物圖考，浪華四書坊梓”。牌記題“寺町通本能寺前，皇都，錢屋惣四郎”。卷首依次有日本天明四年（1784）《毛詩品物圖考

序》,署“天明四年甲辰冬十月五日西播那波師曾撰並書”;日本天明五年《詩經品物圖考序》,署“乙巳仲春東讚柴邦彦撰”;日本岡元鳳撰《毛詩品物圖考序》;目録。卷末有日本天明四年《跋》,署“天明甲辰孟冬吉浪速木孔恭識”。

鼇頭評注春秋左氏傳校本三十卷　720 2332

〔晉〕杜元凱集解　〔唐〕陸德明音義　(日本)宮脇通赫校輯

日本明治二十七年(1894)東京渡邊兵吉六合館書店刻本　十五册

評注東萊博議六卷　720 2347

〔宋〕吕祖謙撰　〔清〕瞿世瑛校本　(日本)阪谷素評注訓點

日本明治十二年(1879)東京坂上半七泛愛堂、文玉圃刻本　六册

鈐有“吉川氏圖書記”印。

左傳輯釋二十五卷　AC149 Zcl 1480

(日本)安井衡撰

日本明治四年(1871)彦根藩學校刻本　二十一册

春秋經傳集解三十卷　720 1300

(日本)竹添光鴻會箋

日本明治三十六年(1903)井井書屋鉛印本　十五册

孝經大全十集　PL2476 Kt

〔明〕江元祚編

日本江户時代後期刻本　五册

鈐有“榆氏藏”“藏書小池”“哈佛大學漢和圖書館珍藏”印。

松陽講義十二卷　856.1 9535

〔清〕陸隴其撰　〔清〕席永恂等編次

日本文政十一年(1828)三都書肆刻本　五册

論語補解四卷　940 2300

〔三國魏〕何晏集解　(日本)山本惟孝補解

日本天保十年(1839)南紀學習館刻本　四册

鈐有“發行書林”“學習館”印。

論語語由二十卷　940 5500

(日本)龜井魯撰　(日本)龜井昱校

日本明治十三年(1880)補刻本　十册

論語古義十卷　PL2471 Ito

(日本)伊藤維楨述

日本正德二年(1712)京都文會堂、奎文館刻本　四册

半葉9行20字,小字雙行字同,白口,四周單邊,單黑魚尾,半框高19.8釐米,寬15.3釐米。版心上鎸書名,中鎸卷次,下鎸葉碼,行間鎸有日文返點符號。

卷端題“論語古義,日東洛陽伊藤維楨述”。牌記題“京師書坊文會堂、奎文館發行”。卷首依次有日本正德二年《刊論語古義序》,署“正德二年壬辰九月日京兆伊藤長胤謹叙”;《論語古義總論》。

鈐有“新木氏藏圖書之印”印。

論語古訓外傳二十卷附録一卷 940 3163

(日本)太宰純撰

日本延享二年(1745)江都書肆嵩山房刻本　十册

半葉10行19字,白口,四周雙邊,單黑魚尾,半框高20.1釐米,寬15.5釐米。版心上鎸書名,中鎸卷次及葉碼,下鎸"嵩山房"。

卷端題"論語古訓外傳,日本信陽太宰純德夫著"。内封題"春臺先生撰,不許翻刻、千里必究,論語古訓外傳,江都書肆嵩山房梓行"。牌記題"太宰彌右衛門撰,延享二年乙丑九月吉,江户書肆嵩山房藏板,小林新兵衛梓"。卷首有日本延享元年(1744)《刻論語古訓外傳序》,署"延享元年甲子五月既望大泉水野元朗撰"。卷末有日本寬保元年(1741)《論語古訓外傳跋》,署"寬保元年辛酉冬十月甲戌紫芝主人太宰純六十二歲書"。

鈐有"思齊館圖書印"印。

論語集解國字辯五卷 PL2471 Kob

(日本)東山小林撰

日本明和七年(1770)須原屋茂兵衛刻本　五册

半葉10行24字,小字雙行,字數不等,白口,左右雙邊,單黑魚尾,半框高19.1釐米,寬13.5釐米。版心上鎸書名,中鎸卷次及葉碼,下鎸"千鐘堂藏版",行間鎸有日文返點符號。

卷端題"論語集解國字辯"。牌記題"東山小林先生作,明和七庚寅歲九月,須原屋茂兵衛版"。卷首有日本明和七年《論語國字辯序》,署"明和庚寅春分之日池之辰謹識"。

孟子古義七卷 970 3500

(日本)伊藤維楨述

日本享保五年(1720)古義堂刻本　四册

半葉9行18字,小字雙行字同,白口,四周單邊,單黑魚尾,無界行,半框高19.7釐米,寬15.6釐米。版心上鎸書名,中鎸卷次及葉碼,下鎸"古義堂藏",行間鎸有日文返點符號。

卷端題"孟子古義,伊藤維楨述"。牌記題"古義堂藏板,每部有圖章記號,無是者皆屬贋本,享保庚子新刊,京兆文泉堂發行"。卷首依次有日本享保五年《刊孟子古義序》,署"享保五年庚子八月朔旦伊藤長胤謹叙";日本伊藤維楨撰《孟子古義總論》。卷末有日本享保五年《孟子古義後》,署"享保五年庚子八月望日門人香川修德拜識"。

孟子論文七卷 970 7600

(日本)竹添光鴻手録

日本明治十四年(1881)東京奎文堂野口愛刻本　七册

鈐有"奎文堂印"印。

大學原解三卷 PL2472 Ota

(日本)大田元貞撰　(日本)中井豐民等校

日本文政四年(1821)玉巖堂刻本　三册

鈐有"哈佛大學漢和圖書館珍藏印""六癡社""山華圖書之章"印。

大學雜議不分卷　AC149 Zcl 3933

(日本)中井履軒撰

日本德川時代後期寫本　一册

按:此書有1927年刊本。

中庸原解三卷　PL2473 Ota

(日本)大田元貞撰　(日本)荒井繇行等校

日本文政七年(1824)多稼軒刻本　六册

鈐有“字子石”“名何鄉人”“長介于印”“六癡社”印。

四書大全四十二卷首三卷　856.2 4300

〔清〕汪份增訂　(日本)吉村晋點校

日本嘉永七年(1854)千鐘房、宋榮堂翻刻本　二十四册

子目:

大學章句大全三卷

中庸章句大全三卷首一卷

大學或問一卷

中庸或問一卷

論語集注大全二十卷首一卷

孟子集注大全十四卷首一卷

四書新釋十四卷　859 1900

(日本)久保得二撰

日本明治四十二年(1909)東京大橋新太郎鉛印本　六册

康熙欽定四書解義十三卷　856.1 3435

(日本)大鄉穆標注

日本明治十七年(1884)大坂修道館鉛印本　十五册

四書訓蒙輯疏二十九卷　PL2463 Abe

(日本)安部井褧撰

日本嘉永元年(1848)刻本　二十二册

按:館藏缺卷二十三至卷二十九。

六書通六卷　5101 4907

(日本)土橋莊編

日本明治十五年(1882)大阪積玉圃刻本　六册

偏類六書通七卷　5101 8337

(日本)古森厚孝重修

日本嘉永元年(1848)京都書肆鴻寶堂刻本　十册

[玉篇零本]一卷　AC149 Zcl 1241

(日本)得能良介校梓

日本明治十六年(1883)影印本　一册

通雅五十二卷　AC149 Zcl 1724

〔清〕方以智輯撰　〔清〕姚文燮校訂

日本文化二年(1805)立教館校刻本　二十八册

又一部　二十八册　AC149 Zra 70

史部

史記評林一百三十卷首一卷　2511.15 9327

〔明〕凌稚隆輯校　〔明〕李光縉增補

日本明治二年(1869)修來館翻刻本　五十册

鈐有"修來館章""懷遠堂圖書記"印。

史記論文一百三十卷 2511.1 9376

〔清〕吴見思評點 〔清〕吴興祚参訂

日本文政九年(1826)天遊園翻刻本 十册

鈐有"赤冢氏藏書"印。

明史三傳六卷 2720.1 8993

〔清〕張廷玉等編纂

日本嘉永五年(1852)東都書林英大助、浪花書林河内屋藤兵衛、河内屋茂兵衛刻本 六册

鈐有"岡本氏圖書記"印。

標注國語定本二十一卷 2526.7 3500

〔三國吴〕韋昭解 〔宋〕宋庠補音 (日本)秦鼎定本 (日本)中井履軒雕題 (日本)高木熊三郎標注

日本明治十七年(1884)大坂松村九兵衛、岡田茂兵衛、前川善兵衛刻本 六册

鈐有"分椿藏書"印。

宋元通鑑一百五十七卷 2512 9543

〔明〕薛應旂編集 〔明〕陳仁錫評閲

日本元治元年(1864)玉巖堂刻本 四十八册

貞觀政要十卷 1192 3335

〔唐〕吴兢撰

日本文政六年(1823)南紀學習館刻本 十册

鈐有"學習館"印。

清三朝實録採要(清太祖、清太宗、清世祖)十六卷 2752 3939

(日本)邨山緯、永根鉉編 (日本)永根錫校

日本文化四年(1807)江户伍石書軒刻本 八册

鈐有"犬養氏圖書"印。

戰國策正解十卷 2533 3343

(日本)横田惟孝撰

日本文政十二年(1829)三都書林群玉堂、温故堂、慶元堂刻本 十三册

鈐有"緑猗堂藏書記"印。

增補元明史略四卷 2516 5897

(日本)後藤世鈞編次 (日本)藤原正臣增補

日本明治三年(1870)京都五車樓藤井孫兵衛刻本 四册

清朝史略十一卷附傳一卷 2744 3397

(日本)佐藤楚材編

日本明治十四年(1881)内藤傳右衛門温故堂刻本 十二册

鈐有"懷遠堂圖書記"印。

東萊先生音注唐鑒二十四卷 2620.2 4300

〔宋〕范祖禹撰 〔宋〕吕祖謙注

日本嘉永六年(1853)重刻本 五册

鈐有"岡本氏圖書記"印。

無刑録十八卷　　4870 6170

(日本)蘆野德林纂

日本明治十年(1877)元老院刻本　十八册

鈐有"田部文庫"印。

宋朱晦庵先生名臣言行録前集十卷後集十四卷附補遺一卷　　2265.92 9835

〔宋〕朱熹撰　〔明〕張采評閲　〔明〕宋學顯、馬嘉植參正

日本明治三年(1870)西京書肆刻本　六册

豫章羅先生年譜十七卷　　1217 0000

〔元〕曹道振編次　〔明〕謝鸞重校

日本寬政八年(1796)聽雨精舍刻本　五册

鈐有"鄞馬鑒季明藏"印。

唐土名勝圖會六卷　　b1081503x

(日本)岡田友尚等編述

日本文化二年(1805)大阪積玉圃柳原喜兵衛刻本　六册

唐土名勝圖會六卷　　3041 4489

(日本)岡田友尚等編述　(日本)岡文暉、大原民聲畫

日本文化二年(1805)刻本　六册

鈐有"前田氏尊經閣圖書記"印。

按:内封題"唐土名勝圖會初集",卷端無"初集"二字。

清俗紀聞十三卷　　4150.10 3936

(日本)中川忠英輯

日本寬政十一年(1799)東都書肆尚古堂刻本　六册

鈐有"佐藤氏圖書印"印。

文石堂重刊曹氏吉金圖不分卷　　2105.7 6943

〔清〕曹奎輯

日本明治十五年(1882)京都文石堂石印本　二册

新鈔西清古鑒二卷附古器用考一卷　　2105.7 1333

(日本)吾妻健三郎撰

日本明治二十五年(1892)東京東陽堂鉛印本　二册

子部

諸子彙函二十六卷　　1060 1100

〔明〕歸有光輯修　(日本)西村茂樹閲　(日本)山田安榮校訂

日本明治二十六年(1893)吉川青山書房鉛印本　七册

管子纂詁二十四卷附管子纂詁考譌一卷　　4614 3443

(日本)安井衡纂詁

日本慶應元年(1865)江户書林玉山堂刻本　十二册

荀子增注二十卷補遺一卷　　1120.95 4300

〔唐〕楊倞注　(日本)片山世璠編　(日本)久保愛增注　(日本)土屋型重訂

日本文政三年(1820)東京青木嵩山

堂刻本　十一册

劉向新序十卷　1145 1143

〔漢〕劉向撰　（日本）武井驥纂注

日本文政五年(1822)東都書肆尚古堂刻本　四册

鈐有"田中自慊藏書"印。

劉向説苑纂注二十卷　1145 9543

〔漢〕劉向撰　〔明〕程榮校　（日本）尾張關嘉纂注

日本寬政六年(1794)興藝館刻本　十册

半葉10行19字,小字雙行字同,白口,四周單邊,單黑魚尾,半框高22.1釐米,寬14.9釐米。兩截版,上鎸評注,下鎸正文,版心上鎸"説苑纂注",中鎸卷次,下鎸葉碼,行間鎸有日文返點符號。

卷端題"劉向説苑纂注,明新安程榮校,日本尾張關嘉纂注"。内封題"尾張關嘉纂注,翻刻必究,劉向説苑,興藝館藏"。牌記題"關進次著,寬政六年甲寅,春三月新鎸,製本所片野東四郎"。卷首依次有日本寬政六年《説苑纂注序》,署"寬政六年甲寅仲春尾張紀德民";《提要》,署"寬政癸丑歲秋八月望日尾張儒臣關嘉識";明嘉靖二十六年(1547)《説苑新序序》,署"嘉靖丁未八月朔東海何良俊撰";宋曾鞏撰《説苑序》。

鈐有"玉川正邦""興藝館藏"印。

孔叢子三卷　B128 Con. K 1752

〔漢〕孔鮒撰

日本京都中川茂兵衛、中川彌兵衛重刻本　四册

按:具體刊刻時間難以確知,用楮樹皮紙,應爲較早時期刻本。

人譜類記二卷附蕺山先生人譜一卷　1681.3 5200

〔明〕劉宗周撰　〔清〕洪正治校編

日本天保十二年(1841)積玉圃柳原喜兵衛翻刻本　二册

大學衍義補一百六十卷首一卷　1278 4155

〔明〕丘濬撰　〔明〕陳仁錫評

日本寬政四年(1792)翻刻本　六十册

半葉10行20字,小字雙行字同,白口,四周單邊,單白魚尾,半框高21.2釐米,寬14.2釐米。版心上鎸書名,中鎸卷次及篇章名,下鎸葉碼,天頭鎸有評文,行間鎸有日文返點符號。

卷端題"大學衍義補,明閣臣前國子監祭酒丘濬進呈、經筵日講官左諭德陳仁錫評閱"。内封題"翻刻,大學衍義補"。卷首依次有明弘治元年(1488)《進大學衍義補表》,署"弘治元年正月二十五日太子少保禮部尚書臣周洪謨、右侍郎臣倪嶽、臣張悦、祠祭清吏司郎中臣王沂、員外郎臣王皋、主事臣丁鍊、歷事監生臣程恩";目録;明陳仁錫撰《大學衍義補序》;萬曆三十三年(1605)《御製重刊大學衍義補叙》,署"萬曆三十三年十二月二十一日";日本寬政四年《大學衍義補序》,署"寬政四年夏五月平安福井軏謹序";《誠意正心之要》。

按:第一册《進呈大學衍義補表》及目録部分爲手抄補配。

朱子文語纂編十四卷　　1237 6542

〔清〕嚴鴻逵輯

日本安政三年(1856)山縣城主水野氏覆清刻本　十册

鈐有"岡本氏圖書記"印。

王學提綱二卷　　1443.52 6143

(日本)吉村晋輯録

日本慶應元年(1865)浪華群玉堂、宋榮堂合刻本　二册

老子繹解二卷　　1071.95 5300

(日本)皆川願撰

日本寬政九年(1797)刻本　二册

新刊莊子評注十卷　　1111.95 2300

〔晋〕郭象注　(日本)有井範平訓點

日本明治十六年(1883)東京報告堂鉛印本　四册

鈐有"報告堂印""琴香書庫""溝口氏藏"印。

解莊二十四卷　　1111.95 3000

(日本)宇津木益夫注解

日本明治十五年(1882)京都宇津木貞夫爰止居刻本　二十四册

莊子考五卷　　1111.95 3000

(日本)岡松辰撰

日本明治四十年(1907)京都岡松參太郎鉛印本　六册

按:書中有佚名手寫評注。

韓非子全書二十卷　　4614 2916

(日本)藤澤南嶽校疏

日本明治十七年(1884)浪華温古書屋刻本　十册

鈐有"猶存堂印"印。

韓子解詁二十一卷首一卷末一卷　　4614 1643

(日本)津田鳳鄉撰

日本文化十三年(1816)浪華書肆寶積堂刻本　十册

鈐有"福田圖書之記"印。

子華子二卷　　B125 S

〔晋〕程本撰　(日本)三浦衛興校

日本明治間大阪青木恒三郎嵩山堂據延享本重刻本　二册

孫子十家注十三卷附孫子十家注遺説一卷孫子叙録一卷　　AC149 Zcl 1510

〔清〕孫星衍、吴人驥校

日本嘉永六年(1853)重刻本　四册

孫子詳解十三卷　　AC149 Zcl 2954

(日本)伊藤馨撰

日本文久二年(1862)學半樓刻本　十三册

武經開宗十四卷　　AC149 Zcl 1720

〔明〕黄獻臣撰

日本寬文元年(1661)中野市右衛門刻本　十四册

半葉10行20字,小字雙行字同,白口,四周單邊,單白魚尾,半框高24.1釐米,寬17.3釐米。版心上鎸書名,中鎸篇章名及卷次,下鎸葉碼,行間鎸有日文返點符號。

卷端題"武經開宗,莆黄獻臣詮解"。牌記題"寬文元辛丑十月吉旦中野市右衛門刊行"。卷首依次有明曾櫻撰《序》;《敕令》;《總論》,題"莆田黄獻臣皇肱輯著,曾一雲老師諱櫻、徐玉林老師諱胤昇仝定,社友余元熹躅徽、陸經翼羽功、陸冲元建仝參";日本寬文元年《七書義解宗評訂識序》,署"時寬文元年辛丑仲秋晦日門學宫城氏朔菴東雪謹序";凡例;目録。

鈐有"田謙齋圖書記""谷澤藏書"印。

藤氏醫談二卷 AC149 Zcl 3418

(日本)近藤明隆昌撰

日本享和二年(1802)柳原積玉圃、森本文金堂合刻本 二册

鈐有"哲如陳慶保藏書"印。

金匱玉函要略述義三卷 AC149 Zcl 3355

(日本)丹波元堅撰

日本嘉永七年(1854)刻本 四册

鈐有"哲如陳慶保藏書"印。

痧脹玉衡書四卷 AC149 Zcl 3134

〔清〕郭志邃撰

日本享保八年(1723)刻本 一册

半葉12行30字,白口,四周雙邊,雙黑魚尾,無界行,半框高14.9釐米,寬11.1釐米。版心上鎸書名,中鎸卷次,下鎸葉碼。

卷端題"痧脹玉衡書,槜李郭志邃右陶著"。卷首依次有日本享保八年《鎸痧脹玉衡序》,署"享保八歲次癸卯九月初五日醫官大川小島元璞昌嶼甫撰";清康熙十四年(1675)《序》,署"康熙十四年乙卯重陽日里人王庭題";清康熙十四年《自叙》,署"大清康熙十四年歲次乙卯燈月槜李郭志邃右陶氏自序於裕賢堂";清康熙十七年(1678)《續叙》,署"大清康熙十七年戊午歲季秋吉旦郭志邃右陶父載識";凡例;目次。

古今醫統大全一百卷 AC149 Zcl 2962

〔明〕徐春甫撰

日本萬治三年(1660)重刻本 七十五册

半葉10行25字,小字雙行字同,白口,四周雙邊,單黑魚尾,無界行,半框高19.1釐米,寬13.8釐米。版心上鎸子集書名,中鎸卷次,下鎸葉碼,行間鎸有日文返點符號。

卷端題"古今醫統大全"。内封題"太醫院考訂,古今醫統,金陵唐氏藏板"。卷首依次有日本萬治三年《序》,署"萬治三祼龍集庚子臘壬寅";明湯世隆撰《古今醫統序》;明許國撰《古今醫統序》;明趙志皋撰《古今醫統序》;明隆慶四年(1570)《古今醫統序》,署"隆慶庚午夏六月望日賜進士出身翰林院編修纂修國史雲中對南王家屏拜書";明沈一貫撰《古今醫統序》;明余孟麟撰《古今醫統序》;明嘉靖三十五年(1556)《古今醫統序》,署"嘉靖丙辰仲冬長至日新安徐春甫序";凡

例;助梓縉紳諸公氏號。

按:館藏缺第七册第四卷,第十至十一册第六卷,第十五册第九至十一卷,第四十七册第六十一卷下半部分。

毉官玄稿三卷　　AC149 Zcl 3419

(日本)望月三英撰　(日本)望元泰輯校

日本寶曆三年(1753)刻本　四册

半葉10行21字,白口,左右雙邊,單黑魚尾,半框高21.2釐米,寬14.7釐米。版心上鎸書名,中鎸卷次及葉碼,下鎸"蘇嶺山藏"。

卷端題"毉官玄稿,鹿門山人述著,望元泰輯校"。内封題"毉官玄稿"。卷首依次有日本寶曆二年(1752)《醫官玄稿序》,署"寶曆二年春三月江都望三英";日本寶曆三年《毉官玄稿序》,署"寶曆三年冬十月平安服元喬序";凡例;目録。

鈐有"哲如陳慶保藏書"印。

世説箋本二十卷　　AC149 Zcl 1288

(日本)秦士鉉校

日本文政九年(1826)刻本　十册

群書治要五十卷　　9296 3935

〔唐〕魏徵等撰

日本天明七年(1787)刻本　二十册

半葉9行18字,小字雙行字同,白口,四周雙邊,單黑魚尾,半框高22.1釐米,寬15.5釐米。兩截版,上鎸校注,下鎸正文,版心上鎸書名,中鎸卷次,下鎸葉碼。

卷端題"群書治要,秘書監鉅鹿男臣魏徵等奉敕撰"。内封題"群書治要"。卷首依次有日本天明七年《校正群書治要序》,署"天明七年丁未四月朝散大夫國子祭酒林信敬謹序";唐魏徵等撰《群書治要序》;《刊群書治要考例》,末有《跋》,署"天明五年乙巳春二月乙未尾張國校督學臣細井德民謹識";目録。

鈐有"南海程氏維增所藏圖籍""程維增"印。

瑯邪代醉編四十卷　　AC149 Zcl 2188

〔明〕張鼎思輯　〔明〕陳性學校

日本延寶三年(1675)刻本　二十三册

半葉10行21字,小字雙行字同,白口,四周雙邊,單黑魚尾,無界行,半框高20.8釐米,寬14.2釐米。版心上鎸書名,中鎸卷次,下鎸葉碼,行間鎸有日文返點符號。

卷端題"瑯邪代醉編,姑蘇張鼎思睿父父輯,暨陽陳性學所養父校"。牌記題"延寶三年乙卯初秋吉旦開板"。卷首依次有明萬曆二十五年(1597)《瑯邪代醉編序》,署"萬曆二十五年丁酉皋月上澣之吉澍暨陽陳性學所養父序於閩臬之澄清堂";明萬曆二十五年《跋代醉編》,署"萬曆丁酉三月立夏日姑蘇張鼎思睿父題";目録。卷末有明萬曆二十六年(1598)《代醉編後序》,署"萬曆戊戌仲春吉月莆山人黄天全頓首拜撰"。

鈐有"勺住藏書"印。

朱氏舜水談綺三卷　　4678.7 3945

〔明〕朱之瑜撰

日本寶永五年(1708)書林茨城多左衛門刻本　三册

半葉9行18字,白口,四周單邊,無魚尾,無界行,半框高19.6釐米,寬13.6釐米,有圖。版心上鎸"談綺"及卷次,下鎸葉碼,行間鎸有日文返點符號。

卷端題"朱氏談綺"。卷末題"寶永戊子年書林茨城多左衛門壽梓"。卷首依次有日本寶永四年(1707)《舜水朱氏談綺序》,署"寶永四年丁亥仲冬穀旦水户府下澹泊齋安積覺叙";總目。

鈐有"碧山堂藏書記"印。

古學指要二卷　1443.72 3135

(日本)伊藤長胤撰

日本文政元年(1818)皇都書林菱屋孫兵衛刻本　二册

鈐有"渡邊千春遺愛書""□澤山藩渡邊氏印"印。

古今學變三卷　1443.72 3312

(日本)伊藤長胤撰

日本天保十四年(1843)浪華書林群玉堂刻本　三册

虞初新志二十卷　AC149 Zcl 1423

〔清〕張潮輯　(日本)鳴門荒公廉訓點

日本文政六年(1823)刻本　十册

鈐有"高須印信"印。

奇勝圖不分卷　AC149 Zcl 4128

(日本)淵上旭江撰

日本寛政十一年(1799)刻本　四册

大日本校訂藏經七千八十二卷　1803 4523

(日本)藏經書院編

日本明治三十八年(1905)藏經書院鉛印本　三百四十七册

注法寶壇經海水一滴五卷　AC149 Zcl 1443

(日本)天桂撰

日本慶應三年(1867)攝之退藏峰刻本　三册

書法正傳十卷　AC149 Zcl 1965

〔清〕馮武編

日本嘉永間東京藤井利八松山堂書鋪刻本　六册

明清書畫款譜四卷　AC149 Zcl 2498

(日本)栗原彝三編　(日本)西田春耕勾摹　(日本)須原畏三等校訂

日本明治十四年(1881)鉛印本　四册

鈐有"高氏藏書""隱岑鑒賞""玉笥山樓"印。

庚子銷夏記八卷　AC149 Zcl 711

〔清〕孫承澤撰

日本據清乾隆二十六年(1761)鮑廷博本翻刻本　四册

半葉10行19字,黑口,左右雙邊,雙黑魚尾,半框高19.2釐米,寬13.4釐米。版心鎸書名、卷次及葉碼,行間鎸有日文返點符號。

内封題"北平孫退谷著,庚子銷夏

記”。卷首依次有清乾隆二十六年《序》,署“乾隆辛巳六月盧文弨於暨陽書院之葦學軒”;目次,末署“乾隆乙亥除夕前二日鮑廷博書於知不足齋”。

鈐有“古愚草堂藏書圖章”“葭陽圖書”印。

集部

楚辭燈四卷 5242.2 7583

〔清〕林雲銘論述　〔清〕林沅較正　〔清〕楊攀梅重訂

日本明治間大阪前川善兵衛刻本　四册

寒山詩講義不分卷 AC149 Zcl 1483

(日本)若生國榮撰

日本明治四十三年(1910)東京光融館鉛印本　一册

杜律集解七言二卷五言四卷 AC149 Zra 32

〔明〕邵傅集　(日本)宇都宫由的注

日本元禄九年(1696)神雒書肆美濃屋彦兵衛刻本　六册

半葉9行16字,小字雙行字同,評文22行32字,白口,四周單邊,單黑魚尾,半框高23.4釐米,寬17釐米。版心上鎸書名,中鎸卷次,下鎸葉碼,行間鎸有日文返點符號。

卷端題“杜律七言集解,閩中邵傅夢弼集”。《杜律五言集解》卷端題“杜律五言集解,閩中邵傅夢弼集,陳學樂以成校”。卷首依次有明萬曆十五年(1587)《刻杜工部七言律詩集解序》,署“萬曆丁亥年九月朔旦閩召岊山下人陳學樂以成甫謹序”;明萬曆十五年《集杜律七言注解序》,署“萬曆丁亥冬十月朔閩三山邵傳書”;凡例;《杜工部年譜》;目録。《杜律五言集解》卷首依次有明萬曆十六年(1588)《刻杜工部五言律詩集解序》,署“萬曆戊子歲夏季閏月望日閩石岊山下人陳學樂以成甫序”;目録。卷末依次有明方起莘撰《跋》;日本元禄九年《跋》,署“元禄乙亥二月癸丑宇都宫遯菴由的”。

鈐有“清遊”“貫名”印。

杜律集解詳説十七卷 AC149 Zcl 1312

〔明〕邵傅集　(日本)宇都宫由的注

日本元禄十年(1697)華洛書林刻本　十八册

半葉10行20字,小字雙行字同,白口,四周單邊,單黑魚尾,無界行,半框高21.4釐米,寬16.5釐米。版心上鎸“杜律詳説”及詩體名,中鎸卷次,下鎸葉碼,行間鎸有日文返點符號。

卷端題“杜律五言詳説,閩中邵傅夢弼集,陳學樂以成校”。卷首依次有明萬曆十五年(1587)《刻杜工部七言律詩集解序》,署“萬曆丁亥年九月朔旦閩召岊山下人陳學樂以成甫謹序”;明萬曆十五年《集杜律七言注解序》,署“萬曆丁亥十月朔閩三山邵傅書”;明萬曆十六年(1588)《刻杜工部五言律詩集解序》,署“萬曆戊子歲夏季閏月望日閩石岊山下人陳學以成甫序”;《杜少陵年譜》;《杜工部年譜》;《世系》;凡例;目録。卷末有日本元禄十年《跋》,署“元禄丁丑九月天符節宇遯菴的”,末題“華洛書林,美濃屋彦兵衛、文臺屋次郎兵衛、風月莊左衛門”。

王荆文公詩五十卷補遺一卷 AC149 Zcl 847

〔宋〕王安石撰 〔清〕李壁箋注

日本天保七年(1836)翻刻本 八册

蘇文忠公詩集擇粹十八卷附續録一卷 AC149 Zcl 779

〔宋〕蘇軾撰 〔清〕查慎行輯 〔清〕紀昀批閲 〔清〕趙古農手擇

日本文久二年(1862)江都書肆淺倉屋久兵衛刻本 十册

石門文字禪三十卷 AC149 Zcl 110

〔宋〕釋德洪撰

日本寛文四年(1664)翻刻本 二十册

半葉10行20字,黑口,四周雙邊,無魚尾,半框高24.3釐米,寬16.6釐米,有圖。版心上鎸“支那撰述”,中鎸書名、卷次及葉碼。

卷端題“石門文字禪,宋江西筠溪石門寺沙門釋德洪覺範著,門人覺慈編録,西眉東巖旌善堂校”。卷首依次有圖像,題“皇圖鞏固,帝道遐昌,佛日增輝,法輪常轉”;明萬曆二十五年(1597)《石門文字禪序》,署“明萬曆丁酉八月望日釋達觀撰”;目録。

鈐有“潤生”印。

按:每一卷卷末均翻刻有原書之刻者信息,如第一卷卷末題“刑部郎中金壇於玉立施刻此卷,了緣居士對,徐普書端學尧刻,萬曆丁酉仲秋徑山寺識”。

劉蕺山文抄二卷 1321 6400

〔明〕劉宗周撰

日本文久三年(1863)浪華書林嵩山堂刻本 二册

青邱高季迪先生詩集十八卷首一卷 PL2694 GQi. J

〔明〕高啓撰 〔清〕金檀輯注 (日本)近藤元粹評訂

日本明治三十二年(1899)青木嵩山堂鉛印本 二十一册

鈐有“吉井氏所藏”印。

陸宣公全集二十四卷 4662.4 4713

〔唐〕陸贄撰 (日本)石川安貞注

日本明治十九年(1886)愛知縣慶雲堂栗田淺三郎翻刻本 十册

海峰文集八卷 AC149 Zcl 832

〔清〕劉大櫆撰 〔清〕方國校録

日本明治十四年(1881)佚存書坊刻本 十册

鈐有“静觀亭圖書記”印。

虞邵庵批點文選心訣不分卷附性學李先生古今文章精義一卷 AC149 Zcl 1298

〔元〕虞集撰

日本文化元年(1804)刻本 一册

鈐有“東京松雲堂書店發售”印。

經世文編抄四集十二卷 4735 3962

〔清〕賀長齡輯

日本嘉永元年至三年(1848—1850)津藩有造館活字本　十二册

鈐有“邨田氏圖書”“有造館記”印。

歷代詩學精選二編七卷　AC149 Zcl 1056

(日本)藤良國編

日本嘉永六年(1853)浪華書林岡田群玉堂刻本　二册

纂評唐宋八家文讀本三十卷

AC149 Zcl 1419

〔清〕沈德潛評點　(日本)島田正幹纂評

日本明治二十年(1887)偉業館刻本　十六册

鈐有“李泓郁章”印。

纂評唐宋八家文讀本三十卷

AC149 Zcl 1172

〔清〕沈德潛評點　(日本)島田正幹纂評

日本明治二十年(1887)浪華嵩山堂刻本　十六册

精刊唐宋千家聯珠詩格二十卷

AC149 Zcl 3544

〔宋〕于濟、蔡正孫編集

日本文化元年(1804)江都書肆玉巖堂刻本　五册

鈐有“常世庵藏書”“靚軒書屋”印。

浙西六家詩鈔六卷　PL2537 Zxlj

〔清〕吴應和、馬洵選

日本嘉永六年(1853)五書堂合刻本　六册

明高廷禮唐詩正聲二十卷

AC149 Zcl 2776

(日本)東褧箋注

日本天保十四年(1843)古人居刻本　九册

鈐有“井上選軒藏書印”印。

按:館藏缺卷十八至卷二十。

宋十五家詩選不分卷　AC149 Zcl 448

〔清〕陳訏輯

日本文政十年(1827)重刻本　十六册

金詩選四卷　AC149 Zcl 1300

〔清〕顧奎光選輯　〔清〕陶玉禾參評

日本天保七年(1836)江户書林玉山堂刻本　四册

鈐有“四而寄邑齋藤氏圖書印”印。

清六大家絶句鈔二十四卷

AC149 Zcl 1432

(日本)桑原忱輯

日本嘉永五年(1852)京都書林東塘亭、大坂書林嵩山堂合刻本　十二册

鈐有“小川地圖書記”印。

子目:

漁洋絶句抄四卷

竹垞絶句抄一卷

吴梅村絶句抄五卷

隨園絶句抄十卷

有正味齋絶句抄一卷

沈德潛絶句抄三卷

唐詩鼓吹十卷 AC149 Zcl 1313

〔金〕元好問輯 〔元〕郝天挺注 〔明〕廖文炳解 〔清〕錢朝鼒、王俊臣校注 〔清〕王清臣、陸貽典參解

日本寶永七年(1710)禪山書坊明雅堂刻本 五册

半葉9行21字,小字雙行字同,白口,四周單邊,單黑魚尾,半框高19.7釐米,寬14.9釐米。版心上鎸"唐詩鼓吹注解",中鎸卷次,下鎸葉碼,行間鎸有日文返點符號。

卷端題"唐詩鼓吹,元資善大夫中書左丞郝天挺注,古岡後學廖文炳解,虞山後學錢朝鼒王俊臣校注、王清臣陸貽典參解,禪山書坊明雅堂江碧潭校梓"。卷末牌記題"寶永七年庚寅五月吉旦京極通"。卷首依次有清順治十六年(1659)《唐詩鼓吹序》,署"歲在屠維大淵獻余月二十二日虞山蒙叟錢謙益書";目録;清王清臣《小引》;清順治十六年《唐詩鼓吹注解題詞》,署"歲在屠維大淵獻余月虞山陸貽典書";清錢朝鼒《唐詩鼓吹注解題辭》;凡例;明萬曆七年(1579)《唐詩鼓吹注解大全序》,署"萬曆己卯青陽岡州錦臺居士廖文炳述";元至大元年(1308)《唐詩鼓吹注序》,署"至大元年九月十二日吳興趙孟頫序"。

鈐有"岡田""高橋氏藏書章"印。

唐詩金粉十卷 AC149 Zcl 483

〔清〕沈炳震纂輯 〔清〕沈生倬、沈生霖訂正 〔清〕沈華錦讎校

日本安永三年(1774)古愚書堂刻本 六册

半葉11行23字,小字雙行33字,白口,左右雙邊,單黑魚尾,半框高18.5釐米,寬14.4釐米。版心上鎸書名,中鎸卷次、篇章名、類别及葉碼,卷端葉及末葉版心下鎸"古愚書堂藏板",行間鎸有日文返點符號。

卷端題"唐詩金粉,歸安沈炳震東甫纂輯,男生倬雲將、生霖雨叔訂正,孫華錦榮斯讎校"。内封題"北海先生閱,唐詩金粉"。書末牌記題"安永三歲甲午十有一月發賣,京輦林伊兵衛、江南四郎右衛門、山田三郎兵衛,東都須原茂兵衛,浪華良野六兵衛、淺野彌兵衛、井上勘兵衛"。卷首依次有清雍正二年(1724)《唐詩金粉自序》,署"雍正甲辰閏夏歸安沈炳震東甫識";《唐詩金粉例》;目録。

唐詩句解不分卷 AC149 Zcl 904

(日本)江忠囿撰

日本享保二十年(1735)京都滄浪居刻本 五册

半葉9行16字,小字雙行字同,白口,四周單邊,單黑魚尾,半框高21.7釐米,寬16.1釐米。版心鎸"句解"及葉碼,行間鎸有日文返點符號。

卷端題"唐詩句解五言絶句,東都江忠囿子園著"。卷首依次有《序》,署"東都圖書府主事芙蓉道人錦江鳴鳳卿子陽甫序";日本享保二十年《序》,署"享保乙卯夏五月";《附言》。卷末題"滄浪居藏刻"。

鈐有"伊藤圖書""壽"印。

按:館藏存五言絶一册、七言絶上下兩册、七言律上下兩册,共五册,缺五言

律、排律、五言古、七言古部分,共計兩册。

文鏡秘府論六卷　　AC149 Zcl 1287

(日本)釋空海撰

日本江户時代(1603—1867)伊勢屋額田正三郎刻本　三册

半葉9行18字,黑口,四周雙邊,雙黑魚尾,無界行,半框高20.8釐米,寬15.8釐米。版心鎸"秘府論"、卷次及葉碼,行間鎸有日文返點符號。

卷端題"文鏡秘府論,金剛峰寺禪念沙門遍照金剛撰"。

文體明辯纂要三卷　　PL1271 Osa. W

(日本)大鄉穆鈔録

日本明治十一年(1878)葵花書屋刻本　三册

類叢部

新編古今事文類聚前集六十卷後集五十卷續集二十八卷别集三十二卷新集三十六卷外集十五卷遺集十五卷　9297 3396

〔宋〕祝穆編　(新集、外集)〔元〕富大用編　(遺集)〔元〕祝淵編

日本文化五年(1808)餘年齋補刻本　八十四册

按:此書用寬文間板(據萬曆本覆刻)補刻而成。

删補書言故事大全十二卷

AC149 Zcl 1322

〔宋〕胡繼宗編集　(日本)柏木常雄删補

日本明治二十年(1887)古碧堂鉛印本　五册

鈐有"柏木藏版"印。

典籍便覽八卷　　9299 4327

〔明〕范泓輯

日本近代竹紙抄本　四册

鈐有"藹藹□會閣印"印。

五車韻瑞一百六十卷　　AC149 Zcl 1332

〔明〕凌稚隆編　(日本)耕齋菊池校點

日本萬治二年(1659)京寺町通本能寺前八尾勘兵衛刻本　二十五册

半葉10行18字,小字雙行28字,白口,四周單邊,單黑魚尾,半框高21.6釐米,寬15.5釐米。兩截版,上鎸注文,下鎸正文,版心上鎸書名及卷次,中鎸篇章名及葉碼,行間鎸有日文返點符號。

卷端題"五車韻瑞,吴興後學凌稚隆以棟父編輯"。牌記題"萬治貳己亥末秋良辰,京寺町通本能寺前,八尾勘兵衛刊行"。卷首依次有明萬曆十九年(1591)《五車韻瑞序》,署"萬曆辛卯中秋五嶽山人沔陽陳文燭撰";明謝肇淛撰《五車韻瑞序》;日本明曆三年(1657)《跋》,署"丁酉臘月轂旦耕齋菊池東匀";目録;《洪武正韻》。

鈐有"備大夫伊木氏文庫印"印。

和漢三才圖會略一百五卷尾一卷

9320 1194

(日本)寺島良安編

日本正德三年(1713)刻本　八十

一册

半葉15行22字,小字雙行字同,白口,四周單邊,單黑魚尾,半框高20.5釐米,寬16釐米,有圖。版心上鎸書名,中鎸篇章名及卷次,下鎸葉碼,行間鎸有日文返點符號。

卷端題"和漢三才圖會略,攝陽城醫法橋寺島良安尚順編"。内封正面題"法皇御所,叡覽",背面題"朝散大夫駿州刺史,倭漢三才圖會,越智宿禰正倚書簽"。卷首依次有日本正德三年《倭漢三才圖會略序》,署"正德三年春三月下旬朝散大夫大學頭藤原信篤識";日本正德三年《和漢三才圖會叙》,署"時維正德癸巳之年孟夏下澣前大醫令和氣伯雄甫書";日本正德二年(1712)《自叙》,署"正德二壬辰歲五月上院法橋寺島良安書於浪華杏林堂";凡例;大目録;日本正德三年《和漢三才圖會後序》,署"正德癸巳陽月中旬日正三位大藏卿清原宣通志"。

新學類

支那通史七卷 2516 3849

(日本)那珂通世編

日本明治二十三年(1890)東京中央堂刻本 五册

鈐有"宫内""善英"印。

按:此書目録有七卷,内容實則只有四卷,無卷五至卷七。

朝鮮本

增補文獻備考二百五十卷首一卷附增補文獻備考正誤一卷 4788.1 6123

(朝鮮)朴容大等編 (朝鮮)弘文館纂輯

朝鮮龍熙二年(1908)鉛印本 五十一册

進饌儀軌三卷首一卷 AC149 Zcl 1539

清光緒十八年(1892)朝鮮儀軌廳刻本 四册

箕子通紀三卷 AC149 Zcl 3524

(朝鮮)金漸撰

朝鮮王朝末期木活字本 一册

慕夏堂文集三卷附録一卷 AC149 Zcl 1538

(朝鮮)金忠善撰

清道光二十二年(1842)朝鮮刻本 一册

越南本

欽定越史通鑑綱目前編五卷正編四十七卷首一卷 2492.54 5184

(越南)陳文爲等纂修

越南大南國阮朝建福元年(1884)刻本 二十二册

書名筆畫索引

一畫

二畫

三畫

四畫

五畫

六畫

七畫

八畫

九畫

十畫

十一畫

十二畫

十三畫

十四畫

十五畫

十六畫

十七畫

十八畫

十九畫

二十畫

二十一畫

二十二畫

二十三畫

二十四畫

二十五畫

二十六畫

三十畫

著者名筆畫索引

三畫

四畫

六畫

七畫

八畫

九畫

十畫

十一畫

十二畫

十三畫

十四畫

十五畫

十六畫

十七畫

十八畫

十九畫

二十畫

二十一畫

二十二畫

二十三畫